FRANÇOISE MIRGUET, Ph.D. (2007, Université Catholique de Louvain), est chargée de recherches au Fonds National de la Recherche Scientifique. Elle est l'auteur de plusieurs articles en français et en anglais et enseigne actuellement la littérature biblique à l'Arizona State University.

La représentation du divin
dans les récits du Pentateuque

Supplements

to

Vetus Testamentum

VOLUME 123

La représentation du divin dans les récits du Pentateuque

Médiations syntaxiques et narratives

Par

Françoise Mirguet

BRILL

LEIDEN • BOSTON
2009

This book is printed on acid-free paper.

Library of Congress Cataloging-in-Publication Data

Mirguet, Françoise.
 La representation du divin dans les récits du Pentateuque : mediations syntaxiques et narratives / par Françoise Mirguet.
  p. cm. — (Supplements to Vetus Testamentum ; v. 123)
 Slight revision of the author's thesis (doctoral)—Université Catholique de Louvain, 2007.
 Includes bibliographical references and index.
 ISBN 978-90-04-17051-3 (hardback : alk. paper) 1. God—Attributes—Biblical teaching. 2. Bible. O.T. Pentateuch—Theology. 3. Bible. O.T. Pentateuch—Criticism interpretation, etc. I. Title.
  BS1192.6.M63 2008
  296.3'112—dc22

                                                        2008036394

ISSN 0083-5889
ISBN 978 90 04 17051 3

Copyright 2009 by Koninklijke Brill NV, Leiden, The Netherlands.
Koninklijke Brill NV incorporates the imprints Brill, Hotei Publishing,
IDC Publishers, Martinus Nijhoff Publishers and VSP.

PRINTED IN THE NETHERLANDS

Cet ouvrage constitue une version légèrement modifiée de ma thèse de doctorat, défendue le 18 mai 2007 à l'Université Catholique de Louvain (Belgique). Il a été rendu possible grâce à une bourse de recherches attribuée par le Fonds National de la Recherche Scientifique, que je remercie vivement.

Je tiens à remercier particulièrement mon directeur de thèse, Monsieur André Wénin, qui, depuis que je travaille avec lui, m'a toujours manifesté son soutien et ses encouragements, et a accompagné mes recherches avec attention et disponibilité.

Merci à Jean-Pierre Sonnet, qui a lu le manuscrit et m'a fait part de nombreux commentaires qui ont fait avancer ma réflexion. Merci également aux membres du jury de lecture de ma thèse.

Mes remerciements vont aussi à tous ceux qui m'ont soutenue au cours de mes recherches, en Belgique, en France et aux États-Unis.

Enfin, je remercie M. Hans Barstad, qui, au nom du comité de rédaction de *Supplements to Vetus Testamentum*, a accepté cet ouvrage dans la collection.

TABLE DES MATIÈRES

ABRÉVIATIONS

1. ABRÉVIATIONS DES OUVRAGES FRÉQUEMMENT CITÉS

BDB   F. BROWN, S. R. DRIVER, C. A. BRIGGS, *Hebrew and English Lexicon of the Old Testament*

Clines   D. J. A. CLINES (ed.), *The Dictionary of Classical Hebrew*

GKC   W. GESENIUS, E. KAUTZSCH, *Hebrew Grammar*

KB   L. KOEHLER, W. BAUMGARTNER, *Hebräisches und Aramäisches Lexikon zum Alten Testament*

TDOT   G. J. BOTTERWECK, H. RINGGREN (eds.), *Theological Dictionary of the Old Testament*

TWAT   G. J. BOTTERWECK, H.-J. FABRY, H. RINGGREN (Hrsg.), *Theologisches Wörterbuch zum Alten Testament*

WOC   B. K. WALTKE, M. O'CONNOR, *An Introduction to Biblical Hebrew Syntax*

2. ABRÉVIATIONS DES NOMS DE REVUES ET DE COLLECTIONS

AB   The Anchor Bible (New York)

ATD   Das Alte Testament Deutsch (Göttingen)

BETL   Bibliotheca Ephemeridum Theologicarum Lovaniensium (Louvain)

BI   Biblical Interpretation (Leiden)

Bib   Biblica (Roma)

BI.S   Biblical Interpretation Series (Leiden)

BiOr   Bibliotheca Orientalis (Leiden)

BJSt   Brown Judaic Studies (Missoula)

BK   Biblischer Kommentar (Neukirchen)

BN   Biblische Notizen. Beiträge zur exegetischen Diskussion (Bamberg)

BZ   Biblische Zeitschrift (Paderborn)

BZAW   Beihefte zur Zeitschrift für die Alttestamentliche Wissenschaft (Berlin/New York)

CB.OT   Coniectanea Biblica Old Testament Series (Lund)

CBQ   Catholic Biblical Quarterly (Washington)

ETL	Ephemerides Theologicae Lovanienses
HBT	Horizons in Biblical Theology (Pittsburg)
HK	Handkommentar zum Alten Testament (Göttingen)
HSM	Harvard Semitic Monographs (Cambridge)
HUCA	Hebrew Union College Annual (Cincinnati)
ICC	International Critical Commentary (Edinburgh)
Interp.	Interpretation (Richmond)
ISBL	Indiana Studies in Biblical Literature (Bloomington)
JBL	Journal of Biblical Literature (Philadelphia)
JBQ	The Jewish Bible Quarterly (Jérusalem)
JPS	Jewish Publication Society (Philadelphia)
JQR	Jewish Quarterly Review (Philadelphia)
JSJ.S	Supplements to the Journal for the Study of Judaism (Leiden)
JSOT	Journal for the Study of the Old Testament (Sheffield)
JSOT.S	Journal for the Study of the Old Testament. Supplement Series (Sheffield)
JThS	Journal of Theological Studies (Oxford)
Jud.	Judaica. Beiträge zum Verständnis des jüdischen Schicksals in Vergangenheit und Gegenwart (Zürich)
LD	Lectio Divina (Paris)
MLQ	Modern Language Quarterly (Seattle)
MSSNTS	Monograph Series. Society for New Testament Studies (Cambridge)
NAC	New American Commentary (Nashville)
NceB	Century Bible New Edition (Edinburgh)
NEB	Neue Echter Bibel (Würzburg)
NICOT	The New International Commentary on the Old Testament (Grand Rapids)
OBO	Orbis Biblicus et Orientalis (Fribourg/Göttingen)
OBT	Overtures to Biblical Theology (Philadelphia)
OLA	Orientalia Lovaniensia Analecta (Leuven)
OTL	Old Testament Library (London)
OTE	Old Testament Essays (Pretoria)
OTM	Oxford Theological Monographs (Oxford)
OTS	Oudtestamentische Studiën (Leiden)
RB	Revue Biblique (Jérusalem)
REJ	Revue des Études Juives (Paris)
RFTP	Recherches. Facultés de Théologie et de Philosophie de la Compagnie de Jésus (Paris/Tournai/Montréal)
RHPhR	Revue d'Histoire et de Philosophie Religieuse (Paris)

RevSR	Revue des Sciences Religieuses (Strasbourg)
RSR	Recherches de Science Religieuse (Paris)
RSTh	Regensburger Studien zur Theologie (Bern)
RSThPh	Revue des Sciences Théologiques et Philosophiques (Paris)
RTL	Revue Théologique de Louvain (Louvain-la-Neuve)
SB	Subsidia Biblica (Roma)
SBi	Sources Bibliques (Paris)
SBL	Studies in Biblical Literature (New York)
SBT-SS	Studies in Biblical Theology – Second Series
ScrHie	Scripta Hierosolymitana (Jérusalem)
SEÅ	Svensk Exegetisk Årsbok (Uppsala)
ScriptNS	Scriptura Nouvelle Série (Montréal)
SJT	Scottish Journal of Theology (Edinburgh)
StSLL	Studies in Semitic Languages and Linguistics (Leiden)
StTDJ	Studies on the Texts of the Desert of Judah (Leiden)
TICP	Travaux de l'Institut Catholique de Paris (Paris)
TM	Texte massorétique
TOB	Traduction œcuménique de la bible
TOTC	The Tyndale Old Testament Commentaries (London)
TynB	Tyndale Bulletin (London)
VT	Vetus Testamentum (Leiden)
VT.S	Supplements to Vetus Testamentum (Leiden)
WBC	Word Biblical Commentary (Waco)
WUNT	Wissenschaftliche Untersuchungen zum Neuen Testament (Tübingen)
ZAH	Zeitschrift für Althebraistik (Stuttgart)
ZAW	Zeitschrift für die Alttestamentliche Wissenschaft (Berlin/New York)

INTRODUCTION: LE DIVIN MIS EN RÉCIT

L'œuvre finie que nous appelons la Bible est un espace limité pour l'interprétation, dans lequel les significations théologiques sont corrélatives des formes de discours. Dès lors, il n'est pas possible d'interpréter les significations sans faire le long détour d'une explication structurale des formes[1].

Ce qui fonde le rôle de l'esthétique, c'est que le sensible est la porte du sens[2].

1. LE RÉCIT, PORTE DE L'EXPÉRIENCE

Le récit, pourrait-on dire en résumant la philosophie narrative et herméneutique de Paul Ricœur, constitue une des médiations les plus effectives par laquelle l'humain s'approprie son monde[3]. En racontant l'espace et le temps, l'humain articule ces données toujours préexistantes comme la scène d'actions et d'événements particuliers. Il les organise selon sa propre position dans le monde, nommant un certain lieu «ici» et un certain moment «maintenant». L'espace est ainsi agencé selon les notions d' «ici» et de «là», de proche et de lointain, de connu et d'inconnu, tandis que le temps se conjugue entre passé, présent et futur, ou accompli et inaccompli. L'espace reçoit sa géographie et le temps son histoire. Le récit charge également cet arrière-fond spatial et temporel de nouvelles significations: il le présente comme l'objet d'une perception particulière, par exemple en décrivant un espace comme accueillant ou une journée comme longue. Le récit, en ce sens, fait apparaître un

---

[1] Paul RICŒUR, *Du texte à l'action. Essais d'herméneutique II* (Points Essais), Seuil, Paris, 1986, p. 137.

[2] Paul BEAUCHAMP, *L'un et l'autre Testament II. Accomplir les Écritures* (Parole de Dieu), Seuil, Paris, 1990, p. 214.

[3] Ces paragraphes sont inspirés d'une lecture très libre des œuvres herméneutiques principales de Paul Ricœur, particulièrement: Paul RICŒUR, *Temps et Récit. Tome I. L'intrigue et le récit historique; Tome II. La configuration dans le récit de fiction; Tome III. Le temps raconté* (L'ordre philosophique), Seuil, Paris, 1983–1985; ID., *Du texte à l'action*; ID., *Soi-même comme un autre* (L'ordre philosophique), Seuil, Paris, 1990; ID., *Herméneutique biblique* (La nuit surveillée), Cerf, Paris, 2001; ID., *La mémoire, l'histoire, l'oubli* (L'ordre philosophique), Seuil, Paris, 2000.

espace et un temps *vécus*, humains, ressentis. D'arrière-plans obligés des expériences et perceptions, espace et temps deviennent eux-mêmes objets d'expérience et de perception.

L'humain ne s'approprie pas seulement l'espace et le temps par le récit. Une fois son monde extérieur ainsi humanisé, ce qui se passe à l'intérieur de lui-même peut aussi trouver une expression privilégiée par la médiation narrative. En mettant en récit les émotions et sentiments qui l'agitent, l'humain rend un peu plus « sien » ce qui l'habite et qu'il ne saisit pas toujours. Raconter la vie affective et émotionnelle, c'est en effet prendre distance avec ce qui se passe en soi et le reconnaître comme processus proprement humain. C'est également lire ces émotions dans leurs rapports de cause à effet, en lien avec l'action et, surtout, en lien avec les autres humains : le récit met en lumière ce qui provoque une certaine émotion et les conséquences dont elle peut être la source. La médiation narrative offre enfin une certaine maîtrise pour identifier ces émotions et, éventuellement, en changer le cours.

Dans la même perspective, le récit fait également de l'autre un *autre humain* : en racontant l'histoire d'un autre, en intégrant ses actions dans une continuité d'événements et d'émotions, en adoptant sa perspective sur ses choix et décisions, le récit présente cet autre dans ce qui fait de lui un humain, au même titre que l'auteur ou le lecteur du récit. La narration, en ce sens, humanise l'autre, lui donnant un visage et une profondeur dans lesquels le lecteur peut se reconnaître. En même temps, le récit présente l'autre dans ce qui fait sa différence. C'est une autre perception de l'existence qui se dégage, une autre manière d'appréhender le monde et de l'habiter. Le récit atteste ainsi de la pluralité des expériences et, par conséquent, de la particularité et de la relativité de chaque mode d'être. Par la mise en scène de personnages auxquels le lecteur peut s'identifier, cette autre manière de voir le monde et d'y vivre est rendue accessible : le lecteur peut en effet se glisser dans la peau d'un de ces personnages et faire l'expérience, le temps de la lecture, d'une autre manière d'être au monde, d'être en relation, d'être humain. De retour dans son propre monde, le lecteur peut alors choisir de rejeter ou d'adopter, avec toutes les nuances nécessaires, ce nouveau mode d'être qu'il a ainsi découvert.

2. Les modes de représentation du divin ou le projet de cette étude

Les paragraphes qui précèdent esquissent très rapidement la base herméneutique sur laquelle je m'appuie ici. À partir de cette manière de considérer le récit, je voudrais poser la question spécifique de la mise en scène de la divinité. Quelle est l'attitude de la narration face au personnage nommé Dieu ? Est-il construit de manière similaire aux personnages humains ? Comment fonctionne un récit où la divinité est présente, par ses actes et ses paroles, sur la scène narrative ? Plus fondamentalement, quelle expérience de lecture suscite un tel récit ? La présence divine dans l'intrigue amène-t-elle le lecteur à une réinterprétation particulière de son monde, de sa conception du divin, voire de lui-même ? Enfin, à la lecture d'un tel récit, le lecteur apprend-il quelque chose de la divinité ?

Les réponses données à ces questions dépendent bien sûr du texte particulier qui est pris en compte : il est clair qu'elles seront envisagées différemment dans la *Théogonie* d'Hésiode, dans la bible hébraïque ou dans un roman de Sylvie Germain. En ce sens, la bible hébraïque elle-même confronte son lecteur à des expériences très diverses, selon qu'il lit l'Exode, le livre d'Esdras ou le Cantique des Cantiques. Les récits du Pentateuque, qui constituent le corpus sur lequel s'applique cette recherche, présentent de même une mise en scène variée du personnage divin. C'est dans cet ensemble particulier de textes que je voudrais tenter d'approcher la question de la présence divine dans le récit. Après avoir envisagé les problèmes que pose la délimitation de ce corpus, je préciserai les termes dans lesquels cette question est posée et définirai les objets propres de l'analyse menée ici, en soulignant ses limites. Un bref aperçu présentera alors les études bibliques déjà consacrées à cette matière.

a. *Le corpus : les récits du Pentateuque*

N'est-ce pas un pléonasme de parler des récits du Pentateuque, puisque cet ensemble littéraire se donne clairement une structure narrative ? Même les lois du Lévitique, par exemple, sont groupées en discours, ceux-ci étant précédés par une brève introduction narrative (parfois réduite aux mots « Et Yhwh dit »). Malgré leur caractère succinct, ces courtes introductions confèrent une charpente narrative au livre qui les contient. Il est néanmoins important de préciser que la recherche entreprise se base sur les *récits* du Pentateuque, c'est-à-dire sur des textes présentant les caractéristiques du genre narratif, dans la mesure où je prends peu en compte les livres du Lévitique et du Deutéronome, ainsi que les passages législatifs de l'Exode et des Nombres. Cette délimitation requiert toutefois certaines nuances. Il arrive en effet, à l'occasion, que je me penche sur les caractéristiques du discours divin tel qu'il apparaît dans certaines lois : j'envisagerai, par exemple, la question de l'emploi des noms divins dans les lois du Lévitique ou la structuration du texte des dix paroles, en Ex 20 et Dt 5. Ces incursions se font néanmoins toujours dans la perspective où ces lois émanant du personnage divin prennent place dans un ensemble littéraire dont la structure est fondamentalement narrative.

b. *La question directrice :*
les postures narratives face au divin

Pour résumer en une phrase la question directrice de cette recherche, il s'agit de déterminer la manière – ou les différentes manières – dont la narration se positionne face au personnage divin. Par le verbe « se positionner », j'entends poser les différents choix qu'implique pour la narration la mise en scène d'un personnage. Parmi les plus importantes, on peut citer les décisions : pour une représentation de l'extérieur (par exemple, les actions que le personnage accomplit ou les paroles qu'il prononce) ou pour une représentation de l'intérieur (ce que le personnage ressent en lui-même) ; pour une représentation directe (par exemple, les propos que le personnage est censé prononcer) ou pour une représentation indirecte (l'élaboration de ces propos par une autre instance que le personnage lui-même) ; pour une représentation favorisant la narrativisation (où le personnage est raconté dans la diégèse)[4] ou favorisant le discours (où le personnage est construit via ses propres discours ou ceux d'autres personnages) ; pour une représentation selon la perspective de la narration ou selon le point de vue particulier d'un personnage, etc. Ces différents traits, associés à d'autres (voir notamment la distinction entre *mimesis* et *diegesis*, développée ci-dessous), permettent

---

[4] Je parle ici de « représentation narrativisée » – je justifierai l'emploi de ce terme au chapitre III, sous l'intitulé « Les différents modes de représentation de la vie intérieure », p. 278. Je nomme « diégèse » l'ensemble du récit, à l'exclusion des discours prononcés par les personnages et rapportés en mode direct.

d'esquisser l'attitude de la narration face au personnage. M'inspirant de l'emploi que fait de ce terme Meir Sternberg[5], je parlerai parfois de «postures» de la narration, désignant ainsi les différents choix qui déterminent la description du personnage, son mode de présence dans le récit et ses relations avec la narration.

Je propose une analyse à la fois syntaxique et narrative de ces différents choix. La narration n'exprime en effet son attitude face au personnage divin que par la médiation de la langue. Les préférences pour tel ou tel type de représentations se marquent d'abord par des traits syntaxiques : le recours au style direct ou indirect, l'emploi des termes déictiques, le choix des conjonctions, le temps des verbes, etc. Ensuite, on peut observer le rôle important du vocabulaire employé : l'usage d'un certain mot peut révéler qu'est adoptée la perspective particulière d'un personnage, tandis que la manière dont un personnage est nommé suggère souvent le point de vue depuis lequel il est représenté. L'analyse littéraire proposée ici présente donc la particularité d'être ancrée autant que possible dans la langue et dans son fonctionnement syntaxique. Sur le plan narratif, je m'inspire de l'analyse narrative (ou *narrative criticism*) telle qu'elle a été appliquée aux textes bibliques[6]. J'explique au cours de la recherche les concepts particuliers auxquels je fais référence (comme, par exemple, la notion de monologue ou de focalisation).

Mon objectif n'est donc pas ici de dresser un portrait du personnage divin tel qu'il apparaît dans les récits étudiés[7]. En ce sens, je ne cherche pas à déterminer qui est le Dieu du Pentateuque, quels attributs lui sont conférés, ou quels sont les traits qui caractérisent sa personnalité. Ma question concerne en effet la manière dont le personnage est construit

---

[5] Voir Meir Sternberg, *The Poetics of Biblical Narrative. Ideological Literature and the Drama of Reading* (ISBL), Indiana University Press, Bloomington, 1987.

[6] Voir ainsi, à titre d'exemple : Shimon Bar-Efrat, *Narrative Art in the Bible* (JSOT.S 70). Translated by Dorothea Shefer-Vanson, Sheffield Academic Press, Sheffield, 2000[4] (1979[1]) ; Robert Alter, *The Art of Biblical Narrative*, Basic Books, New York, 1981 (traduction française : Id., *L'art du récit biblique*. Traduit de l'anglais par P. Lebeau et J.-P. Sonnet (Le livre et le rouleau 4), Lessius, Bruxelles, 1999) ; Adele Berlin, *Poetics and Interpretation of Biblical Narrative*, Almond Press, Sheffield, 1983 ; M. Sternberg, *The Poetics of Biblical Narrative* ; Jean-Louis Ska, *«Our Fathers Have Told Us». Introduction to the Analysis of Hebrew Narratives* (SB 13), Editrice Pontificio Istituto Biblico, Roma, 1990 ; Jean-Louis Ska, Jean-Pierre Sonnet, André Wénin, *L'analyse narrative des récits de l'Ancien Testament* (Cahiers Évangile 107), Cerf, Paris, 1999 ; Yairah Amit, *Reading Biblical Narratives. Literary Criticism and the Hebrew Bible*, Fortress Press, Minneapolis, 2001 (voir en particulier les pp. 82–87, sur le personnage divin et sa relation aux personnages humains).

[7] Voir les ouvrages cités ci-dessous, dans le premier paragraphe de l'intitulé «Aperçu sur quelques recherches sur le sujet».

par la narration et dont celle-ci se rapporte à lui. Par exemple, quand j'envisage la représentation des émotions et sentiments divins, mon intention n'est pas de déterminer si la divinité, dans le Pentateuque, est plutôt représentée comme colérique ou miséricordieuse, mais bien d'examiner par quels moyens linguistiques la narration construit cette représentation, quelle perspective elle adopte et comment elle se situe elle-même par rapport à cette description. Dans cette perspective, j'évite autant que possible le mot «Dieu», recourant plutôt aux noms propres utilisés par la bible hébraïque – Yhwh (יהוה) et Élohim (אלהים) – ou à l'expression «personnage divin». L'objet de ma recherche est en effet littéraire et non théologique : c'est le phénomène textuel que j'analyse, et non la réalité qui se cache (ou peut-être se révèle) derrière le récit.

c. *La structuration :*
les types de représentation du divin

L'ouvrage comprend quatre chapitres, chacun étant consacré à un type de représentation du personnage divin : le premier chapitre étudie ses paroles ; le deuxième se penche sur ses actes ; le troisième envisage sa vie intérieure ; le quatrième, enfin, concerne la transmission et l'interprétation de la parole divine. Les chapitres I et III sont caractérisés par une approche d'ordre globalement syntaxique : étudiant ce que dit et ressent le personnage divin, on cherche en effet à déterminer le mode direct ou indirect, narratif ou discursif, de ce type de représentation. Les chapitres II et IV sont quant à eux davantage tournés vers l'art narratif. Le chapitre sur les actes divins fournit l'occasion de se pencher sur la focalisation, système par lequel les différents éléments de la scène narrative sont perçus et représentés selon des perspectives variées, ainsi que sur les modes de présence et d'absence du personnage divin. Le dernier chapitre est consacré à un phénomène qui m'est apparu si caractéristique de la représentation du divin dans le Pentateuque qu'il m'a semblé digne d'être traité dans un chapitre à part entière : la transmission et l'interprétation des paroles divines par des personnages humains. L'intérêt est de montrer comment la narration met en scène des interprétations intra-diégétiques – internes au récit – qui traduisent, commentent, précisent, détournent, voire pervertissent la parole divine qui a été rapportée précédemment.

Cette division en quatre parties ainsi que l'ordre de celles-ci sont purement fonctionnels. Cette organisation simple présente l'avantage de mettre progressivement en lumière des «tendances» narratives, caractérisant les différents modes d'apparition du personnage divin. Elle a cependant le désavantage d'amener parfois à des distinctions un peu artificielles. Ainsi, par exemple, la vie intérieure des personnages du Pentateuque est exprimée tant au moyen de discours (qui pourraient ainsi être envisagés au chapitre I) qu'au moyen de représentations narrativisées, se situant dans la diégèse. Afin de permettre la comparaison, je rassemblerai toutes les représentations intérieures du divin, discursives et narrativisées, au chapitre III. De même, la distinction entre «parole» et «acte» n'est pas toujours aisée à accomplir : si «dire» (אמר en hébreu) constitue bien un verbe de parole, qu'en est-il d'«ordonner» (צוה) ou de «bénir» (ברך)? Une certaine souplesse s'impose donc quant au découpage en chapitres, retenu pour la structure de base qu'il fournit et qui permet d'organiser la recherche.

d. *Les limites de cette recherche*

À ce propos, il est impératif de préciser que la recherche menée ici ne se veut ni un commentaire des textes étudiés ni une analyse thématique exhaustive. Je ne prends ainsi en compte qu'un nombre limité de textes du Pentateuque, n'ayant pas pour projet de commenter toute action divine prenant place entre la création du monde et la mort de Moïse. Un choix a été fait, à partir des différents types d'interventions divines dans le récit. De même, dans l'interprétation des passages sélectionnés, il me faut limiter le propos à la considération des aspects du texte qui concernent directement le personnage divin. Je renvoie à d'autres études exégétiques pour un commentaire plus complet. Ceci vaut particulièrement pour la composition du texte : mon mode d'approche des textes bibliques est basé sur l'état final des textes, et non sur l'histoire de leur composition. Je me permets donc de renvoyer aux études historico-critiques pour une analyse de l'évolution du texte. Enfin, il faut signaler que je reviens à plusieurs reprises sur certains épisodes – le chapitre 3 de la Genèse, par exemple – qui sont apparus soit essentiels pour comprendre le projet narratif d'ensemble du Pentateuque, soit particulièrement représentatifs d'un mode d'intervention ou de présence de la divinité.

e. *Aperçu sur quelques recherches sur le sujet*

La représentation du divin dans la bible hébraïque a déjà fait l'objet de plusieurs études. Celles-ci sont essentiellement de deux types. D'une part, certaines recherches ont été consacrées à un trait du personnage divin, tel qu'il est représenté dans un corpus biblique déterminé. Par exemple, J.-P. Sonnet a travaillé sur les paroles de Dieu, plus exactement sur le type de personnage que constitue « le Dieu qui parle » de la bible hébraïque[8]. Le plus souvent, ce type d'études est consacré à un trait de l'intériorité divine : plusieurs recherches ont ainsi porté, par exemple, sur la colère[9] ou le repentir[10] divins. Un ouvrage, récemment paru en français, rassemble ainsi vingt-six portraits du Dieu de la bible[11]. Comme l'indique la première phrase de la préface, la question à laquelle un tel ouvrage tente de répondre est : « Qui est Dieu ? » : l'objectif premier est d'examiner comment est décrit le Dieu du récit, quels sont ses attributs et caractéristiques. Les études de ce type, auxquelles je renverrai au cours de l'ouvrage, présentent l'avantage d'offrir une analyse d'un motif particulier et de montrer comment il est développé dans un corpus donné. Bien qu'utiles pour l'enquête menée ici, elles se situent néanmoins sur un terrain complètement différent, puisqu'elles concernent davantage le personnage tel qu'il est produit par la narration que la narration dans sa production du personnage.

D'autre part, quelques autres études, assez rares, ont porté sur le mode de représentation de la divinité dans un corpus défini de la bible hébraïque. Elles rejoignent en ce sens de plus près cette recherche. Il faut d'abord signaler une série d'articles de Jean-Pierre Sonnet, portant spécifiquement sur le rapport entre personnage divin et narrateur omniscient. Je les présente plus loin, dans le cadre de la discussion sur la présence ou non d'un narrateur dans les récits du Pentateuque[12].

La petite étude de Dale Patrick, *The Rendering of God in the Old Testament* (1981), présente un projet très apparenté à celui poursuivi dans cet

---

[8] Jean-Pierre SONNET, « Du personnage de Dieu comme être de parole », in : Françoise MIES (éd.), *Bible et théologie. L'intelligence de la foi* (Connaître et croire 13 / Le livre et le rouleau 26), Presses Universitaires de Namur / Lessius, Namur / Bruxelles, 2006, pp. 15–36. Voir aussi, dans une perspective plus philosophique, Nicholas WOLTERSTORFF, *Divine Discourse : Philosophical Reflections on the Claim that God Speaks*, Cambridge University Press, Cambridge, 1995.

[9] Voir par exemple Kari LATVUS, *God, Anger and Ideology : the Anger of God in Joshua and Judges in Relation to Deuteronomy and the Priestly Writings* (JSOT.S 279), Sheffield Academic Press, Sheffield, 1998 ou Samantha JOO, *Provocation and Punishment : The Anger of God in the Book of Jeremiah and Deuteronomistic Theology* (BZAW 361), de Gruyter, Berlin, 2006.

[10] Voir par exemple Jörg JEREMIAS, *Die Reue Gottes. Aspekte alttestamentlicher Gottesvorstellung*, Neukirchener Verlag, Neukirchen-Vluyn, 1997².

[11] Pierre GIBERT, Daniel MARGUERAT (éds), *Dieu, vingt-six portraits bibliques*, Bayard, Paris, 2002.

[12] Voir plus loin l'intitulé : « Un narrateur pour dire Dieu – Meir Sternberg et Jean-Pierre Sonnet », p. 25.

ouvrage, même si la manière de le mettre en œuvre diffère en plusieurs aspects[13]. Patrick, dans sa préface, reconnaît : « Je considère comme vertu de mon approche le fait qu'elle suspend la question de la réalité du Dieu représenté dans l'Ancien Testament en vue de découvrir la manière dont cette représentation est accomplie »[14]. Comme je le fais dans cette recherche, Patrick s'attache ainsi particulièrement au type de représentation du divin (moins qu'au portrait qui se dessine de la sorte), utilisant fréquemment la métaphore du théâtre et de sa scène et cherchant à déterminer la participation du lecteur dans l'épisode considéré. Les différents points traités par Patrick diffèrent cependant en partie de ceux qui seront étudiés ici. La première partie de son ouvrage est consacrée à la « mise en personnage » (*characterization*) de Dieu : Patrick justifie ici le rôle de personnage que la divinité joue dans le récit biblique et montre la consistance avec laquelle l'identité de Yhwh est développée au long de la bible hébraïque. Dans la deuxième partie, Patrick s'attache aux traits essentiels de l'action divine : il étudie ainsi les différents types d'intervention de Yhwh, depuis ses actions miraculeuses jusqu'à ses actes de parole, en passant par « l'œuvre cachée de la providence divine ». Enfin, la dernière partie de l'ouvrage est consacrée à la « réalité du Dieu biblique », ou au lien entre le « Dieu-langage » (*God-language*) du texte et la foi du lecteur.

Un autre ouvrage à mentionner ici est l'étude de W. Lee Humphreys, *The Character of God in the Book of Genesis* (2001)[15]. Les observations de Humphreys rejoignent souvent celles de ma propre recherche, bien que l'objectif de l'auteur soit passablement différent : par une étude textuelle détaillée, considérant pas à pas les épisodes de la Genèse, Humphreys cherche à discerner quel type de personnage et de divinité émerge des pages de la Genèse, à travers ses différentes interventions. Il met ainsi en lumière de multiples traits du personnage divin, oscillant entre stylisation maximale et minimale, cohérence et incohérence, totalité et fragmentation, complexité et simplicité, etc. De même, il étudie les rôles variés que joue la divinité dans ce corpus, depuis la fonction de

---

[13] Dale Patrick, *The Rendering of God in the Old Testament* (OBT 10), Philadelphia, Fortress Press, 1981.

[14] « I took it to be a virtue of my approach to suspend the question of the reality of the God depicted in the Old Testament in order to work out the way the depiction itself was achieved », D. Patrick, *The Rendering of God*, p. XXIII.

[15] W. Lee Humphreys, *The Character of God in the Book of Genesis. A Narrative Appraisal*, Westminster John Knox Press, Louisville, 2001.

«souverain créateur» jusqu'à celle de «parent», en passant par celles de «juge», «sauveur», «opposant», etc[16].

Le troisième ouvrage à signaler est celui d'Amelia Devin Freedman, *God as an Absent Character in Biblical Hebrew Narrative* (2005)[17]. Je retiens ici surtout l'idée fondamentale de cette recherche, consistant à étudier les «modes» de l'absence divine ou les différentes médiations qui permettent de «re-présenter» Dieu sur la scène du récit quand celui-ci est absent : on peut citer par exemple les anges, les messagers divins, les êtres humains – ceux qui sont revêtus d'un statut particulier, comme les juges et les prophètes, mais également les «simples» personnages du récit, qui avancent différentes interprétations sur la divinité. Toutefois, l'étude de Freedman est essentiellement axée sur une comparaison entre méthodes exégétiques (*narrative criticism*, *reader response criticism*, intertextualité, etc.), et ne traite du sujet de l'absence divine que comme illustration de ces méthodes[18].

3. Cadre littéraire :
une définition non communicationnelle du récit

La définition que l'on donne au mot «récit» influence la manière dont on lit et interprète les récits particuliers produits par la littérature. De même, c'est à la lecture de ces différents récits que prend progressivement forme la manière dont on définit, de manière abstraite, le genre narratif. En vertu de cette interdépendance, je donne ici quelques rapides repères sur la conception du récit qui sous-tend cette recherche. Au fil de l'étude, ces quelques balises seront complétées à partir

---

[16] Voir notamment W. L. Humphreys, *The Character of God*, pp. 234–235 (tableau récapitulatif).

[17] Amelia Devin Freedman, *God as an Absent Character in Biblical Hebrew Narrative. A Literary-Theoretical Study* (SBL 82), Peter Lang, New York, 2005.

[18] Davantage d'études sur le personnage divin ont été consacrées aux textes du Nouveau Testament. On peut citer, entre autres (par ordre chronologique) : Marianne Meye Thompson, «"God's voice you have never heard, God's form you have never seen" : The Characterization of God in the Gospel of John», in : Elizabeth Struthers, Adele Berlin (eds), *Characterization in Biblical Literature* (Semeia 63), Scholars Press, Atlanta, 1993, pp. 177–204 ; Daniel Marguerat, «The God of the Book of Acts», in : G. J. Brooke, J.-D. Kaestli (eds), *Narrativity in Biblical and Related Texts. La narrativité dans la Bible et les textes apparentés* (BETL 149), Peeters, Leuven, 2000, pp. 159–181 ; Christian Dionne, *La Bonne Nouvelle de Dieu. Une analyse de la figure narrative de Dieu dans les discours pétriniens d'évangélisation des Actes des Apôtres* (LD 195), Cerf, Paris, 2004.

d'illustrations concrètes, qui contribueront à leur tour à justifier la définition proposée.

a. *Une définition non communicationnelle du récit :*
la spécificité de la langue narrative

La définition non communicationnelle du récit, sur laquelle je m'appuie ici, s'est développée à partir d'une prise de distance face au système proposé par Gérard Genette[19], modèle pionnier qui a permis l'élaboration de la narratologie actuelle. Cette critique s'est elle-même basée sur des travaux précédant chronologiquement ceux de Genette. Optant pour une présentation thématique, je commence par présenter les grandes lignes du modèle de Genette, pour ensuite revenir quelque peu en arrière et introduire les études d'Émile Benveniste et Käte Hamburger, précurseurs de la théorie non communicationnelle du récit[20].

Le récit et ses instances selon Gérard Genette
Dans le modèle élaboré par Genette, le récit est considéré comme le message d'une communication : raconté par un narrateur plus ou moins manifeste, le récit s'adresse à un narrataire plus ou moins déterminé. Ce message est défini comme une histoire à transmettre : «Le récit, le discours narratif, ne peut être tel qu'en tant qu'il raconte une histoire,

---

[19] Voir en particulier Gérard GENETTE, *Figures III* (Poétique), Seuil, Paris, 1972 ; ID., *Nouveau discours du récit* (Poétique), Seuil, Paris, 1983. Il faudrait toutefois distinguer les différentes étapes qui ont marqué l'évolution de la pensée de Genette. L'influence de Benveniste se marque davantage dans Gérard GENETTE, *Figures II* (Poétique), Seuil, Paris, 1969, où le récit «à l'état pur» est défini par son indépendance ou objectivité, au contraire du discours, toujours référé à un locuteur. Genette écrit en ce sens (p. 64) : «À ce degré de pureté, la diction propre du récit est en quelque sorte la transitivité absolue du texte, l'absence parfaite […], non seulement du narrateur, mais bien de la narration elle-même, par l'effacement rigoureux de toute référence à l'instance de discours qui la constitue. Le texte est là, sous nos yeux, sans être proféré par personne, et aucune (ou presque) des informations qu'il contient n'exige, pour être comprise ou appréciée, d'être rapportée à sa source, évaluée par sa distance ou sa relation au locuteur et à l'acte de locution». Cette conception du récit, proche de celle qui est adoptée dans cette étude, est cependant contrebalancée par le constat de Genette que cet «état pur» du récit ne se trouve réalisé dans pratiquement aucun texte littéraire.

[20] On peut également renvoyer aux articles de synthèse suivants : Sige-Yuki KURODA, «Réflexions sur les fondements de la théorie de la narration». Traduit de l'anglais par Tiên Fauconnier, in : Julia KRISTEVA, Jean-Claude MILNER, Nicolas RUWET (éds), *Langue, discours, société. Pour Émile Benveniste* (Linguistique), Seuil, Paris, 1975, pp. 260–293 et Richard ACZEL, «Hearing Voices in Narrative Texts», *New Literary History* 29 (1998), pp. 467–500.

faute de quoi il ne serait pas narratif [...], et en tant qu'il est proféré par quelqu'un, faute de quoi [...] il ne serait pas en lui-même un discours. Comme narratif, il vit de son rapport à l'histoire qu'il raconte ; comme discours, il vit de son rapport à la narration qui le profère »[21]. Le récit est considéré comme un discours, celui-ci se distinguant par son contenu narratif. C'est parce qu'il est rangé dans la catégorie du discours que le récit se doit d'être proféré par une instance locutrice.

L'activité narratrice fait intervenir plusieurs voix, se situant à différents niveaux. Puisque « la situation narrative d'un récit de fiction ne se ramène *jamais* à sa situation d'écriture »[22], Genette distingue entre auteur et narrateur, comme entre lecteur et narrataire. Si, dans un récit historique, l'auteur peut se confondre avec le narrateur, ce dernier, dans le récit de fiction, constitue au contraire un rôle fictif, à différencier nécessairement de l'auteur : l'auteur écrit, confiant la narration du récit à la « voix » du narrateur. Le rôle et la visibilité de ce narrateur peuvent varier – le narrateur peut être responsable du récit dans son ensemble ou d'un récit enchâssé (narrateur extradiégétique ou intradiégétique) ; il peut intervenir ou non dans l'histoire (narrateur homodiégétique ou hétérodiégétique) – mais sa présence est constitutive de la notion même de récit. Cette définition du récit, basée sur l'idée d'une communication entre narrateur et narrataire, constitue toujours le modèle dominant de l'analyse narrative.

Käte Hamburger ou les trois caractéristiques de la langue narrative

Käte Hamburger publie en 1957 l'ouvrage *Die Logik der Dichtung*, traduit plus tard en français sous le titre *La logique des genres littéraires* (1986)[23]. Le cœur de son intuition consiste à montrer la particularité de la phrase narrative, détachée de toute instance locutrice, par opposition à la phrase du discours, prononcée par un locuteur à l'adresse d'un interlocuteur. Cette particularité du récit de fiction est étayée par trois observations.

La première concerne le caractère « a-temporel » du « prétérit épique » ou du passé employé dans le récit. Dans le régime du discours, la phrase « c'était le printemps » indique, par la valeur de l'imparfait, que

---

[21] G. GENETTE, *Figures III*, p. 74.
[22] G. GENETTE, *Figures III*, p. 226 (souligné par l'auteur).
[23] Käte HAMBURGER, *Logique des genres littéraires*. Traduit de l'allemand par Pierre Cadiot, préface de Gérard Genette (Poétique), Seuil, Paris, 1986 (1957 pour l'original allemand, traduction sur l'édition révisée de 1968).

le locuteur parle d'une époque passée. Par contre, en régime narratif, un récit commençant par les mêmes mots n'évoquera pas pour le lecteur une temporalité révolue: la phrase lui servira à se représenter les circonstances de l'action, mais les conventions de la fiction l'empêcheront de la situer dans une époque passée par rapport à lui. Hamburger donne l'exemple des adverbes déictiques exprimant un temps futur. Dans un discours, l'adverbe «demain» ne peut être employé qu'avec un verbe futur: «Demain, ce sera le début du printemps». Par contre, dans la langue narrative, on pourra lire: «Demain, c'était le début du printemps. Elle préparait déjà ses robes d'été». La valeur de l'imparfait n'étant pas temporelle, l'adverbe «demain» peut être utilisé sans heurt. Le lecteur le comprend en référence au «maintenant» du personnage. On observe donc que les temps passés perdent leur valeur temporelle une fois utilisés dans un récit de fiction: «La mutation sémantique [entre discours et récit] consiste en ce que le prétérit perd la fonction grammaticale de désigner le passé»[24]. Comme le suggère l'exemple avec l'adverbe «demain», alors que le discours présuppose un «je» locuteur, placé dans le même monde spatio-temporel que son interlocuteur, le récit s'organise plutôt à partir de la situation ou du point de vue des personnages: le «demain» de l'exemple signale le lendemain du jour où se situe le personnage.

La seconde particularité du récit de fiction consiste dans l'emploi spécifique de verbes décrivant des processus intérieurs – comme *penser, aimer, être triste* – conjugués à la troisième personne. Dans un récit, ces verbes peuvent en effet être utilisés pour décrire l'état intérieur d'une tierce personne – «il pensait au printemps» – sans pour autant constituer une conjecture sur ce qu'elle vit intérieurement, comme le feraient les mêmes verbes dans un discours. Dans le discours, en effet, la permanence du «je» locuteur donne à ce type de phrase un caractère présumé ou conjectural: l'expression «il pensait au printemps» y résonne comme l'interprétation par le locuteur de l'état intérieur d'une autre personne, qui lui est par définition inaccessible. En revanche, en adoptant le point de vue du personnage, la langue du récit peut représenter, au moyen de la troisième personne, les émotions et sentiments qu'il ressent.

Le récit de fiction présente une troisième particularité, celle du discours indirect libre. Cette forme littéraire exprime l'intériorité du personnage selon le propre point de vue de celui-ci, tout en évitant le

---

[24] K. Hamburger, *Logique des genres littéraires*, p. 77.

recours au discours direct. Le discours indirect libre donne l'impression de pénétrer la pensée ou l'état intérieur du personnage, au moyen de structures imitant le rythme de sa pensée : « Elle s'abîma dans ses pensées. Demain, le printemps, déjà ! Ses travaux de jardinage allaient reprendre ». Comme on le voit dans l'exemple, le « je » et le présent qui auraient caractérisé un discours direct sont ici remplacés par l'usage de la troisième personne et du passé. Pourtant, c'est bien la pensée du personnage qui est exprimée, dans sa subjectivité et son immédiateté. Le caractère fictif du personnage, écrit Hamburger, « réduit à néant la signification imperfective des verbes qui servent à le décrire »[25]. Le discours indirect libre illustre ainsi de manière paradigmatique la particularité de la narration, capable d'adopter le point de vue d'un ou plusieurs personnages, tout en continuant à parler d'eux à la troisième personne.

Par voie de conséquence, Hamburger démontre que la phrase du récit de fiction ne peut être prononcée par un locuteur – ou, dans ce cas, par un narrateur. La spécificité du récit réside en effet dans la possibilité de créer un « je-origine » (ou un point de vue) fictif, celui du personnage. C'est en ce sens que le récit de fiction est détaché de tout système spatio-temporel extérieur, puisqu'il n'est plus lié à la situation d'un locuteur. De la même manière disparaît la relation sujet-objet qui caractérise le discours : « le romancier n'est pas un sujet d'énonciation, il ne raconte pas à propos de personnes et de choses [...], il raconte personnes et choses. Entre ce qui est l'objet narré et la narration, il n'y a pas un rapport relationnel en l'occurrence énonciatif, mais une liaison de type fonctionnel »[26]. Le récit ne peut plus se comprendre comme le discours d'un narrateur – discours *au sujet* d'une certaine réalité ou *message* d'une communication – mais comme le résultat d'une fonction narrative (que j'appelle personnellement « narration ») qui l'isole de tout locuteur.

Émile Benveniste ou la distinction entre histoire et discours
Indépendamment des travaux de Käte Hamburger, Benveniste, dans une étude intitulée « Les relations de temps dans le verbe français » (1966), arrive à des observations analogues[27]. Benveniste part de la redondance,

---

[25] K. Hamburger, *Logique des genres littéraires*, p. 93.
[26] K. Hamburger, *Logique des genres littéraires*, p. 126.
[27] Émile Benveniste, *Problèmes de linguistique générale I*, Gallimard, Paris, 1966, chapitre XIX, « Les relations de temps dans le verbe français », pp. 237–250.

en français, du passé composé (*il a fait*) et du passé simple (*il fit*), deux formes que l'on attribue généralement à la différence entre langue parlée et langue écrite, la première forme étant une sorte de substitut, postérieur, de la seconde. Or, selon Benveniste, « les temps d'un verbe français [...] se distribuent en *deux systèmes* distincts et complémentaires. Chacun d'eux ne comprend qu'une partie des temps du verbe ; tous les deux sont en usage concurrent et demeurent disponibles pour chaque locuteur. Ces deux systèmes manifestent deux plans d'énonciation différents, que nous distinguerons comme celui de l'*histoire* et celui du *discours* »[28]. Le passé composé relève en ce sens du discours, tandis que le passé simple est caractéristique de ce que Benveniste appelle l'énonciation historique.

L'énonciation historique, selon Benveniste, caractérise un récit d'événements passés[29] où n'intervient aucun locuteur ou narrateur : « Les événements sont posés comme ils se sont produits à mesure qu'ils apparaissent à l'horizon de l'histoire. Personne ne parle ici ; les événements semblent se raconter eux-mêmes. Le temps fondamental est l'aoriste, qui est le temps de l'événement hors de la personne d'un narrateur »[30]. À partir d'une recherche purement syntaxique, Benveniste arrive donc à une conception du récit parallèle à celle de Hamburger : le genre narratif est défini par sa syntaxe particulière, par son indépendance vis-à-vis d'un locuteur, par sa différence du discours.

Ann Banfield ou les « unspeakable sentences »
Ann Banfield, dans *Unspeakable Sentences* (1982), traduit en français sous le titre *Phrases sans parole* (1995)[31], développe un modèle non communicationnel du récit fondé sur les bases de la linguistique générative. Banfield montre ainsi que certaines phrases de la langue narrative résistent à toute tentative d'être prononcées – elles sont en ce sens « unspeakable » ou imprononçables. Le discours indirect libre, par exemple, constitue une forme linguistique qui ne peut être attribuée à un énonciateur. Il y a donc, dans la langue narrative, une « véritable "prise de distance"

---

[28] É. BENVENISTE, *Problèmes de linguistique générale*, p. 238.
[29] Ici se situe une des différences entre les modèles proposés par Hamburger et Benveniste. Pour la première, en effet, le récit détaché de toute instance énonciative est nécessairement fictionnel, tandis que le second semble envisager sous le terme « histoire » un récit d'événements historiques.
[30] É. BENVENISTE, *Problèmes de linguistique générale*, p. 241.
[31] Ann BANFIELD, *Phrases sans parole. Théorie du récit et du style indirect libre*. Traduit de l'anglais par Cyril Veken, Seuil, Paris, 1995 (édition originale américaine 1982).

de la langue par rapport à la communication verbale : elle a nécessité l'élimination de toute notion de présent, de destinataire/auditeur, et d'énonciateur communiquant avec ce dernier »[32]. Le récit apparaît de la sorte comme « l'autre de la communication »[33].

Reprise sur le plan littéraire : la mise à l'écart du narrateur et de l'omniscience
Ce fondement linguistique du modèle non communicationnel a depuis lors été repris sur un plan plus proprement littéraire par quelques théoriciens du récit, notamment Richard Walsh[34]. Ce dernier remet en question la catégorie du narrateur, résultat selon lui d'une prolifération inutile des instances narratives. Passant en revue les différents types de narrateur dans le modèle élaboré par Genette, Walsh montre que la fonction attribuée traditionnellement au narrateur se ramène en fait soit à celle de l'auteur (narrateur extradiégétique et hétérodiégétique), soit à celle de personnage (trois autres cas de figure). Si aucune instance narratrice n'est mentionnée dans le récit, alors il n'y a pas lieu de postuler une voix pour lui attribuer la narration. Si par contre le récit met explicitement en scène un narrateur (sous la forme d'un « je » anonyme ou partie prenante dans l'histoire), alors ce dernier doit être considéré comme un personnage.

Walsh examine alors les conséquences du parti pris théorique de Genette : en postulant un narrateur, la critique narrative pose un « cadre » au récit, qui apparaît dès lors comme un compte-rendu (donc un discours), puisque prononcé par un locuteur, plutôt que comme une invention (ou une fiction). « La fonction du narrateur est de permettre au récit d'être lu comme quelque chose de connu plutôt que comme quelque chose d'imaginé, quelque chose de rapporté comme fait plutôt que comme quelque chose de raconté comme fiction »[35]. L'hypothèse du narrateur a donc pour résultat de « neutraliser la fictionnalité » du récit[36] : elle déplace en effet le récit dans le domaine du discours et du

---

[32] A. BANFIELD, *Phrases sans parole*, p. 216.
[33] A. BANFIELD, *Phrases sans parole*, p. 218.
[34] Richard WALSH, « Who Is the Narrator? », *Poetics Today* 18 (1997), pp. 495–513. Voir également, par exemple, Sylvie PATRON, « La narratologie : une théorie de la communication narrative. Pour une autre théorie du récit », Séminaire *Narratologies Contemporaines* (CNRS/EHESS), séance du 4 janvier 2005.
[35] « The function of the narrator is to allow the narrative to be read as something known rather than something imagined, something reported as fact rather than something told as fiction », R. WALSH, « Who Is the Narrator? », p. 499.
[36] R. WALSH, « Who Is the Narrator? », p. 496.

réel, le faisant prononcer à une instance locutrice qui témoigne ou connaît[37].

Or le récit de fiction appelle un tout autre pacte de lecture. Le lecteur n'aborde pas ce genre littéraire comme un livre d'histoire ou un article de presse, mais comme l'invitation à entrer dans un monde autre que son monde réel, où l'incrédulité et le scepticisme ne sont pas de mise. En sont témoins des procédés littéraires propres au récit, comme la faculté de rendre les sentiments éprouvés par des êtres humains, les jeux sur la chronologie, la rétention d'information, etc. La critique traditionnelle explique de tels passages par l'hypothèse du narrateur omniscient, interprétant ici encore un trait de la fiction par un recours à une catégorie qui lui est complètement hétérogène, la connaissance. Or, comme l'écrit Walsh, «l'omniscience [...] n'est pas une faculté possédée par une certaine classe de narrateurs, mais, précisément, une qualité de l'imagination»[38]. C'est parce que le récit ressortit à l'imaginaire que de tels passages sont possibles, et non parce qu'il est porté par une instance à la connaissance toute-puissante. Les passages narratifs où l'on a lu habituellement la marque de l'omniscience du narrateur devraient donc être réinterprétés comme des lieux où se révèle la fictionnalité du texte.

Jonathan Culler consacre à la notion d'omniscience un article de la revue *Narrative*[39]. Distinguant différentes caractéristiques généralement attribuées au narrateur omniscient – la performativité des déclarations narratives, la capacité à rendre la vie intérieure des personnages, la narration autoriale, la narration impersonnelle de la tradition réaliste –, Culler montre qu'aucun de ces traits ne relève en fait de la catégorie de connaissance. Le pacte de lecture propre au récit fictionnel porte en effet le lecteur à accepter chaque énoncé comme «une donnée du monde narratif»[40]. En ce qui concerne la représentation de la vie intérieure, Culler montre le paradoxe qui consiste à parler de point de vue limité quand le récit ne pénètre la vie intérieure que d'un seul personnage,

---

[37] Il est d'ailleurs intéressant de noter que c'est seulement en contexte fictionnel que Genette postule un narrateur distinct de l'auteur (voir plus haut sous l'intitulé «Le récit et ses instances selon Gérard Genette», p. 11).

[38] «Omniscience, I would suggest, is not a faculty possessed by a certain class of narrators but, precisely, a quality of imagination», R. Walsh, «Who Is the Narrator?», p. 499.

[39] Jonathan Culler, «Omniscience», *Narrative* 12 (2004), pp. 22–34.

[40] «By convention we accept the statement as a given of the narrative world», J. Culler, «Omniscience», p. 27.

mais de narrateur omniscient quand il rend les sentiments de plusieurs personnages. En conclusion de son article, Culler montre que le recours à l'omniscience du narrateur ne permet d'expliquer aucun des traits mentionnés plus haut. Ce concept est ainsi jugé tant inutile que dommageable, puisqu'il «réunit et embrouille plusieurs facteurs différents qui devraient être séparés pour être bien compris»[41].

À ces différentes études, on pourrait ajouter que la prétendue omniscience ne joue jamais que comme une *manifestation* ou une *apparence* de connaissance : le récit de fiction est le lieu d'une création, non d'une information. Au lieu d'envisager la relation entre la narration et ses personnages en termes cognitifs, je suggérerais de les penser en termes esthétiques, c'est-à-dire dans la perspective du lecteur. Celui-ci appréhende en effet le monde narratif et ses personnages selon le rapport que la narration construit et entretient avec eux. Dans le cas d'une narration traitant ses personnages de manière totalement transparente, le lecteur maîtrise tout de leur vie extérieure et intérieure. Par contre, dans le cas d'une narration préservant un certain mystère autour de ses personnages, il ne perçoit ces derniers que de manière fragmentaire, leur personnalité n'apparaissant que par touches successives. Plutôt que de se conjuguer en termes de connaissance, la relation entre la narration et les personnages se présente ainsi comme la mise en œuvre d'une certaine esthétique, qui elle-même conditionne l'accès du lecteur au monde narratif. Le rapport de la narration au personnage sera donc envisagé ici comme l'ensemble des conditions qui organisent l'expérience de la lecture et décident de l'accès que reçoit le lecteur au monde narratif.

Une théorie distinctive ou événementielle du récit

Cette théorie non communicationnelle me semble particulièrement féconde, en ce qu'elle permet de rendre compte de plusieurs traits du récit fictionnel. Elle permet d'abord de penser sa temporalité particulière. Comme l'a montré K. Hamburger, les événements racontés, même s'ils sont rendus par des verbes exprimant le passé, ne renvoient pas à une époque historiquement passée : le récit se présente plutôt au lecteur dans son immédiateté, détaché des contraintes historiques. Ensuite, cette

---

[41] «It [the idea of omniscience] is not a useful concept for the study of narration, [...] it conflates and confuses several different factors that should be separated if they are to be well understood», J. Culler, «Omniscience», p. 22.

théorie offre l'avantage de ne pas supposer la figure médiatrice du narrateur, qui raconterait le récit selon son point de vue personnel, donc limité – comme dans un récit à la première personne. Au contraire, le récit à la troisième personne offre de multiples « centres de conscience » : il lui est en effet possible d'adopter successivement la perspective de différents personnages, offrant ainsi au lecteur différents regards sur une même réalité. Plus fondamentalement, cette théorie rend au récit son propre mode de fonctionnement : le récit de fiction ne relève ni de la connaissance ni de l'opposition entre véracité et fausseté, étant au contraire complètement hétérogène à ces catégories. Il procède de l'imagination et de l'invention, offrant au lecteur un espace où il peut mettre au repos ses capacités critiques et dubitatives.

Cette théorie permet enfin de comprendre pourquoi le récit se prête si bien à faire passer une idéologie, des valeurs ou une vision du monde. C'est parce qu'il se donne comme pure narration de faits, sans le truchement d'un locuteur, que le récit donne l'illusion d'une transparence au monde raconté, historique ou fictionnel. Parce qu'il n'est pas porté par un locuteur, le récit échappe aux limitations de l'inévitable point de vue de l'énonciateur. Il peut ainsi rendre l'intériorité d'une personne humaine ou une scène dont nul n'a été témoin, sans pour autant que le lecteur s'interroge sur la source de son information. Or le récit est toujours œuvre d'un auteur (ou d'auteurs), même si la mémoire de celui-ci ou ceux-ci s'est estompée. À ce niveau, le semblant de transparence que donne le récit peut être utilisé à des fins idéologiques, d'autant plus efficaces que subtiles et masquées.

Afin d'exprimer ce modèle narratif en des termes positifs – et non avec un qualificatif (« non communicationnel ») qui ne fait que le définir à partir d'un modèle concurrent –, je proposerais de parler d'une théorie de la distinction narrative, dans le sens où ce modèle est basé sur ce qui fait la particularité du récit fictionnel par rapport à la langue discursive. On pourrait également parler de théorie événementielle, dans la mesure où le récit n'est pas perçu comme communication, mais comme événement, qui advient au lecteur dans le processus de la lecture.

b. *Entre* mimesis (showing) *et* diegesis (telling)

Ce modèle de la distinction narrative remet à l'honneur une très ancienne distinction. Celle-ci s'origine dans les philosophies platonicienne et aristotélicienne, où elle s'exprime par les termes de *mimesis* et

de *diegesis*. Elle a ensuite été réinterprétée par Henry James et ses disci-
ples, qui parlent quant à eux de *showing* et de *telling*, puis a été critiquée
par Wayne Booth et Gérard Genette. Replacée dans l'optique de la
théorie narrative proposée ici, et mise en perspective par ses critiques,
elle fournit une base intéressante sur laquelle fonder une étude de la
représentation du divin.

Mimesis et diegesis chez Platon et Aristote

Platon, au Livre III de la *République* (392c–394c), distingue trois genres narratifs : l' ἁπλή διήγησις (l'exposition simple – par exemple
le dithyrambe), la διήγησις διὰ μιμήσεως (le récit par imitation ou
représentation – par exemple la comédie ou la tragédie) et la διήγησις
δι' ἀμφοτέρων (le récit mixte, combinant les deux méthodes). Il n'y
a donc pas chez Platon d'opposition entre les deux termes διήγησις
et μίμησις, le second désignant une modalité possible du premier. La
distinction est ensuite réinterprétée par Aristote : ce dernier se sert du
terme μίμησις pour exprimer une autre réalité, celle de l'imitation
ou de la représentation dans l'art en général. Cette représentation
prend différentes voies, notamment celle du récit (διήγησις). Tous les
récits ne sont cependant pas mimétiques : dans certains d'entre eux,
le narrateur laisse les personnages agir sans commenter leurs actions,
alors que, dans d'autres, le narrateur intervient dans la narration en se
présentant comme tel. Aristote intègre donc la distinction platonicienne
dans une théorie plus vaste de la μίμησις comme représentation – sens
que reprendra Ricœur dans sa philosophie du récit[42].

Showing et telling chez Henry James et ses disciples

Lors de l'émergence des théories du roman et de la fiction, à la fin du
dix-neuvième siècle, la distinction platonicienne trouve une nouvelle
réinterprétation. Ainsi, Henry James, dans ses préfaces, où il tend à
rendre compte, de manière fragmentée, de la naissance de ses romans,
aborde à plusieurs reprises le problème de la présence du narrateur
dans le récit. Il questionne son rôle par rapport au monde raconté –
qu'il nomme la *scène* (*humaine*) – et sa relation aux personnages. Dans la
préface à « The Portrait of a Lady », il insiste par exemple sur le fait que

---

[42] Je m'inspire ici des pages intéressantes d'André GAUDREAULT, « Mimesis et
Diegesis », in : ID., *Du littéraire au filmique. Système du récit*, Armand Colin, Paris, 1999,
pp. 55–69.

ce roman n'a pris en aucun cas naissance dans une «intrigue» ou dans la prise de conscience d'un «ensemble de relations», mais bien dans le personnage principal, une jeune femme particulière[43]. En d'autres termes, James insiste sur la priorité du personnage – ou de la «scène» ou du «monde du récit» – sur l'intervention du narrateur.

Les écrits de James ont été par la suite théorisés, notamment par Percy Lubbock[44]. Celui-ci commence par rappeler la distinction entre «dialogue dramatique» (*dramatic dialogue*) et «description picturale» (*pictorial description*), deux styles que James reconnaît employer en alternance dans ses romans, même s'il donne la priorité au premier style. Lubbock recourt alors à cette distinction pour décrire le style de deux romanciers, Maupassant et Thackeray. Maupassant est caractérisé, selon lui, par un style dramatique, marqué par le retrait de l'auteur hors de la réalité racontée. Bien que celui-ci soit manifestement en train de conter l'histoire, il rend les événements du récit à ce point immédiats que «la machinerie de sa narration, par laquelle ils nous atteignent, nous devient imperceptible ; l'histoire semble se raconter elle-même»[45]. Il s'agit du procédé du *showing*, où la réalité narrative est montrée et non racontée. Lubbock souligne que la technique réside essentiellement dans son *effet* : la médiation de la narration demeure, mais elle se fait discrète, voire imperceptible. Par contre, les romans de Thackeray apparaissent comme «une longue et sociable conversation avec le lecteur»[46], où l'auteur/narrateur est la figure directrice. L'activité narratrice ne peut être oubliée ici, dans la mesure où elle s'affiche au premier plan du récit. Cette tendance, pouvant marquer tant le style d'un auteur qu'une œuvre ou une scène, est caractérisée par le nom de *telling*.

---

[43] «Trying to recover here, for recognition, the germ of my idea, I see that it must have consisted not at all in any conceit of a "plot," nefarious name, in any flash, upon the fancy, of a set of relations, or in any one of those situations that, by a logic of their own, immediately fall, for the fabulist, into movement, into a march or a rush, a patter of quick steps; but altogether in the sense of a single character, the character and aspect of a particular engaging young woman [...]», Henry JAMES, *The Art of the Novel. Critical Prefaces*, Charles Scribner's Sons, New York/London, 1950, p. 42.

[44] Percy LUBBOCK, *The Craft of Fiction*, J. Cape, London, 1921.

[45] «Certainly he is "telling" us things, but they are things so immediate, so perceptible, that the machinery of his telling, by which they reach us, us unnoticed; the story appears to tell itself», P. LUBBOCK, *The Craft of Fiction*, p. 113.

[46] «Thackeray's would be more like the idea of a long and sociable interview with the reader, a companion with whom he must establish definite terms», P. LUBBOCK, *The Craft of Fiction*, p. 112.

Les critiques de Wayne Booth et Gérard Genette

Cette distinction entre styles narratifs n'a pas fait l'unanimité. Une des critiques les plus virulentes est celle de Wayne Booth dans *The Rhetoric of Fiction* (1961)[47]. L'argument majeur de Booth consiste à dire que tous les textes de fiction narrative poursuivent un but rhétorique : tous racontent, même s'ils semblent davantage «montrer». Tous dictent au lecteur ce qu'il doit penser – l'auteur est toujours à l'œuvre. «Nous ne devons jamais oublier que, bien que l'auteur puisse, dans une certaine mesure, choisir ses déguisements, il ne peut jamais choisir de disparaître»[48]. Comme mentionné plus haut, c'est justement l'illusion de la disparition de l'auteur qui procure au récit sa puissance rhétorique : en se présentant comme détaché de toute subjectivité humaine, le récit devient pour l'auteur un moyen efficace de transmettre sa vision du monde tout en donnant l'apparence de conter de purs faits. La *mimesis* peut sans doute en ce sens être considérée comme une illusion – comme son nom, «imitation», le suggère d'ailleurs –, il n'est reste pas moins que, formellement, elle est à distinguer des procédés relevant de la *diegesis*.

Plus tard, Gérard Genette, dans *Figures III*, poursuit la critique de Booth : «Contrairement à la représentation dramatique, aucun récit ne peut "montrer" ou "imiter" l'histoire qu'il raconte. Il ne peut que la raconter de façon détaillée, précise, "vivante", et donner par là plus ou moins l'*illusion de la mimésis* qui est la seule mimésis narrative, pour cette raison unique et suffisante que la narration, orale ou écrite, est un fait de langage, et que le langage signifie sans imiter. [...] Nous n'avons et ne pouvons avoir que des degrés de diégésis»[49]. Genette revient de la sorte au modèle platonicien, où la *mimesis* est une modalité de la *diegesis*. Ce retour à la source platonicienne est particulièrement intéressant,

---

[47] Wayne BOOTH, *The Rhetoric of Fiction*, University of Chicago Press, Chicago, 1961.

[48] «We must never forget that though the author can to some extent choose his disguises, he can never choose to disappear», W. BOOTH, *The Rhetoric of Fiction*, p. 20. Normand BONNEAU, «The Illusion of Immediacy. A Narrative-Critical Exploration of the Bible's Predilection for Direct Discourse», *Theoforum* 31 (2000), pp. 131–151, spécialement pp. 133–134, reprend cette critique, estimant que l'exportation de notions théâtrales dans la théorie narrative est source de confusion. Tout élément du récit relève en effet du «telling», même si on peut distinguer entre la représentation d'éléments non verbaux et d'éléments verbaux (les discours tenus par les personnages). Plutôt que de parler de «showing», Bonneau parle de «telling again», puisque ces discours sont prononcés à nouveau : «The narrator speaks again the words a character once spoke» (citation p. 134).

[49] G. GENETTE, *Figures III*, pp. 185–186.

puisqu'il permet de penser la *mimesis*, dont le paradigme est le discours direct, comme l'un des modes de la *diegesis* ou de l'art de raconter – et non comme une fonction concurrente ou opposée. On verra ainsi que le discours direct est toujours l'objet d'une construction narrative, ne donnant qu'une apparence ou illusion d'immédiateté. De même, parler de « degrés de *diegesis* » procure un outil fécond pour analyser les différentes manières de raconter le discours, la vie intérieure ou encore les actes d'un personnage, et pour rendre compte de la « proportion » entre illusion d'imitation (*mimesis*) et mise en récit (*diegesis*) – je parlerai de « narrativisation ».

Mimesis et diegesis *comme outil de distinction des postures narratives*
L'hypothèse de « degrés » de *diegesis*, tels que Genette les évoque, constitue le socle de cette recherche. Le personnage divin apparaît en effet dans le Pentateuque avec différents degrés de *diegesis*. Le contenu de ses paroles est tantôt livré dans l'apparence d'une pure imitation de l'oral (degré minimal), et tantôt résumé en une brève formule où ne demeure plus aucun de ses mots (degré maximal). Il en est de même, on le verra, pour la représentation de sa vie intérieure et même de ses actes. Certaines descriptions, en ce sens, présentent une plus grande « mise en récit » ou « narrativisation » du personnage divin, tandis que, dans d'autres passages, la médiation de la narration s'efface autant que possible, afin de laisser le personnage apparaître sans intermédiaire au lecteur. Sous ce rapport, l'axe majeur de cette recherche peut donc se définir comme la détermination du *degré* avec lequel le personnage divin est médiatisé et narrativisé – du degré de *mimesis* et de *diegesis* dans sa représentation.

c. *Pertinence pour la lecture des récits du Pentateuque*

Le modèle qui vient d'être présenté se justifie-t-il dans le cas de la bible hébraïque, et plus particulièrement des récits du Pentateuque ? Peut-on les interpréter à l'aide d'un modèle établi dans le cadre de la théorie littéraire moderne, plus spécifiquement à partir d'œuvres relevant de la fiction ? Le modèle non communicationnel s'adapte-t-il aux récits bibliques, ou ceux-ci requièrent-ils au contraire de reconnaître la présence d'un narrateur ? De même, si l'on renonce à l'hypothèse du narrateur, comment envisager l'omniscience que l'on lui attribue traditionnellement ? Le récit biblique est en effet souvent évoqué, en théorie littéraire, comme le paradigme d'une narration omnisciente.

La question concerne d'autant plus le propos de cette étude que l'omniscience attribuée au narrateur biblique est fondée précisément sur la
représentation du divin : c'est parce que le récit biblique met en scène
Dieu, et plus spécifiquement sa vie intérieure (ses sentiments, ses pensées, etc.), qu'il est considéré par plusieurs auteurs comme porté par
un narrateur omniscient.

Les récits bibliques relèvent-ils de la fiction ?

La question est vaste et dépasse le propos de cette étude. Elle a été
résumée par Robert Alter qui s'interroge sur la pertinence d'approcher
les récits bibliques, censés rendre compte de l'histoire d'Israël, par des
outils d'analyse développés pour des récits de fiction[50]. Pour lui, il s'agit
de conjuguer deux aspects. D'une part, le récit biblique a bien une
visée historiographique, puisqu'il entend raconter l'histoire du peuple
d'Israël. Même s'il ne se présente pas comme une chronique de faits
documentés et attestés comme le voudrait l'historiographie moderne,
il prétend toutefois prendre distance avec une littérature purement
mythologique ou épique, en présentant ses différents épisodes dans
un cadre historique. La visée historiographique du texte ne concerne
donc pas tant de l'historicité des faits racontés que du projet dont se
revendique le texte[51].

D'autre part, le récit biblique a aussi été composé par des auteurs
soucieux de mettre en scène des personnages complexes, dont les sen-
sibilités et motifs intérieurs sont fréquemment dépeints. De nombreux
passages de la bible hébraïque – dans la Genèse ou dans le cycle de
David, par exemple – s'éloignent ainsi d'un pur projet historiographique, pour mettre en scène les détours de la psychologie humaine. La
bible hébraïque témoigne en ce sens d'un riche travail d'imagination.
Alter propose dès lors de considérer les récits bibliques comme « prose
de fiction » ou « histoire fictionnalisée », combinant un projet historique
avec un large recours à la fiction. C'est en vertu de son effort imaginatif
et de ses nombreux éléments fictionnels que la narrativité biblique se
prête à une analyse littéraire pourtant originellement développée dans
le contexte de la fiction moderne.

---

[50] Voir R. ALTER, *The Art of Biblical Narrative*, pp. 23–46.

[51] C'est surtout sur le projet historiographique de la bible hébraïque qu'ont insisté
des auteurs comme Meir Sternberg ou J.-P. Sonnet. Voir M. STERNBERG, *The Poetics of
Biblical Narrative* et Jean-Pierre SONNET, « De Moïse et du narrateur : Pour une pensée
narrative de l'inspiration », *RSR* 93 (2005), pp. 517–531.

Un narrateur pour dire Dieu – Meir Sternberg et Jean-Pierre Sonnet
La question du narrateur de la bible hébraïque est posée par J.-P. Sonnet dans l'article d'ouverture de l'ouvrage collectif *Bible et littérature : l'homme et Dieu mis en intrigue* (1999)[52]. Il s'interroge ainsi : «Faut-il imaginer une voix qui profère le récit de la Bible, lui donnant la détermination et l'intentionnalité d'une narra*tion*, au sens actif du terme ? Un *master of the tale* conduit-il le récit, un pilote ou un navigateur en maintient-il le cap, menant les lecteurs à bon port ?» La question ne porte pas sur l'auteur ou les auteurs du texte, mais sur l'instance à qui est attribuée la narration : «Si les auteurs ont écrit, racontent-ils eux-mêmes ou font-ils raconter un autre qu'eux-mêmes ?»[53]

J.-P. Sonnet répond positivement à la question posée. Partant de Gn 1, il évoque une «voix» racontant la création, à laquelle aucun témoin humain n'a pourtant assisté : «En nous donnant accès à ce qui échappe à toute perception, à toute "science" humaine, le récit met en jeu un narrateur que la critique littéraire appelle omniscient»[54]. L'omniscience de ce narrateur se reconnaît à l'accès qu'il possède à l'intériorité tant humaine que divine, ainsi qu'à sa mobilité spatiale (capacité de raconter des événements qui se passent dans plusieurs endroits différents) ct temporelle (usage de l'anticipation et du *flash-back*). Suivant M. Sternberg[55], J.-P. Sonnet attribue l'omniscience du narrateur à une inspiration d'ordre prophétique : «Le narrateur a part à la science de Dieu, et c'est en tant que tel qu'il est historien – un historien révélant le plus vrai de l'histoire du ciel et de la terre, d'Israël et des Nations, vécue face à Dieu. Inspiré, il peut énoncer le vrai – dans l'économie

---

[52] Jean-Pierre Sonnet, «Y a-t-il un narrateur dans la Bible ? La Genèse et le modèle narratif de la Bible hébraïque», in : Françoise Mies (éd.), *Bible et littérature : l'homme et Dieu mis en intrigue* (Connaître et croire 5/Le livre et le rouleau 6), Presses Universitaires de Namur/Lessius, Namur/Bruxelles, 1999, pp. 9–27. Voir également Id., «Narration biblique et (post)modernité», in : Daniel Marguerat (éd.), *La Bible en récits. L'exégèse biblique à l'heure du lecteur. Colloque international d'analyse narrative des textes de la Bible, Lausanne (mars 2002)*, Labor et Fides, Genève, 2003, pp. 253–263 ; Id., «De Moïse et du narrateur» ; Id., «Du personnage de Dieu comme être de parole» ; Id., «À la croisée des mondes. Aspects narratifs et théologiques du point de vue dans la Bible hébraïque», in : RRENAB, *Regards croisés sur la Bible. Études sur le point de vue. Actes du IIIᵉ colloque international du Réseau de recherche en narrativité biblique, Paris, 8–10 juin 2006* (LD hors série), Cerf, Paris, 2007, pp. 75–100.

[53] J.-P. Sonnet, «Y a-t-il un narrateur dans la Bible ?», p. 10 (souligné par l'auteur). On peut noter que le fait même de poser la question suggère que la présence de cette voix n'est pas évidente, d'autant plus que, selon J.-P. Sonnet, elle est à «imaginer» (première citation).

[54] J.-P. Sonnet, «Y a-t-il un narrateur dans la Bible ?», p. 12.

[55] Voir M. Sternberg, *The Poetics of Biblical Narrative*, p. 33.

de l'histoire qu'il raconte – avec une autorité infaillible »[56]. C'est donc de l'omniscience de Dieu que le narrateur tire son autorité ; c'est en s'alignant sur le point de vue divin que le narrateur peut avoir accès à ce que l'œil humain ne peut percevoir. Comme on peut le constater, le récit biblique est ici interprété selon des catégories propres au discours factuel (science, connaissance, vérité), considéré davantage comme œuvre d'histoire que comme œuvre de fiction.

La particularité du modèle narratif biblique, selon ce modèle, réside dans le fait que c'est un des personnages mis en scène – le personnage divin – qui constitue la source d'autorité du narrateur. « Le savoir du narrateur, et donc son autorité », poursuit J.-P. Sonnet, « est second par rapport à celui du personnage de Dieu – qui transcende l'instance narratrice tout en étant compris dans le champ de sa mise en scène. Si le narrateur fournit de loin en loin un point de référence [...], c'est en se référant au point de vue personnel de Dieu »[57]. Le point de vue du narrateur est ainsi toujours couplé à celui du personnage divin : sa charge est de réfléchir le regard de Dieu pour le faire partager au lecteur. L'autorité du narrateur biblique trouve ici sa limitation : il ne surplombe ni Dieu ni les êtres humains, et ne contrôle pas ce qui advient sur la scène du récit. Il est en ce sens soumis à l'action du personnage divin, qui est, lui, à la fois omniscient et omnipotent : « Face à la puissance du maître divin de l'histoire, l'"impuissance" du narrateur est manifeste. Racontant après coup une histoire où il ne peut rien changer, le narrateur, par office, ne peut que raconter »[58]. Ce n'est d'ailleurs qu'avec une « sélectivité drastique », comme le dit Robert Alter, que le narrateur fait usage de son omniscience : « Il lui arrive, à l'occasion, de nous faire part de ce que Dieu sait d'un personnage ou d'une action – une narration omnisciente ne saurait aller plus loin – mais, en règle générale, c'est à travers l'obscurité qu'il nous conduit,... »[59].

Cette autorité que le narrateur tient de Dieu le rend précisément capable de mettre en scène ce personnage particulier : le narrateur

---

[56] J.-P. Sonnet, « Narration biblique et (post)modernité », p. 254. Voir aussi Id., « De Moïse et du narrateur », p. 524.

[57] J.-P. Sonnet, « Narration biblique et (post)modernité », p. 258.

[58] Voir J.-P. Sonnet, « Y a-t-il un narrateur dans la Bible ? », p. 15.

[59] « The ancient Hebrew narrator displays his omniscience with a drastic selectivity. He may on occasion choose to privilege us with the knowledge of what God thinks of a particular character or action – omniscient narration can go no higher – but as a rule, because of his understanding of the nature of his human subjects, he leads us through varying darknesses... », R. Alter, *The Art of Biblical Narrative*, p. 126 (traduction française : R. Alter, *L'art du récit biblique*, p. 173).

biblique est en ce sens «capax dei»[60]. Meir Sternberg effectue ici un pas supplémentaire[61]. Pour pouvoir affirmer et justifier l'omniscience de Dieu, il était insuffisant pour le récit biblique de mettre en scène un personnage humain déclarant cette omniscience, comme Salomon le fait en 1 R 8,39 («Car toi seul tu connais le cœur de tous les fils de l'humain»). Ce genre de discours, écrit Sternberg, «peut seulement exprimer la croyance subjective du locuteur, mais ne peut conférer à cette croyance pas même une apparence de vérité objective»[62]. Pour établir l'omniscience divine, les auteurs bibliques ont recours à un autre procédé : la mise en place d'un narrateur omniscient, parfaitement fiable, capable d'affirmer Dieu et son omniscience. De la sorte, «le choix même de concevoir un narrateur omniscient sert l'intention de mettre en scène et de glorifier un Dieu omniscient»[63]. L'omniscience du narrateur biblique est donc subordonnée à un but à la fois littéraire et théologique : la mise en scène d'un Dieu omniscient et la démonstration de cette omniscience[64].

Un récit fictionnel pour raconter Dieu

Ce modèle, présentant certainement une cohérence propre, a démontré sa fécondité, en particulier dans les diverses études de J.-P. Sonnet. Toutefois, le modèle non communicationel du récit, ou de la distinction narrative, me semble une alternative possible et intéressante, en particulier pour penser le rôle du personnage divin. Ne pas faire appel à l'hypothèse du narrateur, c'est en effet tenir compte de la manière propre dont les récits bibliques content l'histoire – en en faisant une fiction. C'est aussi éviter au récit d'être interprété par des catégories qui lui sont hétérogènes, comme celles de connaissance et de vérité.

Robert Kawashima, inspiré à la fois par Ann Banfield et par Robert Alter, a montré de manière convaincante que le modèle non communicationnel du récit s'adapte parfaitement à la narration biblique[65].

---

[60] J.-P. Sonnet, «À la croisée des mondes», p. 77.

[61] M. Sternberg, *The Poetics of Biblical Narrative*.

[62] «[Such utterances] could only express the speaker's subjective belief, but not confer on it even a show of objective truth», M. Sternberg, *The Poetics of Biblical Narrative*, p. 90.

[63] «The very choice to devise an omniscient narrator serves the purpose of staging and glorifying an omniscient God», M. Sternberg, *The Poetics of Biblical Narrative*, p. 89.

[64] Pour une approche similaire, voir aussi Hans-Peter Schmidt, *Schicksal Gott Fiktion. Die Bibel als literarisches Meisterwerk*, Ferdinand Schöningh, Paderborn/München/Wien/Zürich, 2005, spécialement pp. 114–117.

[65] Robert S. Kawashima, *Biblical Narrative and the Death of the Rhapsode*, Indiana University Press, Bloomington/Indianapolis, 2004.

Grâce à une analyse minutieuse du système verbal hébraïque et des expressions propres soit à la langue discursive soit à la langue narrative, il établit, dans les récits bibliques, la distinction entre langues orale et écrite. Puisque les marques de la langue discursive ne se trouvent que dans les discours directs prononcés par les personnages, alors que le reste du récit présente une langue rigoureusement narrative, Kawashima démontre que le texte biblique est bien destiné à être lu, n'étant porté par aucun «je» ou locuteur. De même, il aborde le cas de la particule הנה, apparaissant à la fois dans le discours et dans le récit, qu'il interprète comme une marque de la «conscience représentée» (*represented consciousness*) ou du discours indirect libre – le paradigme des «unspeakable sentences» d'Ann Banfield[66].

Pour Kawashima, la narration biblique a résulté d'un déplacement de l'oral à l'écrit, ou de l'épopée au récit, résultant dans l'émergence d'une prose écrite, proche de celle des romans modernes. Ce passage se traduit par la «mort du rhapsode», puisque ce type de langue ne peut par définition être «parlée»: «Comme l'écriture du roman, l'écriture biblique est impersonnelle, aliénée du sujet parlant, signifiant la mort du rhapsode»[67]. Dans les termes de Genette, le narrateur et son possible attribut d'omniscience n'ont donc plus lieu d'être: pour Kawashima, le passage à l'écrit libère l'épopée de son rhapsode, laissant place à un nouveau genre littéraire, le récit fictionnel, détaché de la voix d'un locuteur.

La présente étude n'a pas pour ambition d'explorer de manière diachronique ou comparative la narration biblique. Toutefois, l'étude de Kawashima fournit un fondement intéressant, à la fois linguistique et littéraire, pour penser les récits bibliques sur un mode non communicationnel. J'ai ici retenu ce modèle parce qu'il permet de resituer le récit dans l'ordre du fictionnel. Ne faire appel ni au narrateur ni à son omniscience, c'est éviter d'interpréter le récit sur le mode de la communication ou de l'information, de le lire comme le résultat d'une connaissance, ou encore de l'évaluer à partir des catégories du vrai et du faux. C'est mettre en avant l'idée d'imagination: les auteurs du texte – entendus au sens large comme cristallisation d'un processus de

---

[66] Voir les chapitres III et IV de R. S. KAWASHIMA, *Biblical Narrative and the Death of the Rhapsode*, pp. 35–123.

[67] «Like the writing of the novel, *écriture biblique* is impersonal, alienated from the speaking subject, signifying the death of the rhapsode», R. S. KAWASHIMA, *Biblical Narrative and the Death of the Rhapsode*, p. 213.

création littéraire, de transmission et d'interprétation – ont fait preuve d'*imagination* pour raconter l'histoire d'Israël. Cette imagination a été mise à l'œuvre à partir d'un contexte historique et de convictions théologiques, mais elle s'est exercée à partir d'une prise de distance vis-à-vis du factuel, plus ou moins marquée selon les épisodes. Ce récit présente de la sorte un tout autre type de rhétorique qu'un discours et, par là-même, une tout autre théologie. C'est le projet de cette étude d'étudier la particularité de ce «raconter Dieu» – qui n'est pas à proprement parler un «dire Dieu».

CHAPITRE I

LA REPRÉSENTATION DES DISCOURS DIVINS

La prise de parole constitute sans conteste le mode d'intervention le plus fréquent du personnage divin dans le Pentateuque. «Le discours direct», écrit Jean-Pierre Sonnet, «est le premier attribut de Dieu, d'un Dieu qui est d'ailleurs, dans ce récit, le premier à parler»[1]. La parole est de même un des moyens d'action les plus importants du personnage divin: «L'histoire racontée tourne [...] autour d'événements qui sont autant d'actes de parole. Les interventions divines les plus décisives, dans lesquelles Dieu se compromet, ont la forme d'actes de langage»[2]. Gunkel écrivait dans le même sens: «le discours est le moyen majeur par lequel Dieu influence l'action dans les légendes patriarcales»[3]. Les discours constituent en outre une ressource essentielle pour la mise en personnage: la narration les utilise en effet pour construire progressivement les personnages qui les prononcent. Ils représentent en ce sens un moyen privilégié pour donner accès aux motivations, pensées, opinions, émotions des personnages, mais aussi, parfois, pour mettre en scène leurs faux-fuyants, dissimulations et supercheries. Comme l'écrit James W. Watts en introduction d'un article sur la construction du personnage divin en contexte législatif, «les discours caractérisent toujours indirectement leur locuteur en fournissant la base à partir de laquelle on peut inférer le genre de personne qui parle ainsi»[4].

Comme je l'ai déjà précisé plus haut, mon objectif dans cette recherche est moins de mettre en évidence le type de personnage que les récits du Pentateuque mettent en scène quand ils parlent de «Dieu» que d'analyser la manière dont la narration se positionne face à ce

---

[1] J.-P. Sonnet, «Du personnage de Dieu comme être de parole», p. 16.

[2] J.-P. Sonnet, «Du personnage de Dieu comme être de parole», p. 20.

[3] «So ist auch verständlich, daß Gott so oft redend in der Genesis eingeführt wird [...]; denn die Rede ist das Hauptmittel, wodurch Gott in den Vätersagen die Handlung beeinflußt», Hermann Gunkel, *Genesis* (HK I,1), Vandenhoeck & Ruprecht, Göttigen, 1917 (1901[1]), p. XLIII.

[4] «Speeches always indirectly characterize their speaker by providing the basis for inferring the kind of person who talks this way», James W. Watts, «The Legal Characterization of God in the Pentateuch», *HUCA* 67 (1996), pp. 1–14 (citation p. 1).

personnage, l'autorité qu'elle s'attribue et la perspective qu'elle adopte pour le construire au fil du récit. Mon objectif est donc ici d'examiner comment la narration construit les différents discours divins, comment elle les rapporte, les élabore et, éventuellement, les médiatise. Dans cette perspective, il est particulièrement important de considérer la distinction entre les deux modes principaux par lesquels une parole peut être rapportée : les styles direct et indirect. Je commencerai ce chapitre par quelques remarques introductives sur ces deux modes de transmission, tant en linguistique générale qu'en hébreu biblique. J'envisagerai alors quelques caractéristiques des discours divins du Pentateuque rapportés en mode direct, c'est-à-dire présentés comme les propos prononcés tels quels par le personnage divin, puis passerai à la considération des discours indirects. Je m'attarderai particulièrement sur ceux-ci, pour la plus profonde élaboration syntaxique et narrative qu'ils présupposent.

La question est donc essentiellement d'ordre narratif, bien qu'elle passe par une observation de la syntaxe des discours. L'un de mes objectifs consiste en effet à associer l'étude de la syntaxe avec celle de la cohérence narrative du corpus envisagé. En particulier, je voudrais montrer comment les variations grammaticales affectent la signification du récit, constituant ainsi une ressource essentielle de l'art narratif. Dans cette perspective, la syntaxe n'est plus à étudier seulement de manière comparative (en lien avec d'autres occurrences), mais aussi « esthétique », c'est-à-dire selon la perception que le lecteur a du texte[5].

Je parlerai de discours *rapporté*, bien que la narration, à proprement parler, ne rapporte ni ne répète des paroles divines, mais les construit en choisissant le mode le plus approprié. Le style direct produit ainsi l'illusion de rendre les paroles du personnage comme elles auraient été prononcées, donnant au lecteur l'impression d'assister à l'échange verbal. Toutefois, comme le note Normand Bonneau, il ne s'agit que d'une illusion, résultant de la combinaison de plusieurs techniques littéraires[6]. Le récit de fiction ne répète pas en effet des paroles qui auraient été prononcées, comme un journaliste ajoutant dans un article une citation soigneusement retranscrite, mais crée une succession d'événements,

---

[5] Ce sera particulièrement le cas pour l'analyse du monologue divin d'Ex 13,17. Voir « Monologue en subordonnée causale (Ex 13,17) », p. 62.

[6] Voir N. BONNEAU, « The Illusion of Immediacy », pp. 150–151.

représentés au lecteur selon différentes modalités. Même dans un récit de type historique, l'introduction d'un discours direct ne peut rendre que les mots prononcés, tandis que l'intonation de la voix, l'insistance sur certaines syllabes, ou encore l'attitude et les gestes du locuteur sont inévitablement perdus[7].

De même, le discours indirect ne peut se comprendre comme une transposition de paroles prononcées verbalement, permutées du style oral au style écrit et insérées dans la construction syntaxique. Il donne lui aussi l'illusion de reproduire une certaine réalité verbale, mais en suggérant quant à lui une plus importante médiation narrative, reformulant les paroles qui auraient été prononcées pour les insérer dans le continuum narratif. En fait, le style indirect ne transpose des paroles prononcées en style direct que lorsque celles-ci se trouvent également rapportées dans la narration. Tant dans le cas du style direct que dans celui du style indirect est donc présente la médiation, inévitable, de la narration.

En ce sens, comme on va le voir ci-dessous, la distinction des styles de transmission est d'abord question de convention littéraire. Le lecteur perçoit les propos en style direct comme s'ils étaient prononcés tels quels par le personnage. Par contre, les discours indirects suggèrent une reprise ou élaboration qui trahit le travail de la narration, médiatisant ainsi les paroles des personnages. La distinction des modes de transmission concerne en ce sens l'*effet* des différents discours ou la manière dont ils sont reçus par le lecteur. Toutes les paroles divines du récit, qu'elles soient rapportées en mode direct ou indirect, sont construites par la narration. Ce qui varie, c'est plutôt la manière dont la narration présente sa propre médiation, plus ou moins manifeste. En dernière instance, la recherche menée ici se place donc sur un plan esthétique, puisqu'elle étudie la manière dont le récit se donne ou se présente au lecteur.

---

[7] Voir Meir STERNBERG, «How Indirect Discourse Means. Syntax, Semantics, Poetics, Pragmatics», in: Roger D. SELL (ed.), *Literary Pragmatics*, Routledge, London/New York, 1991, pp. 62–93, spécialement pp. 77–78, observe que même le discours direct ne peut être considéré comme une reproduction de l'oralité: «The direct form cannot reproduce even where it (or we) would, because a number of original objects and aspects are unreproducible: from the context of utterance through the turns of thought to the intonation of speech». Tous les traits du récit, en ce sens, restent une *mimesis* de la réalité, transposant dans le domaine du langage écrit les multiples aspects perçus de la réalité.

I. Remarques introductives sur les discours rapportés

J'envisage ici brièvement la manière dont la linguistique générale a caractérisé les différents modes de transmission du discours. Je passe ensuite à l'hébreu biblique, afin de considérer essentiellement les critères qui permettent de distinguer les styles direct et indirect. Quelques exemples suggéreront déjà comment l'art narratif exploite cette variation syntaxique, afin de transmettre par elle certains éléments sémantiques d'un récit.

1. *Les styles direct et indirect en linguistique générale*

Deux ressources essentielles sont disponibles pour la représentation du langage, que ce soit en situation de communication ou dans un texte narratif. Le mode direct consiste à insérer dans le discours ou dans la narration les propos cités, en les présentant comme les mots exacts que le personnage a prononcés dans sa propre situation de communication. Les références aux différents aspects de la situation du personnage sont donc préservées, tandis que sont imitées, dans une certaine mesure au moins, les caractéristiques de la langue orale et du discours. Le mode indirect, par contre, élabore les propos cités de manière à les insérer dans le discours citant ou dans la narration, en effaçant un bon nombre des références qui auraient ponctué un discours effectivement prononcé. Comme l'écrit Coulmas, «le discours indirect est le discours de l'énonciateur citant [ou de la narration], son pivot étant dans la situation d'énonciation de la citation»[8]. En effet, les références du discours cité sont celles de la situation du discours citant ou de la narration.

Dans le cas du discours direct, les conventions narratives indiquent au lecteur qu'il est en présence des propos exacts que le personnage a prononcés, tandis que, dans le discours indirect, il n'est informé que du contenu du discours. Toujours selon Coulmas, l'énonciateur citant ou la narration sont en effet en mesure, dans le mode indirect, d'introduire certaines modifications au discours original. Ainsi, «il n'est pas toujours univoquement clair si un terme descriptif relève de l'appréciation de

---

[8] «Indirect speech is the speech of the reporter, its pivot is in the speech situation of the report», Florian Coulmas, «Reported Speech: Some General Issues», in: Florian Coulmas (ed.), *Direct and Indirect Speech* (Trends in Linguistics 31), Mouton/de Gruyter, Berlin/New York/Amsterdam, 1986, p. 3.

l'énonciateur original ou de l'énonciateur citant» – cette ambiguïté étant désignée comme le conflit entre des interprétations *de dicto* et *de re*, «au sujet du discours» ou «au sujet de la chose»[9]. L'ambiguïté peut naître par exemple de l'emploi des pronoms personnels, la possession pouvant être exprimée à partir du point de vue de l'énonciateur du discours cité ou de celui du discours citant (la narration en textes narratifs). On peut prendre l'exemple de Gn 29,12: «Et Jacob fit connaître à Rachel qu'il était le frère de son père et qu'il était le fils de Rebecca». Selon l'interprétation *de dicto*, celle du lecteur de la Genèse qui connaît la généalogie des personnages, Jacob se présente *lui-même* comme le frère du père de Rachel. Par contre, selon l'interprétation *de re*, Jacob pourrait présenter un *autre* personnage comme étant le parent de Rachel. Cet exemple simple illustre bien les ambiguïtés du mode indirect, mais aussi les possibilités qu'il ouvre.

2. *Styles direct et indirect en hébreu biblique*

L'étude de Cynthia Miller, *The Representation of Speech in Biblical Hebrew Narrative*, est ici particulièrement utile[10]. Elle analyse en effet de manière tout à fait exhaustive la syntaxe des discours rapportés dans les récits de la bible hébraïque. Comme il me faut me limiter aux discours divins et aux traits les plus significatifs de ceux-ci, je me permets donc de renvoyer à cette étude pour les aspects que je ne peux aborder ici.

a. *Exemples introductifs des styles direct et indirect*
Deux exemples du chapitre 29 de la Genèse sont particulièrement clairs. La question initiale de Jacob aux bergers de Laban est formulée comme suit:

«Et Jacob leur dit: "Mes frères, d'où [êtes-]vous?"» (Gn 29,4a)[11].

ויאמר להם יעקב אחי מאין אתם

---

[9] «It is not always unequivocally clear whether a descriptive term testifies to the appraisal of the original speaker or that of the reporter. This ambiguity is known as the *de dicto* vs. *de re* interpretation of descriptive terms in opaque contexts», F. COULMAS, «Reported Speech: Some General Issues», p. 3. Voir aussi Ann BANFIELD, «Narrative Style and the Grammar of Direct and Indirect Speech», *Foundations of Language* 10 (1973), pp. 1–39, citation p. 5.

[10] Cynthia MILLER, *The Representation of Speech in Biblical Hebrew Narrative* (Harvard Semitic Monographs 55), Scholars Press, Atlanta, 1996.

[11] Dans mes traductions du texte biblique, je mets entre parenthèses ( ) les mots difficiles à rendre dans la traduction française (par exemple, quand il font partie d'une

En hébreu, deux références déictiques indiquent que le discours est construit de la manière dont Jacob le prononce : le suffixe de la première personne du singulier, qui accompagne le substantif אח, ainsi que le pronom de la deuxième personne du pluriel אתם. Les interlocuteurs de Jacob sont en effet nommés comme ce dernier les interpelle. Il s'agit donc d'un discours direct. Par contre, quelques versets plus loin, la narration médiatise la parole qu'adresse Jacob à Rachel :

> « Et Jacob fit connaître à Rachel qu'il était le frère de son père et qu'il était le fils de Rebecca » (29,12a).

ויגד יעקב לרחל כי אחי אביה הוא וכי בן־רבקה הוא

Ici, le lecteur n'a pas accès aux mots prononcés par Jacob. Le discours tel qu'il figure dans la narration ne présente aucune première ou deuxième personne. Tant Jacob lui-même [הוא] que ses interlocuteurs [אביה] sont désignés par une troisième personne. Le lecteur peut se figurer le discours que tient Jacob à Rachel, mais les mots mêmes de ce dernier ne sont pas repris par la narration. L'effet narratif du mode indirect devrait être étudié sur de nombreuses occurrences avant toute conclusion. On pourrait toutefois proposer que la narration, en recourant dans ce cas au mode indirect, laisse au lecteur le soin de charger les propos de Jacob de l'émotion évoquée au verset 11. Cette élaboration narrative, qui évite de mettre des mots sur les sentiments de Jacob, laisse donc le champ libre à l'imagination du lecteur pour compléter ce qu'elle-même a suggéré.

La distinction entre modes direct et indirect de représentation du langage est également sensible dans les discours que les personnages rapportent dans leurs propres paroles, citant donc un autre personnage. Cette fois, le changement des pronoms est inversé : dans le mode indirect, les première et deuxième personnes du discours du personnage sont maintenues, tandis que le passage à la troisième personne (et de la première à la deuxième, comme dans l'exemple envisagé ci-dessous) peut être l'indice d'une citation en mode direct. Ainsi, Abraham, dans ses recommandations à Sarah à leur entrée en Égypte, évoque la parole que les Égyptiens, selon lui, diront au sujet de Sarah : « Et il arrivera, quand les Égyptiens te verront, qu'ils diront : "C'est sa femme [אשתו זאת]" ... » (Gn 12,12a). Abraham prononce donc les mots qu'il soupçonne

---

expression syntaxique figée sans équivalent en français) et entre crochets [ ] les mots que je supplée par souci de clarté ou de cohérence.

que les Égyptiens diront. Adoptant leur perspective propre, il se nomme donc à la troisième personne. En effet, s'il avait parlé de manière indirecte, il aurait conservé la première et la deuxième personne de son propre discours (« ils diront que *tu* es *ma* femme »). Par contre, au verset suivant, dans le même discours, Abraham ordonne à Sarah comment se présenter devant les Égyptiens : « Dis que tu es ma sœur [אחתי את] » (12,13a). Cette fois, Abraham recourt au style indirect, présentant la parole qu'il enjoint à Sarah de dire selon la perspective de son propre discours. Peut-être pourrait-on voir ici une certaine stratégie d'Abraham, rendant la menace – le discours des Égyptiens – avec plus de réalisme grâce au mode direct, mais laissant la réaction de sa femme dans un certain flou. Il évite ainsi de prononcer les mots abrupts (« Je suis sa sœur ») que Sarah pourrait avoir trop de peine à entendre et qui pourraient l'inciter à refuser d'entrer dans le jeu d'Abraham.

Ces quelques exemples suggèrent dès à présent que le recours au style direct ou indirect, que ce soit dans la narration ou dans le discours d'un personnage, n'est pas un élément syntaxique accessoire qui ne concernerait que la langue et n'aurait pas de rapport avec le sens du récit. Au contraire, dans les discours des personnages, le mode de représentation du langage peut contribuer à révéler les intentions de ces derniers et les stratégies mises en œuvre pour les réaliser. Dans la narration, le choix pour le style direct ou indirect influence la manière dont le lecteur reçoit les discours, les investit de différentes émotions et perçoit l'intériorité des personnages.

b. *La distinction des styles direct et indirect en hébreu biblique*
Comme Cynthia Miller le fait remarquer au seuil de son chapitre consacré à la distinction entre discours direct et indirect, l'hébreu biblique ne présente pas une syntaxe tout à fait analogue à celle des langues indo-européennes en cette matière[12]. Dans ces dernières, le mode indirect se caractérise souvent par la présence d'une conjonction introductive[13], par certaines modifications dans la concordance des temps et des modes, par le changement de certains pronoms et termes déictiques, parfois

---

[12] C. MILLER, *The Representation of Speech*, p. 61. Au sujet des variations entre langues, voir par exemple F. COULMAS, « Reported Speech: Some General Issues », pp. 14–23.

[13] Toutefois, dans certaines langues, comme en grec, le discours direct peut également être introduit par une conjonction (voir le ὅτι *recitativum* en grec, qui sera évoqué plus loin).

par l'ordre des mots (comme en allemand)[14]. En hébreu biblique, les grammairiens proposent différents critères, sans qu'une position commune soit adoptée. Je discuterai donc ces indications successivement.

La présence d'une conjonction

Par souci de clarté, je commencerai par évoquer un trait syntaxique qui, contrairement à son usage en de nombreuses langues modernes, ne permet pas en hébreu biblique d'identifier à coup sûr un discours rapporté de manière indirecte. Il s'agit du premier critère nommé ci-dessus: la présence d'une conjonction[15]. Comme on l'a vu dans l'exemple de Gn 29,12a, cité ci-dessus, les deux parties du discours de Jacob, représenté de manière indirecte, sont introduites l'une et l'autre par la conjonction כִּי. Par contre, en Gn 12,13a, le discours indirect à l'intérieur des paroles d'Abraham est asyndétique. Selon l'étude de Cynthia Miller, les cas de discours indirects asyndétiques ne se trouvent, dans le corpus de la bible hébraïque, qu'enchâssés dans des discours directs[16].

Un article de Gideon Goldenberg (1991) attire particulièrement l'attention sur l'ambiguïté de l'usage de la conjonction כִּי dans la distinction des discours direct et indirect[17]. D'une part, Goldenberg atteste l'existence d'une «forme indépendante de discours indirect» (*independent form of indirect discourse*), soit une construction asyndétique

---

[14] Pour une introduction à la problématique des discours rapportés, voir par exemple Laurence ROSIER, «Le discours rapporté. Histoire, théories, pratiques. Présentation», in: Sylvie MELLET, Marcel VUILLAUME (éds), *Le style indirect libre et ses contextes* (Cahiers Chronos 5), Rodopi, Amsterdam/Atlanta, 2000, pp. 1–8. Voir également les caractéristiques citées par A. BANFIELD, «Narrative Style», pp. 3 et 6.

[15] Je parlerai tantôt de conjonction ou de particule, comprenant ce dernier terme dans un sens plus général, selon la définition donnée par le Trésor de la Langue Française (version informatisée): «LING. Mot-outil très court, souvent monosyllabique, invariable (morphème non autonome, monème grammatical). – Mot-outil servant à modifier le sens d'un mot principal (p.ex. les préfixes). – Mot-outil servant à établir un rapport grammatical entre des mots ou des (membres de) phrases (p.ex. les conjonctions, les adverbes négatifs, les prépositions)». C'est aussi l'usage anglophone (*particle*).

[16] Voir par exemple Dt 3,28 (l'exemple n'est pas clair, car la particule כִּי pourrait également introduire une subordonnée causale, plutôt que le contenu de l'ordre donné); 2 S 13,32; 21,4. En Gn 37,20, comme le souligne Miller, l'absence de termes déictiques empêche d'opter pour un discours direct ou indirect. Voir C. MILLER, *The Representation of Speech*, pp. 119–123.

[17] Voir Gideon GOLDENBERG, «On Direct Speech and the Hebrew Bible», in: Karel JONGELING, Heleen L. MURRE-VAN DEN BERG, Lucas VAN ROMPAY (eds), *Studies in Hebrew and Aramaic Syntax Presented to Professor J. Hoftijzer on the Occasion of His Sixty-Fifth Birthday* (SStLL XVII), Brill, Leiden, 1991, pp. 79–96.

du discours indirect. En plus de l'exemple de Gn 12,13a, Goldenberg cite le cas analogue de Gn 41,15b, également à l'intérieur du discours d'un personnage, ainsi que d'autres occurrences à l'extérieur du Pentateuque[18]. D'autre part, Goldenberg propose une série d'occurrences qu'il interprète comme des cas de « style direct lié » – en français –, discours directs introduits par la conjonction כִּי. Cet usage de כִּי serait similaire à celui de la conjonction ὅτι en grec, qui peut introduire des discours aussi bien direct qu'indirect (ὅτι *recitativum*)[19].

Le postulat d'un כִּי *recitativum* en hébreu biblique constitue en fait une ancienne hypothèse, n'ayant pas été à l'abri de controverses. GKC, partisan du כִּי *recitativum*, affirme que le discours direct est « très fréquemment introduit par כִּי ([…] fréquemment, en effet, avec l'idée secondaire d'une particule d'assévération, comme en Gn 26,9 et 27,20) »[20] et cite de nombreux exemples (§ 157b). Davidson adopte la même position dans sa grammaire[21]. Joüon est déjà plus réservé, ne citant que trois occurrences[22]. C'est Frank Zorell (1933) qui, le premier, remet en cause l'existence du כִּי *recitativum*, suivi plus tard par Antoon Schoors (1981)[23]. Selon ces deux auteurs, les différentes occurrences du « discours direct lié » citées par les grammaires et lexiques s'expliquent plus aisément si

---

[18] Voir Ez 33,13–14; Os 7,2; Ps 9,21; 10,11.13; Jb 35,14; Ne 6,6; 2 Ch 25,19. Voir G. GOLDENBERG, « On Direct Speech and the Hebrew Bible », pp. 82–83. Goldenberg considère ces différents exemples comme « style indirect libre » (p. 83), tout en précisant que l'expression est à prendre dans son sens littéral de « discours indirect sans conjonction introductive ».

[19] Voir G. GOLDENBERG, « On Direct Speech and the Hebrew Bible », pp. 83–87. En hébreu biblique, la conjonction אֲשֶׁר peut également introduire des discours directs (1 S 15,20; 2 S 1,4) ou indirects (1 R 22,16; Est 3,4).

[20] « Direct narration also is very frequently introduced by כִּי ([…] frequently, indeed, with the secondary idea of a particle of asseveration, as in Gen 26[9], 27[20]) », GKC § 157b.

[21] Voir Andrew Bruce DAVIDSON, *Hebrew Syntax*, T. & T. Clark, Edinburgh, 1901[3], § 146, Rem. 2: « Even when words are given directly they are often introduced by כִּי (כִּי *recitativum*) ».

[22] Voir Paul JOÜON, *Grammaire de l'hébreu biblique*, Pontificium Institutum Biblicum, Roma, 1965[2], § 157c (Jg 6,16; Gn 29,33; Ex 4,25).

[23] Voir Frank ZORELL, « Gibt es im Hebräischen ein "kî recitativum"? », *Bib* 14 (1933), pp. 465–469 et Antoon SCHOORS, « The Particle כִּי », in: A. S. VAN DER WOUDE (éd.), *Remembering All the Way…* (OTS 21), Brill, Leiden, 1981, pp. 240–276. Selon Zorell, « die Verwendung von כִּי im Sinne des griechischen ὅτι *recitativum* ist ungewiss, jedenfalls sehr selten, und wäre für Grammatik und Lexikon erst durch sichere Beispiele zu belegen » (p. 469). Une telle réfutation de l'existence du כִּי *recitativum* se trouverait également chez S. ESH, « 'Al millōt-pŭṯḥā lipnē dibbūr yāšār b'Ibrīt » [Sur les mots d'ouverture devant un discours direct en hébreu], *Lĕšonénu* 22/1 (1957), pp. 48–53, cité par G. GOLDENBERG, « On Direct Speech and the Hebrew Bible », p. 85.

la particule כִּי est considérée comme faisant partie du discours direct, celui-ci étant de la sorte asyndétique. Dans son étude sur la représentation du langage, Cynthia Miller, après avoir examiné les différents cas de figure, arrive à la même conclusion et considère la particule כִּי, dans ces occurrences, comme le premier mot de la citation[24].

Ainsi, en Gn 29,33, occurrence citée par Joüon en exemple du כִּי *recitativum*, la particule pourrait également constituer un כִּי *explicativum*, fréquemment utilisé pour introduire l'explication du nom d'une personne ou d'un lieu[25]. La scène prend place à la naissance de Siméon : « Et elle dit : [כִּי] "Yʜwʜ a entendu que je suis haïe et il m'a encore donné celui-ci" et elle cria son nom Siméon ». J'évite à dessein de traduire la particule, pouvant constituer l'introduction du discours direct (à l'extérieur de celui-ci) ou en faire partie intégrante (« Puisque Yʜwʜ a entendu... »)[26]. De même, en Jg 6,16, passage également cité par Joüon, la particule כִּי peut être interprétée d'une double manière : « Yʜwʜ lui dit : [כִּי] "Je serai avec toi et tu frapperas les Midianites comme une seule main" ». La particule peut en effet jouer le rôle de lien entre la principale et le discours direct ou constituer le premier mot des paroles divines, rassurant Gédéon suite à sa question (verset 15)[27]. Enfin, en Gn 37,35, Jacob refuse de se laisser consoler par ses fils : « Il refusa de se laisser consoler et il dit : [כִּי] "Je descendrai/veux descendre vers mon fils, en deuil, au shéol" ». Ici encore, Zorell et Goldenberg divergent sur l'interprétation de la particule כִּי : le premier la considère comme une particule de renforcement (« unter allen Umständen.... »), tandis que le second la comprend comme l'introduction du discours direct[28]. On retiendra donc que le critère de la conjonction כִּי n'est pas suffisant pour distinguer entre discours direct et indirect.

---

[24] « After considering the various functions of כִּי, and its use in the larger pragmatic context, we conclude that כִּי should be understood as the first word of the quotation, rather than as a complementizer », C. Mɪʟʟᴇʀ, *The Representation of Speech*, p. 116.

[25] Voir par exemple Gn 4,25 ; 26,22 ; 29,33 ; Ex 2,10 ; 17,15–16 ; 18,3–4. Voir également F. Zᴏʀᴇʟʟ, « Gibt es im Hebräischen ein "kî recitativum"? », p. 467 et C. Mɪʟʟᴇʀ, *The Representation of Speech*, pp. 109–110.

[26] Voir F. Zᴏʀᴇʟʟ, « Gibt es im Hebräischen ein 'kî recitativum'? », p. 467.

[27] Voir F. Zᴏʀᴇʟʟ, « Gibt es im Hebräischen ein 'kî recitativum'? », p. 466 et G. Gᴏʟᴅᴇɴʙᴇʀɢ, « On Direct Speech and the Hebrew Bible », p. 86.

[28] Voir F. Zᴏʀᴇʟʟ, « Gibt es im Hebräischen ein "kî recitativum"? », p. 468 et G. Gᴏʟᴅᴇɴʙᴇʀɢ, « On Direct Speech and the Hebrew Bible », pp. 85–86.

Le choix du *verbum dicendi*

La thèse majeure de Goldenberg consiste à affirmer que la différentiation des styles direct et indirect ne se fait pas sur la base de la conjonction, mais à partir du choix du *verbum dicendi* qui introduit le discours[29] – ce qui représente donc le second critère envisagé ici. Ainsi, selon Goldenberg, certains verbes, en hébreu biblique, sont toujours suivis d'un discours indirect, comme le *hifil* הגיד, «rapporter» (Gn 12,18; 29,12; Jg 14,9; 2 S 19,7)[30]. Par contre, d'autres sont invariablement suivis du discours direct, comme אמר, «dire». Goldenberg affirme également que le discours direct, en général, requiert d'être introduit par une forme du verbe אמר, redoublant parfois un autre *verbum dicendi* (forme conjuguée ou infinitif construit לאמר)[31]. Toutefois, il existe dans la bible hébraïque quelques occurrences où אמר introduit un discours rapporté avec le style indirect. Selon Goldenberg, le verbe n'est pas à comprendre dans ces cas selon son sens général de «dire», mais à traduire «penser» (Jg 15,2) ou «commander» (Jb 36,10). Bien que l'hypothèse soit confirmée par les observations d'A. Banfield au sujet de la langue anglaise[32], elle n'a guère été suivie dans les études ultérieures en hébreu biblique. Ainsi, Cynthia Miller estime que l'argument de Goldenberg ne tient pas, bien qu'elle reconnaisse toutefois la rareté des occurrences où אמר est suivi d'un discours indirect[33].

La deixis

Miller propose deux critères essentiels pour la distinction entre styles direct et indirect[34]. Le premier concerne la deixis, ou «interaction entre le contexte de l'énonciation et les structures langagières par les-quelles certains éléments linguistiques (déictiques ou plus généralement

---

[29] «The differentiation between direct and indirect speech lies not in the conjunction, but in the *verbum dicendi* that is selected», G. GOLDENBERG, «On Direct Speech and the Hebrew Bible», p. 85.

[30] Quand il est suivi d'une forme du verbe אמר, הגיד peut introduire le style direct (voir par exemple Ex 13,8; Lv 14,35; Nb 11,27).

[31] Quelques exceptions se trouvent en 2 S 19,43 et 1 R 21,5-6.

[32] Voir A. BANFIELD, «Narrative Style», pp. 8-9. Les verbes *query, intone, think aloud* ne peuvent être suivis que du style direct, tandis que les verbes *recommend, reveal, mention* ne sont suivis que du style indirect.

[33] Voir C. MILLER, *The Representation of Speech*, p. 62.

[34] Ce critère de la deixis ainsi que celui de l'incorporation syntaxique, envisagé plus loin, sont les deux critères également relevés par M. Sternberg, «How Indirect Discourse Means», p. 67.

"embrayeurs") grammaticalisent des traits du contexte d'énonciation»[35]. En d'autres termes, la deixis désigne le rapport entre les références liées au contexte original d'énonciation (par exemple, un discours tel qu'il serait prononcé par un personnage) et ces mêmes références une fois médiatisées par langage (par exemple, ce discours rapporté par un récit, en mode direct ou indirect). Pratiquement, la deixis renvoie donc aux variations grammaticales concernant les personnes de conjugaison (voir les exemples donnés plus haut), la concordance des temps, les pronoms personnels, les pronoms et adjectifs démonstratifs et possessifs, mais également les modifications de vocabulaire, entre adverbes (par exemple, la transformation de «demain» à «le lendemain»), entre verbes («venir» et «aller»), entre adjectifs («l'année dernière» et «l'année précédente»). Ces modifications peuvent varier d'une langue à l'autre et d'un contexte à l'autre.

Les nombreuses variations présentées par les langues et les différents contextes littéraires incitent à opter pour une définition générale de la deixis, comme celle qui est proposée ci-dessus, en évitant de trop préciser les traits du contexte d'énonciation. Comme le montre Anna Fuchs dans ses *Remarks on Deixis*, la définition traditionnelle de la deixis, liée aux personnes, au temps et au lieu de l'énonciation[36], ne fait pas justice aux multiples cas de figure présentés par la langue. D'une part, de nombreux termes, par-delà ceux qui renvoient aux trois «axes» de la situation d'énonciation, peuvent jouer le rôle de déictiques, comme des interjections, différents adverbes, certains signaux d'orientation du discours («en conclusion», «en outre»), etc. D'autre part, les adverbes «ici» et «maintenant», de même que les démonstratifs, peuvent, dans certains cas, être délestés de leur valeur déictique[37]. Le repérage des éléments déictiques requiert donc la plus grande prudence et l'attention à chaque occurrence particulière.

---

[35] «Deixis refers to the interaction between the context of speaking and language structure whereby certain linguistic elements (deictics, or more generally "shifters") grammaticalize features of the context of speaking», C. MILLER, *The Representation of Speech*, p. 62.

[36] Voir par exemple la définition proposée par John Lyons: «The notion of *deixis* [...] is introduced to handle the 'orientational' features of language which are relative to the time and place of utterance», J. LYONS, *Introduction to Theoretical Linguistics*, Cambridge University Press, London, 1968, p. 275. Voir aussi J. LYONS, *Semantics*, Cambridge University Press, Cambridge/New York, 1977.

[37] Voir A. FUCHS, *Remarks on Deixis* (Sammlung Groos 49), Julius Groos, Heidelberg, 1993, pp. 4–10.

Le concept linguistique de «centre déictique» sera particulièrement important pour la suite de cette recherche. L'expression, forgée par Karl Bühler, psychologue et linguiste allemand (1879–1963), désigne le point de référence auquel se rapportent les différents termes déictiques d'un énoncé. Appelé aussi «origo», il constitue l'origine spatiale et temporelle (ainsi que subjective) à partir de laquelle se situe le locuteur du discours. Le terme «origo» n'est cependant pas à comprendre dans un sens étroit. Comme le fait remarquer E. M. Segal, en contexte narratif, «le centre duquel les termes déictiques dérivent constitue davantage que le point d'origine des termes déictiques. Le centre déictique contient tous les éléments du "ici" et du "maintenant", ou le présent phénoménal pour celui qui emploie les termes déictiques»[38]. Par cette précision, Segal souligne que le centre déictique d'un discours, dans une perspective narrative, non seulement joue le rôle d'une référence (ou d'une pure clé d'interprétation des termes déictiques) mais également contribue à construire la subjectivité du personnage et le point de vue à partir duquel il se situe. C'est d'ailleurs à partir du centre déictique que s'élabore le système des focalisations, sur lequel je reviendrai dans un autre chapitre[39].

Il est important de souligner à ce sujet que, dans le langage parlé ou dans les discours directs rapportés dans un récit, le centre déictique constitue une sorte de «point aveugle». Toutes les données spatiales, temporelles, personnelles ou autres sont en effet données en référence au centre déictique, mais sans le nommer. Ainsi, l'énoncé «je reviens dans deux heures» est basé sur un lieu (un «ici») et un temps («maintenant»), qui ne sont pas explicités mais constituent la référence nécessaire pour comprendre le discours. En effet, dans une conversation normale, les locuteurs n'ont pas besoin de préciser dans leurs énoncés les quelques références qu'ils partagent le temps de leur échange. Cette donnée aidera souvent à mettre en évidence le centre déictique d'un énoncé (ou même d'une description, si la narration adopte le point de vue d'un personnage). Si une proposition comprend le nom d'un personnage ou une indication non déictique au sujet de sa situation spatio-temporelle,

---

[38] «The center from which the deictic terms derive is more than just the point of origin for the deictic terms. The deictic center contains all of the elements of the here and now, or the phenomenal present for the user of the deictic terms», E. M. SEGAL, «Narrative Comprehension and the Role of Deictic Shift Theory», in: J. F. DUCHAN, G. A. BRUDER, L. E. HEWITT (eds), *Deixis in Narrative. A Cognitive Science Perspective*, Lawrence Erlbaum Associates, Hillsdale, 1995, pp. 3–17, citation p. 15.

[39] Voir «Quelques repères théoriques sur la notion de focalisation», p. 178.

il est peu probable qu'elle adopte le centre déictique de ce personnage.
Par contre, si une référence au personnage est évitée (par exemple,
par l'emploi d'un adverbe à la place d'une préposition), l'adoption du
centre déictique de ce dernier est vraisemblable.

Deux études (les seules à ma connaissance) qui se sont penchées sur
le phénomène de la deixis en hébreu biblique sont celles de Konrad
Ehlich (1979)[40] et de Carl Martin Follingstad (2001)[41]. La première est
particulièrement attentive aux différents emplois de הוא et זה et de leurs
formes dérivées. Pour Ehlich, le discours direct constitue un terrain
d'observation privilégié pour examiner les termes déictiques en situation
de communication, en ce qu'il « reproduit les références déictiques de
l'énonciation citée »[42]. Une des conditions d'existence d'un discours
direct est en effet d'avoir l'apparence de paroles effectivement prononc-
cées, sans aucune médiation grammaticale ou narrative. Follingstad se
concentre quant à lui sur la particule כי, montrant notamment qu'une
des fonctions de celle-ci consiste à marquer une proposition comme
une pensée ou comme (plus rarement) un énoncé, par opposition à
une description objective de faits. On reviendra plus loin sur la valeur
déictique de cette particule.

Comme l'explique Cynthia Miller, la présence d'un double centre
déictique constitue le trait majeur du discours direct : « les centres déictiques des deux actes de paroles restent distincts ». Au contraire, dans
le discours indirect, « seul le centre déictique de l'acte de parole citant
est apparent »[43]. Ainsi, la présence d'un double ou d'un unique (voire
d'un multiple, en cas de discours enchâssés) système de référence, sur
lequel se basent les termes déictiques, décide du caractère direct ou
indirect du discours rapporté. En référence notamment à Quine[44], on
peut dire qu'une *deixis transparente* définit les cas de discours dont l'in-

---

[40] Konrad EHLICH, *Verwendungen der Deixis beim sprachlichen Handeln. Linguistisch-philologische Untersuchungen zum hebräischen deiktischen System. Teil 1 und 2* (Forum Linguisticum
24), Peter Lang, Frankfurt am Main/Bern/Las Vegas, 1979.

[41] Carl Martin FOLLINGSTAD, *Deictic Viewpoint in Biblical Hebrew Text: A Syntagmatic and
Paradigmatic Analysis of the Particle כי (kî)*, SIL International, Dallas, 2001.

[42] « Die direkte Rede konserviert, oder besser ausgedrückt, reproduziert die deiktischen Bezüge der zitierten Äußerung », K. EHLICH, *Verwendungen der Deixis*, p. 203.

[43] « In direct speech, the deictic centers of both speech events remain distinct. [...] In
indirect speech, however, only the deictic center of the reporting speech is apparent »,
C. MILLER, *The Representation of Speech*, p. 63.

[44] Willard Van Orman QUINE, *World and Object* (Studies in Communication), Technology Press of the Massachusetts Institute of Technology, Cambridge, 1960. Voir également M. STERNBERG, « How Indirect Discourse Means », p. 76 (avec citation de Quine).

troduction n'implique pas la création d'un centre déictique autre que celui de la narration dans laquelle ils prennent place. Ainsi, le centre déictique du discours rapporté coïncide avec celui de la narration (ou avec celui du personnage qui cite ce discours) – c'est le style indirect. Par contre, une *deixis opaque* désigne les cas où l'introduction du discours suscite l'élaboration d'un second centre déictique, distinct de celui de la narration (ou du discours citant). Il s'agit donc du style direct[45].

L'incorporation syntaxique de la citation

Un second critère pour la distinction des styles direct et indirect mis en évidence par Cynthia Miller concerne l'incorporation syntaxique («syntactic incorporation»). Ce paramètre est défini selon la façon dont la citation s'intègre aux structures syntaxiques de la proposition introductive[46]. Comme le note Sternberg, le discours direct (et indirect libre) se caractérise par une relation paratactique avec la phrase introductive, juxtaposé à elle par l'usage de la coordination. Par contre, le discours indirect est enchâssé dans la phrase au moyen de la subordination, présentant donc une relation hypotactique[47]. Ainsi, une citation en style direct peut comprendre différents traits – comme un verbe à l'impératif, un vocatif, des termes exclamatifs, ou encore une proposition incomplète (voir par exemple Gn 42,7[48]) etc. – qui introduisent une rupture entre les paroles rapportées et leur introduction[49]. Le discours direct est donc indépendant de son encadrement. Par contre, une citation en style indirect est syntaxiquement intégrée dans la proposition introductive, où elle joue le rôle, le plus souvent, d'objet direct. Par exemple, en hébreu biblique, la particule אֵת introduit parfois le discours indirect, comme

---

[45] Voir C. MILLER, *The Representation of Speech*, p. 65.

[46] «The second parameter considers the syntactic relationship of the quotation to the frame and the degree to which the quotation is syntactically incorporated into the quotative frame», C. MILLER, *The Representation of Speech*, p. 74.

[47] Voir M. STERNBERG, «How Indirect Discourse Means», p. 67.

[48] La réponse des frères («De la terre de Canaan pour acheter de la nourriture») ne se comprend syntaxiquement qu'à la suite de la question de Joseph («D'où venez-vous?»). L'exemple est suggéré par C. MILLER, *The Representation of Speech*, p. 76. Plus loin, on verra l'importance de ce critère pour la détermination du style direct en Ex 13,17, ainsi que les conséquences pour une analyse d'ordre narratif. Au sujet de l'incompatibilité du discours indirect avec une proposition incomplète, voir aussi A. BANFIELD, «Narrative Style», pp. 8–9: si un discours direct peut être composé du seul adverbe «là», un discours indirect l'inclut obligatoirement dans une proposition («elle a dit que *c'était* là»).

[49] M. STERNBERG, «How Indirect Discourse Means», pp. 84–86, estime par contre que ces différents traits peuvent également relever du style indirect.

dans l'expression אֵת כָּל־אֲשֶׁר, «tout ce que...» (voir par exemple 2 S
11,22), mais jamais le discours direct[50].

Miller note toutefois que ce critère n'est pas absolu en hébreu biblique. D'une part, certains discours indirects ne sont pas syntaxiquement
intégrés dans la proposition introductive, comme l'exemple de Gn 12,13
l'a déjà illustré plus haut. D'autre part, l'infinitif construit לֵאמֹר relie
assez fréquemment un discours direct à la proposition introductive (voir,
parmi de très nombreux cas, le double exemple d'Ex 35,4). Selon Miller,
les discours indirects de la bible hébraïque présentent cependant, de
manière générale, une «subordination syntaxique» à leur encadrement,
marquée par les caractéristiques signalées plus haut, mais également par
quelques traits propres à la langue hébraïque : absence de la particule
נָא, absence de volitifs et d'impératifs, absence de discours indirects
enchâssés dans d'autres discours indirects (mais possibilité de discours
directs et indirects enchâssés dans des discours directs)[51].

II. LES DISCOURS DIVINS DU PENTATEUQUE
RELEVANT DU STYLE DIRECT

Je passe à présent au mode le plus fréquent par lequel les paroles divines
sont rapportées dans le Pentateuque : le style direct. Dans ces passages,
la narration efface pour ainsi dire sa médiation, présentant les discours
comme les propos effectivement prononcés par le personnage divin. Les
seules traces de la médiation narrative sont réduites au verbe introducteur et à son sujet. Je commencerai par envisager cette «narrativisation
réduite à l'extrême» : on verra en ce sens que la narration biblique limite
au maximum son rôle intermédiaire dans les introductions de discours.
J'envisagerai ensuite deux «possibilités» que le style direct offre à la
narration quant à la représentation de la divinité. Il s'agira d'abord du
monologue, un discours direct, censé donc s'exprimer oralement et être
accessible à tout observateur extérieur, exprimant pourtant une pensée
ou un état intérieur d'un personnage. On verra comment cette forme
paradoxale est exploitée par la narration, spécialement dans les dix-huit
premiers chapitres de la Genèse. Je passerai ensuite aux discours où
le personnage divin parle de lui-même. Selon mon projet d'ensemble,

---

[50] Voir C. MILLER, *The Representation of Speech*, p. 75 et pp. 131–133.
[51] Voir, pour plus de détails, C. MILLER, *The Representation of Speech*, pp. 75–80.

je m'arrêterai moins au type de divinité qui s'esquisse ainsi qu'aux différents modes d'expression par lequel le divin est porté au langage. On comparera ainsi l'usage de la première et de la troisième personne dans les discours du personnage divin, en lien particulièrement avec l'emploi des noms désignant la divinité.

Le style direct offre également à la narration une ressource importante dans l'expression des perceptions et processus intérieurs dont les personnages font l'expérience. Je me limiterai dans ce chapitre au cas particulier du monologue. Les perceptions, sentiments, émotions et autres processus intérieurs dont le personnage divin est le siège seront en effet examinés au chapitre III, consacré exclusivement à ce type de représentation de la divinité.

1. *Une narrativisation réduite à l'extrême :*
verbes introducteurs et compléments

Le Pentateuque ne constitue pas le script d'une pièce de théâtre. Même les livres composés essentiellement de discours, comme le Lévitique et le Deutéronome, présentent une structure narrative de base. Chaque discours du Pentateuque, en ce sens, est toujours introduit par un verbe introducteur. Cette charpente narrative est cependant peu exploitée par la narration, comme le révèlent le choix des verbes introducteurs et l'absence d'adverbe, d'adjectif ou de complément circonstanciel.

a. *De discrètes interventions narratives : les verbes introducteurs du discours direct*
Le Pentateuque présente un choix assez restreint de verbes introduisant un discours direct. Les deux verbes les plus fréquents sont אמר et דבר, sans grande distinction sémantique. Les deux verbes sont neutres quant au contenu des paroles énoncées et à la manière dont elles sont prononcées. Ils se limitent à indiquer qu'un personnage prend la parole, comme le fait le verbe *dire* en français. Trois autres verbes peuvent introduire un discours direct prononcé par le personnage divin : קרא, indiquant la nomination ou l'appel ; צוה, signalant le caractère impératif de l'acte de parole, et נשבע, la promesse[52]. Cependant, comme on va le voir, ce dernier verbe, avec sujet divin, est rarement suivi du style direct.

---

[52] Dans le Pentateuque, les verbes ענה, *répondre*, et הורה, *enseigner*, ne sont jamais suivis du style direct avec un sujet divin. Dans le même corpus, les verbes ספר, *raconter*, et הגיד, *rapporter*, n'ont jamais de sujet divin.

Le personnage divin est sujet du verbe קרא suivi du discours direct en 10 occurrences du Pentateuque[53]. Il s'agit généralement d'épisodes de nomination, où le personnage divin nomme les éléments de la création (Gn 1,5 [2x].8.10 [2x]) ou des êtres humains (Gn 5,2 ; 35,10). Le verbe קרא est aussi employé dans l'autre sens du verbe *appeler*, à savoir crier vers quelqu'un pour attirer son attention (avec le nom du personnage appelé en Gn 22,11[54] et Ex 3,4 et, sans qu'il soit nommé, en Ex 19,3). Enfin, le discours solennel d'Ex 34,6–7, où Yhwh se présente lui-même devant Moïse, avant de renouveler l'alliance, est lui aussi introduit par le verbe קרא. Dans ces quelques occurrences, le choix de קרא, plutôt que אמר ou דבר, précise donc le contenu du discours direct : il précise l'acte de nomination, souligne l'appel lancé par le personnage divin ou suggère l'intensité du ton sur lequel les paroles sont prononcées. En ce sens, l'emploi de קרא comme verbe introducteur constitue une intervention minimale de la narration, commentant les paroles divines qu'elle rapporte directement.

Le verbe צוה, quant à lui, n'est suivi d'un discours direct, avec pour sujet le personnage divin, qu'en trois occurrences du Pentateuque, chaque fois avec le verbe אמר intercalé (dans la diégèse, en Gn 2,16 et Dt 31,23, et dans un discours direct, en Gn 3,17). Dans les deux occurrences prenant place dans la diégèse, צוה précise le verbe אמר, s'assurant que le lecteur perçoit bien les paroles divines comme un ordre – chaque fois particulièrement important, puisqu'il concerne l'arbre du jardin en Gn 2,16 et l'entrée en terre promise sous la conduite de Josué en Dt 31,23[55]. Encore une fois, le choix de ce verbe révèle un discret commentaire de la narration, s'effaçant immédiatement après pour rapporter les paroles divines en style direct. Cependant, la majorité des occurrences présentant le verbe צוה avec pour sujet le personnage divin (79 occurrences) relèvent du style indirect.

Le verbe נשבע, enfin, n'est jamais suivi du discours direct dans la diégèse, mais seulement dans le discours d'un personnage (dans la

---

[53] 11 occurrences si l'on considère que le personnage divin est le sujet de קרא en Gn 11,9.

[54] Avec l'ange/messager de Yhwh comme sujet.

[55] Dans ces deux occurrences, on pourrait également interpréter le verbe צוה indépendamment de אמר : dans cette perspective, צוה indiquerait que le personnage divin donne une série d'ordres, tandis que אמר ne préciserait qu'un de ceux-ci. Cette possibilité me semble cependant improbable, vu l'attention de la narration à toujours détailler le contenu des paroles divines (voir la section consacrée aux discours indirects).

principale en Nb 32,10 et Dt 1,34, chaque fois avec לאמר intercalé, et dans une relative en Gn 24,7 ; Ex 32,13 ; 33,1 ; Dt 34,4). Dans chacune de ces occurrences, l'infinitif לאמר (ou une forme conjuguée de דבר en Ex 32,13) est intercalé entre le verbe נשבע et le discours direct. Il n'y a donc pas intervention de la narration, puisque ces passages sont inclus dans le discours de personnages.

Comme on peut le constater, le Pentateuque ne recourt qu'en de rares occurrences au verbe introducteur pour préciser la manière dont un discours divin, rapporté en style direct, est prononcé. Dans la majorité des cas, le lecteur est confronté aux seuls propos divins, ne bénéficiant d'aucun commentaire de la narration pour se figurer leur ton, leur expression, leur véhémence. En ce sens, le lecteur bénéficie d'un déficit d'information par rapport aux personnages qui assistent à l'acte de parole divin. Par le fait même, il est invité à engager toute son attention sur le contenu du discours. La signification des paroles divines apparaît de la sorte plus significative que les modalités de leur énonciation. Enfin, on peut noter la discrétion de la narration, se faisant presque transparente et dissimulant au maximum sa médiation.

b. *L'absence d'adverbes, d'adjectifs et de compléments circonstanciels*
Les adjectifs et adverbes sont rares en hébreu biblique. Cependant, de multiples expressions peuvent être utilisées pour qualifier un acte de parole. Par exemple, en Gn 27,34, Ésaü, apprenant que la bénédiction de son père vient de lui échapper, « cria [ויצעק] un grand cri [צעקה גדלה] ». L'emploi de l'accusatif interne, avec l'adjectif גדול, permet de spécifier la force du cri d'Ésaü. De même, en 1 R 18,28, les prophètes de Baal, sur la recommandation d'Élie, « appelèrent d'une grande voix [בקול גדול] ». Ici, c'est l'emploi d'un complément prépositionnel qui suggère la vigueur de l'exclamation. En Dt 27,14, c'est un discours direct qui est qualifié par un complément prépositionnel : « Et les lévites répondront et ils diront vers tout homme d'Israël d'une voix élevée [קול רם] ... » (le discours direct suit au verset suivant). L'expression « donner de la voix » peut également jouer ce rôle d'intensification : « Et toute l'assemblée se leva et ils donnèrent leur voix [ויתנו את־קולם] et le peuple pleura cette nuit-là » (Nb 14,1).

À côté de ces exemples dans la diégèse, on trouve également de telles constructions dans des discours prononcés par des personnages, comme la recommandation d'Élie en 1 R 18,27, déjà évoquée. De même, la femme de Potiphar s'exclame : « et j'ai appelé d'une grande voix [בקול גדול].

Et quand il a entendu que j'élevais ma voix [הרימתי קולי]...»
(Gn 39,14b–15a, avec reprise résumée au verset 18). En Ex 11,6, Moïse
annonce, au nom de Yhwh: «et il y aura un grand cri dans toute la
terre d'Égypte...». Comme on peut le constater, les constructions sont
donc nombreuses pour suggérer l'intensité d'un acte de parole.

Curieusement, les paroles divines du Pentateuque, à ma connaissance,
ne sont jamais l'objet d'une telle intensification quand elles se trouvent
dans la diégèse. La narration, en ce sens, ne rapporte jamais un discours
divin en précisant qu'il a été prononcé lentement, fort, doucement, etc.
Le seul passage où des propos divins sont ainsi qualifiés se trouve en
fait dans un discours prononcé par Moïse: «Ces paroles, Yhwh les a
parlées à toute votre communauté, sur la montagne, au milieu du feu,
de la nuée et du nuage, d'une grande voix [קול גדול], et il n'a rien
ajouté...» (Dt 5,22).

Il semble donc que la narration, dans le Pentateuque au moins, évite
d'indiquer au lecteur la manière dont le personnage divin prononce ses
discours, alors que de telles informations sont données dans le cas de
paroles humaines. Cette observation rejoint et confirme celle posée au
sujet du choix des *verba dicendi* introduisant des discours directs. D'après
les passages étudiés jusqu'ici, il apparaît ainsi que la narration, dans le
Pentateuque, évite autant que possible de narrativiser les interventions
du personnage divin, effaçant au maximum sa médiation. Le lecteur
est de la sorte confronté essentiellement au contenu des paroles de la
divinité, ne recevant qu'un minimum d'indications sur les modalités
de ces discours.

2. *Les monologues divins*

La possibilité de représenter des discours que le personnage divin se
tient à lui-même est l'une des ressources les plus intéressantes offertes
par le style direct. Le discours intérieur ou monologue se situe en effet
entre la pensée et le discours: comme la première, il exprime un état
intérieur et n'est pas adressé à une instance extérieure; comme le second,
il est cependant articulé comme une parole et précédé d'un *verbum
dicendi* introducteur. Il constitue un procédé littéraire particulièrement
intéressant: il se présente en effet comme une «fenêtre» permettant
au lecteur de pénétrer l'intériorité du personnage et d'avoir accès à
sa pensée, sans pour autant manifester la médiation de la narration.
Comme on le verra, les monologues divins ont ainsi souvent la fonction
d'expliquer les motivations intérieures de Yhwh, justifiant de la sorte

ses décisions et suggérant leur signification profonde. En même temps, par leur structure discursive, les monologues ne requièrent pas de la narration qu'elle *raconte* (*telling*), mais lui permettent de se contenter de *montrer* la scène (*showing*). La narration se limite en effet à rapporter les paroles que le personnage se tient à lui-même, sans devoir recourir à un *verbum sentiendi* conjugué à la troisième personne, qui impliquerait qu'elle pénètre l'intériorité du personnage.

En ce sens, le monologue constitue un procédé presque théâtral, puisque la pensée s'y exprime sous la forme d'un discours. Il implique de même une double illusion. D'une part, il est énoncé comme une parole audible (ou lisible) pour l'auditeur (ou lecteur), alors que son contenu (parfois souligné par son introduction) signale qu'il est plus proche de la pensée que du discours. La narration communique donc au lecteur une réflexion que se fait un personnage, réflexion censée être intérieure, mais cependant formulée comme un discours prononcé oralement. D'autre part, tout en présentant l'apparence d'un discours impliquant la voix du personnage, le monologue n'est pas supposé être entendu par les autres protagonistes. Il est réservé au lecteur, formant une sorte d'aparté entre personnage et spectateur. Le genre du monologue, appelé parfois soliloque ou discours intérieur (ou encore monologue intérieur), a suscité d'abondantes recherches en théorie littéraire durant le vingtième siècle. Par contre, comme on va le voir, les monologues bibliques sont restés peu étudiés.

a. *Le monologue «au jaillissement de la pensée»: les études littéraires*
«Forme qui permettait d'atteindre si profondément dans le Moi le jaillissement de la pensée et de la saisir si près de sa conception», d'«exprimer avec force et rapidité les pensées les plus intimes, les plus spontanées, celles qui paraissent se former à l'insu de la conscience et qui semblent antérieures au discours organisé...»[56]. Ces lignes enthousiastes sont celles de Valéry Larbaud, reconnaissant dans le petit roman d'Édouard Dujardin, *Les lauriers sont coupés* (1924), le style littéraire précurseur de celui auquel recourt Joyce dans *Ulysse* (1922). C'est en effet principalement l'intérêt pour l'œuvre de Joyce qui a attiré l'attention des théoriciens de la littérature sur le procédé du monologue. La forme longue et indépendante de cette technique (comme dans *Les Lauriers*,

---

[56] Valéry Larbaud, *Préface* à Édouard Dujardin, *Les lauriers sont coupés*, Le Chemin Vert, Paris, 1981 (1925 pour l'édition originale), pp. I–IX (citations p. II).

œuvre construite entièrement sous la forme d'un monologue) semble remonter à Montaigne et à ses *Essais*, longues conversations monologuées[57], alors que sa forme courte et isolée a été repérée à différents moments de l'histoire de la littérature.

Dans son ouvrage consacré au *stream of consciousness* («courant de conscience»), Robert Humphrey distingue différentes méthodes employées pour rendre littérairement le monologue, impliquant plus ou moins la médiation de la narration[58]. Ces styles sont, de la moindre à la plus importante médiation de la narration : le monologue intérieur direct, le soliloque, le monologue intérieur indirect et la description omnisciente. Dans le monologue intérieur direct, la pensée du personnage est rendue à la première personne, par les mots mêmes où elle s'exprime. La narration disparaît donc complètement, pour confronter directement le lecteur à la réflexion ou aux émotions du personnage. Le soliloque est également exprimé à la première personne et respecte les mots du personnage, mais ceux-ci sont ordonnés et agencés par la narration, afin de faciliter la tâche du lecteur. Le monologue intérieur indirect et la description omnisciente, à la différence des deux styles précédents, sont formulés à la troisième personne. Dans le premier, l'état intérieur du personnage est bien rapporté, mais via l'indirection ; la narration s'interpose donc entre le personnage et le lecteur, élaborant syntaxiquement le contenu pensé ou éprouvé par le personnage. Enfin, la description omnisciente raconte les émotions du personnage d'un point de vue extérieur, sans rapporter les mots par lesquels il exprime sa pensée ou ses sentiments.

Dans un article de 1967 où il cherche une définition formelle du monologue intérieur, Derek Bickerton souligne que ces formes de monologue sont d'abord l'expression d'une convention : les différents modèles syntaxiques donnent l'*illusion* de la pensée, plus ou moins narrativisée[59]. Apparentés aux ressources disponibles pour l'expression du discours, ils expriment l'adoption du point de vue du personnage selon des degrés variés. Les techniques utilisées suscitent en effet chez

---

[57] Voir V. LARBAUD, *Préface* à Édouard DUJARDIN, pp. III–IV.

[58] Voir Robert HUMPHREY, *Stream of Consciousness in the Modern Novel* (Perspectives in Criticism 3), University of California Press, Berkeley, 1954, spécialement p. 23.

[59] Derek BICKERTON, «Modes of Interior Monologue: A Formal Definition», *MLQ* 28 (1967), pp. 229–239, spécialement p. 232: «What he [l'écrivain recourant au monologue] is producing is a conventionalized artifact which will give the illusion of thought, and speech forms the raw material of this artifact, just as stone does of a statue or paint of a portrait».

le lecteur une certaine impression : une simplification syntaxique, un rythme rapide, des répétitions ou au contraire des non-dits, certains traits de la langue orale, etc. suggèrent le processus intérieur et le flux émotif ressenti par un personnage. Bickerton montre alors comment les quatre catégories de monologues mis en évidence par Humphrey répondent aux modalités par lesquelles le discours peut être rapporté : le monologue intérieur direct est rapproché du discours direct libre (discours direct sans introduction) ; le soliloque, du discours direct ; le monologue intérieur indirect, du discours indirect libre ; la description omnisciente, du discours indirect[60]. Ce parallélisme entre les représentations du discours et du monologue est intéressant dans la mesure où il met en évidence que la pensée d'un personnage, dans un récit, ne peut être représentée par d'autres médiations syntaxiques que celles qui sont disponibles pour la représentation du langage. Discours et pensée (et autres processus intérieurs, comme je le montrerai plus loin) ne disposent donc pas d'une syntaxe distincte : les moyens utilisés pour l'un valent également pour l'autre.

Plus récemment, Dorrit Cohn, dans *Transparent Minds* (1978)[61], a montré les limites de ces deux approches, la première tendant à simplifier les aspects formels des techniques littéraires étudiées, la seconde comparant trop facilement la représentation des processus intérieurs avec la citation du discours parlé. Cohn propose une méthode propre, basée sur une observation linguistique des textes, mais orientée vers un but littéraire. Selon elle, la vie intérieure trouve trois modes fondamentaux de représentation dans le récit de fiction : le psycho-récit (ou «description omnisciente», «analyse interne»), le monologue rapporté, le monologue narrativisé. Je reviendrai plus loin sur le psycho-récit, que Cohn définit comme «discours du narrateur sur la vie intérieure d'un personnage»[62] – soit les descriptions, introduites par un *verbum sentiendi* conjugué à la troisième personne, des perceptions et émotions ressenties par un personnage. Le monologue rapporté, qui m'intéresse particulièrement ici, est défini par Cohn comme «le discours mental d'un personnage» ou «citation de pensée», présentant deux

---

[60] D. BICKERTON, «Modes of Interior Monologue», p. 238.

[61] Dorrit COHN, *Transparent Minds: Narrative Modes for Presenting Consciousness in Fiction*, Princeton University Press, Princeton, 1978. Les références données ici renvoient à la traduction française de l'ouvrage : ID., *La transparence intérieure. Modes de représentation de la vie psychique dans le roman*. Traduit de l'anglais par A. Bony, Seuil, Paris, 1981.

[62] D. COHN, *La transparence intérieure*, pp. 28–29.

caractéristiques fondamentales: «la référence au sujet pensant à la première personne, et la référence au temps de l'histoire [...] au présent grammatical»[63]. On notera le dernier mode mis en évidence, bien qu'il ne soit pas représenté en tant que tel dans la bible hébraïque, à savoir le monologue narrativisé, présentant une structure mixte: ce monologue est en effet exprimé à la troisième personne et au temps de la narration, mais reflète directement, par ses mots et son rythme, la vie intérieure du personnage (il s'agit donc du style indirect libre)[64].

Au sujet des monologues rapportés – technique que présente la Genèse quand elle rapporte les discours intérieurs divins –, Cohn souligne notamment l'impression de «réalisme psychologique» que ces discours intérieurs produisent. Ils apparaissent en effet comme «la reproduction mimétique du discours du personnage», comme les autres dialogues du récit: «de même que les dialogues sont supposés restituer ce que les personnages se disent effectivement l'un à l'autre, de même les monologues sont supposés restituer ce qu'un personnage se dit à lui-même effectivement»[65]. En écho à ces lignes de Cohn, j'ajouterai que cette technique de représentation de la vie intérieure requiert une intervention minimale de la part de la narration: le lecteur a directement accès à la pensée du personnage, sans qu'aucune médiation narrative ne fasse écran.

Parmi les caractéristiques du monologue rapporté, Cohn note un certain écart avec les paroles destinées à être communiquées: «D'un point de vue stylistique, en tout cas, le monologue intérieur n'est intéressant que dans la mesure où il s'écarte du modèle de la conversation courante et cherche à imiter un langage destiné, par définition, à rester muet»[66]. Bien sûr, ce «langage destiné à rester muet» laisse quelque peu songeur. Ce trait du monologue semble en effet davantage relever d'une convention littéraire qui associe phrase incomplète (on verra un exemple dans la Genèse), propositions brèves, etc. à une réflexion intérieure ou les associe à une conversation rapide, à l'émoi du locuteur ou à d'autres circonstances extérieures[67]. Cohn met en outre en

---

[63] D. Cohn, *La transparence intérieure*, p. 27 (voir également les pp. 27–29 pour les autres citations).

[64] Sur ce paragraphe, voir essentiellement l'introduction de D. Cohn, *La transparence intérieure*, pp. 15–33.

[65] D. Cohn, *La transparence intérieure*, p. 95.

[66] D. Cohn, *La transparence intérieure*, p. 111.

[67] Voir en ce sens la remarque de Cohn elle-même (au sujet de l'alternance du *je* et du *tu*): «On a donc ce paradoxe que c'est lorsque la syntaxe du monologue se met à

évidence la coïncidence entre le *je* et le *tu*, les deux pronoms renvoyant au locuteur. Cette structure dialoguée évoque ainsi un trait de la pensée, débattant avec elle-même et s'exprimant par une pluralité de voix. Si les monologues de la Genèse ne sont exprimés qu'à la première et à la troisième personne, cette plurivocité attribuée par convention à la pensée se décèle peut-être dans l'alternance, d'un monologue à l'autre, entre le *je* et le *nous*, phénomène sur lequel je reviendrai.

b. *Le monologue dans les études bibliques*
À ma connaissance, seules trois études se penchent spécifiquement sur le phénomène du monologue dans la bible hébraïque, tandis que les commentateurs se limitent généralement à relever la présence du monologue, parfois en ajoutant quelques notes sur la signification du procédé. Je passerai rapidement en revue ces trois études, par ordre logique plutôt que chronologique.

Les monologues dans la bible hébraïque (N. P. Bratsiotis)
Nikolaus P. Bratsiotis publie en 1961 une recherche approfondie sur les monologues de la bible hébraïque[68]. Cet article offre l'avantage de porter sur des monologues, humains et divins, de l'ensemble de la bible hébraïque. Bratsiotis constate en effet que les monologues sont présents dans la totalité de ce corpus et dans ses multiples genres littéraires[69]. Bratsiotis distingue entre plusieurs formes de monologues. Il cite d'abord le monologue extérieur (*der äußere Monolog*), se caractérisant par un locuteur s'adressant à une réalité (objet ou personne) en dehors de lui-même, mais non susceptible de lui répondre (par exemple Jb 16,18). Est ensuite défini le monologue intérieur (*der innere Monolog*), où «la personne qui parle se tourne vers elle-même et exprime ses pensées, réflexions ou sentiments» (par exemple, les monologues divins de la Genèse)[70]. Enfin, on trouve une forme mixte, où, en un seul discours, les deux types de monologues se succèdent (voir par exemple le Ps 108)[71].

---

ressembler le plus au dialogue que sa sémantique est le plus typiquement monologique»,
D. Cohn, *La transparence intérieure*, p. 111.
[68] Nikolaus Panagiotis Bratsiotis, «Der Monolog im Alten Testament», *ZAW* 73 (1961), pp. 30–70.
[69] Voir N. P. Bratsiotis, «Der Monolog im Alten Testament», p. 55.
[70] «Die sprechende Person wendet sich dabei an sich selber and äußert ihre Gedanken, Überlegungen oder Gefühle», N. P. Bratsiotis, «Der Monolog im Alten Testament», p. 38.
[71] Voir N. P. Bratsiotis, «Der Monolog im Alten Testament», pp. 37–39.

Le même article examine également le contenu que les monologues bibliques transmettent le plus fréquemment. Il y a d'abord le «monologue de pensée» (*Gedankenmonolog*), où l'élément réflexif domine : «Dans ces monologues, le locuteur parle en quelque sorte avec son propre *je*, en ce qu'il se tourne vers l'intérieur de lui-même et entre pour ainsi dire en dialogue avec lui-même»[72]. De cette catégorie relèvent les monologues divins de la Genèse (mais aussi d'autres livres, comme celui d'Os 6,4–11)[73]. D'autres monologues présentent une structure plus narrative ou descriptive (*Erzählender Monolog*), comme la «rétrospective» de Qo 1,16. Plusieurs autres composants des monologues sont encore à citer, présents surtout dans les Psaumes et livres de sagesse : l'oracle (voir par exemple Ps 73,1–17 ou Qo 3,14), l'hymne, la confession, la plainte, ou la prophétie[74].

Les monologues, observe encore Bratsiotis, peuvent répondre à plusieurs fins. Certains (comme ceux de Yhwh dans la Genèse) cherchent à expliquer un certain événement ou une certaine action – il s'agit alors de monologues étiologiques. D'autres ont pour but de révéler l'intériorité d'un personnage, de faire ressortir certains de ses traits de caractère. Enfin, la narration peut recourir à cette technique littéraire pour conférer davantage de vivacité et de mouvement au récit. Ces différentes fins ne sont pas exclusives : un même monologue peut avoir un but tant étiologique que littéraire[75]. Je reviendrai sur cette observation dans l'analyse des monologues divins de la Genèse.

Une des sections de l'article de Bratsiotis est consacrée aux personnages prononçant des monologues. En ce qui concerne le personnage divin, l'auteur observe que Yhwh est représenté, quand il monologue, réfléchissant, prenant une décision ou éprouvant des émotions ou sentiments humains. Comme on le verra bientôt, les monologues divins de la Genèse expriment essentiellement des réflexions et des décisions, tandis que ceux du livre d'Osée ont davantage tendance à exprimer des sentiments[76]. La question du personnage divin comme personnage

---

[72] «In ihnen spricht der Redende gewissermaßen mit seinem eigenen Ich, indem er sich an sein Inneres wendet und sozusagen mit sich selber ins Gespräch kommt», N. P. Bratsiotis, «Der Monolog im Alten Testament», p. 40.

[73] Voir également, à titre d'exemple : Gn 17,17; 18,12; 21,6.7; 27,41; 28,16.17; 29,32 (et autres notices de nomination); Is 10,13–14; 14,13–14; 22,13b; Ps 14,1.

[74] Voir N. P. Bratsiotis, «Der Monolog im Alten Testament», pp. 40–43.

[75] Voir N. P. Bratsiotis, «Der Monolog im Alten Testament», pp. 62–63.

[76] Voir N. P. Bratsiotis, «Der Monolog im Alten Testament», pp. 58–59.

«monologuant» est plus particulièrement l'objet de l'article de R. A. F. MacKenzie.

Les «soliloques divins» de la Genèse (R. A. F. MacKenzie)
Historiquement, l'article de Roderick A. F. MacKenzie, «The Divine Soliloquies in Genesis» (1955), constitue la première étude sur les discours intérieurs bibliques, portant précisément sur les monologues divins de la Genèse[77]. Selon MacKenzie, le soliloque divin en contexte narratif est une technique à laquelle recourt le seul document yahwiste, avec un unique parallèle dans un texte sacerdotal, Gn 1,26. Le Yahwiste, dans son récit des origines, ne se satisfait pas d'une représentation extérieure de la divinité, mais entreprend de donner accès à l'intériorité du personnage :

> Avec une simplicité sublime, il lit les pensées de Dieu et interprète pour nous, clairement et directement, les motifs et les sources d'action dans ces pensées. Donc, dans plusieurs passages clés, il entreprend audacieusement la création artistique des discours divins, non pas adressés à de quelconques êtres inférieurs, mais prononcés dans une majestueuse communion à soi par son Dieu unique et autonome. De cette manière, il nous fait connaître le cœur de ce Dieu et transmet l'essence de sa propre et imposante doctrine théologique[78].

Cette définition est intéressante dans la mesure où elle souligne la particularité du monologue quand il est le fait du personnage divin : le procédé ne donne pas seulement accès, comme dans le cas d'un discours humain, à la vie intérieure d'un homme ou d'une femme, mais à l'intériorité divine, révélant ainsi certains traits de la théologie de l'auteur et de son projet narratif. L'auteur dévoile en effet, par sa manière de construire le monologue, comment il conçoit les motivations,

---

[77] Roderick A. F. MacKenzie, «The Divine Soliloquies in Genesis», *CBQ* 17 (1955), pp. 277–286.

[78] «With a sublime simplicity, he reads God's mind, and interprets for us, plainly and directly, the motives and springs of action in that mind. Thus, in several key passages, he boldly undertakes the artistic creation of divine speeches, not addressed to any lesser beings but uttered in majestic self-communion by his unique and self-sufficient God. In this way he makes known to us the heart of that God, and conveys the essence of his own lofty theological doctrine" With a sublime simplicity, he reads God's mind, and interprets for us, plainly and directly, the motives and springs of action in that mind. Thus, in several key passages, he boldly undertakes the artistic creation of divine speeches, not addressed to any lesser beings but uttered in majestic self-communion by his unique and self-sufficient God. In this way he makes known to us the heart of that God, and conveys the essence of his own lofty theological doctrine», R. A. F. MacKenzie, «The Divine Soliloquies in Genesis», p. 279.

le système de valeurs, ou encore le mode de raisonnement du personnage. Au niveau narratif, il révèle la motivation qu'il attribue aux actions
et aux discours du personnage divin. On peut donc déjà se douter que
les monologues fournissent des clés importantes pour comprendre la
signification générale que la narration donne à la présence divine dans
le récit. MacKenzie continue avec une discussion de chaque monologue divin de la Genèse, sur laquelle je reviendrai lors de l'analyse des
différents passages.

Monologue divin et révélation (R. Lapointe)

Roger Lapointe, dans un article consacré au monologue divin (1970)[79],
commence par souligner, lui aussi, le caractère conventionnel ou artificiel du monologue : ce procédé littéraire, note-t-il, « représente une
personne seule se parlant à elle-même, sur la page ou sur la scène,
alors qu'il révèle, dans le même temps, chacun de ses mots au lecteur
ou à l'auditeur »[80]. Après avoir discuté les monologues divins mis en
évidence par Bratsiotis (essentiellement dans les livres prophétiques),
Lapointe s'interroge sur l'usage la première personne du pluriel (comme
en Is 6,8, où le monologue alterne première personne du singulier et
du pluriel) : pour lui, l'hypothèse d'une cour céleste est peu probable
(dans ce cas, il ne s'agirait pas d'un monologue) ; aussi propose-t-il
plutôt l'idée d'une « duplication du soi, prenant place quand quelqu'un
converse avec lui-même »[81].

En conclusion, Lapointe considère insuffisante la définition du
monologue divin comme discours que Dieu adresse à lui-même. Il note
d'abord que la technique du monologue a pour effet de conférer aux
paroles divines ainsi prononcées une certaine authenticité et véridicité :
« les monologues divins nous guident directement à l'intérieur de l'esprit
de YHWH ; ils ouvrent au lecteur la source secrète des choix de Dieu
d'une manière qui doit être considérée infaillible »[82]. Par convention, les

---

[79] Roger LAPOINTE, « The Divine Monologue as a Channel of Revelation », *CBQ*
32 (1970), pp. 161–181.

[80] « It portrays somebody alone talking to himself – on the page or on the stage –
while on the other hand revealing every word to the reader or listener », R. LAPOINTE,
« The Divine Monologue », p. 164.

[81] « The plural [...] refers to the duplication of the self that takes place wherever
anyone confers with *himself* », R. LAPOINTE, « The Divine Monologue », p. 172 (souligné
par l'auteur).

[82] « The divine monologues lead us directly into Yahweh's mind ; they open to the
reader the secret source of God's choices in a way that must be termed infaillible »,
R. LAPOINTE, « The Divine Monologue », pp. 179–180.

monologues prétendent en effet livrer la pensée du personnage : parce qu'ils ne sont pas destinés à un interlocuteur, ils ne peuvent pas avoir l'intention de tromper. Ils constituent de la sorte un moyen privilégié de « révélation », par lequel l'auteur biblique exprime les motivations qu'il imagine diriger les actions divines[83].

c. *Les formules introductives des monologues*

Le monologue est fréquemment signalé par le verbe אמר suivi du substantif לב ou לבב, lui-même précédé de la préposition ב. On trouve cette formule par exemple en Gn 17,17 : « Et Abraham tomba sur ses faces et il rit et il dit en son cœur [בלבו] … ». Cette introduction précède les discours intérieurs d'Ésaü en Gn 27,41, de Jéroboam en 1 R 12,26, et de Haman en Est 6,6[84]. La formule est utilisée trois fois dans le Ps 10 (versets 6, 11 et 13), ainsi qu'en Ps 14,1. Une autre formule introductive du discours intérieur présente le verbe אמר suivi cette fois de l'expression אל-לבו, « vers son cœur ». On la trouve en Gn 8,21b–22 : « et Yнwн dit vers son cœur [אל-לבו] » ou encore en 1 S 27,1 : « et David dit vers son cœur… »[85]. Comme le note Cynthia Miller, dans la première formule, le « cœur » [לב] est considéré comme le lieu du discours intérieur, tandis

---

[83] D'autres articles ou ouvrages font allusion aux monologues, sans pour autant ajouter aux études mentionnées ici. Ainsi, Casper Jeremiah LABUSCHAGNE, « The Literary and Theological Function of Divine Speech in the Pentateuch », in : J. A. EMERTON (ed.), *International Organization of the Study of the Old Testament. Congress Volume: Salamanca 1983* (VT.S 36), Brill, Leiden, 1985, pp. 154–173, envisage rapidement le cas du monologue, mais dans une perspective plus numérique que littéraire. A. BERLIN, *Poetics and Interpretation of Biblical Narrative*, p. 38, ainsi que J.-L. SKA, *« Our Fathers Have Told Us »*, p. 89, citent le monologue intérieur comme l'un des moyens pour représenter la vie intérieure. Samuel A. MEIER, *Speaking of Speaking. Marking Direct Discourse in the Hebrew Bible* (VT.S 46), Brill, Leiden/New York/Köln, 1992, pp. 9–10, annonce clairement qu'il ne traite pas du destinataire des discours directs (et donc ne considère pas la particularité des monologues). C. MILLER, *The Representation of Speech*, pp. 290–296, consacre au phénomène du « discours interne » (*internal speech*) quelques pages de son étude, où elle analyse surtout les différentes formes d'introduction. Parmi les commentateurs, H. GUNKEL, *Genesis*, p. XLIII, dans l'introduction de son commentaire, mentionne le cas des monologues, « die inkonkreteste Art der Rede ». Gerhard VON RAD, *Das erste Buch Mose: Genesis. Kapitel 1–12,9* (ATD 2), Vandenhoeck & Ruprecht, Göttingen, 1972 (1949¹), p. 91, souligne (au sujet de Gn 8,21) que le monologue permet au lecteur de pénétrer « die Unmittelbarkeit der Gedanken des göttlichen Herzens ».

[84] Voir également les mêmes formules employées à l'intérieur de discours directs, en Dt 8,17 et Qo 2,15.

[85] Cette introduction présente une variante, où le substantif לב est remplacé par le pronom personnel de la première personne du singulier : « Et Naamân s'irrita et il s'en alla et il dit : Voici, j'ai dit vers moi-même [אלי] … » (2 R 5,11).

que, dans la seconde, il apparaît comme l'interlocuteur de ce discours[86]. Les substantifs נפשׁ et קרב peuvent également être utilisés, soit avec le verbe אמר seul, introduisant le monologue, soit avec un autre verbe qualifiant l'acte intérieur (voir Ps 3,3 et Gn 18,12).

De nombreux monologues des livres prophétiques et sapientiaux sont signalés par des formules typiques, qui, sans être réservées à cette forme littéraire, suggèrent néanmoins discrètement le discours intérieur. Un grand nombre de monologues sont ainsi introduits par l'expression כי אמר (Is 10,13). D'autres sont simplement introduits par le verbe אמר, le sujet (la première personne) étant renforcé par un pronom personnel (comme en Ps 116,11). À l'intérieur du monologue, des pronoms interrogatifs (מי, מה ou למה) peuvent également être utilisés (Jr 9,1; Ps 120,3; Ps 115,2), ainsi que des formules d'imprécation, comme אוי־לי (Is 6,5)[87]. Toutefois, comme cela est le cas pour la majorité des monologues divins de la Genèse (excepté 8,21b–22), les discours intérieurs sont très souvent dépourvus d'introduction spécifique et de ces quelques marqueurs[88].

d. *Structure des monologues*

MacKenzie met en évidence une structure bipartite dans la plupart des monologues, humains et divins, que présentent les textes yahwistes de la Genèse. Ces discours intérieurs se situent le plus souvent au début d'une unité narrative et se composent de deux parties: la motivation et la proposition. «Le locuteur décrit d'abord la situation, qui est présentée comme le motif ou la raison pour la proposition, d'habitude un ordre, une requête ou une suggestion à son interlocuteur»[89]. Certains des monologues de la Genèse présentent une formule simplifiée, comme 6,3.7 ou 8,21, où la résolution est suivie de la motivation ou du constat (voir tableau ci-dessous), ou encore 3,22 qui se finit en aposiopèse (voir la discussion ci-dessous).

---

[86] Voir C. MILLER, *The Representation of Speech*, p. 293.

[87] Le paragraphe résume N. P. BRATSIOTIS, «Der Monolog im Alten Testament», pp. 46–47.

[88] Voir en ce sens C. MILLER, *The Representation of Speech*, p. 294.

[89] «The speaker first describes the situation, which is presented as the motive or reason for the proposition, usually a command, request, or suggestion to his interlocutor», R. A. F. MACKENZIE, «The Divine Soliloquies in Genesis», p. 280. Cette structure est adaptée de celle que l'on trouve dans de nombreux discours humains (pas forcément des monologues) de la Genèse, ouvrant une nouvelle section narrative. Voir par exemple Gn 12,11–13; 16,2; 19,31–32; 27,2–4; etc.

Lapointe, incluant dans son analyse les monologues divins des livres prophétiques, précise la structure de MacKenzie en lui ajoutant un troisième terme : la *raison*, c'est-à-dire la situation qui provoque la décision ; le *motif*, c'est-à-dire une disposition ou un sentiment qui influence la décision dans un sens plus subjectif ; la *décision*. Les monologues divins, selon Lapointe, présentent un ou plusieurs de ces éléments[90]. Dans les pages qui suivent, on pourra constater que ces différents éléments esquissent la structure de la plupart des monologues divins : ils sont en effet le plus souvent constitués de l'expression d'une raison ou d'un motif (selon la définition de Lapointe) et de celle d'une décision (avec un ordre variable).

e. *Détermination des monologues divins du Pentateuque*

À partir des différentes études présentées ci-dessus, je définirais le monologue divin comme un discours qui est prononcé par le personnage divin, qui n'est pas adressé à un interlocuteur, c'est-à-dire dont le *verbum dicendi* n'est pas accompagné d'un complément indiquant le destinataire du discours et dont le contexte ne suggère pas la présence d'un interlocuteur. Je parlerai aussi bien de « monologue » que de « discours intérieur », considérant ces deux expressions comme synonymes. Sur cette base, il est possible de mettre en évidence neuf monologues divins rapportés en style direct dans le Pentateuque. Huit d'entre eux se situent en subordonnée principale et prennent place dans la première partie de la Genèse (1,26 ; 2,18 ; 3,22 ; 6,3.7 ; 8,21b–22 ; 11,6–7 ; 18,17–19)[91]. Un neuvième, où la présence du style direct est discutable, se trouve dans une proposition causale introduite par כי dans le livre de l'Exode (13,17).

À ces monologues, s'ajoutent quelques cas de discours intérieurs divins rapportés en style indirect (ou monologues intérieurs indirects, dans les termes de R. Humphrey), mais en dehors du Pentateuque. On

---

[90] Voir R. LAPOINTE, « The Divine Monologue », p. 170.

[91] Au sujet de la discussion de ces passages chez différents auteurs, voir ci-dessus, dans l'examen de chaque monologue. C. J. LABUSCHAGNE, « The Literary and Theological Function of Divine Speech », p. 156, ajoute deux occurrences à cette liste. Il mentionne d'abord Ex 3,17, une parole divine enchâssée dans un autre discours divin (Élohim se citant lui-même), qui me semble difficile à considérer comme monologue, puisque ces propos comprennent un pronom à la deuxième personne [אתכם] et sont clairement adressés à Israël. Il cite ensuite Dt 32,20–27, qui pourrait compter en soi comme monologue, mais qui constitue en fait une citation faite par Moïse, qui place ainsi ces paroles dans la bouche de YHWH.

peut citer d'abord 2 S 17,14, que j'examinerai plus loin[92]. De même, en Os 7,2, Yʜᴡʜ déclare d'Israël: «Et ils ne disent pas vers/à leurs cœurs [ללבבם] [que] tout leur mal, je m'en souviens…». L'absence de changement de perspective (Yʜᴡʜ continue de parler à la première personne) indique le discours indirect, asyndétique puisque sans conjonction introductive. Comme le note J. L. Mays, Yʜᴡʜ évoque ici une idée qui ne vient même pas à l'esprit des fils d'Israël[93]. En ce sens, le monologue représente une pensée qui fait défaut aux fils d'Israël et dont Yʜᴡʜ regrette l'absence.

Dans cette section, je commencerai par discuter le passage d'Ex 13,17 qui, comme on le verra, se différencie fortement des monologues de la Genèse et ne prend pas place dans la succession qu'ils forment. Je continuerai par l'étude de ces huit monologues, d'abord en en donnant une vue globale grâce à un tableau comparatif, puis par une analyse plus détaillée.

Monologue en subordonnée causale (Ex 13,17)

Le passage est précédé par une longue intervention de Moïse, portant sur la célébration de la fête de la Pâque ainsi que sur la consécration des premiers-nés (13,3–16). Comme le signale la ponctuation massorétique, au verset 17 du chapitre 13 commence clairement une nouvelle unité narrative (voir notamment la formule ויהי) – celle du passage de la mer. Y est donnée la raison du détour par la mer: «Et il arriva, quand Pharaon laissa partir le peuple, Élohim ne les conduisit pas par le chemin de la terre des Philistins, bien qu' [כי][94] il fût proche, car Élohim avait dit [אמר]: "de peur que [פן] le peuple ne se repente en voyant la guerre et qu'il ne retourne en Égypte"» (Ex 13,17). Le détour par la mer est donc justifié par un discours du personnage divin, craignant un revirement du peuple. Ni l'introduction du discours divin ni son contexte ne suggèrent un interlocuteur. De même, son contenu, ne constituant ni un ordre ni une promesse, mais bien l'explication d'un acte divin,

---

[92] Voir, dans la section consacrée au style indirect, «Un curieux monologue divin (2 S 17,14)», p. 77.

[93] «It never enters their mind that the real issue between them and their God is the evil of their lives», James Luther Mᴀʏs, *Hosea. A Commentary*, Westminster Press, Philadelphia, 1969, p. 103. Sur la syntaxe du passage, voir C. Mɪʟʟᴇʀ, *The Representation of Speech*, p. 293.

[94] Au sujet de la proposition concessive introduite par כי, voir P. Joüᴏɴ, *Grammaire de l'hébreu biblique*, § 171a ou Brevard S. Cʜɪʟᴅs, *Exodus. A Commentary* (OTL), SCM Press, London, 1974, p. 217.

ne présuppose pas l'existence d'un vis-à-vis. Le discours apparaît donc comme un monologue. Plusieurs commentateurs et traducteurs rendent en ce sens le verbe אמר par «penser» ou «se dire»[95].

L'absence de pronoms possessifs dans le discours divin rend difficile la distinction entre style direct et indirect. La question est importante dans la mesure où ce monologue divin est le seul du Pentateuque où le style indirect serait envisageable. J'examinerai plus loin l'effet narratif créé par le style indirect, mais les remarques introductives ont déjà montré que ce style élabore, syntaxiquement et narrativement, le contenu des paroles prononcées. Un monologue rapporté en style indirect constituerait donc une manifestation de la médiation narrative, reformulant les paroles du personnage pour les intégrer dans le cours des événements racontés. Or la langue hébraïque ne semble pas permettre, dans ce cas, la distinction du mode de transmission. La comparaison avec des versets présentant une construction similaire révèle en effet que ce type de syntaxe peut relever à la fois du style direct ou indirect[96].

Ainsi, le monologue de Jacob en Gn 31,31, introduit par פֶּן, est suivi incontestablement du style indirect: «Et Jacob répondit et il dit à Laban: "Car j'ai eu peur car j'avais dit que [פֶּן] tu pourrais m'enlever tes filles/car j'avais dit: de peur que [פֶּן] tu ne m'enlèves tes filles"». À l'intérieur du discours direct, Jacob exprime sa crainte en style indirect: il maintient le même centre déictique, c'est-à-dire celui de sa conversation avec Laban (nommé à la deuxième personne), quand il rapporte la parole qu'il s'est dite à lui-même au moment de sa fuite.

Par contre, dans deux autres passages (Gn 26,7 et 1 S 27,11), la subordonnée introduite par פֶּן relève clairement du style direct. Le premier prend place dans le cycle d'Isaac: «Et les hommes du lieu l'interrogèrent sur sa femme et il dit: "C'est ma sœur" car il craignait de dire[97]: "Ma femme, de peur que [פֶּן] les hommes du lieu ne me tuent [פֶּן־יַהַרְגֻנִי] à cause de Rebecca, car elle est belle d'apparence"» (Gn 26,7). Le suffixe possessif de la première personne indique que le

---

[95] Voir B. S. CHILDS, *Exodus*, p. 215 («for God thought»), ainsi que les traductions de la *Bible de Jérusalem* et de la *TOB*, ou, en anglais, de la *New Jerusalem Bible* et de la *New Revised Standard Version*.

[96] Les livres narratifs de la bible hébraïque comprennent également plusieurs passages où, comme en Ex 13,17, aucun élément ne permet de distinguer le mode direct ou indirect (voir par exemple Gn 38,11 et 42,4).

[97] Ici, לֵאמֹר joue le rôle d'un véritable infinitif, ce qui est assez rare (seulement neuf occurrences dans la bible hébraïque, selon S. Meier). Voir S. A. MEIER, *Speaking of Speaking*, p. 139.

discours d'Isaac dans la subordonnée introduite par פֶּן relève du style direct. Comme le montre C. Miller, deux discours d'Isaac sont en fait rapportés dans ce verset : la réponse qu'il donne aux Philistins («Ma sœur», au verset 7a) et ensuite l'explication de cette réponse mensongère (verset 7b)[98]. La subordonnée en פֶּן rapporte donc le monologue intérieur d'Isaac, représenté comme un discours malgré l'absence d'un verbe de parole introducteur. Le second passage, en 1 S 27,11a, présente une construction syntaxique analogue, mais avec un *verbum dicendi* introduisant la subordonnée en פֶּן : «Et David ne laissa en vie ni homme ni femme pour les faire venir à Gath, en disant [לֵאמֹר] : "De peur que [פֶּן] qu'ils ne rapportent contre nous en disant : 'Ainsi a fait David'"»[99]. Le groupe prépositionnel עָלֵינוּ, avec le suffixe de la première personne, signale le mode direct[100].

Les quatre occurrences examinées ici présentent plusieurs similarités : chacune d'elles exprime la crainte d'un personnage, la proposition introduite par פֶּן expliquant la situation qu'il redoute et cherche à éviter. Dans les trois premières occurrences, cette expression de la crainte prend place dans une subordonnée causale introduite par כִּי et comprenant le verbe אמר (précédé du verbe ירא en Gn 26,7), tandis que, en 1 S 27,11, seul l'infinitif construit לֵאמֹר introduit la subordonnée en פֶּן. La situation redoutée est donc représentée comme un discours que le personnage se tient à lui-même – un monologue – et qui justifie sa décision. Cette expression de la crainte médiatisée par le discours permet au lecteur d'accéder à l'intériorité du personnage pour se figurer directement avec lui la situation redoutée et ainsi partager son appréhension. Les styles direct et indirect semblent être utilisés indifféremment. D'un point de vue syntaxique, le monologue divin d'Ex 13,17 peut donc relever de l'un ou l'autre mode de transmission.

D'un point de vue esthétique, cette fois, considérant l'effet produit par le texte, on peut pourtant noter que le monologue divin d'Ex 13,17

---

[98] Voir C. MILLER, *The Representation of Speech*, p. 180. Toutefois, Miller ne considère pas la réponse d'Isaac («Ma femme») comme un discours rapporté, לֵאמֹר introduisant plutôt «an embedded verbal complement that functions as the object of the verb» (*ibidem*). Le suffixe possessif de la première personne [אִשְׁתִּי] m'encourage plutôt à considérer le substantif comme un discours direct (même s'il exprime le discours qu'Isaac ne prononce pas), faisant suite à celui qui rapporte les paroles effectivement prononcées par Isaac [אֲחֹתִי הִוא].

[99] La ponctuation massorétique place l'*atnah* après לֵאמֹר. Il semble cependant que l'infinitif construit introduit le discours que pourraient tenir les survivants potentiels. C'est la lecture, par exemple, de la *Bible de Jérusalem* et de la *Revised Standard Version* (voir au contraire la traduction de la *TOB*).

[100] Voir de même S. A. MEIER, *Speaking of Speaking*, pp. 99 et 327.

ne présente aucun trait d'élaboration grammaticale. Il apparaît donc au lecteur sans aucune médiation syntaxique : ce dernier le reçoit avec des mots qui peuvent avoir été prononcés directement par le personnage divin (voir spécialement la présence de la subordonnée en כִּי sans principale). Que le monologue divin relève donc, à un niveau purement syntaxique, du mode direct ou indirect, le lecteur le perçoit sans aucune médiation de la part de la narration[101].

On observe encore que ce monologue divin est inséré dans une causale, qui explique la raison du détour. Par rapport à la succession des différentes actions qui se déroulent sur scène, le monologue apparaît de la sorte avec un statut relativement secondaire, en tout cas subordonné à l'action principale, qui est «de ne pas conduire [le peuple] par le chemin de la terre des Philistins» (verset 17a) et de «leur faire faire un détour» (verset 18a). Si cette action divine a un rôle central dans l'histoire du peuple, puisqu'elle le mène aux rives de la mer, sa justification, la crainte d'un revirement du peuple, n'est pas en soi essentielle. C'est ainsi le résultat plus que la raison de l'action divine qui constitue le climax narratif.

Cet élément me semble important pour discerner la différence entre ce monologue divin et ceux de la Genèse, que je vais prendre maintenant en considération. En effet, on va voir combien, dans la Genèse, la justification des actions divines que permettent les différents monologues est essentielle pour comprendre le sens de ces épisodes. Cette différence sémantique est soulignée par la syntaxe : alors que le monologue d'Ex 13,17 prend place dans une subordonnée, les monologues de la Genèse se trouvent chaque fois dans la principale[102].

Les monologues divins de la Genèse

Le tableau ci-dessous rassemble les différents monologues divins de la Genèse et compare leurs introductions, leurs contenus et leurs fonctions narratives. Mon objectif est de donner une vue globale de ces discours avant de les discuter un par un.

---

[101] Au sujet des cas où la distinction des styles direct et indirect est difficile ou impossible, voir par exemple M. STERNBERG, «How Indirect Discourse Means», pp. 70–72.

[102] On peut de plus remarquer que le discours d'Ex 13,17 ne correspond pas tout à fait à la structure générale des monologues repérée par MacKenzie et Lapointe. En effet, les propos divins ne concernent que la justification de la décision, tandis que le contenu de celle-ci est rapporté par la narration (ce monologue présente en ce sens une certaine parenté avec Gn 3,22).

	Introduction	Contenu du monologue	Fonction narrative
Gn 1,26	ויאמר אלהים	*Décision*: création de l'humain «à notre image, selon notre ressemblance»	Création de l'humain comme vis-à-vis du divin; préparation de la représentation narrativisée de 1,27 («Et Élohim créa l'humain à son image»).
Gn 2,18	ויאמר יהוה אלהים	*Constat*: la solitude n'est pas bonne pour l'humain *Décision*: création d'un «secours»	Création de la femme comme vis-à-vis de l'humain.
Gn 3,22	ויאמר יהוה אלהים	*Constat*: l'humain a acquis la connaissance du bien et du mal [*Décision*: ne pas le laisser prendre de l'arbre de la vie]	Première limitation de la vie humaine; présentation de la raison de l'expulsion du jardin.
Gn 6,3	ויאמר יהוה	*Décision*: l'esprit de Yhwh ne demeurera pas pour toujours dans l'humain, qui ne vivra que 120 ans *Constat*: l'humain n'est que chair	Seconde limitation de la vie humaine (120 ans); préparation de l'expression narrativisée des sentiments divins en 6,5–6.
Gn 6,7	ויאמר יהוה	*Décision*: destruction des humains et animaux *Constat*: repentir divin	Limitation radicale de la vie des êtres humains et animaux; reprise de l'expression narrativisée des sentiments divins en 6,5–6.
Gn 8,21b–22	ויאמר יהוה אל-לבו	*Décision*: Yhwh ne frappera plus *Constat*: les intentions humaines sont mauvaises	Changement de la «stratégie» de Yhwh dans sa relation à l'humain; explication de la nouvelle attitude divine.
Gn 11,6–7	ויאמר יהוה	*Constat*: un seul peuple et une seule langue, plus aucun projet impossible *Décision*: confusion des langues	Limitation de l'unité de langue/de peuple et d'une certaine toute-puissance humaine; présentation de la raison de la confusion des langues.
Gn 18,17–19	ויהוה אמר	*Décision*: ne pas cacher à Abraham ce que Yhwh va faire *Constat*: Yhwh a «connu» Abraham et se rappelle la promesse	Présentation d'Abraham comme vis-à-vis de Yhwh; présentation du but de l'élection.

Le tableau met en évidence l'absence d'une introduction spécifique pour la plupart de ces monologues (excepté en 8,21b–22), qui sont précédés généralement par le simple verbe אמר. Il montre également la fréquence d'une structuration bipartite, composée de l'expression d'un constat puis d'une décision. Il suggère enfin déjà une triple fonction des monologues: une fonction étiologique, consistant en l'explication des motifs intérieurs d'une décision divine; une fonction littéraire, dans la mesure où les monologues peuvent précéder ou suivre l'expression narrativisée des mêmes sentiments divins qu'ils rendent en discours direct; et une fonction narrative plus globale, dans le sens où ces monologues ponctuent les étapes essentielles de la première partie de la Genèse, spécialement de l'histoire relationnelle entre le personnage divin et les humains. En discutant ces différents passages un à un, je tenterai de montrer comment chacun exerce cette triple fonction et je chercherai à voir s'ils esquissent ensemble une certaine «trajectoire» sémantique[103].

f. *Discussion et interprétation des différents monologues divins de la Genèse*
Je commencerai la discussion des monologues divins de la Genèse par une brève analyse des passages indiqués dans le tableau précédent. Pour chaque discours, je justifierai la présence du monologue et tenterai de mettre en évidence sa structure ainsi que son rôle dans le contexte narratif. Progressivement, plusieurs points communs apparaîtront entre les monologues. Certains d'entre eux présenteront des correspondances plus particulières, que j'examinerai au point suivant.

La décision de faire l'humain «à notre image» (Gn 1,26)
La présence du monologue d'Élohim en Gn 1,26 est suggérée par la rupture que ce discours, et particulièrement sa première partie, présente par rapport aux précédentes interventions divines: «Et Élohim dit: "Faisons un humain à notre image, selon notre ressemblance et qu'ils dominent sur le poisson de la mer et sur l'oiseau du ciel et sur les bêtes et sur toute la terre et sur tout le fourmillement qui fourmille sur la terre"»[104]. La parole divine du verset 26 est constituée

---

[103] En employant le terme «trajectoire», je m'inspire de la préface d'André LaCocque, Paul Ricœur, *Penser la Bible*. Texte d'André LaCocque traduit de l'anglais par A. Patte et revu par l'auteur, Seuil, Paris, 1998, pp. 7–18.

[104] Le passage est seulement mentionné en note par R. A. F. MacKenzie, «The Divine Soliloquies in Genesis», p. 278 (note 6), comme un parallèle sacerdotal à la technique yahwiste des monologues.

de deux verbes principaux, un cohortatif suivi d'un jussif coordonné. La présence du cohortatif, «faisons» [נעשׂה][105], distingue ce discours, puisque les paroles divines précédentes sont formées uniquement de jussifs (1,3.6.9.11.14.20.22[106].24)[107]. Elles sont en effet orientées vers une extériorité: elles sont adressées soit aux nouveaux éléments créés qui, même s'ils n'existent pas encore au moment du discours divin, sont ainsi appelés à être, soit aux éléments existants de la création, afin que ceux-ci fassent apparaître un nouvel élément ou produisent de nouvelles formes de vie, végétales ou animales.

Par contre, dans la première partie du verset 26, Élohim ne s'adresse qu'à lui-même, au moyen d'un monologue[108]: il énonce sa décision de créer l'humain, sans qu'aucun élément de la création ne soit appelé à participer à cet acte. La parole divine du verset 26 n'a donc pas le caractère d'un ordre, puisqu'Élohim s'y contente d'énoncer son projet[109]. On peut également constater que le jussif de la seconde partie du verset, «et qu'ils dominent» [וירדו], concerne moins un ordre destiné aux futurs humains – un tel ordre est donné au verset 28 – qu'une précision sur le but qu'Élohim poursuit en créant cet être vivant.

On peut également noter que le monologue de 1,26 annonce qu'Élohim s'apprête à créer l'être humain «à notre image [בצלמנו], selon notre ressemblance [כדמותנו]». Cette modalité importante de la création humaine est reprise en partie par la narration au verset suivant: «Et

---

[105] Je discuterai plus loin la première personne du pluriel. Voir «L'interlocuteur absent ou les trois fonctions des monologues», p. 88.

[106] Le verset 22 est composé de trois impératifs suivis d'un jussif.

[107] Voir par exemple Nahum M. SARNA, Genesis בראשית. The Traditional Hebrew Text with the New JPS Translation (JPS 1), Jewish Publication Society, Philadelphia/New York/Jerusalem, 1989, p. 11 et Victor P. HAMILTON, The Book of Genesis. Chapters 1–17 (NICOT), Eerdmans, Grand Rapids, 1990, p. 134.

[108] La présence du monologue est notée par exemple par Horst SEEBASS, Genesis I. Urgeschichte (1,1–11,26), Neukirchener Verlag, Neukirchen-Vluyn, 1996, p. 79.

[109] Voir en ce sens H. GUNKEL, Genesis, p. 111: «Darum hat auch das Gotteswort, das der Schöpfung des Menschen vorhergeht, eine andere Form: nicht wie bei den übrigen Schöpfungen, die eines Befehls („es werde" oder „die Erde bringe hervor"), sondern die Form der Ankündigung eines Entschlusses („wir wollen Menschen machen")». Voir également G. VON RAD, Das erste Buch Mose: Genesis. Kapitel 1–12,9, p. 37: «Gewichtiger als jedes vorherige Werk wird die Erschaffung des Menschen durch die Mitteilung einer göttlichen Selbstentschließung eröffnet [...]. Viel innerlicher und intensiver als bei den früheren Schöpfungswerken ist also Gott an diesem beteiligt». Claus WESTERMANN, Genesis. 1. Teilband: Genesis 1–11 (BK I/1), Neukirchener Verlag, Neukirchen-Vluyn, 1974, p. 199, présente et réfute l'interprétation de W. H. Schmidt, selon laquelle le verset 26 constituerait une annonce et non une décision. En réponse, Westermann note qu'une annonce n'aurait de sens que si un public était présent, ce qui ne semble pas être le cas, malgré le pluriel de la première personne.

Élohim créa l'humain à son image [בצלמו], à l'image [בצלם] d'Élohim il le créa…» (1,27). Sur le plan narratif d'abord, on remarque que le monologue, en annonçant ce qu'Élohim va faire et selon quelles modalités, redouble le récit de la création du verset 27. Le monologue crée donc une certaine insistance, mettant en valeur la manière dont Élohim perçoit cette nouvelle créature, et plus précisément, comme le soulignent les pronoms de la première personne, la manière dont il envisage sa relation avec elle[110]. Sans entrer dans la discussion des deux termes צלם et דמות, on peut noter que le monologue insiste sur le caractère de vis-à-vis de l'humain, conçu pour un rapport privilégié avec le personnage divin[111]. On peut ainsi distinguer comment ce premier monologue exerce une fonction étiologique. Il dévoile en effet le sens profond attribué à la création de l'humain : celui-ci, selon le projet d'Élohim, est voulu comme un autre face à lui.

Sur un plan littéraire ensuite, on peut remarquer que la reprise narrative «à son image, à l'image d'Élohim», si elle n'était précédée du monologue, constituerait une manifeste médiation de la narration : un récit en pur *showing* ne pourrait en effet fournir au lecteur une telle précision. Seule l'adoption de la perspective divine est en mesure d'indiquer sur quel «modèle» Élohim a créé l'humain. La présence du monologue au verset 26 permet cependant à la narration d'informer le lecteur sur les modalités de la création de l'humain par la voix divine elle-même. La reprise du complément «à son image, à l'image d'Élohim» dans la diégèse (verset 27) apparaît dès lors comme une répétition de ce que le personnage divin a lui-même prononcé. La narration masque de la sorte son intervention, et spécialement sa connaissance des desseins intérieurs divins. Dans cet épisode fondateur de la création de l'humain, elle n'apparaît ainsi que dans un rôle de description, se contentant de montrer au lecteur les événements, de lui rapporter les paroles divines et, à l'occasion, de répéter un élément de l'une d'entre elles.

---

[110] Au sujet de la structuration du passage et pour une plus ample interprétation, voir André Wénin, *D'Adam à Abraham ou les errances de l'humain. Lecture de Genèse 1,1–12,4* (Lire la Bible), Cerf, Paris, 2007, pp. 37–40, qui, à côté du redoublement noté ici, met également en évidence la répétition de la seconde moitié du monologue (la maîtrise des autres créatures) dans l'ordre donné par Élohim aux humains (1,28).

[111] Au sujet de la différence entre les substantifs צלם et דמות, voir par exemple G. von Rad, *Das erste Buch Mose: Genesis. Kapitel 1–12,9*, pp. 37–38 ; C. Westermann, *Genesis. 1. Teilband: Genesis 1–11*, pp. 201–202 ; Régine Hinschberger, «Image et ressemblance dans la tradition sacerdotale Gn 1,26–28 ; 5,1–3 ; 9,6b», *RevSR* 59 (1985), pp. 185–199 et A. Wénin, *D'Adam à Abraham*, pp. 38–39.

La décision de créer un «secours» à l'humain (Gn 2,18)
Le monologue de Gn 2,18 est précédé par l'interdiction de manger
de l'arbre du connaître (2,16–17). Celle-ci est exprimée par le verbe
ויצו, ayant pour sujet Yhwh Élohim, et est clairement adressée «à
[על] l'humain» (verset 16), comme le montre également l'emploi de la
deuxième personne. Par contre, le verbe אמר introduisant le discours
divin du verset 18 n'est accompagné d'aucun complément. La parole
divine ne compte de même aucune deuxième personne. Après le constat
«il n'est pas bon que l'humain soit seul», Yhwh Élohim poursuit avec
le verbe אעשה, à la première personne : «je ferai pour lui un secours
comme face à lui» (2,18)[112]. Comme dans le passage précédent, la parole
divine ne constitue pas un ordre, mais l'expression d'une décision mise
en œuvre dans les versets suivants. Ni l'humain ni les animaux créés
(verset 19) ne peuvent constituer de possibles interlocuteurs.

Le monologue divin a pour fonction essentielle d'extérioriser le projet
divin. En faisant précéder la création des animaux puis de la femme
par le monologue, la narration, comme en 1,26, observe une sorte de
pause, soulignant l'importance de cette étape du récit. La fonction
étiologique du monologue est claire : il dévoile le motif de la création
des animaux puis de la femme – «il n'est pas bon que l'humain soit
seul». D'un point de vue narratif, le monologue exprime également
quelle relation Yhwh Élohim envisage entre l'humain et la femme, le
secours qui répondra vraiment au besoin humain de vis-à-vis. En ce
sens, le monologue de 2,18 précise la relation que le personnage divin
envisage entre homme et femme, comme celui de 1,26 définit le rapport
entre lui et l'être humain. Ces deux monologues définissent de la sorte
les deux actes divins comme créateurs d'altérité et de relation, que ce
soit entre Dieu et les humains ou entre les humains entre eux.

D'un point de vue littéraire, comme dans le premier monologue, le
discours que Yhwh Élohim se tient à lui-même permet d'éviter une
intervention manifeste de la narration. En rapportant la constatation
divine «il n'est pas bon que l'humain soit seul» par un monologue, on
évite à la fois un *verbum sentiendi* (par exemple, «Yhwh Élohim pensa
que...») et une notice à la troisième personne reflétant le point de
vue divin (par exemple, «comme il n'était pas bon que l'humain soit

---

[112] Au sujet de la traduction de la double préposition, «comme face à lui» [כנגדו],
voir par exemple V. P. Hamilton, *The Book of Genesis. Chapters 1–17*, p. 175. Au sujet
du terme עזר, voir Jean-Louis Ska, «"Je vais lui faire un allié qui soit son homologue"
(Gn 2,18) : à propos du terme '"ezer"», *Bib* 65 (1984), pp. 233–238.

seul, …») – deux techniques littéraires qui relèvent du *telling*. La narration met plutôt directement en scène le personnage divin, rapportant en discours direct les paroles qu'il se tient à lui-même.

La décision d'expulser l'humain du jardin et de le confronter à la mortalité (Gn 3,22)

Le discours divin de Gn 3,22 est précédé lui aussi de propos clairement adressés à un interlocuteur. Ainsi, la parole de 3,16 est destinée à la femme et celle de 3,17–19 à l'humain, ces deux-ci étant interpellés avec des pronoms de la deuxième personne du singulier. En 3,22, par contre, ils sont désignés par le terme האדם et par la troisième personne du singulier, sans qu'aucun interlocuteur ne soit spécifié : « Et Yhwh Élohim dit : "Voici que l'humain était/est devenu [היה] comme un de nous pour connaître bien et mal. Et maintenant, de peur qu'il n'étende sa main et ne prenne aussi de l'arbre de la vie et ne mange et ne vive pour toujours…"» (3,22)[113]. La décision que suscite ce constat est éludée dans le discours divin, pour être racontée au verset suivant, qui rapporte l'expulsion des humains hors du jardin (aposiopèse)[114]. Le rythme de la pensée est ainsi suggéré par la proposition incomplète. La fonction de ce discours intérieur s'apparente à celle de 2,18 : par cette technique littéraire, la narration explique au lecteur la décision de Yhwh Élohim, en lui donnant accès à la perception et aux craintes du personnage, sans pour autant les narrativiser. De manière similaire au discours intérieur de 1,26, Yhwh Élohim s'exprime à la première personne du pluriel dans le monologue de 3,22 et évoque sa relation aux humains (évoqués à la troisième personne, du pluriel ou du singulier). Cependant, alors que le monologue de 1,26 ouvrait à l'humain le statut de vis-à-vis du divin, Yhwh Élohim semble ici infléchir son projet initial.

Dans le chapitre consacré aux perversions de la parole divine, je reviendrai sur ce monologue, pour discuter plus en détail sa traduction et son interprétation[115]. On peut déjà noter l'ambivalence du verbe היה, pouvant signifier à la fois ce que l'humain est devenu ou ce à quoi il était destiné. Je justifierai plus loin la lecture selon laquelle Yhwh

---

[113] Le monologue est noté par V. P. Hamilton, *The Book of Genesis. Chapters 1–17*, p. 208 : «This verse is a deliberation. God dialogues with himself […]».

[114] Voir R. A. F. MacKenzie, «The Divine Soliloquies in Genesis», p. 281 et, au sujet de l'aposiopèse, GKC § 167a.

[115] Voir, au chapitre IV, «Le privilège du lecteur ou le deuil de la transparence du récit (3,22a)», p. 474 et «Pour éviter la vie éternelle (3,22b–24)», p. 480.

Élohim rappelle ici la vocation initiale pour laquelle il avait créé l'humain. Celui-ci, cependant, en écoutant les paroles perverses du serpent et en prenant le fruit, a transgressé l'unique interdit qui garantissait l'altérité du divin. Il a voulu devenir comme «des dieux» (3,5), supprimant ainsi la distance le séparant de son créateur et permettant la relation. En évoquant dans le monologue les gestes de cette transgression, «prendre» et «manger» (voir 3,6), Yhwh Élohim exprime le danger qui existe pour l'humain de refaire les mêmes gestes et de récidiver dans la négation de l'altérité. Comme l'écrit A. Wénin, «il est donc urgent de l'empêcher de poursuivre dans cette voie»[116]. Le lecteur comprend que le personnage divin pose une nouvelle limite, non plus dans les termes d'un interdit, mais plutôt comme une limitation marquée sur le plan temporel: en excluant l'humain du jardin et en gardant l'accès de l'arbre de la vie (3,24), il l'empêche de jouir d'une existence illimitée et d'une possession absolue du temps.

De la sorte, le discours de 3,22 commence à apparaître davantage en continuité avec les deux précédents monologues: le personnage divin y parle chaque fois d'altérité, que ce soit pour instaurer celle-ci ou pour la protéger suite à ce qu'en ont fait les humains. On verra plus loin combien la limite – dont le paradigme est l'interdit de l'arbre en 2,16–17 – est créatrice de relation et d'altérité. Ici, en effet, en décrétant la condition mortelle de l'humain, Yhwh Élohim confronte l'humain à sa propre finitude et lui ôte la possibilité d'un éternel recommencement. Limité, l'être humain est invité à reconnaître qu'il a besoin de vivre avec l'autre, en relation avec lui, et de respecter son altérité. En tant que limite protégeant le sens de l'autre, le monologue d'Élohim en 3,22 prolonge donc les discours intérieurs précédents, plus qu'il ne s'y oppose.

La décision de limiter la vie humaine (Gn 6,3)

Le discours divin de Gn 6,3 constitue une autre parole sans interlocuteur, elle aussi exprimant les conséquences des actions humaines: «Et Yhwh dit: "Mon esprit ne dirigera/demeurera [ידון][117] pas dans l'humain pour toujours car c'est qu' [בשגם][118] il est chair; et ses jours seront de cent

---

[116] Voir A. Wénin, *D'Adam à Abraham*, p. 122 (voir aussi l'ensemble des pp. 122–124).

[117] Pour les différentes traductions possibles du verbe, voir par exemple H. Gunkel, *Genesis*, p. 57 ou G. von Rad, *Das erste Buch Mose: Genesis. Kapitel 1–12,9*, p. 84.

[118] Deux interprétations du terme בשגם sont possibles, selon la vocalisation de la

vingt années"». Je suis l'interprétation commune du terme בשׁגם, qui
est aussi celle de la Septante [διά] : selon cette lecture, il introduit la
cause de la décision divine ou le constat sur lequel elle est basée. Le
monologue commence par exprimer l'essentiel de la décision divine,
puis rapporte le constat posé par Yʜᴡʜ sous forme de subordonnée
causale, et enfin envisage la modalité concrète de la décision.

À la lumière de la corruption de la terre, marquée par le meurtre de
Caïn (4,1–16) et la convoitise des «fils de l'Élohim» (6,1–2), répétant
les gestes de la transgression («et ils virent que...», «et ils prirent»)[119],
Yʜᴡʜ décide de limiter la vie des humains, fixant la limite de leurs
jours à cent vingt années[120]. Il poursuit donc la même stratégie qu'en
3,22 : il limite le temps maximal de la vie humaine, pour les confronter
à la fois à leur finitude et à leur besoin de l'autre.

> Muni d'une telle limite, peut-être l'humain se laissera-t-il moins entraîner
> dans la convoitise et dans les confusions délétères qu'elle provoque ? Peut-
> être apprendra-t-il à ne pas gâcher ses potentialités, à user avec sagesse
> de la vie insufflée en lui avec l'haleine d'Adonaï Élohîm ? Peut-être ces-
> sera-t-il de rêver devenir comme le Dieu qu'il fantasme sous l'influence
> du serpent et reviendra-t-il au projet du créateur de le voir s'achever à
> son image, selon le projet initial ?[121]

---

dernière syllabe par un *patah* ou un *qamats*. Dans le cas d'un *patah* (texte de la *BHS*), le
terme est composé de la préposition ב suivie du relatif שׁ et de la particule גם, avec le
sens d'une conjonction de cause, «parce que». Sur cette lecture, voir par exemple H.
Gᴜɴᴋᴇʟ, *Genesis*, p. 58 ; G. ᴠᴏɴ Rᴀᴅ, *Das erste Buch Mose: Genesis. Kapitel 1–12,9*, p. 84 ;
C. Wᴇsᴛᴇʀᴍᴀɴɴ, *Genesis. 1. Teilband: Genesis 1–11*, pp. 507–508 ; V. P. Hᴀᴍɪʟᴛᴏɴ, *The
Book of Genesis. Chapters 1–17*, p. 267. Cependant, de nombreux manuscrits vocalisent
le terme בשׁגם avec un *qamats* final (texte de Kittel). Il s'agirait dès lors de l'infinitif
construit *qal* du verbe שׁגג, précédé de la préposition ב et accompagné du suffixe de
la troisième personne du pluriel. C'est l'explication proposée par GKC § 67p, «in
their error», qui note cependant la possibilité de l'autre vocalisation. BDB, à l'entrée
שׁגג, indique les deux possibilités («by reason of their going astray» ou «for that he
also is flesh»).

[119] Sur ce passage, voir A. Wᴇ́ɴɪɴ, *D'Adam à Abraham*, pp. 182–185.

[120] Sur le parallèle entre la décision de 3,22 et celle de 6,3, voir C. Wᴇsᴛᴇʀᴍᴀɴɴ,
Genesis. 1. Teilband: Genesis 1–11, p. 504 et R. A. F. MᴀᴄKᴇɴᴢɪᴇ, «The Divine Soliloquies in Genesis», p. 283 : «It [6,3] somewhat resembles 3,22, in that it involves a
limitation of the human life-span, decreed by Yahweh not as an arbitrary punishment
but as the necessary consequence of some excess or transgression on the part of His
creatures». Selon une autre interprétation, les cent vingt années constituent le laps de
temps imparti à l'humanité avant le déluge. Voir par exemple V. P. Hᴀᴍɪʟᴛᴏɴ, *The
Book of Genesis. Chapters 1–17*, p. 269.

[121] A. Wᴇ́ɴɪɴ, *D'Adam à Abraham*, pp. 184–185.

La décision de recourir à une limitation radicale (Gn 6,7)

Le monologue suivant se trouve dès le verset 7 du même chapitre 6. Il fait partie d'un ensemble de trois versets (6,5–7), décrivant le regard, le sentiment, puis la décision de Yʜᴡʜ. J'analyserai les deux premiers éléments plus en profondeur dans le prochain chapitre, mais il est déjà intéressant d'examiner comment ils s'articulent avec le monologue. Le verset 5 rapporte le regard posé par Yʜᴡʜ sur la terre et les humains : « Et Yʜᴡʜ vit que grand était le mal de l'humain sur la terre et que toute l'intention [יצר] des pensées de son cœur n'était que [רק] mauvaise tout le jour ». La position de l'adjectif רבה, *grand* (féminin), immédiatement après la conjonction כי et avant le substantif רעת auquel il se rapporte, suggère que le regard divin porte d'abord sur l'intensité du « mal » des humains. Les deux כל de la seconde moitié du verset ainsi que l'emploi de l'adverbe restrictif רק expriment également l'excès perçu par le personnage divin. Ces deux traits linguistiques suggèrent que la narration rapporte le regard divin de l'intérieur, permettant ainsi au lecteur de découvrir ce que le personnage divin voit depuis sa propre perspective.

Le verset 6, par contre, rapporte le sentiment divin d'un point de vue plus extérieur : « Et Yʜᴡʜ se repentit [וינחם] qu'il avait fait l'humain sur la terre et il se peina vers son cœur ». Comme on l'argumentera plus loin, la narration, par deux *verba sentiendi* conjugués à la troisième personne, exprime ici ce que ressent le personnage divin au moyen de la narrativisation. Elle se donne ainsi l'autorité de rapporter deux sentiments de Yʜᴡʜ – le repentir et la peine – comme si elle avait accès à son intériorité. Cependant, le monologue du verset 7 vient en partie « confirmer » la narration, suggérant que celle-ci répète la parole du personnage divin plutôt qu'elle ne décrit ce que celui-ci ressent : « Et Yʜᴡʜ dit : "J'effacerai l'humain que j'ai créé de sur les faces du sol, de l'humain jusqu'à la bête, jusqu'au reptile et jusqu'à l'oiseau du ciel, car je me repens [נחמתי] que je les ai faits" ». Yʜᴡʜ exprime donc le même sentiment que celui que la diégèse a rapporté au verset précédent. Diégèse et discours présentent le même verbe נחם au *nifal*, suivi de la conjonction כי et du verbe עשה au *qatal*. Seul l'objet de ce verbe varie d'un verset à l'autre : dans la diégèse, au verset 6, עשה a pour objet l'humain [האדם], tandis que, dans le monologue, au verset 7, il a pour objet un suffixe possessif pluriel, renvoyant aux humains, animaux, reptiles et oiseaux cités immédiatement avant (chaque fois au moyen d'un terme collectif). En quelque sorte, la narration anticipe donc, dans la diégèse, un élément du monologue qui suit (repentir d'avoir créé les humains) et explicite la conséquence logique d'un tel sentiment – la peine.

Le discours divin ne mentionne aucun interlocuteur, Yhwh se parlant clairement à lui-même[122]. Le monologue commence par énoncer la décision divine. Cette résolution, exprimée par un *yiqtol* conjugué à la première personne, concerne l'acte que Yhwh s'apprête à poser – la destruction des êtres vivants. Les monologues de 3,22 et de 6,3 révèlent déjà une certaine progression dans les limites imposées par Élohim à l'humain. Ici, le personnage divin continue dans la même logique, durcissant sa stratégie de limitation. Malgré la double limitation du temps de la vie (3,22 et 6,3), les êtres humains ont continué en effet dans leur logique du «prendre» (3,6 et 6,2), ce qui a eu pour conséquence l'apparition des néphilim, ou géants (6,4)[123]. Tandis que ceux-ci poursuivent dans leur voie, Yhwh persiste dans la sienne, décidant une limitation totale, cette fois, annihilant êtres humains et animaux – sauf une famille et un couple de chaque espèce, comme le récit l'explicite ensuite (versets 8, puis 13–21).

Selon le monologue pris isolément, il semble donc que Yhwh baisse les bras et renonce à la possibilité, pour les humains, d'établir des relations justes, respectant l'altérité. Pourtant, le discours de Yhwh à Noé (6,13–21) et la suite de la narration dévoilent le germe d'un nouveau projet: le personnage divin met en œuvre une idée inédite, celle de recommencer à zéro avec l'humanité, à partir de la famille d'un seul homme, que la narration présente comme «juste et intègre» (6,9): Noé. Un double indice, syntaxique et lexical, suggère que le projet d'épargner Noé et de conclure une alliance avec lui est déjà présent à l'esprit de Yhwh quand il prononce son monologue. D'une part, le verset qui suit immédiatement précise: «Et/or Noé *trouva/avait trouvé* [ונח מצא] grâce aux yeux de Yhwh» (6,8). La structure ו-sujet-*qatal* indique en effet un élément nouveau à l'arrière-plan de la narration, susceptible de signaler un changement dans le cours des événements, voire une antériorité, c'est-à-dire un événement légèrement antérieur, jetant une lumière nouvelle sur ce qui précède[124].

---

[122] «Der Beschluß selbst, in Form eines Selbstgespräches Jahves», H. Gunkel, *Genesis*, p. 61.

[123] À ce sujet, voir spécialement A. Wénin, *D'Adam à Abraham*, pp. 185–186.

[124] GKC § 142b classe Gn 6,8 parmi les exemples de propositions où le sujet est placé en tête, exprimant «an act completed long before, to which reference is made only because it is necessary for understanding the sequel of the principal action». Voir aussi P. Joüon, *Grammaire de l'hébreu biblique*, § 166j (Joüon ne mentionne cependant pas

D'autre part, on peut rappeler l'étymologie du nom de Noé, donné à
sa naissance par son père Lamek : « Et il cria son nom Noé, en disant :
"celui-ci nous réconfortera [יִנְחֲמֵנוּ] de notre travail et de la peine [עִצָּבוֹן]
de nos mains, hors du sol que Yhwh a maudit" » (5,29). Deux mots de
cette explication sont repris dans la représentation du repentir et de la
peine de Yhwh, en 6,6, où ils constituent les deux verbes principaux :
« et Yhwh se repentit [וַיִּנָּחֶם]... et il se peina [וַיִּתְעַצֵּב] ». Le lecteur
attentif pourra donc lire derrière cette description le vœu formé par
Lamek à la naissance de son fils. Le lien entre le « repentir » divin et
le nom de Noé lui est encore discrètement rappelé par l'assonance
formée par le verbe וינחם au verset 6 (w-y-n-ḥ-m) et le début du verset
8,... ונח מ (w-n-ḥ-m)[125].

Même si le début du chapitre 6 – et le monologue en particulier –
semble suggérer que Yhwh renonce à établir l'humain en véritable partenaire, la suite du chapitre révèle une ultime chance de pouvoir entretenir une relation de partenariat et d'engagement avec l'être humain
choisi. Yhwh promet en effet à Noé : « Et je ferai lever mon alliance
avec toi » (6,18). Derrière le monologue et la représentation narrativisée
de 6,6 se cache donc un nouvel espoir de relation : l'alliance. Celle-ci
est destinée à la seule famille de Noé, choisie pour les qualités éthiques
de ce dernier, famille qui, après le déluge, sera à la base d'une nouvelle
humanité. Ce projet d'alliance est cependant basé sur une « limitation »
radicale – sur la mort d'une grande partie de l'humanité[126].

La décision de ne plus frapper l'humain (Gn 8,21b–22)
Le monologue divin suivant se trouve à l'autre extrémité de l'épisode
du déluge, formant de la sorte une inclusion avec le précédent discours

---

Gn 6,8). L'antériorité est marquée par exemple dans les traductions de John A. Skinner, *Genesis. A Critical and Exegetical Commentary* (ICC), T. & T. Clark, Edinburgh, 1969[2]
(1910[1]), p. 151 et de C. Westermann, *Genesis. 1. Teilband: Genesis 1–11*, p. 522 (« Noah
aber hatte Gnade gefunden »). Voir également la traduction de la *Bible de Jérusalem*.

[125] Cet effet d'allitération est noté par H. Gunkel, *Genesis*, p. 61 (le verbe וינחם serait
une allusion au nom נח). La relation entre le verbe נחם et l'étymologie du nom de
Noé est suggérée par Ellen van Wolde, *Words Become Worlds. Semantic Studies of Genesis
1–11* (BI.S 6), Brill, Leiden/New York/Köln, 1994, p. 80.

[126] Au sujet du type de relation qu'implique l'alliance, voir Moshe Weinfeld, « ברית »,
TWAT, Bd. I, pp. 781–808. Weinfeld insiste sur le fait que le terme ברית n'implique
pas d'abord la notion d'un contrat ou d'un accord mutuel entre deux parties, mais
plutôt l'imposition, la contrainte, l'obligation : « ברית enthält vor allem die Idee des
Auferlegens oder der Verpflichtung ». Une ברית peut ainsi être commandée ou prescrite
(Jg 2,20 ; Ps 111,9). Le terme est ainsi synonyme d'une loi ou d'un commandement
(voir par exemple Dt 4,13 ou 33,9).

intérieur (6,7)[127]. Alors que Noé et sa famille, ainsi que tous les animaux, viennent de sortir de l'arche sur l'ordre d'Élohim (8,15–17), Noé construit un autel pour Yʜᴡʜ et offre des holocaustes (verset 20). La narration rapporte alors: «Et Yʜᴡʜ sentit une senteur de tranquillité [הניחח][128] et Yʜᴡʜ dit vers son cœur: "Je ne continuerai plus [עד] à rendre léger/maudire [לקלל][129] le sol à cause de l'humain car/bien que [כי] l'intention [יצר] du cœur de l'humain est/soit mauvaise [רע] dès sa jeunesse; je ne continuerai plus [עד] à frapper tout vivant comme je l'ai fait. Tous les jours de la terre, semence et moisson, froid et chaleur, été et hiver, jour et nuit ne cesseront plus [עד][130]"» (8,21–22).

Au sujet du contexte narratif du monologue, on peut d'abord noter que, comme le précédent, ce discours divin est précédé de la description narrativisée, dans la diégèse, d'une perception de Yʜᴡʜ. L'adjectif הניחח, «tranquillisant», suggère de plus la manière dont Yʜᴡʜ ressent l'odeur des holocaustes offerts par Noé, mais également éprouve, selon la première partie du verset 21, cette impression de tranquillité. Comme dans l'exemple précédent, cette «autorité» que s'attribue la narration pour décrire à la troisième personne ce que ressent le personnage divin est confirmée par le monologue.

---

[127] Le parallèle entre les deux discours intérieurs divins est noté par exemple par G. ᴠᴏɴ Rᴀᴅ, *Das erste Buch Mose: Genesis. Kapitel 1–12,9*, pp. 90–91; David L. Pᴇᴛᴇʀsᴇɴ, «The Yahwist on the Flood», *VT* 26 (1976), pp. 438–446, spécialement p. 441 (note 9); C. Wᴇsᴛᴇʀᴍᴀɴɴ, *Genesis. 1. Teilband: Genesis 1–11*, p. 609; ou encore N. M. Sᴀʀɴᴀ, *Genesis*, p. 59.

[128] Le substantif ניחח est dérivé du verbe נוח (voir BDB et KB). Il présente une certaine assonance avec le nom «Noé» [נח]. Voir sur ce point G. ᴠᴏɴ Rᴀᴅ, *Das erste Buch Mose: Genesis. Kapitel 1–12,9*, p. 91; V. P. Hᴀᴍɪʟᴛᴏɴ, *The Book of Genesis. Chapters 1–17*, p. 308; E. ᴠᴀɴ Wᴏʟᴅᴇ, *Words Become Worlds*, p. 82.

[129] Voir la définition générale du verbe קלל au *piel* donnée par Josef Scʜᴀʀʙᴇʀᴛ, «קלל *qll*», *TWAT*, Bd. VII, 1993, pp. 40–49: «Beim *pi* kann man von der Bedeutung ‚klein, leicht sein' ausgehen und kommt dann zu ‚klein machen, jemand seine Würde/ Bedeutung nehmen (durch Worte oder Handlungen), verächtlich machen'. […] Daher bekommt *pi* häufig die Bedeutung ‚verwünschen, verfluchen'» (pp. 42–43).

[130] Le verbe ישבתו peut avoir comme sujet soit les différents compléments qui précèdent («tous les jours», «semence et moisson», «froid et chaleur», etc., ces paires étant considérées comme des appositions au substantif ימי הארץ), soit uniquement l'ensemble des paires («tous les jours de la terre» étant considéré comme complément circonstanciel de temps), soit encore «les vivants» exprimés par le collectif כל־חי au verset 21 (les autres expressions étant considérées comme compléments circonstanciels). Comme la plupart des commentateurs, je retiens la seconde option: malgré les desseins mauvais des humains, le cycle des jours et des saisons conservera son harmonie. «However irregular the human heart may be (8:21b), there will be a regularity in God's world and its cycles», V. P. Hᴀᴍɪʟᴛᴏɴ, *The Book of Genesis. Chapters 1–17*, p. 310.

Le discours que prononce Yhwh est clairement présenté comme intérieur (voir l'expression «vers son cœur»)[131]. Il est ponctué de trois occurrences de l'adverbe עוֹד, qui, accompagné de la négation, signifie la rupture d'une certaine activité ou situation («ne plus»). Le monologue exprime ainsi clairement un changement d'attitude de la part de Yhwh envers la création[132]. La structure du discours est légèrement plus complexe de celle des précédents. Les deux phrases לֹא־אֹסֵף עוֹד, «je ne continuerai plus» (versets 21a.b) énoncent le contenu de la décision. Elles encadrent la subordonnée en כִּי, qui exprime soit la cause de la décision («car») soit la situation malgré laquelle Yhwh décide de ne plus détruire («bien que»). Les deux lectures sont permises par les sens possibles de la conjonction כִּי et sont défendables au niveau sémantique. En fait, elles aboutissent à une signification identique. Dans le cas du sens causal, la subordonnée en כִּי se rapporte à l'infinitif construit לְקַלֵּל (et non au *yiqtol* לֹא־אֹסֵף)[133] : Yhwh renonce à maudire le sol, action qu'il *ferait* à cause des mauvaises intentions humaines. En d'autres termes, les projets humains appellent bien la malédiction de Yhwh, mais celui-ci rompt avec ce type de réaction[134]. Cette interprétation revient à une lecture concessive de la subordonnée : *malgré* les desseins humains, Yhwh décide de ne plus recourir à une telle destruction du sol[135].

La subordonnée introduite par כִּי présente plusieurs points communs avec 6,5b, précédant le monologue de 6,7[136]. Les versets 6,5b et 8,21b

---

[131] Voir Benno Jacob, *Das Buch Genesis*, Calwer Verlag, Stuttgart, 2000 (1934[1]), p. 227 («ein Selbstgespräch von J-h-w-h»); V. P. Hamilton, *The Book of Genesis. Chapters 1–17*, p. 309 («instance of divine self-deliberation»).

[132] Voir H. Gunkel, *Genesis*, p. 66, pour qui la description du regret divin, c'est-à-dire de son changement d'attitude, est exprimée sur un mode très antique («Die Schilderung der „Reue" d. h. des Stimmungswechsels Jahves ist höchst antik gedacht»).

[133] Rapporter la subordonnée en כִּי, interprétée dans un sens causal, au *yiqtol* לֹא־אֹסֵף constitue un non-sens, spécialement au vu du parallélisme avec 6,5 (envisagé plus loin). Voir notamment D. L. Petersen, «The Yahwist on the Flood», pp. 441–444, qui discute en outre la traduction de R. Rendtorff («Je ne désignerai plus la terre comme maudite [comme je l'ai fait précédemment] à cause de l'humanité, parce que l'imagination du cœur de l'humain est mauvaise depuis sa jeunesse»). Voir cependant la lecture de B. Jacob, *Das Buch Genesis*, p. 227.

[134] Voir par exemple G. von Rad, *Das erste Buch Mose: Genesis. Kapitel 1–12,9*, p. 91 ou H. Seebass, *Genesis I. Urgeschichte*, p. 202. À l'appui de cette lecture, on pourrait citer le complément מִנְּעֻרָיו, «dès sa jeunesse» : *parce que* l'humain a de telles intentions depuis son enfance, et donc n'est pas susceptible de changer, Yhwh décide de changer lui-même de stratégie.

[135] Sur le כִּי concessif, voir P. Joüon, *Grammaire de l'hébreu biblique*, § 171ab. Voir aussi, par exemple, V. P. Hamilton, *The Book of Genesis. Chapters 1–17*, p. 309, qui retient les deux options de traduction.

[136] Le parallèle est noté par exemple par B. Jacob, *Das Buch Genesis*, p. 227 et D. L. Petersen, «The Yahwist on the Flood», p. 441.

concernent le caractère mauvais des desseins humains: chacun présente les substantifs יצר et לב, ainsi que l'adjectif רע. En 6,5b, la narration précise «l'intention *des pensées* de son cœur», tandis que l'expression est condensée en 8,21: «l'intention du cœur de l'humain». Les deux phrases évoquent également un certain excès, que ce soit par la précision «tout le jour» (6,5b) ou par «dès sa jeunesse» (8,21b). Ces récurrences sont d'autant plus significatives que ces deux expressions jouent un rôle opposé par rapport aux monologues: au chapitre 6, le constat concernant les mauvaises intentions humaines sert de justification à la décision du déluge, exprimée au verset 7; par contre, au chapitre 8, que l'on traduise la conjonction כי de manière causale ou concessive, ces mêmes intentions humaines suscitent une réponse différente du personnage divin, opérant ainsi un radical changement de stratégie[137].

Une des fonctions de ce parallélisme est sans doute de suggérer que le changement d'attitude de la divinité n'est pas motivé par une transformation des humains: ceux-ci restent semblables à eux-mêmes, avec les mêmes intentions mauvaises. C'est plutôt YHWH qui change sa manière d'agir et modifie sa relation aux êtres vivants[138]. La technique du monologue permet à la narration d'exprimer cette évolution du personnage divin en dévoilant ses intentions au lecteur. Particulièrement, la succession des deux monologues, aux extrémités de l'épisode du déluge, met en évidence cette transformation des projets divins. Le discours intérieur de 8,21b–22, comme on l'a vu, souligne que les desseins humains n'ont pas changé avec le déluge, mais que c'est YHWH lui-même qui va modifier sa manière d'agir. Celui-ci se rend compte en effet que son idée de détruire l'humanité pour la réduire à une seule famille a été impuissante à transformer l'inclination humaine au mal.

---

[137] Voir aussi G. VON RAD, *Das erste Buch Mose: Genesis. Kapitel 1–12,9*, p. 123: «Der gleiche Befund, der im Prolog Gottes Strafgericht begründet, läßt im Epilog Gottes Gnade und Nachsicht offenbar werden!».

[138] D. L. PETERSEN, «The Yahwist on the Flood» propose une interprétation similaire à partir d'une critique des sources. Partant de l'observation que le récit sacerdotal a introduit une version propre du déluge, complétant ainsi le texte yahwiste, Petersen montre les différences entre les deux versions: dans l'écrit sacerdotal, le déluge s'achève «on a new beginning guaranteed by a divinely-initiated covenant» (p. 441), tandis que «the Yahwistic narrator realized that the flood had not functioned as Yahweh had intended it. It had neither wiped out man or animals nor had it rid mankind of his propensity for evil» (p. 444). Le yahwiste rapporte ainsi l'échec du déluge avec un certain «ironic detachment» (p. 446), soulignant la stratégie infructueuse de YHWH. «The flood was therefore, in the Yahwist's eyes, an ineffectual ploy, a segment of the primeval history which had to be narrated because it was authoritative tradition, but not one which was to be build on a major scale as the priestly writer had done» (pp. 444–445).

Ce nouveau mode de relation n'est encore explicité que par le négatif : le personnage divin ne «traitera plus à la légère» [לקלל], ne «frappera» plus [להכות] ni ne causera l'arrêt, la «cessation» [שבת] des êtres vivants. Les différents éléments cités, évoquant le cycle des saisons et des jours (semailles et moissons, été et hiver, etc.), représentent la totalité du temps humain (constituant ainsi des mérismes)[139] et suggèrent que les saisons et les rythmes naturels ne seront plus perturbés comme ils viennent de l'être. Le contenu positif de la décision n'est pas encore formulé, mais est raconté dans l'épisode de l'alliance que Yhwh conclut avec Noé (Gn 9,1–17) et dans le reste du livre, dans les récits de l'élection et de l'alliance.

La décision d'instaurer la pluralité des langues (Gn 11,6–7)
Au cycle de Noé, qui se termine à la fin du chapitre 10, succède le récit de la tour de Babel. A. Wénin a déjà montré la différence de signification dont l'épisode se charge selon qu'il est lu indépendamment de son contexte ou dans la continuité des premières pages de la Genèse[140]. C'est dans cette dernière perspective que j'envisagerai le passage et, particulièrement, le monologue divin qu'il comprend. La narration commence par décrire les actions et les discours des humains (11,1–4), soulignant l'uniformité du peuple qu'ils constituent : «Et toute la terre était une langue unique et des mots uniques» (verset 1). Le discours par lequel ces humains décrivent leur projet présente plusieurs allitérations, créant ainsi un effet de répétitivité : «Et ils se dirent chacun à son compagnon [איש אל־רעהו] : "Allons, briquetons des briques [נלבנה לבנים] et brûlons-les en brûlée [ונשרפה לשרפה]"» (verset 3a). On peut d'abord observer que ce discours a tout de l'allure d'un monologue[141], si ce n'est la précision que ces hommes se disent ces mots «l'un à l'autre». Leur «discours monologué» apparaît ainsi instauré en mode de communi-

---

[139] Sur le mérisme dans la bible hébraïque, voir A. M. HONEYMAN, «*Merismus* in Biblical Hebrew», *JBL* 71 (1952), pp. 11–18 : «Merismus, which is a figure of speech akin in some respects to synecdoche, consists in detailing the individual members, or some of them – usually the first and last, or the more prominent – of a series, and thereby indicating either the genus of which those members are species or the abstract quality which characterises the genus and which the species have in common» (pp. 13–14). Certains des mérismes de Gn 8,22 sont cités p. 15.

[140] Voir André WÉNIN, «La dispersion des langues à Babel : malédiction ou bénédiction ? Version et subversion d'une légende mythique», in : Paul-Augustin DEPROOST, Bernard COULIE (éds), *Les langues pour parler en Europe. Dire l'unité à plusieurs voix*, L'Harmattan, Paris, 2003, pp. 13–28 et A. WÉNIN, *D'Adam à Abraham*, pp. 215–228.

[141] On peut en ce sens noter le parallélisme avec le monologue divin des versets 6–7.

cation, supplantant le dialogue. En d'autres mots, la communication, au sein du peuple, semble s'être réduite à un «nous» ayant effacé le «je» et le «tu»[142]. L'absence de réelle altérité est encore soulignée par la présence d'un double accusatif interne dans le discours, accentuant l'effet de répétitivité et d'absence de différence.

D'autres traits ironiques de la représentation du peuple ont été mis en évidence par A. Wénin: ainsi, par exemple, malgré leur projet grandiose, les hommes de Babel omettent pourtant de dresser un plan d'ensemble, se lançant directement dans la confection des briques. Les matériaux apparaissent de plus de second choix, moins coûteux ou plus facilement maniables (verset 3). À leur ambition présomptueuse («Allons, bâtissons-nous une ville et une tour dont le sommet est dans le ciel, et faisons-nous un nom», verset 4a) s'oppose leur réelle motivation: la crainte («de peur que nous ne soyons dispersés sur la face de toute la terre», verset 4b)[143].

Le personnage divin entre en scène au verset 5: «Et YHWH descendit pour voir la ville et la tour que les fils de l'humain construisaient». Ce que voit effectivement YHWH n'est pas décrit dans la diégèse, mais bien dans le discours des versets 6–7, qui rapporte le constat posé et la décision qui s'ensuit: «Et YHWH dit: "Voici [הן] un peuple unique et une langue unique pour tous. Et cela est [seulement] ce qu'ils ont commencé à faire. Et maintenant tout ce qu'ils projetteront de faire ne leur sera pas inaccessible. Allons, descendons et confondons là leur langue, que chacun n'entende plus la langue de son compagnon» (11,6–7). YHWH ne s'adresse à aucun interlocuteur: il énonce ce qu'il voit, ce qu'il redoute et ce qu'il se résout à faire, sans que ses propos soient à comprendre comme une menace, un ordre, ou même une information destinée à un autre personnage[144]. Au «discours monologué» du peuple, remplaçant le dialogue, répond donc ce monologue

---

[142] Ce «discours monologué» du peuple apparaît ainsi bien différent du discours divin aux versets 6–7. La narration ne présente jamais les monologues divins comme un substitut du dialogue. Au contraire, ils apparaissent comme l'expression de la pensée divine et permettent d'expliquer certaines actions du personnage. Par contre, en 11,3, le discours en forme de monologue que se tiennent les humains remplace un dialogue, mode de communication qui semble faire défaut parmi eux.

[143] Voir A. Wénin, «La dispersion des langues à Babel», pp. 19–23.

[144] Voir par exemple C. Westermann, *Genesis. 1. Teilband: Genesis 1–11*, p. 732: «Aus dem Ansehen des Werkes der Menschen resultiert zunächst nicht ein Handeln, sondern eine Erwägung […]».

divin, véritable discours intérieur ne prenant la place d'aucun possible dialogue mais symbolisant une véritable altérité[145].

Le constat, introduit par הן comme en 3,22, est exprimé à la troisième personne (verset 6), tandis que la décision est formulée à la première personne du pluriel (verset 7), ce qui rappelle également 3,22 (et 1,26)[146]. La première partie de la constatation de Yʜᴡʜ évoque une double unicité : celle de langue, un élément dont la narration a fait état (verset 1), et celle du peuple formé par les humains. Comme en 3,22, Yʜᴡʜ envisage une conséquence possible de la situation constatée : au chapitre 3, il s'agit de la possibilité pour l'humain de prendre de l'arbre de vie et de vivre pour toujours ; au chapitre 11, il en va de sa capacité à accomplir n'importe quel dessein, grâce à l'unicité de langue. Dans les deux cas, le monologue divin envisage donc les dangers que peut engendrer l'absence de limitation : la possibilité tant d'une vie éternelle que d'une langue unique représente pour l'humain un affranchissement des contraintes du temps et de l'altérité[147]. En 11,6, Yʜᴡʜ redoute que l'unicité de langage ne rende inaccessible aucun des projets des humains : si les humains s'expriment en effet en un langage unique, toute possibilité de dialogue et d'échange disparaît, ainsi que les différences d'opinions qui garantissent l'altérité[148]. Parlant la même langue, les humains sont destinés à perdre le sens de l'autre et, de là, de leur propre identité.

La seconde partie du monologue, au verset 7, exprime la décision que prend Yʜᴡʜ afin de réinstaurer l'altérité : celle de brouiller ou confondre la langue unique, littéralement « pour qu'ils n'entendent plus chacun la langue de son compagnon [איש שפת רעהו] ». La parole divine reprend les mots que la narration a employés pour introduire le

---

[145] Sur le parallèle entre le discours du peuple et celui de Yʜᴡʜ, voir notamment A. Wénin, « La dispersion des langues à Babel », pp. 24–25 : « Alors que les humains se veulent un "nous" englobant, un "nous" sans vis-à-vis, sans autre, Adonaï leur oppose un autre "nous", de manière à les empêcher de se complaire dans l'indifférencié et l'uniforme » (citation p. 25).

[146] Le parallèle entre 3,22 et 11,6–7 est relevé par R. A. F. MacKenzie, « The Divine Soliloquies in Genesis », p. 281.

[147] Sur l'instauration de limites en 11,5–6, voir, plus ou moins dans le même sens, H. Gunkel, *Genesis*, p. 96 (« Die Gottheit will nicht, daß der Mensch alles tun könne, was er plant ; sondern sie will ihn in seinen Schranken festhalten »).

[148] Voir A. Wénin, « La dispersion des langues à Babel », p. 25 : « En valorisant ainsi la diversité, il [Yʜᴡʜ] accentue la difficulté de toute communication, de sorte que personne ne croie qu'il communique ou qu'il communie s'il n'a d'abord fait droit à l'altérité de l'autre, s'il n'a pas accepté et traversé ses différences en les respectant ».

discours monologué du peuple au verset 3. Il est donc clair que Yhwh ne s'oppose pas d'abord au projet du peuple, mais plutôt à la situation d'uniformité et d'absence de réel dialogue. Au monologue succède la mise en œuvre de la décision divine : « Et Yhwh les dispersa de là sur les faces de toute la terre et ils cessèrent de construire la ville » (verset 8). Ce faisant, Yhwh confronte les humains à ce qu'ils craignent : être « dispersés sur les faces de toute la terre » (verset 4).

La confusion de la langue, quant à elle, n'est pas racontée par la narration à la suite de la dispersion des humains. Elle est plutôt évoquée au verset 9 dans l'explication du nom donné à la ville – Babel [בבל] : « Car c'était là que Yhwh avait confondu [בלל] la langue de toute la terre et c'est de là que Yhwh les avait dispersés sur les faces de toute la terre ». Ce bref sommaire aux accents étiologiques révèle la « main » de la narration, prenant un certain recul pour relier l'épisode au présent de ses auditeurs. Le nom de « Babel », sur lequel je reviendrai plus loin, signifie en akkadien « porte de Dieu »[149]. Curieusement, ce nom n'est pas relié à la tour « avec son sommet dans le ciel », pouvant évoquer une certaine rencontre avec la divinité, mais bien à l'acte de confusion des langues. Comme le note A. Wénin, cette étiologie suggère que, pour la narration, la véritable voie vers Dieu – ou vers l'humanité voulue par Dieu – ne passe pas par l'uniformisation de l'humanité, mais plutôt par une acceptation des différences[150].

Le dernier monologue (Gn 18,17–19)

Après un saut de plusieurs épisodes, le chapitre 18 de la Genèse présente deux discours divins qui, en soi, peuvent correspondre aux caractéristiques des monologues envisagés jusqu'ici : leur introduction ne précise pas l'interlocuteur des propos ; ils ne comptent pas de deuxième personne ; enfin, ils expriment essentiellement une décision que le personnage divin s'apprête à mettre en œuvre. Il s'agit d'abord des versets 17–19, où Yhwh décide de mettre Abraham au courant de ses projets : « Or Yhwh dit[151] : "Est-ce que je cache/cacherais [המכסה] d'Abraham ce

---

[149] Voir Édouard Lipinski, « Babylone, Babel », *Dictionnaire Encyclopédique de la Bible* (3ᵉ édition revue et augmentée), Brepols, Turnhout, 2002, pp. 183–186, en particulier p. 183.

[150] Voir A. Wénin, « La dispersion des langues à Babel », p. 26.

[151] La succession ו-sujet-*qatal* [ויהוה אמר] tranche avec les *wayyiqtol* qui précèdent. Avec Gn 6,8 (voir note 124), GKC § 142b cite Gn 18,17 parmi les exemples où la construction indique l'antériorité. Cependant, les traducteurs et commentateurs ne marquent que rarement l'antériorité. Voir tout de même, avec un plus-que-parfait,

que je fais? Et/Alors qu'Abraham deviendra sûrement[152] une nation grande et puissante et en lui seront bénies toutes les nations de la terre, car je l'ai connu afin qu'il ordonne à ses fils et à sa maison après lui et ils garderont/de garder [וּשָׁמְרוּ][153] le chemin de YHWH en faisant la justice et le droit, afin que YHWH fasse venir sur Abraham ce qu'il a dit pour/sur/à propos de [עָלָיו] lui"»[154]. Viennent ensuite les versets 20–21, où YHWH se détermine à descendre vers Sodome et Gomorrhe: «Et YHWH dit: "Le cri de/contre[155] Sodome et Gomorrhe [est] vraiment [כִּי][156] grand, et leur péché [est] vraiment [כִּי] très lourd. Que je descende donc et que je voie/pour que je voie s'ils ont fait complètement comme son cri venu vers moi, et si non, je [le] saurai"»[157].

La détermination de ces deux discours comme monologues est toutefois problématique. En effet, la question prononcée par Abraham après

---

en anglais, la traduction de la *JPS* ou, en français, de la *Bible de Jérusalem*. Voir aussi J. A. SKINNER, *Genesis*, p. 304 et B. JACOB, *Das Buch Genesis*, p. 446. Claus WESTERMANN, *Genesis. 2. Teilband: Genesis 12–36* (BK I/2), Neukirchener Verlag, Neukirchen-Vluyn, 1981, p. 350, interprète l'inversion du verbe et du sujet comme l'indication d'une certaine rupture avec ce qui précède: en effet, la pensée divine ne constitue pas une conséquence de ce qui précède, mais prépare plutôt ce qui suit. Personnellement, j'hésite à considérer que la construction indique ici une antériorité au sens strict. Il pourrait en effet s'agir d'une marque narrative, servant à souligner que l'information qui va être donnée apporte un élément nouveau et est essentielle pour bien comprendre la suite du récit (comparable par exemple à la conjonction «or» en français). La construction pourrait également indiquer un élément existant depuis longtemps, mais significatif seulement à ce point du récit.

[152] Ou: «Alors qu'Abraham doit devenir [הָיוֹ יִהְיֶה]...», l'infinitif absolu préposé prenant la nuance modale «devoir». Voir à ce sujet P. JOÜON, *Grammaire de l'hébreu biblique*, § 123h.

[153] On pourrait également traduire: «et qu'ils gardent [וּשָׁמְרוּ] le chemin de YHWH», le *weqatalti* prolongeant le *yiqtol* qui précède. Sur le *weqatalti* en prolongement du *yiqtol*, voir P. JOÜON, *Grammaire de l'hébreu biblique*, § 119h. Je reviendrai plus loin au fait que YHWH se désigne ici à la troisième personne et, plus particulièrement, à la traduction du verbe וּשָׁמְרוּ. Voir, dans le titre «Auto-désignations divines en contexte narratif», le point «Fusion des voix du personnage divin et de la narration», p. 101 (et spécialement la note 181 p. 102).

[154] Les versets 17–19 sont considérés comme une addition par la critique des sources. Voir par exemple H. GUNKEL, *Genesis*, p. 202.

[155] Dans l'expression «le cri de Sodome», «Sodome» peut être génitif subjectif («le cri poussé par Sodome») ou objectif («le cri concernant ou contre Sodome»). GKC § 128h opte pour un génitif objectif.

[156] Les deux כִּי sont à considérer comme des particules d'affirmation, renforçant les adjectifs qui suivent («bien», «certes», «vraiment»). Voir GKC § 148d ou P. JOÜON, *Grammaire de l'hébreu biblique*, § 164b.

[157] La critique des sources attribue à J les versets 20–22a. Voir par exemple H. GUNKEL, *Genesis*, p. 201. Le verbe יָרַד à la première personne du singulier rappelle le monologue précédent, présentant en 11,7 une forme verbale similaire (mais conjuguée au pluriel).

ces paroles divines suggère qu'il a entendu au moins l'une de celles-ci : « Et Abraham se tenait encore devant Yhwh. Et Abraham s'approcha et il dit : "Emporteras-tu aussi le juste avec le méchant ?" » (18,22b-23). Cette intervention d'Abraham ainsi que son plaidoyer pour les habitants de Sodome (versets 23–32) indiquent qu'il est au courant du projet divin de détruire les deux villes. Or les versets 17–19 ne concernent pas le sort de celles-ci, mais la relation entre Abraham et Yhwh. C'est plutôt le second discours divin, aux versets 20–21, qui évoque le péché de Sodome et Gomorrhe et annonce l'intervention divine. Avec la grande majorité des commentateurs, je propose donc de lire les seuls versets 17–19 comme monologue et de considérer le second discours, malgré son apparence, comme une parole audible, prononcée en présence d'Abraham, à moins qu'elle ne lui soit adressée[158].

Yhwh, dans son premier discours, énonce d'ailleurs sa résolution de mettre Abraham au courant de ses projets, comme l'exprime la question rhétorique : « Est-ce que je cache/cacherais d'Abraham ce que je

---

[158] Mis à part B. Jacob, *Das Buch Genesis*, p. 446, qui considère les deux discours divins comme des monologues, tous les autres commentateurs, à ma connaissance, s'accordent sur l'interprétation proposée ici. Ainsi, H. Gunkel, *Genesis*, pp. 201–202 considère les versets 17–19 comme « ein Selbstgespräch Jahves; wodurch die folgende Eröffnung an Abraham motiviert werden soll » (p. 202) et commente le verset 20 comme « die Eröffnung, die Abraham zu teil wird », ayant pour but « ihn als Vertrauten der Gottheit zu verherrlichen, dem Gott seine geheimen Pläne nicht verschweigt » (p. 201). J. A. Skinner, *Genesis*, p. 304, considère également les versets 17–19 comme un monologue. Le verset 20, selon lui, s'enchaîne au verset 16 (et est donc sans doute à comprendre comme un discours adressé à Abraham). Gerhard von Rad, *Das erste Buch Mose: Genesis. Kapitel 12,10–25,18* (ATD 3), Vandenhoeck & Ruprecht, Göttingen, 1967 (1949¹), p. 177, interprète les versets 17–19 comme un « kleine Selbstgespräch », tandis que les versets 20–21 commencent le dialogue entre Yhwh et Abraham. Ephraim A. Speiser, *Genesis. Introduction, Translation, and Notes* (AB 1), Doubleday & Company, New York, 1964, p. 135, propose une interprétation similaire. Quant à C. Westermann, *Genesis. 2. Teilband: Genesis 12–36*, p. 350, il explique clairement que « die Erwägung Jahwes in V. 17–19 begründet zunächst die Mitteilung an Abraham V. 20–21. Diese Mitteilung wiederum ermöglicht es Abraham, zu dem Vernichtungsbeschluß, den ihm Gott mitgeteilt hat, etwas zu sagen (V. 23–32) ». De même, Victor P. Hamilton, *The Book of Genesis. Chapters 18–50* (NICOT), Eerdmans, Grand Rapids, 1995, pp. 17 et 19, souligne que, en 18,17–19, les promesses divines concernant Abraham sont exprimées pour la première fois sous la forme d'un soliloque. Le discours des versets 20–21 est quant à lui clairement adressé à Abraham. Du côté des auteurs ayant étudié le phénomène des monologues, R. Lapointe, « The Divine Monologue as a Channel of Revelation », p. 177, se rallie à l'opinion générale (« 18,20–21 […] is not a monologue but a disclosure to Abraham in dialogue form »), tandis que N. P. Bratsiotis, « Der Monolog im Alten Testament », p. 33 cite les versets 17–19 dans la liste des monologues de la Genèse, mais hésite sur les versets 20–21. Enfin, R. A. F. MacKenzie, « The Divine Soliloquies in Genesis », pp. 285–286, situe le monologue aux versets 20–21, les versets 17–19 constituant une addition tardive (voir note 7 p. 279).

fais?». La promesse du verset 18 ainsi que la subordonnée introduite par כִּי au verset 19, rappelant le projet de l'élection, indiquent clairement que la réponse à cette question est négative: Yhwh ne cache pas ses intentions à Abraham. Dans cette perspective, le second discours, aux versets 20–21, apparaît logiquement comme la réalisation de cette résolution: Yhwh énonce de manière audible ce qu'il perçoit de Sodome et Gomorrhe, ainsi que sa décision de descendre vérifier le «cri» contre/de ces villes. L'intervention d'Abraham et son plaidoyer (versets 23–32) confirment qu'il a bien été témoin du second discours divin et qu'il répond à l'invitation implicite de dialogue qu'il contient. En ce sens, l'apparence de monologue que présentent les paroles de 18,20–21 – l'absence d'interlocuteur dans l'introduction et de pronom de la deuxième personne dans les propos prononcés – suggère que Yhwh se fait entendre d'Abraham, mais sans le forcer au dialogue. Ce dernier est libre de réagir au projet divin et, éventuellement, de le discuter. Il y a donc véritable dialogue, puisque les deux partenaires décident librement d'y participer[159].

La série des monologues divins de la Genèse s'achève donc avec la décision prise par Yhwh de mettre Abraham au courant de ses projets et de l'inviter au dialogue. En ce sens, le contenu de son dernier discours intérieur jette une lumière intéressante sur la succession des monologues dans la première partie du livre et sur leur absence dans la seconde moitié. En 18,17–19, Yhwh envisage en effet l'une des conséquences de l'élection et de l'alliance avec une famille humaine: ses projets pourront désormais être partagés avec ceux qu'il a élus, si ceux-ci le souhaitent. Ils pourront même être débattus, comme le montre la discussion entre Abraham et Yhwh au sujet de Sodome. Ou, comme l'exprime dans un autre contexte le livre d'Amos, «le Seigneur Yhwh ne fait rien sans qu'il ne révèle son projet à ses serviteurs les prophètes» (Am 3,7). Les épisodes de la Genèse qui suivent ne comptent plus aucun de ces discours sans interlocuteur: puisqu'Abraham a répondu positivement à l'invitation de Yhwh, celui-ci prend dorénavant l'humain comme constant partenaire de dialogue.

---

[159] Voir aussi J.-P. Sonnet, «Du personnage de Dieu comme être de parole», pp. 34–35: le monologue des versets 17–19 indique au lecteur qu'Abraham, dans sa plaidoirie, «joue le rôle que Dieu espère le voir jouer» (p. 34): Abraham sollicite en effet que les habitants de Sodome soient traités de manière juste, réclamant de la sorte «la justice et le droit» qu'il est chargé, selon le monologue divin, d'enseigner à sa descendance (verset 19).

La ressemblance entre le discours des versets 20–21 et les monologues antérieurs pourraient même souligner cette rupture. L'usage de la première personne et du cohortatif, ainsi que l'expression d'une décision imminente du personnage divin rappellent en effet les monologues de 1,26; 2,18; 6,7; éventuellement 8,21–22; et surtout 11,7 (avec le même verbe ‏ירד‎). Pourtant, comme on l'a vu, ce monologue «apparent» est suivi de la longue réponse d'Abraham, confirmant qu'il a bien entendu le dernier discours divin, selon le projet divin énoncé aux versets 17–19. Une certaine lecture du verset 22b, suivant une indication des Massorètes, soulignerait encore l'invitation que Yнwн adresse à Abraham d'entrer en dialogue avec lui. Le texte actuel de la *BHS* lit: «Et Abraham se tenait encore devant Yнwн». Cependant, une note ajoute que le verset est l'objet d'une correction des scribes (*tiqqun sopherim*)[160] inversant le nom des personnages par rapport au texte original: «Et Yнwн se tenait encore devant Abraham». Selon cette lecture alternative, Yнwн, après son discours à Abraham, demeurerait sur place, laissant «les hommes» se diriger seuls vers Sodome. Il resterait donc face à Abraham, attendant, voire suscitant, une réaction de sa part. La logique du monologue s'inverse donc avec le dernier de la série: non seulement Yнwн partage à présent ses projets avec l'humain choisi, mais le provoque même à entrer en discussion avec lui.

Tel est le projet de l'alliance et de l'élection. Le personnage divin a déjà établi une alliance avec Noé, mais celui-ci était choisi à l'exclusion du reste de l'humanité. Avec Abraham et le projet de l'élection, l'humanité entière est incluse dans le projet d'alliance, puisque, comme le dernier monologue l'affirme, «Abraham deviendra sûrement une nation grande et puissante, et en lui seront bénies toutes les nations de la terre» (verset 18). Après plusieurs «stratégies» qui se sont révélées inefficaces, Yнwн passe donc à un nouveau projet: choisir une famille et la bénir, pour que la bénédiction qu'elle a reçue se répande par sa médiation sur toute la terre (voir 12,1–3). À présent, l'être humain

---

[160] Traditionnellement, on compte dix-huit *tiqquné sopherim* dans la bible hébraïque: Gn 18,22; Nb 11,15; 12,12; 1 S 3,13; 2 S 16,12; 20,1; 1 R 12,16; Jr 2,11; Ez 8,17; Os 4,7; Ab 1,12; Za 2,12; Ml 1,12; Ps 106,20; Jb 7,20; 32,3; Lm 3,20; 2 Ch 10,16. Voir Carmel McCarthy, *The Tiqqune Sopherim and Other Theological Corrections in the Masoretic Text of the Old Testament* (OBO 36), Fribourg/Göttingen, Éditions universitaires/ Vandenhoeck & Ruprecht, 1981 ou Dominique Barthélemy, «Les Tiqquné Sopherim et la critique textuelle de l'Ancien Testament», in: Collectif, *Congress Volume: Bonn, 1962* (VT.S 9), Leiden, Brill, 1963, pp. 285–304. Voir également V. P. Hamilton, *The Book of Genesis. Chapters 18–50*, p. 23.

devient un véritable partenaire dans l'entreprise divine: «Car je l'ai connu afin qu'il ordonne à ses fils et à sa maison après lui de garder le chemin de Yʜwʜ en faisant la justice et le droit» (verset 19a). S'il se choisit un partenaire, responsable avec lui du projet, il n'est donc plus question pour le personnage divin de «monologuer» ses desseins. La série des discours intérieurs se clôture donc en un «dernier», où Yʜwʜ établit l'impossibilité de continuer un tel mode d'expression, où son partenaire humain n'est pas interpellé comme interlocuteur.

g. *L'interlocuteur absent ou les trois fonctions des monologues*

On a vu plus haut que les monologues de la Genèse répondent à trois fonctions principales, étiologique, littéraire et narrative. On peut à présent observer comment ces trois fonctions contribuent à élaborer la trajectoire sémantique que présente la succession des monologues. Au point de vue étiologique, les monologues ont pour visée de justifier une décision divine, en en donnant la raison profonde. C'est ainsi, par exemple, un monologue divin qui définit la vocation de l'humain comme une créature au statut particulier vis-à-vis du personnage divin, «à [son] image et selon [sa] ressemblance» (1,26 et 3,22), qui présente la femme comme «secours» de l'humain (2,18), qui explique la mortalité ou confusion des langues à Babel comme des limitations confrontant les humains au besoin de l'autre (3,22 et 11,6–7), qui, enfin, énonce le projet divin de partager ses desseins avec l'élu, Abraham (18,17–19). Les monologues, dans leur visée étiologique, fournissent donc des clés d'interprétation au lecteur, lui donnant des «indices» lui permettant de comprendre la logique des actions divines.

D'un point de vue littéraire, on note que ces indices ou clés d'interprétation sont présentés comme des discours intérieurs du personnage divin. Grâce à cette technique littéraire, la narration atteint plusieurs objectifs en même temps. D'abord, comme on l'a vu, elle parvient à représenter l'intériorité du personnage divin sans recourir à une description narrativisée. Elle donne accès à la pensée divine sans encombrer le récit de sa médiation, s'effaçant pour représenter directement cette pensée au lecteur. Les monologues servent également, dans le même sens, à «justifier» de telles descriptions narrativisées à la troisième personne, qui précèdent ou suivent immédiatement le discours intérieur (voir ainsi surtout 1,27 et 6,5–6), en les basant sur un discours prononcé par le personnage divin lui-même, discours que la narration semble donc seulement «commenter». Les monologues permettent également à la narration de signaler discrètement au lecteur où se trouve la clé d'interprétation à utiliser pour comprendre l'épisode : en effet, par convention, le monologue apparaît aux yeux du lecteur comme un moyen sûr pour connaître les intentions profondes du personnage qui s'exprime ainsi.

Toujours sur le plan littéraire, on peut noter le rôle du « nous » dans les monologues divins (1,26 ; 3,22 ; 11,7) – première personne du pluriel qui a tant intrigué les commentateurs[161]. L'épisode de Babel, particulièrement la correspondance entre le « nous » du discours que se tiennent les humains « l'un à l'autre » (11,3–4) et le « nous » du monologue divin (11,7), suggère deux modalités différentes du discours intérieur : d'une part, le dialogue qui devient monologue ou effacement de l'altérité de l'interlocuteur, et, d'autre part, le monologue qui distingue et cherche à se créer des interlocuteurs. J'interprète donc la première personne du pluriel dans les monologues divins comme un « nous » en attente de dialogue : le personnage divin attend en effet un interlocuteur, tentant de mettre en place les conditions où ce dialogue pourra devenir possible. Avant de trouver cet interlocuteur, le personnage divin n'a d'autre recours que de monologuer, parfois avec l'usage de ce « nous » qui souligne l'absent – l'interlocuteur désiré[162].

En ce sens, il faut souligner que la succession des monologues est interrompue : les efforts du personnage divin sont finalement récompensés, puisqu'il trouve en Abraham un partenaire de dialogue. Comme on l'a vu, la discussion sur le sort de Sodome (18,22–33) montre qu'Abraham répond à l'appel de Yhwh, se constituant en vis-à-vis et entamant

---

[161] Voir par exemple la bibliographie donnée par C. Westermann, *Genesis. 1. Teilband: Genesis 1–11*, pp. 200–201. Voir aussi, plus spécifiquement, P. Joüon, *Grammaire de l'hébreu biblique*, § 114e : Joüon considère le cohortatif de Gn 1,26 comme un « pluriel de délibération avec soi-même » et ajoute en note : « Le *nous* de majesté n'existe pas en hébreu » (note 1). Voir aussi les publications plus récentes de David T. Williams, « "Who Will Go For Us?" (Is 6:8): The "Divine Plurals" and the Image of God », *OTE* 12 (1999), pp. 173–190 et Lyle Eslinger, « The Enigmatic Plurals Like "One Of US" (Genesis I 26, III 22, and XI 7) in Hyperchronic Perspective », *VT* 61 (2006), pp. 171–184.

[162] Cette interprétation rejoint, bien que par des chemins différents, celle qu'A. Wénin propose pour expliquer le « nous » de 1,26 : « En disant "faisons" à la première personne du pluriel, Dieu ne se parle pas à lui-même. Il s'adresse plutôt aux humains que sa parole est en train de créer – et, narrativement, aux lecteurs –, pour les inviter à coopérer par leur "faire" à son agir créateur de manière à porter celui-ci à son accomplissement », A. Wénin, *D'Adam à Abraham*, p. 40. L'interprétation que je propose, selon laquelle le « nous » représenterait l'attente du personnage divin et son désir pour un partenaire de dialogue, aboutit finalement à considérer cette série de monologues, s'achevant néanmoins sur le dialogue, comme une interpellation au lecteur. Ce lent parcours vers le dialogue interroge en effet le lecteur sur sa propre capacité à devenir un partenaire de dialogue – et d'action – avec le divin.

la discussion. Le recours à la technique littéraire du discours intérieur s'achève avec cette transformation du monologue divin en dialogue avec l'humain. On est de la sorte confronté à un phénomène narratif extrêmement intéressant, où les techniques littéraires deviennent en elles-mêmes significatives au niveau sémantique : l'emploi des monologues dans les dix-huit premiers chapitres de la Genèse apparaît en effet représentatif d'un certain mode de relation entre la divinité et les êtres humains, progressivement remplacé par le dialogue et le partenariat, caractéristiques du projet de l'élection et de l'alliance. Le recours à une certaine technique narrative apparaît ainsi un élément fondamental du sens du récit. Le littéraire rejoint le narratif et le sémantique, contribuant, par ses méthodes mêmes, à la construction du récit et de ses multiples significations. Pour terminer cette étude des monologues, je voudrais explorer leur fonction narrative, avec une hypothèse rendant compte de leur succession.

h. *Une hypothèse sur les monologues divins : la trajectoire entre projet et réalisation*

Après cette analyse des monologues divins de la première partie de la Genèse, il vaut la peine de s'interroger sur cette succession et, particulièrement, sur l'absence d'un tel procédé dans le reste du livre et, pratiquement, du Pentateuque[163]. La question n'a été que très rarement posée. À ma connaissance, seul Bratsiotis, dans son article sur les monologues de la bible hébraïque, envisage ce problème littéraire, lui proposant deux solutions[164]. D'une part, il fait observer que les récits de ces premiers chapitres (la création, le péché, le déluge) portent essentiellement sur l'existence humaine – sur sa possibilité et sur le danger de sa disparition. La narration pourrait attirer l'attention sur l'importance de ces thèmes en dévoilant, en quelques passages stratégiques, les réflexions et motivations divines. D'autre part, toujours selon Bratsiotis, ces premiers chapitres de la Genèse se distinguent par les rencontres personnelles qui ont lieu entre le personnage divin et

---

[163] Comme on l'a vu plus haut, le Pentateuque ne compte qu'un seul monologue divin en dehors de la Genèse (Ex 13,17), se distinguant cependant par le fait qu'il se trouve en proposition subordonnée.

[164] Bratsiotis fait référence à Gunkel qui, très brièvement, dans l'introduction de son commentaire sur la Genèse, évoque la fréquence des monologues ayant Yhwh comme sujet et l'explique par le fait que ce dernier n'a d'autre interlocuteur à qui partager ses desseins (sinon la cour céleste, comme en 1,26 ; 3,22 ou 11,7). Voir H. Gunkel, *Genesis*, pp. XLIII–XLIV.

les humains, spécialement Noé et Abraham. Bratsiotis relie dès lors la récurrence des monologues de Yhwh à l'étroitesse des relations que celui-ci noue avec les humains. Ainsi, le livre d'Osée, qui présente lui aussi un grand nombre de monologues, dépeint de même la proximité entre Dieu et le prophète[165].

Ma propre interprétation part de la première observation de Bratsiotis et se distancie radicalement de la seconde. Je commencerai par reprendre ce que les différents monologues disent effectivement de «l'existence humaine», afin de mettre en évidence le «fil rouge» qu'ils esquissent dans la première partie de la Genèse. Je montrerai ensuite comment ces monologues se répondent l'un à l'autre, ébauchant ainsi une certaine structure, et tenterai de rendre compte de cette organisation. La seconde observation de Bratsiotis, par contre, ne semble guère pertinente, dans la mesure où le Pentateuque raconte des rencontres «personnelles» entre personnages divin et humains autant, si pas plus, dans le reste du corpus que dans les premières pages de la Genèse: que l'on pense au reste du cycle d'Abraham, à celui de Jacob, sans parler de Moïse. Au contraire, comme on l'a vu, la série des monologues s'achève sur le partage des desseins divins à Abraham: la «rencontre personnelle» ou le partenariat que suppose l'alliance implique en effet que les monologues divins s'ouvrent à l'interlocuteur humain, se transformant ainsi en dialogues.

L'analyse des différents monologues a montré que tous traitent, avec plus ou moins d'insistance, de l'altérité et de la relation. Ils explorent différentes méthodes pour placer l'humain en «relation», que ce soit avec le divin ou avec ses pairs. Les deux premiers monologues (1,26 et 2,18), prenant place avant la transgression de l'interdit, sont le lieu où le personnage divin décide de se créer un interlocuteur, puis de susciter un «vis-à-vis» entre humains. Ils ouvrent ainsi l'histoire relationnelle. Les deux discours intérieurs suivants (3,22 et 6,3) envisagent la manière de poser des limites nécessaires à l'entrée en relation: Yhwh y décide de confronter l'humain à sa mortalité et à sa finitude, afin qu'il prenne conscience de ses propres limites, les accepte et, par là, découvre sa capacité à s'ouvrir à l'altérité. La paire suivante (6,7 et 8,21b–22) présente deux logiques différentes. Le premier monologue (6,7) poursuit une politique de limitation jusqu'à un point extrême, la destruction; le second (8,21b–22), par contre, renoue avec le projet de vie présent dès

---

[165] N. P. Bratsiotis, «Der Monolog im Alten Testament», p. 58 (note 168).

la création, malgré ce qui a provoqué le personnage divin à détruire. Enfin, la série s'achève par une autre paire (11,6–7 et 18,17–19): le premier monologue garantit la possibilité d'une alliance interhumaine par la rupture de l'indifférenciation et la distinction des langues, tandis que le second manifeste le désir de Yhwh pour un dialogue particulier entre lui et la famille élue. Le «fil rouge» qui relie les discours intérieurs divins souligne ainsi des étapes importantes du projet divin pour instaurer l'altérité et la relation – avec ses succès et ses échecs. Après la création de l'humain et de son «secours», Yhwh est confronté à la réticence humaine, contraint donc d'explorer de plus larges détours et d'opérer certains «changements de cap», qui le mènent finalement au projet de l'élection et de l'alliance.

À côté de cette organisation par paires, la série des monologues divins de la Genèse présente également une structuration concentrique, modèle fréquent d'organisation des discours et épisodes du Pentateuque:

> 1,26: création de l'humain comme interlocuteur du divin
> 2,18: création de l'altérité entre humains (femme comme vis-à-vis)
> 3,22: limitation du temps humain (mortalité)
> 6,3: nouvelle limitation du temps humain
> 6,7: limitation radicale de la vie humaine et animale
> 8,21b–22: préservation du temps terrestre
> 11,6–7: instauration d'une altérité entre les groupes humains
> 18,17–19: distinction de l'élu comme vis-à-vis partenaire du divin

Cette lecture concentrique – qu'elle reflète ou non un projet conscient de la part des auteurs – suggère une autre possibilité d'interprétation de la progression formée par les monologues divins. Le projet exprimé par le premier discours intérieur de Yhwh, envisageant la création d'un vis-à-vis «à sa ressemblance», ne trouve son plein accomplissement que dans l'alliance conclue avec Abraham: c'est en effet dans le dialogue avec l'humain et dans la discussion avec lui que Yhwh trouve le partenaire que son premier monologue appelle. Les deux discours à l'extérieur de la construction (1,26 et 18,17–19) décrivent ainsi la trajectoire entre le désir divin d'un partenaire humain et sa réalisation avec Abraham.

Les deux monologues au «second niveau» de la structure (2,18 et 11,6–7) concernent plutôt, l'un au plan individuel et l'autre au plan collectif, le projet divin de créer un vis-à-vis entre les humains et de leur donner la possibilité d'une relation basée sur le respect de l'autre. Le discours de 2,18 prépare la différence sexuelle entre l'homme et la femme, tandis que celui de 11,6–7 décide une différentiation linguistique ou culturelle. De la sorte, le monologue du chapitre 11 complète et élargit la première distinction posée entre les humains. Ensemble, ces deux discours divins esquissent donc la trajectoire de ce projet de partenariat entre humains – entre l'homme et la femme, relation paradigmatique du rapport à l'autre, et entre peuples de cultures et de langues différentes, autre relation où la différence s'affiche, divise, mais peut aussi se transformer en échange.

Les monologues du «troisième niveau» (3,22 et 8,21b–22) traitent de la temporalité humaine et terrestre, de la finitude de l'humain et de la persistance de l'humanité. Ils soulignent également une autre trajectoire : celle du projet divin d'instaurer la limitation en imposant la finitude. Par deux fois, Yhwh envisage de raccourcir la vie terrestre (3,22 et 6,3), afin de rendre les humains conscients de leur finitude. En 3,22, Yhwh Élohim décide d'empêcher les humains de répéter leur geste de transgression, de non-respect de l'altérité, en les expulsant du jardin et en les privant d'immortalité ; à cela, fait écho 8,21b–22, où Yhwh énonce par contre qu'il ne détruira ni n'interrompra à l'avenir les rythmes naturels. On note en ce sens que ceux-ci imposent en eux-mêmes une limitation à l'humain, en le forçant à s'adapter aux saisons, rythmant semailles et moissons. Les deux monologues soulignent de la sorte le «changement de cap» opéré par le personnage divin qui se rend compte que l'humain garde ses desseins mauvais (voir la subordonnée de 8,21).

La structure concentrique trouve son centre dans les deux monologues du début du chapitre 6. En tant que tels, ces deux discours constituent un curieux noyau, mettant en scène un certain «passage à la limite» : après avoir décidé de limiter drastiquement le temps de la vie humaine, Yhwh se résout à une destruction complète de la vie humaine et animale, se repentant de son projet de création. Cependant, si on lit derrière 6,7 le projet d'alliance avec Noé, comme je l'ai proposé plus haut à partir de la syntaxe du texte et du nom de ce personnage, la perspective change quelque peu. La trajectoire du verset 3 au verset 7 suggère en effet, sur fond d'une certaine désillusion divine quant à l'être humain, la naissance du projet de l'alliance ou le passage à un autre type de relation entre le divin et l'humain, qui sera cette fois basée sur l'engagement que suppose l'alliance, même si celui-ci se fait de manière encore unilatérale[166].

---

[166] Voir la note 126 p. 76 au sujet de la notion de ברית.

Comme tout essai de structuration, cette organisation concentrique des monologues divins, bien qu'elle permette une nouvelle lecture des textes, est aussi réductrice de la pluralité sémantique de chaque monologue et de l'épisode où il prend place. Toutefois, on peut observer que cette structuration permet de mettre en évidence les deux projets majeurs de Yhwh dont les monologues expriment l'évolution : celui de sa relation à l'humain et celui de la relation entre humains. Les différentes « trajectoires », ou correspondances entre monologues, esquissent le parcours entre la formulation initiale du projet et le long détour que la réticence humaine requiert. La succession des monologues prépare ainsi l'alliance, en mettant progressivement en place les conditions qui la rendront possible. Comme l'écrit A. Wénin au sujet de la confusion des langues à Babel, l'alliance ne peut se réaliser que via un détour et de « lents chemins » – et non par une tour qui toucherait le ciel et l'indifférenciation des humains : « la diversification de l'humanité est une chance au sens où elle constitue une "porte" pour aller vers "l'Un", pour aller vers "Dieu", mais, cette fois, sans raccourci – par les lents chemins de l'alliance »[167]. Ce sont ces lents chemins que les monologues balisent, marquant les détours nécessaires pour parvenir à la réalisation de l'alliance. En Gn 18, Abraham répond à l'invitation de dialogue que lui lance Yhwh. S'amorce ainsi un véritable partenariat entre le divin et l'élu – et, par lui, l'humanité entière, potentiellement du moins. Les monologues n'ont alors plus de raison d'être : les desseins divins sont partagés et discutés, signe ultime que Yhwh a trouvé le vis-à-vis désiré depuis la création.

3. *Quand le personnage divin parle de lui-même*

On vient de voir comment la narration, dans la technique des monologues, se retire pour donner au lecteur un accès direct aux pensées du personnage divin, rendant ainsi sa médiation transparente. On va voir à présent comment, à l'intérieur même de discours directs, divins en l'occurrence, la narration peut cependant révéler « sa main », dans le sens où apparaissent certains traits visant à intégrer les propos prononcés dans leur contexte. Je m'attacherai ici à une de ces traces de construction : l'auto-nomination du personnage divin. Les quelques cas envisagés mettront en évidence l'équilibre que présente l'art narratif

---

[167] Voir A. Wénin, « La dispersion des langues à Babel », p. 26.

du Pentateuque, combinant la représentation directe de la divinité avec une indispensable mais discrète élaboration narrative.

Les discours divins rapportés en mode direct se prêtent en effet à l'étude du mode de désignation du personnage divin par lui-même. S'il se nomme généralement au moyen du pronom de la première personne du singulier, plusieurs variations sont possibles. On a déjà vu, dans l'examen des monologues de la Genèse, que le personnage divin a recours à trois reprises au «nous» (1,26 ; 3,22 ; 11,7). Dans d'autres discours, on observe qu'il peut utiliser la troisième personne, accompagnée éventuellement d'un nom divin. L'intérêt est ici d'étudier les ressources que ces variations syntaxiques peuvent fournir à la narration et la manière dont celle-ci les exploite pour qu'elles contribuent à la construction du récit. Je commencerai par un regard d'ensemble sur les textes du Pentateuque, afin de repérer les tendances majeures de l'emploi de la première et de la troisième personne dans les discours divins, spécialement selon que ceux-ci prennent place en contexte narratif ou législatif. Je passerai ensuite à une considération plus détaillée, basée sur les différentes tendances mises en évidence.

a. *Premier regard : distinction des textes narratifs et législatifs*
Dès un premier examen des discours divins du Pentateuque, on remarque une certaine distinction entre passages narratifs et législatifs. Dans les récits, Yhwh tend à parler à la première personne, s'adressant à un personnage précis sur une question déterminée. Ainsi, le livre de la Genèse peut être considéré comme entièrement narratif, puisque les quelques lois que ce livre contient (voir par exemple les commandements donnés en Gn 9,1–7) sont brèves, adressées à un ou plusieurs personnages précis et en lien direct avec le cadre narratif où elles prennent place. Elles constituent de la sorte un élément narratif à part entière dans leur épisode, qui, sans cela, perdrait de sa cohérence. La première personne est ainsi le mode usuel d'expression du personnage divin dans la Genèse.

L'Exode et les Nombres, quant à eux, contiennent à la fois des passages narratifs et législatifs et présentent un tableau plus contrasté. Si la première personne est en général utilisée dans les passages narratifs, les lois sont formulées tantôt en «je» et tantôt en «il». Ainsi, la troisième personne domine dans certains chapitres (voir par exemple les chapitres 22, 28–31 et 34 de l'Exode et les chapitres 5, 6, 15 et 28–29 des Nombres) et alterne avec la première personne dans d'autres (voir par exemple les chapitres 21 et 23 de l'Exode et les chapitres 8 et 18 des Nombres).

Cette variété dans l'expression des lois peut être illustrée avec le commandement sur les premiers-nés. Ce précepte est exprimé à la première personne en Exode: «Sanctifie pour moi tout premier-né, qui ouvre tout sein maternel chez les fils d'Israël, chez l'humain et chez le bétail; il est pour moi» (Ex 13,2) et en Nombres: «Car à moi est tout premier-né chez les fils d'Israël, chez l'humain et chez le bétail...» (Nb 8,17). Par contre, un commandement analogue est exprimé à la troisième personne dans le Lévitique: «Mais le premier-né du bétail qui est né en premier pour Yhwh, nul ne pourra le sanctifier, qu'il soit bœuf ou mouton, il est pour Yhwh» (Lv 27,26). Parfois, première et troisième personne sont utilisées dans le même verset: «Parle vers les fils d'Israël et tu leur diras: "Les fêtes de Yhwh que vous convoquerez en saintes convocations, ce sont mes fêtes"» (Lv 23,2). L'exemple est particulièrement significatif, puisque le même substantif, «fête» [מוֹעֵד], est utilisé à la fois avec la troisième personne («les fêtes de Yhwh») et avec la première personne («mes fêtes»)[168].

Dans les lois formulées à la troisième personne, le personnage divin se désigne lui-même par le nom «Yhwh», «Yhwh ton Élohim», voire d'autres variations. Dans les lois du Lévitique, Yhwh se nomme fréquemment à la troisième personne, mais le livre comprend aussi de nombreux discours divins à la première personne. Dans le Deutéronome, les discours divins cités par Moïse sont généralement énoncés à la première personne, bien que la troisième ne soit pas rare (voir par exemple Dt 1,36; 2,7.21). Si l'usage de la troisième personne est souvent caractéristique des passages législatifs, de nombreuses lois sont pourtant formulées à la première personne.

Trois cas de figure principaux sont donc à distinguer: les passages narratifs, où le personnage divin se nomme le plus souvent à la première personne, les passages législatifs où il se nomme généralement à la première personne et les passages législatifs où il se nomme généralement à la troisième personne. Dans chacun de ces cas, c'est le passage à l'autre type de désignation qui constitue une particularité littéraire, introduisant une légère rupture avec le reste du discours. Je vais à présent prendre en considération ces changements de désignation dans des textes représentatifs de ces trois catégories: les récits de la Genèse et de l'Exode pour la première, les lois de l'Exode pour la

---

[168] De plus, la forme consonantique du terme [מועדי] est la même dans les deux cas (état construit pluriel et pluriel avec suffixe de première personne du singulier).

seconde, et le Lévitique pour la dernière. Le décalogue, où Yhwh se nomme tantôt en «je» et tantôt en «il», sera envisagé dans ses deux versions, en Ex 20 et en Dt 5.

b. *Auto-désignations divines en contexte narratif : l'exemple de la Genèse et de l'Exode*

L'usage de la première personne dans un discours divin apparaît initialement, de manière significative, dans le monologue de la Genèse où Élohim envisage la création de l'humain : «Et Élohim dit : "Faisons un/l'humain à notre image, selon notre ressemblance et qu'ils dominent sur le poisson de la mer et sur l'oiseau du ciel et sur les bêtes et sur toute la terre et sur tout le fourmillement qui fourmille sur la terre"» (Gn 1,26). De même, la deuxième personne apparaît dans le discours qu'Élohim adresse immédiatement après aux humains : «Et Élohim les bénit et Élohim leur dit : "Fructifiez et multipliez et remplissez la terre et soumettez-la, et dominez…"» (1,28). La première phrase où sont combinées première et deuxième personne se trouve au verset suivant, avec l'idée du don divin aux humains : «Et Dieu dit : "Voici, *je vous* ai donné toute herbe ensemençant semence…"» (1,29a). Dans le reste du livre, le personnage divin s'exprime le plus fréquemment en «je» (et en «nous» dans les trois passages mentionnés plus haut). La première personne est également le mode habituel d'expression de la divinité dans les passages narratifs de l'Exode et des Nombres.

Il existe cependant, dans des passages narratifs de la Genèse et de l'Exode, plusieurs discours où le locuteur, le personnage divin, modifie la manière de se désigner, passant de la première à la troisième personne. Il importe de repérer les diverses fonctions littéraires de ces déplacements qui peuvent contribuer à la mise en valeur d'un nom divin ou au renforcement d'une question rhétorique, refléter l'expérience de l'interlocuteur, suggérer une fusion des voix de la narration et du personnage divin, rappeler un passage antérieur ou encore constituer un élément structurel et sémantique. Les passages ne seront pas considérés dans l'ordre dans lequel ils apparaissent dans le texte biblique, mais selon la logique des différentes fonctions repérées[169].

---

[169] On pourrait ajouter aux passages considérés les discours de l'ange/messager de Yhwh, en Gn 16 et 22, qui tantôt nomme ce dernier à la troisième personne (16,11 ; 22,12), et tantôt s'identifie à lui, passant à la première personne (16,10 ; 22,12.16–18).

Mise en valeur d'un nom divin

L'usage de la troisième personne a parfois pour simple fonction de mettre en valeur un nom divin. On lit ainsi en Gn 35,1 : « Et Élohim dit à Jacob : "Lève-toi, monte à Béthel et habite-là ; et fais-là un autel pour le Dieu [אל] qui t'est apparu quand tu fuyais de devant Ésaü ton frère" ». Le nom divin אל fait ici écho au nom de Béthel [בית־אל] (28,19.22). En désignant Élohim, le locuteur, par ce nom plutôt que par la première personne (« fais un autel pour *moi* qui te *suis* apparu »), la narration permet un jeu de mots entre le nom du lieu et le nom de la divinité – contribuant ainsi à fonder l'étiologie de Béthel[170].

L'exemple le plus clair de l'Exode se trouve sans doute en 34,6. Moïse ayant taillé deux nouvelles tables de pierre et étant monté en haut du mont Sinaï, Yhwh descend dans la nuée et se présente lui-même : « Yhwh Yhwh Dieu [אל] compatissant et bienveillant, lent à la colère et riche en bonté et en fidélité » (la suite du discours étant rapportée au verset 7)[171]. Comme l'écrit B. Jacob, on a ici « une déclaration sur Dieu faite par lui-même », la troisième personne étant souvent employée dans des contextes où « une clarté absolue sur la source d'une déclaration était essentielle »[172]. L'usage de la troisième personne, en particulier la répétition du nom « Yhwh », suggère l'intensité de la rencontre, limitée dans cet épisode à des paroles et n'impliquant aucun signe naturel, sinon la nuée (au contraire de la théophanie rapportée en Ex 19,16–19). Dans un tel contexte, les paroles doivent suggérer à elles seules la solennité de l'événement et, en particulier, son caractère de révélation ou de « théophanie ». Le mode de désignation adopté par Yhwh me semble contribuer à ménager cet effet, mettant en valeur le tétragramme, puis les différents attributs divins.

En Ex 15,26, Yhwh dit à Moïse : « Si tu écoutes attentivement la voix de Yhwh ton Élohim, si tu fais ce qui est droit à ses yeux, si tu prêtes l'oreille à ses ordres et si tu gardes tous ses décrets, toutes les maladies

---

[170] Voir ainsi C. Westermann, *Genesis. 2. Teilband: Genesis 12–36*, p. 669.

[171] On peut considérer le premier nom « Yhwh » comme le sujet du verbe ויקרא. Voir par exemple Cornelis Houtman, *Exodus. Volume 3: Exodus 20–40*. Traduit du néerlandais par J. Rebel et S. Woudstra (Historical Commentary on the Old Testament), Kok, Kampen, 1999, p. 708.

[172] « Here we [have...] a statement about God made by Himself. The fact that it was done in the third person is common. This was done often when absolute clarity about a statement's source was essential », Benno Jacob, *The Second Book of the Bible: Exodus*. Traduit de l'allemand par W. Jacob, Ktav, Hoboken, 1992, p. 982. Voir également John I. Durham, *Exodus* (WBC 3), Word Books, Waco, 1987, p. 453.

que j'ai posées en Égypte, je ne les poserai pas sur toi, car je suis Yhwh, celui qui te guérit». Dans la première partie du discours, Yhwh se nomme à la troisième personne, comme le montrent les différents déterminants possessifs de la troisième personne («ses yeux», «ses ordres», etc.). Le genre législatif peut expliquer ce type de désignation : Yhwh, en tant que législateur, se retire derrière la loi qu'il donne, la présentant de la sorte comme extérieure à lui. Par contre, dans la seconde partie du discours, Yhwh se nomme à la première personne, se présentant comme le Dieu proche du peuple tout au long de son histoire. Les deux noms divins, aux extrémités du discours, soulignent cette dualité : «Yhwh ton Élohim», caractéristique de l'auto-désignation extérieure du genre législatif, est en effet contrebalancé par le nom «Yhwh, celui qui te guérit», soulignant la proximité du Dieu de l'histoire.

Renforcement d'une question rhétorique

Le personnage divin se désigne lui-même à la troisième personne également dans les questions rhétoriques, afin d'en renforcer la portée. Ainsi, s'adressant à Abraham, Yhwh, dans son discours de Gn 18,13–14, s'interroge sur la raison du rire de Sarah et y réplique par une question rhétorique, enchaînant sur la promesse de descendance : «Une chose est-elle trop difficile/trop extraordinaire [היפלא] pour Yhwh ? Au temps fixé je reviendrai vers toi, à la même époque, et Sarah aura un fils» (18,14). L'emploi du tétragramme souligne l'opposition entre les deux termes de la question rhétorique (Yhwh *versus* une action impossible), contribuant à susciter une réponse négative[173]. Plus subtilement, on pourrait aussi penser que les «visiteurs» cherchent à révéler à Sarah le véritable auteur de la promesse : si Abraham semble avoir compris que c'est bien Yhwh qui vient à sa rencontre, Sarah ne l'a manifestement pas encore perçu. En évoquant le nom de Yhwh, le locuteur semble donc suggérer à Sarah – à qui la parole est indirectement adressée – que c'est Yhwh lui-même qui lui donnera un fils.

Reflet de l'expérience de l'interlocuteur : la rencontre à l'Horeb et autres exemples

Dans la conversation entre Moïse et le personnage divin, en Ex 3,1–4,17, les deux interlocuteurs se désignent au moyen de la première personne

---

[173] Toutes les questions rhétoriques prononcées par le personnage divin ne sont cependant pas formulées à la troisième personne (voir ainsi Gn 18,17).

du singulier. Yʜᴡʜ se présente ainsi par les mots «Je suis [אני] l'Élohim de ton père…» (3,6). Il continue en employant la première personne à chaque phrase. À la question de Moïse, qui doute de sa capacité à accomplir le projet (3,11), le personnage divin répond par une réplique où il combine première et troisième personne : «Et il [Élohim/Yʜᴡʜ][174] dit : "Car je serai avec toi. Et voici pour toi le signe que c'est moi qui t'ai envoyé. Quand tu feras sortir le peuple hors d'Égypte, vous servirez l'Élohim [האלהים] sur cette montagne"» (3,12). En se nommant de la sorte, le personnage divin adopte la perspective de Moïse, rencontrant une divinité qu'il ne connaît pas encore personnellement. Cette adoption de la perspective de l'interlocuteur joue sur deux plans.

D'une part, au niveau de la conversation entre Yʜᴡʜ et Moïse, l'appellation «l'Élohim» [האלהים] fait écho à la manière dont le personnage divin se présente initialement à Moïse : «Je suis l'Élohim/ le Dieu de tes pères, l'Élohim/le Dieu d'Abraham, l'Élohim/le Dieu d'Isaac, et l'Élohim/le Dieu de Jacob» (3,6)[175]. Pour Moïse, il s'agit d'une première rencontre avec «le» Dieu, celui de ses pères. Afin de l'encourager dans la tâche qu'il lui confie, le personnage divin lui fait la promesse d'être avec lui, à la fois lors de la sortie du peuple mais également après : le même «Élohim», en ce sens, accompagnera Moïse et deviendra le Dieu du peuple. Par ce procédé très simple, la narration indique comment le personnage divin saisit les doutes de Moïse et tente d'y répondre.

D'autre part, au niveau de la composition plus globale de l'épisode, l'usage du nom «l'Élohim», dans le discours divin, reprend un élément de la diégèse. Au verset 11, la narration rapporte en effet que Moïse «dit à l'Élohim [האלהים]…». Cette manière de faire précéder le nom «Élohim» de l'article suggère les tout débuts de la relation entre Yʜᴡʜ et Moïse : pour ce dernier, Yʜᴡʜ n'est encore qu'*une* divinité parmi d'autres, se manifestant par un phénomène extraordinaire, le buisson. Le discours divin intègre ainsi un élément de la diégèse, reflétant ainsi dans les propos de Yʜᴡʜ la perspective de Moïse. À ce niveau, diégèse et discours contribuent donc à esquisser l'atmosphère ou les paramètres de cette première rencontre : Yʜᴡʜ est *un* Dieu pour Moïse,

---

[174] Le verset 3,7 a «Yʜᴡʜ» comme sujet, tandis que, au verset 11, Moïse s'adresse «à l'Élohim» [האלהים].

[175] Il faut toutefois noter que les différentes occurrences du terme «Élohim» étant à l'état construit dans cette phrase, ne prennent pas l'article [אלהי אביך etc.].

plus exactement «l'Élohim» de ses pères puis «l'Élohim» rencontré personnellement à l'Horeb.

De même, en Gn 35,1, déjà cité plus haut, le personnage divin se désigne par un nom qui évoque l'expérience antérieure de son interlocuteur : «Et Élohim dit à Jacob : "Lève-toi, monte à Béthel et habite-là ; et fais-là un autel pour le dieu [אל] qui t'est apparu quand tu fuyais de devant Ésaü ton frère"». Élohim rappelle sa première rencontre avec Jacob (28,10–22). En se désignant par le nom אל, il peut faire référence au lieu de Béthel (voir ci-dessus), mais il peut aussi adopter le point de vue de Jacob : le nom «générique» אל peut en effet faire référence à la première impression de Jacob lors de son rêve (qui s'ouvre d'ailleurs, au verset 12, sur l'image des «messagers d'Élohim», la «vision» de Yhwh n'intervenant qu'au verset 13). Cette manière de se mentionner lui-même à la troisième personne constitue donc pour Élohim une manière d'adopter la perspective de son interlocuteur.

Fusion des voix du personnage divin et de la narration

Au chapitre 18 de la Genèse, dans le «dernier» monologue divin de la Genèse, on repère un même jeu entre première et troisième personne : «Or Yhwh dit : "Est-ce que je cache/cacherais d'Abraham ce que je fais ? Et/Alors qu'Abraham deviendra sûrement une nation grande et puissante et en lui seront bénies toutes les nations de la terre, car je l'ai connu afin qu'il ordonne à ses fils et à sa maison après lui et ils garderont/de garder[176] le chemin de Yhwh en faisant la justice et le droit, afin que Yhwh fasse venir sur Abraham ce qu'il a dit pour/sur/à propos de lui"» (18,17–19)[177]. Le passage présente la particularité de mêler première et troisième personne dans un même verset : «car *je* l'ai connu afin qu'il ordonne…le chemin de *Yhwh*…»[178]. Le verset ne peut faire écho à aucune autre déclaration divine : ainsi, l'expression «le chemin de Yhwh» [דרך יהוה] constitue un *hapax* dans le Pentateuque[179], tandis

---

[176] Comme on l'a noté plus haut, on pourrait également traduire : «et qu'ils gardent [ושמרו] le chemin de Yhwh», le *weqatalti* prolongeant le *yiqtol* qui précède. Voir P. Joüon, *Grammaire de l'hébreu biblique*, § 119h.

[177] Voir plus haut la remarque sur la traduction du verset, dans l'analyse du monologue : «Le dernier monologue (Gn 18,17–19)», p. 83.

[178] L'usage de la troisième personne est observé par B. Jacob, *Das Buch Genesis*, pp. 447–448, qui met le passage en parallèle avec Ex 19,11 (que j'envisage plus loin).

[179] En dehors du Pentateuque, l'expression se trouve en Jg 2,22 ; Is 40,3 ; Jr 5,4.5 ; Pr 10,29.

que le verbe בוא au *hifil* pour exprimer la réalisation d'une promesse n'est jamais employé ailleurs dans le cycle d'Abraham.

On observe d'abord que le changement de personne correspond à la présence d'un discours enchâssé, à l'intérieur du monologue de YHWH. Ce dernier envisage en effet ce qu'Abraham ordonnera à ses fils, détaillant le contenu du commandement qu'il leur transmettra. Ce discours enchâssé est rapporté par une construction particulière, de type «il commanda de faire et ils firent», comme le note P. Joüon[180], que l'on peut traduire : «afin qu'il ordonne...d'en [ושמרו]». En soi, le verbe צוה ne détaille pas le contenu de l'ordre, celui-ci étant plutôt exprimé dans la proposition qui suit et qui évoque sa réalisation : «et ils garderont le chemin de YHWH»[181]. C'est donc par l'annonce de la mise en œuvre de l'ordre donné par Abraham que le lecteur peut connaître son contenu.

La construction présente en outre la particularité d'introduire un déplacement de centre déictique par rapport à son introduction : alors que YHWH s'exprime à la première personne dans la première partie de son monologue, il passe soudainement à la troisième personne, se désignant comme un «il» dans l'annonce de la réalisation de l'ordre : «et ils garderont le chemin de YHWH...» et dans la promesse divine qui pourra ainsi s'accomplir : «afin que YHWH fasse venir sur Abraham ce qu'il a dit pour lui»[182]. Quel est en fait le centre déictique de cette

---

[180] Voir P. JOÜON, *Grammaire de l'hébreu biblique*, § 177j.

[181] C. L. MILLER, *The Representation of Speech*, pp. 138–139, considère ce type de discours indirect comme «sommaire diégétique» (*diegetic summary*), où «an indirect speech report may be reduced so drastically that only the fact of a speech even is represented without any indication of its content» (citation p. 137). Miller cite l'exemple de Gn 42,25 (similaire à celui de Gn 18,19, sauf que le *wayyiqtol* y est utilisé plutôt que le *weqatalti* et que les destinataires de l'ordre n'y sont pas précisés) : l'objet du verbe צוה n'est pas exprimé, bien que l'objet de l'ordre soit réalisé dans la seconde partie du verset : «the command is performed (the servants filled his brothers' sacks with grain) and even the purposive intention of the speech event is indicated. The unexpressed locution in the first clause, therefore, must be that he commanded them to fill the sacks. What appears to be only the barest of diegetic summaries [in the first part of the verse] is a narrative technique for condensing the command and the execution of the command [in the second part of the verse]». Voir dans le même sens GKC § 120 (note 2), citant quelques cas où «the natural complement of the first verb is suppressed, or is added immediately after in the form of an historical statement». Le terme «historical» peut faire difficulté dans les cas où le *weqatalti* ou le jussif sont utilisés, annonçant un acte futur plutôt que passé (voir ainsi Am 9,3 [où le *weqatalti* est traduit par un futur dans la Septante] ; Lv 24,2 ; Nb 5,2 ; Jos 4,16 ; 1R 5,20 – ces exemples étant cités par P. JOÜON, *Grammaire de l'hébreu biblique*, § 177j.

[182] Au sujet des notions de deixis et de centre déictique, voir les remarques introductives en tête de ce chapitre : «Remarques introductives sur les discours rapportés»,

proposition? Il ne peut s'agir de Yʜᴡʜ, puisque celui-ci est nommé à la troisième personne et non à la première. Abraham ne constitue pas non plus ce centre, puisqu'il est également désigné par son nom («afin que Yʜᴡʜ fasse venir sur Abraham…»). Il ne peut s'agir, me semble-t-il, que du centre déictique de la diégèse. Il serait en effet possible de terminer le monologue divin après la préposition אחרי, tandis que la diégèse reprendrait alors: «Et ils garderont [ושמרו]…, afin que Yʜᴡʜ fasse venir…».

Cette option de lecture est peu probable, puisque, comme on vient de le voir, la construction «il commanda de faire et ils firent» constitue une unité syntaxique: Yʜᴡʜ prononce très probablement à la fois le «fait» de donner l'ordre et le contenu de celui-ci. Cependant, cette construction particulière suscite à la lecture une impression singulière. Le fait que la seconde partie du monologue puisse être prononcée à la fois par Yʜᴡʜ et faire partie de la diégèse suggère une superposition, en quelque sorte, entre les voix de la diégèse et du personnage divin. Les deux voix sont en effet susceptibles de prononcer les mêmes mots, selon que l'on prend en compte l'unité syntaxique des propositions et l'emploi des termes déictiques. Comme on peut le constater, l'emploi de la troisième personne suggère donc ici une certaine confluence entre la parole divine et la diégèse – et, par elle, la narration.

Quel serait le sens de cette superposition de voix? L'absence de passages parallèles rend l'interprétation délicate. On pourrait néanmoins proposer ceci: l'affirmation de l'obéissance future des fils d'Abraham et l'annonce de la réalisation de la promesse divine, en «confluant» avec la voix de la narration, reçoivent de cette dernière un certain appui. Si en effet la narration se joint – ou semble se joindre – à la voix de Yʜᴡʜ, c'est donc que ce dernier n'énonce pas seulement son désir de voir les descendants d'Abraham garder son chemin et de réaliser sa promesse à celui-ci, mais également une «réalité» du monde narratif: la postérité d'Abraham non seulement recevra l'ordre de garder la voie de Yʜᴡʜ, mais le mettra également en pratique et la promesse divine pourra alors se réaliser. Dès lors, ce programme constitue non seulement une promesse et un désir divins mais aussi une annonce qui s'accomplira dans le futur narratif. L'aspiration et la promesse qu'exprime le monologue se chargent de la sorte, par la spécificité de la construction syntaxique, renforcée par l'emploi des noms divins, d'une valeur de

---

p. 34, spécialement au sujet des critères de distinction des styles direct et indirect («La deixis», p. 41).

prolepse, puisque la narration reprend à son compte, pour ainsi dire, la fin du dialogue intérieur prononcé par Yʜwʜ.

Je rejoins de la sorte un des «préliminaires» narratifs à cette recherche, selon lequel la narration est toujours, par définition, «fiable», dans le sens où elle ne constitue pas un «discours», qui serait prononcé par un locuteur, mais une «fonction», rendant au lecteur les événements tels qu'ils se déroulent. En cette matière controversée[183], j'aurais ainsi tendance à considérer que la narration peut en certains cas, comme ici, confirmer ou appuyer les dires du personnage divin – ajouter, en quelque sorte, à son autorité «divine» l'autorité narrative conférée par les conventions littéraires. Je reviendrai plus loin sur cette question difficile.

Procédé de rappel ou formule fixe

En Gn 9,1–7, Élohim bénit Noé et ses fils et leur adresse des paroles rappelant celles prononcées aux premiers humains (1,28–29) mais présentant toutefois des variations significatives[184]. On soulignera notamment l'évocation de la crainte et de la terreur que les humains sont destinés inspirer aux animaux (9,2) ainsi que l'élargissement de la nourriture assignée à l'humain, incluant à présent «toute verdure d'herbe» et «tout rampant qui est vivant» (verset 3), à l'exception de son sang (verset 4–5). Jusqu'ici, le discours combine la deuxième personne du pluriel, désignant les fils de Noé (et, par eux, l'humanité), et la première personne d'Élohim: «Je vous ai tout donné/je vous donne tout» (verset 3); «mais votre sang, pour vos âmes/vous-mêmes, je le rechercherai; de la main de tout animal, je le rechercherai; et de la main de l'humain, de la main d'un homme [pour] son frère, je rechercherai l'âme de l'humain» (verset 5).

À ces trois verbes conjugués à la première personne succède un verset à l'allure de proverbe: «[Celui qui] verse le sang de l'humain, par l'humain son sang sera versé, car à l'image d'Élohim [בצלם אלהים] il a fait [עשׂה] l'humain» (9,6). La première partie du verset présente clairement une structure en miroir où les termes extérieurs et intérieurs correspondent respectivement l'un à l'autre[185]. La seconde partie du verset, quant à elle, étonne par l'usage de la troisième personne du

---

[183] J'y reviendrai dans la conclusion générale.
[184] À ce sujet, voir spécialement A. Wénin, *D'Adam à Abraham*, pp. 195–201.
[185] Voir H. Gunkel, *Genesis*, p. 149, soulignant également l'assonance entre אדם et דם.

singulier et par l'indétermination du sujet, évoqué seulement par le complément du nom צלם. En ce sens, le discours direct aurait plutôt laissé attendre : « car j'ai fait l'humain à mon image ». Le verset est clairement inclus dans le discours divin, comme l'indique la présence de la deuxième personne [אתם] au verset 7, qui termine le discours. Il s'agit donc de s'interroger sur la raison pour laquelle, au verset 6b, Élohim se désigne lui-même comme un « il », par un verbe conjugué à la troisième personne du singulier et par l'emploi du nom divin « Élohim » (au lieu d'un déterminant possessif : « à *mon* image »)[186].

Cette particularité grammaticale pourrait d'abord s'expliquer par le parallèle avec le passage concernant la création de l'humain, en 1,26–27 : « Et Élohim dit : "Faisons [נעשה] [un] humain à notre image [...]". Et Élohim créa l'humain à son image ; à l'image d'Élohim [בצלם אלהים] il le créa ; mâle et femelle il les créa ». Le rappel de 9,6 se base à la fois sur le monologue de 1,26 (voir l'usage du verbe עשה et du substantif אדם) et sur la notice narrative de 1,27 (voir l'emploi de la troisième personne et de l'expression « à l'image d'Élohim », ainsi que l'ordre des mots). L'usage de la troisième personne en 9,6 pourrait donc constituer un procédé de rappel visant à renvoyer le lecteur au récit de la création. En ce sens, le discours du personnage divin reprendrait des paroles de la narration, adoptant ainsi la troisième personne pour se désigner[187]. Basée en partie sur cette interprétation, une autre explication consisterait à lire la troisième personne comme une façon de donner à la phrase « à l'image de Élohim il a fait l'humain » une apparence de proverbe ou d'expression figée, basée sur Gn 1,27. En ce sens, le personnage divin, en 9,6, énoncerait une vérité générale, comme s'il citait une formule bien connue. Le caractère fixe de l'expression expliquerait le recours à la troisième personne.

Élément structurel et sémantique : la théophanie du Sinaï (Ex 19)
Un autre exemple, avec cette fois plusieurs occurrences de la troisième personne, se trouve au chapitre 19 de l'Exode. Dans trois discours, Yhwh s'adresse à Moïse en employant le nom divin « Yhwh »

---

[186] Pour H. Gunkel, *Genesis*, p. 149, ce procédé est typique du style sacerdotal, pour qui le discours divin est seulement un « habit » (« eine Einkleidung ») ou une forme littéraire.

[187] Cette explication n'est toutefois pas complètement convaincante, puisque le discours de 9,6 emploie le verbe עשה et non ברא comme en 1,27. Le rappel n'est donc pas strict.

(19,11.21–22.24), alors qu'il se nomme à la première personne dans les discours précédents du même chapitre (Ex 19,3–6.9). L'usage du «il» divin me semble trouver place dans la structure du chapitre, telle que l'a mise en évidence A. Wénin[188]. L'épisode de l'alliance du Sinaï, s'étendant entre 19,1 et 24,11, comprend deux types de théophanie, l'une à base de phénomènes naturels et d'un son de trompe (19,16–19), l'autre constituée des dix paroles (20,1–17). Les deux théophanies sont précédées chacune d'un passage introductif (19,10–15 et 21–25), concernant la préparation du peuple.

Ces deux passages présentent une structure concentrique, comme le montre A. Wénin. Dans le premier, les recommandations de Yʜᴡʜ sur la manière pour le peuple de se préparer à la théophanie (19,10–11) sont suivies, en écho, par la réalisation de ces avertissements (19,14–15). En un niveau plus intérieur prend place l'annonce par Yʜᴡʜ de sa *descente* sur le Sinaï (verset 11b) et de la *montée* du peuple (verset 13b). Au centre de la construction se trouvent les instructions divines de «limiter le peuple» (versets 12–13a). Dans le second passage introductif, l'inclusion est formée, au niveau extérieur, par le parallélisme entre deux nouveaux avertissements de Yʜᴡʜ, recommandant que le peuple et les prêtres ne franchissent pas les limites posées (versets 21–22 et 24). La construction trouve son centre dans l'intervention de Moïse, rappelant à Yʜᴡʜ son ordre de limiter et de sanctifier la montagne (verset 23). La comparaison de ces deux passages montre que l'un a pour centre l'avertissement divin de limiter le *peuple*, tandis que le second a pour centre l'intervention de Moïse portant sur la limitation de la *montagne*[189].

Les occurrences de la troisième personne divine prennent place dans ces passages introduisant les théophanies. Dans le premier passage, après avoir communiqué à Moïse les préparatifs nécessaires à la rencontre, Yʜᴡʜ proclame: «Et ils seront prêts pour le troisième jour, car, le troisième jour, Yʜᴡʜ descendra aux yeux de tout le peuple sur la montagne du Sinaï» (verset 11)[190]. À ce verset fait écho, comme on

---

[188] Voir André Wᴇ́ɴɪɴ, «La théophanie au Sinaï. Structures littéraires et narration en Exode 19,10–20,21», in: Marc Vᴇʀᴠᴇɴɴᴇ (éd.), *Studies in the Book of Exodus. Redaction – Reception – Interpretation* (BETL 126), Peeters, Leuven, 1996, pp. 471–480 et, du même auteur, «La théophanie du Sinaï (Ex 19,9–20,21). Une approche narrative», in: Françoise Dᴜɴᴀɴᴅ, François Bœsᴘғʟᴜɢ (éds), *Voir les Dieux, voir Dieu*, Presses Universitaires de Strasbourg, Strasbourg, 2002, pp. 57–77.

[189] Voir A. Wᴇ́ɴɪɴ, «La théophanie au Sinaï», pp. 471–477.

[190] La présence de la troisième personne dans le discours divin est notée par

vient de le voir, l'annonce de la montée du peuple : « Quand sonnera la trompe, eux, ils monteront sur la montagne » (verset 13b). À ce niveau, l'usage du nom divin permet de mettre en évidence les deux acteurs de la rencontre : Yʜwʜ d'un côté, qui descend, et, de l'autre, le peuple, qui monte. L'usage du tétragramme peut également préciser le caractère théophanique de l'événement : celui qui va descendre est Yʜwʜ. Il s'agit donc d'une rencontre avec le divin, pour laquelle le peuple doit se préparer soigneusement.

Dans le second passage introductif, après le premier récit de théophanie, alors que Yʜwʜ est descendu sur la montagne et que Moïse y est monté, Yʜwʜ ordonne : « "Descends et exhorte le peuple de peur qu'ils ne se précipitent sur Yʜwʜ pour voir, [sinon/car] beaucoup d'entre eux tomberaient. Et même les prêtres qui approchent vers Yʜwʜ se sanctifieront de peur que Yʜwʜ ne fasse une brèche en eux" » (versets 21–22)[191]. Après l'intervention de Moïse (verset 23), Yʜwʜ reprend la parole, dans un discours parallèle au premier : « Et Yʜwʜ lui dit : "Va, descends et montez, toi et Aaron avec toi, mais les prêtres et le peuple, qu'ils ne se précipitent pas pour monter vers Yʜwʜ, de peur qu'il ne fasse une brèche en eux" » (verset 24).

Les répétitions du tétragramme, aux versets 21–22, puis sa reprise au verset 24, soulignent la structure interne de cette seconde introduction à la théophanie, tout en contribuant également à la relier à la précédente, elle aussi marquée par l'emploi du tétragramme dans une parole divine (verset 11). Comme le tableau ci-dessous le suggère, la première introduction présente le tétragramme dans le discours divin central, tandis que, dans la seconde, les deux discours divins comprenant le tétragramme se trouvent aux extrémités de la section[192].

B. Jacoʙ, *Exodus*, p. 533, mais sans interprétation. Martin Noᴛʜ, *Das zweite Buch Mose: Exodus* (ΛTD 5), Vandenhoeck & Ruprecht, Göttingen, 1968 (1958¹), p. 127, observe : « In V. 11b fällt das Vorkommen von Jahwe in 3. Pers. Inmitten einer Jahwerede auf; hier liegt vielleicht ein erklärender Zusaß vor ».

[191] B. Jacoʙ, *Exodus*, p. 541, note également l'usage de la troisième personne, reliant celle-ci, apparemment, au désir humain de « voir ».

[192] Le tableau est inspiré de ceux que propose A. Wéɴɪɴ, « La théophanie au Sinaï », pp. 474–475.

Premier passage introductif (19,10–15)	Second passage introductif (19,21–25)
	Discours de Yʜwʜ: «Descends et exhorte le peuple de peur qu'ils ne se précipitent sur Yʜwʜ...Et même les prêtres qui approchent vers Yʜwʜ se sanctifieront de peur que Yʜwʜ ne fasse une brèche en eux» (vv. 21–22).
Discours de Yʜwʜ: Consignes données au peuple (vv. 10–11a).	
Suite du discours de Yʜwʜ: car «le troisième jour Yʜwʜ descendra...»; limites à poser au peuple; «eux monteront...» (vv. 11b–13).	Discours de Moïse: rappel des limites à poser à la montagne (v. 23)
Accomplissement des consignes par Moïse et le peuple (vv. 14–15).	Discours de Yʜwʜ: «Va,...mais les prêtres et le peuple, qu'ils ne se précipitent pas pour monter vers Yʜwʜ, de peur qu'il ne fasse une brèche en eux» (vv. 24–25).

À côté de son rôle structurel, l'emploi du tétragramme dans les discours divins pourrait suggérer quelque chose de la logique des interventions de Yʜwʜ. Comme le souligne A. Wénin dans son analyse du passage, les avertissements donnés par Yʜwʜ ont pour fonction essentielle de préserver le peuple, de peur qu'il ne transgresse les limites posées, ne se précipite sur Yʜwʜ et ne meure. «S'il [Yʜwʜ] édicte une telle loi en précisant qu'elle a pour sanction la mort, c'est paradoxalement parce qu'il a soin de la vie de son partenaire et qu'il veut lui éviter de mourir en le prévenant avec force d'un danger qui, sans cette parole, resterait inaperçu»[193]. C'est ainsi l'altérité du peuple que Yʜwʜ s'efforce de préserver: la distance à respecter, ou la limite à poser, protège le peuple d'un contact trop immédiat avec la divinité. Yʜwʜ permet de la sorte au peuple d'assister à sa descente sur la montagne et d'en avoir une perception visuelle et auditive, mais également de demeurer lui-même et de continuer à exister comme un autre face au divin.

En ce sens, l'emploi du nom «Yʜwʜ» souligne que le personnage divin n'agit pas d'abord pour lui-même, comme aurait pu le suggérer

---

[193] A. Wénin, «La théophanie au Sinaï», p. 477.

l'emploi de la première personne. Parlant à la troisième personne, il adopte en effet la perspective du peuple, comme s'il se considérait lui-même par les yeux d'Israël : en ce sens, le danger menace le peuple, en cas de négligence des limites posées. Toujours selon A. Wénin, «Yhwh pose une limite, mais ce n'est pas dans le but de faire sentir sa supériorité à coup de menaces de mort et de maintenir le peuple dans une position inférieure»[194]. Yhwh n'agit pas pour préserver sa propre altérité, mais pour protéger celle du peuple. La récurrence du tétragramme semble ainsi confronter Moïse à la réalité dont va faire l'expérience le peuple qu'il doit avertir et tenter de lui faire comprendre le danger potentiel de cet événement : c'est Yhwh lui-même que le peuple s'apprête à rencontrer. L'adoption de la troisième personne par Yhwh pour parler de lui-même, à la place du «je» divin, indique donc que l'altérité qui est menacée n'est pas celle du «moi» divin, mais celle du peuple, qui doit ainsi respecter certaines limitations. En même temps, les répétitions du tétragramme mettent nettement en évidence le caractère théophanique de l'événement qui va suivre.

c. *Les déplacements de la première à la troisième personne en contexte législatif*

Dans quelques discours directs du Pentateuque, le personnage divin se désigne à la troisième personne du singulier, parlant donc de lui-même comme d'un «il». Ces déplacements vers la troisième personne peuvent être très brusques, côtoyant souvent la première personne dans un même discours, voire dans une même phrase. Les auteurs historico-critiques considèrent souvent ces changements de personne comme arbitraires et les justifient comme traces de l'assemblage de préceptes d'origines variées[195]. Sans rejeter cette explication, on remarque cependant que l'examen littéraire de ces passages révèle une certaine logique dans l'emploi de la troisième personne divine.

Le déplacement de la personne du verbe peut assurer plusieurs fonctions : il peut contribuer à mettre en évidence un nom divin, suggérer l'adoption de la perspective du personnage à qui s'adresse Yhwh, concourir à esquisser la structure d'un passage, voire constituer en lui-même une clé d'interprétation, ou encore signaler un rappel. Certains

---

[194] A. Wénin, «La théophanie au Sinaï», p. 477.
[195] Voir en particulier M. Noth, *Das zweite Buch Mose: Exodus*, p. 156 (sur Ex 23,14–19).

emplois d'un nom divin, dans un discours prononcé par Yhwh, peuvent aussi simplement faire partie d'une expression figée. Ces différents rôles, qui ne sont pas exclusifs l'un de l'autre, se situent donc à la fois au niveau du discours où ce «il» est utilisé et au niveau de l'épisode où le discours se trouve. À ce niveau, le discours divin s'intègre en effet dans un projet plus vaste et peut contribuer à certains effets de sens produits par la narration[196]. Ces quelques passages fournissent ainsi d'intéressantes illustrations où diégèse et discours des personnages apparaissent réunis dans un même projet narratif.

Mise en évidence du nom divin

Comme dans les passages narratifs, le déplacement d'une personne à l'autre peut contribuer à mettre en valeur un nom divin, par exemple pour marquer une opposition. Ainsi, en Ex 22,19, Yhwh déclare: «Celui qui sacrifie aux dieux [לאלהים] sera banni, sauf [si c'est] à Yhwh seul»[197]. L'emploi du nom divin «Yhwh» fait clairement opposition au pluriel אלהים qui précède. De même, au verset 27 du même chapitre, Yhwh se nomme à nouveau à la troisième personne, alors qu'il s'exprime à la première personne dans les versets précédent et suivant: «Élohim, tu ne le traiteras pas à la légère [תקלל]; et le chef dans ton peuple, tu ne le maudiras pas [תאר]»[198]. Comme la traduction proposée tente de le rendre, le nom divin est clairement placé en parallèle avec

---

[196] Je continue ici à parler de narration, même si l'on se trouve en contexte législatif. En effet, comme rappelé plus haut (voir p. 47), les lois du Pentateuque sont toujours placées dans un certain contexte narratif, même si celui-ci est réduit à l'introduction des discours («Et Yhwh dit...»).

[197] Selon plusieurs commentateurs, la seconde partie du verset serait une addition postérieure, due à l'absence d'adjectif qualifiant le nom האלהים. Ainsi, dans le Pentateuque Samaritain (ainsi que dans le codex Alexandrinus de la Septante), on a l'adjectif אחרים mais pas la restriction «sauf si...». Le mot אחרים pourrait avoir été remplacé par le verbe יחרם. Voir par exemple M. Noth, *Das zweite Buch Mose: Exodus*, p. 150 et J. I. Durham, *Exodus*, p. 328. On peut encore noter qu'en soi, l'expression לאלהים pourrait être traduite «à l'Élohim». Toutefois, la formule «à Yhwh seul» vient préciser, a posteriori, qu'il s'agit bien de «dieux», au pluriel, auxquels s'oppose «Yhwh seul».

[198] Pour B. Jacob, *Exodus*, pp. 708–709, qui se base sur des interprétations juives anciennes, le terme אלהים ne désigne pas ici la divinité, mais des juges en exercice (comme en Ex 21,6; 22,6.8) ayant une certaine autorité religieuse, par opposition à l'autorité séculière du נשיא. Pour un état de la question au sujet de cette interprétation humaine du terme אלהים, voir C. Houtman, *Exodus. Volume 3*, pp. 231–232. On peut également noter que les termes אלהים et נשיא sont traduits par des pluriels par la Septante (θεούς/ἄρχοντας), tandis que la Vulgate ne traduit que le premier par un pluriel, gardant le singulier pour le second (*diis/principi*).

le terme נשׂיא, «chef» ou «porte-parole»[199]. Dans ces deux exemples, l'emploi de la troisième personne permet donc de mettre le nom divin en relation avec un autre terme, que ce soit en vue d'une opposition ou d'un parallélisme.

Une insistance particulière peut également être portée sur le nom divin, sans qu'un autre terme soit placé en opposition ou en parallèle. On lit ainsi en Ex 23,17 : «Trois fois par an, tous tes mâles seront vus/apparaîtront vers les faces du seigneur, YHWH». Le parallèle de ce verset, en 34,23–24, est particulièrement intéressant, puisqu'il combine l'usage du nom divin et la première personne : «Trois fois par an, tous tes mâles seront vus/apparaîtront aux faces du seigneur, YHWH, Élohim d'Israël. Car je déposséderai les nations de devant toi et j'élargirai ton territoire et personne ne désirera ta terre quand tu monteras pour être vu/apparaître aux faces de YHWH ton Élohim trois fois par an». La première personne intercalée souligne les mentions du nom divin et suggère que celles-ci répondent à une motivation déterminée, visant sans doute à insister sur la nature de ces cérémonies trisannuelles, consistant en une rencontre avec le Dieu d'Israël[200].

Dans le même sens, on pourrait également citer Ex 22,10, évoquant «un serment de/au nom de YHWH», où le nom divin précise la solennité du serment en question, ainsi que 23,19a (avec reprise exacte en 34,26), où YHWH ordonne de lui apporter les prémices «à la maison de YHWH ton Élohim». Certains identifient la «maison de YHWH ton Élohim» avec le Temple de Jérusalem, mais le passage parallèle de Dt 26,4 suggère qu'il s'agit plutôt de déposer les prémices au pied de l'autel[201]. Dans tous les cas, l'emploi du nom divin souligne que les prémices sont bien destinées à être offertes à YHWH[202].

---

[199] Voir par exemple M. NOTH, *Das zweite Buch Mose: Exodus*, pp. 151–152 et C. HOUTMAN, *Exodus. Volume 3*, pp. 231–233.

[200] Dans une interprétation historique, on pourrait considérer, avec par exemple M. NOTH, *Das zweite Buch Mose: Exodus*, p. 217, que l'addition au verset 24, exprimée à la première personne, est une addition ultérieure, destinée à rassurer les Israélites durant leurs voyages trisannuels au sanctuaire local.

[201] Voir B. JACOB, *Exodus*, p. 727. Par contre, pour M. NOTH, *Das zweite Buch Mose: Exodus*, pp. 155–156, il s'agit de sanctuaires locaux.

[202] On pourrait également citer l'emploi du nom «YHWH» dans le discours divin d'Ex 34,10, pourtant prononcé à la première personne («Et tout le peuple qui est autour de toi verra l'œuvre de YHWH, qu'/combien elle est effrayante, que je ferai avec toi»). Voir également les lois d'Ex 30,14–15 («le prélèvement de YHWH»), bien que la mise en évidence s'explique moins facilement.

Adoption de la perspective de l'interlocuteur

Plusieurs lois adoptent la perspective de l'interlocuteur à qui le locuteur divin les adresse. D'abord, Yʜᴡʜ peut charger Moïse (éventuellement avec Aaron) de communiquer au peuple certains commandements, en les formulant déjà de la manière dont Moïse les prononcera, donc en s'y nommant à la troisième personne[203]. Ainsi, dans le discours concernant la Pâque, Yʜᴡʜ recommande à Moïse et Aaron de parler à «toute l'assemblée des fils d'Israël» (Ex 12,3) et précise notamment: «Et ce jour sera pour vous comme un mémorial et vous le fêterez en fête pour Yʜᴡʜ...» (12,14). L'emploi de la troisième personne peut s'expliquer par le fait que Yʜᴡʜ dicte les paroles que Moïse et Aaron prononceront devant le peuple. D'autres cas sont cependant plus complexes.

Ainsi, au chapitre 23 de l'Exode, au terme d'un long discours prescrivant des lois variées, Yʜᴡʜ promet d'envoyer son messager pour guider le peuple et le protéger contre les puissances environnantes. Le passage concernant la promesse est formulé à la première personne, avec cependant une apparition de la troisième personne à un endroit symptomatique: «Et vous servirez Yʜᴡʜ votre Élohim et il bénira ton pain et tes eaux et je détournerai la maladie du milieu de toi» (verset 25). La rupture de construction est particulièrement marquée, puisque, dans une même phrase, Yʜᴡʜ se nomme successivement à la troisième puis à la première personne[204]. Le verbe וברך, conjugué à la troisième personne, prolonge sans doute le nom divin: après avoir décrit les commandements que le peuple observera (versets 24–25aα), Yʜᴡʜ énonce ce qu'il fera en retour (versets 25aβ–31).

Dans ce passage, l'usage de la troisième personne, et spécialement du nom divin «Yʜᴡʜ votre Élohim», remplit plusieurs fonctions. D'abord, il permet de faire écho au commandement énoncé au verset précédent: «Tu ne te prosterneras pas pour leurs Élohim [des peuples cités au verset 23] et tu ne les serviras pas...» (verset 24a). L'emploi parallèle du verbe «servir» [עבד] et la parenté des objets directs, aux

---

[203] Cette observation ne constitue certainement pas une règle. Voir par exemple Ex 16,11–12.

[204] Certaines traductions tentent de réduire la rupture entre les deux personnes de conjugaison. Ainsi, déjà la Septante et la Vulgate traduisent le verbe וברך par une première personne (εὐλογήσω/benedicam). De même, la *Bible de Jérusalem* traduit: «Vous servirez Yahvé votre Dieu, alors *je bénirai* ton pain et ton eau et je détournerai de toi la maladie». De même, la *New American Bible* traduit: «The LORD, your God, you shall worship; then *I will bless* your food and drink, and I will remove all sickness from your midst». La rupture de construction est notée notamment par M. Noth, *Das zweite Buch Mose: Exodus*, p. 156.

versets 24 et 25, permet de clarifier la requête divine: le peuple ne servira pas «leurs Élohim», mais bien «Yhwh votre Élohim». Ensuite, je
suggérerai que, comme dans la préparation de la théophanie du Sinaï
(Ex 19,21–22), l'emploi du nom divin et de la troisième personne laisse
entendre implicitement que l'action demandée ne concerne pas d'abord
Yhwh, mais le peuple, dont la perspective est adoptée. La parole de
Yhwh évite en effet le «je» dans le commandement qui requiert le
«service» du peuple, comme pour suggérer qu'il ne demande pas que
le peuple le serve comme un maître, mais bien comme le Dieu qui
l'a libéré d'Égypte et qui fait à présent alliance avec lui. Israël, en ce
sens, n'est pas appelé à servir une divinité soucieuse d'être entourée
de serviteurs, mais bien «Yhwh votre Élohim», le Dieu qui l'a rendu
libre et s'est engagé pour sa vie[205].

Également dans un contexte où Yhwh s'exprime à la première personne (voir 34,10–11.18), la loi d'Ex 34,14 est formulée à la troisième
personne, avec le nom divin «Yhwh» au milieu du verset: «Car tu ne
te prosterneras pas pour un autre dieu [אל][206], car Yhwh a pour nom
"jaloux" – il est un dieu [אל] jaloux». Le passage fait écho au décalogue, où Yhwh affirme: «Tu ne te prosterneras pas pour eux et tu ne
les serviras pas, car moi, Yhwh ton Élohim, je suis un dieu [אל] jaloux,
qui visite la faute des pères sur les fils...» (20,5). Comme on le verra
plus loin, la première personne est caractéristique de la première section

---

[205] Cette observation vaut pour l'ensemble du livre de l'Exode, avec quelques
précisions. Aucun commandement de l'Exode, prononcé par le personnage divin, ne
stipule à Israël: «Servez-moi/vous me servirez» (avec le verbe עבד). Toutefois,
dans l'épisode des plaies d'Égypte, Yhwh ordonne à plusieurs reprises à Moïse d'aller trouver
Pharaon en lui demandant de laisser partir le peuple «pour qu'il me serve» [ויעבדני]
(4,23; 7,16.26; 8,16; 9,1.13; 10,3). Or la logique du récit suggère que l'idée d'aller
sacrifier pour Yhwh dans le désert, à trois jours de marche (3,18), n'est qu'un prétexte
inventé par ce dernier, afin de faire céder l'Égypte. De même, les serviteurs de Pharaon
insistent pour que celui-ci laisse partir Israël et «qu'ils servent Yhwh leur Élohim»
(10,7), ce à quoi se résout Pharaon, moyennant plusieurs conditions: «Allez et servez
Yhwh (votre Élohim)» (10,8.11.24; 12,31). Moïse, à son tour, insiste pour emmener
les troupeaux «pour servir Yhwh notre Élohim» (10,26). Ces discours, prononcés par
plusieurs personnages, ne constituent jamais des commandements divins: ils reflètent
plutôt la manière dont le prétexte imaginé par Yhwh est utilisé par les différents protagonistes. En dehors de cet épisode, le verbe עבד est employé pour interdire le culte
de dieux étrangers (20,5; 23,24.33) ou pour désigner le rite de la Pâque (13,5), sans
que Yhwh soit directement l'objet du verbe («tu serviras ce service en ce mois»). Reste
le commandement de 23,25, discuté ci-dessus, où Yhwh demande à être servi, en se
nommant cependant à la troisième personne, et en un contraste clair avec l'interdiction
du culte des dieux étrangers (23,24).
[206] La formulation «pour un autre dieu» [אל אחר] est unique dans la bible hébraïque. Voir par exemple B. Jacob, *Exodus*, p. 991, qui estime que l'expression a été forgée
spécialement pour soutenir l'argument avancé dans ce passage.

des dix paroles, où Y<small>HWH</small> s'exprime en «je». On remarque que le nom
divin «Y<small>HWH</small>» figure dans les deux passages, bien que celui de 20,5
soit formulé à la première personne. La troisième personne, en 34,14,
pourrait s'expliquer encore une fois comme l'adoption de la perspective
du peuple, suggérant ainsi qu'Israël serait le premier concerné en cas
d'idolâtrie. En ce sens, dans le contexte du chapitre 34, l'affirmation
de la «jalousie» de Y<small>HWH</small> constituerait moins un énoncé théologique
sur la nature de ce dernier qu'un avertissement sur la relation entre
Israël et les dieux des nations étrangères. En évitant le «je», la parole
divine suggère donc que Y<small>HWH</small> ne parle pas d'abord de lui-même, mais
d'Israël qui reçoit le commandement.

Clé pour la structure et l'interprétation : les dix paroles
(Ex 20 et Dt 5)
Je prends ici le risque de m'engager sur le terrain du décalogue, malgré
l'abondance des études à ce sujet, pour me concentrer sur un aspect
particulier du texte : le changement dans la désignation de la divinité,
tantôt par la première personne et tantôt par la troisième personne, et
la répartition des noms divins dans le texte. Désirant me concentrer sur
ces éléments spécifiques du texte, je me permets pour le reste de renvoyer
aux études classiques et aux commentaires pour les questions exégétiques
qui ne relèvent pas directement de l'enquête menée ici[207].

Avant de pouvoir se pencher sur la question des personnes de conjugaison et des noms divins, il s'agit de se demander qui, de Y<small>HWH</small> ou
de Moïse, est le locuteur des dix paroles. En Ex 19,25, on trouve en
effet l'introduction d'un discours direct qui suggère que c'est Moïse
qui prend la parole : «Et Moïse descendit vers le peuple et il leur
dit». Le verset, dans l'état actuel du texte, est immédiatement suivi
par le début des dix paroles : «Et Élohim parla toutes ces paroles-là»
(20,1). On peut penser, d'une part, que Moïse prend effectivement la
parole et commence son discours en introduisant celui de Élohim :
«et [Moïse] leur dit : "Et Élohim parla…"». En ce sens, les propos
d'Élohim seraient enchâssés dans ceux de Moïse, comme dans le texte
parallèle de Dt 5 (voir en particulier le verset 5). D'autre part, on peut
également supposer que les propos que Moïse prononce ne sont pas
rapportés[208] ; l'introduction du discours de Y<small>HWH</small> prendrait alors place

---

[207] Une bibliographie récente et détaillée est donnée par C. H<small>OUTMAN</small>, *Exodus.
Volume 3*, pp. 1–2.
[208] Comme l'indique William H. C. P<small>ROPP</small>, *Exodus 19–40* (AB 2A), Doubleday, New
York, 2006, p. 145, les occurrences du verbe אמר sans indication des paroles prononcées

dans la diégèse. Les commentateurs qui abordent la question évoquent la possibilité d'une corruption textuelle à la suite de 19,25 ou encore d'une greffe maladroite du récit du décalogue sur un ancien récit, afin de donner l'impression que Moïse serait le médiateur du discours, comme en Dt 5[209]. D'un point de vue littéraire, les deux voix, humaine et divine, s'entrecroisent sans doute. J'hésiterais néanmoins à attribuer l'alternance entre première et troisième personne, que je vais à présent examiner, à cette succession de voix.

Les dix paroles présentent un bel exemple de changement de personne. Yhwh, au début du discours, commence par se nommer à la première personne: «*Je suis* Yhwh ton Dieu qui *t'ai fait sortir* de la terre d'Égypte......Tu n'auras pas d'autres dieux devant *mes* faces...Car *moi*, Yhwh ton Élohim, *je suis* un Dieu jaloux...pour ceux qui *me* haïssent...pour ceux qui *m'*aiment...*mes* commandements», 20,2–6). Toutefois, dès le verset 7, Yhwh passe à la troisième personne: «Tu n'élèveras pas le nom de Yhwh ton Dieu pour rien/en vain, car Yhwh ne laisse pas impuni celui qui élève son nom pour rien/en vain» (Ex 20,7). Au lieu de parler simplement de «mon nom», la parole divine précise ce nom puis poursuit en parlant à la troisième personne. La suite du discours continue de la sorte. Ainsi, le commandement du Shabbat énonce: «Et le septième jour est Shabbat pour Yhwh ton Dieu...» (verset 10a). Yhwh justifie cet impératif en rappelant: «Car en six jours Yhwh a fait le ciel et la terre, la mer et tout ce qu'il y a en eux, et il s'est reposé le septième jour. C'est pourquoi Yhwh a béni le jour du Shabbat et l'a sanctifié» (verset 11). Le commandement sur le respect des parents maintient de même la troisième personne: «Honore ton père et ta mère afin que tes jours se fassent longs sur le sol que Yhwh ton Dieu te donne» (verset 12). Les dernières paroles n'évoquent pas le locuteur divin: ni la première ni la troisième personne n'est employée pour désigner Yhwh[210].

On constate la même transition de la première à la troisième personne dans la version deutéronomique des dix paroles (Dt 5,6–21). Dans les

---

sont très rares (voir Gn 4,8; Jg 17,2; 2 Ch 32,24).

[209] Voir W. H. C. Propp, *Exodus 19–40*, p. 145. Pour Cornelis Houtman, *Exodus. Volume 2: Exodus 7:14–19:25*. Traduit du néerlandais par J. Rebel et S. Woudstra (Historical Commentary on the Old Testament), Kok, Kampen, 1996, p. 461, un élément textuel est manquant.

[210] M. Noth, *Das zweite Buch Mose: Exodus*, pp. 129–130, évoque cette alternance entre la première et la troisième personne pour désigner Yhwh. Pour lui, elle marque l'entrecroisement entre le discours divin et un discours humain (de Moïse sans doute). De même, B. S. Childs, *Exodus*, p. 394, observe le changement, mais, pour lui, «the reason for this variation in the Decalogue is not immediately apparent».

premiers commandements, Yhwh s'exprime à la première personne
(versets 6–10) puis passe à la troisième personne (versets 11–16), pour
enfin ne plus se nommer (versets 17–21). Le Deutéronome, parmi les
modifications qu'il présente par rapport à la version de l'Exode, justifie
le commandement du Shabbat par un rappel de la sortie d'Égypte. Ce
rappel, comme celui de la création en Ex 20,11, est exprimé par Yhwh
à la troisième personne : « Et tu te souviendras que tu étais esclave dans
la terre d'Égypte et que Yhwh ton Élohim t'a fait sortir de là par une
main forte et par un bras étendu. C'est pourquoi Yhwh ton Élohim
t'a ordonné de faire le jour du Shabbat » (verset 15). Cet emploi de la
troisième personne est d'autant plus intéressant qu'il constitue un écho
de la première phrase des dix paroles, où Yhwh se présente en « je » :
« Je suis Yhwh ton Élohim, qui t'ai fait sortir de la terre d'Égypte, de
la maison des esclaves » (verset 6). Le passage à la troisième personne
se fait donc malgré ce parallèle (voir le tableau ci-dessous), qui aurait
pu justifier le maintien de la première personne :

| Dt 5,6 | מארץ מצרים מבית עבדים | הוצאתיך | אשר | אנכי יהוה אלהיך |
| Dt 5,15 | משם ביד חזקה ובזרע נטויה | ויצאך | | יהוה אלהיך |

André Wénin a proposé une structure tripartite de la version deutéronomique du décalogue, basée notamment sur le changement de
personne[211]. Il montre ainsi que la disposition des acteurs humains fait
écho à cette désignation du personnage divin. Les deux premiers commandements (versets 6–10) mettent en scène, au moyen de la deuxième
personne, le peuple d'Israël, que Yhwh a fait sortir d'Égypte (verset 6),
puis évoquent ceux qui haïssent ou aiment ce dernier (versets 9–10).
Par contre, les huit commandements suivants (versets 11–21) parlent
plutôt de l'individu, associé à son fils, sa fille, son serviteur et sa servante,
ses animaux (verset 14), son père et sa mère (verset 16), son prochain
(verset 20) et la femme de celui-ci (verset 21).

Il montre ensuite comment les verbes s'intègrent à cette structure.
Chaque section du décalogue présente trois ordres principaux (bien
que parfois exprimés par plusieurs verbes) : la première concerne la

---

[211] André Wénin, « Le décalogue, révélation de Dieu et chemin de bonheur », *RTL*
25 (1994), pp. 145–182. Le texte des dix paroles d'Ex 20 présente une structure similaire, bien que moins marquée, puisque la justification du Shabbat ne reprend pas la
présentation de Yhwh du début (Ex 20,2). D'autres parallélismes apparaissent cependant
(voir versets 4 et 11, ainsi que 10 et 17). Voir à ce sujet l'article cité, p. 158.

relation à Yʜᴡʜ et la dernière, la relation au prochain, tandis que la section centrale constitue une transition. Enfin, le «procédé d'agrafe» déjà relevé plus haut (versets 6 et 15), relie la première à la deuxième section, tandis que le terme עבד (versets 6.14.15.21) constitue un fil conducteur assurant l'unité de l'ensemble[212]. De manière schématique, cette structure se résume comme suit:

Première section (versets 6–10)	C'est moi Yʜᴡʜ ton Élohim… Tu n'auras pas d'autres dieux devant mes faces Tu ne feras pas pour toi d'image sculptée… Tu ne te prosterneras pas pour eux et tu ne les serviras pas Car c'est moi Yʜᴡʜ ton Élohim…	«je»
Deuxième section (versets 11–16)	Tu n'élèveras pas le nom de Yʜᴡʜ ton Élohim pour rien car Yʜᴡʜ ne laisse pas impuni… Garde le jour du Shabbat pour le sanctifier selon ce que Yʜᴡʜ ton Élohim t'a ordonné. Six jours tu serviras et tu feras tout ton ouvrage. Et le septième jour est Shabbat pour Yʜᴡʜ ton Élohim Tu ne feras aucune œuvre… afin que se reposent… Et tu te souviendras que tu étais serviteur/esclave…et que Yʜᴡʜ ton Élohim t'a fait sortir de là… C'est pourquoi Yʜᴡʜ ton Élohim t'a ordonné de faire le jour du Shabbat. Honore ton père et ta mère selon ce que Yʜᴡʜ ton Élohim t'a ordonné afin que tes jours se prolongent et que tu aies du bien sur le sol que Yʜᴡʜ ton Élohim te donne.	«il»
Troisième section (versets 17–21)	Tu ne tueras pas Tu ne commettras pas l'adultère Tu ne voleras pas Tu ne témoigneras pas contre ton prochain… Tu ne convoiteras pas… Tu ne désireras pas…	∅

---

[212] Voir A. Wᴇɴɪɴ, «Le décalogue, révélation de Dieu et chemin de bonheur», pp. 155–158, ainsi que les pp. 158–164 pour la structure interne de chaque section.

Le tableau illustre d'abord le rôle structurel du nom «Yhwh ton Élohim» (ou «Yhwh» seul au verset 11) dans les deux premières sections
du texte. Dans la première, exprimée en «je» par Yhwh, les mots
אנכי יהוה אלהיך, littéralement «moi Yhwh ton Élohim» (versets 6
et 9), encadrent les trois premiers ordres. Dans la seconde section,
exprimée à la troisième personne, le nom divin («Yhwh ton Élohim»
ou «Yhwh» seul) est employé à deux reprises dans chacun des ordres
extérieurs (versets 11 et 16). Dans la partie centrale de la seconde section,
consacrée au commandement du Shabbat, les mots צוך יהוה אלהיך,
«Yhwh ton Élohim t'a ordonné» (versets 12 et 15b), constituent un
encadrement extérieur, tandis qu'un double emploi du nom divin (versets
14a et 15a) forme un encadrement intérieur. Enfin, la section centrale
de cette partie sur le Shabbat (verset 14b) ne comprend aucune mention
du nom divin, s'attachant plutôt à citer tous ceux qui s'abstiendront de
travailler le Shabbat – membres de la famille, servantes et serviteurs,
animaux, étrangers. Enfin, la troisième section des dix paroles ne nomme
ni n'évoque le personnage divin.

On pourrait encore remarquer que le texte deutéronomique des
dix paroles présente dix occurrences de chacun des deux noms divins
«Yhwh» et «Élohim» (ou «Él»). L'expression «Yhwh ton Élohim»
est employée à neuf reprises (Dt 5,6a.9b.11a.12b.14a.15a.15b.16a.16
b), tandis que le nom «Yhwh» se trouve en plus, seul, au verset 11b,
et que le nom «Él» est employé, seul également, dans l'expression
אל קנא, «Dieu jaloux», au verset 9b. Ces «neuf plus une» occurrences
rappellent le récit de Gn 1, où le nom divin «Élohim» suit dix fois
le verbe אמר au *wayyiqtol* à la troisième personne masculin singulier
(Gn 1,3a.6a.9a.11a.14a.20a.24a.26a.28a.29a)[213], pour neuf paroles
exprimant un ordre et une dixième exprimant un don (le don de la
nourriture, en 1,29–30). Comme le note A. Wénin, le tableau s'inverse
dans les dix paroles, où la parole de don (Ex 20,2 et Dt 5,6) précède
les neuf ordres qui suivent[214]. De la sorte, les noms divins qui rythment
le texte non seulement structurent l'épisode de manière interne, mais

---

[213] On peut citer encore Gn 1,22a, où le verbe אמר, cependant, est employé à
l'infinitif construit [לאמר], suit le nom «Élohim» et précise un autre verbe, ויברך.
Le schéma «9 + 1» se retrouve également dans le fait que le verbe ויאמר est suivi 9
fois directement de son sujet «Élohim», et en est une fois séparé par le pronom להם
(1,28a).
[214] Voir A. Wénin, *D'Adam à Abraham*, p. 26.

contribuent également à esquisser son parallèle avec un autre texte fondateur, celui de Gn 1.

À côté de ce rôle purement structurel, le changement de personne et les différentes répétitions du nom divin s'harmonisent également au contenu exprimé, pouvant être considérés comme des indices pour l'interprétation du texte. La première section, où Yʜᴡʜ se nomme en «je», concerne clairement la relation exclusive que le peuple est invité à avoir avec son Dieu. Parlant à la première personne, Yʜᴡʜ se présente comme «je» face au «tu» du peuple – comme l'unique «je» divin que le peuple reconnaîtra, mais aussi comme l'un des deux pôles de la relation. Par l'usage de la première personne, Yʜᴡʜ semble énoncer ses paroles par rapport à lui-même, formulant en quelque sorte ce qu'il attend de son partenaire d'alliance.

Dans la deuxième section, le tableau est plus contrasté : les deux commandements concernant l'usage du nom divin et le respect des parents sont énoncés à la troisième personne et comprennent plusieurs occurrences du nom divin. Ici, Yʜᴡʜ se nomme en «il», comme s'il parlait de lui-même depuis la perspective du peuple. La répétition des noms divins suggère combien ces deux commandements sont liés à la relation à Yʜᴡʜ, tandis que le déplacement vers la troisième personne indique qu'ils sont cependant énoncés selon le point de vue du peuple. Ces deux commandements apparaissent ainsi à la croisée de la relation à Yʜᴡʜ et de la relation à l'être humain.

D'une part, employer à tort le nom divin constitue un manque de respect tant pour Yʜᴡʜ que pour l'être humain. Yʜᴡʜ, d'abord, est utilisé pour cautionner des paroles, pratiques ou positions qu'il n'a pas ordonnées ou qui sont contraires à ses commandements. L'humain, ensuite, est lui aussi trompé par qui prononce à tort le nom divin, puisqu'il est ainsi amené à attribuer à Yʜᴡʜ ce que celui-ci condamne. Il est donc induit en erreur sur les volontés divines. D'autre part, le commandement sur l'honneur dû «à ton père et à ta mère» inclut à la fois le respect des parents, mais également, comme le note A. Wénin, le respect de ce que ceux-ci transmettent, à savoir la vie, la terre et la loi: «Honorer les parents, c'est en quelque sorte faire mémoire permanente de la vie comme don – non comme droit»[215]. Le commandement s'achève d'ailleurs en précisant: «afin que tes jours se prolongent et que tu aies du bien sur le sol que Yʜᴡʜ ton Élohim te donne»

---

[215] A. Wénin, «Le décalogue, révélation de Dieu et chemin de bonheur», p. 179.

(Dt 5,16). Honorer ses parents, en ce sens, c'est donc également observer les préceptes de la loi et vivre en conformité avec les exigences divines. On peut donc constater que les deux commandements sur l'utilisation du nom divin et sur le respect des parents concernent à la fois la relation à Yhwh et le rapport à l'autre humain, comme peuvent le suggérer les répétitions du nom divin et, parallèlement, l'usage de la troisième personne.

Le commandement du Shabbat constitue un autre exemple où les désignations du personnage divin s'accordent au contenu exprimé. Comme on l'a vu plus haut, Dt 5,12–15, en sa partie extérieure, mentionne à plusieurs reprises le nom divin, tandis que son centre n'en fait plus mention (voir également la structure simplifiée d'Ex 20,9–11). Que ce soit au moyen de la justification de l'Exode ou de celle du Deutéronome, le Shabbat est directement relié à un geste divin – le repos du septième jour de la création en Ex 20,11 et la sortie d'Égypte en Dt 5,15. Le Shabbat est donc présenté comme un don de Yhwh, mais aussi comme une manière de prolonger ses actions, créatrices ou libératrices. Par contre, dans les deux textes, la description concrète de la cessation de travail qui caractérise le Shabbat et, spécialement, l'énumération de ceux qu'elle implique ne font plus mention du personnage divin (Ex 20,10 et Dt 5,14). Comme A. Wénin l'exprime, «la manière spécifique au sabbat d'honorer Dieu et sa loi, c'est, pour l'Israélite, de vivre la liberté reçue de lui et de l'accorder à ceux qui travaillent pour lui. Bref, c'est honorer Dieu en se respectant soi-même et en respectant les autres»[216].

Ces réflexions sur le Shabbat s'adaptent également à la troisième section des dix paroles, où Yhwh n'est plus sujet d'aucun verbe et où aucun nom divin n'est utilisé. Après avoir fondé, dans les deux premières sections, la base du respect de Yhwh et du prochain, les dix paroles envisagent à présent les interdictions fondamentales réglant les relations entre humains. Le nom divin n'a plus besoin d'être mentionné, puisque le début du texte, spécialement avec la justification du Shabbat, a déjà enraciné les principes de la relation à autrui dans un rappel des actions divines. Cet aboutissement du texte suggère quelque chose de la trajectoire dessinée par les dix paroles, considérant d'abord la relation

---

[216] A. Wénin, «Le décalogue, révélation de Dieu et chemin de bonheur», p. 160.

entre l'humain et YHWH et s'achevant sur les relations interhumaines. Dans leur ensemble, les dix paroles apparaissent ainsi fonder les exigences éthiques de la vie entre humains dans une relation juste avec le divin – d'abord dans un rappel de l'action libératrice de YHWH envers le peuple (Dt 5,6.15) puis dans les commandements de la première et, en partie, de la seconde section.

De ce regard rapide sur les dix paroles, on peut retenir le double rôle des désignations divines, à la première ou la troisième personne, et de l'usage des noms divins. Ces deux éléments contribuent d'abord à suggérer la structure du passage, en délimitant nettement les sections du texte: dans la première section, YHWH se désigne lui-même en employant le pronom «je»; dans la seconde, il parle à la troisième personne; enfin, la troisième se caractérise par une absence complète de sujet divin. Avec d'autres éléments, comme l'usage de mots clés ou d'expressions parallèles, la manière dont YHWH se nomme lui-même concourt ainsi à ébaucher la structure du texte. Ensuite, on a constaté que la structure basée sur ces éléments textuels suggère une interprétation du passage où ces traits concrets deviennent eux-mêmes significatifs, s'accordant avec le sens des commandements qu'ils expriment. On a vu, en ce sens, que les préceptes de la première section concernent d'abord les conditions permettant la relation entre Israël et YHWH, que ceux de la troisième section ont trait aux relations interhumaines, tandis que ceux de la section centrale ont rapport à la fois à la relation au divin et à l'humain. La manière dont YHWH se désigne et se nomme se révèle donc être un élément textuel exploité par la narration, afin de renforcer les marqueurs structurels et sémantiques permettant l'interprétation du récit.

Procédé de rappel (essentiellement des dix paroles)

Au chapitre 31 de l'Exode, YHWH rappelle et développe la loi du Shabbat (31,12–17), déjà énoncée dans les dix paroles (20,8–11). Son discours est essentiellement formulé à la première personne (versets 13 et 17), avec cependant deux occurrences de la troisième personne: «Six jours l'œuvre sera faite, mais le septième jour est Shabbat de Shabbats, saint pour YHWH. Tout qui fera une œuvre le jour du Shabbat, il mourra certainement (littéralement: mourir il mourra)» (verset 15). Le verset 17, quant à lui, mêle des références à YHWH à la première et à la troisième personne: «Entre moi et entre les fils d'Israël, c'est un signe pour toujours, car en six jours YHWH a fait le ciel et la terre et le septième jour il a cessé [שבת] et a repris haleine»[217]. L'emploi de la troisième personne correspond à son usage dans le décalogue, comme le montre le tableau ci-dessous :

Ex 20,10.11	ויום השביעי שבת ליהוה אלהיך	כי ששת־ימים עשה יהוה את־השמים ואת־הארץ...וינח ביום השביעי
Ex 31,15.17	וב' יום השביעי שבת שבתון קדש ליהוה	כי־ששת ימים עשה יהוה את־השמים ואת־הארץ ובי' יום השביעי שבת וינפש

Bien que le rappel ne se fasse pas mot à mot, les deux occurrences de la troisième personne répondent clairement à l'emploi des noms divins dans les dix paroles. En ce qui concerne 31,15, l'affirmation du Shabbat comme «saint pour Yhwh» fait écho à celle de 20,10 : «le septième jour est Shabbat pour Yhwh ton Élohim». Le rappel du chapitre 31 précise que le Shabbat est saint [קדש], un élément repris aux dix paroles : «Souviens-toi du jour du Shabbat pour le sanctifier [לקדשו]» (20,8). Quant au nom divin «Yhwh ton Élohim», il est simplifié au chapitre 31. En ce qui concerne 31,17, le rappel reprend mot pour mot la justification du Shabbat donnée en 20,11, mais sans ajouter «la mer et tout ce qu'il y a en eux [dans le ciel, la terre et le ciel]». Le verbe נוח est remplacé par les deux verbes שבת et נפש. La citation opère donc de légères modifications, mais maintient la désignation de Yhwh à la troisième personne. Ce mode de nomination, contrastant avec son contexte, contribue à signaler le rappel et joue comme un élément fixe autour duquel plusieurs modifications sont apportées.

Expressions figées

Bon nombre de passages de l'Exode où Yhwh se nomme à la troisième personne comprennent en fait une expression figée. Ainsi, l'expression «devant Yhwh» [לפני יהוה], dans une loi énoncée par Yhwh, est utilisée en quatorze occurrences de l'Exode[218]. Comme le note Houtman, le sens de l'expression n'est pas facile à déterminer : dans certains cas, elle désigne simplement «le lieu saint» («at the holy place»), à l'intérieur ou à l'entrée de la Demeure (28,30.35.38 ; 29,11.23.24.26.42). Toujours selon

---

[217] M. Noth, *Das zweite Buch Mose: Exodus*, p. 198, note également la différence de désignation de Yhwh. Il en conclut au caractère additionnel des versets 15–17.
[218] Voir 27,21 ; 28,12.29.30.35.38 ; 29,11.23.24.25.26.42 ; 30,8.16. Voir également, en contexte narratif, 6,12.30 ; 16,9.33 ; 40,23.25.

Houtman, elle peut aussi suggérer qu'une chose est destinée pour Yʜwʜ ou pour son service (27,21 ; 28,12.29 ; 29,25 ; 30,8.16)[219]. Les deux sens se recoupent en de nombreux passages. Le fait que לפני יהוה constitue une expression figée se remarque particulièrement dans les passages où Yʜwʜ, immédiatement après cette expression, est nommé à la première personne. Ainsi, en Ex 29,42, Yʜwʜ déclare : « Holocauste perpétuel pour vos générations à l'entrée de la tente de la Rencontre, devant Yʜwʜ, où je vous donnerai rendez-vous pour y parler avec toi »[220]. De même, la locution ליהוה, « pour/à Yʜwʜ », apparaît à de nombreuses reprises dans l'Exode. Dans les discours divins, elle est employée à la fois dans des propos où Yʜwʜ s'exprime à la première et à la troisième personne[221]. On peut noter en particulier le passage sur la Pâque, où Yʜwʜ déclare : « C'est Pessah pour Yʜwʜ » (12,11) et enchaîne : « et je passerai dans la terre d'Égypte cette nuit-là… » (12,12a).

Usage du terme « l'Élohim » dans les lois de l'Exode

On peut enfin noter, dans les lois de l'Exode prononcées par le personnage divin, quatre occurrences du nom « Élohim » précédé de l'article [האלהים][222], toutes situées aux chapitres 21 et 22[223]. Trois de ces occurrences semblent désigner un lieu ou une instance juridique, vers lequel s'approchent différentes parties pour légitimer un acte ou résoudre un conflit. Les commentateurs ne s'accordent guère sur l'interprétation de ces passages, spécialement sur l'identité à accorder à « l'Élohim ».

Ainsi, dans un passage consacré à la libération des esclaves la septième année, et plus particulièrement au cas de l'esclave qui préfère

---

[219] Voir Cornelis Hᴏᴜᴛᴍᴀɴ, *Exodus. Volume 1: Exodus 1:1–7:13*. Traduit du néerlandais par J. Rebel et S. Woudstra (Historical Commentary on the Old Testament), Kok, Kampen, 1993, p. 50.

[220] M. Nᴏᴛʜ, *Das zweite Buch Mose: Exodus*, p. 191, note la rupture de construction : « In ihm [vv. 42b–46] taucht die 1. Pers. Jahwes wieder auf, die in den vorangehenden Unweisungen in den Hintergrund getreten ist (vgl. das wiederholt vorkommende formelhafte „vor Jahwe")».

[221] La locution ליהוה est employée dans les discours divins en Ex 12,11.14.48 ; 20,10 ; 22,19 ; 28,36 ; 29,18 [2x].25.28.41 ; 30,10.12.13.20.37 ; 31,15. Les occurrences en 20,10 ; 22,19 et 31,15 ont été considérées plus haut, dans la discussion d'autres fonctions de la troisième personne. Dans les discours de Moïse, la locution ליהוה est utilisée en 13,6.12.15 ; 16,23.25 ; 17,16 ; 32,29 ; 35,2 (voir également 32,5 dans un discours d'Aaron).

[222] Voir également l'analyse d'Ex 3,12, « Reflet de l'expérience de l'interlocuteur : la rencontre à l'Horeb et autres exemples », p. 56.

[223] En dehors des occurrences envisagées ici, on trouve également Ex 22,19, où le terme אלהים, précédé de l'article, est à comprendre comme un pluriel. Voir en ce sens ci-dessus le titre « Mise en évidence du nom divin », p. 110.

rester chez son maître, on lit: «et son seigneur le fera approcher vers
l'Élohim [אֶל־הָאֱלֹהִים] et il le fera approcher vers la porte ou vers le
montant et son seigneur percera son oreille avec un poinçon et il le
servira pour toujours» (21,6). Dès les premières traductions du texte
biblique, le terme הָאֱלֹהִים a suscité différentes traductions[224]. Ainsi,
la Septante ajoute le terme κριτήριον, «cour»: «son maître le fera
approcher près de la cour [κριτήριον] de Dieu», tandis que Onkelos
lit דִּינָא, «juges»[225]. Dans le même sens, B. Jacob et C. Houtman
estiment que le terme הָאֱלֹהִים désigne ici des juges humains, dont
le nom proviendrait de leur autorité en matière religieuse et du fait
que «le jugement appartient à Élohim» (Dt 1,17)[226]. Par contre, selon
M. Noth, les expressions «vers l'Élohim» et «vers la porte ou vers le
montant» renvoient à une seule réalité, à savoir une divinité domes-
tique[227], tandis que, pour B. Childs, J. Durham et N. Sarna, «faire
approcher vers l'Élohim» signifie se rendre à un sanctuaire local[228].

---

[224] La reprise de cette loi dans le Deutéronome omet le terme הָאֱלֹהִים: «Et tu
prendras le poinçon et tu donneras dans son oreille et dans la porte et il sera pour toi
un esclave pour toujours» (Dt 15,17).

[225] Sur les premières traductions d'Ex 21,6, voir Cyrus H. GORDON, «אלהים And
Its Reputed Meaning of *Rulers, Judges*», *JBL* 54 (1935), pp. 139–144, particulièrement
pp. 139–140.

[226] Voir B. JACOB, *Exodus*, p. 617 et C. HOUTMAN, *Exodus. Volume 3*, p. 127. BDB
donne d'ailleurs, comme première traduction du mot אלהים, «*rulers, judges*, either as
divine representatives at sacred places or as reflecting divine majesty and power». Ex
21,6; 22,7.8 sont cités en exemples. Voir également plus haut la note 198 au sujet d'Ex
22,27. Selon C. H. GORDON, «אלהים And Its Reputed Meaning of *Rulers, Judges*», pp.
143–144, la traduction du terme הָאֱלֹהִים en Ex 21,6 par «juges» proviendrait en fait
des traductions juives anciennes d'Ex 22,27: afin d'éviter la phrase «Tu ne mépriseras
pas Dieu», Onkelos traduit le nom אלהים par «juges» (en parallèle avec le terme נשיא
employé dans la seconde moitié du verset), suivi par Rashi et Ibn Ezra.

[227] Voir M. NOTH, *Das zweite Buch Mose: Exodus*, p. 144: «Diese beiden Formulie-
rungen sehen wie Varianten aus und meinen jedenfalls dasselbe; denn mit „Gott" ist
in dieser sehr altertümlichen Bestimmung offenbar eine Hausgottheit gemeint, die an
der Tür ihre Stätte hat». Voir dans le même sens C. H. GORDON, «אלהים And Its
Reputed Meaning of *Rulers, Judges*», pp. 139–140. B. JACOB, *Exodus*, pp. 617–618,
réfute cette interprétation.

[228] Voir B. S. CHILDS, *Exodus*, p. 469; J. I. DURHAM, *Exodus*, p. 321 et Nahum M.
SARNA, *Exodus* שמות. *The Traditional Hebrew Text with the New JPS Translation* (JPS 2),
Jewish Publication Society, Philadelphia/New York/Jerusalem, 1991, p. 120. Voir
également Ze'ev W. FALK, «Exodus XXI 6», *VT* 9 (1959), pp. 86–88, particulièrement
p. 86. Pour Umberto CASSUTO, *A Commentary on the Book of Exodus*. Traduit de l'hébreu par
I. Abrahams, Magnes Press, Jerusalem, 1967 (edition hébraïque originale 1951), p. 267,
le mot אלהים désignerait ici «the idols standing in the court of justice». «Among
the Israelites the expression remained a stereotyped term signifying the place of the
court».

De même, en Ex 22,7, dans un discours traitant des vols et des restitutions, Yhwh stipule : « Si le voleur n'est pas trouvé, le maître de maison sera amené vers l'Élohim [אל־האלהים], [pour voir][229] s'il n'a pas envoyé sa main sur l'œuvre de son prochain ». Onkelos, comme dans le passage précédent, lit דיניא pour האלהים, suivi notamment par C. Houtman[230], tandis que la Vulgate traduit le même terme par le pluriel *deos*. C'est l'option suivie également par C. H. Gordon, se basant sur des textes provenant de la cour de Nuzi, selon lesquels les serments étaient posés devant un certain type d'idoles[231]. Les autres commentateurs maintiennent généralement l'idée d'un sanctuaire local[232].

Le verset suivant cite une série d'affaires litigieuses, concernant un animal ou un objet, et déclare : « C'est jusqu'à l'Élohim [עד האלהים] que l'affaire des deux [parties] viendra – celui qu'Élohim [אלהים] *déclareront* coupable [ירשיען] restituera le double à son prochain » (22,8). Le verbe ירשיען, « déclareront coupable », avec pour sujet le nom אלהים, ne manque pas d'étonner. Comme dans la phrase qui précède, C. H. Gordon traduit les deux occurrences du terme אלהים par le pluriel *gods*[233]. Pour B. Jacob, le mouvement décrit par les verbes הגיש (21,6) et נקרב (22,7) suggérerait la comparution devant une cour[234]. Bien que B. Jacob traduise le terme אלהים à la fin du verset 8 par le mot « juge » au singulier, il note cependant dans le commentaire que « c'était Élohim, et non un être humain, qui déclarait le prochain *ra-sha* »[235]. Par contre, selon M. Noth, B. Childs et N. Sarna, c'est à un sanctuaire local que se rend le maître de maison (22,7) ainsi que la victime d'un vol et le suspect (22,8), afin de laisser la décision à Dieu. L'accord du

---

[229] Au sujet de la question indirecte introduite par אם־לא, voir P. Joüon, *Grammaire de l'hébreu biblique*, § 161f.

[230] Voir C. Houtman, *Exodus. Volume 3*, p. 201.

[231] Voir C. H. Gordon, « אלהים And Its Reputed Meaning of *Rulers, Judges* », pp. 140–141. Pour U. Cassuto, *Exodus*, p. 286, il s'agit, comme en 21,6, de la référence à une cour.

[232] Voir M. Noth, *Das zweite Buch Mose: Exodus*, p. 149 ; B. S. Childs, *Exodus*, p. 475 ; N. M. Sarna, *Exodus*, p. 132 (avec renvoi à la p. 120).

[233] Voir C. H. Gordon, « אלהים And Its Reputed Meaning of *Rulers, Judges* », p. 143.

[234] Voir B. Jacob, *Exodus*, pp. 688–689 et 691–693.

[235] « It was *e-lo-him*, not a human being, who declared the neighbor *ra-sha* », B. Jacob, *Exodus*, p. 693. Voir également U. Cassuto, *Exodus*, p. 286, qui comprend la première occurrence du terme אלהים dans ce verset comme la référence à une cour, tandis que la seconde est expliquée comme « an archaic expression, meaning: whom the Divine judgement, passed by the judges in God's name, will condemn ».

verbe יְרֹשִׁיעַ au pluriel refléterait un emploi pré-israélite, où les dieux sont nommés au pluriel[236].

Enfin, en Ex 21,13, le même nom «Élohim» est utilisé avec l'article, mais dans un sens légèrement différent : «Celui qui n'a pas guetté [la victime du meurtre], mais dont l'Élohim [הָאֱלֹהִים] a fait venir [la victime] dans sa main – je poserai pour toi un lieu où il fuira»[237]. Ici, le nom «l'Élohim» est généralement interprété comme référence à une intervention de Yhwh : «"L'Élohim" peut seulement être une manifestation de LUI [Yhwh], envoyé pour cette raison spécifique»[238]. Par contre, certains commentateurs, comme U. Cassuto et N. Sarna, interprètent le nom divin comme «la divinité impersonnelle, c'est-à-dire le destin, le hasard, quelque chose qui est au-delà du contrôle humain»[239]. Pour Houtman, la phrase signifie ici que le meurtrier a perdu contrôle de lui-même[240].

D'un point de vue littéraire, il s'agit de garder à l'esprit que le terme הָאֱלֹהִים a été retenu par la rédaction finale du texte. Ainsi, s'il est certain que le terme a reçu différentes significations au cours de l'histoire du texte, il a, au bout du compte, été intégré à la signification de celui-ci dans son état final. Yhwh, qui est présenté comme le locuteur de ces discours, ne semble pas se désigner lui-même, quand il emploie l'expression הָאֱלֹהִים, avec la même perspective que quand il se nomme par la première personne ou par le terme «Yhwh». Je suggérerais plutôt que l'expression הָאֱלֹהִים, comme d'ailleurs plusieurs emplois de la troisième personne dans les discours divins, reflète un point de vue qui n'est pas celui du locuteur, mais bien de potentiels interlocuteurs. En d'autres

---

[236] Voir M. Noth, *Das zweite Buch Mose: Exodus*, p. 149 ; B. S. Childs, *Exodus*, p. 475 ; J. I. Durham, *Exodus*, p. 326 et N. M. Sarna, *Exodus*, p. 132.

[237] La première partie de la proposition constitue un *casus pendens*. Voir P. Joüon, *Grammaire de l'hébreu biblique*, § 176i. La rupture de construction – que je tente de laisser apparente dans la traduction – est renforcée par le passage de la troisième à la première personne (pour désigner le personnage divin) et de la troisième à la deuxième personne (pour désigner le destinataire de la loi). Pour GKC § 112ii, la relative introduite par אֲשֶׁר exprime une condition («and if a man lie not in wait, etc.»).

[238] «*Ha-e-lo-him* can only be a manifestation of HIM sent for this specific purpose, for reasons known only to HIM», B. Jacob, *Exodus*, p. 634. Voir de même la traduction de M. Noth, *Das zweite Buch Mose: Exodus*, p. 136, celle de B. S. Childs, *Exodus*, p. 442 et J. I. Durham, *Exodus*, p. 322.

[239] «The impersonal Godhead [the text does not read: 'and I'], that is, fate, chance, something that is beyond human control», U. Cassuto, *Exodus*, p. 270. Voir également N. M. Sarna, *Exodus*, p. 122.

[240] Voir C. Houtman, *Exodus. Volume 3*, p. 145.

termes, la narration, en construisant la parole divine, y intégrerait un terme ne reflétant pas la perspective de Yʜᴡʜ – si c'était le cas, ce dernier se serait nommé par la première personne, voire par le nom divin «Yʜᴡʜ» – mais bien la perspective, potentielle, de ceux à qui la loi est adressée.

Ainsi, le maître dont l'esclave choisit de rester à son service (21,6) ne mène pas ce dernier nécessairement à «Yʜᴡʜ» – selon sa perspective –, mais bien dans un lieu symbolique pour lui «du Dieu» ou de son Dieu. De même, le maître de maison où un vol a été commis (22,7) ne s'approche pas forcément de celui qu'il reconnaît comme «Yʜᴡʜ», mais d'un lieu symbolique de la présence «du Dieu». Une même remarque vaut pour l'occurrence de האלהים en 22,8. Quant au nom «Élohim», au même verset, suivi d'un verbe conjugué au pluriel, il semble lui aussi adopter la perspective possible des destinataires de la loi. Ici, ni la reconnaissance de Yʜᴡʜ comme Dieu unique d'Israël ni la façon dont le coupable a été désigné n'est vraiment essentielle, mais bien la compensation donnée pour le vol. Le nom «Élohim» peut donc refléter la perspective de ceux qui sont impliqués dans l'affaire ou, plus généralement, celle des destinataires de la loi, pour qui la désignation du coupable, en ce cas, revient à l'intervention «des/d'Élohim». Cet emploi est très proche de celui de 21,13, concernant le meurtre involontaire, où les circonstances du meurtre sont peu importantes. Comme dans le passage précédent, le nom divin sert à désigner ces multiples circonstances, en les attribuant à une intervention divine non précisée. La perspective adoptée est donc celle de potentiels destinataires de la loi, pour qui «l'Élohim» ou «des Élohim» seraient responsables de la désignation des coupables ou des victimes de meurtres involontaires. Ces quelques passages présentant le nom divin «Élohim» semblent donc refléter une perspective externe à celle du locuteur.

d. *Les déplacements de la troisième à la première personne en contexte législatif*

Dans le Lévitique, la troisième personne du singulier est le mode le plus fréquent d'expression du personnage divin, spécialement dans les seize premiers chapitres. Celui-ci se désigne le plus souvent par le nom «Yʜᴡʜ» ou par le terme «Élohim» accompagné d'un déterminant possessif (Lv 2,13 ; 18,21 ; puis de nombreuses occurrences dans les chapitres 19–25). En quelques occurrences, «Yʜᴡʜ» est accompagné du terme «Élohim» : «Yʜᴡʜ son Élohim» (Lv 4,22) ou «Yʜᴡʜ votre

Élohim» (23,28.40)[241]. Ce mode d'auto-désignation peut s'expliquer par le fait que les lois données par YHWH à Moïse sont destinées à être transmises telles quelles au peuple, donc déjà formulées à la troisième personne comme si c'était Moïse qui parlait. Une certaine «fusion» entre la voix de YHWH et celle de Moïse peut donc être repérée. Plus fondamentalement, le genre législatif semble en lui-même présenter une certaine affinité avec la désignation du locuteur à la troisième personne : les lois sont en effet séparées de celui qui les prononce, présentées aux destinataires dans leur extériorité plutôt que dans leur dépendance vis-à-vis du locuteur.

L'emploi de la première personne est un peu plus fréquent à partir du chapitre 17, où la formule «Je suis YHWH», par exemple, apparaît à plusieurs reprises (voir ci-dessous). Le chapitre 26 est quant à lui entièrement formulé à la première personne. Dans une perspective historico-critique, on aurait tendance à attribuer à P le mode d'expression où la divinité parle à la troisième personne, gardant ses distances avec l'humain, tandis que le style plus anthropomorphique, où YHWH parle en «je», serait spécifique au «code de sainteté», H[242]. J. Milgrom prend néanmoins ses distances avec cette interprétation, notant que P fait lui aussi parler le personnage divin à la première personne (je reviendrai plus loin sur les occurrences précises)[243].

Pour ma part, sur la base d'une analyse littéraire, je voudrais montrer que l'usage de la première personne, dans les discours divins, est cohérent dans l'ensemble du livre – à la fois dans les parties P et H. Sur l'arrière-fond de l'emploi de la troisième personne, l'apparition d'un «je» dans les discours divins attire l'attention du lecteur, phénomène renforcé parfois par certaines incongruités syntaxiques (usage de la première et de la troisième personne dans une même phrase). Cette variation dans la désignation du personnage divin fournit ainsi à la narration un marqueur pour baliser le texte. Comme on va le voir, YHWH se désigne à la première personne en différentes sections de ses discours du Lévitique : dans plusieurs types de refrains, dans des

---

[241] D'autres occurrences de l'expression «YHWH votre Élohim» se trouvent dans les discours prononcés à la première personne. J'y reviendrai plus loin.

[242] Voir ainsi les recherches d'Israel Knohl résumées par Jacob MILGROM, *Leviticus 1–16. A New Translation with Introduction and Commentary* (AB 3), Doubleday, New York, 1991, pp. 13–17. Au sujet de l'hypothèse du code de sainteté, voir Didier LUCIANI, *Sainteté et pardon. Volume 1 : Structure littéraire du Lévitique* (BETL 185AB), Peeters, Leuven, 2005, pp. 4–5.

[243] Voir J. MILGROM, *Leviticus 1–16*, p. 17.

passages où le genre narratif domine, comme dans des promesses, des menaces ou des rappels, ainsi qu'avec certains verbes.

Dans le Lévitique, la première personne divine est particulièrement fréquente dans des refrains rythmant les discours prononcés par YHWH à partir du chapitre 18. Le refrain le plus commun est constitué de la formule «Je suis YHWH» [אני יהוה], parfois accompagnée de la précision «votre Élohim» ou «qui vous/le/les sanctifie». Il scande d'abord le discours divin sur les pratiques sexuelles interdites[244], puis continue à rythmer les chapitres suivants[245]. Comme par propagation, sans doute pour éviter un enchaînement trop brusque entre première et troisième personne, d'autres formes de la première personne apparaissent dans le discours, principalement des déterminants possessifs[246]. Les déterminants de la troisième personne prédominent toutefois souvent, accentuant la rupture de construction entre le refrain et le reste du discours[247].

Un autre refrain, beaucoup moins fréquent que le précédent, consiste en une affirmation de la sainteté de YHWH et en un appel à la sainteté du peuple. On trouve d'abord la formule «Vous serez saints, car je suis saint» (Lv 11,44.45), complétée, en 19,2, par les mots «YHWH votre Élohim». La formule est reprise, avec quelques changements, en 20,26: «Et vous serez saints pour moi, car je suis saint, moi YHWH, et je vous ai séparés des peuples pour être à moi»[248]. Une formule un peu simplifiée se trouve au chapitre 21: «Car je suis saint, YHWH qui vous sanctifie» (21,8). La récurrence de ces termes est soulignée par l'usage de la première personne. Celle-ci ménage en effet, pour chacun de ces refrains, une rupture par rapport à leurs contextes (voir particulièrement l'emploi de la troisième personne dans la première partie du verset 21,8).

---

[244] Voir Lv 18,2.4.5.6.21.30.

[245] Voir Lv 19,3.10.14.16.18.25.28.31.32.34.36 [avec la précision «qui vous ai fait sortir de la terre d'Égypte»].37; 20,7.8.24 [avec la précision «qui vous ai séparés des peuples»]; 21,12.15.23; 22,2.3.8.9.16.30.31.32 [avec la précision «qui vous ai fait sortir de la terre d'Égypte pour être pour vous un Élohim» au début du verset 33].33; 23,22.43; 24,22; 25,17.38 [avec la précision «qui vous ai fait sortir de la terre d'Égypte pour vous donner la terre de Canaan pour être pour vous un Élohim»].55; 26,1.2.13 [formule étendue]. 44 [«car je suis YHWH leur Élohim»].

[246] Voir ainsi 18,3.4.5.24.25.26.30; 19,3.12.19.30.37; 20,22; 23,2; 25,18 (ces deux dernières occurrences présentent des déterminants possessifs «isolés», c'est-à-dire sans connexion immédiate à un refrain).

[247] Voir, par exemple, pour le seul chapitre 19, les versets 5.8.12.14.21.22.24.32.

[248] Le refrain de 20,26 est situé dans un passage où le personnage divin s'exprime à la première personne (20,22–26). Il n'y a donc pas ici de rupture entre le refrain et son contexte immédiat.

Mis à part les refrains, les discours divins du Lévitique passent fréquemment à la première personne quand un contenu plus narratif prend le relais des lois. C'est spécialement le cas dans les passages où Yhwh explicite le châtiment qu'il infligera aux auteurs de certains crimes, comme le fait de manger du sang (17,10), de livrer ses enfants à Molek (20,3–5), de consulter des devins (20,6) ou de profaner le Shabbat (23,30), ainsi que dans les discours où Yhwh annonce le sort des nations étrangères (20,23). De même, les promesses sont énoncées à la première personne (20,24 ; 25,21). Le chapitre 26 est ainsi entièrement formulé en « je » : après les lois des deux premiers versets, Yhwh enchaîne en effet en décrivant ce qu'il fera lui-même pour Israël si le peuple observe les lois (versets 3–13) et ce qu'il fera à ses dépens s'il les néglige (versets 14–45). Dans ces passages, l'usage de la première personne s'explique par le contenu plus narratif des propos, mais aussi par le caractère personnel de l'intervention divine annoncée. Dans le même sens, Yhwh s'exprime également à la première personne quand il rappelle l'histoire passée d'Israël, en particulier la sortie d'Égypte (23,43 ; 25,38.42.55 ; 26,13)[249].

Curieusement, le « je » divin est également employé comme sujet du verbe « donner » (נתן). Les sept occurrences du verbe נתן dans les discours de Yhwh (en dehors du chapitre 26[250]) et ayant un sujet divin ont toutes pour sujet la première personne[251]. Ainsi, dans un discours où le personnage divin se désigne par le nom de « Yhwh » (Lv 6,7.8.18), une première personne se glisse dans les propos concernant le « reste de l'offrande » : « Il ne sera pas cuit au levain – c'est leur portion – je le donne/l'ai donné [נתתי] de mes offrandes consumées par le feu. Il est très saint, comme le *hatta't* et le *'asham* » (6,10). Il s'agit en fait de la première occurrence du « je » divin dans le livre. Les commentateurs

---

[249] On pourrait encore citer 20,25, où Yhwh évoque les animaux impurs « que j'ai séparés pour vous comme impurs ». Cet usage de la première personne peut être rapproché des autres rappels, mais il fait plus probablement suite à la promesse du verset 24, exprimée en « je » (voir également le refrain du verset 26).

[250] Le chapitre 26 compte de nombreuses occurrences du verbe נתן avec un sujet divin exprimé à la première personne (26,4.6.11.17.19.30.31). Je m'abstiens cependant de les citer puisque le personnage divin s'exprime en général à la première personne dans ce chapitre. Le verbe נתן ne semble donc pas appeler à lui seul l'emploi du « je » divin.

[251] Voir également l'occurrence de 25,38 où l'infinitif construit לתת a Yhwh pour sujet réel, dans un passage exprimé à la première personne. En 10,17, le verbe נתן a aussi probablement un sujet divin (bien que non exprimé), mais se trouve dans un discours prononcé par Moïse.

historico-critiques, comme le note J. Milgrom, interprètent cette première personne comme l'œuvre d'un éditeur tardif ayant remanié le
passage. Cependant, Milgrom s'interroge sur la raison pour laquelle
la première personne ne se trouve que dans ce verset, et non dans le
reste de la péricope, et conclut à la présence du «je» divin aussi dans
le document sacerdotal[252].

Dans un autre discours divin exprimé à la troisième personne
(7,28–34, avec marques de la troisième personne aux versets 29–30),
la phrase conclusive laisse apparaître un double emploi de la première
personne : «Car la poitrine de balancement et la cuisse de prélèvement,
je les prends/j'ai les prises des fils d'Israël, des sacrifices de communion et je les donne/les ai données [וָאֶתֵּן] à Aaron le prêtre et à ses
fils, pour un décret de toujours, des fils d'Israël» (7,34). D'un point de
vue littéraire, la première personne ne pourrait s'expliquer que par
l'engagement plus personnel de YHWH dans ces gestes de «prendre» et
«donner», engagement qui trouve une expression plus adéquate grâce
à l'emploi de la première personne. Encore avec le verbe נתן, mais cette
fois à la suite d'un verset où YHWH s'exprime de même à la première
personne (17,10, mentionné ci-dessus), 17,11 établit la valeur sacrée
du sang : «Car l'âme/la vie de la chair est dans le sang – et moi je
l'ai donné [וַאֲנִי נְתַתִּיו] pour vous sur l'autel pour expier sur vos vies/
vous-mêmes...» (17,11).

Enfin, plusieurs passages conjuguent encore le verbe נתן à la première
personne en lien avec la terre de Canaan, «donnée» par YHWH. En
Lv 14,34, YHWH introduit ses propos en précisant le moment où la loi
énoncée entrera en application : «Quand vous serez entrés dans la terre
de Canaan que je vous donne [נֹתֵן] en possession», puis poursuit, de
nouveau avec le verbe נתן à la première personne : «si je donne [וְנָתַתִּי]
une plaie de lèpre dans une maison de la terre de votre possession,...»
(14,34)[253]. Une introduction similaire à des lois n'entrant en vigueur qu'à
l'entrée en Canaan se trouve en d'autres passages, présentant de même
une relative avec le verbe נתן à la première personne (23,10 ; 25,2). La
promesse de 20,24, citée ci-dessus, inclut également le même verbe.

---

[252] Voir J. MILGROM, *Leviticus 1–16*, p. 394.
[253] Au sujet de Lv 14,34, voir J. MILGROM, *Leviticus 1–16*, p. 866. Le passage constitue l'une des exceptions mises en évidence par Milgrom où la première personne
n'est pas originale dans un texte P, mais est le résultat d'un remaniement par H. Le
passage présente en effet plusieurs caractéristiques du code de sainteté : sa tendance
à l'expansion («*expansiveness*»), ainsi que l'usage de נתן pour exprimer à la fois une
bénédiction et une malédiction.

Certaines relatives se rapportant à la terre de Canaan comprennent un verbe, autre que נתן, conjugué lui aussi à la première personne : « Ne faites pas comme les œuvres de la terre de Canaan/comme ce qui se fait dans la terre de Canaan où je vous fais venir » (18,3)[254]. On peut enfin noter que, lorsque Yhwh rappelle des paroles qu'il a prononcées antérieurement, il utilise généralement le verbe אמר conjugué à la première personne[255].

À quelques rares exceptions près[256], les catégories reprises ci-dessus rendent compte de l'emploi de la première personne dans les discours divins du Lévitique. On peut donc constater que, malgré son évolution, le texte dans son ensemble présente une certaine cohérence quant à l'emploi de la première personne dans les lois divines. Les variations sur le mode d'expression du personnage divin apparaissent de la sorte comme partie intégrante de la composition du texte, contribuant à marquer les refrains et à souligner certaines affirmations de Yhwh.

e. *Conclusion : la construction narrative des discours divins*

En conclusion à cette section, on peut noter que les déplacements de personne de conjugaison – le «je» ou le «il» par lequel se désigne le locuteur divin – se chargent de différentes significations. Ainsi, l'usage de la troisième personne en contexte narratif ou celui de la première personne dans des lois où le personnage divin s'exprime en général à la troisième (ou du «je» dans des lois où le «il» domine) peuvent contribuer à mettre en valeur un nom divin, à marquer un rappel, à esquisser la structure de l'épisode, à souligner un refrain, à refléter, dans les propos divins eux-mêmes, l'expérience et la perspective de l'interlocuteur humain, et même à suggérer certaines clés d'interprétation. Même si les discours directs apparaissent, par les conventions littéraires liées à ce mode de transmission des paroles, comme les propos mêmes prononcés par le personnage, l'examen des déplacements du «je» au «il» et inversement dans les discours divins rappelle que ceux-ci, au même titre que la diégèse, sont néanmoins construits et élaborés par la narration. Le lecteur les reçoit, par convention, comme les dires

---

[254] Voir également 20,22, inséré toutefois dans un passage exprimé à la première personne.

[255] Voir Lv 17,12.14 ; 20,24 (voir par contre 17,2, qui constitue toutefois une phrase introduisant un propos à transmettre au peuple).

[256] Voir Lv 16,2 où Yhwh déclare qu'il apparaît «dans la nuée, sur le propitiatoire» et 25,23 («car la terre est à moi, car vous êtes pour moi des étrangers et des hôtes»).

mêmes du personnage, mais certains traits, comme ceux que l'on vient d'étudier, manifestent plutôt la construction narrative dont ils sont le produit ainsi que leur intégration dans leur contexte diégétique.

III. LES DISCOURS DIVINS DU PENTATEUQUE
RELEVANT DU STYLE INDIRECT

Le style indirect, parce que peu étudié par rapport au style direct, a été décrit par M. Sternberg comme la «Cendrillon» des discours rapportés[257]. Je lui consacrerai cependant une part importante de cette recherche : en impliquant nécessairement la médiation de la narration, il offre en effet, comparé au style direct, une base plus large sur laquelle on peut étudier la «posture» narrative : l'élaboration syntaxique et narrative que présuppose le style indirect révèle en effet comment la narration se positionne par rapport au personnage divin et gère sa propre médiation dans ce type de représentation.

Dans ce chapitre, d'ordre essentiellement syntaxique, j'examinerai principalement les cas de discours indirects dans la diégèse, afin de déterminer dans quelle mesure la narration organise et élabore, syntaxiquement et narrativement, les discours divins qu'elle ne représente pas en mode direct. J'observerai ensuite, très rapidement, le cas des discours divins qui, rapportés en mode indirect, sont enchâssés dans le discours d'un personnage humain, rapporté quant à lui en style direct. Le cas de la transmission des paroles divines sera cependant plus intéressant à considérer d'un point de vue plus précisément narratif – ce sera l'objet du chapitre IV.

J'organise cette enquête selon une distinction entre trois types de styles indirects. D'abord, la narration peut *rapporter* un discours divin, transposant des paroles qui auraient pu être prononcées directement en une citation indirecte syntaxiquement intégrée dans la proposition. Dans ce cas, le lecteur est informé du contenu des propos divins. Les occurrences de ce type sont rares dans le Pentateuque (ainsi que dans l'ensemble de la bible hébraïque). Ensuite, la narration peut *évoquer* un discours divin antérieur, sans en préciser le contenu. Ce que le personnage divin a dit, ordonné ou promis est suggéré, sans que les propos

---

[257] Voir M. STERNBERG, «How Indirect Discourse Means», p. 67.

prononcés soient rapportés ou même résumés[258]. Enfin, un dernier cas
consiste en un rappel ou une évocation de l'*acte de parole*, mais pas du
contenu des propos énoncés. Ici, la narration ne fait pas référence à
ce qui a été dit, mais plutôt au fait que le personnage divin parle ou
termine de parler.

Cette enquête sur le style indirect a pour objectif principal de rendre compte des différentes occurrences du style indirect, afin de mieux
comprendre les conditions de son emploi. Plus exactement, pour chaque
occurrence ou groupe d'occurrences, se pose une question à double
face, l'une concernant l'acte narratif et l'autre la lecture. La première
face de la question porte sur le degré d'élaboration (et donc d'imprécision, comme on l'a vu plus haut) dont fait preuve la narration en
rapportant ou en évoquant un discours divin par le style indirect. En
d'autres termes, il s'agira de mesurer ce que la narration masque ou
voile des propos divins par le recours à l'indirection[259]. L'autre face de la
question considère ce que le lecteur « manque » des propos divins dans
le cas du style indirect. Par conséquent, c'est l'*effet* de la narration sur
le lecteur qu'il s'agit d'évaluer ici : dans quelle mesure le lecteur est-il
invité à faire confiance à la narration et à s'en remettre à elle quant
à la connaissance des paroles divines ? Quelle est l'ampleur du rôle
médiateur que s'attribue la narration ? La visée finale de cette enquête
est donc narrative, concernant le type de médiation – éventuellement
d'autorité – que constitue la narration au regard des paroles divines. Elle
passe cependant par la considération syntaxique de chaque occurrence
(ou groupe d'occurrences similaires) où le style indirect renvoie à une
parole ou à un acte de parole du personnage divin.

1. *Discours divins* rapportés *en style indirect*

En hébreu biblique, un discours rapporté en style indirect peut être
introduit dans la principale comme une complétive introduite par כִּי
(voir ainsi l'exemple de Gn 29,12a, considéré plus haut) ou par אֲשֶׁר,
comme une subordonnée introduite par פֶּן, comme une question indirecte ou comme une infinitive (לְ suivi d'un infinitif construit). Seul ce

---

[258] Miller désigne ce cas par l'expression « reduced indirect speech ». Voir C. MILLER,
The Representation of Speech, pp. 129–139.
[259] Comme je l'ai précisé plus haut, les « propos divins » évoqués ici ne concernent
pas ce que le personnage divin a « réellement dit », mais les différents énoncés que l'on
peut déduire du style indirect (voir la distinction *de re* et *de dicto* évoquée plus haut).

dernier modèle est adopté pour la représentation indirecte des paroles divines[260]. À ma connaissance, le Pentateuque ne présente que cinq exemples (dans la diégèse), en Ex 6,13 ; 35,29 ; Lv 7,36.38 ; Nb 34,29. Je commencerai par examiner ces occurrences, avant de passer à quelques autres exemples en dehors du Pentateuque.

a. *Style indirect exprimé par une infinitive complétant un verbe principal (Ex 6,13)*

Cette occurrence est la seule où l'infinitive prend place dans la principale : «Et YHWH parla à [אל] Moïse et à [אל] Aaron et il leur ordonna [ויצום], pour les [אל] fils d'Israël et pour [אל] Pharaon roi d'Égypte, de faire sortir [להוציא] les fils d'Israël de la terre d'Égypte» (Ex 6,13)[261]. Le style indirect est indiqué par l'infinitif construit, qui intègre syntaxiquement le contenu de l'ordre dans la principale, tout en masquant des aspects qui auraient été propres au mode direct (la personne, le temps, éventuellement une marque volitive). D'autres caractéristiques du mode indirect sont absentes, puisque l'infinitive ne compte aucun terme déictique. On observe quatre occurrences de la préposition אל : elle introduit d'abord les destinataires du verbe וידבר, à savoir Moïse et Aaron ; ensuite, après le verbe ויצום, elle peut introduire soit les référents de l'ordre (c'est-à-dire les personnes visées par lui), soit les destinataires de cet ordre : les fils d'Israël et Pharaon peuvent en effet être les «objets» de l'ordre (soit, pour les premiers, les personnes qui vont sortir, ou, pour le second, celui qui va laisser sortir) ou ses destinataires (Pharaon, en ce sens, serait sommé par YHWH de faire sortir Israël, tandis que le peuple lui-même devrait donner son accord pour cette sortie)[262]. On va voir que le contexte du verset (Ex 6,1–13) suggère cette seconde interprétation.

---

[260] Ce constat vaut, à ma connaissance, pour l'ensemble de la bible hébraïque. On verra plus loin qu'il en est également de même pour les discours indirects enchâssés dans un discours direct, présentant exclusivement la structure infinitive. Au sujet des discours indirects exprimés par une complétive ou une question indirecte, voir C. MILLER, *The Representation of Speech*, pp. 95–123.

[261] Cette traduction est fondamentalement celle de B. S. CHILDS, *Exodus*, p. 109 et J. I. DURHAM, *Exodus*, p. 72. C. HOUTMAN, *Exodus. Volume 1*, p. 507, ajoute le verbe «envoyer» pour expliquer les deux prépositions אל après le verbe ויצום («YHWH addressed Moses and Aaron and *sent* them to the Israelites and to Pharaoh [...], charging them [...]»). B. JACOB, *Exodus*, p. 164, propose une traduction plus complexe, faisant de Moïse et Aaron les sujets du verbe ויצום (bien que singulier).

[262] Voir en ce sens la traduction de la *TOB*.

Coup d'œil sur le contexte narratif

L'épisode d'Ex 6,1–13, après les propos introductifs du verset 1, met en scène trois discours de Yнwн, chacun étant introduit par le verbe וידבר, lui-même accompagné de la préposition אל introduisant le destinataire des paroles. Chaque discours envisage la sortie du peuple hors d'Égypte selon une perspective particulière. Le premier (6,2–8) comprend notamment des propos à transmettre aux fils d'Israël, exprimés entièrement par le «je» divin: «Ainsi tu diras aux fils d'Israël: "Je suis Yнwн et je vous ferai sortir de sous le poids des Égyptiens et je vous délivrerai de votre servitude et je vous rachèterai par un bras étendu et par de grands jugements. Et je vous prendrai pour moi en peuple et je deviendrai pour vous Élohim. Et vous connaîtrez que je suis Yнwн votre Élohim, qui vous fais sortir de sous le poids des Égyptiens"» (6,6–7). La perspective de la sortie d'Égypte est ici clairement esquissée comme une intervention divine: les différentes occurrences de la première personne suggèrent qu'Élohim sera l'acteur principal de la libération du peuple. Comme cela lui a été demandé, Moïse «parla ainsi aux fils d'Israël, et ils n'écoutèrent pas Moïse, par souffle court et par dure servitude...» (6,9a). Le refus d'Israël signifie clairement qu'il n'est pas encore prêt pour une telle promesse, absorbé dans sa peine et sa servitude.

Le deuxième discours divin fait immédiatement suite à ce refus du peuple: «Et Yнwн parla à Moïse en disant: "Entre et parle à Pharaon roi d'Égypte, pour qu'il laisse partir les fils d'Israël de sa terre"» (6,11). La volte-face du personnage divin est particulièrement intéressante: puisque les fils d'Israël ont refusé de l'écouter, Yнwн se tourne maintenant vers un autre «acteur» potentiel de la sortie d'Égypte, Pharaon. Ici encore, c'est à un refus que se heurtent les paroles divines, refus exprimé cette fois par Moïse lui-même: «Et Moïse parla devant Yнwн en disant: "Voici, les fils d'Israël ne m'ont pas écouté. Comment donc Pharaon m'écouterait-il? Et je [suis] incirconcis des lèvres"» (6,12). Une troisième fois, Yнwн prend la parole – c'est le verset 13, qui a été traduit ci-dessus. Plusieurs caractéristiques de cette troisième parole se retrouvent dans les deux premiers discours. Dans le tableau ci-dessous, j'aligne verticalement: (1) les trois verbes וידבר avec leurs interlocuteurs, (2) les destinataires de la parole que Moïse doit transmettre et (3) le message essentiel de cette parole.

²Et Élohim parla vers Moïse	aux fils d'Israël	actions à la 1ᵉʳᵉ personne
¹⁰Et Yнwн parla vers Moïse	vers Pharaon…	«qu'il laisse partir…»
¹³Et Yнwн parla vers Moïse et vers Aaron	vers les fils d'Israël et vers Pharaon	«pour faire sortir…»

On peut dès lors remarquer la progression que présentent ces trois discours divins. Dans le premier, Élohim demande à Moïse de transmettre la parole à Israël seul, présentant la sortie d'Égypte comme le résultat de ses propres actions. Dans le deuxième discours, il invite Moïse à parler à Pharaon, suggérant ainsi que la sortie du peuple sera le résultat de l'intervention du roi d'Égypte. Enfin, dans le troisième discours, Yнwн s'adresse à Moïse et à Aaron, leur «ordonnant» [ויצום] cette fois de communiquer une parole *et* aux fils d'Israël *et* à Pharaon (voir en ce sens la reprise de la préposition אל aux versets 11 et 13)²⁶³. La sortie d'Égypte est quant à elle exprimée par la proposition infinitive : «pour faire sortir les fils d'Israël de la terre d'Égypte». À la lumière de la comparaison, on comprend mieux pourquoi tant les fils d'Israël et Pharaon sont les destinataires de l'ordre, bien que Pharaon soit sans doute le sujet non exprimé de l'infinitif (puisque «les fils d'Israël» constituent son objet) : la sortie d'Égypte est en effet à présent envisagée comme un projet où tous les intéressés sont partie prenante – à la fois ceux qui sortiront et celui qui laissera sortir. On remarque également que l'ordre destiné à Pharaon en 6,11 est celui de «laisser partir» [שלח *piel*], tandis que, en 6,13, Yнwн transmet à Pharaon et aux fils d'Israël l'impératif de «faire sortir» [יצא *hifil*]. Les deux verbes suggèrent les rôles que joueront à la fois Pharaon et Israël dans la sortie d'Égypte.

Le rôle du style indirect

Le passage est probablement l'un des seuls, dans le Pentateuque, où le contenu d'un discours divin est rapporté dans la diégèse en mode indirect. Il n'est donc pas négligeable de déterminer si ce discours indirect *rapporte* une parole divine «inédite» ou s'il *résume* plutôt le

---

²⁶³ La syntaxe du verset 6,13 s'éclaire donc grâce à la comparaison : la préposition אל qui suit le verbe ויצום ne peut qu'introduire les destinataires de l'ordre que Yнwн charge Moïse et Aaron de transmettre. Elle se traduira donc de préférence en français par «pour».

dialogue qui vient d'avoir lieu[264]. La comparaison qui précède montre que le discours divin de 6,13 constitue la troisième «étape» dans la succession des discours divins. En ce sens, il apparaît clairement comme une «parole inédite» dans la narration. Quel serait dès lors le rôle de l'indirection? Toujours dans la ligne de ce qui a été proposé plus haut, on pourrait proposer que le style indirect permet à la fois de présenter Israël et Pharaon comme les destinataires de l'ordre (voir les deux prépositions אל qui suivent le verbe ויצום) et d'employer le verbe clé de la sortie d'Égypte – «faire sortir» (יצא hifil), qui suppose pourtant un sujet (Pharaon) et un objet (Israël). De la sorte, même si Pharaon apparaît bien comme le sujet non exprimé de l'infinitif להוציא, tant Israël que ce dernier sont bien désignés comme les acteurs de la sortie d'Égypte.

Malgré ce recours au style indirect, le lecteur ne «manque» pas certaines informations dont il aurait bénéficié si le discours avait été prononcé en style direct. En effet, la succession des paroles divines ne suggère pas que c'est le contenu de la parole à transmettre qui change; au contraire, il semble que c'est plutôt le destinataire du message divin qui change, à la fois direct (Yhwh s'adresse d'abord à Moïse seul puis à Moïse et Aaron) et indirect (en 6,13, Yhwh s'adresse conjointement aux interlocuteurs vers qui il s'est tourné séparément dans ce qui précède). Le passage du verbe דבר au verbe יצא est également significatif. En ce sens, la succession des trois discours semble exercer un certain rôle proleptique, en ce qu'elle annonce l'épisode de la sortie d'Égypte, où Pharaon recevra l'ordre, à de nombreuses reprises, de «laisser partir», tandis que les fils d'Israël devront, eux aussi, accomplir leur part, en acceptant de «sortir».

---

[264] Dans ce dernier cas, l'occurrence ne constituerait pas à proprement parler un discours «rapporté», mais serait à rapprocher des cas envisagés au titre suivant («discours divins évoqués en style indirect»). Pour B. Jacob, *Exodus*, p. 164, l'occurrence constitue plutôt un «preliminary statement» (voir note 261 au sujet de la traduction du verset), interrompu par la généalogie des versets 14–25. M. Noth, *Das zweite Buch Mose: Exodus*, pp. 42–43, interprète le passage d'Ex 6,13–30 comme une longue insertion secondaire. Le verset 6 en constitue l'introduction, tandis que les versets 26–27 en forment la conclusion. L'insertion viserait à introduire le personnage d'Aaron. Pour C. Houtman, *Exodus. Volume 1*, p. 508, le verset est présenté comme un sommaire, reprenant ce qui précède et introduisant ce qui suit.

b. *Enchâssement de l'infinitive dans une relative ou une temporelle*

Les occurrences examinées ici font toutes clairement référence à un discours divin antérieur. La relative ou la temporelle servent en effet à déterminer un objet ou un moment à partir d'une parole divine antérieure qui est rappelée par l'infinitive. L'occurrence d'Ex 35,29 est claire à ce sujet, même si sa syntaxe est particulièrement complexe : « Tout homme et femme des/parmi les fils d'Israël, dont le cœur le faisait volontaire pour apporter pour toute l'œuvre que Yhwh avait ordonnée de faire [לעשות] par la main de Moïse, apportèrent une offrande volontaire à Yhwh »[265]. La parole divine rappelée est celle que Dieu adresse à Moïse en 25,2 : « Parle aux fils d'Israël, et ils prendront pour moi une contribution ; vous prendrez ma contribution de tout homme dont le cœur le fera volontaire ». Elle est suivie des différents types de contributions (versets 3–7) et de l'ordre d'entreprendre la construction de la Demeure (25,8–30,10).

Il est difficile de déterminer si les deux occurrences suivantes (Lv 7,36.38) prennent place à la fin du discours divin ou dans la diégèse. Quoi qu'il en soit, la relative du verset 36 fait suite au verset 35 : « C'est l'onction/la part [משחת] d'Aaron et l'onction/la part [משחת] de ses fils sur les offrandes consumées de Yhwh […] que Yhwh a ordonné de leur donner [לתת], au jour où il les aura oints, des fils d'Israël ». Il fait donc référence au discours divin qui précède immédiatement (7,28–34). Le verset 38 commence par une relative se rapportant aux différents sacrifices cités au verset 37 : cette relative comprend le verbe צוה, mais sans rapporter les propos prononcés (il s'agit donc d'une simple évocation de la parole divine, qui sera envisagée plus loin). Par contre, la temporelle introduite par ביום et suivie de l'infinitif construit צותו résume brièvement le contenu du discours divin : « au jour où il a ordonné aux fils d'Israël d'apporter leurs offrandes à Yhwh au désert du Sinaï » (Lv 7,38b). Encore une fois, le discours divin auquel il est fait référence est celui qui précède, voire l'ensemble des paroles divines rapportées depuis le début du livre. On peut remarquer que le

---

[265] La syntaxe est rendue complexe par la présence d'un double sujet : « Tout homme et femme… », avant le verbe principal, et « les fils d'Israël », après le verbe. Je suis ici la traduction proposée par B. S. Childs, *Exodus*, p. 62, unissant les deux sujets en un seul (voir également la traduction de la *JPS* ou, en français, celle de la *Bible de Segond* ou de la *Bible de Jérusalem*). Une autre possibilité consiste à traduire le second sujet comme une apposition du premier (« en fils d'Israël »). Voir ainsi J. I. Durham, *Exodus*, p. 471 (ou, en français, la traduction de la *TOB*).

personnage divin est nommé dans le discours rapporté («à Yhwh»), mais ce trait ne caractérise guère le discours indirect, puisque, comme on l'a vu plus haut, le personnage divin peut se nommer lui-même à la troisième personne dans un discours direct.

Comme dans les deux occurrences précédentes, la parole divine que rapporte l'infinitive en Nb 34,29 constitue un résumé du discours qui précède (versets 16–28): «Ce sont ceux auxquels Yhwh a ordonné de partager l'héritage des fils d'Israël en terre de Canaan». Le discours indirect a ici pour fonction de rappeler l'objet de la parole divine, après la liste de noms associés chaque fois à une tribu. Dans les différentes occurrences examinées ici, l'indirection n'a pas pour fonction de rapporter une parole divine «originale», mais de rappeler un discours déjà prononcé. La narration ne retient donc aucune parole de la connaissance du lecteur, mais lui rappelle les propos divins qu'il a lus.

c. *Quelques exemples en dehors du Pentateuque*

Vu la rareté des occurrences du Pentateuque, je dépasse ici les limites du corpus choisi pour cette recherche, afin de considérer les quelques autres occurrences que présentent les livres narratifs de la bible hébraïque[266]. Celles-ci permettront d'illustrer davantage l'expression du discours indirect par un infinitif construit précédé de ל et de mieux comprendre les raisons (tout au moins les constantes) de son emploi.

Un curieux monologue divin (2 S 17,14)

Le premier exemple est intéressant tant pour la syntaxe que pour le récit: «Et Absalom et tout homme en Israël dirent: "Le conseil de Houshai le Arkite est bon plus que le conseil de 'Ahitophel", et/car Yhwh avait ordonné [צוה] de contrecarrer [להפר] le bon conseil de 'Ahitophel afin que Yhwh fasse venir le mal sur Absalom» (2 S 17,14). La structure syntaxique est fondamentalement la même que dans l'exemple précédent, également introduite par le verbe צוה. On peut toutefois noter la succession ו + sujet + *qatal*, qui suggère généralement que le verbe représente une action antérieure à l'action mentionnée précédemment[267]. C'est probablement le cas ici, puisque «l'ordre» de Yhwh explique la malheureuse décision d'Absalom et Israël. Ce

---

[266] Ces exemples figurent parmi ceux que suggère C. Miller, *The Representation of Speech*, pp. 123–129.

[267] Voir P. Joüon, *Grammaire de l'hébreu biblique*, § 166j.

commandement, introduit par le verbe צוה, n'a pas été rapporté précédemment dans la narration. Le discours indirect transmet donc ici une information inédite.

L'absence de complément (indiquant à qui s'adresse Yhwh) ainsi que le contexte narratif suggèrent qu'il s'agit d'un monologue intérieur du personnage divin: la narration ne suppose pas que ces paroles aient été prononcées à haute voix, à l'intention d'un quelconque public, mais les présente plutôt comme une pensée ou comme résolution intérieure[268]. La pensée divine est donc rendue comme un discours, exprimé indirectement par un verbe de parole suivi par l'infinitif construit להפר. En Ex 6,13, l'infinitif construit a comme sujet non exprimé l'objet du verbe de parole. Ici, l'absence de complément du verbe צוה laisse dans l'indétermination le sujet de l'infinitif construit. Néanmoins, la première partie du verset, qui rapporte anticipativement la conséquence de la directive divine, suggère qu'il pourrait s'agir d'«Absalom et tout homme en Israël», voire de Yhwh lui-même.

D'un point de vue narratif, il est intéressant de s'arrêter un moment sur l'adjectif הטובה, «bon», qui qualifie le conseil donné par 'Ahitophel dans le discours indirect. Le même terme (mais cette fois au comparatif, comme l'indique la préposition מן) est attribué au conseil de Houshai le Arkite par Absalom et tout Israël, dans la parole que rapporte en discours direct la première partie du verset[269]. L'adjectif est plus problématique dans la seconde partie. En substance, Yhwh avait décidé de faire rejeter la recommandation de 'Ahitophel, afin de causer la défaite d'Absalom, comme l'indique la subordonnée finale. On peut alors se demander si l'adjectif הטובה est ajouté par la narration pour qualifier le monologue divin et ainsi expliciter son sens – le conseil de 'Ahitophel était en fait «le bon», c'est-à-dire celui qui aurait pu garantir la victoire à Absalom et lui épargner la vie – ou si, au contraire, il fait partie intégrante des propos que Yhwh se tient à lui-même.

La question, insignifiante à première vue, importe en fait quant à l'évaluation du degré de narrativisation (ou de «telling») dont fait preuve la narration. L'adjectif הטובה constitue en effet un signal adressé au lecteur pour lui faire pressentir le dénouement de l'épisode ainsi que

---

[268] Voir ainsi les traductions. Par exemple, Segond traduit: «il avait résolu», tandis que la *TOB* a «il avait décrété».

[269] Le verset ne manque pas d'ironie: le «meilleur» conseil de la première partie du verset apparaît en effet, dans la seconde partie, médiatisée par la perspective divine, comme le «moins bon»!

le rôle qu'y joue Yʜᴡʜ. Si l'on décide de considérer le terme comme
un commentaire de la narration, alors celle-ci se permet d'anticiper
sur la suite des événements, en insinuant l'erreur d'Absalom et de ses
hommes. Elle manifesterait dès lors clairement sa médiation. Par contre,
on peut également estimer que le discours indirect représente ici les
propos du personnage divin, moyennant un remodelage syntaxique,
éventuellement un certain abrègement, mais pas une amplification dans
le sens du commentaire. Dans cette perspective, l'adjectif ferait alors
partie des paroles divines. Bien que le récit ne permette pas de trancher
entre ces deux interprétations, j'inclinerais à opter pour la seconde. Il
est significatif, en effet, que l'indication du dénouement soit intégrée à
des propos divins. La narration aurait pu directement avertir le lecteur
en soulignant dans la diégèse, que, contrairement à l'opinion avancée
par Absalom et les siens, «le conseil de 'Ahitophel était meilleur que le
conseil de Houshai le Arkite». La position de l'adjectif dans le discours
indirect indique plutôt que la narration attribue cette connaissance au
personnage divin.

La même question se pose quant à la fin des propos divins. Je pen-
cherais pour une lecture similaire, incluant la subordonnée introduite
par לבעבור dans le discours indirect. La répétition du sujet «Yʜᴡʜ»
peut s'expliquer par un souci de clarté. Particulièrement, le passage
d'une relative à une subordonnée permet de souligner l'implication
directe de Yʜᴡʜ dans la défaite et la mort d'Absalom. Enfin, on pourrait se demander si la préférence pour le discours indirect, voire aussi
l'imprécision de la distinction entre les paroles divines et la diégèse, ne
s'expliquerait pas ici par une raison d'ordre théologique. La narration
pourrait en effet éviter de formuler dans un discours direct en première
personne la volonté divine de faire échouer les plans du fils de David
et d'amener sur lui le malheur.

L'interdiction de l'idolâtrie à Salomon (1 R 11,10)
Cet exemple présente une structure fondamentalement similaire – le
verbe צוה suivi d'un infinitif construit introduit par ל – mais avec quelques complexités syntaxiques. Je traduis également le verset précédent
pour plus de clarté: «Et Yʜᴡʜ fut en colère [ויתאנף] contre Salomon,
car il avait incliné [נטה] son cœur d'avec Yʜᴡʜ Dieu d'Israël, lui étant
apparu (ou: qui lui était apparu)[270] deux fois, et il lui avait ordonné [וצוה]

---

[270] Le terme הַנִּרְאָה est vocalisé comme un parfait, bien que la présence de l'article

au sujet de cette chose de ne pas aller [לבלתי־לכת] derrière d'autres dieux, mais il n'avait pas gardé [ולא שמר] ce qu'avait commandé [צוה] YHWH»[271]. Je proposerais d'interpréter les trois *qatal* נטה, וצוה et ולא שמר comme relevant d'un même niveau temporel et syntaxique, malgré leurs sujets différents. Tous trois renvoient en effet à des actions antérieures à celle que décrit le verbe principal ויתאנף. Dans cette occurrence, le verbe צוה est séparé de l'infinitive par un complément prépositionnel, la première étant en outre introduite par la négation לבלתי. «Cette chose» [הדבר הזה] qu'évoque le complément prépositionnel se rapporte à ce que le début du chapitre vient de raconter: l'influence néfaste des femmes étrangères que Salomon a prises pour épouses et qui l'incitent au culte de dieux étrangers. L'objet de וצוה, Salomon, est clairement le sujet de l'infinitif construit nié.

Le retour en arrière que constituent les trois *qatal* mentionnés ci-dessus permet sans doute d'expliquer le mode indirect par lequel l'ordre divin est rapporté ou évoqué. La narration fait en effet référence aux différents discours par lesquels le personnage divin a ordonné à Salomon de suivre ses commandements, discours rapportés en 1 R 3,14; 6,12 et 9,4. Ces directives concernent les «voies» [דרכי], les «décrets» [חקי], les «ordres» [מצותי] et les «jugements» [משפטי] de YHWH, mais ne mentionnent pas directement l'idolâtrie[272]. Le discours indirect pourrait donc s'expliquer en outre par le fait que la narration ne renvoie pas à un discours divin particulier mais à un ensemble de directives générales qui impliquent l'interdiction de l'idolâtrie sans la nommer explicitement.

Rappel de la promesse faite à David et à ses fils (2 R 8,19)
L'occurrence de 2 R 8,19 évoque également une parole divine antérieure. Cette fois, le discours auquel il est fait référence a été rapporté précédemment (en 1 R 11,36) et constitue une promesse, et non un ordre comme dans les occurrences précédentes. Le discours indirect prend place dans un bref passage sur le règne de Jéhoram, informant que

---

indique un participe. Je retiens ici la lecture participiale. Voir P. Joüon, *Grammaire de l'hébreu biblique*, § 145e.

[271] La deuxième partie du verset 10 présente un autre cas de discours indirect, que je classifierais dans la catégorie des discours évoqués. Le second verbe צוה résume le précédent, sans rapporter le contenu de l'ordre.

[272] Voir Simon J. DE VRIES, *1 Kings* (WBC 12), Word Books, Waco, 1985, p. 143, pour la même observation.

les pratiques de ce dernier ne différèrent pas de celles de ses prédécesseurs et qu'il «fit le mal aux yeux de Yʜwʜ» (2 R 8,18). La narration ajoute: «Mais Yʜwʜ ne consentit pas à détruire Juda, à cause de David son serviteur, selon ce que [כאשר] il lui avait dit [אמר] de donner [לתת] pour lui une lampe [ניר] à ses fils tous les jours». La traduction proposée est volontairement maladroite, cherchant plutôt à rendre au plus près la syntaxe du texte hébreu. Comme on le verra plus loin, les subordonnées introduites par כאשר comprennent le plus souvent un simple rappel du discours divin, résumé par un *verbum dicendi* sans que soit précisé le contenu des propos prononcés. Dans ce cas, par contre, la subordonnée introduit le verbe אמר suivi d'une infinitive[273]. La traduction est rendue difficile par le fait que le sujet de l'infinitif, au contraire des cas précédents, est ici le sujet du verbe de parole, c'est à dire Yʜwʜ: c'est ce dernier lui-même qui a promis à David de donner une lampe à ses fils. La répétition du pronom après l'infinitif [לו] écarte toute confusion.

La conjonction כאשר suivie du *qatal* suggère l'antériorité de la parole évoquée. Celle-ci consiste en effet en une promesse adressée à Jéroboam par le prophète 'Ahiyah au nom de Yʜwʜ: «Et à son fils [de David] je donnerai une tribu afin que David mon serviteur ait une lampe [ניר] tous les jours devant moi à Jérusalem...» (1 R 11,36). Comme le soulignent les commentateurs, la lampe fait sans doute référence à la demande des hommes de David en 2 S 21,17, où les partisans de ce dernier lui enjoignent de ne plus partir au front, afin «que tu n'éteignes pas la lampe d'Israël [נר ישראל]». Dans le premier livre des Rois, la narration rapporte que «à cause de David, Yʜwʜ son Dieu donna à 'Aviyam une lampe [ניר] à Jérusalem» (1 R 15,4)[274]. Cette lampe désigne donc la succession de David, protégée par Yʜwʜ.

Le discours indirect de 2 R 8,19 prend ainsi quelques libertés. D'une part, la promesse de la lampe n'a pas été prononcée par Yʜwʜ lui-même, mais par le prophète 'Ahiyah. D'autre part, elle n'a pas

---

[273] Les occurrences précédentes d'un discours divin rendu en mode indirect par une infinitive étaient introduites par le verbe צוה. L'étude de Cynthia Miller montre que אמר et d'autres *verba dicendi* sont également utilisés dans de telles constructions quand est rapporté un discours prononcé par un personnage humain. Voir C. Mɪʟʟᴇʀ, *The Representation of Speech*, pp. 123–129.

[274] Voir S. J. ᴅᴇ Vʀɪᴇs, *1 Kings*, p. 151. Pour John Gʀᴀʏ, *I & II Kings. A Commentary* (OTL), SCM Press, London, 1964, p. 275, le terme ניר en 1 R 11,36 renvoie plutôt à 2 S 14,7 (terme גחלת). Voir également la prière de David en 2 S 22, où celui-ci reconnaît Yʜwʜ comme sa lampe [נירי] (verset 29).

été adressée directement à David, mais bien à Jéroboam. Ces légères variations par rapport à ce qui a été relaté précédemment pourraient expliquer le recours au discours indirect. Plutôt que de rapporter longuement les intermédiaires de cette promesse ('Ahiyah du côté de l'émetteur et Jéroboam du côté du récepteur), la narration la présente comme directement prononcée par Yʜwʜ à David. Le discours indirect, par son élaboration syntaxique (et ici narrative) du discours rapporté, permet donc de simplifier les médiations par lesquelles la promesse a été faite.

Je proposerais donc de discerner un emploi particulier du style indirect : ce mode syntaxique permet ici de rapporter le contenu d'une parole divine antérieure, qui n'a pas été racontée comme telle dans la narration mais qui peut se déduire à partir de plusieurs passages. L'emploi de l'indirection permet à la narration, dans ce cas, de ne pas recourir au style direct, alors que la parole divine qui est rapportée n'a pas été tout à fait prononcée comme telle. Le mode indirect fait donc preuve, dans ce cas, non seulement d'une élaboration syntaxique des paroles prononcées, mais aussi d'un certain arrangement narratif des circonstances de l'acte de parole.

Style indirect comme résumé de plusieurs commandements
antérieurs (2 R 17,15)
Le dernier cas de discours divin rapporté en style indirect se trouve en 2 R 17,15. Cette fois, le discours prend place dans une relative : « Et ils [Israël et Juda] rejetèrent ses décrets et son alliance qu'il avait conclue avec leurs pères, ainsi que ses témoignages qu'il avait témoignés contre eux et ils suivirent la vapeur/la vanité [הַהֶבֶל][275] et ils devinrent vains, ainsi que les nations qui étaient autour d'eux, au sujet desquelles Yʜwʜ avait ordonné [צוה] de ne pas faire [לְבִלְתִּי עֲשׂוֹת] comme elles ». Le sujet de l'infinitif est assez vague : il peut s'agir d'Israël et Juda, sujets des verbes principaux de la phrase, ou d'un sujet indéterminé, concernant l'ensemble des interlocuteurs possibles de Yʜwʜ[276]. Comme en

---

[275] Au sujet du jeu de mots, voir par exemple Gwilym H. Joɴᴇs, *1 and 2 Kings. Volume II* (New Century Bible Commentary), Eerdmans/Marshall, Morgan & Scott, Grand Rapids/London, 1984, p. 551.

[276] Voir le commentaire de Cynthia Miller : « [The occurrences] where the addressees are not specified, but the referent of the complement subject is not identical to the matrix subject – all involve the verb צוה. In most of these cases, the persons who are to perform the command are indeterminate; the command is simply that a certain action should take place without specifying those who will perform the action »,

1 R 11,10, le discours indirect ne fait pas référence à un commandement divin précis, mais renvoie plutôt à la particularité d'Israël parmi
les nations et à l'unicité du culte de Yhwh. Le discours indirect résume
donc une parole divine antérieure, prononcée à maintes reprises au
cours de l'histoire du peuple, en des formes variées. L'intégration du
discours indirect à la phrase introductive est ici marquée par l'emploi
du pronom de la troisième personne du pluriel [כהם], se rapportant
aux «nations» évoquées quelques mots auparavant. L'expression de
l'antériorité et la reprise de nombreux préceptes résumés en un seul
discours expliquent le recours au mode indirect.

Quelques observations
Ces différents exemples, tous issus de livres narratifs de la bible hébraïque, font apparaître plusieurs constantes dans l'emploi du style indirect.
Dans les occurrences considérées, un acte de parole divin – généralement un ordre, exprimé par le verbe צוה, mais aussi une promesse,
exprimée par le verbe אמר, en 2 R 8,19 – est rappelé ou évoqué,
plusieurs éléments syntaxiques et narratifs suggérant l'antériorité de
son énonciation. Seule l'occurrence d'Ex 6,13 présente une certaine
ambiguïté à cet égard, vu la difficulté de déterminer si le discours indirect constitue un rappel ou un élément nouveau dans l'intrigue. Mis
à part ce doute, il est intéressant de remarquer que la narration ne
recourt généralement pas au style indirect pour rapporter une parole
divine au moment de l'intrigue où elle est prononcée – elle ne le fait
qu'en cas de rappel d'une parole antérieure. En théorie, le lecteur est
ainsi supposé toujours entendre les paroles divines telles qu'elles sont
prononcées, sans l'intermédiaire de la narration. La représentation
des discours divins diffère ici de celle des propos humains, susceptibles
d'être rapportés en style indirect, même au moment où ils sont censés
être prononcés. Il semble donc que la narration se dispense en général
de toute médiation quand elle rapporte une parole divine au moment
où celle-ci est prononcée, évitant de soumettre les mots divins à une
élaboration syntaxique et narrative.

Si le verbe de parole porte habituellement la marque de l'antériorité,
le contenu des paroles divines rapportées en style indirect ne constitue
pas nécessairement un rappel. En 2 S 17,14, les propos divins concer-

---

C. Miller, *The Representation of Speech*, p. 125. L'occurrence de 2 R 17,15 n'est cependant pas citée par Miller dans cette catégorie.

nant la décision d'Absalom et de ses partisans ainsi que la défaite de ce
dernier n'ont pas été relatés auparavant. Ils sont présentés syntaxiquement comme une antériorité, mais constituent en fait une information
nouvelle pour le lecteur. Dans ce cas unique, la narration semble donc
choisir le mode indirect pour rapporter une parole inédite du personnage divin. On l'a vu : une raison théologique pourrait rendre compte
de cette particularité grammaticale : la narration pourrait éviter d'exprimer la résolution divine à la première personne et préfère recourir
à une certaine médiation pour annoncer l'implication divine dans la
mort du fils de David.

Le mode indirect permet souvent à la narration d'évoquer une parole
divine antérieure en lui apportant plusieurs modifications. Celles-ci peuvent consister en un sommaire d'un ou plusieurs discours précédents,
comme en 1 R 11,10 et 2 R 17,15, peut-être aussi en Ex 6,13, selon
l'interprétation retenue. En même temps, le sommaire peut ajouter
ou spécifier un élément, comme le montre la précision concernant
l'idolâtrie en 1 R 11,10. L'intégration syntaxique du discours indirect
dans la phrase introductive suscite certaines modifications sans incidence sur le sens (voir la présence de l'infinitif construit dans chacune
des occurrences, ou de pronoms en 2 R 8,19 et 17,15). L'exemple de
2 R 8,19 illustre quant à lui l'élaboration narrative dont peuvent être
affectés l'énonciateur et le récepteur originels d'une parole rapportée
en style indirect. Ces quelques modifications visent ainsi à intégrer le
discours cité dans son contexte, contribuant de la sorte à la clarté et à
la relative simplicité de la narration. La nécessité narrative d'introduire
ces variations explique peut-être le recours au discours indirect.

En conclusion, il me faut insister sur la prudence que requiert le peu
d'occurrences disponibles pour cette recherche. Il est en effet difficile
de proposer une interprétation basée sur quelques exemples seulement.
Toutefois, la rareté même des occurrences de discours divins rapportés
en mode indirect dans la diégèse suggère clairement la préférence de la
narration biblique pour le style direct, spécialement quand il s'agit de
paroles divines. Enfin, puisque, dans chacune des occurrences examinées
ci-dessus, il a été possible de rendre compte du recours au style indirect,
j'avancerai prudemment l'hypothèse que l'indirection constitue, dans
les récits du Pentateuque, une alternative nécessaire au style direct, et
ce même en ce qui concerne la représentation des discours divins. Elle
permet en effet d'éviter la citation littérale que constitue le style direct
lorsque le contexte narratif oblige à certaines modifications. En ce sens,
le recours à l'indirection préserve la caractéristique essentielle du style

direct, en offrant une alternative lorsque toutes les conditions ne sont pas remplies pour une reprise stricte des paroles divines prononcées, ou lorsque cette reprise s'avère inutile en raison de ce qui a été rapporté en mode direct auparavant.

2. *Discours divins* évoqués *en style indirect*

Dans les occurrences qui vont maintenant être envisagées, un acte de parole du personnage divin est évoqué sans spécification de son contenu. La narration rappelle un discours divin sans rapporter aucun des mots prononcés, se contentant de le signaler par un *verbum dicendi* qui le résume. Ces cas relèvent du style indirect, vu l'intégration syntaxique du verbe de parole. Généralement, le discours divin auquel il est fait référence est rapporté précédemment dans la narration. La phrase ou le contexte dans lequel le discours indirect est enchâssé contribue à l'identification du discours évoqué. Le plus souvent, la reprise constitue une notice d'accomplissement d'un ordre donné par le personnage divin.

Ce type de discours indirect peut d'abord être exprimé dans une proposition d'accomplissement (ou proposition comparative[277]), indiquant qu'un acte a été réalisé selon une parole divine antérieure. D'autres propositions, causales et temporelles, peuvent également jouer un rôle similaire. Une relative peut ensuite évoquer indirectement des paroles divines. Les substantifs (דבר(ים et כל constituent des antécédents fréquents dans ce cas, mais pas nécessairement[278]. On peut encore repérer un modèle très simple, consistant en un sommaire de la parole divine, réduite en un groupe nominal, comportant le plus souvent, comme dans le cas précédent, le substantif דבר(ים). La légitimité de ces occurrences comme discours indirects sera envisagée après la discussion de chaque modèle grammatical.

a. *Les propositions d'accomplissement*
Les propositions d'accomplissement sont introduites en hébreu biblique par le terme כאשר ou par l'expression ככל אשר. Les occurrences sont

---

[277] Le terme de « proposition comparative » est employé par Joüon. Voir P. Joüon, *Grammaire de l'hébreu biblique*, § 174. Je préfère toutefois le nom de « proposition d'accomplissement », puisque les cas envisagés n'introduisent pas à proprement parler une comparaison, mais précisent qu'une action est réalisée ou qu'un événement a lieu selon une parole divine antérieure.

[278] Au sujet de כל comme substantif, avec parfois une nuance adverbiale, voir P. Joüon, *Grammaire de l'hébreu biblique*, § 139e (ainsi que la note 1).

assez nombreuses, avec quelques variations grammaticales[279]. Je commencerai par envisager ces différences syntaxiques, en examinant successivement les mots introducteurs de la proposition d'accomplissement, les types de verbes utilisés dans la principale et dans la «subordonnée»[280] (et leur rapport au mot introducteur), et enfin la disposition de celles-ci (ainsi que le cas particulier du redoublement de la principale). Je passerai alors à la question des discours divins en tant que telle, pour montrer que ces propositions d'accomplissement constituent généralement un rappel d'un discours divin antérieur, rapporté en style direct.

Les variations syntaxiques

Les locutions ככל אשר et כאשר sont formées chacune de la préposition כ, suivie éventuellement du substantif כל, et du relatif אשר. Toutefois, l'usage de כאשר semble avoir apparenté le terme à une conjonction (voir BDB). Les deux types de propositions sont employés dans des contextes similaires, pour indiquer qu'une action a été accomplie conformément à une directive divine (ou qu'un événement a eu lieu selon une promesse divine). Ainsi, en Nb 2,34a, «les fils d'Israël firent selon tout ce que [ככל אשר] Yhwh avait ordonné à Moïse». En Nb 20,27a, «Moïse fit selon ce que [כאשר] Yhwh avait ordonné»[281].

L'introduction ככל אשר est toutefois nettement moins fréquente que כאשר (11 occurrences pour la première contre 69 pour la seconde). En conséquence sans doute, on remarque que ככל אשר n'introduit que le verbe צוה[282], tandis que כאשר peut être suivi de צוה, דבר et

---

[279] Avec כאשר, voir Gn 7,9.16 ; 12,4 ; 17,23 ; 21,1 (deux fois).4 ; Ex 7,6.10.13.20.22 ; 8,11.15 ; 9,12.35 ; 12,28.50 ; 16,34 ; 34,4 ; 39,1.5.7.21.26.29.31.43 ; 40,19.21.23.25.27.29.32 ; Lv 8,4.9.13.17.21.29 ; 9,10 ; 16,34 ; 24,23 ; Nb 1,19 ; 2,33 ; 3,16.42.51 ; 5,4 ; 8,3.22 ; 15,36 ; 17,5.26 ; 20,9.27 ; 27,22.23 ; 31,7.31.41.47 ; 36,10 ; Dt 34,9. Avec ככל אשר, voir Gn 6,22 ; 7,5 ; Ex 39,32b.42 ; Ex 40,16 ; Nb 1,54 ; 2,34 ; 8,20 ; 9,5 ; 30,1 ; Dt 1,3. Cette liste regroupe les occurrences prenant place dans la diégèse. Celles qui figurent dans le discours d'un personnage seront envisagées plus loin.

[280] Je parle ici de subordonnée, bien que, lexicalement parlant, ככל אשר et כאשר constituent plutôt des prépositions suivies d'une relative (voir plus loin dans le texte).

[281] En Nb 4,49, la proposition d'accomplissement est introduite par le seul mot אשר, sans doute pronom relatif : «Sur l'ordre de Yhwh, on les recensa, par la main de Moïse, homme par homme, selon le service et la charge de chacun, et ils furent recensés, ce que [אשר] Yhwh avait ordonné à Moïse» (référence aux versets 21–33). Philip J. Budd, *Numbers* (WBC 5), Word Books, Waco, 1984, p. 44, recommande de lire כאשר au lieu de אשר (voir ainsi la Septante, la version syriaque, la Vulgate, etc.).

[282] Cette constatation ne vaut que dans la diégèse. Dans le discours d'un personnage, ככל אשר est suivi de ירה en Dt 17,10.

אמר‎[283]. Lorsque la proposition d'accomplissement inclut le verbe צוה‎, le discours divin auquel il est fait référence est un ordre. Dans ces cas, les plus fréquents, l'expression souligne qu'une certaine action, posée par un personnage humain, a été accomplie en conformité avec une directive divine précédente. On peut encore signaler un cas de proposition d'accomplissement incluant le *pual* de צוה‎, le personnage divin en étant le complément d'agent inexprimé[284] : « Et Moïse les recensa sur l'ordre de Yʜᴡʜ, selon ce qui [כאשר‎] avait été ordonné [צֻוָּה‎] » (Nb 3,16). Dans ce cas, le complément prépositionnel « sur l'ordre de Yʜᴡʜ » [על־פי יהוה‎] spécifie clairement l'auteur de l'action exprimée par le verbe צוה‎. Le discours divin est donc évoqué à la fois par le substantif פה‎ (ce genre de reprise sera envisagé ci-dessous) et par la notice d'accomplissement.

Les verbes דבר‎ et אמר‎ peuvent, quant à eux, renvoyer à une promesse ou annonce divine (voir Gn 21,1b ; Ex 7,13.22 ; 8,11.15 ; 9,12.35 avec דבר‎ et Gn 21,1a avec אמר‎). Dans ces cas, le personnage divin peut être à la fois le sujet de la principale et de la subordonnée : la narration rapporte l'action qu'il exécute, tout en soulignant, dans la subordonnée, que cette action réalise une promesse antérieure. Gn 21,1 offre une double illustration : « Et Yʜᴡʜ avait visité Sarah selon ce qu'il avait dit, et Yʜᴡʜ fit à Sarah selon ce qu'il avait parlé ». La répétition met ici en évidence l'intervention divine et la complète exécution de la promesse faite aux chapitres 17 et 18. Dans les autres occurrences, la subordonnée met plutôt en évidence la réalisation d'une annonce divine. Ainsi, le refrain qui rythme la séquence des plaies d'Égypte rappelle, à chaque annonce de l'obstination de Pharaon, que Yʜᴡʜ avait prédit cet endurcissement (Ex 7,3–4) : Pharaon agit « selon ce qu'avait parlé Yʜᴡʜ [כאשר דבר יהוה‎] » (7,13.22 ; 8,11.15 ; 9,12.35[285]).

En ce qui concerne le verbe de la principale, on peut noter l'affinité entre ככל אשר‎ et le verbe עשה‎ (8 occurrences sur 11)[286]. Dans l'une des trois occurrences où la principale ne comprend pas עשה‎ (Nb 2,34), ce verbe est néanmoins utilisé dans la première partie du verset, juste

---

[283] Dans le discours d'un personnage, כאשר‎ est suivi de נשבע‎ en Ex 13,11 ; Dt 2,14 ; 13,18 ; 19,8 ; 26,15 ; 28,9.

[284] En principe, l'auteur de l'action, dans une forme passive, n'est pas nommé en hébreu. Voir P. Joüon, *Grammaire de l'hébreu biblique*, § 132c.

[285] La subordonnée comprend une référence à Moïse dans les deux dernières occurrences.

[286] De plus, le verbe עשה‎ y est généralement utilisé sans complément (à l'exception d'Ex 39,42).

avant la proposition d'accomplissement[287]. Dans les deux autres occurrences, la principale comprend un verbe de parole : אמר en Nb 30,1
et דבר en Dt 1,3. Par contre, les subordonnées introduites par כאשר
suivent ou précèdent des principales comprenant une large variété de
verbes et de compléments.

Sur cette base certes incomplète, on pourrait avancer l'hypothèse
suivante : כּכל אשר, en raison de la présence du כל quantitatif, tend
à être employé lorsque la proposition d'accomplissement insiste sur la
complétude ou l'intégralité de l'action représentée dans la principale.
Cette insistance ne peut avoir lieu que quand l'action exprimée est
susceptible d'avoir été accomplie selon un degré variable de complétude, c'est-à-dire ne constitue pas un acte fini en lui-même. Dans ce
dernier cas, le mot introducteur כאשר aurait plutôt tendance à être
utilisé. L'insistance sur l'intégralité de ce qui est accompli devient ici
superflue, puisque déjà exprimée dans la principale.

On peut illustrer cette hypothèse par les occurrences successives
de propositions d'accomplissement qui, au chapitre 40 de l'Exode,
rapportent l'édification de la Tente de la Rencontre conformément au
discours divin rapporté aux versets 1–15[288]. L'application des ordres
divins commence par un sommaire introductif : « Et Moïse fit ; selon
tout ce que [כּכל אשר] Yhwh lui avait ordonné, ainsi il fit » (40,16)[289].
Ses actions sont alors détaillées, selon les gestes qu'il pose – étendre
la tente sur la Demeure, porter l'arche dans la Demeure, placer la
table dans la Demeure avec le pain sur elle, etc. Un refrain rythme
la progression de ces opérations, soulignant leur conformité avec les
directives divines : la narration précise que le geste posé l'a été « selon ce
que [כאשר] Yhwh avait ordonné à Moïse » (40,19.21.23.25.27.29.32).
Comme on peut l'observer, כּכל אשר est employé au verset 16 après

---

[287] La lecture de Nb 2,34 proposée ici suit la scansion des massorètes, en particulier
la position de l'*atnah*. On pourrait cependant rapporter la proposition d'accomplissement au verbe ויעשׂו qui commence le verset, plutôt qu'au verbe חנו qui suit : « Et les
fils d'Israël firent selon tout ce que Yhwh avait ordonné à Moïse ; ainsi ils campèrent
selon leurs étendards et ainsi ils partirent... ». Cette lecture a l'avantage de préciser
le verbe ויעשׂו initial, qui, autrement, resterait sans aucun complément – alors que la
proposition qui suit est complète en elle-même (voir un cas similaire en 1,54).

[288] Une analyse similaire pourrait également être proposée pour Ex 39 (avec une
certaine difficulté pour les versets 42–43).

[289] Comme en Nb 1,54 et 2,34 (voir note 287), on pourrait, pour davantage de
clarté syntaxique, modifier légèrement la scansion massorétique, en déplaçant la pause
après la proposition d'accomplissement : « Et Moïse fit selon tout ce que Yhwh lui
avait ordonné ; ainsi, il fit ».

le seul verbe עשה, représentant les actions de Moïse en général. La proposition d'accomplissement attire donc ici l'attention sur le fait que Moïse accomplit la totalité des actions prescrites par les ordres divins. Par contre, dans les autres occurrences, la subordonnée introduite par כאשר porte sur une action complète en elle-même, décrivant un seul geste concret pour lequel il serait inutile de préciser qu'il est « entièrement » accompli. Cette fois, l'insistance porte uniquement sur la concordance de l'action posée avec la directive divine.

En fonction de l'expression choisie pour introduire la proposition d'accomplissement, כאשר ou כבל אשר, la position de celle-ci par rapport à la principale peut varier. Comme on l'a vu en Ex 40,16, la principale peut être redoublée, la subordonnée se trouvant en quelque sorte enchâssée entre deux propositions principales rapportant la même action. Ce type de construction peut encore être observé, par exemple, en Gn 6,22 : « Et Noé fit ; selon tout ce que [כבל אשר] Élohim lui avait ordonné, ainsi [כן] il fit » ou en Nb 17,26 : « Et Moïse fit ; selon ce que [כאשר] Yhwh lui avait ordonné, ainsi [כן] il fit »[290]. Dans ces deux exemples, selon la scansion des massorètes, l'*atnah* est situé après la première principale, rendant en quelque sorte celle-ci indépendante. La subordonnée commence la seconde partie du verset, suivie par la reprise de la principale, introduite cette fois par l'adverbe כן[291]. Le sujet n'est plus exprimé et le verbe, au *wayyiqtol* dans la première principale, devient un *qatal*. Les passages comprenant cette construction syntaxique comportent tous le verbe עשה. La progression en trois temps qu'elle présente (principale – subordonnée – principale) met en évidence son centre, à savoir la proposition d'accomplissement, exprimant la conformité à la parole divine. De plus, la structure tripartite permet une décomposition du contenu exprimé : l'action du personnage est d'abord rapportée, puis vient le rappel de la parole divine, et enfin est affirmée l'adéquation entre l'action posée et l'ordre.

Un rappel d'un discours divin antérieur
J'ai classé les propositions d'accomplissement parmi les discours divins évoqués en mode indirect. L'indirection se repère immédiatement à

---

[290] Voir des cas syntaxiquement similaires, avec כאשר, en Ex 7,6 et 12,50 ; avec כבל אשר, en Ex 40,16 ; Nb 1,54 et 8,20. Voir aussi Ex 39,32b, où la construction se trouve entièrement après l'*atnah*, et 39,43, dans une proposition introduite par הנה.
[291] Au sujet de la présence de l'adverbe כן dans la principale, voir P. Joüon, *Grammaire de l'hébreu biblique*, § 174b.

l'incorporation déictique (ou à l'absence de déplacement déictique) et syntaxique du discours divin. À la différence des discours rapportés que j'ai envisagés précédemment, le contenu de la parole divine est ici condensé dans le *verbum dicendi*. Aucun complément ne précise ce verbe qui, à lui seul, représente la parole divine qui a été prononcée[292]. Celle-ci est seulement évoquée et non rapportée. La proposition d'accomplissement se présente clairement comme le rappel d'un discours prononcé antérieurement dans le récit. La narration n'y recourt donc que pour diriger l'attention du lecteur vers une parole divine déjà énoncée. Le rapprochement entre le discours divin original et son rappel est rendu possible à la fois par le type de verbe de parole utilisé (par exemple, le verbe צוה renvoie à un ordre) et par la nature de l'acte effectué ou de l'événement qui a lieu.

Le plus souvent, la narration rapporte la parole divine dans les versets qui précèdent immédiatement (voir par exemple le discours divin concernant la construction de l'arche en Gn 6,13–21 évoqué en 6,22, ou le discours sur le statut particulier des Lévites en Nb 1,48–53 évoqué en 1,54[293]) ou à quelque intervalle (voir l'ordre divin concernant la circoncision en Gn 17,10–14, évoqué en 17,23 puis en 21,4, ou l'impératif de lapider le blasphémateur en Lv 24,13–14, évoqué en 24,23[294]). Dans certains cas, la parole divine a été rapportée plusieurs chapitres auparavant. Par exemple, la double occurrence de Gn 21,1, déjà citée, fait référence aux promesses divines de descendance faites aux chapitres 17 (versets 1–8 et 15–21) et 18 (versets 10 et 14). De même, les rappels successifs de l'annonce de YHWH concernant l'obstination

---

[292] Un complément indirect peut rappeler l'interlocuteur du personnage divin. Cette précision ne se rapporte cependant pas aux propos prononcés, mais seulement à leurs circonstances.

[293] Voir également Gn 7,5 (évoquant 7,1–4); 12,4 (évoquant 12,1–3); Ex 7,6 (évoquant 7,1–5).10 (évoquant 7,8–9).20 (évoquant 7,14–19); 12,50 (évoquant 12,43–49); 34,4 (évoquant 34,1–3); Lv 8,4 (évoquant 8,1–3); 16,34 (évoquant 16,1–34); Nb 3,16 (évoquant 3,14–15).42 (évoquant 3,40–41); 5,4 (évoquant 5,1–3); 8,3 (évoquant 8,1–2).20.22 (évoquant 8,5–19); 15,36 (évoquant 15,35); 17,26 (évoquant 17,25); 20,9 (évoquant 20,7–8).27 (évoquant 20,23–26); 27,22.23 (évoquant 27,18–21); 31,31.41.47 (évoquant 31,25–30).

[294] Voir également Gn 7,9.16 (évoquant 7,1–4); Ex 12,28 (évoquant le discours divin de 12,1–20, complété par Moïse en 12,21–27); 16,34 (évoquant 16,28–29); 40,16.19.21.23.25.27.29.32 (évoquant 40,1–15); Nb 1,19 (évoquant 1,1–15); 3,51 (évoquant 3,44–48); 9,5 (évoquant 9,1–3); 17,5 (évoquant 17,1–3); 31,7 (évoquant 31,1–2).

de Pharaon (Ex 7,13.22; 8,11.15; 9,12.35) font référence au discours que celui-ci prononce en 7,3–4[295].

Dt 1,3b présente un cas très particulier : « Moïse parla aux fils d'Israël selon tout ce que Yhwh lui avait ordonné à leur sujet ». Le discours divin évoqué ici n'a pas été relaté antérieurement dans la narration, sauf à considérer qu'il s'agit des paroles divines rapportées dans les livres précédant le Deutéronome. Dans la logique particulière du Deutéronome, selon laquelle Moïse est le parfait intermédiaire de Yhwh et reflète par ses paroles les propos divins, on peut penser que les paroles que Moïse adresse au peuple en 1,6–8 (voire même au-delà) constituent davantage qu'une simple reprise, mais *sont* en fait les paroles divines. En ce sens, la proposition d'accomplissement constituerait une annonce, faisant référence à un discours non pas antérieur mais postérieur, à savoir les paroles que Moïse s'apprête à prononcer[296].

Mis à part le cas particulier de Dt 1,3, la narration ne recourt aux expressions étudiées que dans les cas où le discours divin évoqué dans la proposition d'accomplissement a été rapporté auparavant en style direct. Il s'agit en effet d'un procédé de rappel, invitant le lecteur à relier une action ou un événement à une parole divine antérieure[297]. Dans le cas où la proposition d'accomplissement introduit la référence à une parole divine adressée à Moïse, puis transmise par ce dernier à Aaron, on observe en particulier que la narration veille à rapporter la parole divine « originale » avant son rappel dans la diégèse. On lit ainsi

---

[295] Voir également Ex 39,1.5.7.21.26.29.31 (se référant à 28,1–43); 39,32.42.43 (évoquant 25,1–28,43); Lv 8,9.13.17.21.29 (évoquant Ex 29,1–37); 9,10 (évoquant la directive divine donnée en 7,4); Nb 2,33.34 (évoquant 1,48–53); 30,1 (évoquant 28,1–29,39); Dt 34,9 (évoquant 31,23).

[296] Les commentateurs historico-critiques relèvent également l'absence de référence de ces paroles divines. Ainsi, Samuel Rolles Driver, *A Critical and Exegetical Commentary on Deuteronomy* (ICC), T. & T. Clark, Edinburgh, 1895, p. 7, attribue le verset à P et le considère comme l'introduction originelle des derniers propos que Moïse adresse au peuple. Initialement, il aurait donc pris place immédiatement après le discours divin de 32,48–52. La recomposition historique du texte fournit de la sorte un référent aux paroles divines évoquées par la proposition d'accomplissement. Le verset aurait été déplacé à l'ouverture du livre par le rédacteur final du Pentateuque, afin d'orienter le livre du Deutéronome selon le schéma sacerdotal. Voir également Moshe Weinfeld, *Deuteronomy 1–11* (AB 5), Doubleday, New York, 1991, p. 128. L'occurrence de Nb 36,10 présente par ailleurs un autre exemple où la proposition d'accomplissement ne se rapporte pas à une parole divine antérieure. Je l'envisagerai plus loin, en même temps que l'expression « sur l'ordre de Yhwh », qui introduit la parole de Moïse (36,5). Voir titre « Les substantifs employés seuls », p. 160.

[297] Généralement, cette règle du rappel est également de vigueur lorsque la parole évoquée a été prononcée par un personnage humain (voir par exemple Nb 17,12; 23,2.30).

en Lv 9,21 : « Et les poitrines et la cuisse droite, Aaron les fit balancer en balancement devant Yhwh, comme Moïse lui avait ordonné ». Si les paroles que Moïse adresse à Aaron dans les versets qui précèdent (Lv 9,1–4.7) ne mentionnent pas ce rituel du balancement [תנופה], ce rituel est néanmoins prescrit par Yhwh en Lv 7,28–34, dans un discours adressé à Moïse, mais destiné à être transmis « aux fils d'Israël » (verset 29). La narration semble donc soucieuse de toujours fournir au lecteur « l'original » de la parole divine, rapportée en discours direct, quand celle-ci est rappelée dans la diégèse, même par l'intermédiaire d'un personnage humain, comme dans le dernier exemple.

Que le recours à la proposition d'accomplissement ait pour but de préciser qu'un personnage humain agit en accord avec une directive divine ou de souligner la réalisation d'une promesse ou d'une prédiction divines, différentes constructions syntaxiques contribuent à une expression nuancée de l'adéquation entre un fait et une parole divine. Le nombre d'occurrences présentant une proposition d'accomplissement renvoyant à un discours divin ainsi que les variations syntaxiques disponibles suggèrent l'importance accordée par le Pentateuque à cette catégorie de l'accomplissement. De plus, la présence constante de la parole divine originale, rapportée en discours direct, permet toujours au lecteur de connaître les mots mêmes que le personnage divin a prononcés. La narration évite donc d'évoquer ou de rappeler un discours divin dont le lecteur n'aurait pas été informé. Celui-ci est ainsi toujours en mesure de retourner à la parole divine évoquée et de vérifier lui-même l'adéquation entre la parole divine et l'action ou l'événement qui lui succède.

b. *Les relatives*

Le contenu d'une parole divine peut également être évoqué par une relative. Celle-ci peut avoir comme antécédent un terme désignant déjà le discours divin (par exemple תורה, מצוה ou דבר) ou tout autre substantif. L'antécédent peut également être indéterminé (voir la formule אשר [את כל-]). J'examinerai successivement ces trois types d'occurrences (toujours uniquement dans la diégèse), afin de déterminer les différents cas dans lesquels la narration recourt à ce genre de construction, qui permet de renvoyer à un discours divin sans en citer le contenu. Comme précédemment, il s'agit de déterminer si la narration utilise ce type de mode indirect pour indiquer la présence, à un certain moment de l'intrigue, d'un discours divin non cité ou pour remémorer au lecteur des propos prononcés antérieurement par le personnage divin et déjà rapportés dans le récit.

Relatives avec antécédent représentant un acte de parole

Avec דבר comme *verbum dicendi*, on trouve seulement une occurrence dans le Pentateuque (en dehors des discours des personnages), en Ex 4,30 : « Et Aaron parla [וידבר] toutes les paroles [כל־הדברים] que YHWH avait parlées [דבר] à Moïse et il fit les signes aux yeux du peuple ». Je reviendrai au chapitre suivant sur ce passage, pour une étude de nature plus narrative. On peut déjà noter que les paroles divines évoquées ici sont vraisemblablement celles que la narration a rapportées entre 3,14 et 4,23, peut-être plus précisément les propos à transmettre au peuple (3,14–17)[298]. Le verbe דבר constitue un lien lexical entre le discours divin et celui d'Aaron. L'emploi de כל souligne que les paroles sont transmises dans leur intégralité. La relative a donc pour rôle de désigner une parole divine antérieure et de rappeler la médiation de Moïse (voir 4,28).

Davantage de textes présentent une relative avec le verbe צוה, qui précise le caractère impératif de la parole divine. En Ex 19,7, Moïse, après avoir appelé les anciens du peuple, « exposa devant eux toutes ces paroles que YHWH lui avait ordonnées [צוהו] ». Ces paroles divines ne peuvent se référer qu'au discours que YHWH vient de transmettre à Moïse sur la montagne (19,3–6), encadré par un ordre de transmission (versets 3 et 6). On peut observer particulièrement ici l'usage du démonstratif [האלה], par lequel la narration indique au lecteur que le discours évoqué par la relative est bien celui qui précède immédiatement. Le déterminant a ainsi un rôle anaphorique, à la limite déictique, désignant le discours que le lecteur vient de lire.

Quatre autres occurrences comprennent un pronom démonstratif, constituant chaque fois des sommaires narratifs. Lv 7,37–38a conclut les sept premiers chapitres du Lévitique, détaillant les prescriptions concernant les holocaustes, les sacrifices et les offrandes : « Celle-ci est [זאת] la loi [התורה] sur l'holocauste, l'offrande, le *hattah* et le *'asham*, sur les sacrifices de réparation et sur les sacrifices de communion, que YHWH avait ordonnée [צוה] à Moïse sur la montagne du Sinaï… ». La relative se réfère clairement à l'ensemble des lois divines données dans la première partie du Lévitique. Une autre occurrence conclusive se trouve à la fin de l'avant-dernier chapitre du même livre : « Ceux-ci sont [אלה] les décrets, les jugements et les lois que YHWH avait donnés [נתן] entre lui et entre les fils d'Israël, sur la montagne du Sinaï par la

---

[298] Voir C. HOUTMAN, *Exodus. Volume 1*, p. 451 et B. JACOB, *Exodus*, p. 110.

main de Moïse » (Lv 26,46). Bien que le verbe נתן ne constitue pas un *verbum dicendi* à proprement parler, il représente néanmoins ici, accompagné de la préposition בין, l'action d'édicter ou de décréter[299]. Le triple antécédent se réfère sans doute aux discours divins des chapitres 25 et 26 (voir l'indication spatiale « sur la montagne du Sinaï » en 25,1).

Le Lévitique présente également une conclusion globale : « Ceux-ci sont [אלה] les ordres que YHWH avait ordonnés [צוה] à Moïse pour les fils d'Israël sur la montagne du Sinaï » (Lv 27,34). Que les « ordres » se réfèrent aux discours des trois derniers chapitres (voir 25,1) ou à la totalité du livre, il est clair que la relative évoque des propos divins déjà rapportés par la narration. Une occurrence similaire se trouve à la clôture du livre des Nombres : « Ceux-ci sont [אלה] les ordres et les jugements que YHWH avait ordonnés [צוה] par la main de Moïse, pour les fils d'Israël, dans les plaines de Moab, sur le Jourdain, près de Jéricho » (Nb 36,13). Les indications spatiales permettent d'identifier les « ordres et jugements » divins avec ceux qui ont été donnés entre les chapitres 25 et 36.

Les deux dernières occurrences sont plus complexes, car on y constate un certain flou entre les paroles de YHWH et celles de Moïse. Lv 8,36 rapporte ainsi que « Aaron et ses fils firent toutes les paroles que YHWH avait ordonnées [צוה] par la main de Moïse ». Cette notice d'accomplissement est précédée par un discours de Moïse à Aaron (Lv 8,31–35), concernant le rituel de l'investiture sacerdotale. La précision sur l'intermédiaire [ביד] de Moïse pourrait suggérer que la parole divine évoquée correspond plutôt à ces directives prononcées par Moïse. Toutefois, les prescriptions données par YHWH au chapitre 29 de l'Exode (versets 30–35) pourraient également constituer les paroles divines originales. En Nb 30,17, une formule analogue conclut le chapitre : « Celles-ci sont [אלה] les prescriptions [החקים] que YHWH avait ordonnées [צוה] à Moïse, entre un homme et sa femme, entre un père et sa fille, [qui] dans sa jeunesse [est] dans la maison de son père ». Les détails concernant les prescriptions évoquées précisent que celles-ci se réfèrent au discours sur les vœux, que Moïse vient d'adresser aux chefs de tribus (versets 2–16). La narration veille cependant à souligner que ces paroles de Moïse sont bien la répétition d'un ordre antérieur prononcé par YHWH. Le discours de Moïse commence en effet par établir : « Celle-ci est la parole que YHWH a ordonnée » (Nb 30,2).

---

[299] Voir BDB (« to make a decree »).

On peut donc constater, une fois encore, le souci de la narration de ne pas évoquer une parole divine sans en avoir rapporté le contenu antérieurement dans la narration, au moyen du style direct. Les relatives ayant comme antécédent un substantif «de parole» (évoquant déjà le discours) apparaissent ainsi comme des procédés de rappel, visant à renvoyer à une parole précise déjà prononcée par Yhwh. L'emploi constant du *qatal* dans la relative (traduit ci-dessus par le plus-que-parfait) suggère également l'antériorité des propos divins. La seule exception concerne la médiation de Moïse : ce dernier peut en effet transmettre au peuple une parole qu'il tient de Yhwh, et qui est présentée comme telle par la narration (voir Nb 30,17), sans que le discours divin «original» ait été précédemment rapporté en style direct. On notera cependant que les remarques de Nb 30,2 et 17 sur la provenance divine des prescriptions énoncées par Moïse ne font pas l'effet d'une rétention d'information – comme si le lecteur était privé de l'original des ordres de Yhwh – mais contribuent plutôt à construire le personnage de Moïse comme le parfait intermédiaire entre Yhwh et le peuple.

Relatives avec antécédent indéterminé

Les occurrences avec un antécédent indéterminé sont du même ordre que celles qui viennent d'être examinées. Ex 34,32 se situe au retour de Moïse du Sinaï, avec les nouvelles tables de pierre : «Et, après cela, tous les fils d'Israël s'approchèrent et il leur ordonna tout ce que [את כל־אשר] Yhwh lui avait parlé sur la montagne du Sinaï». Le discours de Yhwh, rapporté en 34,10–26, est seulement évoqué par la relative, spécialement par le verbe דבר. L'antécédent se limite au terme כל, qui indique que Moïse transmet l'intégralité des paroles divines. Plus loin dans l'Exode, alors que la narration décrit la construction de la Demeure, une courte notice souligne que «Beçal'el, fis de 'Ouri, fils de Hur, de la tribu de Juda, fit tout ce que [את כל־אשר] Yhwh avait ordonné à Moïse» (Ex 38,22). La relative se réfère au discours que Yhwh adresse effectivement à Moïse en Ex 31,1–11 et qui désigne Beçal'el de manière similaire (verset 2).

Relatives avec un antécédent ne désignant pas un acte de parole

Il s'agit à présent d'examiner les textes où une relative évoquant une parole divine a pour antécédent un substantif qui ne désigne pas un acte de parole. Trois catégories peuvent être distinguées, selon que la relative a pour fonction de signaler la réalisation d'un ordre divin, de relater l'accomplissement (ou l'absence d'accomplissement) d'une promesse ou d'une sanction divine, ou seulement de désigner un lieu. L'unique occurrence relevant de la première catégorie est comparable à celles qui sont envisagées plus haut: en Ex 4,28b, la relative précise que les «signes» dont Moïse parle à Aaron sont ceux «qu'il [Yhwh] lui avait ordonnés». Le discours divin ainsi évoqué est celui qui accompagne les différents signes commandés ou annoncés par Yhwh dans l'épisode qui précède: le bâton (Ex 4,1–5.17), la lèpre (versets 6–8), les eaux changées en sang (verset 9)[300].

En ce qui concerne la deuxième catégorie, on peut citer d'abord Gn 21,2: «Et Sarah devint enceinte et elle enfanta à Abraham un fils pour sa vieillesse, au temps que lui avait parlé Élohim». La relative renvoie sans doute à la promesse faite par Élohim à Abraham en 17,21 – on pourrait également penser à 18,10.14, bien que le nom divin employé soit Yhwh. La relative constitue donc une notice d'accomplissement. Il y a ensuite Ex 32,14: après l'intervention de Moïse, «Yhwh se repentit au sujet du mal qu'il avait parlé de faire à son peuple». Ce «mal» est exprimé par Yhwh lui-même quelques versets auparavant (32,9–10), à savoir son projet d'«achever» le peuple qu'il nourrissait jusque-là.

Enfin, il faut citer les relatives servant à désigner un lieu. Trois versets successifs, en Gn 35, mentionnent «le lieu où il [Élohim] avait parlé avec lui» (versets 13, 14 et 15): ils font référence à la déclaration et à la promesse divines rapportées en style direct aux versets 10.11–12 – voire au premier passage à Béthel, raconté en Gn 28,18–22[301]. Plus intéressantes pour cette recherche sont les deux occurrences de Gn 22,3.9. Une fois les préparatifs de son voyage terminés, Abraham «alla vers le lieu que lui avait dit Élohim» (verset 3b); puis, au terme de la route, «ils arrivèrent vers le lieu que lui avait dit Élohim» (verset 9a). Les deux relatives, chacune ayant pour antécédent le substantif המקום, n'ont pour référence possible que l'ordre initial qu'Élohim adresse à Abraham: «[...] va vers la terre de Moriyya et fais-le monter en/pour un holocauste sur une des montagnes que je te dirai [אמר]» (verset 2). D'après cet ordre, la montagne exacte demande à être précisée par Élohim. Or la narration ne rapporte pas d'autre discours divin après cet ordre initial. Par conséquent, si, aux versets 3 et 9, «le lieu»

---

[300] On pourrait encore citer Lv 10,1 («ils firent approcher devant Yhwh un feu étranger qu'il ne leur avait pas ordonné»), bien que le *verbum dicendi* soit nié.

[301] Les gestes de Jacob, en 35,14–15 rappellent en effet implicitement l'épisode de 28,18–22, d'autant que Jacob s'engage à y bâtir une maison pour Élohim si ce dernier accomplit pour lui ce qu'il attend (28,20–22).

[הַמָּקוֹם] désigne la montagne du sacrifice, alors il faut supposer que les deux relatives font référence au discours que Yhwh annonce au verset 2 mais qui n'est pas rapporté ensuite dans la narration.

Comme cette recherche l'a montré, il est très rare dans le Pentateuque qu'un discours divin rapporté de manière indirecte dans la diégèse ne soit pas précédé de la parole divine originale rapportée en mode direct. En signalant ainsi au lecteur l'existence d'un discours divin (par l'annonce en Gn 22,2 et les deux renvois aux versets 3 et 9), mais en ne le rapportant pas, par une sorte d'ellipse, la narration, par cette omission même, semble «intervenir» davantage dans les événements racontés. Elle fait ainsi preuve d'une plus grande liberté dans sa représentation du personnage divin. Elle peut suggérer de la sorte une certaine intimité entre Yhwh et Abraham, à laquelle le lecteur n'a pas accès, ou encore limiter l'information donnée au lecteur pour ménager une plus forte tension narrative.

c. *Les substantifs employés seuls*

Par souci d'exhaustivité, il faut encore mentionner ici le cas de discours divins évoqués par un simple substantif désignant un acte de parole – que j'appellerai ici *nomen dicendi*, par analogie avec l'expression *verbum dicendi*. Comme le souligne Coulmas, ce type de discours indirect «constitue la forme extrême d'intégration» du discours rapporté dans la phrase introductive[302]. Le *nomen dicendi* remplace en effet une proposition plus développée, précisant le sujet et éventuellement l'objet de la parole prononcée. Néanmoins, quand un substantif seul est employé, le contexte est suffisant pour indiquer au lecteur ces différentes informations. En Nb 14,39a, on lit que «Moïse parla ces paroles [הַדְּבָרִים הָאֵלֶּה] à tous les fils d'Israël». La présence du démonstratif ainsi que la récurrence de la formule suggèrent que les paroles trans-

---

[302] À ce sujet, voir F. COULMAS, «Reported Speech: Some General Issues», pp. 20–21. Coulmas propose plusieurs exemples (en langue anglaise) de discours rapportés par un simple groupe nominal. Il note: «It may seem far-fetched to subsume sentences such as these [par exemple: "They announced the victory"] under the notion of reported speech, but notice that they share some crucial features with indirect speech: There is a report verb and a "propositional" part. The latter is syntactically reduced to a noun phrase in object position, but then this is exactly the position that a complement sentence occupies. [...] Thus nominal objects of report verbs [...] are not all that different from complement clauses. Yet a significant difference can be seen in the respective degree of integration of reporting and reported parts of the sentence. The reduction of a proposition to a noun phrase is the extreme form of integration of reporting and reported parts in speech reporting» (*ibidem*).

mises par Moïse sont celles qu'a prononcées Yʜwʜ quelques versets plus tôt (14,20–25.26–35, plus éventuellement les versets 11–12). De même, l'absence d'autres discours entre cette notice et les propos de Yʜwʜ confirme bien qu'il est le locuteur des הדברים évoqués. Dans ce cas, le substantif serait donc équivalent à la relative : « ce que Yʜwʜ lui avait parlé » (comme en Ex 34,32).

En hébreu, ces *nomina dicendi* sont le plus souvent des substantifs dérivés de *verba dicendi*, comme par exemple תורה, מצוה, דבר ou משפט ; il y a toutefois quelques exceptions, comme פה, sans verbe correspondant, ou חק(ה), dérivé d'un verbe [חקק] qui ne désigne pas, dans son sens premier, un acte de parole. L'objectif des analyses qui suivent est de montrer que, comme pour les occurrences précédentes, l'évocation indirecte d'un discours divin par un *nomen dicendi*, renvoie, dans la majorité des cas, à un discours effectif rapporté de manière directe[303].

Transmission d'un discours divin par Moïse

Les *nomina dicendi*, en particulier דבר et משפט, sont fréquemment employés dans des passages relatant la transmission d'un discours divin au peuple par l'intermédiaire de Moïse : le substantif représente ces propos, précédemment rapportés en style direct. C'est le cas en Ex 4,28 (se référant à 3,14–4,23) ; 24,3.4 (se référant à 20,22–23,33, plus peut-être 20,1–18) ; Nb 11,24 (se référant à 11,16–20) ; 14,39 (voir ci-dessus). Le substantif דבר peut également être employé pour désigner les mots écrits sur les tables de pierre (Ex 34,28), c'est-à-dire les dix paroles (20,1–18). Le substantif תורה est employé dans le même contexte (Dt 31,9.24, se référant probablement à Dt 5,6–21 ou à l'ensemble du livre).

Sommaires narratifs

Le *nomen dicendi* peut également être utilisé dans un sommaire narratif. C'est le cas du substantif תורה en Lv 13,59 ; 14,32.54.57 ; 15,32[304], qui, chaque fois, renvoie aux paroles venant d'être prononcées. Il peut encore constituer une notice d'accomplissement, exprimée par משפט avec la préposition כ (Lv 9,16, se référant à 9,7, et plus précisément à

---

[303] Dans certains cas, le discours divin, rapporté en style direct, suit immédiatement le *nomen dicendi*, lorsque celui-ci fait partie de l'introduction du discours direct (voir par exemple Gn 15,1.4 ou Ex 20,1 ; Dt 1,5).

[304] Ces occurrences pourraient également être considérées comme faisant partie du discours divin. Le mot תורה y figure toujours au pluriel.

6,1–5[305]) ou plus fréquemment par l'expression עַל־פִּי יהוה, comme en
Nb 3,16.39.51 (les versets 16 et 39 se référant à 3,14–15 et le verset
51 se référant à 3,44–48); 4,37.41.45.49 (se référant respectivement
à 4,1–3.22–23.29–30 et à 4–33 pour le verset 49); 13,3 (se référant
à 13,1–2); 33,38 (sommaire se référant à 20,23–26); Dt 34,5 (se référant à 32,48–50)[306]. La référence à un discours divin antérieur est plus
floue dans les quelques passages où l'ordre [פה] divin concerne le
cheminement du peuple et ses différentes étapes: Ex 17,1; Nb 33,2,
éventuellement en lien avec les mouvements de la colonne de nuée (Nb
10,13). Il ne s'agit pas ici nécessairement d'un ordre précis, mais de la
volonté divine qui préside à la marche du peuple[307].

Discours évoqué en style indirect par un *nomen dicendi* avec
commentaire narratif

En Ex 33,4, un adjectif qualifie le *nomen dicendi* renvoyant à une parole
divine: «Et le peuple entendit cette parole mauvaise [אֶת־הַדָּבָר הָרָע הַזֶּה]».
Cette «parole mauvaise» ne peut désigner que le discours qui précède
immédiatement et qui est prononcé par YHWH (versets 1–3), comme
le souligne le démonstratif הזה. Ce discours divin n'adopte explicitement un ton négatif que dans le dernier verset, où YHWH avertit
Moïse: «je ne monterai pas au milieu de toi, car tu es un peuple à

---

[305] Lv 9,7 est une parole prononcée par Moïse, tandis que le discours de 6,1–5 est
énoncé par YHWH.

[306] Au sujet des groupes prépositionnels constituant une référence à une parole divine,
voir C. L. MILLER, *The Representation of Speech*, pp. 133–134. Miller note: «Indirect
speech with prepositional phrases, like that with noun phrases, involves a reduction
or condensation of the original locution to a nominal phrase. When the quotation
of indirect speech is reduced to a prepositional phrase, the locution is treated as a
prepositional argument of the matrix speech verb» (*ibidem*, p. 133). Les prépositions
les plus communes sont עַל et כְּ suivi de אֲשֶׁר (les propositions en כַּאֲשֶׁר sont considérées ici comme des propositions d'accomplissement). Pour une fois, Miller souligne
ici la particularité des paroles prononcées par le personnage divin: «Reduced indirect
speech reflects scrupulous compliance with directives, especially divine directives»
(*ibidem*, p. 134).

[307] Comme on peut le constater, l'expression עַל־פִּי יהוה semble être employée
pour renvoyer à des ordres divins qui sont d'ordre plus général ou qui ont été rapportés plusieurs chapitres auparavant. Elle suggère de la sorte un mode plus souple
de référence. Au sujet des sommaires narratifs, Ex 9,6 présente également une notice
d'accomplissement, mais c'est YHWH qui accomplit sa propre promesse (9,1–4/5).
Le substantif דבר peut désigner soit la parole soit le contenu de l'action annoncée.
Enfin, on peut citer Ex 9,20.21, où le substantif דבר renvoie à la parole que YHWH
a prononcée aux versets 13–19. Le substantif דבר est encore employé seul en Nb
23,5.16, où YHWH «place une parole dans la bouche de Balaam», rapportée chaque
fois dans la suite immédiate.

la nuque raide, de peur que je ne t'achève en chemin» (verset 3).
Toutefois, dès le verset 1, une certaine ironie semble présente dans
les mots de YHWH, dans la mesure où celui-ci qualifie le peuple par
la relative «que tu as fait monter de la terre d'Égypte»: YHWH tait sa
propre action libératrice lors de la sortie d'Égypte, l'attribuant simplement à Moïse[308].

On peut alors se demander si l'adjectif הרע reflète le point de vue
de la narration ou celui des fils d'Israël, qui, ayant entendu la parole
en question, «prirent le deuil et personne ne mit plus ses ornements»
(verset 4b). Je me pencherai plus loin sur les jeux de focalisations, permettant à la narration de rendre parfois dans la diégèse la perception
particulière d'un personnage. Le point de vue du peuple semble ici
adopté, l'adjectif rendant la manière dont il perçoit la parole divine.

Ce passage montre clairement que le discours indirect permet à la
narration d'intervenir dans le récit, alors qu'elle se limite généralement
à un pur *showing*. Dans ce type d'intervention, la narration fait preuve
d'une certaine subtilité, puisque l'adjectif peut à la fois se comprendre
comme une indication de lecture qu'elle suggère au lecteur (la parole
de YHWH est «mauvaise») ou comme un commentaire sur la manière
dont le peuple reçoit cette parole (le peuple entend la parole de YHWH
et la perçoit comme «mauvaise»). L'exemple présente donc une ambiguïté similaire à celle qui existe entre les interprétations *de re* et *de dicto*,
évoquées plus haut dans cette recherche. C'est en même temps une
des possibilités du style indirect qui apparaît de la sorte, ce mode de
représentation permettant de susciter une certaine équivoque entre la
voix des personnages et la voix de la narration.

Les «décret et jugement» d'Ex 15,25

Enfin, il faut attirer l'attention sur deux cas plus complexes, que j'envisagerai successivement. Il faut d'abord s'attarder à Ex 15,25, un verset
ambigu à plusieurs points de vue: «Et il cria vers YHWH et YHWH lui
montra un [morceau de] bois et il le jeta dans l'eau et l'eau devint douce.
Là il posa pour lui un décret et un jugement et là il le mit au test». Le
premier problème concerne l'attribution des pronoms et suffixes. Les

---

[308] On analysera plus loin cette technique littéraire, visant à rappeler un fait raconté
antérieurement, mais en taisant l'intervention du divin. Voir, au chapitre IV, l'intitulé
«L'interprétation humaine d'actes divins racontés par la narration», p. 254.

sujets de שׂם et de נסהו sont incertains[309], pouvant se rapporter soit à Moïse (sujet du verbe וישלך) soit à Yʜwʜ (sujet du verbe principal au verset suivant)[310]. Il en est de même pour les pronoms suffixes. Le problème a depuis toujours préoccupé les exégètes : A. Dillmann, J. Wellhausen et B. Jacob[311], suivant Nachmanide, considèrent que Moïse est le sujet des deux verbes, tandis que d'autres commentateurs juifs traditionnels, comme la *Mekhilta*, Rashi ou Ibn Ezra, ainsi que la plupart exégètes modernes (B. Baentsch, M. Noth, B. S. Childs, J. Durham, N. M. Sarna et C. Houtman[312]) leur donnent Yʜwʜ comme sujet. Je suivrai cette dernière option, vu l'enchaînement avec le verset 26. En outre, d'une part, Moïse n'est jamais sujet du verbe נסה ailleurs[313], et, d'autre part, Yʜwʜ est sujet du verbe שׂים en plusieurs autres occurrences parallèles de l'Exode (Ex 9,5 ; 10,2[314]).

La seconde question porte sur le contenu de ces « décret et jugement ». De manière générale, il est intéressant de noter que les commentateurs rabbiniques qui attribuent le discours à Yʜwʜ interprètent les deux substantifs comme des commandements précis, donnés dans d'autres passages de la Torah. Ainsi, le Talmud de Babylone (*Sanhédrin* 56b) identifie les deux termes avec la loi noachide concernant les tribunaux [דינין], tandis que la *Mekhilta* (traité *Vayassaʿ*, chapitre 1) évoque les commandements du Shabbat et du respect des parents (ou, selon une autre tradition, les lois sur l'inceste, le vol, les peines et les blessures). Rashi, dans son commentaire sur l'Exode, mentionne également le Shabbat et la vache rousse. L'idée d'une référence au Shabbat provient des com-

---

[309] En fait, l'ambiguïté commence dès le verbe ויצעק, dont le sujet peut représenter le peuple, sujet du dernier verbe principal [וילנו], conjugué cependant au pluriel, ou Moïse, dernier personnage cité. Cette dernière lecture est la plus fréquente et celle que j'adopte ici. Cependant, la possibilité de considérer le peuple comme le sujet de ויצעק ouvre une toute autre interprétation de l'épisode, selon laquelle ce serait Israël et non Moïse qui aurait jeté le morceau de bois dans l'eau (avec toutefois la difficulté des verbes conjugués au pluriel).

[310] Houtman attribue le discours direct du verset 26 à Moïse. Voir C. Houtman, *Exodus. Volume 2*, p. 308. Pour Jacob, la première partie du verset 26 est prononcée par Moïse et la seconde par Yʜwʜ. Voir B. Jacob, *Exodus*, p. 438. Vu l'unité du discours, j'interpréterais celui-ci comme prononcé par un seul énonciateur, que j'identifie comme Yʜwʜ, d'après la référence aux plaies d'Égypte et la formule finale. Voir de même B. S. Childs, *Exodus*, p. 267.

[311] Voir B. Jacob, *Exodus*, pp. 436–438.

[312] Voir J. M. Noth, *Das zweite Buch Mose: Exodus*, pp. 102–103 ; B. S. Childs, *Exodus*, p. 267 ; J. I. Durham, *Exodus*, p. 211 ; N. M. Sarna, *Exodus*, p. 85 ; C. Houtman, *Exodus. Volume 2*, p. 307.

[313] Voir C. Houtman, *Exodus. Volume 2*, p. 312.

[314] Néanmoins, voir aussi Ex 19,7 et 21,1 (avec Moïse comme sujet de שׂם).

mandements donnés par Moïse au sujet de la récolte de la manne le sixième jour (Ex 16,23–26), puisque Yhwh n'a encore rien commandé à ce sujet[315]. Le plus important est sans doute de constater que les commentateurs rabbiniques cherchent à identifier les deux substantifs de 15,25 avec des lois énoncées ailleurs en style direct par Yhwh, évitant donc de supposer qu'une parole divine puisse être seulement évoquée par la narration, sans être directement rapportée[316].

Les versets 15,25b et 15,26 étant attribués au rédacteur deutéronomiste, la plupart des exégètes historico-critiques interprètent l'expression חק ומשפט en lien avec le commandement divin donné au verset 26[317] : « Et il dit : "Si tu écoutes attentivement la voix de Yhwh ton Élohim, si tu fais ce qui est droit à ses yeux, si tu prêtes l'oreille à ses ordres et si tu gardes tous ses décrets [חקיו], toutes les maladies que j'ai posées [שמתי] en Égypte, je ne les poserai pas [לא־אשים] sur toi, car je suis Yhwh, celui qui te guérit». J'explique également les deux substantifs חק ומשפט en rapport à ce verset 26, mais pour des raisons d'ordre littéraire.

D'une part, la structure conditionnelle du verset 26 [אם...לא־אשים] pourrait contribuer à expliquer le verbe נסהו du verset 25. Le test évoqué renverrait en ce sens au commandement donné au verset 26 et à la menace implicite qu'il contient : le peuple pourrait encourir les fléaux qui ont frappé l'Égypte s'il ne garde pas les commandements de Yhwh et ne fait pas entièrement confiance à ce dernier – comme il vient de le faire en murmurant contre les eaux amères (versets 23–24). Le verbe נסה pourrait donc se référer à la fois à ce qui précède – le

---

[315] Voir N. M. Sarna, *Exodus*, note 90 p. 249.

[316] Le seul commentateur qui fasse ici exception est Nachmanide, interprétant «le décret et le jugement» comme des préceptes concernant la vie dans le désert et la vie sociale. Voir à ce sujet C. Houtman, *Exodus. Volume 2*, p. 312. Or, comme on l'a vu, Nachmanide considère que Moïse est le sujet du verbe שם, et non Yhwh. Cette divergence me semble significative : lorsque les lois de 15,25 sont attribuées à Yhwh, elles sont nécessairement identifiées à des commandements rapportés par ailleurs en style direct, tandis que, lorsqu'elles sont attribuées à Moïse, l'absence de spécification de leur contenu ne semble pas poser problème.

[317] Le verset 25b a été interprété comme une étiologie de Massah (voir Ex 17,7) à cause de la présence du verbe נסהו. L'expression חק ומשפט ainsi que les conditionnelles du verset 26 suggèrent un rédacteur deutéronomiste. Le verset 25a est attribué à J, tandis que l'encadrement du passage (versets 22a et 27) serait sacerdotal. Voir B. Jacob, *Exodus*, pp. 437–438 et M. Noth, *Das zweite Buch Mose: Exodus*, pp. 101–102. Pour B. S. Childs, *Exodus*, pp. 267–268, l'éditeur deutéronomiste interprète une tradition déjà présente en J. La relation entre נסהו et Massah serait probablement accidentelle selon lui.

manque de confiance du peuple – et à ce qui suit – le discours divin réclamant l'obéissance[318]. D'autre part, le verset 26 reprend les termes חק et שׂם, bien qu'en des sens légèrement différents. Dans cette perspective, les deux substantifs חק ומשפט – un hendiadys selon H. Orlinsky, servant donc à désigner une seule et même réalité[319] – désigneraient le fondement même de l'obéissance à Yhwh, telle qu'elle est expliquée au verset 26 (écouter Yhwh, faire ce qui est droit à ses yeux, prêter l'oreille à ses ordres, garder tous ses préceptes)[320]. Dans ce cas, comme dans les occurrences examinées jusqu'ici, les deux *nomina dicendi* évoqueraient donc une parole divine qui est bien rapportée en style direct par la narration – ce que suggèrent également les interprétations rabbiniques, bien qu'au moyen d'une autre interprétation.

L'épisode des filles de Zelophehad ou la transition vers le Deutéronome

En Nb 36,5–6, il semble tout à fait impossible de rapporter le *nomen dicendi* à une parole divine rapportée en mode direct. Après la requête de chefs de famille du clan de Joseph concernant le mariage des filles de Zelophehad et la transmission de leur héritage, la narration poursuit : « Et Moïse ordonna aux fils d'Israël sur l'ordre de Yhwh [על־פי יהוה] en disant : "C'est correctement/honnêtement [כן][321] que la tribu des fils de Joseph parlent. Ceci est la parole que Yhwh a ordonnée pour les filles de Zelophehad en disant : 'De [qui est/sera] bon à leurs yeux elles deviendront femmes, mais c'est seulement d'[un homme] d'une famille de la tribu de leur père qu'elles deviendront femmes » (Nb

---

[318] Voir C. Houtman, *Exodus. Volume 2*, pp. 313–314 pour une interprétation similaire de l'épreuve en lien avec l'obéissance, bien que Houtman comprenne le verbe נסה comme une référence aux épreuves auxquelles Israël sera confronté au cours de sa marche dans le désert («Israel's being brought to places without water or with undrinkable water is construed as a testing by Yhwh to see whether it will abide by a demand imposed upon the people […]. The text presupposes that prior to the testing by Yhwh there is the establishment of the norm», *ibidem*, p. 313).

[319] Voir Harry M. Orlinsky, *Notes on the New Translation of the Torah*, Jewish Publication Society, Philadelphia, 1970, pp. 36 et 170, qui traduit חק ומשפט par «fixed rule». Voir également N. M. Sarna, *Exodus*, p. 85 et C. Houtman, *Exodus. Volume 2*, p. 313. La Septante, la Vulgate et la Peshita traduisent les deux termes au pluriel.

[320] Voir en ce sens C. Houtman, *Exodus. Volume 2*, p. 313 : «The content [of חק ומשפט] is left undefined, but the sequel (15:26) suggests that it is the requirement to obey Yhwh. In short, the object of 15:25b, 26 is to highlight that from the start Israel knew of Yhwh's requirement of obedience. It is the *charter, the constitution, for Yhwh's relationship with Israel*».

[321] Dans son sens adjectival, כן est traduit «right, veritable, honest» par le BDB (d'où l'expression «avoir raison», quand l'adjectif est accompagné du verbe דבר).

36,5–6). Les paroles de Moïse se prolongent dans les trois versets suivants, tandis que le verset 10 conclut: «Selon ce que [כאשר] Yhwh avait ordonné à Moïse, ainsi firent les filles de Zelophehad». Cette proposition d'accomplissement avait déjà été évoquée précédemment. Il est temps à présent de l'examiner en détail, sur la base du verset 5 et de l'expression על־פי יהוה.

À deux reprises, la narration souligne que la décision de Moïse est conforme à un ordre divin, comme celui-ci l'exprime lui-même (verset 6). Or il s'avère impossible de trouver «l'original» de la parole divine, comme dans les occurrences examinées jusqu'ici. Le seul discours divin concernant les filles de Zelophehad est rapporté en Nb 27,6–11 et ne stipule rien au sujet de leur mariage (ni au sujet de celui des héritières d'autres tribus). On peut proposer de multiples interprétations: par exemple, selon Milgrom, Yhwh a déjà prévu le problème lors de son discours après la requête des filles de Zelophehad elles-mêmes, mais Moïse ne transmet cette précision que plus tard, à la demande des chefs de famille[322]. Mon problème est cependant moins d'expliquer ce qu'il s'est «réellement» passé dans l'histoire, que d'essayer de comprendre pourquoi la narration, d'habitude attentive à informer le lecteur des paroles divines exactes, se contente ici de rapporter le compte-rendu de Moïse[323].

L'interprétation que je proposerais est basée sur la position du texte à la fin du livre des Nombres. Comme le souligne D. Olson, ce second épisode concernant les filles de Zelophehad, en racontant comment un compromis est atteint alors que se présentent de nouvelles circonstances, «affirme la flexibilité de la tradition et le besoin de réinterprétation face aux nouvelles questions et expériences auxquelles sont confrontées les générations suivantes du peuple de Dieu. Cette capacité d'adaptation ouvre la porte à une nouvelle interprétation, issue d'une autre tradition

---

[322] Voir Jacob Milgrom, *Numbers* במדבר. *The Traditional Hebrew Text with the New JPS Translation* (JPS 4), The Jewish Publication Society, Philadelphia/New York, 1990, p. 297.

[323] Bien que la question ne soit pas abordée dans les commentaires consultés, les commentateurs historico-critiques expliqueraient sans doute le problème par le fait que le chapitre 36 est considéré comme une addition postérieure à 27,1–11. Voir par exemple George Buchanan Gray, *A Critical and Exegetical Commentary on Numbers* (ICC), T. & T. Clark, Edinburgh, 1912 (1903¹), p. 477; Martin Noth, *Das vierte Buch Mose: Numeri* (ATD 7), Vandenhoeck & Ruprecht, Göttingen, 1966, p. 222 ou Baruch A. Levine, *Numbers 21–36* (AB 4B), Doubleday, New York, 2000, p. 575.

à l'intérieur d'Israël : le Deutéronome »[324]. Le Deutéronome présente
en effet une autre conception de la médiation de Moïse : les discours
divins qu'il rapporte sont présentés comme paroles de Yhwh, même s'ils
ne sont accompagnés d'aucun discours direct prononcé par ce dernier.
En ce sens, alors que le discours de Moïse s'étend sur la quasi-totalité
du livre, son caractère de médiateur s'estompe pour se confondre avec
l'autorité de celui dont il transmet les paroles.

À la suite d'Olson, je proposerais d'interpréter le dernier épisode des
Nombres comme une annonce du Deutéronome. Le récit y présente
la médiation de Moïse de manière similaire, omettant de rapporter en
style direct la parole divine que Moïse transmet. La narration insiste à
deux reprises sur le fait que les propos transmis par Moïse correspondent
bien à la volonté divine (voir les versets 5 et 10). En conséquence, la
narration ne « dissimule » aucune information au lecteur – les paroles
effectivement prononcées par Yhwh – mais lui donne la garantie que le
discours transmis par Moïse est parfaitement fidèle aux propos divins.
Le lecteur s'en doute d'ailleurs après les nombreux cas où il a pu
vérifier que Moïse communique la parole de Yhwh de manière tout à
fait conforme. Plutôt qu'une marque manifeste de la médiation de la
narration, je distinguerais ici l'annonce de la transition que constitue
le Deutéronome.

Comparaison avec les paroles humaines résumées par un seul
nomen dicendi
Comme on vient de le voir, seules deux occurrences (sur 27) de *nomina
dicendi* employés seuls ne sont pas précédées des paroles divines effectivement prononcées – mais elles peuvent être expliquées, on vient de
le voir. Le constat est d'autant plus intéressant lorsque l'on observe
qu'un *nomen dicendi* peut être utilisé sans être précédé d'un discours
direct lorsqu'il évoque une parole humaine. Ainsi, dans l'épisode des
plaies d'Égypte, à deux reprises, « Yhwh fit comme la parole [כדבר]
de Moïse » (Ex 8,9.31), alors que le verset précédent a seulement évoqué l'intervention de Moïse, sans la rapporter en mode direct[325]. De

---

[324] « The compromise achieved in this clash of traditions and new circumstances
affirms the flexibility of the tradition and the need for reinterpretation in the face of
new questions and experiences faced by succeeding generations of God's people. This
adaptability opens the door to a new interpretation from another tradition within Israel
in the form of the book of Deuteronomy », Dennis Olson, *Numbers* (Interpretation),
John Knox, Louisville, 1996, p. 192.

[325] L'intervention de Moïse est seulement évoquée en mode indirect : « Et Moïse
cria vers Yhwh au sujet des grenouilles qu'il avait posées sur Pharaon » (8,8b) ; « et il

même, Ex 38,21 indique que les comptes de la Demeure ont été faits
«sur l'ordre de Moïse» [עַל־פִּי מֹשֶׁה], alors qu'aucun discours de Moïse
n'a été rapporté en ce sens[326]. Ces quelques exemples mettent encore
mieux en évidence le souci de la narration de toujours faire précéder
une évocation de la parole divine par les propos prononcés par YHWH
rapportés en mode direct.

3. *Actes de parole divins évoqués en style indirect*

Je ne mentionne cette catégorie que pour mémoire, puisqu'elle n'a
guère d'importance pour les questions posées ici. En effet, dans ces
occurrences, c'est l'acte de parole – le fait que le personnage divin
parle ou a parlé – et non le contenu de ses propos qui est évoqué.
Je cite ici quelques exemples non exhaustifs. En Ex 34,34, les verbes
principaux au *yiqtol* (et *weqatalti*) suggèrent une action répétitive: «Et
quand Moïse venait devant YHWH pour parler avec lui, il retirait le voile
jusqu'à ce qu'il sorte; et il sortait et il parlait aux fils d'Israël ce qu'il
avait été ordonné [יְצֻוֶּה]». Le *pual* n'est pas accompagné d'un complément d'agent, mais il est clair que c'est YHWH qui donne des ordres à
Moïse. Au contraire des occurrences examinées jusqu'ici, le verset ne
fait pas référence à une directive précise, mais à l'acte de parole ou la
conversation entre Moïse et YHWH, qui a lieu régulièrement.

Un même constat vaut pour les occurrences de la fin du chapitre 9
des Nombres (9,18.20.23), décrivant les mouvements du peuple en
accord avec ceux de la nuée. Les «ordres de YHWH» [עַל־פִּי יהוה]
évoqués ne correspondent pas à des ordres précis, mais à l'ensemble
de ses directives concernant le départ du peuple et ses différentes
étapes[327]. D'autres occurrences, comme Lv 24,12, rapportent que le
peuple attend les ordres divins, pour pouvoir agir en conformité avec
ceux-ci. Dans ce cas, le *nomen dicendi* n'évoque même pas une parole
déjà prononcée, mais future.

---

supplia YHWH» (8,26b). Les deux verbes «crier» [צעק] et «supplier» [עתר] suggèrent
le contenu de l'acte de parole.

[326] Bien sûr, d'autres évocations d'une parole humaine sont précédées par les propos
rapportés en style direct (voir par exemple Gn 44,2 ou Lv 10,7), surtout quand il s'agit
d'un discours de Moïse (Ex 32,28). Dans certains cas où la narration rapporte qu'un
ordre est exécuté par les fils d'Israël conformément à la parole de Moïse, les propos de
ce dernier ne sont pas rapportés, mais bien le discours divin, commençant par un ordre
de transmission (voir par exemple Ex 12,35, se référant à l'ordre divin d'Ex 11,2).

[327] Voir l'intitulé «Sommaires narratifs», p. 161.

Enfin, une parole divine peut être évoquée en style indirect dans une proposition temporelle. À ma connaissance, le Pentateuque ne compte que deux exemples. Le premier se trouve en conclusion du dialogue entre Yhwh et Abraham sur le sort de Sodome : «Et Yhwh s'en alla, quand [כאשר] il eut achevé de parler [לדבר] avec Abraham» (Gn 18,33a). La seconde occurrence est elle aussi conclusive, à la fin des lois données par Yhwh au Sinaï (Ex 31,18). Un autre exemple se trouve en proposition principale (Gn 17,22). Dans ces trois cas, ce n'est pas le contenu de l'échange de paroles (rapporté en style direct) qui est évoqué ; c'est plutôt le fait du dialogue qui est rappelé au moment où il prend fin.

4. *Le style indirect dans le discours d'un personnage*

Les paroles divines médiatisées par un autre discours présentent deux types de style indirect. D'une part, un discours divin peut être repris en discours indirect quand il est évoqué par un autre personnage (voire par le personnage divin lui-même) postérieurement à son énonciation. D'autre part, le discours indirect, identifié à partir du critère de la deixis transparente évoqué ci-dessus, peut encore être employé quand le personnage divin dicte à Moïse des paroles à rapporter au peuple, tout en continuant à employer la première personne pour se désigner (voir par exemple Ex 19,3–6).

Les occurrences de la première catégorie peuvent se classer selon les mêmes critères que le style indirect dans la diégèse : en discours enchâssés, des paroles divines peuvent être rapportées indirectement dans la principale[328] ou au moyen d'une infinitive[329], évoquer indirectement des propos divins dans une proposition d'accomplissement (introduite par כאשר ou par כל אשר)[330], dans une relative[331] ou par un subs-

---

[328] Voir par exemple Nb 11,17 ; 12,2.6.8 ; 14,35 ; 23,17 ; Lv 25,21 ; Dt 4,12 ; 5,4.22.31 ; 28,8.

[329] Voir par exemple Gn 3,11 ; Ex 13,5 ; 24,12 ; Nb 36,2 ; Lv 8,34 ; Dt 1,8.35 ; 4,14.21 ; 5,15 ; 6,1.10.24 ; 7,13 ; 9,25 ; 10,11 ; 11,9.21 ; 24,18.22 ; 26,3.16.18–19 ; 28,11 ; 30,20 ; 31,7.

[330] Voir par exemple Gn 24,51 ; 31,16 ; Ex 8,23 ; 12,25 ; 13,11 ; 23,15 ; 29,35 ; 31,11 ; Nb 14,17 ; 22,8 ; Lv 9,7 ; Dt 1,11.19.21.41 ; 2,1.14 ; 4,5 ; 5,12.16.32 ; 6,3.19.25 ; 9,3 ; 10,5.9 ; 11,25 ; 12,20.21 ; 13,18 ; 15,6 ; 17,10 ; 18,2 ; 19,8 26,14.15.18.19 ; 20,17 ; 24,8 ; 26,14 ; 27,3 ; 28,9 ; 29,12 ; 30,2 ; 31,3 ; 34,9.

[331] Voir par exemple Gn 3,11 ; 18,19 ; 22,2 ; 24,7 ; 26,2.3 ; 28,15 ; 19,6 ; 24,3 ; 31,16 ; 33,17 ; 50,24 ; Ex 4,12.15 ; 6,29 ; 7,2 ; 16,16.23.32 ; 19,8 ; 23,22 ; 24,7 ; 25,22 ; 31,16 ;

tantif employé seul[332]. De plus, on trouve également en dehors de la diégèse des discours divins évoqués indirectement par une complétive (introduite par כִּי)[333], par une proposition causale (introduite par כִּי)[334] ou par une question indirecte[335]. Ces occurrences, où la parole divine n'est pas rapportée ou évoquée par la narration, mais par la médiation d'un personnage, seront examinées d'un point de vue narratif au chapitre IV.

5. *Les discours divins en style indirect: quelques observations*

On remarque déjà, à l'examen des occurrences du style indirect dans le Pentateuque, que la narration évite, quand elle représente le divin, de manifester sa médiation. Il s'agit d'une question de convention littéraire: la narration, en effet, médiatise toujours les discours des personnages, qu'ils soient rapportés en mode direct ou indirect. Dans l'indirection apparaît cependant, par la médiation syntaxique qui est mise en œuvre, une certaine marque d'élaboration narrative, qui se pose en intermédiaire entre le lecteur et les propos du personnage. Or on observe que la narration, dans le Pentateuque, restreint pratiquement toujours (on a vu ainsi le cas particulier d'Ex 6,13, où le style indirect s'explique cependant par la succession des trois paroles divines et par l'évolution qu'elles manifestent) l'usage du style indirect, dans le cas de la transmission de paroles divines, à des rappels de discours, rapportés auparavant en style direct. La narration fait donc bien état de sa médiation, en rappelant ainsi un élément qu'elle a déjà raconté, mais, ce faisant, elle évite de manifester son rôle médiateur quant à la représentation du divin.

32,8.13.34; 34,11.18; 35,1.4.10; 36,1.5; Lv 8,5; 9,6; 10,3.11; 17,2; 19,2; Nb 10,29; 11,12; 14,16.23.40; 15,22.23; 22,20.35; 23,26; 24,13; 30,2; 31,21; 32,11.31; 34,17; 36,6; Dt 2,37; 4,13.23.31; 5,27.33; 6,1.17.18.20.23; 7,8.12; 8,1.18; 9,5.10.12.16.28; 10,4; 13,6; 18,18.20; 19,8; 26,13; 28,45.69; 31,20.21.23.

[332] Voir par exemple Gn 22,16; Ex 12,24; 24,8; 34,1.27; Nb 11,23.24; 12,6; 15,31; 22,38; 23,3.5; 24,4.16; Dt 4,2.10.12.13.36.40; 5,5.22; 6,2.6.17; 8,11; 9,10; 10,2.13; 11,8.18.22.27; 15,15; 17,19; 18,18.19; 24,18.22; 27,3.8.26; 28,14.58.69; 29,8.28; 30,1.14; 31,12.24; 32,46.47.

[333] Voir par exemple Gn 22,16.

[334] Voir par exemple Ex 12,26.33; 13,19; 18,3; 20,22; Lv 8,35; 10,13; Nb 10,29; 11,12; 36,2; Dt 9,25.

[335] Voir par exemple Nb 9,8.

IV. La représentation des paroles divines :
conclusions

La première observation à laquelle aboutit cette étude des paroles divines dans le Pentateuque est évidente, mais essentielle : le style direct est le mode le plus fréquent par lequel les propos divins sont intégrés dans la narration[336]. En vertu des conventions littéraires, le lecteur a ainsi l'illusion d'entendre la plupart des paroles divines comme celles-ci sont prononcées. Le lecteur est placé en témoin direct, comme s'il était présent dans le monde raconté aux côtés des personnages humains. Toutefois, à travers l'analyse de l'auto-nomination divine, on a pu aussi déceler la construction des discours directs, sur lesquels « déteint » parfois la diégèse (afin de faire référence à l'expérience d'un autre personnage, de contribuer à marquer la structure du texte, etc.). L'impression d'immédiateté des discours directs doit donc se conjuguer avec leur nécessaire construction narrative – la *mimesis* étant toujours un mode de la *diegesis*.

On a vu de même combien sont minimales les introductions narratives et les qualifications des discours divins rapportés en mode direct. D'une certaine manière, le lecteur expérimente un déficit d'information par rapport aux personnages qui assistent à l'acte de parole divin. Toutefois, par le fait même, il n'en est que plus directement plongé dans le monde narratif, puisque aucune médiation ne vient « commenter » les paroles divines qu'il reçoit. La narration biblique présente en ce sens un certain caractère dramatique, soucieuse de « montrer » ou « faire entendre » au lecteur les paroles plutôt que de les lui « raconter ». Au moins à ce niveau, l'expérience de la lecture prend la forme de l'immersion et de la participation. Plutôt que de recevoir une description des paroles divines, le lecteur se trouve plongé dans le monde narratif, qu'il découvre sans guère plus d'informations que les acteurs du récit.

On remarque ainsi que la première manière par laquelle le Pentateuque « parle » du personnage divin consiste à le faire parler. Plutôt que d'expliquer qui il est ou de décrire sa relation aux autres personnages, le récit biblique confronte le lecteur aux mots mêmes qu'il prononce. Il résulte de cette particularité littéraire et syntaxique un *rapport* particulier au personnage divin, tant entre lui et la narration qu'entre lui et le lecteur.

---

[336] Voir aussi R. Alter, *The Art of Biblical Narrative*, pp. 65–66.

Du côté de la narration, on observe un certain effacement : bien que sa médiation soit constante, la narration en limite fortement les « traces », laissant résonner la voix du personnage divin sans intermédiaire apparent. À cet égard, le « dire Dieu » du Pentateuque se donne fondamentalement comme « laisser être » : la parole divine est transmise telle quelle, livrée au lecteur comme voix plutôt que comme reprise d'une voix, comme événement plutôt que comme contenu abstrait. La narration se recule et s'efface devant la voix du personnage qu'elle raconte : la voix du récit se tait, pour donner la parole aux personnages. Puisque la narration biblique met en scène un personnage divin, celui-ci, en vertu du discours direct, « parle », prononçant des mots audibles tant pour les autres personnages du récit que pour le lecteur du texte. Le Pentateuque « invente » ainsi la langue de Dieu, l'humain prêtant sa langue au divin. La voix humaine crée la voix divine, tandis que, ce faisant, elle se tait pour lui laisser la place. Effacement et audace se conjuguent : la narration donne voix et parole à Dieu, se retirant du fait même pour le laisser parler.

Du côté du lecteur, l'expérience que suscite la lecture est d'abord, on l'a vu, événement et rencontre. Lire le Pentateuque, à cet égard, ne procure pas un discours *sur* ce que Dieu est. Le premier « dire Dieu », c'est un Dieu qui *se* dit. Dieu n'est pas décrit ; il est rencontré comme « être de parole »[337]. De ce fait, le texte apparaît moins comme un discours – comme un discours ordonné et abstrait *sur* un certain objet – que comme un terrain d'événement, comme un lieu où se passe une expérience, comme une occasion de changement. En ce sens, le Pentateuque se présente comme un exemple parfait du récit tel que l'ont décrit Walter Iser, Umberto Eco, Paul Ricœur[338], etc. Le Pentateuque à la fois raconte et donne à vivre une expérience. En-deçà du discours conceptuel, il ne fournit pas aux théologiens un discours sur Dieu, que ces derniers pourraient s'appliquer à traduire dans l'actualité de leur

---

[337] Voir J.-P. SONNET, « Du personnage de Dieu comme être de parole », pp. 15–36.

[338] Voir ainsi, pour mémoire, Walter ISER, *L'acte de lecture. Théorie de l'effet esthétique*. Traduit de l'allemand par E. Sznycer, Pierre Mardaga, Bruxelles, 1985 (édition originale allemande 1976) ; Umberto Eco, *Lector in fabula. Le rôle du lecteur ou la coopération interprétative dans les textes narratifs*. Traduit de l'italien par M. Bouzaher, Grasset, Paris, 1985 (édition originale italienne 1979) ; Paul RICŒUR, *Temps et Récit. Tome I. L'intrigue et le récit historique. Tome II. La configuration dans le récit de fiction. Tome III. Le temps raconté* (L'ordre philosophique), Seuil, Paris, 1983–1985.

propre langage. Il les confronte à une expérience, où le «dire Dieu» relève d'abord de ce qui est vécu à la lecture.

Quant au style indirect, on a observé qu'il n'est usité que comme procédé de rappel, servant à remémorer au lecteur un discours divin cité antérieurement dans le récit. Le nombre de ces occurrences, particulièrement dans le cas de la proposition d'accomplissement, suggère l'importance accordée par le Pentateuque à l'adéquation entre une action humaine ou un événement et la parole divine qui la commande ou le prédit. En d'autres termes, ce procédé littéraire permet de mettre en évidence le rôle de la parole divine dans le déroulement de l'intrigue : par ce moyen, la narration indique que les événements et actions racontés découlent en fait d'un discours divin que le lecteur a pu entendre directement. Ces différentes notices ont ainsi pour fonction générale de souligner le rôle créateur de la parole divine. Pour le lecteur, c'est donc fondamentalement à travers des mots – représentés en style direct ou rappelés en style indirect – que se profile l'action divine dans le monde raconté. La parcimonie biblique en matière de narration indirecte se confirmera avec la représentation de la vie intérieure divine, étudiée au chapitre III.

CHAPITRE II

LA REPRÉSENTATION DES ACTES DIVINS OU LES DIFFÉRENTS MODES DE PRÉSENCE DE LA DIVINITÉ

J'envisage dans ce chapitre la représentation des actes divins du Pentateuque, non pas selon le contenu de ces actes ou selon le portrait de Yhwh qu'ils dressent, mais selon les «postures» de la narration qu'ils mettent en lumière. J'examinerai ces postures selon trois aspects principaux, dépendants les uns des autres : il s'agira de se pencher d'abord sur les perspectives ou focalisations qui caractérisent la représentation des actions divines, puis sur les modes de présence du personnage divin sur la scène du récit, et enfin sur les médiations qui peuvent servir d'intermédiaires à ses actions ou à ses paroles. Je commencerai, dans une première section, par préciser les critères principaux qui guident cette recherche. Je passerai ensuite à un regard d'ensemble sur la Genèse, livre particulier en ce qu'il met en scène une nette décroissance du nombre des actions divines, à mesure que l'on en tourne les pages. Les sections 3 et 4 seront consacrées aux «seuils» les plus importants par lesquels la Genèse – et, à travers ce livre, l'ensemble du Pentateuque – passent d'une représentation du divin à une représentation de l'expérience humaine du divin. J'envisagerai ensuite quelques médiations de la présence divine, caractéristiques à la fois de la Genèse et des autres livres du Pentateuque : l'intervention du messager, l'expérience onirique et l'interprétation humaine des actes divins.

Dans ce chapitre, je parlerai, faute d'expressions plus adaptées, d'actes divins «rapportés» ou «racontés» dans la narration. Cette terminologie ne rend toutefois pas adéquatement compte de la théorie narrative adoptée dans cet ouvrage, selon laquelle les événements se racontent sans être contés par une instance extérieure. Si, dans un discours, les faits évoqués sont rapportés par l'énonciateur, les actes posés par les personnages du récit ne sont pas l'objet d'un discours. Il n'y a donc pas de narrateur à postuler derrière le récit. Comme l'écrit S.-Y. Kuroda, on ne doit supposer «l'existence d'aucune conscience qui aurait jugé cet événement en train de se produire et qui la communiquerait à quelqu'un d'autre. La phrase crée simplement, en nous, l'image ou la connaissance de l'événement. [...] Dès qu'une telle connaissance d'un événement est créée, nous pouvons y réfléchir et en faire l'objet d'un acte mental, disons l'acte d'imaginer un événement»[1]. En d'autres termes, quand on dit qu'un acte ou un événement est «raconté» ou «rapporté» par la narration, il ne faudrait pas supposer – dans la perspective de cette théorie – qu'une certaine conscience narrative viendrait le raconter au lecteur. Cet acte ou événement, en effet, n'existe pas par ailleurs en soi (que ce soit dans la réalité ou simplement dans la conscience d'un narrateur), susceptible d'être exprimé verbalement avec plus ou moins de fidélité. Au contraire, le texte «crée l'événement» – l'acte divin, en ce sens, n'étant rien d'autre que le récit qui en est fait.

I. Introduction : deux distinctions de base

À la lumière de cette précision méthodologique, on pourrait estimer qu'un chapitre sur les actes divins ne s'inscrit guère dans la recherche menée ici. Comment en effet envisager la posture de la narration face au personnage divin si la phrase qui rapporte ses actes se limite à «créer la connaissance de l'événement»? Comment parler de «connaissance» de la narration lorsque celle-ci n'est pas à considérer comme une conscience qui connaîtrait on non ce que Yhwh a fait? Comment discerner la manière dont un acte est raconté si cet acte ne consiste que dans les mots ainsi utilisés? Je proposerais néanmoins deux distinctions, qui dirigeront cette recherche sur la représentation des actes divins.

1. *Les différents modes de présence du personnage divin*

Une première distinction est particulièrement évidente, mais significative pour la représentation de la divinité. Elle prend deux formes principales. D'une part, un épisode peut mettre ou non en scène des actions divines. Ainsi, par exemple, le chapitre 34 de la Genèse, racontant le viol de Dina, ne présente aucune intervention – ni même évocation – du personnage divin. Si celui-ci est sans nul doute un des personnages principaux du Pentateuque – le seul qui apparaisse du début à la fin –, il n'en est pas pour autant toujours présent sur scène. Il sera ainsi intéressant de distinguer les passages du Pentateuque où les actions divines

---

[1] S.-Y. Kuroda, «Réflexions sur les fondements de la théorie de la narration», p. 288.

occupent le devant de la scène et ceux où elles sont pratiquement ou complètement absentes. On pourra ainsi déterminer si le Pentateuque et chacun de ses livres en particulier révèlent certaines «trajectoires» quant à la présence de la divinité.

D'autre part, on peut également discerner différents modes de présence du personnage divin. Ses actes peuvent d'abord être directement décrits: il est alors activement présent sur la scène narrative. Si le récit avait la forme d'une pièce de théâtre, les spectateurs pourraient le voir agir sur scène. Par exemple, en Ex 31,18, «il [Yhwh] donna à Moïse […] les deux tables du témoignage…». La narration suggère ici au lecteur un événement qu'il peut se figurer directement, comme ayant lieu à l'avant-scène du récit.

Le personnage divin peut également être présent de manière médiate. Dans ce cas, lui-même est évoqué (ou une de ses actions) soit par la narration soit par un personnage, mais sans qu'il soit directement présent sur la scène. Ainsi, en Ex 32,16, alors que Moïse s'en retourne vers le peuple, après avoir parlé avec Yhwh, la narration précise (préparant la scène qui suit aux versets 17–19): « Et Moïse descendit de la montagne et les deux tables du témoignage [étaient] dans sa main, tables écrites des deux côtés, écrites sur l'un et l'autre de ceux-ci – et les tables [étaient] l'œuvre d'Élohim et l'écriture [était] l'écriture d'Élohim gravée sur les tables» (32,15–16). Ici, l'action du personnage divin – l'écriture des tables – est antérieure et n'est que rappelée par la narration. Le lecteur a donc sous les yeux Moïse descendant de la montagne, les tables à la main. L'image d'Élohim comme auteur de celles-ci est seulement montrée en arrière-plan. Un même type d'évocation «secondaire» peut se situer en contexte discursif. Ainsi, en Gn 19,13, les «hommes» déclarent à Lot: «Car nous détruisons ce lieu, car grande est leur clameur devant Yhwh et Yhwh nous a envoyés pour la détruire». Le lecteur n'a sous les yeux que Lot et les deux hommes. Yhwh est bien cité dans leurs paroles, mais se trouve seulement à l'arrière-plan de la scène.

Particulièrement intéressantes sont les interprétations que les personnages humains donnent des actions divines. Ainsi, Saraï, en Gn 16,2, explique son infertilité par un agissement divin: «Et Saraï dit à Abram: "Voici donc: Yhwh m'a empêchée d'enfanter…"». La narration ne raconte pas elle-même que Yhwh aurait directement causé l'infertilité de Saraï. Cette «action» divine, en ce sens, n'est présente dans le récit que par la médiation de l'interprétation de Saraï. Cette médiation des personnages peut également se trouver dans la diégèse, introduite généralement par un *verbum sentiendi*: «Et le peuple crut et ils entendirent que Yʜᴡʜ avait visité les fils d'Israël et qu'il avait vu leur humiliation…» (Ex 4,31). Ici, c'est la perception des personnages qui est représentée, médiatisant la représentation de la «visite» et du regard de Yʜᴡʜ. Le personnage divin apparaît donc selon différents modes de présence, pouvant être directement présent sur scène ou seulement présent «par interprétation interposée».

2. *Perspective et focalisation dans la représentation des actes divins*

Il faut ensuite tenter de distinguer la perspective adoptée dans la représentation des actes du personnage divin et les différentes focalisations que la narration peut opérer[2]. Même s'il n'est pas question de considérer que ces actes existeraient comme une réalité séparée du récit, susceptibles donc de recevoir différents traitements narratifs, il n'en reste pas moins que la narration peut les représenter soit dans la perspective du personnage qui les pose, soit dans celle d'autres personnages, soit encore dans une perspective neutre. Il n'est pas ici question de la connaissance dont la narration ferait preuve ou non, mais plutôt de la position dans laquelle elle se situe pour rapporter les faits et gestes divins[3].

a. *Quelques repères théoriques sur la notion de focalisation*

Adoptant ici une approche descriptive de la focalisation, s'attachant essentiellement à rendre compte du texte biblique, je ne m'attarderai guère sur les différentes théorisations dont ces notions ont fait l'objet. Je voudrais néanmoins proposer une vue cohérente sur cette technique littéraire, en accord avec la théorie narrative suivie ici. Je partirai donc d'une définition de la focalisation inspirée de celle que propose M. Bal. Puisque la majorité des études sur la focalisation ont été proposées dans le cadre d'une narratologie communicationnelle[4], je tenterai ensuite de

---

[2] Je profite, en quelque sorte, de ce chapitre sur les actes divins, pour introduire ces quelques notions concernant la focalisation. Il est clair cependant que les jeux sur la perspective ne concernent pas seulement la représentation des actes d'un personnage, mais peuvent porter sur tout élément du récit. Ces précisions sur la focalisation seront ainsi particulièrement utiles pour l'étude de la représentation de la vie intérieure divine.

[3] Comme l'écrit G. Genette dans sa définition de la focalisation, «l'auteur n'a rien à "savoir" puisqu'il invente tout», G. Gᴇɴᴇᴛᴛᴇ, *Nouveau discours du récit*, p. 49.

[4] Voir ainsi essentiellement G. Gᴇɴᴇᴛᴛᴇ, *Figures III*, pp. 67–273 et Iᴅ., *Nouveau discours du récit*; Alain Rᴀʙᴀᴛᴇʟ, «L'introuvable focalisation externe. De la subordination de la vision externe au point de vue du personnage ou au point de vue du narrateur»,

considérer cette notion à partir d'une conception du récit comme forme littéraire distincte du discours. Je reviendrai ensuite sur les typologies proposées par Genette et Bal, pour tenter de proposer un modèle simple et efficace pour la recherche menée ici[5].

Vers une définition de la focalisation

Je partirai d'une distinction proposée par M. Bal, elle-même corrigeant G. Genette[6]. Selon elle, «la focalisation est la relation entre la "vision", l'agent qui voit, et ce qui est vu»[7]. Cette définition relationnelle de la focalisation permet de différencier l'agent focalisateur (*focalizor*) du contenu focalisé (*focalized*). Le sujet de la focalisation ou *focalizor* désigne le point d'origine depuis lequel une certaine situation est représentée. M. Bal distingue trois niveaux sur lesquels joue cette relation : la focalisation est *sélection* – par laquelle sont choisis les éléments représentés dans le récit –, *vision* (ou perception) – par laquelle ces éléments sont perçus selon un certain angle – et enfin *présentation* – par laquelle ils sont agencés dans le récit[8].

La notion de focalisation correspond à celle, syntaxique, de centre déictique : elle représente en effet la position (spatiale, temporelle, personnelle, etc.) depuis laquelle une réalité narrative est perçue et représentée. Le *contenu focalisé*, par contre, représente un ou plusieurs points de cette réalité décrite qui reçoivent une attention particulière – sur lesquels se fixe, pour ainsi dire, «l'objectif» de la narration. Le *focalizor* constitue donc le point d'origine de la représentation, tandis que le contenu focalisé consiste en ce que celui-ci vise. Afin d'éviter ces termes abstraits difficilement traduisibles en français, j'utiliserai simplement les

---

Littérature 107 (1997), pp. 88–113 et ID., *La construction textuelle du point de vue* (Sciences des discours), Delachaux et Niestlé, Lausanne/Paris, 1998 ; René RIVARA, *La langue du récit. Introduction à la narratologie énonciative*, L'Harmattan, Paris, 2000.

[5] Pour d'autres théories de la focalisation ou du point de vue, voir par exemple W. BOOTH, *The Rhetoric of Fiction*; Boris USPENSKY, *A Poetics of Composition. The Structure of the Artistic Text and Typology of a Compositional Form*, University of California Press, Berkeley, 1973 ; Seymour CHATMAN, *Story and Discourse. Narrative Structure in Fiction and Film*, Cornell University Press, Ithaca/London, 1978, pp. 151–161.

[6] Voir Mieke BAL, *Narratology. Introduction to the Theory of Narrative*. Translated by C. van Boheemen, University of Toronto Press, Toronto/Buffalo/London, 1985 et *On Story-Telling. Essays in Narratology* (edited by David Jobling), Polebridge Press, Sonoma, 1991.

[7] «Focalization is the relationship between the "vision," the agent that sees, and that which is seen», M. BAL, *Narratology*, p. 104.

[8] Voir M. BAL, *On Story-Telling*, p. 92.

termes non techniques «perspective» et «point de vue» pour désigner cette relation entre agent focalisateur et objet focalisé[9].

Agent focalisateur et contenu focalisé dans les langues discursive et narrative

Dans la langue discursive, comme on l'a vu plus haut[10], le centre déictique constitue un «point aveugle» depuis lequel une réalité est perçue ou représentée, mais qui reste absent de cette représentation. Par exemple, dans l'énoncé: «Je viendrai demain», le locuteur parle à partir d'un «aujourd'hui» qui n'est pas spécifié, ne pouvant se comprendre que par rapport à la position du sujet. La situation de communication, qui rassemble locuteur et récepteur, permet cet «effacement» du centre déictique, connu de ces deux sujets. Par contre, dans la langue narrative, comme l'a montré Käte Hamburger, a lieu un «transfert» du locuteur du discours au personnage du récit: il se produit «un transfert du Je-Origine du Système de la réalité vers un autre, celui de la fiction, qu'on pourrait aussi nommer champ fictionnel; un "aujourd'hui", un "hier", un "demain" renvoient à un *hic et nunc* fictif, non à celui, réel, du narrateur»[11]. Ces différents termes déictiques ne se réfèrent plus à la position du locuteur – puisque, simplement, il n'y a plus de locuteur dans la langue narrative – mais renvoient plutôt à la perspective, fictive, du personnage. Or l'absence d'une situation de communication empêche ici un effacement total du centre déictique: le personnage n'est pas rencontré comme partenaire de dialogue, mais a besoin d'être représenté ou raconté.

Par conséquent, dans la langue discursive, agent focalisateur et contenu focalisé sont toujours distincts: le locuteur parle à partir d'un

---

[9] Ces termes ont été largement critiqués, tant par Genette que par Bal. Cependant, ils ont l'avantage de rendre de manière plus concrète le terme abstrait de «focalisation». De plus, la métaphore spatiale qu'ils suggèrent se révèle souvent appropriée pour rendre les différents jeux de «perspectives» que présentent les récits bibliques. Je recours donc habituellement à ces termes, tout en étant conscient des ambiguïtés qu'ils peuvent susciter. Voir à ce sujet G. GENETTE, *Figures III*, p. 206 et M. BAL, *Narratology*, pp. 100–102 et *On Story-Telling*, pp. 83 et 91. Bal suggère tout de même une certaine «réhabilitation» du terme «perspective», voir *Narratology*, p. 101. De même, A. RABATEL, «L'introuvable focalisation externe», emploie fréquemment les termes de «point de vue» et de «perspective». Le terme «point of view» est également employé par A. BERLIN, *Poetics and Interpretation of Biblical Narrative*, pp. 43–82 et J.-L. SKA, *«Our Fathers Have Told Us»*, pp. 65–81.

[10] Voir, au chapitre I, l'intitulé «La deixis», p. 41.

[11] K. HAMBURGER, *Logique des genres littéraires*, pp. 85–86.

certain point de vue sur une certaine réalité, extérieure à lui – sauf peut-être quand il parle de lui-même, bien qu'on puisse de même supposer une certaine distance entre le «moi» sujet d'expériences et le «moi» objet d'un discours. En ce sens, l'agent focalisateur est distinct de son objet principal, le contenu focalisé. Par contre, dans la langue narrative traditionnelle, le personnage dont la perspective est adoptée ne peut jamais être tout à fait absent de ce qu'il perçoit, puisqu'il est toujours dans un certain besoin de «représentation»[12]. Ainsi, si une scène est racontée selon le point de vue d'un personnage, les actes, les perceptions, les sentiments, etc. de ce dernier seront néanmoins représentés, bien que la narration adopte «l'origine» de sa perception. Au point aveugle qu'est le centre déictique en syntaxe correspond donc le personnage en narrativité, recevant nécessairement une certaine représentation, particulièrement dans un récit traditionnel comme le Pentateuque[13].

Les marques de la focalisation

Dans un récit comme celui du Pentateuque, l'emploi de termes déictiques est rare en dehors des discours des personnages[14]. Quand une perspective particulière est adoptée dans la représentation d'une scène, elle est marquée par des éléments littéraires très divers, pouvant inclure un terme syntaxique (tel que הנה), l'emploi d'un certain vocabulaire (par exemple la manière dont un personnage est nommé), la mise en évidence des raisons d'une action, un certain mode de représentation des autres personnages, l'interaction avec le discours direct, etc[15]. Je mettrai

---

[12] J'exclus bien sûr de ces remarques très générales les romans modernes, où le personnage dont la perspective est adoptée a parfois été dénué de toute représentation (dans ce cas, perspective et focalisation peuvent donc rester parfaitement distinctes). Je pense notamment à *La Peste*, d'Albert Camus, où le récit est clairement raconté depuis un point de vue intérieur à l'action, mais où le personnage sujet de cette perception reste masqué jusqu'à la fin du roman (qui révèle que le récit possède un narrateur, dans la personne du docteur). Jusqu'à cette information finale, la perspective est donc totalement distincte des différentes focalisations.

[13] Sur la focalisation dans les textes anciens, voir notamment A. BERLIN, *Poetics and Interpretation of Biblical Narrative*, p. 43 (voir spécialement la citation d'Uspensky).

[14] Voir cependant l'exemple donné à l'intitulé «La distinction de l'objet de la vision et de la perception du personnage», p. 318.

[15] Cette liste s'inspire de celle donnée par A. BERLIN, *Poetics and Interpretation of Biblical Narrative*, pp. 55–82. Je ne reprends cependant pas la catégorie de la vie intérieure, que Berlin mentionne: comme Bal, par exemple, le montre suffisamment, la vie intérieure peut être représentée selon différentes perspectives (et non nécessairement celle du personnage). Je tenterai d'ailleurs de le montrer plus loin, au sujet de la représentation de l'expérience visuelle.

en évidence plusieurs de ces éléments au cours de l'analyse des actes divins, puis plus loin, au chapitre III, dans l'étude de la représentation de l'expérience visuelle[16].

Les différents types de focalisation

Les distinctions proposées par G. Genette, avec les ajustements apportés par M. Bal et A. Rabatel s'avèrent très utiles pour rendre compte des différents types de focalisation que peut présenter une scène. Genette propose trois cas de figure[17]. Dans le premier, celui de la *focalisation zéro*, la scène (voire un récit entier) ne comprend pas de focalisations : selon les termes de Genette, le narrateur en sait plus que chacun des personnages. Aucune perspective particulière n'est donc adoptée, tandis que le narrateur a accès à l'intériorité des différents personnages[18]. Inversement, le second cas est celui de la *focalisation externe*. Les actions des personnages sont racontées de l'extérieur, sans indication de ce qui se passe à l'intérieur de ceux-ci : «le foyer se trouve situé en un point de l'univers diégétique choisi par le narrateur, *hors de tout personnage*, excluant par là toute possibilité d'information sur les pensées de quiconque»[19].

Dans le troisième cas, la scène présente une *focalisation interne*. Elle est racontée selon une perspective déterminée, donc limitée : «le foyer coïncide avec un personnage, qui devient alors le "sujet" fictif de toutes les perceptions, y compris celles qui le concernent lui-même comme objet : le récit peut alors nous dire tout ce que ce personnage perçoit et tout ce qu'il pense [...] ; il ne *doit* en principe rien dire d'autre»[20]. Comme on l'a vu plus haut, l'agent focalisateur peut être identique avec le contenu focalisé. La perspective est restreinte à la perception d'un personnage et, de ce fait, peut aussi être biaisée, voire partiale. De même, certains personnages, différents de l'agent focalisateur, peuvent en savoir plus que ce qui est raconté[21].

---

[16] Voir, au chapitre III, l'intitulé «L'expérience visuelle et ses différents modes de représentation.», p. 304.

[17] Voir G. GENETTE, *Figures III*, pp. 206–207 et *Nouveau discours du récit*, pp. 48–52.

[18] L'idée de la «focalisation zéro» a été contestée par Mieke Bal, selon qui un récit ne peut être considéré comme non focalisé, mais doit plutôt être interprété comme l'ensemble de scènes diversement focalisées. Pour le résumé de ses arguments et la réponse de Genette, voir G. GENETTE, *Nouveau discours du récit*, pp. 48–49.

[19] G. GENETTE, *Nouveau discours du récit*, p. 50.

[20] G. GENETTE, *Nouveau discours du récit*, pp. 49–50.

[21] Ce modèle de Gérard Genette, qui rejoint également celui de Jean POUILLON, *Temps et Roman*, Gallimard, Paris, 1946, est adopté dans la présentation théorique de J.-L. SKA, *«Our Fathers Have Told Us»*, pp. 66–67.

La critique de M. Bal remet en cause l'organisation même du schéma proposé par Genette. Elle porte essentiellement sur le critère à partir duquel opérer la distinction des différents types de focalisation. Le modèle de Genette, montre Bal, repose sur le critère de la *connaissance* du narrateur : ce dernier soit en sait plus que tous les personnages, soit en sait autant que certains personnages et moins que d'autres, soit ne connaît rien de plus qu'un observateur extérieur. Pour Bal, la distinction doit plutôt se fonder sur l'identité de l'*agent focalisateur*, qui peut être soit le narrateur soit un ou plusieurs personnages. Elle propose dès lors un modèle à seulement deux termes. Dans un premier cas, c'est l'agent focalisateur – un ou plusieurs personnages – qui est responsable de la perception de la scène. Il s'agit donc d'une focalisation liée au personnage (*character-bound focalizor*), ou, dans les termes de Genette, d'une focalisation interne. Bal donne l'exemple extrême du roman *Ce que savait Maisie*, d'Henry James, entièrement raconté depuis le point de vue de Maisie. Dans le second cas, la focalisation ne dépend pas d'un personnage (*non-character-bound focalizor*), mais du narrateur. Celui-ci peut représenter ses personnages de l'extérieur, sans évoquer leurs vies intérieures – comme dans les romans de Jules Verne, par exemple. Il peut également décrire certains aspects de leur vie intérieure, mais sans adopter leur perspective. Le plus souvent, les deux types de focalisation alternent selon les scènes, voire selon les phrases, du récit[22].

Par conséquent, le type de focalisation ne dépend plus, comme dans le modèle de Genette, du caractère «interne» (ou psychologique) ou «externe» (perceptible de l'extérieur) d'une représentation. En effet, l'objet focalisé – un personnage, un lieu, un événement, etc. – peut être représenté et de l'intérieur et de l'extérieur quel que soit l'agent focalisateur – le narrateur ou un personnage du récit[23]. Le modèle de Bal prend donc radicalement ses distances avec le critère de la «connaissance», auquel Genette recourt. Il n'est plus question du niveau de connaissance mis en œuvre, mais de l'identité de l'agent responsable de la focalisation. De même, le type de représentation du focalisé – externe

---

[22] Voir M. Bal, *Narratology*, pp. 104–105 et *On Story-Telling*, pp. 83–99.
[23] Rabatel suit en ce sens M. Bal quand il écrit, au sujet du modèle de Genette, «on interprète comme une focalisation externe ce qui est en fait une focalisation interne, le personnage focalisateur se limitant à une vision externe de la description d'un tierce [*sic*] personnage, d'un lieu, ou d'un événement», A. Rabatel, «L'introuvable focalisation externe», p. 96.

ou interne (Bal parle de «perceptible» et «imperceptible») – dépend moins ici de l'agent focalisateur que de l'objet focalisé[24].

Suivant en fait les grandes lignes de la critique de M. Bal, A. Rabatel s'attache principalement à contester l'existence de la focalisation externe, impossible selon lui car se confondant avec la focalisation zéro. Sa remise en cause envisage d'abord le pôle de la focalisation (ou de l'agent focalisateur). Il fait remarquer que toute référence, dans un récit, se rapporte soit au narrateur, soit à un personnage, soit aux deux – mais ne peut renvoyer à une perspective externe. L'agent focalisateur ne peut donc être que le narrateur ou un personnage, et non une instance anonyme. Par conséquent, l'absence de descriptions internes des personnages n'est pas à attribuer à un certain mode de focalisation, mais plutôt à un choix narratif, visant à limiter l'information transmise au lecteur : «La vision externe du narrateur s'explique par une intention communicationnelle à l'origine de la planification de l'information narrative, et non par une ignorance supposée d'un témoin imaginaire dénué de réalité linguistique»[25]. Ensuite, la critique de Rabatel se tourne du côté de l'élément focalisé. Il souligne la difficulté de différencier un élément focalisé représenté de l'extérieur ou de l'intérieur, ces deux types de représentations se chevauchant mutuellement. Particulièrement, même dans le cas d'une représentation apparemment objective et extérieure d'un élément focalisé, il y a toujours une certaine part d'intériorité, relevant de la subjectivité de l'agent focalisateur. En conséquence, «l'idée de fonder la spécificité de la focalisation externe sur la dimension purement externe du focalisé se trouve sinon invalidée, du moins sérieusement relativisée»[26].

À présent, à partir des critiques de Bal et de Rabatel, il s'agit de formuler brièvement le modèle interprétatif qui servira de base à l'analyse des actes divins du Pentateuque. Selon le cadre théorique choisi ici, attentif à la distinction entre la langue du récit et la langue du discours, on partira de l'idée, énoncée tant par Bal que par Rabatel, que la «connaissance» ne constitue pas un critère pour discerner le type de focalisation. D'une part, la catégorie de connaissance est hétérogène à

---

[24] Sur ce point, voir particulièrement M. Bal, *On Story-Telling*, p. 93. Voir également A. Rabatel, «L'introuvable focalisation externe», p. 101 : «La vision externe résulte d'un choix, et n'est guère tributaire du référent, sauf pacte de croyance particulier. Certes, certains référents se prêtent par leur sémantisme plutôt à une vision externe, mais c'est finalement affaire de convention ou de monde possible».

[25] A. Rabatel, «L'introuvable focalisation externe», p. 94.

[26] A. Rabatel, «L'introuvable focalisation externe», p. 105.

celle de narration, celle-ci ne pouvant être comprise comme un locuteur exprimant un certain message par le biais d'un discours. D'autre part, dans le cas de la focalisation par un personnage, le « non-dit » ne peut être systématiquement identifié comme « non connu », mais peut relever d'une stratégie narrative plus large. On s'attachera donc à repérer les déplacements de perspectives, particulièrement quand est adopté le point de vue d'un personnage particulier. On tentera également de mettre en évidence les éléments focalisés, particulièrement quand ils sont représentés selon la perspective d'un personnage du récit.

b. *Un exemple biblique : l'émotion de Joseph*

Pour illustrer ce qui vient d'être dit, on peut citer l'exemple de la scène des retrouvailles entre Joseph et Benjamin, au chapitre 43 de la Genèse. C'est d'abord le regard de Joseph qui est raconté (verset 29aα) – on analysera plus loin cette représentation de l'expérience visuelle (chapitre III). On peut déjà noter que les mots qui qualifient Benjamin reflètent la perspective de Joseph : « Et il leva ses yeux et il vit Benjamin, son frère, fils de sa mère ». C'est en effet le lien étroit de filiation qui cause son émotion. Joseph peut donc être considéré, dans la représentation de son regard, comme l'agent focalisateur.

La scène continue par la question que Joseph adresse à ses frères, s'assurant de l'identité de Benjamin (verset 29aβ). Sans attendre la réponse, il poursuit en souhaitant à Benjamin : « Qu'Élohim te fasse grâce, mon fils » (verset 29b). Une suite d'actions posées par Joseph sont alors représentées successivement : « Et Joseph se hâta, car ses entrailles brûlaient à cause de son frère, et il chercha à/où pleurer et il entra dans la chambre et il pleura là. Et il lava son visage et il sortit et il se contint et il dit : "Servez le repas" » (versets 30–31). Après avoir adopté la perspective de Joseph, la narration le prend ici comme élément focalisé : elle s'attache en effet à « suivre » ce personnage, en décrivant son émotion, sa hâte et ses différents mouvements. En outre, la proposition « et il chercha où pleurer » suggère en même temps l'adoption de la perspective de Joseph, puisqu'elle révèle son besoin de solitude et son trouble, raisons intérieures qui expliquent son retrait dans la « chambre »[27].

---

[27] Pour d'autres exemples bibliques, et notamment une belle analyse du point de vue en Gn 37, voir A. BERLIN, *Poetics and Interpretation of Biblical Narrative*, pp. 43–82. Voir également J.-L. SKA, *« Our Fathers Have Told Us »*, pp. 69–76.

En ce qui concerne la représentation du personnage divin dans le Pentateuque, il s'agira donc de déterminer si celui-ci est parfois, comme Joseph dans cette scène, l'élément focalisé, qui constitue l'axe sur lequel se concentre la représentation d'une scène, voire l'agent focalisateur, dont la perspective est adoptée. Si c'est le cas, on verra dans quel genre de scène le personnage divin constitue ainsi l'élément focalisé, quels types d'actes il y accomplit et avec quelle fréquence ont lieu ces scènes. S'il est parfois construit comme agent focalisateur, on analysera ce qu'il «focalise» ainsi et comment le reste de la scène s'agence à partir de sa perspective. Il faudra également voir si Yhwh est parfois «focalisé» par un autre personnage – si la narration le représente parfois selon la perspective d'un ou plusieurs personnages humains. Dans ce cas, on serait en présence d'un récit portant davantage sur la *perception* de ce que fait la divinité que sur ses *actions* elles-mêmes. Je reviendrai également plus loin, au chapitre IV, sur la manière dont la narration adopte la perspective humaine pour représenter le divin, cette fois à travers la transmission des paroles divines. Afin de respecter la distinction entre paroles et actes (malgré son caractère légèrement artificiel), je me limiterai ici au mode de focalisation des *actions* divines au sens strict (en laissant donc de côté l'acte particulier que constitue la parole).

II. Un regard d'ensemble : la Genèse ou la diminution des actes divins

Afin de situer l'analyse qui suit et de préciser ses enjeux, je commence-rai par un regard d'ensemble sur les actes divins de la Genèse. Partant de la première distinction proposée ci-dessus, portant sur les différents modes de présence du personnage divin, je reprends dans le tableau suivant les passages de la Genèse mettant en scène un acte divin – que celui-ci soit représenté directement dans la narration, en étant rapporté (colonne 1) ou seulement évoqué (colonne 2) ou qu'il soit médiatisé par le discours (colonne 3) ou la perception (colonne 4) d'un autre personnage. Mon objectif est ici de faire apparaître la trajectoire générale que présente la Genèse quant à la présence (ou à l'absence) en scène du personnage divin.

Afin de délimiter l'objet de la recherche, je ne reprends ici que les représentations d'actions, d'interventions ou de gestes divins. Les

discours et actes de parole ont en effet déjà été examinés[28], tandis que
les perceptions et processus intérieurs seront pris en considération
au chapitre suivant[29]. Pour dresser un tableau complet du mode de
présence de la divinité sur la scène de la Genèse, il faudrait bien sûr
inclure ces deux autres types de représentation. Toutefois, une telle
limitation se justifie pour une double raison. D'une part, les actes de
parole n'impliquent pas toujours la présence en scène du «personnage»:
en effet, dans les lois du Lévitique, par exemple, Yнwн se limite à être
une «voix», sans être autrement représenté. Dans ce chapitre, je ferai
fréquemment référence à l'image de la scène théâtrale, pour tenter
d'exprimer ainsi la présence du «personnage» et non seulement de sa
voix. D'autre part, la représentation de la vie intérieure, par définition,
n'apparaît pas directement sur la scène: la narration ne peut «montrer» un sentiment (seulement ses manifestations extérieures), mais doit
obligatoirement le «raconter»[30]. En conséquence, on se limitera, dans
ce chapitre, à observer le mode «visible» de présence et d'action du
personnage divin sur la scène du récit[31].

Je reviendrai plus loin sur la médiation du messager [מלאך] de
Yнwн/d'Élohim. Je reprends ses interventions dans le tableau ci-dessous, mais seulement lorsque son identité divine est clairement exprimée
au moment où il apparaît (je ne reprends donc pas les interventions
des trois hommes de Gn 18). Je ne prends pas non plus en compte

---

[28] Je range cependant קרא, «crier», «appeler», et ברך au *piel*, «bénir», parmi les
verbes d'action, puisqu'ils impliquent davantage qu'un discours, mais également une
interpellation, une nomination, ou une bénédiction (dont le contenu n'est pas toujours
exprimé). Par contre, je ne reprends pas ici des verbes comme צוה au *piel*, «ordonner», ou שבע au *nifal*, «promettre», puisque ces verbes se limitent généralement à
annoncer les paroles qu'ils introduisent, suffisantes en elles-mêmes pour déterminer le
type d'énonciation.

[29] Au sujet de la vision, j'inclus toutefois dans le tableau ci-dessus les verbes représentant l'*action* de regarder («il regarda vers»), perceptible par un observateur extérieur. Par
contre, je ne reprends pas les verbes qui rapportent le contenu de l'expérience visuelle
(«il vit que c'était bon»). Au sujet de la différence entre les verbes «see» et «watch»
(ou, en français, «voir» et «regarder»), voir par exemple M. Bal, *On Story-Telling*,
p. 96 («"Watch," a verb that is unlike "see" in allowing perception from without»).

[30] De plus, on verra au chapitre suivant que la représentation de la vie intérieure
du personnage divin – de ses perceptions, émotions et sentiments – accompagne généralement celle de ses gestes et actions.

[31] En ce sens, je ne reprends pas ici les verbes, avec sujet divin, conjugués au passif
(voir par exemple Gn 3,23), sauf ראה au *nifal*, traduit généralement par «apparaître»
et suggérant une certaine action de la part du sujet (voir également en ce sens le verbe
ויעתר en Gn 25,21).

les actes futurs, même s'ils sont exprimés par un *qatal* (Gn 24,14). Les actes niés (voir par exemple Gn 4,5) sont indiqués en italique. Enfin, je ne mentionne que les actes que pose effectivement le personnage divin dans le récit, à un certain moment de l'intrigue (je ne reprends pas, par exemple, Gn 27,27). La première colonne à l'extrême gauche du tableau reprend le numéro des chapitres du livre de la Genèse[32].

Représentation des actes divins dans la Genèse			
Actes représentés dans la diégèse de manière directe	Actes seulement évoqués par la narration (dans la diégèse)	Actes médiatisés par le discours d'un personnage	Actes médiatisés par la perception d'un personnage
1 Élohim créa (v. 1) (le vent d'Élohim planait [v. 2]) Élohim sépara (v. 4) Élohim cria [2×] (v. 5) Élohim fit (v. 7) il sépara (v. 7) Élohim cria (v. 8) Élohim cria [2×] (v. 10) Élohim fit (v. 16) Élohim donna (v. 17) Élohim créa (v. 21) Élohim bénit (v. 22) Élohim fit (v. 25) Élohim créa [3×] (v. 27) Élohim bénit (v. 28)			

---

[32] J'indique le verset où le verbe d'action se trouve, même si un ou plusieurs compléments suivent au verset suivant.

Table (*cont.*)

	Représentation des actes divins dans la Genèse			
	Actes représentés dans la diégèse de manière directe	Actes seulement évoqués par la narration (dans la diégèse)	Actes médiatisés par le discours d'un personnage	Actes médiatisés par la perception d'un personnage
2	Élohim acheva (v. 2) il cessa (v. 2) Élohim bénit (v. 3) il sanctifia (v. 3) Yʜᴡʜ Élohim forma (v. 7) il insuffla (v. 7) Yʜᴡʜ Élohim planta (v. 8) il posa (v. 8) Yʜᴡʜ Élohim fit pousser (v. 9) Yʜᴡʜ Élohim prit (v. 15) il fit reposer (v. 15) Yʜᴡʜ Élohim forma (v. 19) il fit venir (v. 19) Yʜᴡʜ Élohim fit tomber (v. 21) il prit (v. 21) il referma (v. 21) Yʜᴡʜ Élohim construisit (v. 22) il fit venir (v. 22)	qu'il avait faite [2×] (v. 2) car il avait cessé (v. 3) qu'Élohim avait créée (v. 3) quand Yʜᴡʜ Élohim fit (v. 4) *car YHWH Élohim n'avait pas fait pleuvoir* (v. 5) qu'il avait formé (v. 8)		
3	Yʜᴡʜ Élohim cria (v. 9) Yʜᴡʜ Élohim fit (v. 21) il vêtit (v. 21) Yʜᴡʜ Élohim renvoya (v. 23) il chassa (v. 24) il établit (v. 24)		que tu as donnée (v. 12)	Yʜᴡʜ Élohim se promenant (v. 8)
4	Yʜᴡʜ regarda (v. 4) *il ne regarda pas* (v. 5) Yʜᴡʜ posa (v. 15)		tu m'as chassé (v. 14) Élohim a placé (v. 25)	
5	il fit (v. 1) il les créa (v. 2) il bénit (v. 2) il cria (v. 2)	où Élohim créa (v. 1) car Élohim avait pris (v. 24)	que Yʜᴡʜ a maudite (v. 29)	

Table (*cont.*)

Représentation des actes divins dans la Genèse			
Actes représentés dans la diégèse de manière directe	Actes seulement évoqués par la narration (dans la diégèse)	Actes médiatisés par le discours d'un personnage	Actes médiatisés par la perception d'un personnage
6			il avait fait (v. 6)[33]
7 YHWH ferma (v. 16) il effaça (v. 23)			
8 Élohim fit passer (v. 1)			
9 Élohim bénit (v. 1)			
10			
11 YHWH descendit (v. 5) YHWH dispersa (v. 8)	car YHWH brouilla (v. 9) YHWH dispersa (v. 9)		
12 YHWH fut vu/ apparut (v. 7) YHWH toucha (v. 17)	pour YHWH vu/ apparaissant (v. 7)		
13			
14		Dieu très haut qui crée (v. 19) Dieu très haut qui a livré (v. 20) YHWH Dieu très haut qui crée (v. 22)	
15 il fit sortir (v. 5) YHWH conclut (v. 18)		*tu n'as pas donné* (v. 3)	
16 L'ange de YHWH trouva (v. 7)	le nom de YHWH parlant (v. 13)	YHWH a empêché (v. 2)	
17 YHWH fut vu/ apparut (v. 1) il acheva (v. 22) Élohim monta (v. 22)			
18 YHWH fut vu/ apparut (v. 1) YHWH alla (v. 33)	quand il eut achevé (v. 33)		

---

[33] L'acte divin est ici médiatisé par la perception de YHWH lui-même.

Table (*cont.*)

Représentation des actes divins dans la Genèse			
Actes représentés dans la diégèse de manière directe	Actes seulement évoqués par la narration (dans la diégèse)	Actes médiatisés par le discours d'un personnage	Actes médiatisés par la perception d'un personnage
19 Et les deux messagers arrivèrent (v. 1)³⁴ ils se tournèrent (v. 3) ils vinrent (v. 3) ils mangèrent (v. 3) ils envoyèrent (v. 10) ils firent venir (v. 10) ils fermèrent (v. 10) ils frappèrent (v. 11) les messagers pressèrent (v. 15) les hommes saisirent (v. 16) ils firent sortir (v. 16)	avant qu'ils se couchent (v. 4) alors qu'ils le faisaient sortir (v. 17) Et Yʜᴡʜ avait fait pleuvoir (v. 24) il renversa (v. 25) quand Élohim détruisit (v. 29) il fit partir (v. 29) quand il renversa (v. 29)	Yʜᴡʜ nous a envoyés (v. 13) car Yʜᴡʜ détruit/ va détruire (v. 14)	
20 Élohim vint (v. 3) Élohim guérit (v. 17)	car Yʜᴡʜ avait vraiment empêché (v. 18)	quand (des) Élohim m'ont fait errer (v. 13)	
21 Yʜᴡʜ visita (v. 1) Yʜᴡʜ fit (v. 1) l'ange d'Élohim cria (v. 17) Élohim ouvrit (v. 19) Élohim fut (v. 20)		Élohim a fait (v. 6) Élohim [est] avec toi (v. 22)	
22 l'Élohim mit à l'épreuve (v. 1) l'ange de Yʜᴡʜ cria (v. 11) l'ange de Yʜᴡʜ cria (v. 15)		Yʜᴡʜ est vu/ apparaît (v. 14)	

---

³⁴ Il faut toutefois noter que la narration, en Gn 18,22, opère une certaine distinction entre Yʜᴡʜ, qui reste avec Abraham, et les «hommes», qui se dirigent vers Sodome. Il est également malaisé de déterminer le moment exact du récit où l'identité divine des «hommes» ou «messagers» est clairement attestée.

Table (*cont.*)

Représentation des actes divins dans la Genèse			
Actes représentés dans la diégèse de manière directe	Actes seulement évoqués par la narration (dans la diégèse)	Actes médiatisés par le discours d'un personnage	Actes médiatisés par la perception d'un personnage
23			
24 Yʜᴡʜ avait béni (v. 1)		Yʜᴡʜ Élohim du ciel qui m'a pris (v. 7) Yʜᴡʜ Élohim… qui n'a pas abandonné (v. 27) Yʜᴡʜ m'a guidé (v. 27) Yʜᴡʜ a béni (v. 35) il a rendu grand (v. 35) il a donné (v. 35) qui m'a guidé (v. 48) Yʜᴡʜ a fait réussir (v. 56)	
25 Élohim bénit (v. 11) Yʜᴡʜ fut supplié (v. 21)			
26 Yʜᴡʜ fut vu/ apparut (v. 2) Yʜᴡʜ bénit (v. 12) Yʜᴡʜ fut vu/ apparut (v. 24)		Yʜᴡʜ a fait large (v. 22) Yʜᴡʜ était avec toi (v. 28)	
27		Yʜᴡʜ ton Élohim a fait rencontrer (v. 20)	
28 les anges d'Élohim montant et descendant (v. 12) Yʜᴡʜ se tenant (v. 13)		qu'Élohim a donné (v. 4) Yʜᴡʜ est… (v. 16)	
29 il ouvrit (v. 31)			

Table (*cont.*)

Représentation des actes divins dans la Genèse			
Actes représentés dans la diégèse de manière directe	Actes seulement évoqués par la narration (dans la diégèse)	Actes médiatisés par le discours d'un personnage	Actes médiatisés par la perception d'un personnage
30 il ouvrit (v. 22)		Élohim qui a retenu (v. 2) Élohim a fait justice (v. 6) il a donné (v. 6) Élohim a donné (v. 18) Élohim a offert (v. 20) Élohim a enlevé (v. 23) YHWH a béni (v. 27) YHWH a béni (v. 30)	
31 Élohim vint (v. 24)		Élohim de mon père a été avec (v. 5) *Élohim n'a pas donné* (v. 7) Élohim a retiré (v. 9) il a donné (v. 9) qu'Élohim a retirée (v. 16) Si Élohim... n'avait été pour (v. 42) il a décidé (v. 42) Élohim [est] témoin (v. 50)	
32 Les messagers d'Élohim rencontrèrent (v. 2) il bénit (v. 30)		que tu as faites (v. 11)[35]	
33		qu'Élohim a fait grâce (v. 5) car Élohim a fait grâce (v. 11)	

---

[35] Le passage sera également envisagé au chapitre suivant, dans le cadre de l'analyse des processus intérieurs divins.

Table (*cont.*)

Représentation des actes divins dans la Genèse			
Actes représentés dans la diégèse de manière directe	Actes seulement évoqués par la narration (dans la diégèse)	Actes médiatisés par le discours d'un personnage	Actes médiatisés par la perception d'un personnage
34			
35 Élohim fut vu/apparut (v. 9) il bénit (v. 9) il cria (v. 10) Élohim monta (v. 13)	car les Élohim s'étaient révélés (v. 7) où il avait parlé (v. 13) où il avait parlé (v. 14) où Élohim avait parlé (v. 15)	pour le Dieu qui répond (v. 3) il a été avec (v. 3)	
36			
37			
38 Yнwн fit mourir (v. 7) Yнwн fit mourir (v. 10)			
39 Yнwн fut avec (v. 2) Yнwн bénit (v. 5) (la bénédiction de Yнwн fut… [v. 5]) Yнwн fut avec (v. 21) il étendit (v. 21)[36] il donna (v. 21)	parce que Yнwн [est] avec (v. 23) et Yнwн faisait réussir (v. 23)		que Yнwн [était] avec lui (v. 3) que Yнwн faisait réussir (v. 3)
40			
41		ce que l'Élohim fait/va faire (v. 25) il a révélé (v. 25) ce que l'Élohim fait/va faire (v. 28) il fait voir (v. 28) l'Élohim se hâte (v. 32) Élohim a fait connaître (v. 39) Élohim a fait oublier (v. 51) Élohim a fait fructifier (v. 52)	

---

[36] Le passage (« il étendit vers lui de la bonté ») est à la limite entre la représentation d'un acte et d'un processus intérieur. J'y reviendrai au chapitre suivant.

Table (*cont.*)

	Représentation des actes divins dans la Genèse		
Actes représentés dans la diégèse de manière directe	Actes seulement évoqués par la narration (dans la diégèse)	Actes médiatisés par le discours d'un personnage	Actes médiatisés par la perception d'un personnage
42		qu'a fait Élohim? (v. 28)	
43		votre Élohim…a donné (v. 23)	
44		l'Élohim a trouvé (v. 16)	
45		Élohim a envoyé (v. 5) Élohim a envoyé (v. 7) l'Élohim [a envoyé] (v. 8) il a posé (v. 8) Élohim a posé (v. 9)	
46			
47			
48		Él Shadday fut vu/ est apparu (v. 3) il a béni (v. 3) ceux qu'Élohim a donnés (v. 9) Élohim a fait voir (v. 11) l'Élohim qui fait paître (v. 15) l'ange qui rachète (v. 16)	
49			
50		Élohim a considéré (v. 20)	

Le tableau présente une claire progression. La Genèse s'ouvre avec le personnage divin en avant-scène, accomplissant de nombreux actes – en fait, la majorité des actes représentés. Les deux premiers chapitres du livre sont les plus riches en actions divines. Le chapitre 3 en comprend encore un certain nombre, mais elles décroissent légèrement aux chapitres 4–5. Les chapitres 6 et 10 ne comprennent aucun acte divin, tandis que les chapitres 7, 8, 9 et 11 en comprennent un ou

deux. Comme le fait remarquer Robert Cohn, qui consacre un article
à la structuration littéraire de la Genèse basée sur la représentation du
divin, Dieu est le personnage central des sections consacrées à Adam
et Noé, tandis que les personnages humains y sont peu développés,
souvent unidimensionnels[37].

Dans le cycle d'Abraham, les interventions divines sont régulières, que
Yhwh ou Élohim apparaisse directement en scène ou qu'un personnage
médiateur – le messager (מלאך) – agisse en son nom. Le chapitre 19,
mettant en scène les deux messagers (appelés aussi «hommes»), est
en ce sens particulièrement riche en actions divines. Toujours dans le
cycle d'Abraham, les personnages humains parlent également, avec
une certaine fréquence, des interventions divines en leur faveur (voire
en leur défaveur). Comme on le verra plus en détail plus loin, le chapitre 24, comprenant un grand nombre de discours et de répétitions,
ne compte qu'une seule intervention divine racontée dans la diégèse,
mais pas moins de huit évocations, dans des discours de personnages
humains, d'actions posées par Yhwh. Cohn fait remarquer que cette
représentation plus discrète du divin est parallèle à une complexifi-
cation de la construction du personnage humain central, Abraham.
Apparaissant dans différentes situations, ce personnage est rendu avec
une véritable personnalité[38].

Dans le cycle de Jacob, la proportion s'inverse entre les actions
médiatisées seulement par la narration (que ce soit directement ou
indirectement) et celles médiatisées par le discours d'un personnage.
Ce sont cette fois ces dernières qui deviennent les plus fréquentes. Les
interventions divines à l'avant-scène du récit se font discrètes, constituées
notamment de visites oniriques et de bénédictions: «Les irruptions de
Dieu à Jacob sont plus étranges, plus exceptionnelles. [...] Dieu n'est
plus traité ici comme un autre personnage du récit. Plutôt, il apparaît
aux moments cruciaux pour diriger l'action ou pour affirmer que les
événements sont sous son contrôle»[39]. Par contraste, comme l'observe

---

[37] Voir Robert L. Cohn, «Narrative Structure and Canonical Perspective in Genesis»,
JSOT 25 (1983), pp. 3–16. Dans les sections consacrées à Adam et Noé, Dieu, écrit
Cohn, est «the main character as well as the director, property man, and stage and
lighting manager. [...] The source of tension in every episode is God's fragile relationship
with the human actors whose errors bring about swift and dramatic divine reactions.
There is nothing subtle about this God; he is firmly and visibly in control» (p. 5).

[38] Voir R. L. Cohn, «Narrative Structure and Canonical Perspective in Genesis»,
p. 6.

[39] «To Jacob, on the other hand, God's eruptions are more eerie, more exceptional.
[...] No longer here is God treated as just another character in the story. Rather, he

Cohn, la représentation des relations familiales atteint une grande profondeur, tandis que le cours des événements est dirigé en majeure partie par les personnages humains[40].

Enfin, dans l'histoire de Joseph, du chapitre 37 à la fin du livre, le personnage divin disparaît presque totalement de la scène, mis à part quelques interventions aux chapitres 38 et 39. Les références au divin ne se trouvent plus que dans les discours prononcés par les personnages humains, ceux-ci étant représentés avec grande finesse psychologique. Ce mode d'intervention du personnage divin, par interprétations interposées, sera analysé en détail ci-dessous[41]

Le graphique ci-dessous traduit de manière schématique les différentes tendances qui viennent d'être repérées. Je divise la Genèse en quatre parties thématiques, chacune comprenant entre dix et quinze chapitres. La première partie est composée des chapitres 1–11 où j'inclus la brève présentation de la famille de Térah et de ses fils (11,26–32), qui mentionne la stérilité de Saraï et le voyage d'Our à Haran. La deuxième partie, composée des chapitres 12 à 26, raconte l'histoire d'Abraham et d'Isaac. Elle commence avec l'appel de celui-ci et se termine avec le voyage d'Isaac et Rebecca à Gérar (26,1–35). Je classe le récit de la rivalité entre Ésaü et Jacob dans la troisième partie, racontant quant à elle l'histoire de Jacob (chapitres 27–36). Ce personnage est encore présent dans la quatrième partie (du chapitre 37 à la fin), mais c'est plutôt Joseph qui y occupe l'avant de la scène[42].

Le graphique ne peut être qu'indicatif vu d'une part l'incertitude concernant certains passages (voir plus haut) et, d'autre part, la longueur variable des différentes parties. Comme on l'a déjà signalé plus haut, les actes divins sont de même isolés des interventions langagières du personnage, ainsi que de ses perceptions, sentiments et autres processus intérieurs. Malgré ces restrictions, le graphique révèle toutefois la tendance générale qui caractérise la représentation des actes divins de la Genèse. Les colonnes en gris foncé indiquent le nombre d'actions

---

enters at crucial moments to direct the action or to affirm that events are under his control», R. L. COHN, «Narrative Structure and Canonical Perspective in Genesis», p. 9.

[40] Voir R. L. COHN, «Narrative Structure and Canonical Perspective in Genesis», pp. 8–9.

[41] Voir l'intitulé «L'histoire de Joseph (Gn 37–50)», p. 263.

[42] R. L. COHN, «Narrative Structure and Canonical Perspective in Genesis», p. 4, propose une structuration un peu différente du livre de la Genèse. Cohn divise le livre selon les occurrences de la formule «Ce sont les générations de...» quand elles

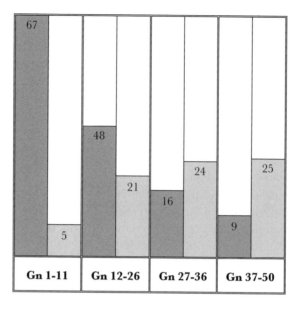

	Représentations narrativisées
	Représentations médiatisées par un personnage humain

divines représentées sans médiation (sinon celle de la narration), que ce soit à l'avant-plan du récit ou au moyen d'une proposition relative, causale, temporelle ou spatiale, ou encore d'un participe (voir la deuxième colonne du tableau ci-dessus). Les colonnes en gris clair représentent les actions divines médiatisées par un personnage – par un discours ou par une perception rapportée par la narration. Il apparaît clairement que les actions divines représentées sans médiation décroissent nettement, tandis que les représentations médiatisées par un autre personnage augmentent légèrement au cours du livre – sans pour autant atteindre le nombre d'actions non médiatisées du début du livre. Il n'y a donc pas de proportion inversée, mais plutôt deux tendances opposées.

Comme on l'a mentionné déjà dans l'introduction, cette trajectoire concerne spécifiquement le livre de la Genèse. Les autres livres du

---

introduisent des séquences narratives. Il distingue ainsi cinq sections centrées sur un ou plusieurs personnages: Adam et Ève et leurs enfants (Gn 2,4–6,8), Noé (6,9–11,26), Abraham (11,27–25,18), Jacob (25,19–37,1), Joseph et ses frères (37,2–50,26).

Pentateuque ne présentent pas de progression comparable, même si la transition des récits aux lois, par exemple dans l'Exode, peut suggérer également un certain retrait du personnage divin. Il faut noter à ce sujet que Yhwh, dans les passages législatifs, demeure sur la scène en tant que locuteur des discours, mais s'en retire, dans la mesure où il ne pose aucun acte visible (autre que parler). En ce sens, le Pentateuque pourrait présenter une trajectoire plus ou moins analogue à celle que l'on observe dans la Genèse, mais certainement moins marquée. À son ouverture, dans la Genèse puis, dans une moindre mesure, dans l'Exode, le personnage divin occupe la scène narrative par de nombreux actes, visibles et parfois grandioses – comme la création ou le passage de la mer. Cependant, à mesure que l'on tourne les pages du Pentateuque, le mode de présence du personnage divin se transforme progressivement : d'actant, il se mue en une «voix» énonciatrice des lois. Après avoir libéré Israël d'Égypte «par une main forte», Yhwh se donne ainsi pour tâche d'apprendre au peuple comment vivre sa liberté – cette tâche n'impliquant plus le même mode de présence, à la fois dans le monde intra-diégétique et comme personnage dans le récit.

Cette progression du mode de présence du divin dans le Pentateuque requerrait de plus amples recherches. Je me limiterai ici à esquisser la trajectoire que présente la Genèse, en m'arrêtant surtout sur les «seuils» qui marquent les changements entre différents types de présence divine. Toutefois, on va voir que les médiations du divin que l'on repère dans la Genèse sont fondamentalement les mêmes que celles que l'on observe dans le reste du Pentateuque – j'en donnerai quelques exemples ci-dessous. Même si je ne prends pas en compte ici la «trajectoire» complète que forme le Pentateuque, j'envisagerai donc pourtant plusieurs médiations essentielles de la présence divine qu'il met en scène.

Après ce regard d'ensemble, je vais à présent tenter d'examiner quelques passages représentatifs des différents modes de présence du personnage divin dans le récit. Je commencerai par le récit des deux premiers chapitres de la Genèse, où (Yhwh) Élohim est pratiquement seul en scène, organisant le monde narratif autour de lui. Je montrerai ensuite comment la narration prend progressivement distance de lui, permettant ainsi l'émergence des personnages humains. Je passerai alors à différentes médiations par lesquelles le personnage divin reste présent dans le récit, mais via l'intervention d'un intermédiaire. J'envisagerai ainsi la figure du messager et mentionnerai le cas des interprétations humaines – sur lesquelles je reviendrai plus en détail au chapitre IV.

III. YHWH/ÉLOHIM COMME ACTANT PRINCIPAL (GN 1–2)

Dans ces deux premiers chapitres de la Genèse, on peut déjà mettre en
évidence une certaine évolution dans le mode de présence du personnage divin, spécialement dans sa relation à l'espace narratif.

*a. Le récit dit sacerdotal de la création (1,1–2,4): une représentation par le
divin*
L'examen de la focalisation permet un accès inédit à l'épisode. Je
m'attacherai spécialement à montrer comment l'émergence du monde
et de l'humain en particulier apparaît focalisée par la perspective
divine.

Un récit en «perspective unique» ou l'humain dans le monde divin
Dans cette première section du récit de la création, Élohim est littéralement seul en scène. Ses différentes actions sont exprimées de
manière explicite – «Élohim créa» (1,1) – ou implicite – «Élohim dit:
"Que la lumière soit" et la lumière fut» (1,3). Les différents actes (ou
groupes d'actes), par lesquels Élohim sépare ou fait les différents éléments, les nomme, les établit, les bénit ou les sanctifie, sont introduits
par un ordre (1,3.6.9.11.14–15.20.24.26[43]), qui indique que tout se
passe conformément à sa volonté. La satisfaction d'Élohim est encore
exprimée par les différents regards qu'il porte sur la création en devenir
(1,4.10.12.18.21.25.31). Ces deux éléments encadrant les actions divines
permettent au lecteur de «voir» la création avec les yeux d'Élohim
lui-même: celle-ci se déploie progressivement selon sa volonté. Tant
du point de vue de la construction littéraire (voir l'agencement ordre-
action-regard) que de celui du contenu (le monde émerge peu à peu
de la volonté divine), on observe donc que la narration, malgré une
apparence de neutralité, adopte à plusieurs reprises le point de vue
divin. La focalisation alterne ainsi entre une perspective neutre (c'est-
à-dire celle de la narration) et celle d'Élohim[44]. Une autre perspective

---

[43] Je ne cite pas ici les paroles des versets 22, 28 et 29–30, qui constituent des commandements à certains êtres vivants, et non des ordres de création en tant que tels.

[44] J.-P. SONNET, «À la croisée des mondes», pp. 76–79, insiste sur la prégnance du
point de vue divin, relayé par le point de vue du narrateur, en Gn 1: le personnage de
Dieu «est plus que l'actant d'un programme narratif ou que le premier moteur d'un
univers en mouvement, il est la source consciente de paroles créatrices et la conscience
réfléchissante du monde ainsi créé» (citation p. 77).

serait d'ailleurs difficilement envisageable, puisque la présence d'un observateur extérieur est logiquement exclue de la scène. L'élément focalisé varie entre, d'une part, Élohim et ses différents actes et, d'autre part, l'émergence des éléments ainsi créés.

On peut encore noter que l'*adam*, créé «mâle et femelle» (verset 27), n'apparaît pas comme un «acteur». Il est l'objet de la création divine, reçoit l'ordre de procréer et de dominer (verset 28) ainsi que la parole sur la nourriture (versets 29–30), mais il n'est pas placé dans une situation de dialogue, où il pourrait répondre à Élohim. Comme on l'a vu au chapitre précédent, le monologue de 1,26 souligne à la fois l'absence d'interlocuteur du personnage divin et son désir de créer un être entretenant au moins une certaine relation avec lui («à notre image, selon notre ressemblance», verset 26). Toutefois, à cette étape du récit, l'humain est encore un personnage passif, dont la perspective n'est adoptée à aucun moment. Il apparaît posé dans le monde créé par Élohim et narrativement dominé par sa présence. Le personnage divin semble donc tenir toute la place, seul sur la scène narrative.

Qui raconte la création du monde? *ou* l'humain selon le divin
On ne peut éviter à ce point de poser la question cruciale du témoin de la scène. Qui donc raconte la création du monde, avant même la création de l'humain? Quelle est cette autorité qui prétend connaître ce à quoi aucun être humain n'a pu assister? La question peut être envisagée à deux niveaux au moins, littéraire et théologique. Sur le plan littéraire, l'absence de témoin extérieur à Élohim ne pose pas problème, du moment que l'on se trouve dans le cadre d'une œuvre de fiction, qui ne «rapporte» pas une situation, mais la crée. De même, si l'on s'en tient à une notion stricte du genre narratif, aucun locuteur ou narrateur n'est à postuler comme source du texte. Les auteurs créent en effet le récit non seulement en s'en retirant, mais également en ôtant toute trace d'une instance énonciative. Le lecteur est par conséquent placé devant un certain monde – ici un monde en devenir – sans qu'aucune médiation ne s'interpose. Le récit n'est donc ni vrai ni faux – il *est*, selon les conventions de la fiction.

Le genre littéraire que constitue le récit de fiction apparaît de la sorte particulièrement adapté à ce genre de scène, échappant à tout témoin et à tout jugement de vérité. Un tel récit de la création du monde est, en ce sens, le parfait modèle du récit sans narrateur, n'existant que grâce au recours à la fiction. Il est en même temps un paradigme de l'adoption de la perspective particulière du personnage en scène : comme on l'a

vu, la narration adopte à plusieurs reprises la perspective d'Élohim.
Elle est en effet dans l'impossibilité de rendre un autre point de vue, ce
dernier étant le seul personnage actif de la scène. Le contenu narratif
appelle donc, d'une certaine manière, le genre littéraire, aménageant
celui-ci afin d'harmoniser le contenu raconté avec les techniques mises
en œuvre.

Sur le plan théologique, la question de la «voix» derrière l'épisode
de la création se pose d'une manière légèrement différente. Même si,
d'un point de vue littéraire, pratiquement toute trace énonciative (voir
toutefois le sommaire constitué par le premier verset du chapitre) est
effacée du récit, il n'est reste pas moins que le texte est le fruit à la fois
de la créativité d'auteurs humains et d'un large processus de réception
et de transmission. Comme l'écrit A. Wénin, «quelqu'un relate cette
création. Il doit donc l'imaginer – à partir de sa culture, de ses observations, voire de sa foi – et lui donner forme narrative. Il choisit de le
faire en relatant les paroles et les actes d'un personnage qu'il nomme
Élohîm»[45]. En ce sens, le récit de Gn 1 (et en partie celui de Gn 2)
fait preuve d'une exceptionnelle audace, à la fois par son contenu et
par ses techniques littéraires. Les auteurs du texte – suivis par les différentes communautés qui l'ont préservé et transmis – se donnent en
effet l'autorité d'imaginer ce qui était avant tout témoin humain et de
reconstituer l'origine du monde. Plus encore, ils expriment ce produit
de leur imagination non comme un discours – qui les révélerait comme
locuteurs, donc comme responsables faillibles de leurs propos – mais
comme un récit de fiction – «réalité» qui impose son indépendance
vis-à-vis de tout auteur. Le recours au genre littéraire apparaît ainsi à
la fois comme une exigence requise par le contenu du récit et comme
une marque extrême de l'audace de ses auteurs.

Plus encore, la question de la représentation littéraire du divin permet
de mettre en évidence une autre face de l'audace créative du récit. En
effet, ses auteurs ne se contentent pas de représenter l'origine du monde
créé par Élohim, mais racontent cette émergence depuis la perspective
de ce personnage divin, comme on vient de le voir. On n'est donc pas
seulement en présence d'un récit sur les origines du monde ou sur les
actes primordiaux de la divinité, mais également d'un récit qui adopte
à plusieurs reprises le point de vue de la divinité quant à sa propre
création. Les auteurs du récit créent une subjectivité divine, «origine»

---

[45] A. Wénin, *D'Adam à Abraham*, p. 32.

déictique ou agent focalisateur à partir duquel le monde narratif est perçu et raconté. Or cette subjectivité divine n'est pas décrite en elle-même, représentée uniquement par les actes qu'accomplit le personnage et par ce qu'ils créent. On a donc une scène curieusement représentée essentiellement selon le point de vue divin[46], mais sans représentation directe de ce personnage. On en arrive donc à la situation paradoxale, exprimée par le sous-titre, d'un récit humain sur le divin qui se présente pourtant, par le jeu de la focalisation, comme un regard divin sur l'émergence du monde et de l'humain.

b. *Le récit dit yahwiste de la création (2,4–25): la situation du divin*
Dans cette section du récit, mettant en scène Yhwh Élohim, la perspective adoptée par la narration prend une première distance par rapport au personnage divin. Cette distance se marque aux niveaux temporel et spatial, ainsi que sur le plan des personnages mis en scène. J'envisagerai d'abord les prises de distance temporelle et spatiale, avant de considérer la double charnière sur laquelle s'articule ce recul – le repos divin du septième jour (2,1–3) et le façonnement de l'humain (2,7–9).

Distance temporelle
La prise de distance est marquée dès la première phrase de la section: «Ceux-ci sont les générations du ciel et de la terre quand ils furent créés, au jour où Yhwh Élohim fit la terre et le ciel. Tout arbuste du champ n'était pas encore sur terre et toute herbe du champ n'avait pas encore germé, car Yhwh Élohim n'avait pas fait pleuvoir sur la terre et d'humain, il n'y en avait pas pour travailler le sol» (2,4–5). Le lecteur assiste pour ainsi dire à un «pas en arrière»: par cette formule répétitive, la narration observe une certaine pause, résumant ce qui précède (voir le parallèle avec 1,1) et faisant allusion à ce qui suit (voir l'usage du nom divin «Yhwh Élohim»)[47]. Ce regard sur la suite du récit est énoncé de manière négative: la narration indique ce qui n'est «pas encore» [טרם], suggérant ainsi ce qui reste à ajouter à la création – l'eau et le travail de l'humain, deux éléments dont la suite de l'épisode va raconter l'émergence. Par ces procédés de rappel et d'annonce implicite, la narration se distancie de la perspective divine, ménageant un certain écart temporel face à ses actions.

---

[46] Je nuancerai ces propos plus loin, quand j'examinerai la manière dont se positionne la narration quand elle raconte la perception divine. Voir en particulier, au chapitre III, «La représentation des expériences visuelles du personnage divin», p. 326.
[47] À ce sujet, voir A. WÉNIN, *D'Adam à Abraham*, pp. 50–51.

Distance spatiale

Dans la section sacerdotale du récit, on a vu que les différents éléments de la création sont évoqués en lien avec la parole, le geste de séparation et le regard d'Élohim. Le lecteur y a ainsi accès, à plusieurs reprises, avec les yeux divins. De même, aucune indication géographique n'est donnée, la scène se situant sur un plan cosmique. L'espace est ainsi défini par rapport à la position d'Élohim : la scène prend place là où ce personnage se trouve, l'espace étant organisé par ses actions.

Par contre, dans la section yahwiste, le premier élément «manquant» pour l'émergence de la végétation, l'eau, est introduit sans passer par la médiation divine : «Et une brume/flot [אֵד] montait (ou : il faisait monter une brume)[48] de la terre et abreuvait toute la face du sol» (2,6). L'espace est ainsi dissocié de la perspective divine. Dans les versets 7–9, qui racontent la «formation» de l'humain et la plantation du jardin (voir ci-dessous), est donnée une première indication spatiale, qui reste toutefois vague : «Et YHWH Élohim planta un jardin en Éden, à l'orient…» (2,8). Au niveau de la focalisation, ce repère a pour première fonction de *situer* YHWH Élohim dans l'espace qui l'entoure. La relation entre espace et personnage divin s'inverse donc : ce n'est plus l'espace qui est situé par rapport au divin, c'est l'acte de YHWH Élohim qui est localisé dans un certain lieu. Ce changement de focalisation est à la fois progressif et radical. Progressif, car le chapitre 1 décrit l'émergence du «monde» autour du créateur divin, le situant ainsi dans l'environnement qu'il suscite ; de plus, les différents éléments créés donnent peu à peu à ce monde l'apparence de l'environnement terrestre. Le changement est en même temps radical, car la description de 2,8 fait rupture avec le chapitre précédent et introduit le mode de présence du divin qui sera maintenu dans tout le Pentateuque. Alors qu'en Gn 1 le divin est représenté hors du monde qu'il fait surgir en différentes séparations et créations, il est clairement situé dans l'espace à partir de 2,8.

Le repère géographique de 2,8 précise également la scène sur laquelle est ainsi situé le divin. Le jardin est planté par YHWH Élohim «en Éden» [בְּעֵדֶן], «à l'orient» [מִקֶּדֶם]. Les prépositions בְּ et מִן tracent les premières coordonnées de la scène, la situant «dans» un certain espace et «par rapport» à un autre. Le terme «Éden» est controversé :

---

[48] Cette lecture est difficile cependant, puisqu'il n'y a pas de sujet exprimé (le dernier personnage nommé, au verset 5, est l'humain, mais il l'est de manière négative, puisqu'il n'a pas encore été créé).

il est difficile de déterminer s'il désigne originellement un nom propre géographique (BDB) ou un nom commun, signifiant « plaine » ou « steppe » (voir l'étymologie donnée par BDB et KB)[49]. Même dans ce cas, il semblerait toutefois que le terme ait été utilisé pour décrire une région précise, bien que difficile à localiser[50]. Selon toute probabilité, l'action divine est ainsi située dans un certain lieu – dans un espace nommé. Avec ce nom, le « monde » du récit commence à présenter une certaine parenté avec l'espace humain.

L'indication « à l'orient » ou « à l'est » [מקדם] a une fonction clairement déictique. Elle se comprend en effet nécessairement à partir d'un autre terme (« à l'est de... ») qui fait défaut. Westermann souligne bien la difficulté quand il note : « מקדם signifie "à l'est", c'est-à-dire à l'est du narrateur, non à l'est d'Éden, ce qui serait possible grammaticalement »[51]. Le point de référence de מקדם est en fait dépendant de la focalisation adoptée. S'il s'agit de la perspective de Yhwh Élohim, alors le jardin se situe « à l'est » par rapport à l'endroit où il se situe. S'il s'agit par contre d'une perspective humaine – comme la narration le suggère progressivement et comme les versets suivants le confirment –, alors le jardin d'Éden se trouve « à l'orient » par rapport à « l'être humain », que l'on va identifier progressivement comme le lecteur. Il importe peu ici de déterminer si cette indication permet de situer géographiquement l'Éden. En effet, même si elle a une valeur purement fictionnelle et symbolique (« l'orient » désignant une contrée éloignée), elle n'en introduit pas moins une certaine « orientation ». Le monde de Yhwh Élohim apparaît ainsi « orienté », non par rapport à la position

---

[49] Il s'agit de l'étymologie reliant ce terme au mot akkadien *edinu*, emprunté au sumérien. Le terme pourrait aussi dériver de la racine sémitique *'dn*, « abondant », « luxuriant ». Voir Alan R. Millard, « The Etymology of Eden », *VT* 34 (1984), pp. 103–106.

[50] Voir G. von Rad, *Das erste Buch Mose: Genesis. Kapitel 1–12,9*, p. 54 ainsi que C. Westermann, *Genesis. 1. Teilband: Genesis 1–11*, pp. 285–287 (bibliographie pp. 284–285) : « Alle Ausleger stimmen darin überein, daß Eden in Gn 2,8 als geographische Bezeichnung gemeint ist, als das Land oder die Gegend, in dem der Garten Eden liegt » (citation p. 286). V. P. Hamilton, *The Book of Genesis. Chapters 1–17*, p. 161 avance une certaine localisation du lieu : il s'agit selon lui de la plaine comprise entre le Tigre et l'Euphrate dans le sud de la Mésopotamie.

[51] « מקדם bedeutet hier „im Osten", nämlich vom Erzähler aus gedacht, nicht im Osten von Eden, was grammatisch möglich wäre », C. Westermann, *Genesis. 1. Teilband: Genesis 1–11*, p. 287. Westermann conclut que le terme n'a pas de visée géographique précise, suggérant plutôt une localisation éloignée et inconnue. Pour H. Gunkel, *Genesis*, p. 7, l'est est défini ici par rapport à Canaan.

du personnage, mais par rapport à une «rose des vents» qui prend l'humain comme point de référence.

Des versets 10 à 14, la narration continue à décrire la scène narrative sans aucune mention du personnage divin : «Et un fleuve sortait d'Éden pour abreuver le jardin et de là [מִשָּׁם] il se divisait et devenait quatre têtes» (2,10). Suit l'évocation de chacun de ces fleuves, renvoyant à des éléments géographiques connus du lecteur (ou présentés comme tels) : «Le nom du premier est Pishôn, qui entoure[52] tout le pays de Havilah, où il y a de l'or – et l'or de cette terre est bon – et là, le bdellium et la pierre d'onyx» (versets 11–12); «et le nom du deuxième fleuve est Gihôn, qui entoure tout le pays de Kush» (verset 13); «et le nom du troisième fleuve est le Tigre, qui va à l'orient d'Assur, et le quatrième fleuve est l'Euphrate» (verset 14). Les commentateurs sont partagés quant aux noms des deux premiers fleuves, considérés tantôt comme bien réels, tantôt comme fictionnels[53].

Dans le cadre de cette recherche, il est surtout intéressant de noter que le monde narratif continue de s'organiser géographiquement selon des repères proprement humains. Même si ces noms sont fictionnels, ils traduisent clairement le changement de perspective majeur qui marque le chapitre et le différencie du précédent : l'épisode abandonne la focalisation divine pour adopter un point de vue humain. L'humain, en ce sens, remplace donc le divin dans le rôle d'agent focalisateur. Le problème littéraire suivant se pose dès lors : quelle est donc cette perspective humaine et de qui dépend-elle ? La réponse la plus simple consisterait à dire que ce point de vue est celui d'un ou plusieurs personnages

---

[52] Ou «tourne autour», «serpente», «suit un cours irrégulier», selon la remarque d'Ephraim A. SPEISER, «The Rivers of Paradise», in : Richard S. HESS, David Toshio TSUMURA (eds), *"I Studied Inscriptions from Before the Flood." Ancient Near Eastern, Literary, and Linguistic Approaches to Genesis 1–11*, Eisenbrauns, Winona Lake, 1994, pp. 175–182 (1959[1]), particulièrement p. 178.

[53] Sur l'identification des deux fleuves comme réalité géographique, voir E. A. SPEISER, «The Rivers of Paradise», p. 175 : «To the writer of the account in Gen 2:8ff, in any case, and to his ultimate source or sources, the Garden of Eden was obviously a geographic reality». Voir de même l'essai d'identification du Gihôn proposé par G. VON RAD, *Das erste Buch Mose: Genesis. Kapitel 1–12,9*, p. 55. V. P. HAMILTON, *The Book of Genesis. Chapters 1–17*, pp. 168–169, suggère que le suffixe ôn- pourrait être la marque d'un diminutif, le Pishôn et le Gihôn constituant des fleuves plus petits que le Tigre et l'Euphrate. Sur le caractère fictionnel des deux fleuves, voir C. WESTERMANN, *Genesis. 1. Teilband: Genesis 1–11*, p. 296 (ainsi que la bibliographie pp. 292–293) : «Pischon und Gichon sind Appellativa, die Eigenschaften eines Flusses bezeichnen; Flüsse dieses Namens sind nicht bekannt und begegnen sonst nie».

humains de la scène. Or, comme on va le voir ci-dessous, l'humain créé au verset 7 reste une figure passive, dont la perception est tout à fait absente du récit. On pourrait ensuite penser à la narration, mais son point de vue général ne semble pas correspondre à la description matérielle et à la localisation géographique du jardin.

Je proposerais plutôt d'identifier ici la perspective du lecteur. En effet, le fait que les fleuves soient nommés – deux au moins par des noms connus – et que les contrées soient identifiées par leurs productions suscite pour le lecteur l'image d'un monde dont il est familier. Comme l'écrit von Rad, « soudain, nous nous trouvons maintenant dans notre monde historique et géographique ! »[54]. Avec ces versets, le jardin de la création se révèle être situé à l'intérieur d'un espace organisé géo-graphiquement, qui présente toutes les apparences du monde humain. Par cette identification progressive entre le monde du récit et le monde humain, le lecteur est amené à réaliser que la scène originelle de la création prend place dans son propre monde – plus encore, qu'elle est à l'origine de son monde[55]. Le changement de perspective permet donc au lecteur de *se trouver* lui-même : plus encore que de se reconnaître dans les humains/l'humain créé(s), le lecteur rencontre son « espace vécu », représenté d'une manière qui reflète son propre regard. Bref, il découvre à ce point du récit sa propre réalité :

> Le lecteur se trouve en face d'un texte qui met en jeu sa réalité et l'interprète. Aussi n'est-il pas simplement « en face » du texte comme lorsqu'il lit une histoire ; il est aussi « dedans », au point qu'il pourra y reconnaître jusqu'à un certain point sa propre réalité, ou que le texte sera à même de l'interroger, si du moins il accepte de se prêter à son jeu.

---

[54] « Und nun befinden wir uns plötzlich in unserer geschichtlichen und geogra-phischen Welt! », G. VON RAD, *Das erste Buch Mose: Genesis. Kapitel 1–12,9*, p. 55 (per-sonnellement, je situerais plus loin dans le récit l'identification historique du monde du récit avec le monde du lecteur). Pour von Rad, les versets 10–14 constituent un élément originellement indépendant, qui n'a pas été entièrement intégré dans le reste du récit.

[55] Le même effet est noté au sujet de Gn 1 par A. WÉNIN, *D'Adam à Abraham*, p. 32 (voir également p. 57 au sujet de Gn 2) : « Ce que ce personnage [Élohim] dit et fait dans la fiction du récit construit peu à peu un monde où le lecteur découvre le monde dans lequel il vit lui-même ». Les différents éléments de la création mis en scène en Gn 1 suggèrent bien sûr le monde terrestre. Il me semble cependant que ce n'est que par le changement de perspective opéré en Gn 2 que ce monde apparaît comme proprement *humain*, c'est-à-dire organisé par un système d'orientation et par des noms géographiques.

En d'autres mots, sa lecture ne sera pas seulement une interprétation du texte, mais aussi de la réalité qui est la sienne[56].

En même temps qu'il reconnaît dans le récit son propre monde, le lecteur découvre que cet espace où il vit est également le lieu d'action du personnage divin. En ce sens, une des premières «interprétations» qu'il est invité à donner de sa réalité réside dans le constat que ce monde humain, selon le récit, est *habité* d'une présence divine, celle-ci se manifestant comme personnage. Puisqu'il faut se limiter ici au plan littéraire, on notera surtout la complète inversion qui est opérée par rapport à Gn 1. Dans la section sacerdotale du récit, l'humain est situé dans le monde créé par Élohim. L'humain et le monde sont perçus et représentés selon le point de vue divin. Par contre, dans la section yahwiste, c'est dans le monde humain qu'est situé le personnage divin. La perspective humaine émerge peu à peu, via la médiation du lecteur et de son organisation de l'espace[57]. Il reste à présent à examiner de plus près le double «pivot» sur lequel s'articule cette transition.

Le premier point charnière : le retrait divin au septième jour
Le premier point charnière correspond au septième jour de la création. Élohim y «cesse» son œuvre créatrice : «Et le ciel et la terre furent achevés et toute leur armée. Et Élohim acheva au septième jour son œuvre qu'il avait faite et il cessa au septième jour toute son œuvre qu'il avait faite. Et Élohim bénit le septième jour et il le sanctifia, car en lui il avait cessé toute son œuvre qu'Élohim avait créée pour faire» (2,1–3). La structure répétitive des versets, marquée notamment par la récurrence des verbes «achever» [כלה] et «cesser» [שבת][58], met l'accent sur la particularité de ce septième jour : il ne s'agit plus de

---

[56] A. Wénin, *D'Adam à Abraham*, pp. 32–33. Encore une fois, le passage est écrit en commentaire de Gn 1 (voir note précédente).

[57] Il est en ce sens particulièrement intéressant que le lecteur reconnaisse dans le récit sa propre réalité par la médiation de l'espace et non du temps. La dimension temporelle est pourtant bien présente dans la division en jours de la section sacerdotale. Cette organisation du temps est cependant naturelle, ne dépendant pas d'une intervention humaine. Par contre, l'organisation de l'espace qui apparaît en Gn 2,10–14 relève clairement de la médiation de l'être humain. C'est donc à l'orientation de l'espace que le monde est ici reconnu comme humain, comme si la première trace «d'humanisation» était marquée par l'organisation spatiale – une tâche spécifiquement herméneutique.

[58] Voir notamment M. Sternberg, *The Poetics of Biblical Narrative*, p. 392, qui met en évidence le passage du passif [ויכלו] à l'actif [ויכל], dans les versets 1–2.

«faire», mais d'arrêter l'œuvre des jours précédents. Comme l'écrit Hamilton, «le silence et l'immobilité envahissent l'atmosphère. [...] Il n'y a ni activité, ni bruit, ni parole»[59].

Sur le plan herméneutique (qui est aussi théologique dans ce cas), on observe qu'Élohim passe de l'activité à la passivité, arrêtant son «faire» créateur[60]. Élohim se contente de bénir et de sanctifier le septième jour – deux «actes» justifiés par l'absence d'activité : «car en lui il avait cessé toute son œuvre». Interprétant la scène, A. Wénin note à propos d'Élohim : «il manifeste qu'il ne veut pas tout remplir – raison pour laquelle il a délégué son pouvoir aux astres et aux humains. Ainsi ouvre-t-il définitivement à ce qui n'est pas lui un espace d'où lui-même s'absente. De la sorte, la création s'achève dans l'autonomie du monde, en particulier de l'humanité dépositaire de la maîtrise sur la terre»[61]. Dans cette perspective, la présence d'un septième jour dans le compte des jours de la création, où pourtant Élohim ne crée plus de nouveaux éléments, suggère un certain retrait du personnage. Celui-ci ne quitte pas vraiment la scène (puisqu'il bénit et sanctifie), mais il marque la cessation de son activité. En ce sens, le fait que cet arrêt soit inclus dans l'ensemble des jours de la création révèle qu'il est constitutif de l'œuvre divine : celle-ci ne trouve son achèvement qu'une fois arrêtée. Avec la cessation de l'action créatrice divine, le septième jour annonce la fin d'un certain mode de présence et d'action du personnage divin : puisque la création est achevée, ce dernier n'agira plus en créateur

---

[59] «Silence and stillness once again [comme dans le prologue du récit] enter the atmosphere. [...] There is no activity, no noise, no speaking», V. P. HAMILTON, *The Book of Genesis. Chapters 1–17*, p. 141.

[60] Cette interprétation dépend toutefois de la traduction du verbe שבת, «cesser», «se reposer» (KB) ou encore «se désister» (BDB). Ces deux lexiques, avec Zorell, donnent toujours «cesser» comme première signification, que j'adopte ici. Voir de même C. WESTERMANN, *Genesis. 1. Teilband: Genesis 1–11*, pp. 237–238 : «Das Verb שבת heißt eigentlich nicht ruhen, sondern aufhören [...]. Die Bedeutung „ruhen" ergab sich aus der besonderen Anwendung: mit der Arbeit aufhören». Le sens «cesser» est illustré en Gn 8,22 ; Is 14,4 ; Lm 5,15 (exemples donnés par Westermann). Umberto CASSUTO, *A Commentary on the Book of Genesis. Part One: From Adam to Noah. A Commentary on Genesis 1–VI 8*, Magnes Press, Jerusalem, 1978 (première édition hébraïque 1944, première édition anglaise 1961), p. 63, va encore plus loin en ce sens. Il précise d'abord que «in our section [Gn 2,2–3], there is no mention of either rest or refreshment». Soulignant les connotations négatives du verbe, il le traduit «not to do work» et précise qu'il signifie une «abstention from work». La traduction «se reposer» impliquerait quant à elle une certaine action du personnage divin.

[61] A. WÉNIN, *D'Adam à Abraham*, p. 36.

tout-puissant et solitaire. Élohim fait donc place à sa création. Comme les versets et les chapitres suivants le montrent, c'est à l'humain qu'il cède ainsi l'avant-scène du récit.

Sur le plan littéraire, il apparaît que ces versets adoptent la perspective du personnage divin: la narration exprime le sens qu'Élohim donne à ce dernier jour, consacré à la cessation et à l'achèvement de son œuvre[62]. De même, la subordonnée causale introduite par כִּי, au verset 3, suggère la raison pour laquelle Élohim bénit et sanctifie ce jour. Toutefois, bien que soit adoptée la perspective du personnage, le rôle interprétatif de la narration est inéluctable, se marquant ici de manière particulière. En effet, à la différence d'une pièce de théâtre, où le septième jour se lèverait sur une scène inerte où aucune action ne se déroulerait (à l'exception des actes plutôt abstraits de la bénédiction et de la sanctification), le récit a besoin de «dire» cette absence d'actes. La passivité divine ne peut simplement être montrée, mais a besoin d'être exprimée, ce que la narration fait avec emphase. Plus spécialement, la signification qu'Élohim donne à ce jour – un jour marqué non seulement par l'absence d'actions créatrices, mais aussi par l'achèvement et la cessation – demande à être dite, ne pouvant apparaître en un pur «showing». Il est en ce sens intéressant d'observer que c'est grâce à ce commentaire narratif – ce recours à la technique du «telling» – que la création compte sept jours, sans quoi il n'y en aurait que six!

Toujours d'un point de vue purement littéraire, la représentation du septième jour impose donc à la narration de manifester sa médiation. Amenée à représenter l'absence d'actes divins, elle ne peut continuer à masquer les marques de son énonciation. En quelque sorte, l'expression de l'achèvement et de l'arrêt appelle la présence médiatrice de la narration, puisque cette réalité négative ne peut être représentée qu'en étant racontée (et non simplement montrée). L'arrêt divin semble donc représenter le lieu où émerge la narration comme médiation apparente, qui non seulement «présente» le divin mais aussi le «raconte». En termes toujours littéraires, le retrait divin ménage cette possibilité pour la narration – ou, plutôt, la narration se ménage cette possibilité

---

[62] Voir plus ou moins en ce sens C. WESTERMANN, *Genesis. 1. Teilband: Genesis 1–11*, p. 233: «Im Beenden der Arbeit könnte ein forensischer Sinn mitschwingen, es hat deklarativen Charakter» – c'est-à-dire, comme si Élohim s'exprimait en discours direct sur l'achèvement de son œuvre. Westermann cite ainsi la traduction de A. Heidel: «And on the seventh day God declared his work finished».

par le retrait divin. On observe donc une curieuse congruence entre le contenu du récit – le retrait d'Élohim à la fin de la création, faisant ainsi place à la réalité créée – et l'effet littéraire de l'expression d'un tel contenu – l'émergence de la médiation narrative. Toute la question sera bien sûr de voir, dans la suite du récit, comment cette possibilité est effectivement mise en œuvre, la représentation des paroles divines ayant déjà montré la réserve de la narration à manifester sa médiation.

Le second point charnière : l'émergence des personnages humains
Le changement de perspective marqué en Gn 2 dépend bien sûr également de l'émergence de l'humain, qui prend petit à petit sa place sur la scène narrative. Cette émergence s'accomplit en plusieurs étapes, parmi lesquelles on peut citer le façonnement de l'humain par Yнwн Élohim (2,7), le commandement concernant les arbres du jardin (2,16–17), la nomination des animaux (2,20), la séparation de l'*adam* en homme et femme (2,22–25). Je me pencherai ici sur les étapes qui me semblent marquer le plus nettement le passage de la perspective divine à la perspective humaine. En particulier, je tenterai de voir comment cet épisode, implicitement, prépare et rend possible la scène qui le suit immédiatement : le débat herméneutique entre la femme et le serpent (3,1–6), discussion marquée par l'absence du personnage divin sur la scène narrative.

Le façonnement de l'humain constitue sans aucun doute le premier jalon du changement de perspective : «Et Yнwн Élohim forma l'humain, poussière hors du sol, et il souffla dans ses narines un souffle de vie et l'humain devint une âme vivante. Et Yнwн Élohim planta un jardin en Éden, à l'orient, et il posa là l'humain qu'il avait formé. Et Yнwн Élohim fit pousser du sol tout arbre désirable à voir et bon à manger, et l'arbre de la vie au milieu du jardin et l'arbre du connaître bien et mal» (2,7–9). En termes de focalisation, la création de l'humain par «façonnement» diffère de celle du premier chapitre par la plus grande «opacité» de la perspective intérieure divine. En effet, dans le récit sacerdotal, le monologue divin (1,26), la précision de la création de l'humain «à l'image d'Élohim» (1,27) ou encore le regard appréciatif de 1,31 contribuent ensemble à suggérer le point de vue intérieur d'Élohim. Par contre, dans le récit yahwiste, la création de l'humain n'est ni annoncée par un discours, ni suivie par une appréciation du personnage divin.

Les seules traces de la perspective divine ont trait au jardin et à ses arbres. Il est en effet probable que les adjectifs « désirable » (נחמד) et « bon » (טוב), qui qualifient au verset 9 les arbres du jardin, rendent la manière dont Yhwh Élohim les perçoit, puisqu'il les crée comme tels. De même, les noms des deux arbres particuliers, « l'arbre de la vie » et « l'arbre du connaître bien et mal », suggèrent une valeur symbolique qui ne peut relever que du point de vue divin[63]. Enfin, au verset 15, les deux infinitifs construits « pour le travailler et pour le garder » précisent la raison pour laquelle Yhwh Élohim établit l'humain dans le jardin, donnant ainsi accès à ses motivations intérieures. On peut constater que l'adoption du point de vue divin ne porte pas sur la manière dont le personnage divin perçoit l'humain et sa relation à lui (comme au chapitre 1), mais plutôt sur l'environnement dans lequel l'humain est posé et sur le rôle auquel il y est destiné.

Au chapitre 1, Élohim transmet à l'humain qu'il vient de créer un ordre général, lui commandant de se reproduire et de maîtriser la terre (1,28). Au chapitre 2, le façonnement de l'humain est également suivi par un ordre, à la visée plus particulière : « Et Yhwh Élohim ordonna à l'humain en disant : "De tout arbre du jardin, manger tu mangeras, mais de l'arbre du connaître bien et mal, tu ne mangeras pas de lui, car au jour où tu en mangeras, mourir tu mourras" » (2,16–17)[64]. Par rapport à l'ordre divin donné au chapitre 1, celui-ci ajoute à un commandement positif (« tu mangeras ») une injonction négative (« tu ne mangeras pas »). Ce premier interdit posé à l'humain me semble avoir au moins deux conséquences quant à l'émergence des personnages humains face au divin. La première conséquence se base sur l'interprétation que l'ensemble de la Genèse (au moins les onze premiers chapitres) permet de donner à l'interdit, tandis que la seconde est plutôt basée sur la signification dont celui-ci se charge pour les acteurs du récit, peu après qu'il a été donné.

D'une part, si l'on anticipe quelque peu sur la suite du récit[65], on peut sans trop de difficulté déceler l'intention qui motive l'interdit divin.

---

[63] Sur le nom de ces deux arbres, voir par exemple C. Westermann, *Genesis. 1. Teilband: Genesis 1–11*, pp. 288–291 et V. P. Hamilton, *Genesis 1–17*, pp. 162–166.

[64] Je choisis pour ce verset une traduction littérale des deux infinitifs absolus, afin de mettre en évidence le parallèle syntaxique (qui n'est pas, en soi, sémantique).

[65] On peut se référer ici à mon analyse des monologues divins de la Genèse. Leur succession, me semble-t-il, laisse apparaître l'évolution du projet divin quant à sa relation à l'humain. Voir, au premier chapitre, « Discussion et interprétation des différents monologues divins de la Genèse », p. 67.

J'y reviendrai plus en détail au chapitre IV[66], mais on peut déjà noter ici que le commandement consiste essentiellement en une invitation à jouir de la création dans son ensemble, mais avec une exception : l'arbre du connaître bien et mal. Cette limite se marque précisément dans l'un des actes humains les plus instinctifs et les plus nécessaires à la vie : manger. L'humain est invité à reconnaître la présence de l'autre jusque dans cet acte qui semble pourtant être dirigé uniquement vers lui-même. YHWH Élohim apprend ainsi à l'humain à faire place à l'autre, le constituant en un être relationnel. Cette « mise en relation » se complète alors avec la « construction » de la femme, acte par lequel YHWH Élohim inscrit l'altérité à l'intérieur même de l'humain. Or une telle ouverture de l'humain à un mode d'être relationnel entraîne également un certain changement pour le personnage divin. En suscitant un être humain ouvert à l'autre, tant divin qu'humain, YHWH Élohim laisse la place à un autre que lui. Il se montre prêt à une autre voix, un autre « je », une autre perception. Il prépare donc la scène à l'arrivée d'autres personnages – ce qui s'accomplit (déjà avant la création de la femme) par la première « action » humaine, la nomination des animaux (2,20), puis par la première parole humaine (2,23). La transition entre la perspective divine et la perspective humaine, qui s'amorce au chapitre 2 et s'accomplit au chapitre 3, va donc de pair avec le contenu du récit et, plus particulièrement, avec la représentation du divin.

D'autre part, on observe que, à cette étape du récit au moins, le commandement donné comporte également une certaine part d'obscurité. YHWH Élohim ne précise pas, en effet, la raison pour laquelle l'humain ne mangera pas de l'arbre du connaître bien et mal. Il l'avertit d'un danger mortel en cas de non-respect de l'ordre, mais n'explique pas pourquoi manger de cet arbre est interdit. Tant l'humain que le lecteur sont de la sorte confrontés à un élément inconnu. Le personnage divin peut en effet formuler l'interdit pour le bien de l'humain, mais il peut également le faire afin de se réserver jalousement les fruits de cet arbre[67]. À la transparence d'Élohim en Gn 1 succède ainsi une face plus opaque du personnage divin, où un certain voile succède à

---

[66] Voir l'intitulé « La perversion du don (3,1b) », p. 441.
[67] Voir à ce sujet A. WÉNIN, *D'Adam à Abraham*, p. 67.

l'évidence. Or, paradoxalement, c'est cette part d'ombre qui ouvre les portes du récit, dans tous les sens de l'expression.

Au paragraphe suivant, on va constater de quelles conséquences est suivie la difficulté de comprendre le commandement divin. On assiste en effet, en 3,1–6, à une véritable « explosion » herméneutique : l'arrivée du serpent avec ses propos perfides jette le doute sur la bienveillance et l'honnêteté divines, tandis que la femme tente, tant bien que mal, d'affirmer sa propre compréhension du commandement. Le non-dit de la parole divine provoque ainsi un conflit d'interprétations, ouvrant lui-même la porte à une focalisation plurielle, où s'expriment différentes perspectives *sur* le divin. On va voir également que c'est la possibilité même du récit qui naît de cette radicale prise de distance, puisque, avec elle, peut se développer une parole humaine *au sujet du* divin.

IV. Le personnage divin entre retrait et connaissance (Gn 3 et 4)

Les chapitres 3 et 4 de la Genèse poursuivent le mouvement de retrait du personnage divin que l'on vient d'observer en Gn 2. En même temps, ils suggèrent le statut particulier que ce personnage occupe dans le récit, tant par rapport aux personnages humains que par rapport au lecteur.

1. *Genèse 3 : changement d'acteurs et de focalisation*

Comme le tableau des actes divins de la Genèse le montre, le chapitre 3 compte encore un nombre important d'actions divines (sept en tout), tandis que les chapitres qui suivent présentent une nette décroissance (entre zéro et trois actions par chapitre). Je tenterai donc de repérer, tant en Gn 3 et Gn 4, les « seuils » qui marquent la représentation des actes du personnage divin et la focalisation dont il fait l'objet. On verra alors comment ils peuvent rendre compte d'un tel tournant dans le récit de la Genèse.

a. *Le conflit herméneutique (3,1–6) ou l'acte de naissance du récit*
La scène du « conflit herméneutique » entre la femme et le serpent (3,1–6) sera examinée en détail au chapitre IV, consacré exclusivement

aux interprétations de la parole divine[68]. On peut néanmoins déjà observer que le personnage divin est complètement absent de la scène, bien que toute la discussion concerne l'interprétation de l'ordre qu'il a donné (2,16–17) et de ses intentions sous-jacentes. Un autre mode de présence est ainsi inauguré : le personnage divin n'apparaît pas sur scène en tant qu'«actant» mais en tant qu'objet de discussion. En quelque sorte, la narration met en place un second niveau de médiation (après la sienne propre) : des personnages humains (voire animaux, comme ici le serpent)[69] expriment leur conception de la divinité, à partir de leurs propres expériences[70] et opinions. Avec cet épisode, les personnages acquièrent donc définitivement leur statut d'acteurs du récit et se ménagent sur la scène une place bien à eux. Plus encore, ils deviennent des «médiateurs» de choix dans la représentation de la divinité.

Il est particulièrement intéressant de constater que Yhwh Élohim n'intervient pas dans la discussion, laissant le serpent pervertir sa parole et induire la femme en erreur. Il ne réapparaît en effet sur scène qu'une fois le «drame» accompli, c'est-à-dire quand la femme et l'homme ont mangé du fruit. La narration ne dit pas si l'absence divine est délibérée ou non, mais celle-ci sert en tout cas le projet narratif, en permettant aux personnages d'entrer activement en scène et de développer leurs discours sur la divinité. La lecture de la suite de la Genèse montrera combien ce bref épisode est proleptique pour l'ensemble du livre. Il annonce en effet le retrait progressif du personnage divin hors de la scène narrative, amorçant un autre mode de présence, médiatisé par l'interprétation de personnages humains. En suggérant au lecteur que Yhwh Élohim laisse la discussion suivre son cours, permettant ainsi au serpent de pervertir sa propre parole et même sa propre réalité, la narration lance pour ainsi dire un certain avertissement au lecteur. Ce qui est dit du divin par d'autres personnages ne correspond pas forcément à ce qu'est Yhwh Élohim – le mensonge et l'erreur existent bel et bien !

---

[68] Voir l'intitulé «La perversion originelle (Gn 3,1–7)», p. 437.

[69] Mis à part le serpent de Gn 3 et l'ânesse de Balaam, les animaux parlent rarement dans le Pentateuque !

[70] Ici, cette expérience du divin semble également médiatisée : la femme n'était pas encore créée quand Yhwh Élohim a donné le commandement des arbres (ni d'ailleurs l'homme, en tant que אִישׁ), tandis que le serpent, selon la logique de Gn 2, a également été créé, avec les autres animaux, postérieurement à l'ordre (2,19).

Je voudrais également proposer d'interpréter l'épisode du conflit herméneutique comme «l'acte de naissance» du récit. Le passage met en effet en scène la possibilité d'une parole sur le divin, d'une interprétation de ses propos et même des intentions qui les ont motivés. La narration suggère ainsi la capacité humaine de dire et d'interpréter la divinité. La suite du Pentateuque met pour ainsi dire en œuvre cette aptitude humaine à parler du divin – plus exactement à le raconter. Au sujet de Gn 1, on a souligné l'audace littéraire des auteurs du texte, qui non seulement produisent un récit sur les origines du monde, mais également représentent ces origines selon la subjectivité du personnage divin. Un tel mode narratif ne se présente cependant ni comme parole humaine ni comme interprétation : cet épisode met en effet devant les yeux du lecteur le monde tel qu'Élohim l'a vu progressivement émerger, au fil des séparations qu'il a opérées. En Gn 3, la narration change radicalement de cap : ayant progressivement pris distance de la perspective divine, elle met à présent en scène des personnages qui eux-mêmes médiatisent la divinité, selon leurs propres interprétations. En représentant ainsi le divin comme l'objet d'une expérience, le récit établit sa propre possibilité et définit son statut de parole humaine sur le divin.

b. *Le retour de Yhwh Élohim (3,8–13) ou le changement de focalisation*

Yhwh Élohim a tôt fait de revenir sur scène. La narration marque cependant ce retour par une «nouveauté» majeure en matière de focalisation. Elle rend en effet la réapparition divine sur scène par le biais de la perception des humains : «Et ils entendirent la voix de Yhwh Élohim se promenant dans le jardin au souffle du jour. Et l'humain et sa femme se cachèrent de devant Yhwh Élohim au milieu des arbres du jardin» (3,8). Le verset peut sembler peu significatif au plan littéraire. Cependant, on observe que la perspective humaine sur le divin y est rendue dans la diégèse. Aux versets 1–5, c'est en effet par le biais de discours que les différentes interprétations des personnages sont exprimées. Par contre, au verset 8, c'est dans la diégèse que la narration rapporte la manière dont les humains perçoivent la présence de Yhwh Élohim. De la sorte, c'est maintenant en son nom propre que la narration rend la perspective humaine sur le divin, ce qui confirme le changement de cap noté plus haut. La focalisation est en effet à présent complètement inversée par rapport à Gn 1 : le personnage divin passe du rôle d'agent focalisateur – par lequel passe la représentation des humains – à celui d'élément focalisé – objet de la perception des personnages humains. En termes simples, la narration est passée de la représentation de la divinité à celle de la perception de la divinité par des humains.

La narration souligne ce changement de perspective par les quatre questions posées par Yhwh Élohim. Revenant sur le devant de la scène, ce dernier ne semble pas trouver immédiatement les humains : « Et Yhwh Élohim cria vers l'humain et il lui dit : "Où es-tu ?" » (verset 9). À la réponse de l'humain affirmant sa peur à cause de sa nudité, Yhwh Élohim pose deux autres questions : « Qui t'a rapporté que tu étais nu ? Est-ce que, de l'arbre dont je t'avais ordonné de ne pas manger de lui, tu as mangé ? » (verset 11). L'humain ayant dénoncé la femme, Yhwh Élohim adresse à celle-ci une dernière question : « Qu'est-ce cela que tu as fait ? » (verset 13). Il faut commencer par noter le caractère rhétorique de ces questions (surtout de la dernière), qui s'insèrent dans un certain ensemble littéraire. Chaque interrogation permet en effet de confronter les humains à leur propre situation : leur besoin de se cacher, donc leur peur ; l'origine de leur peur et leur transgression de l'interdit ; enfin, le processus qui a conduit à cette transgression. Les questions structurent ainsi les aveux des deux humains[71].

À partir du récit, il est impossible de savoir si le personnage divin ignore ou non les réponses à ses questions. Celles-ci suscitent néanmoins un certain effet littéraire, celui de faire apparaître Yhwh Élohim comme un personnage ayant recours à l'interrogation. Quel que soit en effet son niveau réel de connaissance, le personnage divin se présente comme en manque d'information, s'adressant aux personnages humains pour connaître des faits qu'il ignore (ou feint d'ignorer). Cet effet littéraire est bien différent de celui des ordres performatifs qu'Élohim formule en Gn 1, par lesquels il organise progressivement le monde. Toujours au niveau de l'effet du récit – puisque le lecteur peut aussi interpréter les questions comme des astuces pour confronter les humains à leurs actes –, ces interrogations mettent également en relief l'absence du personnage divin au début du chapitre, en en tirant en quelque sorte les conséquences : puisque Yhwh Élohim a disparu de la scène, il ne peut être au courant de ce qui s'y est passé. De ce fait, il apparaît encore plus clairement que ce sont bien les personnages humains – et

---

[71] Voir en ce sens l'analyse de Kenneth M. Craig, *Asking For Rhetoric. The Hebrew Bible's Protean Interrogative* (BI.S 73), Brill, Boston/Leiden, 2005, pp. 21–26.

non le personnage divin – qui sont à présent l'élément focalisé de la narration : c'est leur histoire qui est racontée, histoire où, bien sûr, la divinité n'est pas complètement absente.

c. *Un seuil spatial et actanciel : le renvoi des humains hors du jardin (3,22–24)*
Ce seuil est particulièrement intéressant dans la mesure où un changement dans l'organisation spatiale – la « sortie » du jardin d'Éden – contribue encore à marquer le déplacement de focalisation. Paradoxalement, le passage est raconté depuis la perspective divine. Il commence par le monologue divin de 3,22, déjà étudié plus haut[72]. La pensée de Yʜwʜ Élohim, rendue en discours direct, permet au lecteur d'appréhender la scène qui suit selon la perspective divine : « Et Yʜwʜ Élohim le renvoya du jardin d'Éden pour travailler le sol duquel il avait été pris. Et il chassa l'humain et il établit à l'est du jardin d'Éden les chérubins et la flamme de l'épée tournant en tous sens pour garder le chemin de l'arbre de la vie » (3,23–24)[73]. Les verbes « il le renvoya » [וישלחהו] et « il chassa » [ויגרש] suggèrent, en termes de perspective, que l'agent focalisateur – Yʜwʜ Élohim – se situe encore à l'intérieur du jardin, tandis qu'il expulse les humains à l'extérieur. C'est à l'est [מקדם] du [-ל] jardin que Yʜwʜ Élohim établit les chérubins et la flamme de l'épée : on se rappelle que le jardin d'Éden a déjà été situé « à l'est » [מקדם] (2,8), sans que le point de référence de ce repère géographique ne soit précisé. Le parallèle suggère-t-il que les humains sont expulsés « encore plus à l'est », si l'on imagine que les gardes sont placés à l'endroit où les humains pourraient tenter de rentrer dans le jardin[74] ? Ou faut-il comprendre que le repère suggère une extrémité éloignée du jardin ? Quoi qu'il en soit, il confirme que Yʜwʜ Élohim envisage la scène à partir de la situation du jardin, prise comme point de référence.

Il importe sans doute davantage d'observer que la seule indication sur « l'en-dehors » du jardin est donnée quant au rôle futur de l'humain : celui-ci est expulsé « pour travailler le sol duquel il avait été pris » (verset 23). L'expression est un peu étrange : l'humain est banni du jardin, lieu

---

[72] Voir l'intitulé « La décision d'expulser l'humain du jardin et de le confronter à la mortalité (Gn 3,22) », p. 71.

[73] Je proposerai une analyse plus détaillée de ce passage au chapitre IV, à l'intitulé « Pour éviter la vie éternelle (3,22b–24) », p. 480.

[74] Voir en ce sens V. P. Hᴀᴍɪʟᴛᴏɴ, *Genesis 1–17*, p. 210.

où il a été créé, mais, en même temps, il est envoyé travailler le «sol»
d'où il a été tiré. Ici, le «sol» [אדמה] renvoie à l'origine de l'humanité
(2,7), mais également au sol qui fournit à l'homme sa nourriture (2,9)
et qui a été maudit suite au geste humain (3,17–19)[75]. On peut dès lors
comprendre la אדמה dans son sens étymologique, c'est-à-dire comme
le sol dans sa relation à l'humain: sol d'où est née l'humanité, sol que
l'humain travaille et qui le nourrit, sol où il retourne[76]. C'est précisément à ce «sol humain» que Yhwh Élohim renvoie les transgresseurs.
L'indication semble ainsi annoncer le caractère bien «humain» de la
scène où se poursuivra la suite du récit, qui continue en effet au-delà
du jardin, suivant les humains dans leur expulsion. Ceux-ci partent
donc, pour «travailler le sol» – envoyés vers leur humanité, leur travail,
leur peine. La précision suggérerait-elle au lecteur que le récit entre
à présent totalement dans son monde, venant le rejoindre dans toute
son humanité?

2. *Genèse 4: Yhwh, personnage herméneute*

L'annonce de la fin du chapitre 3 trouve immédiatement sa réalisation:
«Et l'humain avait connu Ève, sa femme, et elle fut enceinte et elle
enfanta Caïn et elle dit: "J'ai acquis un homme avec Yhwh"» (4,1). La
narration se poursuit effectivement avec les humains comme personnages
principaux, dans une situation bien «humaine» où le lecteur peut se
retrouver sans peine. Je me pencherai particulièrement sur ce chapitre
pour étudier un trait de la construction du divin déjà présent en Gn
3: la fonction herméneutique du personnage.

a. *La préférence de Yhwh, une perception humaine?*
Le meurtre perpétré par Caïn est directement connecté à Yhwh,
plus exactement à sa perception de Yhwh: «Et il arriva, à la fin de
jours, Caïn apporta des fruits du sol en offrande pour Yhwh. Et Abel
apporta[77] lui aussi des premiers-nés de son petit bétail et de leur graisse.

---

[75] On se rappelle également l'indication proleptique de 2,5, qui fait ainsi inclusion
avec 3,23: «et d'humain, il n'y en avait pas pour travailler le sol».
[76] Voir par exemple C. WESTERMANN, *Genesis. 1. Teilband: Genesis 1–11*, pp. 367–
368.
[77] Le *qatal* [הביא] est interprété ici comme un simple temps passé, sans connotation
d'antériorité. Voir GKC § 106d.

Et Yhwh regarda vers Abel et vers son offrande, mais vers Caïn et vers son offrande, il ne regarda pas. Et cela brûla pour Caïn fort et ses faces tombèrent» (4,3–5). On remarque que la narration, même si elle rapporte le regard de Yhwh dans la diégèse, n'adopte pas la perspective de ce dernier. Aucune explication n'est ainsi donnée sur la considération différente que reçoivent les deux frères[78]. Au contraire, immédiatement après avoir rapporté que Yhwh «ne regarda pas» vers Caïn et son offrande, la narration passe à la réaction de ce dernier, déçu que son offrande n'ait pas été considérée[79].

On pourrait dès lors se demander si la représentation du regard de Yhwh ne serait pas également médiatisée, implicitement, par la perception de Caïn: ce serait celui-ci qui percevrait une différence de considération de la part de Yhwh. Littérairement, la représentation du regard (et de l'absence de regard) aurait donc pour fonction d'introduire la frustration de Caïn. Dans cette perspective, l'absence d'explication sur les motivations divines s'expliquerait aisément, puisque la scène serait rendue selon la perspective du personnage humain[80]. De plus, l'imprécision concernant les causes de la frustration de Caïn pourrait faciliter l'identification du lecteur, en amenant celui-ci à reconnaître dans cette émotion des situations auxquelles il est lui aussi confronté: «Tout se passe comme si, à travers Caïn, le narrateur ramenait le lecteur à sa propre histoire, en particulier ces moments où, face à un autre qu'il estime privilégié sans raison, il se sent mal, il a le sentiment

---

[78] Voir par exemple V. P. Hamilton, *Genesis 1–17*, p. 223: «Gen. 4 does not supply a reason for or an explanation of this divine choice»; ou A. Wénin, *D'Adam à Abraham*, p. 143: «Lorsque les deux frères lui apportent en hommage des cadeaux prélevés sur le fruit de leur travail, sans raison apparente, Adonaï regarde celui d'Abel et pas celui de Caïn. Aucune justification n'est donnée, ni par Adonaï lui-même ni par le narrateur». Pour W. L. Humphreys, *The Character of God*, pp. 55–56, Yhwh cacherait à dessein ses motivations: «To introduce an element of the arbitrary is to exercise control and to position others around what they now experience as an unpredictable center. A degree of chaos is used to destabilize the human condition in what now seems a power play» (citation p. 56).

[79] Sur l'émotion ressentie par Caïn («cela brûla pour Caïn fort et ses faces tombèrent»), voir V. P. Hamilton, *Genesis 1–17*, p. 224: il s'agirait plus probablement de dépression que de colère. À l'appui de sa lecture, Hamilton cite l'article suivant: Mayer Irwin Gruber, «The Tragedy of Cain and Abel: A Case of Depression», *JQR* 69 (1978), pp. 89–97.

[80] Voir aussi A. Wénin, *D'Adam à Abraham*, p. 143: le narrateur présente le récit de manière à mettre le lecteur du côté de Caïn et à lui faire percevoir l'attitude divine avec les yeux de ce dernier.

d'être victime d'une injustice. Façon de dire que l'histoire de Caïn est celle du lecteur»[81].

b. *L'absence divine*

YHWH entre alors brièvement sur scène, confrontant Caïn à sa réaction : «Pourquoi cela a-t-il brûlé pour toi ? Et pourquoi tes faces sont-elles tombées ? » (4,6). YHWH poursuit en le mettant en garde : «N'est-ce pas que si tu fais bien, tu relèveras[82] ? Mais si tu ne fais pas bien, à l'ouverture, le péché [est] [un animal] tapi[83] et vers toi [est] son avidité, et toi, tu le domineras/et toi, ne le domineras-tu pas ? » (4,7b)[84]. En ayant recours à l'interrogation et à des propos imagés, YHWH avertit Caïn du danger qu'il court, lui faisant entrevoir les conséquences qui suivront le choix qu'il fera. Toutefois, le «drame» en lui-même se passe sans intervention divine : «et il arriva, quand ils furent au champ, Caïn se leva vers Abel son frère et il le tua» (4,8).

L'indication temporelle (avec référence spatiale) «quand ils furent au champ» suggère que Caïn attend d'être dans un endroit solitaire pour commettre le meurtre. On peut penser que c'est à ses parents qu'il veut ainsi dissimuler son geste, mais, vu l'absence de ceux-ci de la scène narrative, on pourrait aussi estimer que c'est de YHWH lui-même que se cache Caïn. Le meurtre a ainsi lieu – de manière préméditée ou non – en l'absence du personnage divin. Ce n'est qu'une fois Abel mort que YHWH rentre en scène, avec une question bien à propos : «Où est Abel ton frère ? » (4,9). Cette fois, YHWH laisse clairement entendre dans ses propos qu'il est bien au courant du fratricide : «Qu'as-tu fait ? La voix du sang de ton frère crie vers moi depuis le sol» (4,10)[85]. À présent, ce n'est plus seulement le sol qui est maudit à cause de l'humain (voir 3,17),

---

[81] A. WÉNIN, *D'Adam à Abraham*, pp. 143–144.

[82] La forme שְׂאֵת est un infinitif construit. Sur l'emploi de l'infinitif construit dans l'apodose, voir GKC § 159t.

[83] Sur l'accord du participe (masculin singulier) avec le nom auquel il se rapporte (féminin singulier), voir GKC § 145u. רֹבֵץ est considéré comme un participe substantival (lecture qui permet d'expliquer en outre l'emploi des deux suffixes masculins singuliers qui suivent [תְּשׁוּקָתוֹ et בּוֹ]). Pour suggérer cette nuance (impossible à rendre en français avec le verbe «tapir»), je supplée le substantif «animal».

[84] L'interrogation הֲלוֹא du début de la phrase peut en effet commander soit uniquement la première proposition, soit l'ensemble de la phrase.

[85] Littéralement : «la voix des sangs [דְּמֵי] de ton frère crient [צֹעֲקִים] ...». Le pluriel דָּמִים constitue un «pluriel de composition», désignant le sang quand il est dispersé ou versé dans le cas d'un meurtre. Voir P. JOÜON, *Grammaire de l'hébreu biblique*, § 136b.

mais Caïn lui-même : « Et maintenant, tu es maudit du sol qui a ouvert
sa bouche pour prendre le sang de ton frère de ta main » (4,11).

c. *Parallélisme avec Gn 3 ou le rôle herméneutique du personnage divin*

Le schéma narratif est similaire à celui de Gn 3, avec quelques modifications[86]. Dans les deux épisodes, tout commence par une certaine « zone
d'ombre » concernant le personnage divin : dans le premier, le commandement des arbres, avec l'interdit apparemment injustifié portant sur
l'arbre du connaître bien et mal, et, dans le second, l'arbitraire apparent
du regard divin. Cet inconnu est ensuite interprété – par la femme et le
serpent ou par Caïn. Le récit de Gn 4 présente la particularité de faire
intervenir Yhwh à ce moment du récit, mettant en garde Caïn contre
les conséquences de sa réaction. Toutefois, dans les deux chapitres, le
geste fatidique a lieu en l'absence du personnage divin. Celui-ci ne
revient sur scène qu'une fois le drame accompli. Dans les deux cas, il
confronte les humains à leurs gestes en posant une série de questions
et en énonçant les conséquences de l'acte accompli.

Les deux chapitres présentent ainsi un mode similaire de présence
divine dans le récit. Yhwh y joue un rôle majeur mais ne peut être
considéré comme le personnage principal. Ce sont en effet les humains
qui déterminent le cours des événements. On remarque en ce sens
l'absence de la divinité au moment crucial de chacun de ces épisodes.
Yhwh (Élohim) joue toutefois un rôle particulier, dans la mesure où ses
propos reflètent un niveau de connaissance qui surplombe le présent
de la narration. En Gn 3,14-19 Yhwh Élohim détaille pour les trois
personnages impliqués les conséquences de leurs actes. Au chapitre
suivant, Yhwh prévient Caïn du « péché » ou plus simplement du mal
qui l'attend s'il ne domine pas sa frustration. Il lui annonce de même
son nouveau statut sur la terre suite au meurtre commis (4,11–12.15).
Plutôt que de raconter dans la diégèse la portée des actes posés par
les premiers humains, la narration préfère laisser le personnage divin

---

[86] Le parallèle (avec pourtant d'importantes discontinuités) est la base de l'étude
proposée par Ellen van Wolde, « The Story of Cain and Abel. A Narrative Study »,
JSOT 52 (1991), pp. 25–41, spécialement pp. 25–26. A. Wénin, *D'Adam à Abraham*,
p. 135, observe également le parallélisme entre Gn 3 et Gn 4, mais en mettant plutôt
en relation le dialogue entre la femme et le serpent (3,1–5) et l'invitation de Yhwh à
Caïn de « relever » (4,6–7). Le parallèle est évoqué également par W. L. Humphreys,
The Character of God, p. 59.

annoncer ces conséquences en discours direct. Elle lui confère de la sorte un rôle particulier, médiateur entre le monde du récit et le monde du lecteur : Yhwh (Élohim) révèle en effet le lien entre les actions posées par les personnages du récit et la réalité humaine tel qu'elle est vécue par le lecteur.

Ce lien est particulièrement évident en Gn 3. Le lecteur peut en effet constater dans sa propre réalité les conséquences que Yhwh Élohim attribue au geste de la femme et de l'homme : le serpent marche effectivement sur son ventre, se nourrissant de poussière (3,14) ; la grossesse humaine implique en effet une certaine peine (3,16) ; enfin, le travail du sol ne se fait pas sans difficulté (3,17–19). Les discours divins proposent donc une herméneutique «étiologique» des actions des premiers humains, en les interprétant comme la cause ou l'origine de certains traits de la réalité du lecteur. En Gn 4, les conséquences de la faute de Caïn semblent concerner davantage celui-ci que l'humanité future : «Quand tu travailleras le sol, il ne continuera pas à te donner sa force. Tremblant et errant tu seras sur la terre» (4,12)[87]. Néanmoins, si la première partie du récit est lue dans la perspective de Caïn, amenant le lecteur à identifier ce que ressent le personnage à ses propres émotions, alors Yhwh, au verset 12, énonce les conséquences non seulement du meurtre de Caïn mais aussi de choix analogues qui peuvent être ceux du lecteur.

Le rôle herméneutique du personnage divin – reliant le monde du texte au monde du lecteur – est souligné, me semble-t-il, par la problématique du rapport de l'humain au «sol» [אדמה][88]. Comme on l'a vu plus haut, le terme désigne ici le monde humain, tel qu'il est habité et vécu. La relation que l'humain entretient avec le sol concerne donc, symboliquement, la manière dont il habite son monde, en tire sa subsistance, le partage avec les autres et se rapporte à lui. Il s'agit

---

[87] La parole divine se réalise également dans le monde narratif. En effet, Yhwh annonce notamment à Caïn qu'il sera «errant» [נד] (4,12), participe du verbe נוד. La narration raconte un peu plus loin que Caïn «habita en terre de Nod [נוד], à l'orient d'Éden» (4,16). Même si le mode de vie de Caïn semble plutôt être celui d'un sédentaire, le nom de la terre même où il s'établit reflète l'errance annoncée par Yhwh.

[88] Sur le traitement lexical de ce thème, voir en particulier E. van Wolde, «The Story of Cain and Abel», pp. 34–35 et 38, qui met notamment en évidence l'enchaînement entre les termes אדם, אדמה et דם.

ainsi de la base même de la condition humaine. En interprétant les
conséquences du geste de Caïn (et aussi de l'humain et de la femme
en Gn 3) en termes de «travail du sol», Yhwh semble donc parler de
la situation de tout être humain dans «son» monde, quel qu'il soit. En
ce sens, éliminer l'autre par frustration et jalousie, c'est se couper – se
désolidariser – du sol qui fait vivre. C'est devenir «tremblant et errant»,
c'est-à-dire s'exclure de ce sol, en choisissant de ne plus appartenir au
monde des relations humaines[89].

On peut reconnaître de multiples fonctions au personnage divin
dans ces chapitres 3 et 4 de la Genèse. Dans l'optique d'une analyse
de son traitement narratif, on observera surtout son rôle médiateur :
Yhwh (Élohim), par ses discours, permet de relier l'action racontée à
la condition du lecteur. Par la connaissance spéciale qui lui est attribuée, il interprète la portée profonde des actions humaines rapportées,
mettant en évidence les conséquences fondamentales d'actes bien
humains, comme interpréter une parole de manière distordue ou céder
à la jalousie. En reconnaissant dans les paroles divines un processus
effectivement à l'œuvre dans sa propre vie, le lecteur peut relier le récit
raconté à la réalité qui est la sienne. Il entre de la sorte dans le monde
du récit, reconnaissant sa propre vie racontée par le biais de personnages fictionnels. Au-delà des conventions littéraires, traditionnelles,
religieuses, etc. qui attribuent autorité et omniscience à un personnage
divin – quel qu'il soit –, il me semble que c'est précisément ce processus de reconnaissance qui est à l'origine de l'autorité spéciale que le
lecteur du Pentateuque attribue à Yhwh (Élohim). C'est en effet parce
qu'il peut identifier dans les propos divins une vérité dont témoigne
sa propre expérience que le lecteur est amené à leur faire confiance.
Ainsi, la manière dont Yhwh interprète les actes des premiers humains
et de Caïn révèle au lecteur un processus qu'il connaît bien et qu'il a
constaté dans sa propre existence. Il est ainsi invité, me semble-t-il, à
écouter avec une attention toute particulière les paroles de ce personnage herméneute, qui lui fait rencontrer sa propre expérience dans le
monde du récit.

---

[89] Voir également l'analyse d'A. Wénin, *D'Adam à Abraham*, p. 155.

V. Les médiations de la présence divine

Dans le cycle d'Abraham et Isaac, le nombre d'actes divins sur la scène narrative reste relativement constant, avec deux particularités. On observe d'abord un mode particulier de la présence divine : la médiation d'un ange ou messager (מלאך), singulier ou pluriel. Ce personnage médiateur intervient en faveur de Hagar (Gn 16 et 21), d'Abraham (Gn 18 et 22) et de Lot (Gn 19). Par ailleurs, on observe globalement une certaine «intériorisation» des actions accomplies directement par le personnage divin (c'est-à-dire sans la médiation de l'ange/messager). À l'exception des «plaies» infligées au Pharaon et à sa maison (12,17)[90] et de la destruction de Sodome et Gomorrhe (19,24.25.29), qui constituent des actions dont la réalisation se fait de manière extérieure et visible, les autres actes divins du cycle d'Abraham et Isaac supposent plutôt un accomplissement «intérieur», objet de l'expérience d'un personnage humain (ou d'un commentaire de la narration)[91]. Yhwh/ Élohim apparaît ainsi à plusieurs reprises à Abraham et à Isaac (12,7 ; 17,1 ; 18,1 ; 26,2.24) ; il les bénit (24,1 ; 25,11 ; 26,12) ; conclut une alliance (15,18)[92] ; suscite plusieurs grossesses (20,17 ; 21,1 ; 25,21) ; ouvre les yeux de Hagar (21,19) ; «est» avec Ismaël (21,20) ou encore met à l'épreuve Abraham (22,1) – toutes des actions qu'il serait difficile de représenter sur une scène théâtrale.

Ces deux tendances – la mise en scène d'un personnage médiateur et l'intériorisation des actions divines – suggèrent que se poursuit ici le processus de retrait déjà observé dans le récit des onze premiers chapitres

---

[90] La nature de ces plaies [נגעים] n'est pas précisée. Elles pourraient en ce sens être comprises comme des maux intérieurs ou extérieurs. Plus subtilement, on pourrait aussi comprendre le verbe נגע en référence à son emploi dans les récits parallèles de Gn 20 et 26. Il est d'abord utilisé dans la parole divine à Abimèlèk : «c'est pourquoi je ne t'ai pas laissé la toucher [לנגע] » (20,6), puis, au chapitre 26, dans l'ordre d'Abimèlèk à son peuple : «Celui qui touchera [הנגע] à cet homme et à sa femme, il mourra certainement» (26,11). Voir ainsi l'analyse proposée par Yitzhak Peleg, «Was the Ancestress of Israel in Danger? Did Pharaoh Touch (נגע) Sarai? », ZAW 118 (2006), pp. 197–208 (en particulier, pp. 201–202) : arrivé au verset 17 du récit de Gn 12, le lecteur peut craindre que Pharaon, sujet probable de la phrase précédente, soit également sujet du verbe וינגע et qu'il «touche» Saraï. Mais le récit ménage un certain coup de théâtre : c'est en effet Yhwh qui touche/frappe Pharaon.

[91] Je ne compte pas ici les mouvements accompagnant les conversations avec un personnage humain (15,5 ; 17,22 ; 18,33 ; 20,3).

[92] La phrase «En ce jour-là, Yhwh conclut avec Abram une alliance» (15,18) constitue davantage une introduction narrative aux paroles divines qui suivent que la représentation d'un acte en tant que tel.

de la Genèse. Je m'attacherai ici à étudier les «figures» de ce retrait, c'est-à-dire les techniques mises en œuvre par la narration pour suggérer cette progressive transformation du mode de présence divin sur la scène du récit. Je me pencherai donc sur la figure du messager ou de l'ange, pour observer particulièrement dans quelles situations il apparaît et quel type d'interaction a lieu entre la divinité et les personnages humains. J'envisagerai ensuite la médiation que constitue l'expérience onirique. Je terminerai par les cas où la présence divine est médiatisée par les interprétations qu'avancent les personnages humains à partir de leurs propres expériences. Puisque ces différentes médiations ne concernent pas seulement le livre de la Genèse mais également l'ensemble du Pentateuque, je donnerai ici des exemples tirés de ses différents livres.

1. *Le messager, une intervention divine au cœur de l'expérience humaine*

Cette recherche sur les médiations de la présence divine dans les récits du Pentateuque se doit de s'arrêter sur la figure du messager divin – habituellement appelé «messager de Yʜᴡʜ» (מלאך יהוה) ou «messager d'Élohim» (מלאך אלהים)[93]. En plus de la médiation symbolique qui lui est généralement reconnue, je voudrais montrer que l'apparition du messager implique, pour le personnage humain qui le rencontre, un changement de regard sur la situation concrète dans laquelle il se trouve. Or la nouvelle perspective ainsi acquise, qui peut parfois prendre la forme d'un complet revirement, est interprétée, par le personnage humain lui-même et/ou par la narration, comme le résultat d'une intervention divine. Par différents moyens littéraires, l'épisode se présente donc moins comme le récit d'une action divine que comme celui de la transformation qui a lieu à l'intérieur du personnage humain et qui est *interprétée*, par le personnage lui-même ou par la narration, comme une intervention divine. De nombreuses recherches ont été consacrées à cette figure du מלאך[94]. Peu se sont interrogées cependant sur la cohérence

---

[93] À la suite de beaucoup de commentateurs, j'opte ici pour la traduction «messager», en accord avec l'étymologie de מלאך et l'emploi du terme à la fois pour des émissaires humains et divins. Voir en ce sens G. ᴠᴏɴ Rᴀᴅ, *Das erste Buch Mose: Genesis. Kapitel 12,10–25,18*, p. 163 ; C. Wᴇsᴛᴇʀᴍᴀɴɴ, *Genesis. 2. Teilband: Genesis 12–36*, pp. 289–291 ; V. P. Hᴀᴍɪʟᴛᴏɴ, *Genesis 18–50*, p. 31.

[94] Voir ainsi, à titre indicatif et par ordre chronologique : Volkmar Hɪʀᴛʜ, *Gottes Boten im Alten Testament: die alttestamentliche Mal'ak-Vorstellung unter besonderer Berücksichtigung des*

de ses interventions dans le Pentateuque et sur les raisons littéraires du recours à cette figure[95].

Le Pentateuque compte 39 occurrences du terme מלאך, dont 17 dans la Genèse, 6 dans l'Exode, 15 dans les Nombres et 1 dans le Deutéronome. Le מלאך peut être un messager humain envoyé par un autre personnage humain, comme les émissaires que Jacob dépêche au devant d'Ésaü (Gn 32,4.7)[96]. Quand il vient de la part du personnage divin, le messager est clairement désigné comme מלאך יהוה ou מלאך (ה)אלהים. Son statut divin peut également être indiqué par le contexte[97]. Le tableau suivant reprend les différents passages du Pentateuque où intervient un messager divin, organisés selon leur situation en contexte narratif ou discursif et selon la terminologie utilisée:

Diégèse	מלאך יהוה	Gn 16,7.9.10.11 ; 22,11.15 ; Ex 3,2 ; Nb 22,22.23.24.25.26.27.31.32.34.35
	מלאך אלהים	Gn 21,17
	מלאכי אלהים	Gn 28,12 ; 32,2
	מלאך האלהים	Ex 14,19
	(שני) המלאכים	Gn 19,1.15

Mal'ak-Jahwe-Problems, Evangelische Verlagsanstalt, Berlin, 1975; Hermann RÖTTGER, *Mal'ak Jahwe-Bote von Gott: die Vorstellung von Gottes Boten im hebräischen Alten Testament* (RSTh 13), Peter Lang, Frankfurt am Main/Bern/Las Vegas, 1978; Jesús-Luis CUNCHILLOS, «Étude philologique de *mal'āk*. Perspectives sur le *mal'āk* de la divinité dans la bible hébraïque», in: John Adney EMERTON (ed.), *Congress Volume. Vienna 1980* (VT.S 32), Brill, Leiden, 1981, pp. 30–51; D.-N. FREEDMAN, B. E. WILLOUGHBY, H.-J. FABRY, «מלאך mal'āk», *TWAT*, Bd. IV, 1984, pp. 887–904; Samuel A. MEIER, *The Messenger in the Ancient Semitic World* (HSM 45), Scholars Press, Atlanta, 1988; John T. GREENE, *The Role of the Messenger and Message in the Ancient Near East: Oral and Written Communication in the Ancient Near East and in the Hebrew Scriptures: Communicators and Communiques in Context* (BJSt 169), Scholars Press, Atlanta, 1989; Stephen L. WHITE, «Angel of the Lord: Messenger or Euphemism?», *TynB* 50 (1999), pp. 299–305. Voir encore l'importante bibliographie donnée par J.-L. CUNCHILLOS, «Étude philologique de *mal'āk*», pp. 31–32.

[95] L'interprétation que je propose ici a été influencée par des conversations avec Béatrice Oiry, qui a présenté, le 5 octobre 2006, la communication «L'ange du Seigneur. Essai de lecture d'une figure littéraire» lors de la *Rencontre des enseignants de la faculté de théologie de l'Université de l'Ouest (Angers) et des évêques de la région apostolique*.

[96] Dans le Pentateuque, voir aussi Nb 20,14 ; 21,21 ; 22,5 ; 24,12 ; Dt 2,26.

[97] Au sujet des messagers divins s'identifiant plutôt à un prophète ou à un prêtre, en dehors du Pentateuque, voir notamment D.-N. FREEDMAN, B. E. WILLOUGHBY, H.-J. FABRY, «מלאך mal'āk», pp. 895–896.

Table (*cont.*)

Discours	(de Yʜᴡʜ) מלאכו	Gn 24,7.40
d'un personnage	מלאך	Nb 20,16
humain	המלאך	Gn 48,16
	מלאך האלהים	Gn 31,11
Discours du personnage divin	מלאך – מלאכי	Ex 23,20.23 ; 32,34 ; 33,2

Je partirai de la comparaison des scènes parallèles de Gn 21,17–19 et 22,11–18, afin de mettre en évidence ce qui me semble être le « noyau » des interventions du messager divin. Je passerai ensuite au récit de Gn 16, parallèle sous plusieurs aspects à Gn 21. J'envisagerai alors le plus long épisode de Nb 22,1–35, où se retrouveront plusieurs caractéristiques observées dans les textes de la Genèse. Enfin, je considérerai rapidement les autres passages à la lumière de ce qui aura été constaté dans les premiers épisodes.

a. *Deux transformations de l'expérience parentale (Gn 21,17–19 et 22,11–18)*
Dans chacune de ces scènes, un parent – Hagar ou Abraham – est confronté à la mort imminente de son fils. Le messager (מלאך אלהים en Gn 21 et מלאך יהוה en Gn 22) l'interpelle au moment le plus crucial et donne un ordre concernant la vie de l'enfant (21,17–18 et 22,11–12). La mère ou le père distinguent alors un objet non vu auparavant – un puits d'eau (21,19) ou un bélier (22,13) – qui permet la survie du fils. Une ou plusieurs promesses sur l'avenir de celui-ci sont enfin formulées par le messager (21,18 et 22,15–18)[98].

Une curieuse confusion des voix
Les deux récits présentent une certaine identification entre la figure du messager et le personnage divin. En Gn 21, c'est Élohim qui « entendit la voix du garçon » (verset 17aα) mais c'est « l'ange d'Élohim » qui « cria vers Hagar depuis le ciel » (verset 17aβ). Ce dernier annonce à Hagar : « Élohim a entendu la voix du garçon de là où il est » (verset 17b), nommant ainsi la divinité à la troisième personne, comme pour s'en

---

[98] J'ai comparé ces scènes dans mon article « Genèse 21–22 : Maternité et paternité à l'épreuve. Les personnages comme clef de lecture », *ETL* 79 (2003), pp. 307-328. Voir également la brève comparaison suggérée par R. Aʟᴛᴇʀ, *The Art of Biblical Narrative*, pp. 181-182.

différencier. Il continue toutefois en formulant à la première personne la promesse concernant l'avenir de l'enfant : « car en grande nation je le poserai » (verset 18b), parlant ainsi au nom d'Élohim ou mêlant les deux voix dans la promesse. Enfin, c'est Élohim qui ouvre les yeux de Hagar, lui permettant de distinguer le puits d'eau (verset 19). On observe donc une alternance entre les mentions d'Élohim et de son messager. En utilisant le pronom « je » pour énoncer une promesse qui ne peut, logiquement, être prononcée que par Yhwh, la parole du messager suggère l'autorité que lui confère la narration.

En Gn 22, c'est également le messager qui crie vers Abraham depuis le ciel (verset 11). Ses paroles présentent un passage identique de la troisième à la première personne. Le messager commence en effet par parler d'Élohim à la troisième personne : « N'envoie pas ta main vers le garçon et ne lui fais rien, car maintenant je sais que tu es craignant Élohim » (verset 12abα) – le « je » semblant renvoyer au messager. Il continue à la première personne, mais cette fois avec un « je » qui semble désigner le personnage divin : « et tu n'as pas retenu ton fils, ton unique, de moi » (12bβ). La seconde promesse est prononcée de même par le messager (verset 15). Elle est néanmoins formulée à la première personne comme si c'était Yhwh lui-même qui parlait : « Par moi-même, je le jure, oracle de Yhwh : puisque tu as fait cette chose, et que tu n'as pas refusé ton fils, ton unique, je te bénirai sûrement et je multiplierai sûrement ta descendance comme les étoiles du ciel et comme le sable qui est sur le bord de la mer, et ta descendance héritera de la porte de ses ennemis. Et toutes les nations de la terre se béniront en ta descendance, en conséquence de ce que tu as écouté ma voix » (versets 16–18). La double référence du « je » employé par le messager crée un effet de confusion des voix, entre la sienne propre et celle d'Élohim[99].

Un dédoublement de la figure divine

Les deux scènes présentent ainsi un curieux effet de « confusion vocale », où les voix du messager et de la divinité se mêlent quand il s'agit de formuler la promesse sur l'avenir de l'enfant. Cet effet signale clairement l'identification entre le messager et le personnage divin, qui apparaissent

---

[99] Cet effet de confusion des voix a été noté par les commentateurs. Voir notamment G. von Rad, *Das erste Buch Mose: Genesis. Kapitel 12,10–25,18*, pp. 199 (au sujet de Gn 21) et 206 (au sujet de Gn 22).

dès lors comme deux facettes de la divinité[100]. Aussi faut-il se demander pourquoi la narration dédouble de la sorte le personnage divin à ce point du récit. On remarquera à ce propos que, dans les deux scènes, l'intervention du messager est liée à l'expérience sensorielle du personnage humain, particulièrement auditive, c'est-à-dire à ce que celui-ci ressent directement.

Ainsi, en Gn 21,17, Élohim *entend*, mais le messager *crie*: la perception divine – à laquelle Hagar ne peut avoir accès – a pour sujet le nom «Élohim», tandis que sa manifestation – que Hagar entend – est rendue avec le sujet «le messager d'Élohim». La même dualité apparaît dans la parole du messager. Ensuite, c'est Élohim qui ouvre les yeux de Hagar (verset 19): la perspective est en effet celle de la narration, qui signale au lecteur la véritable cause de la vision du puits. Considérée selon la perspective de Hagar, la scène se ramène donc à la séquence suivante: Hagar s'apprête à voir mourir son fils; un «messager» crie du ciel qu'Élohim a entendu les cris de l'enfant et lui adresse une promesse sur son avenir; enfin, elle aperçoit un puits. Sur une scène théâtrale, Élohim serait donc absent. Pour le spectateur comme pour Hagar, Élohim n'est présent que via les paroles du messager. Ce dernier est de la sorte celui qui *désigne* l'intervention divine et qui permet, tant au personnage humain qu'au lecteur, de discerner la «main» d'Élohim derrière les événements racontés.

En Gn 22, c'est également le messager qui crie vers Abraham (verset 11), lui ordonne de ne pas frapper le garçon (verset 12) et lui adresse la promesse (versets 15–18). La médiation du messager concerne donc chaque fois la face de l'intervention divine directement perceptible par le personnage humain[101]. L'apparition salutaire du bélier (comme celle du puits au chapitre 21) est attribuée quant à elle à la divinité, cette fois

---

[100] S. L. White, «Angel of the Lord: Messenger or Euphemism?», p. 305, parle en ce sens d'«interchangeabilité» entre Yhwh et le messager, ce dernier constituant un «euphémisme» de la divinité. On peut se demander cependant si ces termes conviennent à la réalité littéraire décrite et à son contexte. Voir ainsi J.-L. Cunchillos, «Étude philologique de *mal'āk*», spécialement pp. 49–51, qui observe, à partir de documents épistolaires ougaritiques et akkadiens, que cette identification entre le messager et son envoyeur est purement fonctionnelle: en effet, le messager était chargé par l'envoyeur de transmettre oralement un message à une personne tierce. Il devait ainsi forcément s'exprimer par sa propre voix au nom de son envoyeur. Selon lui, cette identification doit donc être étudiée sur un plan fonctionnel et non métaphysique.

[101] À ce sujet, voir D.-N. Freedman, B. E. Willoughby, H.-J. Fabry, «מלאך mal'āk», p. 898, spécialement la citation de G. von Rad.

par Abraham lui-même : « Et Abraham cria le nom de ce lieu : "Yнwн verra" » (verset 14a) – nom qui fait écho à la réponse qu'il donne à Isaac (verset 8) s'étonnant de l'absence d'agneau. De manière similaire au chapitre précédent, la figure du messager révèle l'intervention divine à Abraham, en lui transmettant les paroles d'Élohim. Grâce aux propos du messager, Abraham peut ainsi interpréter le bélier comme l'animal « vu » par Yнwн lui-même pour remplacer son fils. Le messager apparaît donc comme le « révélateur » de l'intervention de Yнwн, qui permet au personnage impliqué d'interpréter le retournement de situation comme résultant de la volonté divine.

Une transformation intérieure de l'expérience parentale
Les épisodes de Gn 21,8–21 et 22,1–19 présentent un autre point commun : ils racontent en effet comment Hagar et Abraham sont amenés à vivre une transformation de leur expérience maternelle ou paternelle. Dans une situation extrême, tous les deux acceptent une certaine prise de distance avec leur fils : Hagar s'éloigne ainsi physiquement de son enfant mourant (21,15–16), tandis qu'Abraham se résout à mettre en pratique l'ordre qu'il reçoit d'Élohim (22,2 et la suite de l'épisode). L'objet qui permet la survie du fils – le puits d'eau et le bélier – symbolise en ce sens la séparation entre parent et enfant : l'eau du puits remplace celle de l'outre d'Hagar, qui est épuisée (21,15), tandis que le bélier, « retenu dans un buisson par ses cornes » (22,13), évoque la puissance paternelle, en opposition avec « l'agneau » évoqué par Isaac, qui s'étonnait de son absence (22,7). Les deux épisodes mettent bien en scène une certaine « mort » – non celle du fils comme le lecteur le pressent au départ, mais celle d'un certain mode de maternité ou de paternité. Cette transformation de l'expérience parentale se noue, comme on l'a vu, autour de l'intervention divine, qui désigne l'objet salvateur et ouvre le fils à son avenir par le moyen de la promesse[102].

Les deux scènes peuvent donc se lire à un double niveau, chacun concernant un changement de regard. Au premier degré, Hagar et Abraham, confrontés à la mort imminente de leur fils, aperçoivent soudainement ce qui peut le sauver : le puits ou le bélier. Au second degré, ils observent une nécessaire distance dans leur relation à leur fils,

---

[102] Je développe et argumente cette lecture dans l'article cité plus haut (voir note 98).

permettant à celui-ci de devenir un être autonome, ouvert à un avenir qui lui est propre. Aux deux niveaux, le personnage, mère ou père, fait donc preuve d'une reconsidération de sa situation et d'un changement d'attitude. Or cette transformation de l'expérience est présentée par le récit comme le résultat d'une intervention divine, révélée par le messager divin. Celui-ci interpelle en effet Hagar et Abraham, leur permettant de sortir de l'horizon étroit qui est le leur, et leur désigne ce qui peut sauver leur fils. L'objet en question n'est pas extérieur à leur réalité : au premier degré, il s'agit d'une réalité qui n'a pas été aperçue auparavant; au second degré, il s'agit d'une simple mutation de la relation maternelle ou paternelle. D'une part, le messager signale donc ce qui, *au sein même de l'expérience humaine*, permet de transformer la mort en vie. D'autre part, il permet, tant au personnage qu'au lecteur, d'attribuer cette possible transformation à une intervention divine.

Ici se situe, me semble-t-il, l'originalité de l'intervention du messager divin. Sa médiation littéraire exprime comment le divin rejoint l'expérience humaine pour la transformer de l'intérieur – exactement, pour amener le personnage humain à prendre conscience de ce qui peut la transformer. Si c'est bien le personnage divin lui-même qui ouvre les yeux (21,19) et s'exprime dans les promesses (voir les différentes références du «je», notées plus haut), c'est le messager qui «crie» et médiatise ces promesses par sa voix. Le messager, en ce sens, est celui qui fait irruption dans la vie du personnage et lui permet de changer de regard. Au plan littéraire, il symbolise un mode particulier de la présence divine, qui s'exprime non pas en réalisant des actions grandioses à l'avant-scène du récit, mais plutôt en rencontrant des personnages humains au cœur de leur expérience, afin de les amener à *eux-mêmes* reconsidérer leur situation et à la transformer de l'intérieur. La figure du messager permet de *médiatiser* ce mode de présence, c'est-à-dire en même temps de *dissimuler* l'intervention divine sous une simple voix résonnant au cœur même de l'expérience, et de *révéler* l'implication divine dans la vie du personnage.

Gn 21 et 22 m'apparaissent comme des épisodes paradigmatiques de ce mode de la présence divine et de la médiation du messager. À partir de ces deux passages, je vais à présent tenter de montrer que les autres interventions du מלאך divin, dans le Pentateuque, présentent des caractéristiques similaires.

b. *Gn 16: un revirement lié à un changement de regard*

L'épisode de Gn 16 est généralement considéré comme un parallèle de 21,1–21, qu'il en constitue la source[103] ou que les deux passages dérivent d'une source commune[104]. Au niveau littéraire, on constate que les deux épisodes mettent en scène Hagar dans le désert, fuyant Abram et Saraï ou au contraire expulsée de chez eux, chaque fois suite à une scène de jalousie. Les deux récits culminent dans la rencontre entre Hagar et le messager divin. Comme en 21,17, celui-ci s'adresse à Hagar au moyen d'une question: «Hagar, servante de Saraï, d'où viens-tu et où vas-tu?» (16,8). Il lui adresse de même une promesse sur sa descendance future: «Je multiplierai sûrement ta descendance et elle ne pourra être comptée de par sa multitude» (16,10, à comparer avec 21,18). Comme en Gn 21, la promesse, que le lecteur peut attribuer au personnage divin lui-même, est exprimée à la première personne, comme si le messager laissait Yʜᴡʜ s'exprimer par sa propre voix[105]. Le motif de l'ouïe est également présent en Gn 16. Le messager poursuit en effet: «Voici, tu es enceinte et tu enfanteras un fils et tu crieras son nom Ismaël, car Yʜᴡʜ a entendu vers ton humiliation [עָנְיֵךְ]» (16,11)[106]. En mentionnant le nom de Yʜᴡʜ, le messager marque ici une certaine distance avec lui, jouant de la sorte entre identification et distinction. La fin de son intervention concerne l'avenir du fils que Hagar enfantera: «Et lui, il sera un onagre humain[107], sa main en tous et la main de tous en lui, et contre les faces de tous ses frères il demeurera» (16,12).

Le centre des propos du messager est a priori plus difficile à comprendre que les paroles encourageantes qui l'encadrent: «Retourne vers ta maîtresse et humilie-toi [וְהִתְעַנִּי] sous ses mains» (16,9). Le verbe עָנָה, conjugué ici au *hitpael*, est de la même racine que le substantif עֳנִי que le messager utilise au verset 11, faisant lui-même écho à la description

---

[103] Gn 16, en ce sens, constituerait le récit original yahwiste (avec quelques additions sacerdotales), qui aurait été remanié pour former le récit élohiste de Gn 21. Voir ainsi H. Gᴜɴᴋᴇʟ, *Genesis*, p. 184; G. ᴠᴏɴ Rᴀᴅ, *Das erste Buch Mose: Genesis. Kapitel 12,10–25,18*, pp. 200–201; C. Wᴇsᴛᴇʀᴍᴀɴɴ, *Genesis. 2. Teilband: Genesis 12–36*, p. 281.

[104] Voir Hugh C. Wʜɪᴛᴇ, «The Initiation Legend of Ishmael», *ZAW* 87 (1975), pp. 267–305. Par contre, Horst Sᴇᴇʙᴀss, *Genesis II. Vätergeschichte I (11,27–22,24)*, Neukirchener Verlag, Neukirchen-Vluyn, 1997, pp. 184–185 et J. Alberto Soɢɢɪɴ, *Das Buch Genesis. Kommentar*. Traduit de l'italien par T. Frauenlob, J. Hintermaier, N. Hofmann, T. Lutzi et J. Vorndran, Wissenschaftliche Buchgesellschaft, Darmstadt, 1997, p. 262 considèrent que les deux épisodes proviennent de sources indépendantes, comme le suggèrent les différences entre les intrigues et l'absence de référence à Gn 16 en Gn 21.

[105] Voir ainsi G. ᴠᴏɴ Rᴀᴅ, *Das erste Buch Mose: Genesis. Kapitel 12,10–25,18*, p. 199.

[106] Voir également la présence du motif de la vue, en 16,13.

[107] Sur cette image, voir par exemple H. Gᴜɴᴋᴇʟ, *Genesis*, p. 189.

diégétique du verset 6: «et Saraï l'humilia [ותענה, *piel*] et elle s'enfuit de devant elle»[108]. Sans équivoque, le messager renvoie donc Hagar à sa situation d'humiliation, pourtant «entendue» par Yʜwʜ. Au moins deux éléments permettent toutefois, me semble-t-il, de jeter une certaine lumière sur cette intervention paradoxale du messager[109].

D'une part, il faut souligner que Hagar est victime d'une situation d'injustice[110]. En fuyant, elle donne raison à Saraï, permettant à celle-ci d'atteindre son but: Saraï se retrouve en effet l'épouse unique, comme avant sa malheureuse tentative pour se susciter une descendance. Hagar laisse en ce sens triompher la jalousie de sa maîtresse. L'ordre de «s'humilier» pourrait même impliquer un certain renversement de situation: si elle l'applique, Hagar cessera d'être l'objet de l'humiliation de sa maîtresse (voir le *piel* utilisé au verset 6), pour devenir le sujet de sa propre humiliation (voir le *hitpael* du verset 9). Peut-être s'agirait-il d'une manière de désamorcer les exactions de Saraï? D'autre part, les promesses du messager ne concernent pas seulement un avenir lointain, mais s'adressent directement à Hagar, lui redonnant une nouvelle dignité pour affronter sa situation. En lui annonçant une descendance nombreuse, le messager suggère, me semble-t-il, que l'enfant dont elle est enceinte fera bien partie de sa parenté, et non de celle d'Abram et Saraï. La stratégie mise en place par cette dernière prévoit en effet que

---

[108] Sur l'usage du même verbe pour désigner la situation d'Israël en Égypte, voir en particulier Thomas B. Dozeman, «The Wilderness and Salvation History in the Hagar Story», *JBL* 117 (1998), pp. 23–43 et Thomas Römer, «Isaac et Ismaël, concurrents ou cohéritiers de la promesse? Une lecture de Gn 16», *ETR* 74 (1999), pp. 161–172, particulièrement pp. 167–169. La fuite de Hagar constitue en ce sens une préfiguration de la fuite d'Israël hors d'Égypte, en présentant une ironique inversion des rôles: Saraï joue en effet le rôle oppresseur de l'Égypte, tandis que Hagar l'Égyptienne anticipe la figure d'Israël. De la sorte, comme l'écrit Römer, «Gn 16 s'oppose à une interprétation exclusiviste du mythe fondateur d'Israël» (citation p. 169).

[109] Les interprétations historico-critiques ont expliqué le paradoxe à leur manière, en attribuant le verset 9 à une relecture tardive du récit, visant à harmoniser l'épisode avec celui de Gn 21. Voir par exemple T. Römer, «Isaac et Ismaël, concurrents ou cohéritiers de la promesse?», p. 165. C. Westermann, *Genesis. 2. Teilband: Genesis 12–36*, p. 292, ajoute à cette interprétation le fait que le rédacteur final a cherché à faire aboutir le plan de Saraï. Les interprétations de type littéraire soulignent la mort qui attend Hagar dans le désert et la nécessité pour elle et son enfant de rentrer chez ses maîtres. Voir par exemple Pamela Tamarkin Reis, «Hagar Requited», *JSOT* 87 (2000), pp. 75–109, en particulier p. 89.

[110] Voir sur ce point André Wénin, «Saraï, Hagar et Abram. Une approche narrative et contextuelle de Gn 16,1–6», *RTL* 32 (2001), pp. 24-54, en particulier pp. 43-50.

l'enfant né de Hagar lui appartiendra en propre – Saraï sera «construite par elle» (16,2)[111]. Dès la naissance, Hagar devrait donc être en quelque sorte dépossédée de son enfant. Au contraire, le messager déclare à Hagar qu'elle aura une descendance propre (16,10) et enchaîne en annonçant la naissance d'Ismaël (verset 11), suggérant que ce fils sera à l'origine de cette postérité. Hagar semble ainsi récupérer les droits de sa maternité. Dans le même sens, l'affirmation qu'Ismaël «demeurera sur/contre [עַל] les faces de tous ses frères» (verset 12) fait au moins allusion, malgré la complexité du verset, à la dignité future de l'enfant[112]: bien que fils de servante, celui-ci n'est pas destiné, semble annoncer le messager, au statut subalterne d'un substitut de l'enfant que Saraï n'a pu avoir. Ismaël sera au contraire un homme fier, un «âne sauvage» – qui refuse le joug de ses maîtres –, sans crainte devant ses «frères».

Le messager renvoie donc bien Hagar à sa situation initiale, mais en lui donnant les moyens de transformer radicalement la manière dont elle la perçoit et la vit – cette fois en sujet, et non plus en victime[113]. Il lui ordonne de revenir vers Saraï et de «s'humilier sous sa main» (verset 9), mais lui promet en même temps que son fils sera bien compté comme sa propre descendance et que son avenir sera celui d'un homme libre et fier[114]. Comme dans les épisodes de Gn 21 et

---

[111] Sur la procédure d'adoption qu'une telle pratique implique, voir par exemple H. GUNKEL, *Genesis*, p. 185. Sur l'attestation de cette pratique dans d'autres littératures de l'Orient ancien, voir C. WESTERMANN, *Genesis. 2. Teilband: Genesis 12–36*, pp. 284–285, pour qui Gn 16 ne met pas en scène une procédure d'adoption au sens strict. Dans une autre perspective, voir P. T. REIS, «Hagar Requited», pp. 77–80: Saraï, comme Rachel et Léah, n'auraient pas pour intention d'adopter les enfants de leurs servantes, mais agiraient afin d'accroître leur fertilité. En ce sens, elles *posséderaient* les enfants nés de leurs servantes, mais n'en seraient pas les mères adoptives.

[112] Voir en ce sens H. GUNKEL, *Genesis*, p. 189: «Vielmehr meint die Sage: dieser unbändige Ismael ist ein würdiger Sohn seiner trotzigen Mutter, die sich auch nicht ins Joch hat fügen wollen, und die das Leben in Sicherheit von sich warf, weil es ein Leben in Demütigung gewesen war». Voir également Gordon J. WENHAM, *Genesis 16–50* (WBC 2), Word Books, Dallas, 1994, pp. 10–11.

[113] Voir peut-être en ce sens la manière dont Hagar nomme YHWH après la rencontre avec le messager: «Et elle cria le nom de YHWH parlant avec elle: "Tu es Él Roï", car elle avait dit: "Est-ce aussi ici que j'ai vu après qu'il m'a vue?"».

[114] P. T. REIS, «Hagar Requited», pp. 89–91, interprète les trois paroles du messager (versets 9, 10 et 11–12), qui se suivent sans aucune intervention de Hagar, comme des tentatives successives pour convaincre celle-ci de rentrer chez ses maîtres. Le messager formule d'abord l'ordre, puis y ajoute la promesse d'une descendance nombreuse. Devant l'absence de réaction de son interlocutrice, il annonce alors la revanche future d'Ismaël, perspective qui décide Hagar. La succession des paroles du messager est plutôt

22, l'intervention du messager divin en faveur du personnage humain concerne essentiellement une transformation dans sa manière de percevoir sa situation. Ce changement se fonde sur un élément déjà présent dans cette réalité : dans le cas de Hagar, il s'agit de reconsidérer le fait qu'elle est enceinte et que son enfant à naître n'est pas forcément destiné à vivre, comme elle, dans la servitude et l'humiliation, mais qu'il est ouvert à un avenir d'homme libre et fier. Au niveau littéraire, le messager apparaît de la sorte comme une figure médiatrice de Yhwh, rencontrant le personnage à un moment crucial de son expérience. Il invite Hagar à changer son regard sur sa propre situation et sur l'avenir de son fils, pour ensuite prendre une décision en accord avec cette nouvelle perspective. Il suggère en outre que cette transformation est permise et voulue par Yhwh.

c. *Nb 22 ou l'ouverture des yeux du devin*

L'épisode de Nb 22, particulièrement la scène comprise entre les versets 22 et 35, ne peut être passé sous silence dans cette étude du מַלְאָךְ divin dans le Pentateuque. A priori, le contexte narratif est assez différent de celui des épisodes précédents : Balaam n'est pas confronté à une situation aussi dramatique que Hagar et Abraham en Gn 16, 21 et 22 ; aucun enfant n'est ici en jeu ; enfin, la rencontre avec le messager ne se termine sur aucune promesse. Néanmoins, on va voir que cette expérience suscite en Balaam un revirement intérieur qui va radicalement influencer sa manière de rencontrer Balaq et de répondre à ses injonctions.

Un problème littéraire : la colère divine (Nb 22,22) ou les intentions cachées de Balaam

La scène de la rencontre de Balaam avec le messager de Yhwh commence avec un problème littéraire. Le début du chapitre 22 met apparemment en scène la parfaite obéissance de Balaam à la parole divine. Curieusement, son départ, qui semble pourtant recevoir l'assentiment divin (verset 20), déclenche la colère d'Élohim : « Et la colère d'Élohim s'enflamma, car il allait… » (verset 22). Le problème a reçu plusieurs solutions. Ainsi, les commentateurs historico-critiques voient dans ce

---

interprétée, en perspective historico-critique, comme la trace d'additions successives. Voir par exemple C. Westermann, *Genesis. 2. Teilband: Genesis 12–36*, p. 292.

paradoxe la marque de la juxtaposition de plusieurs sources[115]. Il me semble cependant que le texte, dans son état actuel, suggère lui-même certaines clés d'interprétation. La première partie du chapitre 22 (versets 1–21) revêt ainsi une signification particulière et permet de comprendre l'évolution intérieure de Balaam, évolution qui le conduira finalement à résister vaillamment aux injonctions du roi de Moab (chapitres 23–24).

Dès sa première parole dans le récit, Balaam est présenté comme un devin obéissant à la parole divine. Interpellé par « les anciens de Moab et les anciens de Midian » (verset 7), il refuse de donner sa réponse avant d'avoir consulté YHWH : « Passez la nuit ici et je vous ferai revenir une parole selon ce que YHWH parlera vers moi » (verset 8a). Passant au nom divin « Élohim », la narration rapporte : « Et Élohim vint vers Balaam et il dit : "Qui sont ces hommes chez toi ?" » (verset 9). Balaam transmet alors à Élohim la demande que lui ont communiquée les envoyés de Balaq : « Voici le peuple qui est sorti d'Égypte, et il a recouvert l'œil de la terre. Maintenant, va et blasphème-le moi[116]. Peut-être pourrai-je le combattre[117] et le chasserai-je » (verset 11). Le lecteur ne peut vérifier l'exactitude de la citation que fait Balaam, puisque la narration ne rapporte pas directement la parole des anciens. Par contre, il peut comparer cette citation aux propos originaux du roi de Moab parlant

---

[115] Voir par exemple M. NOTH, *Das vierte Buch Mose: Numeri*, pp. 151–154 et 156–157. Les deux sources identifiées par Noth sont J et E, distinguées selon les noms divins « YHWH » et « Élohim ». L'épisode de l'ânesse (22,21–35) est attribué à une ancienne tradition reprise telle quelle par J, tandis que la première partie du chapitre comprendrait des fragments issus des deux sources. Le motif du refus divin opposé au départ de Balaam, qui, selon Noth, ne contribue en rien au récit dans son ensemble, constituerait une addition secondaire, visant à avertir Balaq que Balaam ne pourra accéder à sa requête. Pour un sommaire d'autres recompositions de l'histoire du texte, voir P. J. BUDD, *Numbers*, pp. 256–261. Plus récemment, B. A. LEVINE, *Numbers 21–36*, pp. 137–141, montre les difficultés de la critique traditionnelle, spécialement en ce qui concerne le critère des noms divins. Tout en n'excluant pas la possible influence de la source élohiste, Levine considère la péricope de Balaam comme une œuvre indépendante, comportant ses propres additions, dont la fable de l'ânesse (22,22–35).

[116] Je rends le verbe hébreu קבב par le français « blasphémer ». En fait, les lexiques le traduisent généralement par « maudire » (Zorell, BDB, KB). Voir en ce sens M. NOTH, *Das vierte Buch Mose: Numeri*, p. 146 (« verwünsche es mir »). Je cherche ici à rendre la différence avec ארר, employé notamment au verset 6 (voir plus loin pour l'interprétation de cette variation lexicale).

[117] On pourrait également lire le verbe יכל selon son sens de « être plus fort que », « l'emporter sur », l'infinitif construit étant dès lors à traduire comme un gérondif : « Peut-être l'emporterai-je en le combattant, et le chasserai-je ».

à ses messagers : « Voici qu'un peuple est sorti d'Égypte et voici qu'il a recouvert l'œil de la terre et il habite en face de moi. Et maintenant, va donc et maudis-moi ce peuple, car il est plus puissant que moi. Peut-être pourrai-je le frapper et le chasserai-je de la terre, car je sais que ce que tu bénis est béni et ce que tu maudis est maudit » (versets 5–6)[118]. Dans le tableau ci-dessous, je mets en parallèle les différents membres du discours de Balaq avec les éléments correspondants dans la citation de Balaam :

הנה כסה את־עין הארץ	הנה עם יצא ממצרים	verset 5bα
ויכס את־עין הארץ	הנה העם היצא ממצרים	verset 11a
	והוא ישב ממלי	verset 5bβ
ארה־לי את־העם הזה	ועתה לכה־נא	verset 6aα
קבה־לי אתו	עתה לכה	verset 11bα
	כי־עצום הוא ממני	verset 6aβ
ואגרשנו מן־הארץ	אולי אוכל נכה־בו	verset 6aβ (suite)
וגרשתיו	אולי אוכל להלחם בו	verset 11bβ
כי ידעתי את אשר־תברך מברך ואשר תאר יואר		verset 6b

On remarque immédiatement que la parole que Balaam transmet à Élohim ne correspond pas parfaitement aux propos de Balaq – sans que le lecteur puisse décider si c'est Balaam ou les envoyés du roi de Moab les responsables de ces modifications. Le premier membre du discours, concernant l'émergence du « peuple sorti d'Égypte » est rapporté avec seulement quelques modifications syntaxiques (Balaq commence par parler d'Israël de manière indéterminée – « un peuple » – tandis que Balaam parle directement du « peuple qui est sorti d'Égypte ». La précision « et il habite en face de moi » (verset 5bβ), qui peut traduire la crainte de Balaq, n'est pas reprise par Balaam.

---

[118] Je suis ici la lecture la plus simple du verset, en comprenant נכה comme un infinitif construit *piel* complétant le verbe אוכל. Voir cependant GKC § 120, qui comprend נכה comme un *yiqtol hifil*, première personne du pluriel (« peradventure I shall prevail [that] we may smite them, and [that] I may drive them out of the land »).

La modification majeure, à mon sens, se situe au niveau du commandement. Le roi de Moab commande à Balaam : « Va donc et maudis-moi [אָרָה־לִּי] ce peuple » (verset 6aα), tandis que ce dernier transmet l'ordre : « Va et blasphème-le [קָבָה־לִּי] moi » (verset 11bα). Le passage du verbe אָרַר au verbe קָבַב, quasiment synonymes en hébreu, peut sembler arbitraire et de peu d'importance, mais elle révèle pourtant la présence d'une certaine tension dans la transmission du message[119]. Comme pour le confirmer, Élohim rectifie d'ailleurs, en réponse à Balaam : « Tu n'iras pas avec eux. Tu ne maudiras pas [תָאֹר] le peuple, car il est béni » (verset 12). Le retour au verbe אָרַר ainsi que l'opposition entre les verbes « maudire » et « bénir » – présente dans le dernier membre du discours de Balaq – suggère qu'Élohim est bien conscient des modifications qui se sont glissées dans les propos du roi de Moab.

On remarque également que Balaam ne fait pas état de la proposition causale : « car il est plus puissant que moi » (verset 6aβ), ce qui, encore une fois, permet de masquer la peur de Balaq. Deux dernières différences se trouvent dans l'énoncé des projets du roi de Moab : celui-ci déclare sa volonté de « frapper » [piel נכה] le peuple et de le « chasser de la terre » (verset 6aβ). Balaam, quant à lui, passe au verbe « combattre » [nifal לחם], dont l'usage est plus militaire et qui ne comporte pas l'agressivité et la brutalité de נכה. Il ne mentionne pas non plus l'expression « de la terre » – lacune qui, encore une fois, voile la volonté d'anéantissement qui est celle de Balaq.

Ces différents changements convergent donc pour montrer que le discours de Balaq n'est pas transmis de manière absolument fidèle. On peut dès lors se demander si ce sont ses propres messagers qui ont introduit ces modifications ou si celles-ci sont à attribuer à Balaam. La narration ne permet pas de répondre avec certitude à cette question. Toutefois, en se contentant, au verset 7, de résumer la transmission du message à Balaam – « les anciens de Moab et les anciens de Midian

---

[119] Le changement lexical est noté entre autres par G. B. Gray, *Numbers*, p. 330 ; M. Noth, *Das vierte Buch Mose: Numeri*, p. 156 ; Timothy R. Ashley, *The Book of Numbers* (NICOT), Eerdmans, Grand Rapids, 1993, p. 449. Selon ces commentateurs, la variation est liée à la différence de sources (אָרַר serait employé par J, tandis que קָבַב serait issu de la source E). Les versions (Septante, Vulgate, Targum Onkelos) ne marquent pas la différence lexicale. Pour B. A. Levine, *Numbers 21–36*, p. 152, la variation lexicale renforcerait le thème de la malédiction : « It seems that the narrator is playing on usual forms and variant morphological realizations in an effort to emphasize the theme of malediction, and to resonate with the diction of the poems » (voir en ce sens Nb 23,11 ; 24,10).

[...] lui parlèrent les paroles de Balaq» –, la narration suggère que le moment clé de la réinterprétation ne se situe pas ici. En effet, dans le cas contraire, elle aurait pris le temps de préciser la manière dont les anciens communiquent leur message à Balaam. En détaillant plutôt le discours de ce dernier à Élohim, elle semble ainsi signaler au lecteur que c'est à ce point du récit que se situe le processus d'interprétation. Quelles seraient dès lors les intentions de Balaam? N'aurait-il entendu des paroles des anciens que ce qu'il «a bien voulu entendre», séduit peut-être par les קסמים qu'ils lui apportent (verset 7) – sans doute à comprendre comme l'argent destiné au devin[120]? Tenterait-il de convaincre Élohim de le laisser aller, en effaçant toute mention de la peur de Balaq et en atténuant la violence qu'il ressent à l'endroit du peuple «sorti d'Égypte»? La narration ne le précise pas.

Le lendemain, Balaam informe les émissaires de Balaq – qui deviennent maintenant «les princes [שׂרי] de Balaq» – qu'il ne pourra les accompagner, «car Yhwh refuse de me laisser aller avec vous» (verset 13). Balaam a en ceci raison, bien qu'il masque la raison majeure du refus divin: le fait que le peuple est béni. L'affirmer explicitement reviendrait en effet à répondre à Balaq que toute tentative de maudire le peuple sera vaine[121]. En ne mentionnant que le refus divin de le laisser partir, Balaam ouvre ainsi peut-être une porte à Balaq. Celui-ci revient d'ailleurs à la charge, en envoyant cette fois «des princes nombreux et honorables, plus que ceux-là» (verset 15). Ces nouveaux messagers exhortent Balaam au nom de Balaq, appuyant leur invitation de promesses: «car je t'honorerai sûrement beaucoup[122], et tout ce que tu me diras, je le ferai. Et viens donc et blasphème-moi [קבה] ce peuple» (verset 17). On remarque que les princes de Moab emploient à présent le verbe קבב, celui qu'a utilisé Balaam dans ses propos à Élohim – serait-ce dans une tentative d'adoucir la tâche que Balaam

---

[120] C'est l'interprétation de G. B. Gray, *Numbers*, p. 329; M. Noth, *Das vierte Buch Mose: Numeri*, p. 155; P. J. Budd, *Numbers*, p. 265; B. A. Levine, *Numbers 21–36*, pp. 150–151. Voir par contre J. Milgrom, *Numbers*, p. 187.

[121] Voir de même sur ce point J. Milgrom, *Numbers*, p. 188: «Balaam omits the full reason – that cursing Israel is an exercise in futility – not because he hoped later to change God's mind but because it would have brought the story to an end had the emissaries reported this reason to Balak».

[122] Cet «honneur» [כבד] promis à Balaam – qui fait d'ailleurs écho à la condition des nouveaux émissaires (verset 15) – est généralement compris comme une rétribution financière. Voir en ce sens M. Noth, *Das vierte Buch Mose: Numeri*, p. 156 et B. A. Levine, *Numbers 21–36*, p. 152.

aura à accomplir? Dans sa réponse, ce dernier révèle peut-être, par sa véhémence même, qu'il n'est pas si indifférent qu'il le laisse paraître aux richesses promises: « Si Balaq me donnait plein sa maison d'argent et d'or, je ne pourrais pas transgresser l'ordre de YHWH mon Élohim, pour faire une [chose] petite ou grande. Et maintenant, demeurez donc en ceci, vous aussi, la nuit, que je connaisse ce que YHWH continuera à parler avec moi» (versets 18–19). Par le fait même de consulter YHWH encore une fois, Balaam semble entretenir un certain espoir de le voir changer d'avis[123]. Il aurait pu, en effet, congédier les émissaires une fois pour toutes.

Vient alors la réplique finale d'Élohim, décisive pour comprendre la scène suivante: « Si c'est pour crier vers toi que les hommes sont venus, lève-toi, va avec eux. Mais sûrement/seulement la parole que je te parlerai, fais-la» (verset 20). Après la lecture de ce qui précède, on pressent que tout le nœud de l'intrigue réside dans l'interprétation des paroles divines. Que veut dire en effet Élohim? A-t-il changé brusquement d'avis depuis la venue des précédents émissaires? Ou a-t-il pressenti chez Balaam une certaine envie pour les richesses promises? Sa rectification des propos de Balaq, au verset 12, semble en effet indiquer qu'il n'est pas dupe des variations introduites par Balaam dans les paroles du roi de Moab. Sa réponse, au verset 20, ne manque d'ailleurs pas d'ironie. En particulier, avec la conditionnelle «si c'est pour crier vers toi que les hommes sont venus...», il fait mine d'être dans l'incertitude, alors que les motivations des messagers sont des plus claires depuis le départ. De même, l'impératif «va avec eux» [לך אתם] s'oppose étrangement à l'interdiction de sa première intervention: «tu n'iras pas avec eux» [לא תלך עמהם] (verset 12). Enfin, on pourrait soupçonner une certaine équivoque dans l'ordre final: «Mais sûrement/seulement [ואך] la parole que je te parlerai, fais-la». Je m'abstiens ici de ponctuation, pour tenter de rendre l'ambiguïté de la phrase hébraïque, où l'adverbe אך, de renforcement ou de restriction, peut porter soit sur «la parole que je te parlerai», soit sur l'ensemble de l'ordre. Si l'on interprète l'adverbe dans son sens restrictif, avec la majorité des traductions et commentaires[124], alors Élohim peut commander à Balaam de ne faire

---

[123] C'est l'interprétation de J. MILGROM, *Numbers*, p. 189, dans une perspective un peu différente (pour lui, c'est le rôle du devin que de tester la constance de la divinité en tentant de la faire changer d'avis).

[124] Voir ainsi, par exemple, les traductions de la *Bible de Jérusalem* et de la *TOB* ou, en anglais, de la *King James* et de la *Revised Standard Version*. Parmi les commentateurs,

que ce qu'il lui dira – ce qui n'est pas sans ironie, puisque ce dernier
s'apprête justement à faire ce qui lui a été d'abord défendu. Si l'on
interprète l'adverbe dans son sens assévératif, l'effet ironique est encore
plus fort, Élohim rappelant à Balaam de faire *bien sûr* la parole qu'il lui
dira – comme si c'était ce que Balaam avait toujours fait.

Balaam ne se fait pas prier : le lendemain matin, sans même avertir les
messagers de Moab de son changement d'attitude, «il sella son ânesse et
il alla avec les princes de Moab» (verset 21). Selon la lecture proposée
ici, il apparaît donc que la première partie de l'histoire de Balaam, en
22,1–21, souligne implicitement une certaine tendance chez ce dernier
à céder à l'invitation de Balaq, peut-être à cause de l'appât des richesses
promises. Élohim semble bien saisir cette inclinaison, mais, plutôt que
d'y répondre en réitérant l'interdiction, il manifeste, non sans ironie,
un curieux revirement, qui s'explique dès la scène suivante.

La rencontre avec le messager : le changement d'attitude de Balaam
Après ce détour, il est possible d'aborder avec un regard nouveau la
rencontre entre Balaam et le messager. La scène commence par un
aparté entre la narration et le lecteur : «Et la colère d'Élohim s'enflamma car il s'en allait. Et le messager de Yнwн se tint debout sur
le chemin, en adversaire [לשטן][125] pour lui. Et lui était monté sur son
ânesse, et deux de ses garçons avec lui» (verset 22). Dans la perspective
de la lecture proposée ici, on voit que Balaam a été pris au piège[126].
Peut-être aveuglé par son désir de céder à Balaq, il n'a pas décelé l'ironie
dans les propos d'Élohim et s'est mis en route vers Moab sans hésiter.
C'est le messager de Yнwн [מלאך יהוה] qui s'embusque, s'apprêtant
à rencontrer Balaam sur son chemin – ce qui constitue peut-être un
point commun avec les épisodes de Gn 16 et 21.

Je ne peux guère m'attarder ici sur les méandres du récit, visant à
accroître la tension narrative[127] : par trois fois, l'ânesse de Balaam tente

---

voir par exemple G. B. Gray, *Numbers*, p. 331 ; M. Noth, *Das vierte Buch Mose : Numeri*,
p. 146 ; T. R. Ashley, *The Book of Numbers*, p. 451.

[125] Le substantif שטן ne constitue pas ici un nom propre, comme dans des textes
postérieurs. Voir par exemple B. A. Levine, *Numbers 21–36*, p. 155.

[126] L'idée d'un test mis en place par le personnage divin rappelle Gn 22. Voir en ce
sens les parallèles mis en évidence entre les deux épisodes. Voir B. A. Levine, *Numbers
21–36*, pp. 153–154.

[127] Le suspense et l'accroissement de la tension narrative sont notés par M. Noth,
Das vierte Buch Mose : Numeri, p. 157. R. Alter, *The Art of Biblical Narrative*, pp. 105–106,
note l'effet comique des répétitions.

d'éviter le messager posté devant elle, « son épée nue à la main » (verset 23). Par trois fois également, Balaam bat l'ânesse pour qu'elle reprenne la route (versets 23–27). Yнwн fait alors une brève entrée en scène, par une action d'ailleurs « intérieure », dont le lecteur ne perçoit que le résultat : « Et Yнwн ouvrit [ויפתח] la bouche de l'ânesse et elle dit à Balaam : "Que t'ai-je fait, que tu me frappes ces trois fois ?" » (verset 28). Un curieux dialogue se poursuit entre l'ânesse et son maître, où elle le confronte patiemment à son aveuglement : « Ne suis-je pas ton ânesse que tu as montée, moi, depuis ton origine jusqu'à aujourd'hui ? Ai-je vraiment l'habitude d'agir ainsi pour toi ? » (verset 30). Balaam est bien forcé de répondre par la négative. Comme par l'effet de cette brève conversation, « Yнwн découvrit [ויגל] les yeux de Balaam et il vit le messager de Yнwн se tenant debout sur le chemin, et son épée était nue dans sa main ; et il s'inclina et se prosterna sur ses faces » (verset 31).

Le messager prend alors le relais de l'ânesse, continuant lui-même à interroger Balaam : « Pourquoi as-tu frappé ton ânesse ces trois fois ? Voici, c'est moi qui suis sorti en adversaire, car le chemin est précipité en face de moi. Et l'ânesse m'a vu et elle s'est détournée devant moi ces trois fois. Par chance[128], elle s'est détournée de devant moi, car maintenant, toi-même, je t'aurais tué, mais elle, je l'aurais laissée en vie » (versets 32–33). Le messager, s'exprimant sans doute avec le « je » de Yнwн comme en Gn 16,21 et 22[129], signale l'impasse dans laquelle s'est engagé Balaam : « le chemin est précipité [ירט] en face de moi ». Le verbe ירט est sans doute à lire dans ses deux sens, tant en hébreu qu'en français : le départ a été précipité, fait à la hâte ; par conséquent, le chemin sur lequel se trouve Balaam « se précipite », c'est-à-dire le mène à sa perte[130].

---

[128] L'adverbe אולי, « peut-être », est difficile à traduire ici. Suivant les versions, les éditeurs de la *BHS* et certains commentateurs préfèrent lire לולי, « à moins que ». Voir par exemple BDB ; G. B. Gray, *Numbers*, p. 336 ; T. R. Ashley, *The Book of Numbers*, p. 453.

[129] Voir en ce sens M. Noth, *Das vierte Buch Mose: Numeri*, p. 157 : « Der Bote Jahwes handelt und redet dann stellvertretend für Jahwe, aber doch so, als ob es ein Handeln und Reden Jahwes selbst wäre. [...] So ist auch im vorliegenden Falle die abschießende Weisung von V. 35aβ ein Wort Jahwes selbst mit dem „Ich" Jahwes, obwohl formal der Bote Jahwes noch immer redet ».

[130] Le verbe ירט est traduit par « jeter vers le bas (*hinabstürzen*) » (KB), « précipiter » (BDB : « the way is precipitate before me »). Il n'est attesté ailleurs qu'en Jb 16,11–12, d'où l'hésitation des traducteurs. Les commentateurs proposent différentes interpréta-

La soumission aux ordres de Balaq, pourrait-on lire implicitement, n'est donc pas un chemin qui pourra aboutir. La tactique du messager illustre de manière symbolique l'obstacle au devant duquel se dirige Balaam. Sans doute plus clairement que n'importe quelle interdiction, le danger qu'il a ainsi évité grâce à son ânesse lui fait prendre conscience de son aveuglement : « J'ai péché, car je n'ai pas connu que c'était toi qui te tenais debout à ma rencontre sur le chemin. Et maintenant, si [c'est] mauvais à tes yeux, je retournerai chez moi » (verset 34). L'aveu de Balaam concerne sans doute à la fois l'épisode de l'ânesse et son départ vers Moab. En effet, jusqu'à ce point, il n'avait pas pris ou pas voulu prendre conscience de ce que les propositions de Balaq étaient contraires à la volonté divine.

Bien que Balaam accepte à présent de renoncer à son voyage à Moab, le messager de Yhwh lui dit : « Va avec les hommes. Mais c'est exclusivement la parole que je parlerai vers toi que tu parleras » (verset 35a). Sur ces mots, « Balaam alla avec les princes de Balaq » (verset 35b). Apparemment, rien n'a changé depuis les versets 20–21. Selon la lecture proposée ici, l'attitude intérieure de Balaam s'est pourtant radicalement transformée. Sa rencontre avec le messager divin lui a permis en effet de renoncer aux bénéfices que pourrait lui apporter sa mission en Moab et de se mettre complètement au service de Yhwh – comme un bon devin. Dans sa brève analyse de la péricope de Balaam, R. Alter met en outre en lumière la fonction anticipative de la scène de l'ânesse : comme celle-ci, à trois reprises, résiste à Balaam, percevant ce que celui-ci ne voit pas, Balaam, dans la suite de l'histoire, résistera aux trois tentatives de Balaq de le faire maudire Israël, sur la base des trois visions d'Israël qu'il reçoit de Yhwh[131]. L'ânesse fournit de la sorte à Balaam le modèle de la résistance qu'il va opposer à Balaq. En ce sens, la rencontre du messager permet non seulement de changer la

---

tions. Ainsi, P. J. Budd, *Numbers*, p. 250, traduit « because your way is perverse », mais indique le sens premier de « précipiter » (p. 254). T. R. Ashley, *The Book of Numbers*, p. 453, traduit : « because your way was evil before me », mais mentionne en note le sens de « raide, escarpé » (*steep*) et signale une probable corruption du texte (note 9). Dans le même sens, la Septante traduit : ὅτι οὐκ ἀστεία ἡ ὁδός σου ἐναντίον μου, « car ton chemin n'est pas bon/agréable devant moi », d'où la proposition de la *BHS* de lire יָרַע (voir également la traduction de la Vulgate : *quia perversa est via tua*). B. A. Levine, *Numbers 21–36*, p. 159, traduit : « for the mission was pressing upon me » : l'ange n'avait d'autre moyen pour arrêter Balaam, tant était urgente sa mission.

[131] Voir R. Alter, *The Art of Biblical Narrative*, pp. 104–107.

motivation de Balaam, mais également de lui suggérer, de manière symbolique, quel sera son rôle en Moab.

R. Alter souligne de même le rôle clé du motif du « voir » dans la péricope de Balaam[132]. Ainsi, c'est par le verbe ראה que s'ouvre celle-ci : « Et Balaq, fils de Zippor, vit tout ce que Israël avait fait aux Amorites » (Nb 22,2). Après que le messager s'est posté trois fois devant l'ânesse, Yhwh « découvre [ויגל] les yeux de Balaam » (22,31), lui permettant de *voir* le messager et son épée. Comme en Gn 21,19 et 22,13, l'intervention du messager a donc pour effet de faire voir au personnage principal une réalité qu'il ne pouvait voir auparavant. Dans le cas de Balaam, cette réalité n'est pas directement un symbole de vie ; toutefois, elle a pour fonction de lui signaler un danger qu'il ne percevait pas. L'importance de cette scène où les yeux de Balaam sont ainsi « découverts » est soulignée plus loin dans la péricope : alors que c'est sous la forme de visions qu'il rapporte à Balaq les paroles de Yhwh sur Israël (voir en particulier 23,9.21 ; 24,1.2.17), Balaam se présente lui-même comme « l'homme à l'œil ouvert, […] qui voit [יחזה] la vision [מחזה] de Shadday, tombant et [ses] yeux [sont] découverts [וגלוי] » (24,3–4). Cette récurrence du verbe גלה ainsi que les nombreuses allusions à la perception visuelle suggèrent encore une fois l'importance que la narration accorde à la rencontre entre le messager divin et Balaam. Cette confrontation est en effet présentée comme le moment clé où le devin païen devient vraiment le prophète de Yhwh, capable de parler au nom de celui-ci devant Balaq et de défendre Israël.

Le messager divin comme adversaire et agent herméneutique

Les principales caractéristiques de l'intervention du messager relevées dans les épisodes de la Genèse se retrouvent donc dans l'épisode de Balaam. Comme pour Hagar et Abraham, la rencontre du messager signifie pour le devin une prise de conscience – au premier degré, il s'agit de discerner « l'obstacle » que cherche à éviter l'ânesse tandis que, au second degré, il en va des motivations de son voyage en Moab. Balaam est de la sorte invité à reconsidérer sa relation à Yhwh et, plus spécialement, la manière dont il comprend son rôle de prophète ou de devin. On observe dans cet épisode une alternance entre les interventions de Yhwh et du messager, comparable à celle déjà notée plus haut. En ce qui concerne le personnage divin en tant que tel, c'est Élohim qui se

---

[132] Voir R. Alter, *The Art of Biblical Narrative*, p. 105.

met en colère contre Balaam (22,22). De même, c'est Yʜᴡʜ qui ouvre la bouche de l'ânesse (22,28) et qui «découvre» les yeux de Balaam (22,31). Par contre, c'est le messager qui se poste en «adversaire» [שָׂטָן] sur le chemin, l'épée nue à la main (22,22–23.24.26), dépassant de la sorte le rôle oratoire qu'il joue dans les épisodes étudiés ci-dessus[133]. Le messager adresse de même la parole à Balaam, le provoquant par une question (22,32). C'est enfin lui qui a le dernier mot de l'histoire, encourageant Balaam à partir en Moab, mais dans un nouvel esprit (22,35).

Comme dans les épisodes précédents, le messager représente la présence divine telle que la perçoit le personnage dans son expérience concrète, que ce soit par le biais des mouvements de l'ânesse, puis par la vue et par l'ouïe. Le messager, en ce sens, permet une médiation de la présence divine au cœur même de la réalité humaine. Plus profondément, le messager figure ce qui, dans l'expérience de Balaam, lui permet de changer son regard et de revoir les raisons de son départ. Il joue en ce sens un double rôle herméneutique : d'une part, il provoque Balaam à une réinterprétation de sa situation et de son identité ; d'autre part, tant pour ce dernier que pour le lecteur, il révèle que ce changement de regard est en fait le résultat d'une intervention divine.

d. *Les autres interventions du messager divin dans le Pentateuque*

Cette analyse n'a pris en considération que les épisodes où l'intervention du messager tient un rôle particulièrement crucial dans l'intrigue. Il reste cependant à envisager brièvement les autres passages mentionnés dans le tableau ci-dessus. Il y a d'abord l'épisode de la destruction de Sodome et Gomorrhe, en Gn 19, où «les deux messagers» [שְׁנֵי הַמַּלְאָכִים] (verset 1)[134] ont pour mission centrale de permettre à Lot d'échapper

---

[133] Voir à ce sujet D.-N. Fʀᴇᴇᴅᴍᴀɴ, B. E. Wɪʟʟᴏᴜɢʜʙʏ, H.-J. Fᴀʙʀʏ, «מַלְאָךְ malʾā_k_», p. 897 : «Dennoch ist die Funktion des Engels JHWHs nicht auf die Vermittlung der Botschaft Gottes beschränkt. Er ist nicht nur Bote, der Gottes Wort überbringt, er ist auch Diener, Legat, autorisiert, es durchzuführen».

[134] À partir de 19,1, et spécialement de l'article de הַמַּלְאָכִים, qui suggère que les deux messagers sont des acteurs déjà connus du lecteur, on peut s'interroger sur l'identité des deux hommes qui, au chapitre 18, viennent rencontrer Abraham et Sarah pour leur annoncer la naissance prochaine de leur fils. Les commentateurs considèrent généralement que 19,1–3 continue le chapitre 18, grâce aux transitions de 18,16a et de 18,22a. Les hommes du chapitre 18 peuvent ainsi être identifiés avec les messagers du chapitre 19. Voir en ce sens C. Wᴇsᴛᴇʀᴍᴀɴɴ, *Genesis. 2. Teilband: Genesis 12–36*, p. 366 ; V. P. Hᴀᴍɪʟᴛᴏɴ, *Genesis 18–50*, p. 30 ; S. A. Mᴇɪᴇʀ, *The Messenger in the Ancient*

à l'anéantissement de sa ville[135]. Le fait que d'autres personnages évoquent ces « hommes » (19,5) et subissent leur action (19,11) rend l'intervention du messager moins personnelle et intérieure que dans les épisodes précédents. Cependant, dans la deuxième partie de l'épisode (19,12–22), les messagers convainquent Lot de quitter sa ville et, par là, sa vie antérieure. Par leurs paroles insistantes (19,12–13.15.17) et même par leurs gestes (19,16), ils font en sorte que Lot échappe à la catastrophe. Plus fondamentalement, ils lui permettent sans doute également de se détacher de son passé et de choisir la vie. Le destin de sa femme, qui devient une « colonne de sel » pour avoir regardé en arrière (19,26), illustre *a contrario* la décision active de Lot, qui accepte, non sans difficulté, de laisser son passé derrière lui. La figure des messagers souligne ainsi l'intervention divine au cœur de l'expérience du personnage, qui permet à celui-ci d'échapper à la mort et de choisir activement la vie[136].

Le messager divin apparaît également, en plusieurs passages, comme un guide qui dirige les pas du (ou des) personnage(s) humain(s) vers un certain but. C'est en ce sens qu'Abraham s'exprime à son serviteur : « Lui [YHWH], il enverra son messager devant toi et tu prendras une femme pour mon fils de là » (Gn 24,7, avec reprise par le serviteur au verset 40). Dans l'Exode, le messager de l'Élohim [מלאך האלהים] est présenté, avec la colonne de nuée, comme le guide d'Israël : « Et le messager de l'Élohim, qui allait devant le camp d'Israël, partit et alla

---

Semitic World, p. 123. Je considérerai l'épisode de la visite à Mamré au chapitre III. Voir particulièrement l'intitulé « Les déplacements lexicaux marquant la représentation directe du regard », p. 306.

[135] Selon les commentateurs historico-critiques, l'interprétation des « hommes » (voir 19,10.12.16) comme « messagers » [מלאכים] (voir 19,1.15) est tardive. Voir en ce sens H. GUNKEL, *Genesis*, p. 207 et C. WESTERMANN, *Genesis. 2. Teilband: Genesis 12–36*, p. 366.

[136] Je n'envisage pas ici le passage de Gn 28,11–22, où la mention des messagers (des anges, dans ce cas) fait partie de la description du rêve de Jacob. Voir par exemple le commentaire de H. RÖTTGER, *Mal'ak Jahwe-Bote von Gott*, pp. 73–74. En Ex 3,2, la mention du « messager de YHWH » semble servir d'introduction à la vision du buisson puis à la rencontre entre Moïse et YHWH. L'apparition du messager signifie ici aussi pour le personnage humain une transformation dans sa destinée. La scène de Gn 32,2–3 est quant à elle trop courte pour pouvoir être significative dans le cadre de cette recherche. Au sujet de Gn 48,16, où « le messager » ou « l'ange » est un apposé à l'Élohim et est qualifié de *go'ēl*, « délivreur », « racheteur », voir D.-N. FREEDMAN, B. E. WILLOUGHBY, H.-J. FABRY, « מלאך mal'āk », p. 897–898. Enfin, pour Gn 31,11, où Jacob évoque une parole du messager d'Élohim qui n'a pas été racontée par la narration, je me permets de renvoyer à l'analyse du passage que je propose au chapitre IV, sous l'intitulé « Jacob justifie son départ, parole divine à l'appui (Gn 31,11–13) », p. 386.

derrière eux…» (Ex 14,19). Dans la même perspective, Yʜwʜ promet à Moïse : « Voici, j'envoie/je vais envoyer un messager devant toi, pour te garder en chemin et te faire venir vers le lieu que j'ai établi. Garde-toi devant lui et écoute sa voix ; ne te rebelle pas contre lui, car il ne portera pas vos fautes, car mon nom est au milieu de lui. […] Car mon messager ira devant toi et il te fera venir chez les Amorites, etc. » (Ex 23,20–21.23a)[137]. Dans ces passages, le messager symbolise donc la présence divine auprès des humains, présence qui veille au succès de leur voyage ou les guide vers la liberté et la vie. En Nb 20,16 (ou, de manière similaire, en Gn 24), c'est Israël qui interprète l'expérience de la sortie d'Égypte en évoquant la figure du messager : « et il [Yʜwʜ] a envoyé un messager et il nous a fait sortir d'Égypte… ». Ici, l'expérience de libération est interprétée par le peuple comme l'œuvre divine, celle-ci étant médiatisée par la présence du messager.

e. *Conclusion : la présence divine doublement médiatisée*

Dans les différents épisodes étudiés, on observe que la narration met en œuvre une double médiation de la présence divine. L'intervention de Yʜwʜ ou Élohim est en effet d'abord médiatisée par le personnage humain lui-même, qui, suite à sa rencontre avec le messager, réinterprète lui-même sa situation et prend les mesures nécessaires pour la réorienter. Hagar et Abraham transforment leur manière d'être mère et père ; Balaam reconsidère son rôle de prophète ; Lot renonce à son passé ; Israël se met en route vers la terre de Canaan. En ce sens, le personnage humain est l'acteur principal de ces épisodes, tandis que Yʜwʜ n'apparaît que comme initiateur de sa transformation intérieure.

Ensuite, l'intervention divine reçoit une seconde médiation par le biais de l'interprétation que le personnage humain donne de cette prise de conscience : Hagar donne à Yʜwʜ le nom de « dieu qui me voit » (Gn 16,13)[138] ; Abraham nomme le lieu « Yʜwʜ verra » (Gn 22,14) ; Balaam reconnaît que l'ange était bien posté devant lui sur son chemin (Nb 22,34). En plus de ce que la narration raconte, le personnage attribue donc lui-même sa transformation intérieure à une intervention divine. En conséquence, on peut observer que ces récits, malgré leurs apparences, mettent d'abord en scène des acteurs humains : ce sont ceux-ci en effet qui reconsidèrent leurs situations et décèlent, derrière

---

[137] Voir également, dans le même sens, Ex 32,34 ; 33,2.
[138] Comme telle, l'interprétation du personnage humain n'est pas présente en Gn 21.

ce revirement, l'action divine. Le personnage divin n'est cependant pas absent, puisque la narration veille à raconter comment il est à l'origine de la transformation du personnage humain.

2. *Les visites oniriques ou la médiation de la perception humaine*

Les récits de rêve, dans lesquels un personnage humain reçoit une visite divine dans son sommeil, constituent une autre médiation intéressante de la présence divine[139]. En effet, dans ce type d'épisode, la narration ne raconte pas les événements extérieurs et concrets qui se déroulent sur la scène du récit, mais rapporte la perception onirique, donc intérieure, d'un personnage humain.

a. *Les deux types de représentations oniriques*

Le Pentateuque présente deux types de représentations oniriques. Le premier décrit la vision que le personnage perçoit en rêve (voir par exemple Gn 41,1–4.5–7), parfois accompagnée d'une parole divine (Gn 28,11–15). Dans ce cas, la syntaxe hébraïque confère à cette description un effet d'immédiateté : les constructions utilisées réduisent en effet la médiation de la narration, permettant ainsi au lecteur d'avoir directement accès aux visions oniriques du personnage, comme s'il était lui-même le bénéficiaire du rêve. Le seul exemple dans le Pentateuque où une telle vision inclut la présence divine est le récit du rêve de Jacob (Gn 28,11–15), que j'analyse ci-dessous.

Le second type de représentation ne comprend pas de vision. Bien que la narration parle de « rêve » (חלום : Gn 20,3 ; 31,24) ou de « vision » (מחזה ou מראה : Gn 15,1 ; 46,2), seule une parole divine est rapportée, sans description de ce que le personnage perçoit « visuellement ». Dans certains cas, celui-ci répond directement au personnage divin (voir par exemple Gn 20,4–5). Il s'agit en ce sens de rêves « non symboliques »[140]. Cinq épisodes du Pentateuque relèvent de ce modèle (Gn 15,1–4.12–18 ;

---

[139] Sur les récits de vision dans la bible hébraïque (surtout dans les livres prophétiques), voir Susan NIDITCH, *The Symbolic Vision in Biblical Tradition* (HSM 30), Scholars Press, Chico, 1983.

[140] L'expression est celle de J. BERGMAN, M. OTTOSSON, « חלם hālam », *TWAT*, Bd. II, 1977, pp. 986–998, en particulier p. 995 (« nicht-symbolische Träume »).

20,3–8; 31,24; 46,2–4[141]). Je ne m'attarderai pas à ces épisodes où la perspective humaine n'est pas à proprement parler adoptée, puisque la parole divine est rendue en style direct, donc sans médiation.

b. *Le rêve de Jacob à Béthel (Gn 28,11–15)*

Le rêve de Jacob à Béthel est l'épisode onirique le plus intéressant pour la recherche menée ici, puisqu'il s'accompagne d'une description de ce que voit le personnage humain. L'événement est clairement situé durant la nuit: «Et il atteignit le lieu et il passa la nuit là, car le soleil s'était couché. Et il prit [une] des pierres du lieu et il la plaça à son chevet et il se coucha en ce lieu» (Gn 28,11). Le rêve est également introduit comme tel: «Et il rêva [ויחלם]» (verset 12aα). Après cette introduction, le rêve est représenté en deux parties distinctes: d'abord, il est décrit en une sorte de tableau, rendant la vision qui apparaît à Jacob; ensuite, la narration rapporte une parole de Yhwh adressée à Jacob. J'envisage ces deux parties successivement.

La partie visuelle du rêve

La description du contenu du rêve est introduite, à trois reprises, par le terme והנה, sur lequel je reviendrai au chapitre suivant[142]. On peut déjà noter que ce terme fait entrer le lecteur dans la vision du personnage:

> «Et voici [והנה] un escalier[143] mis debout sur la terre et sa tête touchant au ciel;
> et voici [והנה] des anges/messagers d'Élohim montant et descendant sur lui [בו];
> et voici [והנה] Yhwh se tenant debout sur lui [עליו][144]» (28,12–13aα).

---

[141] On trouve également l'évocation par Jacob d'un rêve où le messager d'Élohim lui aurait parlé (Gn 31,11–13). J'analyse le passage au chapitre IV, sous l'intitulé «Jacob justifie son départ, parole divine à l'appui (Gn 31,11–13)», p. 386.

[142] Voir, au chapitre III, l'intitulé «Notes sur l'origine et la valeur déictiques des mots introducteurs», p. 321.

[143] Je traduis le substantif סלם par le mot «escalier», qui a l'avantage d'être masculin, au contraire du terme «échelle», généralement employé.

[144] La majorité des commentateurs comprennent que, dans le contexte du texte final, Yhwh se trouve au-dessus de Jacob [עליו]. Voir ainsi, par exemple, H. Gunkel, *Genesis*, p. 318; C. Westermann, *Genesis. 2. Teilband: Genesis 12–36*, p. 554; V. P. Hamilton, *Genesis 18–50*, p. 240. Cependant, les deux pronoms suffixes qui précèdent (ראשו et בו) renvoient sans équivoque à l'escalier, un substantif masculin en hébreu [סלם]. De plus, Jacob n'est pas nommé dans les propositions qui précèdent immédiatement. Enfin, si והנה donne effectivement accès à la perspective de Jacob (ce que j'argumente plus loin), alors ce dernier, en tant que centre déictique, est absent de ce qu'il voit (cette règle souffrant cependant quelques exceptions, comme en Gn 18,2). En ce sens, la

Le rêve est présenté au lecteur en trois parties, introduite chacune par la particule והנה suivie d'un substantif, lui-même accompagné d'un ou plusieurs participes et d'un (ou deux) complément(s) de lieu. L'emploi du participe présent, dans chacun des membres de la description, peut sans doute s'expliquer de deux manières. D'une part, si on lit le participe dans son sens adjectival, c'est-à-dire en ce qu'il détermine un nom, la forme grammaticale donne à la description du rêve l'aspect d'un tableau : dans ce cas, les éléments syntaxiques principaux sont constitués par les différents substantifs, qualifiés par les participes. Jacob, et par lui le lecteur, voit donc essentiellement un escalier (ou une échelle), des anges et Yhwh. D'autre part, on peut lire également le participe dans sa forme prédicative qui, comme le souligne Joüon, est devenue en hébreu une forme temporelle, représentant l'action sous son aspect duratif[145]. Dans ce cas, les différents participes seraient plutôt à traduire comme des imparfaits, afin de rendre la durée qu'ils suggèrent : «et voici un escalier était mis debout sur la terre et sa tête touchait le ciel, etc.». Cette lecture du participe donne à la scène une apparence légèrement différente : cette fois, la description se compose de propositions verbales, décrivant donc les éléments du rêve dans leur position ou leur mouvement. La manière dont le lecteur peut se représenter le rêve diffère donc légèrement selon l'interprétation syntaxique des participes.

Néanmoins, que l'on suive l'une ou l'autre lecture, le texte donne bien à voir le rêve tel qu'il apparaît aux yeux de Jacob[146]. L'origine déictique

---

Septante (ἐπ' αὐτῆς, c'est-à-dire κλίμαξ, nom féminin) et la Vulgate (*Dominum innixum scalae*) attribuent clairement le suffixe de עליו à l'échelle/escalier. C'est aussi la traduction de Gerhard von Rad, *Das erste Buch Mose: Genesis. Kapitel 25,19–50,26* (ATD 4), Vandenhoeck & Ruprecht, Göttingen, 1967 (1949[1]), p. 246 («Jahwe stand an ihr»). Voir également Ellen van Wolde, «Cognitive Linguistics and its Application to Genesis 28:10–22», in : Patrick Chatelion Counet, Ulrich Berges (eds), *One Text, A Thousand Methods. Studies in Memory of Sjef van Tilborg* (BI.S 71), Brill, Boston/Leiden, 2005, pp. 125–148, spécialement pp. 138–139, qui justifie cette lecture de manière similaire.

[145] Sur les deux fonctions du participe, adjectivale (ou attributive) et prédicative, ainsi que sur l'aspect duratif de la forme prédicative, voir P. Joüon, *Grammaire de l'hébreu biblique*, § 121a–c.

[146] On pourrait toutefois se demander si le nom «Yhwh» traduit la perception de Jacob ou constitue plutôt une anticipation du discours divin, qui commence par la présentation «Je suis Yhwh, Élohim d'Abraham ton père et Élohim d'Isaac» (verset 13). Voir en ce sens E. van Wolde, «Cognitive Linguistics and its Application to Genesis 28:10–22», p. 137. La question me semble difficile à trancher, puisque la formule de présentation n'implique pas nécessairement que le personnage ne peut identifier la divinité qui se manifeste devant lui.

de והנה se fait ici particulièrement sentir : les différentes occurrences du terme permettent d'introduire la perspective intérieure de Jacob, par rapport à celle, extérieure, de la narration (verset 11). La traduction française « voici », constituant lui aussi un terme déictique, suggère ce déplacement de perspective : par le terme והנה, la narration signale en effet l'adoption d'un point de vue particulier, pointant en quelque sorte vers le contenu du rêve. Elle amène ainsi le lecteur à placer son regard dans celui de Jacob, pour considérer avec lui l'objet de la vision[147]. L'aspect de « tableau » que la scène prend quand on lit les participes dans leur sens adjectival s'adapte particulièrement à ce déplacement de perspective : le lecteur entre en effet dans la perception du personnage, pour découvrir avec lui un certain spectacle[148].

Il est particulièrement intéressant pour la recherche menée ici que le spectacle qui s'ouvre aux yeux du lecteur comprend, par au moins deux aspects, la présence divine elle-même : il y a d'abord les anges ou messagers d'Élohim, montant et descendant, puis YHWH se tenant près de l'escalier. Mon objectif n'est pas d'étudier ce que dit ce genre de rêve sur la conception de la divinité, mais bien d'analyser le type de médiation que le récit suppose. Comme on vient de le voir, la narration introduit le lecteur à l'intérieur de la perception de Jacob, afin de lui faire contempler la scène avec le regard de ce dernier. De ce fait, la médiation narrative s'efface, pour que le lecteur puisse avoir accès sans intermédiaire apparent à l'expérience du personnage. L'apparition divine n'est ainsi médiatisée que par ce que le personnage perçoit, de manière inconsciente puisqu'il rêve. Le divin n'est donc pas représenté en lui-même, mais comme il apparaît au personnage endormi. De la sorte, l'expérience visuelle du personnage sert de médiation à la narra-

---

[147] Voir en ce sens l'analyse d'Ellen van Wolde, basée sur la linguistique cognitive : E. VAN WOLDE, « Cognitive Linguistics and its Application to Genesis 28:10–22 », p. 136 : « It [the particle והנה] locates the viewpoint in the character space itself. The attention marker והנה typically implies that the character can actually "see" or "comprehend" something physical in the context. This time, the reader is led to share Jacob's viewpoint, to look with him and see a ladder, messengers of god, and Yhwh. [...] The viewpoint shifts to the character, so that the reader shares Jacob's viewpoint and perception and gets *direct* access to the information ».

[148] Jan P. FOKKELMANN, *Narrative Art in Genesis: Specimens of Stylistic and Structural Analysis* (The Biblical Seminar 12), JSOT Press, Sheffield, 1991, pp. 50–52 : « The narrator unites, as it were, with Jacob and shapes this partnership in three vivid images of evocative power. The particle *hinnē* features in this process, thanks to its deictic power; it is partly pre- or paralingual, it goes with a lifted arm, an open mouth » (citation pp. 51–52).

tion: c'est en ce sens l'expérience humaine, ici onirique, de la divinité qui est l'objet principal de l'épisode.

La partie auditive du rêve

À cette partie visuelle du rêve de Jacob s'enchaîne un discours, prononcé par Yʜᴡʜ: «Et il dit: "Je suis Yʜᴡʜ, l'Élohim d'Abraham ton père et l'Élohim d'Isaac. La terre sur laquelle tu es couché, à toi je la donnerai, et à ta descendance. Et ta descendance sera comme la poussière de la terre. Tu te répandras à l'ouest et à l'est, au nord et au sud et toutes les familles du sol seront bénies en toi et en ta descendance. Et voici je [suis] avec toi et je te garderai partout où tu iras et je te ferai retourner sur ce sol, car je ne t'abandonnerai pas jusqu'à ce que j'aie fait ce que je t'ai parlé» (Gn 28,13–15)[149].

Immédiatement après ce discours, la narration raconte le réveil de Jacob (verset 16), ce qui indique que la parole divine fait bien partie de la description du rêve. La narration, dans l'introduction du discours, passe de la forme participiale au *wayyiqtol* [ויאמר], suggérant de la sorte un retour à la temporalité du récit, après avoir laissé s'exprimer la perception onirique du personnage. Quel est l'effet d'une telle transition? Pour E. van Wolde, «le narrateur signale de cette manière qu'il s'engage quant à la vérité du discours qu'il rapporte, et ce par une transmission mot à mot». La transition syntaxique suggérerait que le narrateur indique ainsi «un haut degré d'engagement épistémique quant au contenu du discours direct rapporté»[150]. Pour ma part, il me semble que le discours de Yʜᴡʜ apparaît en une sorte d'entre-deux entre le rêve et l'éveil: certes, la suite de l'épisode (verset 16) montre que le rêve se poursuit; cependant, la parole de Yʜᴡʜ, en étant introduite par le *wayyiqtol*, est située dans le temps du récit, c'est-à-dire retirée d'une certaine manière de l'intemporalité du rêve. Je rejoins ainsi van Wolde, puisque, par ce retrait hors de l'espace du rêve et, de ce fait, hors de la perception de Jacob, la parole divine apparaît rapportée d'un point

---

[149] Je reviendrai sur les paroles divines et l'interprétation qu'en fait Jacob au chapitre IV, sous l'intitulé «Jacob justifie son départ, parole divine à l'appui (Gn 31,11–13)», p. 386.

[150] «In this way, the narrator gives a signal that he is committed to the truth of the speech he is conveying through verbatim transmission. [...] The access point to the information is the narrator, who thus indicates a high degree of epistemic commitment to the reported direct speech material», E. ᴠᴀɴ Wᴏʟᴅᴇ, «Cognitive Linguistics and its Application to Genesis 28:10–22», p. 140.

de vue extérieur, qui ne dépend donc pas de la sensation onirique du personnage humain[151].

Cette transition du participe au *wayyiqtol*, qui accompagne le passage de la description visuelle du rêve à sa partie auditive, marque, me semble-t-il, la progression qui se dégage du parcours de la Genèse (et de manière plus générale du Pentateuque) que je propose ici. La tendance générale de la narration vise en effet à médiatiser la représentation du divin par le biais de la perception ou de l'expérience de personnages humains. En ce sens, dans la partie visuelle du rêve de Jacob, la narration subordonne la représentation du divin à la perception humaine. Toutefois, dans le récit du Pentateuque, ce n'est que graduellement que se marque la disparition du personnage divin de l'avant-scène du récit. Dans cet épisode, la médiation du divin par l'expérience humaine est en ce sens contrebalancée par un retour à l'autorité de la narration, comme le suggère l'emploi du *wayyiqtol*. Si la partie visuelle du rêve dépend bien de la perception de Jacob, la promesse divine est encore rendue selon le point de vue extérieur de la narration et avec son autorité.

3. *L'interprétation humaine d'actes divins racontés par la narration*

Un autre type de médiation humaine, proche des précédentes, est constitué par l'interprétation que des personnages humains donnent d'une parole ou d'une action divine. On a déjà vu l'exemple de Gn 3,1–6, où un discours divin, rapporté dans la narration, reçoit les interprétations divergentes du serpent et de la femme. Des actions divines peuvent également être l'objet de l'interprétation, du commentaire, voire de la louange des personnages humains. Ainsi, le cantique d'Ex 15,1–21 constitue une reprise poétique du passage de la mer et des actions divines en vue de la victoire d'Israël, reprise prononcée par Moïse et le peuple (versets 1–18) puis par Miryam (verset 21). D'un point de vue purement littéraire et synchronique, le chant constitue donc une interprétation humaine, intra-diégétique, des événements que la nar-

---

[151] On remarque en ce sens que YHWH reprend ici des paroles qu'il a déjà déclarées, en substance, dans des épisodes qui précèdent, surtout dans des promesses à Abraham, mais aussi à Isaac. Voir en ce sens André WÉNIN, «Jacob découvre la maison de Dieu (Gn 28,10–22)», in: Camille FOCANT (éd.), *Quelle maison pour Dieu?* (LD hors série), Paris, Cerf, 2003, pp. 9–37, en particulier pp. 21–24.

ration a racontés au chapitre précédent[152]. L'interprétation des actions
divines ne se fait pas toujours sur le ton de la louange. On peut ici
envisager un cas particulier où l'interprétation des personnages humains
critique les interventions de Yʜᴡʜ dans l'histoire d'Israël en les passant
simplement sous silence. Dans ce cas, l'opération herméneutique se fait
donc par omission : en taisant ce que Yʜᴡʜ a fait pour le peuple, les
personnages contestataires remettent en cause ses interventions.

L'exemple envisagé est celui du conflit qui oppose Datan et Aviram
à Moïse, en Nb 16[153]. Ces deux personnages sont présentés en Nb
16,1–2, parmi les insurgés qui se soulèvent contre Moïse : « Et Qoré, fils
de Yiçhar, fils de Qehat, fils de Lévi, prit, et Datan et Aviram, [les] fils
d'Eliav, et On, fils de Pèlèt, [les] fils de Ruben, et ils se levèrent devant
Moïse, et deux cent cinquante hommes parmi les fils d'Israël, ... ». Après
avoir traité avec Qoré et ses hommes, Moïse se tourne vers Datan et
Aviram : « Et Moïse envoya appeler Datan et Aviram, [les] fils d'Eliav.
Mais ils dirent : "Nous ne monterons pas ! Est-ce peu que tu nous as
fait monter d'une terre ruisselant de lait et de miel pour nous faire
mourir dans le désert, pour qu'en plus tu t'ériges en chef sur nous,
t'ériger en chef. Ce n'est même pas vers une terre ruisselant de lait et
de miel que tu nous as fait venir et tu [ne] nous as [même pas] donné
un héritage de champ et de vigne. Les yeux de ces hommes, veux-tu
les arracher ? Nous ne monterons pas !" » (Nb 16,12–14).

L'encadrement du discours par l'expression לֹא נַעֲלֶה, « nous ne monterons pas » (versets 12b et 14bβ), ainsi que la répétition de la formule
« terre qui ruisselle de lait et de miel » (versets 13a et 14a) ébauchent
une certaine structure[154] :

---

[152] Cette interprétation littéraire, basée sur l'état final du texte, n'exclut pas que le
poème pourrait être antérieur au récit qui le précède. Voir par exemple B. S. Cʜɪʟᴅs,
Exodus, pp. 243–248.

[153] L'analyse qui suit est adaptée de mon article « Interprétation de récit, récit d'interprétations. L'exemple de Nombres 16 », *BI* 13 (2005), pp. 424–437. J'y compare la
revendication de Datan et Aviram à celle de Qoré et ses hommes, afin de mettre en
évidence deux types d'interprétations distordues. Je renvoie à cet article pour plus de
détail sur le contexte du discours de Datan et Aviram, sur lequel je me concentre ici.

[154] Gordon J. Wᴇɴʜᴀᴍ, *Numbers* (TOTC), Inter-Varsity Press, Leicester, 1981, p. 136
(note 1), propose une structuration différente, de type concentrique, où l'expression
לֹא נַעֲלֶה du verset 12b (A) correspond à celle du verset 14b (A'), le verbe הֶעֱלִיתָנוּ
du verset 13a (B) au verbe הֲבִיאֹתָנוּ du verset 14a (B'), la figure étant centrée sur la
répétition de l'expression « terre qui ruisselle... » aux versets 13a (C) et 14a (C'). Par
rapport à la structuration proposée ici, celle de Wenham a l'avantage de la simplicité,
mais présente les inconvénients de faire se correspondre deux verbes différents et de
laisser le verset 14aβ sans correspondant.

לֹא נַעֲלֶה verset 12bβ

הַמְעַט כִּי verset 13aα

הֶעֱלִיתָנוּ מֵאֶרֶץ זָבַת חָלָב וּדְבַשׁ

לַהֲמִיתֵנוּ בַּמִּדְבָּר verset 13aβ

כִּי־תִשְׂתָּרֵר עָלֵינוּ גַּם־הִשְׂתָּרֵר verset 13b

אַף לֹא verset 14aα

אֶל־אֶרֶץ זָבַת חָלָב וּדְבַשׁ הֲבִיאֹתָנוּ

וַתִּתֶּן־לָנוּ נַחֲלַת שָׂדֶה וָכָרֶם verset 14aβ

הָעֵינֵי הָאֲנָשִׁים הָהֵם תְּנַקֵּר verset 14bα

לֹא נַעֲלֶה verset 14bβ

Le tableau met en évidence un parallélisme dans l'intervention de Datan et Aviram, opposant ce que Moïse a fait et ce qu'il n'a pas fait. Il a fait monter hors d'une terre ruisselant de lait et de miel (verset 13aα), mais n'a pas conduit le peuple dans pareil pays (verset 14aα). Il fait mourir le peuple dans le désert (verset 13aα), au lieu de lui donner un héritage de champs et de vignes (verset 14aβ). Les deux pointes du discours se discernent de la sorte: Moïse s'érige en chef (verset 13b), cherchant à aveugler le peuple sur sa situation (verset 14b). L'analyse plus détaillée confirmera la présence de ce double foyer.

En apparence, le discours de Datan et Aviram semble donner une image assez réaliste de la situation: le peuple a quitté la terre fertile qu'est l'Égypte et est toujours en train d'errer dans le désert, même s'il se rapproche de Canaan. Les épisodes précédents ont également raconté comment une partie de la communauté est morte dans le désert (Nb 11,33–34 et 14,44–45). De même, Moïse a rapporté au peuple les paroles de Yhwh condamnant la génération de la sortie d'Égypte à mourir dans le désert, sans entrer donc dans le pays promis (14,29–35.39). Une lecture plus approfondie manifeste cependant la perversion du tableau dressé par Datan et Aviram.

La double affirmation לֹא נַעֲלֶה (Nb 16,12b.14bβ) ne mentionne pas le lieu vers lequel Datan et Aviram refusent de monter, mais on imagine facilement que l'expression désigne un rejet radical de tout dialogue avec Moïse[155]. A un autre niveau, le verbe עלה se charge toutefois d'une

---

[155] G. B. GRAY, *Numbers*, p. 201, explique pour sa part l'expression «nous ne monterons pas» comme un refus de comparaître devant Moïse. Le verbe עלה peut en effet désigner en certains cas la comparution devant un juge (Gn 46,31; Dt 25,7; Jg 4,5).

signification plus fondamentale. D'une part, l'emploi de ce verbe dans le récit des explorateurs (Nb 13) le relie à l'entrée en terre de Canaan (voir 13,17.21.22.30.31, mais dans un autre sens en 14,40.42.44). Le refus de Datan et Aviram concernerait ainsi plus profondément l'entrée en Terre Promise[156]. D'autre part, le verbe העליתנו du verset 13a évoque quant à lui la sortie d'Égypte[157]. Le refus de «monter» impliquerait donc le rejet du mouvement de libération proposé par Yhwh.

On note en ce sens que les insurgés ne font aucune référence à Yhwh. Datan et Aviram attribuent la montée hors d'Égypte à Moïse seul (verset 13aα). Le projet divin devient ainsi une simple initiative humaine, malheureuse puisqu'elle n'aboutit qu'à la mort dans le désert (verset 13aβ). De même, les deux rebelles détournent vers l'Égypte l'expression «terre qui ruisselle de lait et de miel» (verset 13aα), une expression que Yhwh (Ex 3,8.17; 33,3; Lv 20,24) puis Moïse (Ex 13,5) ont utilisée pour qualifier la terre de Canaan (voir aussi Nb 13,27 et 14,8 dans le rapport des explorateurs)[158]. La répétition de cette expression au verset 14aα, cette fois pour désigner le but promis mais non atteint de l'expédition, pourrait manifester un certain désir de retour en Égypte, faisant écho à la résolution du peuple en 14,3–4. Puisque le peuple n'a pas reçu la terre d'abondance promise, semblent raisonner implicitement Datan et Aviram, autant retourner vers celle d'où il est parti. Ces observations soulignent l'occultation du projet divin qu'opèrent les deux insurgés. La libération de l'esclavage est passée sous silence, voire refusée, comme la promesse et le don que représente la terre vers laquelle se dirige le peuple. Les interventions de Yhwh en faveur du peuple (le don de la manne, de l'eau, etc.) sont oubliées, tandis que la mort dans le désert est seule mentionnée[159].

---

[156] Pour Josef SCHARBERT, *Numeri* (NEB), Echter, Würzburg, 1992, p. 67, par contre, le texte ferait référence à un refus de monter au Temple de Jérusalem (dans le contexte de la hiérarchie davidique).

[157] Voir aussi Sigo LEHMING, «Versuch zu Num 16», *ZAW* 74 (1962), pp. 291–321, en particulier p. 303. L'auteur considère le verbe עלה comme un *terminus technicus* désignant la sortie d'Égypte vers Canaan (voir Gn 13,1; 44,24; Ex 33,3).

[158] Voir G. B. GRAY, *Numbers*, p. 201; Olivier ARTUS, *Études sur le livre des Nombres. Récit, Histoire et Loi en Nb 13,1–20,13* (OBO 157), Éditions universitaires/Vandenhoeck & Ruprecht, Fribourg/Göttingen, 1997, p. 178; T. R. ASHLEY, *The Book of Numbers*, p. 310.

[159] La fausseté du tableau dressé par Datan et Aviram s'illustre également par la mention d'un «héritage de champ et de vigne» (verset 14aβ), que Moïse n'aurait pas donné au peuple. Cette affirmation est en effet démentie par les explorateurs, qui rapportent précisément une grappe de raisins, des figues et des grenades (voir Nb 13,21–33).

L'absence du personnage divin dans les propos de Datan et Aviram est significative de la perspective de ces deux hommes : la marche vers Canaan est ramenée à l'initiative humaine de Moïse, tandis que le projet divin est complètement occulté. Le regard que portent Datan et Aviram sur la «réalité» s'oppose ainsi à ce que la narration en a raconté : l'Égypte est présentée comme «une terre ruisselant de lait et de miel», tandis que le rapport des explorateurs est démenti (Nb 13,27–29, se basant sur la description des versets 21–33, et s'opposant à «l'autre» interprétation de 31–33). Le discours de Datan et Aviram se fonde donc sur une interprétation subvertie de l'histoire du peuple et du rôle divin dans celle-ci. Dans le cadre du parcours effectué ici, il est particulièrement intéressant de noter que le discours des deux insurgés interprète des actes divins mais sans nommer ceux-ci : en ce sens, l'omission apparaît comme un outil herméneutique particulièrement efficace, puisqu'il permet de «recréer» une situation en en gommant certains éléments ou personnes. Datan et Aviram présentent donc un cas-limite de la médiation humaine du divin : ils médiatisent en effet, pour ainsi dire, l'absence de Yhwh – non une absence consentie, mais une absence qui est le résultat de leur remise en cause.

4. *L'interprétation humaine comme unique médiation des actes divins*

Les trois types de médiation de la présence divine qui viennent d'être envisagés s'associent chaque fois à l'intermédiaire de la narration. Ainsi, dans les épisodes où apparaît un messager divin, la narration laisse une certaine place à l'interprétation du personnage humain : celui-ci interprète en effet son changement d'attitude comme résultant d'une intervention divine à son égard. La présence divine dans le récit et dans le cours de ses événements est ainsi médiatisée en partie par l'expérience humaine. Toutefois, puisque la rencontre du messager et l'intervention divine sont racontées comme des événements prenant place sur la scène du récit, cette médiation du personnage humain s'associe avec celle de la narration. De même, le récit du rêve de Jacob en Gn 28,11–15 combine la vision que Jacob perçoit dans son rêve – la présence divine étant ainsi médiatisée par la perception onirique humaine – et la parole que Yhwh prononce, qui, comme l'indique le *wayyiqtol* du verset 13, relève de la médiation de la narration. Enfin, dans l'exemple de Nb 16, qui illustre la manière dont un récit peut comprendre des interprétations intra-diégétiques des événements qu'il raconte, les interventions des personnages humains évoquent des actions divines racontées précédemment, éventuellement dans des livres antérieurs. C'est donc la manière de comprendre ou de relire ces événements qui est médiatisée par les personnages humains, tandis que les faits eux-mêmes ont été rapportés par la seule médiation de la narration.

Dans ces trois cas de figure, la narration laisse ainsi s'exprimer la perception humaine du divin, tout en l'accompagnant de sa propre représentation des actes et/ou des paroles du personnage divin. La médiation des personnages humains est donc partielle, appuyée sur celle de la narration. En ce sens, le lecteur peut toujours comparer ce que les personnages disent ou perçoivent du personnage divin aux actes que celui-ci accomplit effectivement, et qui sont racontés par la médiation absolument fiable de la narration. Par contre, dans d'autres épisodes du Pentateuque, on observe que des personnages humains évoquent (et parfois interprètent) des actions divines qui ne sont pas racontées par la narration et ne peuvent donc être connues que par le discours de ces personnages. On est alors en présence d'une médiation intra-diégétique totale, où la narration confie, pour ainsi dire, le récit ou l'interprétation d'une action divine à un des personnages humains. Le lecteur n'est pas confronté à un récit sur la divinité, mais à l'interprétation qu'un être humain donne de la présence divine qu'il a perçue dans sa propre expérience.

Ce type de médiation est illustré surtout dans la Genèse. J'envisagerai d'abord quelques exemples ponctuels, où un personnage humain attribue un certain événement à une faveur divine à son égard, qui n'a pas été raconté dans le récit. Je considérerai ensuite deux exemples où l'interprétation donnée par le personnage humain peut sembler au lecteur improbable, voire impossible. Enfin, je passerai à l'exemple du cycle de Joseph (Gn 37–50), où ce type de médiation est développé sur un large ensemble littéraire.

a. *L'interprétation d'un événement comme le résultat d'une faveur divine*
Les exemples sont nombreux dans le Pentateuque. Je n'en citerai que quelques-uns, où l'interprétation du personnage ne fait référence à aucun événement raconté directement par la narration[160]. On peut

---

[160] À l'inverse, par exemple, l'interprétation de Sarah, en Gn 21,6 (« Élohim a fait pour moi un rire [צחק] »), jouant sur le nom d'Isaac et le caractère miraculeux de sa naissance, fait référence à l'intervention divine racontée par la narration au début de l'épisode : « Et YHWH avait visité Sarah selon ce qu'il avait dit ; et YHWH fit pour Sarah selon ce qu'il avait parlé » (21,1).

d'abord citer le cas des étiologies, particulièrement des noms d'enfants. Ainsi, après le récit du meurtre d'Abel par Caïn, la narration rapporte la naissance d'un autre fils à Adam et sa femme : « Et Adam connut encore sa femme et elle enfanta un fils et elle cria son nom : "Seth, car Élohim a mis [שֵׁת] pour moi une autre descendance à la place d'Abel, car Caïn l'a tué" » (Gn 4,25). Même si, comme en Gn 16,2, on peut évoquer ici les représentations traditionnelles de la naissance, il n'en reste pas moins que la narration ne fait état d'aucune intervention divine en vue de la naissance de Seth.

Les brefs discours que prononcent Léah et Rachel à la naissance de leurs fils font parfois également référence à une action divine. Or l'épisode ne signale des interventions d'Élohim qu'en faveur des grossesses des deux épouses, et non de celles des servantes : « Yhwh vit que haïe [était] Léah et il ouvrit son sein » (Gn 29,31) ; « Et Élohim entendit Léah et elle devint enceinte et elle enfanta à Jacob un cinquième fils » (30,17)[161] ; « Élohim se souvint de Rachel et Élohim l'entendit et il ouvrit son sein » (30,22)[162]. Mais quand Bilhah donne naissance à Dan, premier fils né « pour » Rachel, cette dernière s'exclame : « Élohim m'a fait justice et aussi il a entendu ma voix et il m'a donné un fils » (30,6). Or, aucune intervention divine n'est signalée par la narration. De même, à la naissance de son fils Zabulon, Léah affirme : « Élohim m'a offert un beau présent » (30,20). Dans ces deux paroles étymologiques, Rachel et Léah évoquent ainsi une intervention divine qui n'a pas été racontée par la narration. En ce sens, l'action divine n'est présente que par le biais de l'interprétation que les deux femmes font de leurs grossesses.

Un épisode entier peut évoquer une action divine en ayant recours uniquement à l'interprétation d'un personnage, sans que la narration n'y fasse aucune référence directe. Ainsi, une lecture un peu rapide de Gn 24 peut donner l'impression que Yhwh guide les pas du serviteur d'Abraham vers Rebecca. En fait, cette image relève entièrement de l'interprétation du serviteur, basée sur le discours d'Abraham. Celui-ci dit en effet : « Yhwh [...], lui, enverra son messager devant toi et tu prendras une femme pour mon fils de là » (24,7). Une fois arrivé à la ville de Nahor, le serviteur s'adresse à Yhwh : « Yhwh, Élohim de mon seigneur Abraham, fais donc rencontrer devant moi aujourd'hui, et

---

[161] Voir en ce sens l'interprétation de Léah en 30,18 : « Élohim a donné mon salaire, parce que j'ai donné ma servante à mon homme ».

[162] Voir l'interprétation de Rachel en 30,23 : « Élohim a enlevé mon opprobre ».

fais bonté (agis avec bonté) avec mon seigneur Abraham. Voici, je me
tiens debout près de la source d'eau, et les filles des hommes de la ville
sortent pour puiser de l'eau. Et il arrivera, la jeune fille à qui je dirai:
"Tends donc ta cruche pour que je boive" et qui dira: "Bois et aussi
tes chameaux, je [les] abreuverai", c'est elle que tu as décidée pour
ton serviteur, pour Isaac; et en cela je saurai que tu as fait bonté (que
tu as agi avec bonté) avec mon seigneur"» (24,12–14). Tout se passe
comme le serviteur l'a demandé (24,15–20). Apprenant que la jeune
fille rencontrée est «la fille de Bétouel, le fils que Milkah a enfanté
à Nahor» (24,24), le serviteur se prosterne et reconnaît l'entremise
divine: «Béni [est] Yhwh Élohim de mon seigneur Abraham, qui n'a
pas abandonné sa bonté et sa fidélité d'avec mon seigneur. Moi, sur le
chemin, Yhwh m'a conduit à la maison des frères de mon seigneur»
(24,27). Cette interprétation est également celle que le serviteur expose
devant Laban et Betouel (24,34–49), qui rejoignent cette manière de
considérer l'événement: «De Yhwh est sortie la chose» (24,50a).

Dans ce chapitre, Yhwh n'est donc présent que par la médiation des
paroles humaines: la promesse d'Abraham, la prière puis l'interprétation du serviteur. Ces discours esquissent pour ainsi dire un second
niveau de «réalité»: au niveau concret et objectif de l'événement
raconté par la narration, les personnages humains ajoutent un niveau
herméneutique, selon lequel la rencontre apparaît comme orchestrée
par Yhwh. Comme l'écrit W. L. Humphreys, «ce qui est saisissant, c'est
la manière dont Dieu est présent. Il est là seulement dans ce que les
autres disent de lui. Par contraste, le narrateur ne dit rien des actions
ou des paroles directes de Dieu»[163]. L'épisode est en effet construit de
telle manière que la présence divine soit entièrement médiatisée par
les paroles humaines.

Un des effets de ce procédé concerne sans doute l'identification que
le lecteur peut opérer entre l'événement raconté et certaines situations
de sa propre expérience. Comme le serviteur d'Abraham, le lecteur est
en effet invité à relire des faits vécus en y distinguant une intervention
divine en sa faveur, même si, à un niveau purement empirique, rien
ne laisse discerner davantage qu'un heureux hasard. Plus subtilement,
la narration laisse également entrevoir, dans ce type d'épisode, ce
qu'elle est réellement: un récit sur l'*expérience* humaine du divin. De

---

[163] «What is striking is the way God is present. He is there only in what others
say of him. The narrator by contrast says nothing of God's direct actions or words»,
W. L. HUMPHREYS, *The Character of God*, p. 146.

cette expérience est décrit ici un des traits fondamentaux, à savoir le caractère herméneutique : la présence divine n'apparaît en effet que via l'interprétation du personnage, relisant certains épisodes de sa propre histoire.

b. *Des actions divines que le lecteur sait improbables*

On peut mentionner brièvement quelques discours humains évoquant une action divine que le lecteur sait improbable ou dont il devine qu'elle ne peut avoir eu lieu. Il y a d'abord l'interprétation de la stérilité du couple de Saraï et Abram. La narration commence par raconter : « Et Saraï, femme d'Abram, n'avait pas enfanté pour lui. Et elle avait une servante égyptienne – et son nom [était] Hagar » (Gn 16,1). Au verset suivant, Saraï fait une proposition pour obtenir tout de même une descendance, l'assortissant d'une interprétation de son infertilité : « Et Saraï dit à Abram : "Voici donc Yhwh m'a empêchée d'enfanter. Va donc vers ma servante. Peut-être serai-je construite d'elle" » (16,2a). On peut comprendre, avec les commentateurs, que l'interprétation de Saraï reflète en fait les coutumes de son époque, où l'infertilité est attribuée nécessairement à la divinité[164]. À un niveau purement littéraire, on peut distinguer en outre une sorte de clin d'œil de la narration : le lecteur sait en effet, depuis le chapitre précédent, que Yhwh a promis à Abram une descendance comparable aux « étoiles du ciel » (15,5). Yhwh se contredirait-il donc, promettant à Abram une large postérité, mais en même temps empêchant sa femme d'enfanter ? Dans ces conditions, la parole de Saraï reflète bien sûr sa propre compréhension de son infertilité, ce qui, au plan narratif, accroît la tension entre la promesse divine et la situation de Saraï – tant physique que mentale.

L'évocation d'une action divine par un personnage humain peut parfois avoir un effet tant ironique que stratégique. Ainsi, alors que Jacob, à l'instigation de sa mère, s'apprête à tromper son vieux père aveugle, il lui apporte le prétendu gibier demandé – qui n'est rien d'autre que « deux beaux chevreaux » du troupeau (Gn 27,9). Isaac s'étonne : « Qu'est-ce cela ! Tu t'es hâté de trouver, mon fils », à quoi l'astucieux Jacob répond : « Car/oui [כִּי] Yhwh ton Élohim a fait rencontrer

---

[164] Voir ainsi, par exemple, H. Gunkel, *Genesis*, p. 185 et V. P. Hamilton, *Genesis 1–17*, pp. 443–444. Abram réagit d'ailleurs de la même manière, déclarant à Yhwh : « Voici, à moi, tu n'as pas donné de descendance ; et voici : le fils de ma maison héritera de moi » (15,3).

devant moi » (27,20)[165]. L'explication de Jacob, évoquant l'entremise divine, coupe court aux questions de son père : que répondre en effet à une telle justification ? Ici, l'interprétation humaine fait référence à une action divine que la narration contredit indubitablement. Le mode de présence de la divinité est donc médiatisé uniquement par la parole – mensongère en ce cas – du personnage humain.

c. L'histoire de Joseph (Gn 37–50)

La présence particulière du personnage divin dans le cycle de Joseph a déjà été mise en valeur. Ainsi, W. L. Humphreys note le rôle limité que ce personnage joue dans l'histoire des fils de Jacob, en particulier dans les chapitres 37–50 :

> L'apparition de Dieu dans l'histoire de Joseph et de sa famille est indirecte (à quelques rares exceptions près). En effet, Dieu est généralement amené dans le récit par un ou plusieurs personnages, par ce qu'ils se disent l'un à l'autre, souvent alors qu'ils tentent de donner sens aux événements dont ils font l'expérience. Dieu apparaît généralement dans des récits que créent ces personnages en vue de discerner le sens de ce qui leur arrive. [...] À partir des indices que le narrateur et d'autres personnages fournissent, il est possible de suggérer, parfois seulement bien après que les événements ont eu lieu, la possibilité que la main de Dieu guide l'histoire de Joseph et de ses frères[166].

Comme le montre le tableau des actes divins de la Genèse, Yнwн n'intervient directement, en Gn 37–50, qu'aux chapitres 38 et 39. De nombreuses références à la divinité ponctuent cependant les discours des personnages principaux, rythmant le déroulement de l'intrigue : Joseph, dans l'interprétation qu'il donne à Pharaon de son rêve (41,25.28.32) ; Pharaon, dans sa réponse à Joseph (41,39) ; Joseph, encore, dans

---

[165] G. von Rad, *Das erste Buch Mose: Genesis. Kapitel 25,19–50,26*, p. 241, juge cette réponse de Jacob le pire de ses mensonges.

[166] « God's appearance in the story of Joseph and his family is (with a few brief exceptions) indirect. That is, generally he is brought into the story by one or another of the characters, through what they say to each other, often as they attempt to give meaning to the events they experience. God is generally a character in stories they, as characters in the Joseph novella, create to make sense of what happens to them. [...] Drawing on clues the narrator and other characters provide, it is possible to suggest, if only at times well after events take place, the possibility of God's hand guiding the story of Joseph and his brothers », W. L. Humphreys, *The Character of God*, p. 206 (voir aussi plus largement pp. 205–235). Voir également, au sujet de la présence divine dans l'histoire de Joseph, A. D. Freedman, *God as an Absent Character in Biblical Hebrew Narrative*, pp. 153–160 et André Wénin, *Joseph ou l'invention de la fraternité. Une interprétation du récit de Genèse 37–50* (Le livre et le rouleau 21), Bruxelles, Lessius, 2005, pp. 335–338.

l'explication du nom de ses fils (41,51–52); les frères, quand l'un d'eux découvre son argent dans son sac (42,28); le majordome de Joseph, dans l'interprétation qu'il donne aux frères de ce « retour » de l'argent (43,23); Juda, quand il reconnaît la faute des frères devant Joseph (44,16); Joseph, dans le discours qu'il tient à ses frères après s'être fait reconnaître (45,5–13); Jacob, dans le discours qu'il tient à Joseph à la veille de sa mort (48,3.11.15–16); Joseph, en présentant ses fils à son père (48,9); Joseph, dans son discours final à ses frères (50,20). On remarque donc que tous les personnages principaux du récit, de Joseph à ses frères, en passant par Jacob et même par Pharaon, avancent une certaine interprétation de leur expérience en faisant référence à une action divine.

La prospérité de Joseph : la juxtaposition de deux points de vue
On peut noter que les actions que Yhwh pose directement sont situées soit dans l'excursus que constitue le chapitre 38, racontant l'histoire de Juda et de sa belle-fille Tamar, soit dans le premier « épisode » du séjour de Joseph en Égypte, au chapitre 39. Les deux actions divines du chapitre 38 jouent un rôle purement fonctionnel, visant uniquement à établir les conditions dans lesquelles pourra se déployer la suite de l'épisode. Au contraire, les interventions de Yhwh en faveur de Joseph au chapitre 39 apparaissent comme des jalons fondamentaux pour les événements qui vont suivre, bien qu'ils soient exprimés de manière plutôt vague. Je m'arrêterai ici à celles que décrivent les versets 2–4 (voir également 39,5.21.23). Alors que Joseph vient d'arriver en Égypte et que Potiphar, eunuque de Pharaon, l'a acheté (39,1), la narration rapporte :

> « ²Et Yhwh fut avec Joseph [אֶת־יוֹסֵף]
> et il fut un homme faisant prospérer [מַצְלִיחַ]
> et il fut dans la *maison* de son seigneur égyptien.
>
> ³Et son seigneur vit que Yhwh [était] avec lui [אִתּוֹ]
> et que tout ce qu'il faisait, Yhwh [était] le faisant prospérer [מַצְלִיחַ]
> dans sa main.
> ⁴Et Joseph trouva grâce à ses yeux et il le servit;
> et il le préposa sur sa *maison* et tout ce qui était à lui, il [le] donna en sa main »
>
> (Gn 39,2–4).

Comme on peut le constater, trois éléments sont d'abord mentionnés : la présence de Yhwh avec Joseph, sa caractéristique d'homme « faisant prospérer», sa situation dans la maison de Potiphar (39,2). Ces trois éléments sont alors repris, cette fois précédés par le verbe ראה: «et son seigneur vit» (39,3–4). Le jeu de perspectives est manifeste: le verset 2 adopte la perspective extérieure de la narration, tandis que les versets 3–4 sont racontés depuis le point de vue de Potiphar. Ces versets introduisent une légère modification par rapport à la première description: ce n'est plus Joseph qui est sujet du participe מצליח, mais Yhwh, tandis que «tout ce qu'il faisait» en est l'objet direct. En ce sens, la perception de Potiphar complète la description du verset 2, en précisant que ce n'est pas Joseph lui-même qui fait prospérer, mais bien l'intervention de Yhwh en sa faveur.

On peut en outre se demander si la perception de Potiphar n'en cache pas une autre, à savoir l'interprétation de Joseph lui-même. En effet, Potiphar, en tant qu'égyptien, n'est pas censé reconnaître l'intervention du Dieu d'Israël derrière les actions de son esclave, dont il ignore d'ailleurs sans doute l'identité et l'origine. Ce serait donc la manière dont Joseph comprend sa prospérité qui serait reflétée dans la vision de l'Égyptien. Trois perspectives semblent ainsi s'enchaîner: celle de Joseph, discernant la présence divine dans son expérience; celle de Potiphar, assumant ce que Joseph perçoit du divin; celle, enfin, de la narration, exprimée au verset 2. On peut alors se demander si c'est la perception de Potiphar, reflétant éventuellement celle de Joseph, qui vient confirmer ce que la narration a rapporté, ou si c'est la narration qui anticipe la perception de Potiphar, lui conférant ainsi une entière légitimité. On se contentera ici de noter la médiation du point de vue humain dans la représentation des actions divines et la «coopération» entre la narration et ce point de vue particulier, permettant à ces deux types de «médiation» de s'appuyer l'une à l'autre.

L'interprétation du rêve de Pharaon: des références stratégiques au divin?

En affirmant à deux reprises devant Pharaon que «ce que l'Élohim fait, il l'a rapporté [הגיד] / il l'a fait voir [הראה] à Pharaon» (41,25.28)[167], Joseph souligne que le rêve non seulement vient de Dieu, mais aussi qu'il est spécialement destiné à faire prendre conscience à Pharaon de ce qui est sur le point d'arriver. Les deux verbes *hifil* des versets 25 et

---

[167] Comme le remarque C. Westermann, *Genesis. 3. Teilband: Genesis 37–50*, p. 93, les versets 25 et 28 forment une inclusion. Voir également H. Gunkel, *Genesis*, p. 436.

28 – הגיד et הראה – mettent bien en évidence le fait que, pour Joseph, « l'Élohim » cherche à faire passer un message à Pharaon. Joseph insiste encore : « Sur la répétition du rêve pour Pharaon deux fois, [c'est] parce que la chose a été préparée d'avec/par l'Élohim ; et l'Élohim se hâte pour la faire » (41,32).

Pour Pharaon, l'implication est facile à tirer : si « l'Élohim » lui a suscité un tel rêve pour lui faire connaître le sort prochain dont il va frapper l'Égypte, alors cet « homme intelligent et sage » que Joseph lui recommande d'établir (41,33) ne peut qu'être qu'inspiré par « l'Élohim ». Pharaon affirme en ce sens : « Trouverons-nous [quelqu'un] comme cet homme en qui [est] l'esprit d'Élohim ? » (41,38). La question est clairement rhétorique, comme l'indique le fait que Pharaon n'attend pas la réponse de ses serviteurs pour affirmer : « *Après que* [אחרי] Élohim t'a fait connaître tout ceci, il n'y a [personne] d'intelligent et de sage comme toi. Toi tu seras sur ma maison, et sur ton ordre, tout mon peuple se conformera – seulement [par] le trône je serai plus grand que toi » (41,39–40). La conjonction אחרי, « après que »[168], suggère la quasi-relation de cause à effet entre l'interprétation telle que la formule Joseph et la décision de Pharaon.

À partir de ces versets, il n'y aurait qu'un pas à franchir pour affirmer que l'ascension de Joseph à la cour égyptienne est due à la volonté d'Élohim, qui a révélé par un rêve à Pharaon la période de famine qui va suivre et a permis à Joseph de « connaître » la signification du rêve. Or il apparaît pourtant clairement que cette interprétation n'est pas délivrée par la narration, mais est seulement présente dans les paroles de Joseph, dans le sens desquelles abonde Pharaon. En effet, il n'est précisé nulle part dans la diégèse que les rêves de Pharaon viennent d'Élohim, ni même que l'interprétation de Joseph bénéficie d'une quelconque inspiration divine – c'est ce dernier lui-même qui l'affirme en 41,16. Il y aurait-il donc ici une stratégie de Joseph[169], jouant sur une référence au divin pour s'assurer le pouvoir politique ? Rien dans la narration ne l'indique non plus explicitement. Une unique lettre semble pourtant trahir à plusieurs reprises une certaine distance dans les propos de Joseph : ce dernier parle de « l'Élohim » (41,25.28.32), avec article, comme pour suggérer une distinction entre « l'Élohim »

---

[168] La traduction « parce que » est également possible. Voir C. WESTERMANN, *Genesis. 3. Teilband: Genesis 37–50*, p. 97.

[169] Sur l'habilité stratégique de Joseph dans cet épisode, voir A. WÉNIN, *Joseph ou l'invention de la fraternité*, pp. 121–123.

qui agira envers l'Égypte et «Élohim», celui dont il se revendique lui-même comme herméneute (41,16).

On se trouve ainsi devant une médiation totale de la divinité par un personnage humain, Joseph. Le paradoxe est d'autant plus surprenant qu'à l'absence du personnage divin sur la scène du récit correspond une profonde influence des *références* à la divinité. Bien que la narration ne rapporte aucune action divine directe, les références que fait Joseph à l'intervention de «l'Élohim» ont pour effet une importante décision de Pharaon, qui infléchit le cours subséquent de toute l'intrigue. La narration n'a pas ici pour objet l'influence divine sur l'histoire, mais bien l'utilisation du nom divin – la référence au religieux – et son efficacité dans la poursuite d'objectifs politiques. Même si l'ensemble du cycle de Joseph cautionne l'action de ce dernier, il n'en reste pas moins que le récit décrit ici la manière dont une simple référence à la divinité – même devant quelqu'un qui n'est pas censé la confesser – peut infléchir profondément les événements.

Des noms qui tournent une page

Les noms que Joseph donne à ses fils, et spécialement l'interprétation qu'il leur attribue, révèle qu'il «tourne la page» de son passé: «Et Joseph cria le nom du premier-né "Manassé, car Élohim m'a fait oublier tout mon trouble et toute la maison de mon père". Et le nom du deuxième, il [le] cria: "Éphraïm, car Élohim m'a fait fructifier dans la terre de mon humiliation"» (41,51–52). La «nouvelle vie» que Joseph connaît en Égypte est ainsi attribuée à une intervention d'Élohim en sa faveur (voir également 48,9). L'étymologie du nom de Manassé révèle peut-être également que c'est, fondamentalement, le changement d'attitude de Joseph à l'égard de ses frères qui est l'œuvre d'Élohim: celui-ci lui a «fait oublier» le mal commis, ou plutôt, comme la suite du récit le suggère, lui a permis de «dépasser» ce mal, pour nourrir l'espoir d'une réconciliation, au-delà de la vengeance[170]. Encore une fois, cependant, c'est l'interprétation de Joseph que met en scène la narration, et non l'intervention directe du personnage divin.

Élohim, l'argent et la culpabilité des frères

Le cri des frères, à la découverte de l'argent dans le sac de l'un d'eux, implique directement la divinité: «Leur cœur sortit[171] et ils tremblèrent,

---

[170] Sur l'interprétation de cette scène et son incidence sur l'ensemble du récit, voir A. Wénin, *Joseph ou l'invention de la fraternité*, pp. 124–125.
[171] L'expression constitue un *hapax*. Voir par exemple G. J. Wenham, *Genesis 16–50*, pp. 409–410.

chacun vers son frère, en disant : "Que nous a fait Élohim ?"» (42,28).
Comme le souligne A. Wénin, c'est d'abord «la frayeur devant le
mystère» qui fait suggérer aux frères qu'Élohim pourrait se cacher derrière cet énigmatique retour de l'argent[172]. La narration passe directement à l'arrivée des frères chez leur père et à leur récit de l'entrevue
avec le «seigneur de la terre» (42,29–34). Curieusement, une seconde
découverte de l'argent a alors lieu, impliquant cette fois l'ensemble des
frères : «Et il arriva, alors qu'ils vidaient leurs sacs, et voici : chacun,
la bourse de son argent dans son sac. Et ils virent les bourses de leur
argents, eux et leur père, et ils eurent peur» (42,35)[173]. Cette fois, nulle
référence à la divinité n'est faite.

La signification du retour de l'argent a été discutée par les commentateurs. La position du verset est sans doute instructive : la découverte de
l'argent se place en effet entre le récit des frères à Jacob, particulièrement
la requête du «seigneur de la terre» de laisser un frère et d'amener le
«petit frère» (42,33–34), et la réponse de Jacob, se plaignant d'avoir
perdu Joseph et Siméon et d'être menacé de voir partir aussi Benjamin
(42,36). L'argent semble ainsi avoir partie liée à la retenue en Égypte
de Siméon, mais aussi à la disparition de Joseph et au possible départ
de Benjamin. L'exclamation que pousse Jacob, «vous me privez d'enfant», indique quant à elle une certaine suspicion sur la responsabilité
de ses fils quant à la disparition de Joseph et Siméon. Que pourrait
en effet lui suggérer le retour de ses fils avec un frère de moins, mais
avec une somme d'argent indue en plus, sinon que le fils manquant a
été vendu ? Le lecteur peut détromper ce soupçon en ce qui concerne
Siméon, mais il sait par contre que le doute est fondé dans le cas de
Joseph, que ses frères avaient bien l'intention de vendre (37,26–27), si
ce n'était le passage imprévu des marchands madianites (37,28). Le
retour de l'argent joue donc comme une évocation de la culpabilité des

---

[172] Voir A. Wénin, *Joseph ou l'invention de la fraternité*, p. 168.
[173] De nombreux commentateurs historico-critiques traditionnels, comme H. Gunkel, *Genesis*, pp. 445–446 et C. Westermann, *Genesis. 3. Teilband : Genesis 37–50*, p. 118,
attribuent le doublet à une différence de source : les versets 27–28 appartiendraient
à J, tandis que le verset 35 serait issu de E. Par contre, G. J. Wenham, *Genesis 16–50*,
p. 410, considère plutôt le verset 35 comme une glose, bien que le rédacteur final ait
manifestement choisi de conserver les deux scènes de découverte.
[174] Voir en ce sens G. J. Wenham, *Genesis 16–50*, p. 409.

frères, non pas directement en ce qui concerne la retenue de Siméon en Égypte, mais bien postérieurement, par rapport à la disparition de Joseph[174]. Même si c'est Jacob qui énonce ce doute quant à la culpabilité des frères, ces derniers sont sans doute eux-mêmes confrontés à leur faute passée, comme peuvent l'exprimer leur émotion et l'évocation d'Élohim lors de la première découverte (42,28) et leur peur lors de la seconde (42,35). Les frères ont d'ailleurs été déjà pris de remords pour ce qu'ils ont infligé à Joseph lorsqu'ils se trouvaient en Égypte (42,21–22)[175].

La référence à Élohim revient un peu plus loin dans le récit, quand les frères, de retour en Égypte, rencontrent le majordome de Joseph, qui vient confirmer le rôle du divin dans leur mésaventure : «Paix pour vous. Ne craignez pas : c'est votre Élohim et l'Élohim de votre père qui vous a donné un trésor dans vos sacs – votre argent est venu vers moi» (43,23). La voix du majordome semble ici «doubler» celle de Joseph, parlant exactement comme celui-ci le ferait. Or le lecteur sait que c'est Joseph qui a ordonné de remettre l'argent dans le sac de chacun des frères (42,25). Le majordome identifie-t-il donc Joseph à Élohim ? Cependant, le terme «trésor» [מטמון] semble évoquer plus que simplement l'argent, mais un processus plus large, dont le personnage divin serait à la source.

De même, en précisant que ce trésor a été «donné» [נתן] et que l'argent des frères est bien venu vers lui, le majordome innocente les frères d'avoir obtenu l'argent en vendant leur frère ou en gardant la somme remise par leur père. On peut alors se demander pourquoi Élohim aurait donné cet argent aux frères, argent par ailleurs bien embarrassant pour eux. L'association de l'argent à la culpabilité peut suggérer que, dans l'optique du majordome (et donc de Joseph), c'est Élohim qui a mis en place la répétition du retour des frères sans l'un des leurs. La confrontation des frères à leur culpabilité aurait donc été voulue et orchestrée par Élohim. Cette implication du divin demeure cependant au niveau de l'interprétation des personnages. Rien dans la diégèse ne la confirme ; au contraire, le récit souligne que c'est Joseph qui ordonne de replacer l'argent des frères dans leurs sacs (42,25).

---

[175] Sur la culpabilité des frères, voir A. WÉNIN, *Joseph ou l'invention de la fraternité*, pp. 157–163.

L'Élohim a trouvé la faute de tes serviteurs

L'implication d'Élohim dans l'histoire des frères est affirmée également par Juda, quand il reconnaît devant Joseph : « Que dirons-nous/pourrions-nous dire à mon seigneur ? Que parlerons-nous ? Et en quoi nous justifierons-nous ? L'Élohim a trouvé la faute de tes serviteurs » (44,16). Le lien déjà suggéré plus haut entre l'argent – ici figuré par la coupe – et la culpabilité des frères se discerne implicitement dans ce verset et dans le reste de l'intervention de Juda (44,18–34). D'une part, selon Juda, Élohim « a trouvé » [מצא] la faute, comme la coupe « fut trouvée » [וימצא] dans le sac de Benjamin (44,12) et comme l'argent a été « trouvé » par les frères (44,8).

D'autre part, l'évocation de la « faute » par Juda ne peut manquer d'étonner le lecteur : il sait que les frères sont innocents et que c'est Joseph qui a ordonné de placer la coupe dans le sac du plus jeune des frères (44,2). De quelle faute parle donc Juda ? Dans la suite de son intervention, Juda évoque en fait la disparition de Joseph, mais sans faire état de la responsabilité des frères. Rapportant à Joseph la réaction que son père aurait eue à l'annonce de la condition posée par le « seigneur de la terre » pour la libération de Siméon, il prête à Jacob les paroles : « Et ton serviteur mon père nous a dit : "Vous, vous savez que ma femme a enfanté pour moi deux fois. L'un est sorti d'avec moi et j'ai dit : 'Il a sûrement été déchiqueté' et je ne l'ai pas vu jusqu'à maintenant" » (44,27–28). Ce discours n'a jamais été prononcé par Jacob, qui s'est en fait contenté de déclarer, à l'annonce de la captivité de Siméon : « Vous me privez d'enfants. Joseph n'est plus ; Siméon n'est plus » (42,36). De même, les mots « il a sûrement été déchiqueté » n'ont pas été prononcés lors du retour des fils d'Égypte, mais proviennent de l'exclamation de Jacob à la découverte de la tunique ensanglantée de Joseph (37,33). Pour dépeindre la difficulté éprouvée par Jacob de laisser aller son plus jeune fils, Juda attribue à son père des propos que celui-ci n'a pas tenus comme tels[176]. Ce faisant, il évoque le mensonge qu'il a ourdi avec ses frères – peut-être sous la pression de la culpabilité ?

Qui est ici « l'Élohim » qu'évoque Juda ? Fait-il référence à la divinité dont se réclame cet Égyptien qui les accuse et qui vient d'affirmer sa pratique de la divination (44,15) ? Ou parle-t-il au contraire de « l'Élohim de vos pères » qu'a mentionné le majordome (43,23) ? L'article semble suggérer une certaine imprécision. Toujours est-il que, par cette

---

[176] Voir G. J. WENHAM, *Genesis 16–50*, p. 427 : « Judah puts his father's attitudes into words, even though he thereby in effect delegitimizes himself ».

référence à la divinité, Juda semble adopter l'interprétation de Joseph et de son majordome, selon laquelle Élohim serait à l'œuvre derrière les événements pour confronter les frères à leur culpabilité. Encore une fois, la narration reste neutre sur l'implication du divin dans l'histoire, se contentant de rapporter le discours de Juda.

La clé herméneutique

C'est dans le discours par lequel Joseph se fait reconnaître de ses frères que les références à la divinité sont les plus importantes. Joseph y livre en quelque sorte la clé herméneutique à partir de laquelle il interprète son histoire : « Et maintenant, ne vous peinez pas et que ne brûle pas à vos yeux [le fait] que vous m'avez vendu. Voici que c'est pour la vie qu'Élohim m'a envoyé [שלחני] devant vous » (45,5). Quelques versets plus loin, Joseph reprend dans le même sens : « Et Élohim m'a envoyé [וישלחני] devant vous pour placer pour vous un reste dans la terre, pour vous faire vivre, pour une grande délivrance. Et maintenant ce n'est pas vous qui m'avez envoyé [שלחתם] ici, mais l'Élohim. Et il m'a placé comme père pour Pharaon[177] et comme seigneur sur toute sa maison et dirigeant dans toute la terre d'Égypte » (45,7–8). À trois reprises, Joseph utilise le verbe « envoyer », suggérant une sorte de mission ou de responsabilité qu'Élohim lui aurait confiée.

Quand Élohim a-t-il donc « envoyé » Joseph ? L'expression utilisée par Joseph ne peut manquer de rappeler l'envoi initial de Joseph, par Jacob, vers ses frères : « Et Israël dit à Joseph : "Tes frères ne sont-ils pas en train de paître à Sichem ? Va, je t'envoie [ואשלחך] vers eux [אליהם]" » (37,13). En ménageant un certain parallèle avec l'ordre initial de Jacob (usage d'un même verbe mais d'une autre préposition), le récit suggère que c'est toute son histoire que Joseph relit, à la lumière d'une sorte de mission divine. Toutefois, le lecteur est en mesure de savoir que cet appel, puisqu'il n'a pas été raconté dans la diégèse, est le fruit de la perception et de l'interprétation de Joseph. Quant à l'établissement de Joseph sur la maison de Pharaon et sur l'Égypte, on a vu que le récit n'est pas complètement silencieux sur l'intervention du personnage divin, puisqu'il mentionne que « Yhwh fut avec Joseph » (39,2.21.23) et que

---

[177] L'expression « père pour Pharaon » signifierait son conseiller en chef. Voir C. Westermann, *Genesis. 3. Teilband: Genesis 37–50*, p. 159 ou G. J. Wenham, *Genesis 16–50*, p. 428. Sur une possible origine égyptienne du terme, voir H. Gunkel, *Genesis*, p. 459.

sa bénédiction fut sur la maison de Pharaon (39,5). Le verset confirme la présence de Yʜᴡʜ aux côtés de Joseph lors de son ascension à la cour égyptienne, mais ne peut suffire à faire de l'interprétation avancée par Joseph un fait narratif. L'indication est en effet trop vague et trop limitée pour servir de base narrative à l'idée d'une responsabilité confiée à Joseph pour faire vivre et délivrer ses frères.

En même temps, l'interprétation qu'avance Joseph n'est pas pour autant présentée comme incertaine ou non fondée par la narration. Au contraire, elle apparaît, tant aux frères qu'au lecteur, comme une clé herméneutique valable. Tous les événements de l'histoire, depuis l'envoi de Joseph vers ses frères jusqu'aux aller-retour de ces derniers, en passant par l'ascension de Joseph en Égypte, peuvent en effet se comprendre comme le déploiement d'un désir divin, mis en œuvre par Joseph à travers les détours d'une histoire familiale mouvementée. Sur le fond d'une quasi-absence du divin, Joseph discerne l'intervention d'Élohim, lui attribuant l'initiative et le succès d'un plan qu'il a en fait mis en œuvre lui-même. Il intègre de la sorte les détours de l'histoire et l'intention divine directrice en un «modèle herméneutique», ou relecture de son expérience qui l'établit en médiation d'un désir divin.

Cette clé herméneutique est encore précisée par Joseph tout à la fin de l'histoire. En réponse à ses frères venus implorer son pardon au nom de leur père décédé, Joseph déclare : «Ne craignez pas, car est-ce sous/à la place de [התתת] Élohim que je suis ? Et vous, vous aviez considéré du mal pour moi : Élohim l'a considéré pour le bien, afin de faire comme aujourd'hui, pour faire vivre un peuple nombreux» (50,19–20). Par cette ultime interprétation, Joseph révèle le point central de sa compréhension des événements : Élohim a changé le mal commis contre lui en une chance pour la vie. Relisant ainsi sa propre existence comme un «théâtre» d'actions divines, Joseph transforme son monde purement humain en un espace habité par la présence divine. Dans les événements qu'il a vécus, il interprète la présence active d'Élohim, qui en a radicalement changé le cours.

L'histoire de Joseph, un mode narratif particulier

L'histoire de Joseph est racontée selon un mode narratif très particulier, puisque le cœur même du récit, ce qui le fait avancer et aboutir, à savoir l'intervention divine, n'est pas directement narré. Comme on l'a vu, c'est presque exclusivement à travers l'interprétation des personnages humains – Joseph en majorité, mais également son majordome, Juda et Jacob – que sont discernées l'action et l'intention de la divinité. Le récit rejoint de la sorte la réalité de ses lecteurs, monde où le divin est concrètement absent, mais où des interprétations croyantes sont possibles. En ce sens, le cycle de Joseph offre à ses lecteurs une étonnante marge de liberté herméneutique : puisque l'intervention divine n'est pratiquement pas racontée dans la diégèse, elle reste une option ou une possibilité pour comprendre le fil des événements racontés. Si elle apparaît comme l'interprétation favorisée par le récit – Joseph est tout de même le héros de l'histoire –, elle reste du domaine humain, sans être confirmée ou autorisée par le personnage divin. Enfin, l'histoire de Joseph se présente sans doute comme l'un des épisodes bibliques les plus humains, par la profondeur des descriptions psychologiques, par ses thèmes, touchant aux relations familiales et aux émotions, mais aussi par sa représentation « herméneutique » du divin. La perception humaine médiatisant presque continuellement la présence divine, celle-ci n'est pas racontée pour elle-même, mais comme une manière pour l'humain de se comprendre et de se construire. Le personnage divin, quasiment absent sur scène, n'est là que par ce que disent de lui les acteurs humains. Dans un tel récit, le discours sur Dieu se présente donc comme un discours de et sur l'humain.

VI. La représentation des actes divins : conclusions

Les actes divins ont été analysés dans ce chapitre par le biais de trois approches principales : les différents modes de présence/absence du personnage divin, le point de vue selon lequel ses actions sont représentées, les médiations variées par lesquelles il intervient dans l'intrigue. Ces approches se recoupent partiellement. Ainsi, le personnage divin peut être bien présent dans un épisode, mais de telle manière que ses actions sont focalisées par des personnages humains – comme par exemple en Gn 39,3–4, où l'action divine est représentée selon le point de vue de Potiphar, peut-être reflétant lui-même celui de Joseph. De même, le personnage divin peut être absent de la scène du récit, mais y intervenir néanmoins par l'intermédiaire de médiations – telles que le rêve ou l'apparition d'un messager. Ces différentes techniques, associées les unes aux autres, permettent une large gamme de modalités d'action, pour les personnages tant humains que divin.

On a pu observer l'évolution marquant la représentation des actes divins dans la Genèse, un renversement complet prenant place entre les situations initiale et finale. Dans le récit de la création, le monde narratif – ou la scène du récit – est d'abord le monde voulu et créé par Élohim, organisé par sa volonté. C'est un monde dont l'humain n'est ni le concepteur ni le propriétaire, où il n'est pas le premier habitant, où il n'a pas toujours été. C'est un monde qui n'est pas d'abord sien. C'est en premier lieu le monde du divin, comme le révèle l'étude de la focalisation, qui présente l'émergence de ce monde à partir de la perception d'Élohim. Ce n'est que progressivement que le lecteur découvre que l'action prend bien place dans sa propre réalité, et que c'est bien dans «son monde» que le plonge la lecture du récit. Ce n'est aussi qu'au fil des versets que le lecteur est amené à s'identifier avec les personnages humains, l'*adam* asexué de Gn 2,7 pouvant lui sembler de prime abord bien étranger. Plus précisément, au niveau d'une lecture «naïve», abstraitement détachée des contextes culturels et religieux dans lesquels le texte peut être lu, c'est le mode de présence du divin qui semble le plus lointain au lecteur. Est-ce bien une expérience humaine qui est ainsi reflétée? Quel humain a en effet fait l'expérience concrète d'être «pris» par Dieu pour être posé en un certain lieu (Gn 2,15)? Qui a déjà entendu le son des pas d'un Dieu qui marche (3,8) ou reçu de lui une tunique de peau (3,21)? Qui a fait l'expérience d'un Dieu qui ferme une porte (7,16) ou efface toute trace de vie (7,23)?

La fin de la Genèse, par contre, offre une représentation du divin bien plus proche de l'expérience humaine. Dans l'histoire de Joseph, ainsi que déjà dans les épisodes précédents, le personnage divin n'intervient en effet presque plus sur la scène du récit, n'étant présent que dans les interprétations des personnages humains, de Joseph en particulier. Même les quelques rares actes divins posés directement semblent plus compatibles avec l'expérience concrète du lecteur. La mort des deux fils de Juda (38,7.10), la présence de Yʜᴡʜ aux côtés de Joseph (39,2.21) ou sa bénédiction (39,5) apparaissent comme des événements concrets (deux décès inexpliqués ou un succès inespéré) auxquels un certain sens théologique est donné, sans qu'une intervention divine soit directement expérimentée. Cette manière de raconter Dieu apparaît bien plus proche de la réalité du lecteur, où certains événements de l'expérience sont susceptibles d'être interprétés comme des interventions divines – sans que cette intervention ne soit directement perceptible ou en aucun moyen vérifiable[178].

---

[178] Voir de même R. L. Cᴏʜɴ, «Narrative Structure and Canonical Perspective in Genesis», p. 15: «Put simply, Genesis depicts the evolution of the divine-human relationship from the never-never land of Eden to the real world of exile. In the

R. L. Cohn, dont l'article a déjà été cité plus haut, permet de faire un pas de plus. Dans son étude, il combine en effet l'examen des actes divins à la représentation de l'humain, elle aussi l'objet d'une évolution notable. Les onze premiers chapitres de la Genèse offrent en effet davantage des «flashes» sur les personnages humains plutôt qu'un récit sur leur transformation au cours des événements. L'évolution d'Abraham est déjà plus perceptible, comme il est représenté au fil d'expériences marquantes de sa vie. Avec Jacob, la Genèse offre un tableau complet d'une vie humaine, suivant le personnage de sa naissance à sa mort, suggérant même les conséquences de ses actes sur la manière d'agir de ses enfants. Enfin, c'est avec le personnage de Joseph que la narration s'adonne le plus explicitement et le plus finement à la description psychologique, mettant en scène toute l'ambiguïté et la contradiction des émotions humaines. La représentation de l'humain suit donc apparemment une progression inverse par rapport à celle du divin : c'est alors que le personnage divin quitte pas à pas la scène que les êtres humains y prennent toute leur place, que ce soit par la description de leurs actions ou de leur vie intérieure. Cohn constate ainsi : «Notre étude a établi une corrélation entre [...] le développement progressivement plus subtil de la présence divine et la profondeur des actions des personnages humains»[179].

La question surgit donc : la Genèse, en tout cas une certaine lecture du livre, pose-t-elle l'humain et le divin en concurrence ? Suggère-t-elle que le développement de l'humain implique le retrait du divin ? Suppose-t-elle, comme certaines philosophies modernes, que l'épanouissement de l'humain passe par l'abandon du divin ? Figure-t-elle une progression idéale et nécessaire de la relation de l'humain au divin ? Ou bien, à un autre niveau, la Genèse laisse-t-elle entendre que l'humain, dans son langage sur la divinité, part d'une confession de foi – le don originaire de la vie par le divin –, se référant à un événement antérieur qui lui

---

last narrative God is present in the same manner in which he is most often present in the final author's world, not hurling floods, inducing conception in geriatrics, or communicating directly in dreams, but rather present silently within the events and so acclaimed by believers».

[179] «Our study has charted a correlation between [...] the progressively more subtle development of divine presence and depth of human action and character», R. L. Cohn, «Narrative Structure and Canonical Perspective in Genesis», p. 14. Voir aussi plus loin : «In scene the divine director retreats from the stage permitting his actors to shape their own world. Finally, equilibrium is achieved as Joseph and his brothers, acting on their own initiative, unwittingly and ironically become the agents of providence» (p. 15).

échappe absolument, pour passer ensuite à un discours d'ordre plus herméneutique, où le divin est plutôt la référence qui fonde sa liberté et sa responsabilité, qu'il assume entièrement?

La question gagne sans doute à demeurer ouverte, afin de laisser la place à différentes réponses. Dans l'optique de l'ensemble de la recherche menée ici, il me semble que la Genèse révèle progressivement ce qu'elle est et ce qu'elle prétend dire – et ne pas dire. Le contenu des premiers chapitres de la Genèse requiert sans doute une focalisation adoptant le point de vue divin, puisqu'Élohim est le seul personnage en scène, mais ce type de narration ne peut être tenu pour règle générale dans le Pentateuque. Pour une fois, la règle du «primacy effect», soutenue par Meir Sternberg et Jean-Pierre Sonnet dans leur lecture de la bible hébraïque[180], ne paraît pas s'appliquer : les premières pages du Pentateuque ne font pas loi, donnant au contraire suite à un autre type de narration, particulièrement dans la représentation du personnage divin. C'est même dans l'évolution vers un mode plus subtil de présence du divin que se situe, à mon avis, le cœur de l'expérience du lecteur : bien loin de ne retenir que l'Élohim créateur, seul en scène, de Gn 1, le lecteur est entraîné dans la progression du livre, découvrant page après page la présence plus affirmée et plus personnelle de l'humain. Il évolue avec le texte et ses personnages, l'Élohim créateur devenant progressivement le Dieu qui suscite la parole et l'interpellation humaines (voir Gn 18, analysé au chapitre précédent). L'expérience de lecture qu'offre la Genèse me semble ainsi centrée sur la transformation qui marque le langage du récit et son attitude face au divin. Le récit, en ce sens, laisse entrevoir dans son évolution ce vers quoi il tend et le statut qu'il se donne ultimement : une parole humaine sur le divin, une interprétation humaine sur la place du divin dans l'histoire. Par sa progressive transformation, le récit trouve sa propre voix et, par-là-même, donne une voix à l'humain. Il légitime la voix humaine, la rendant capable d'un récit sur le divin. Il autorise aussi, de ce fait, la voix de son lecteur, le conduisant sur la piste de l'interprétation et de sa propre herméneutique du divin.

---

[180] Voir J.-P. SONNET, «À la croisée des mondes», p. 75 («La loi du *primacy effect* établit que ce qui vient en tête dans la communication d'un message, et singulièrement d'un récit, s'imprime en profondeur dans l'esprit du lecteur ou de l'auditeur, et oriente la réception de ce qui suit») ainsi que les références mentionnées.

CHAPITRE III

LA REPRÉSENTATION DE LA VIE INTÉRIEURE DIVINE

Avec la représentation de la vie intérieure, on arrive à l'un des aspects les plus intéressants de la représentation du personnage. Ici, en effet, la narration construit littérairement une personne humaine en donnant accès à sa manière de percevoir le monde, de le ressentir et de le penser. Par rapport à d'autres types de littératures, la bible hébraïque n'est pas spécialement prolixe de ce genre de représentation, mais développe pourtant une palette de variations syntaxiques simples permettant une représentation différenciée de la vie intérieure. Robert Alter s'étonne ainsi: «Comment la Bible s'y prend-elle pour produire, avec des moyens apparemment si minces, rudimentaires même, le sens d'une telle profondeur et d'une telle complexité dans les personnages qu'elle met en scène?». Il continue plus loin: «Il me semble en fait que les auteurs bibliques, tout en prolongeant la relative simplicité avec laquelle leurs prédécesseurs mésopotamiens et syro-palestiniens présentaient leurs héros, ont mis au point un ensemble de techniques nouvelles, d'une surprenante souplesse, qui leur a permis de représenter l'individualité humaine avec toute l'imagination requise»[1]. Dans ce chapitre, j'illustrerai cette affirmation d'Alter notamment par les variations syntaxiques et littéraires que présente l'expression de l'expérience visuelle. On verra ainsi comment l'objet d'un regard peut être rendu selon différentes perspectives, adoptant plus ou moins le point de vue du personnage.

La représentation de la vie intérieure du personnage divin pose un défi particulier à l'art narratif. En effet, il ne s'agit plus ici d'exprimer

---

[1] «How does the Bible manage to evoke such a sense of depth and complexity in its representation of character with what would seem to be such sparse, even rudimentary means? [...] I would suggest, in fact, that the biblical writers, while seeming to preserve a continuity with the relatively simple treatment of character of their Mesopotamian and Syro-Palestinian literary predecessors, actually worked out a set of new and surprisingly supple techniques for the imaginative representation of human individuality», R. Alter, *The Art of Biblical Narrative*, pp. 114 et 115 (traduction française: R. Alter, *L'art du récit biblique*, pp. 157 et 158).

ce qui se passe à l'intérieur d'une personne humaine, mais de raconter ce que Dieu ressent ou perçoit. La question essentielle qui dirige ce chapitre concerne l'attitude de la narration par rapport au personnage divin qu'elle met en scène : rapporte-t-elle les émotions et sentiments qui agitent les profondeurs de Yhwh ? Ou se contente-t-elle d'une représentation extérieure, limitée aux actes et aux paroles ? Se pose la question de la prétendue omniscience de la narration biblique : c'est en effet sur les passages rapportant l'intériorité divine que se basent les auteurs qui revendiquent l'omniscience du narrateur. Même si l'on n'adopte pas un modèle communicationnel du récit, considérant l'acte narratif en termes cognitifs, la question garde sa pertinence : comment la narration gère-t-elle sa médiation quand elle raconte Dieu – qui parle, agit, mais aussi, dans une certaine mesure au moins, pense, perçoit, et ressent ? La représentation des discours divins a dévoilé la discrétion de la narration, veillant à toujours confronter le lecteur aux paroles directes du personnage divin. Cette retenue est-elle compatible avec l'expression des perceptions et sentiments divins ? C'est à cette question que ce chapitre va tenter de répondre.

L'enquête commencera par un panorama des différents modes de représentation de la vie intérieure divine dans le Pentateuque, afin de distinguer les tendances générales qui émergent d'une vue d'ensemble. Ensuite, on s'arrêtera sur l'une des modalités les plus fréquentes de la perception dans le Pentateuque, à savoir l'expérience visuelle. À partir des différentes constructions syntaxiques permettant d'exprimer le contenu d'un regard, qu'il soit humain ou divin, on pourra distinguer plusieurs degrés de narrativisation, soit différentes postures narratives dans la mise en récit de l'expérience visuelle. Les perceptions visuelles divines pourront ainsi être examinées à partir des observations posées. On passera alors aux autres perceptions sensorielles du personnage divin, comme l'odorat et l'ouïe. Enfin, les différents processus intérieurs divins seront analysés un par un (colère, savoir, jugement, amour, bonté, compassion, souvenir, repentir, etc.), avec une attention spéciale pour les constructions syntaxiques qui les expriment.

I. Les différents modes de représentation de la vie intérieure

Dans cette recherche, je regrouperai sous le nom de « vie intérieure » les différentes facettes d'un personnage inaccessibles à l'observateur extérieur[2]. Si ce qu'un personnage perçoit ou ressent peut souvent être déduit de l'extérieur à partir de ses réactions, le contenu de sa perception ou de son émotion reste connu de lui seul. Cette «vie intérieure» comprend ainsi les différentes perceptions, comme la vue, l'ouïe ou l'odorat, les émotions, les sentiments, les impressions, la pensée, la croyance, la décision et autres processus intellectuels. Käte Hamburger parle à ce sujet de «processus intérieurs», par opposition aux «processus extérieurs»[3]. Pour plus de clarté, je ferai généralement la différence entre les perceptions (sensorielles) et les autres processus intérieurs.

Je commencerai par envisager les différents modèles syntaxiques auxquels la langue, en général, a recours pour exprimer la vie intérieure. Je partirai d'un exemple simple en français, afin de suggérer déjà combien la syntaxe contribue à construire la «posture» de la narration vis-à-vis des personnages. Je passerai ensuite à l'examen des occurrences du Pentateuque, afin de repérer les constructions syntaxiques dont dispose l'hébreu biblique, dans ce corpus au moins, pour exprimer les processus intérieurs vécus ou ressentis par les personnages.

1. *La représentation de la vie intérieure et ses différents modèles syntaxiques*

Dans un récit écrit à la troisième personne, la représentation de la vie intérieure peut s'exprimer par de multiples constructions grammaticales. En français, l'expression de la surprise, par exemple, emprunte de nombreuses voies syntaxiques. La narration peut d'abord décrire le sentiment ressenti par le personnage comme si elle avait accès à son intériorité: «Il fut extrêmement surpris à l'annonce de la nouvelle, mais n'en laissa rien paraître». Dans la diégèse, on a donc un verbe de sentiment (*verbum sentiendi*), conjugué à la troisième personne. La perception du personnage est ici *racontée*: la narration se donne l'autorité de décrire ce que le personnage ressent, comme si les sensations du personnage lui étaient transparentes. Je parlerai à ce propos d'une narrativisation des processus intérieurs (ou d'une représentation narrativisée), puisque ce que ressent le personnage est mis en récit ou élaboré narrativement.

---

[2] L'expression «vie intérieure» est souvent utilisée dans ce contexte. Voir par exemple D. COHN, *La transparence intérieure* ou encore Belinda CANNONE, *Narrations de la vie intérieure* (Perspectives littéraires), P.U.F., Paris, 2001.

[3] Voir K. HAMBURGER, *Logique des genres littéraires*, pp. 87–88.

La deuxième partie de la phrase citée en exemple met en évidence le «privilège» littéraire de la langue narrative, celui de pouvoir exprimer les émotions ou sentiments d'une personne sans se baser sur une manifestation extérieure. Comme l'écrit Käte Hamburger, le romancier «se sert de ces verbes [décrivant un processus intérieur] d'une façon qui serait impossible dans les autres types de récits ou de communications, orales ou écrites»[4]. Ainsi, dans la langue du discours, une telle affirmation ne serait pas possible. Un locuteur pourra simplement dire: «il a peut-être été surpris, mais il n'en a rien laissé paraître». Ici, l'affirmation traduit uniquement l'opinion du locuteur, forgée à partir de ses expériences antérieures, mais ne contribue pas à construire le personnage comme le fait la phrase narrative.

La narration peut également mettre en œuvre son privilège de manière plus discrète, par l'emploi d'un seul adjectif ou d'un adverbe: «Surpris par la nouvelle, il fit comme si de rien n'était»; «il se montra indifférent à cette nouvelle surprenante»; «on lui annonça que, étonnamment,...». Ici, sans pour autant utiliser un verbe décrivant un processus intérieur, la narration reflète en un simple mot le point de vue du personnage, suggérant de la sorte la manière dont il ressent une certaine réalité. Le discours indirect libre, dans les langues modernes – particulièrement en français et en anglais – joue sur cette frontière floue entre la perspective de la narration et la perception du personnage.

Enfin, la vie intérieure peut être simplement exprimée par un discours. D'abord, le personnage qui est le sujet d'une perception ou d'une émotion peut s'exprimer à la première personne sur ce qu'il ressent: «je fus tout surpris par l'annonce de cette nouvelle, mais tentai de n'en laisser rien paraître». Dans ce cas, la narration délègue au personnage le soin d'exprimer en son nom propre ce qu'il perçoit ou ressent. Elle ne prétend plus connaître l'intimité de ses pensées, mais se contente de rapporter sa parole. Dans la plupart des cas, un tel discours à la première personne requiert la présence d'un interlocuteur, à qui le personnage peut dire ce qu'il ressent. Dans les romans modernes, un extrait d'un journal intime peut jouer ce rôle. Les littératures anciennes développent également leurs propres stratégies. Par exemple, dans le chapitre consacré aux discours directs, on a vu que les monologues divins donnent accès au raisonnement du personnage sans impliquer l'intervention de la narration.

---

[4] K. HAMBURGER, *Logique des genres littéraires*, p. 88.

Ensuite, un autre personnage que le sujet de la perception ou de l'émotion peut prendre la parole et décrire ce qu'il voit ou devine à l'œuvre chez ce sujet : « Quand on lui annonça la nouvelle, il fut certainement surpris, mais tenta de n'en rien laisser paraître ». Comme cela a déjà été suggéré plus haut, un tel discours ne contribue qu'indirectement à construire l'intériorité du personnage. En effet, sa vie intérieure n'est plus décrite selon ce que celui-ci ressent, mais selon l'interprétation qu'un autre donne des manifestations extérieures de sa perception ou de son émotion. En fait, dans ce cas, le discours révèle davantage la perception de son locuteur que ce que ressent celui dont il parle. Toutefois, en combinaison avec d'autres procédés littéraires, ce type de discours peut participer à suggérer la profondeur d'un personnage. Comme on va le voir, c'est un des moyens privilégiés auxquels recourt le Pentateuque pour exprimer les émotions et sentiments du personnage divin. Dans ces deux derniers cas – discours prononcé à la première personne par le sujet de la perception ou discours prononcé à la troisième personne par un autre personnage –, je parlerai de représentation discursive de la vie intérieure, puisque ce type d'expression emprunte la voix du discours.

Il s'agit bien sûr de garder à l'esprit que ces distinctions relèvent des conventions narratives, puisque la narration est responsable à la fois de la diégèse et des paroles prononcées par les personnages. Même les discours sont en effet construits par la narration. Il en va plutôt de la manière dont la narration se présente elle-même et de la posture qu'elle adopte vis-à-vis du personnage. Dans un récit où la vie intérieure du personnage est constamment narrativisée, c'est-à-dire décrite par la médiation de la narration, la perspective de celle-ci tendra à coïncider avec celle du personnage, comme si le récit était conté depuis ce que perçoit ce dernier. Par contre, dans un récit où le personnage tend à exprimer en discours direct ce qu'il ressent, la perspective de la narration apparaîtra extérieure à lui et indépendante par rapport à lui, comme pour laisser entendre qu'elle n'a pas accès à sa vie intérieure. La distinction entre ces deux types de posture de la narration face au personnage est d'un intérêt particulier quand il s'agit de la représentation de la divinité. L'examen des différentes expressions de la vie intérieure divine contribue en effet à appréhender la manière dont la narration se positionne face au divin et manifeste sa propre autorité.

2. *Représentation de la vie intérieure divine : une vue d'ensemble*

Je commencerai cette section par un regard d'ensemble sur les passages du Pentateuque représentant la vie intérieure du personnage divin, afin d'envisager le type de posture que la narration adopte par rapport à lui. Je prendrai d'abord en considération les perceptions issues des cinq sens et me pencherai ensuite sur les sentiments et autres émotions. Les passages évoqués brièvement ici seront examinés plus en détail dans les sections qui suivent. L'objectif est en effet ici de dégager la tendance générale qui gouverne la représentation de la vie intérieure divine.

a. *La représentation des perceptions*

L'expression de la perception est plus facile à délimiter que la représentation des émotions et sentiments, ces derniers pouvant être exprimés par une plus grande variété de constructions syntaxiques. Dans le Pentateuque, le personnage divin voit, entend et sent, mais ne goûte ni ne touche. Si la vue est exprimée par les verbes ראה, שקף et שעה (éventuellement נבט au *hifil*)[5], l'ouïe est toujours représentée par שמע et l'odorat par רוח. La vue et l'ouïe sont les perceptions divines (ainsi qu'humaines) les plus souvent évoquées dans le récit. À cette étape de la recherche, dans le panorama général qu'offre le Pentateuque quant à la représentation des perceptions divines, je me limiterai à l'expression de la vue et de l'ouïe (celle de l'odorat ne présentant pas assez d'occurrences pour être significative)[6]. Pour éviter les cas incertains, je réduirai également la recherche aux passages où ces deux types de perceptions sont introduits par un *verbum videndi* ou *audiendi* (soit les verbes cités plus haut : ראה, שקף, שעה et שמע)[7]. Le tableau suivant

---

[5] L'occurrence est celle de Nb 23,21 : « Il n'a pas aperçu [לא־הביט] de faute en Jacob et il n'a pas vu de tourment en Israël». Le sujet divin est incertain. De toute façon, l'occurrence n'est pas à considérer ici, puisque accompagnée de la négation.

[6] Une perception olfactive du personnage divin est rapportée seulement en Gn 8,21. En Lv 26,31, Yhwh évoque son odorat, mais au moyen d'un *yiqtol* nié («je ne sentirai plus votre senteur de tranquillité»).

[7] La remarque concerne surtout la perception visuelle : la Genèse compte en effet une série de passages où un élément est introduit dans le récit comme s'il était l'objet du regard d'un personnage. La particule והנה est utilisée sans *verbum videndi*. Voir ainsi Gn 24,15.30 ; 29,25 ; 37,15.29 ; 38,27.29 ; 42,35 ; 43,21. La formule est utilisée en particulier pour introduire le récit d'un rêve (Gn 40,9b–11.16b–17 ; 41,1b–4a.5b–7a–7b.17–21.22–24a).

rassemble les passages évoquant une perception visuelle ou auditive du personnage divin selon leur construction syntaxique[8] :

	Diégèse *verbum sentiendi* à la 3ième personne	Discours divin *verbum sentiendi* à la 1^{ière} personne	Discours humain *verbum sentiendi* à la 3ième personne	Discours humain citant le personnage divin
Vue	Gn 1,4.10.12.18.21. 25.31 ; 4,4[9] ; 6,5.12 ; 29,31 ; Ex 2,25 ; 3,4 ; 4,31[10] ; 14,24	Gn 7,1 ; Ex 3,7.9 ; 32,9	Gn 29,32 ; 31,42 ; Dt 26,7 ; 32,19	Gn 31,12 ; Dt 9,13
Ouïe	Gn 21,17a ; 30,17. 22 ; Ex 2,23[11].24 ; Nb 11,1 ; 12,2 ; 21,3	Gn 17,20 ; Ex 3,7.9 ; 6,5 ; 16,12 ; Nb 14,27	Gn 16,11 ; 21,17b[12] ; 29,33 ; 30,6 ; Ex 16,7.8.9 ; Nb 20,16 ; Dt 1,34 ; 5,28a ; 9,19 ; 10,10 ; 26,7	Dt 5,28b

---

[8] Dans le tableau, je ne prends pas en compte les verbes de perception employés comme infinitifs construits (Gn 2,19 ; 11,5 ; Dt 23,6), sauf lorsque le sujet divin est exprimé explicitement (voir par exemple Ex 16,7), au *yiqtol/weqatalti* (Gn 9,16 ; 18,21 ; 22,8.14 ; Ex 12,13.23 ; 22,22.26 ; Dt 23,15 ; 32,20.36), à l'impératif (Ex 33,12.13 ; Dt 26,15 ; 33,7) ou accompagnés d'une négation (Gn 4,5 ; Dt 1,45 ; 3,26 ; 23,6), c'est-à-dire quand ces verbes n'expriment pas un acte effectif de perception. Dans l'occurrence de Gn 22,14 (« Et Abraham cria le nom de ce lieu : "Yhwh verra/voit [יראה]" »), le *yiqtol* peut avoir un sens futur ou présent (continu/répétitif). Le discours d'Abraham ne rapporte cependant pas une perception divine précise, mais exprime plutôt sa propre expérience du divin à cet endroit. Je ne reprends pas non plus Gn 32,26 (« et il vit qu'il ne l'emportait pas sur lui ») : le sujet inexprimé du verbe וירא, nommé au verset précédent (« un homme »), n'est pas encore identifié avec le personnage divin à ce point du récit.

[9] J'ai également considéré le passage dans le chapitre sur les actes divins. En effet, le *verbum videndi* employé [שעה] suggère davantage l'acte du regard (donc perceptible de l'extérieur) que la perception visuelle.

[10] En Ex 4,31, la narration raconte la perception des fils d'Israël, qui « crurent et entendirent que Yhwh [...] avait vu leur humiliation ».

[11] Ex 2,23b est discutable : « Et leur appel à l'aide [des fils d'Israël] monta vers l'Élohim (hors) de la servitude ». Le discours d'Ex 3,9 y fait écho : « Et maintenant, voici : le cri des fils d'Israël est venu vers moi... ». Malgré l'absence d'un *verbum sentiendi*, je classe le verset dans le tableau, puisque l'expression employée par Yhwh signifie clairement qu'il a *entendu* le cri d'Israël (voir 2,24 et 3,7).

[12] Les discours de Gn 16,11 et 21,17b sont prononcés par l'ange/messager de Yhwh. Le rapport complexe que celui-ci entretient avec le personnage divin a été examiné au chapitre II. Voir l'intitulé « Le messager, une intervention divine au cœur de l'expérience humaine », p. 226.

Le tableau ne révèle pas une répartition nette, mais suggère néanmoins certaines tendances. D'une part, on remarque que les deux livres présentant la majorité des perceptions divines (quel que soit le style de représentation) sont la Genèse (23 occurrences) et l'Exode (16 occurrences). Ces deux livres apparaissent ainsi comme ceux qui représentent le personnage divin avec le plus de profondeur, attentifs à mettre en scène non seulement ses actions et ses discours, mais aussi sa façon de percevoir le monde extérieur.

D'autre part, les différents livres du Pentateuque présentent également certaines tendances pour l'un ou l'autre style quant à la représentation des perceptions[13]. Ainsi, sur les 23 occurrences d'une perception divine narrativisée, c'est-à-dire à la troisième personne dans la diégèse, plus de la moitié (14) se trouvent dans la Genèse (dont presque les trois quarts en Gn 1–11), un peu mois qu'un quart (6) dans l'Exode, et seulement 3 occurrences dans les Nombres. Le Lévitique et le Deutéronome ne «narrativisent» jamais la perception divine (ce qui est normal puisque ces livres sont composés en majorité de discours). Les passages où la perception divine est exprimée par un discours sont un peu plus nombreux que les précédents (30 contre 23). Parmi elles, 11 se trouvent dans l'Exode, 9 dans la Genèse, 9 dans le Deutéronome et 2 en Nombres. Plus particulièrement, les passages où le personnage divin parle de lui-même à la première personne se limitent aux livres de la Genèse (2 occurrences), de l'Exode (7 occurrences) et des Nombres (1 occurrence).

La Genèse et l'Exode se présentent donc non seulement comme les livres les plus riches en perceptions divines, mais également comme ceux qui recourent le plus à la narrativisation. La plus nette préférence pour une représentation narrativisée des perceptions divines apparaît dans les 11 premiers chapitres de la Genèse. L'Exode et les Nombres présentent une répartition plus équilibrée entre narrativisation et discours. Le Deutéronome, quant à lui, ne connaît que des perceptions exprimées dans des discours humains. Cette analyse de la «progression» que l'on constate dans les divers livres du Pentateuque quant à la représentation de la divinité va maintenant être poursuivie avec

---

[13] Dans quelques cas, les deux modes d'expression de la perception – emploi du même verbe à la troisième personne dans la diégèse puis à la première personne dans un discours direct – sont utilisés successivement, comme en Gn 6,6.7.

l'examen de la représentation des émotions, sentiments et autres processus intérieurs divins.

b. *La représentation des émotions, sentiments et autres processus intérieurs*
Comme je le notais plus haut, il est moins aisé de déterminer les passages exprimant un «processus intérieur» ressenti par un personnage. Je commencerai donc par envisager les difficultés que pose une étude de ces processus intérieurs, spécialement lorsqu'ils ont pour sujet le personnage divin. Je relèverai ensuite les différents passages qui représentent, d'une manière ou d'une autre, la vie intérieure divine, en les classant selon le type de processus intérieur et selon la construction syntaxique. Je tenterai alors de repérer les tendances générales qui ressortent de ce relevé ainsi que les possibles affinités que certains processus intérieurs peuvent entretenir avec une structure déterminée. Enfin, je terminerai par la mise en évidence de «trajectoires» se dégageant, tant pour chaque livre du Pentateuque que pour le corpus dans son ensemble.

Les difficultés posées par une telle recherche
D'abord, au contraire des cinq sens, les processus intérieurs qui ne relèvent pas de la perception se présentent en nombre illimité. Ensuite, ils sont exprimés, en hébreu biblique, par une plus grande variété de constructions syntaxiques. Il y a d'abord le discours direct, lui-même pouvant comprendre une variété de structures. Dans la diégèse, la construction habituelle par laquelle un processus intérieur est exprimé est constituée d'un *verbum sentiendi* suivi d'un complément: «Et Élohim se souvint de son alliance avec Abraham, avec Isaac, et avec Jacob...» (Ex 2,24). Un personnage ou une situation peut aussi être qualifié d'une certaine manière «pour Yhwh», «aux yeux de Yhwh», «aux oreilles de Yhwh»: «'Er, premier-né de Juda, fut mauvais aux yeux de Yhwh» (Gn 38,7). Un substantif exprimant un sentiment peut également être apposé à un nom divin: «et la colère de Yhwh s'enflamma contre le peuple» (Nb 11,33); «et les hommes le saisirent par la main...à cause de/par la compassion de Yhwh pour lui» (Gn 19,16); «et je n'ai pas achevé les fils d'Israël dans ma jalousie» (Nb 25,11). Une structure analogue peut aussi comprendre l'infinitif construit (un substantif verbal dans l'exemple cité ici[14]): «Car c'est parce que Yhwh vous aime

---

[14] Voir P. Joüon, *Grammaire de l'hébreu biblique*, § 170i.

[מאהבת יהוה] et parce qu'il garde le serment qu'il a juré à vos pères que Yhwh vous a fait sortir...» (Dt 7,8).

Une autre difficulté réside dans le fait qu'il n'est pas toujours certain que ces processus intérieurs reflètent vraiment l'intériorité du personnage divin, plutôt que l'apparence extérieure qui en résulte. Ainsi, quand la narration parle de la colère, reflète-t-elle ce que ressent intérieurement le personnage ou le déduit-elle des actions qu'il pose? La difficulté se pose avec une acuité particulière pour certains termes hébraïques, dont la signification semble osciller entre un sentiment et une action commandée par ce sentiment. Ainsi, le terme חסד, généralement traduit par les substantifs «bonté», «affection» (BDB), «solidarité» (KB), ou encore «miséricorde» (Zorell), semble représenter un sentiment[15]. Cela dit, comme le remarque KB, le pluriel חסדים désigne «les actes particuliers d'une solidarité permanente, une loyauté constamment démontrée»[16]. De même, H.-J. Zobel, se basant sur le fait que presque la moitié des occurrences du terme sont employées avec le verbe עשׂה, souligne que «le concept de חסד désigne le facteur/la motivation (das Moment) de l'action»[17].

Comme je le montrerai plus loin en détail, certains passages comprenant le substantif חסד à propos du personnage divin évoquent la motivation intérieure d'une action divine (voir Gn 39,21), tandis que d'autres désignent davantage cette action elle-même (voir ainsi Gn 19,19 et particulièrement 32,11, où le substantif חסד est employé au pluriel). Même dans ces derniers passages, le terme חסד semble néanmoins toujours évoquer la disposition divine qui a inspiré les actions posées. Je prendrai donc en considération les passages où ce terme, dans la diégèse ou dans le discours d'un personnage, est utilisé pour désigner une action ou une disposition du personnage divin, prenant place à un moment précis de l'intrigue (et non se rapportant à une qualité générale du personnage, comme en Ex 20,6 ou Nb 14,18).

---

[15] Pour une analyse détaillée des différentes traductions du terme חסד et une bibliographie récente à ce sujet, voir Sylvain ROMEROWSKI, «Que signifie le mot *hesed*?», *VT* 40/1 (1990), pp. 89–103. Voir également Harold M. KAMSLER, «Hesed – mercy or loyalty?», *JBQ* 27 (1999), pp. 183–185.

[16] «Bedeutet die einzelnen Akte einer dauernden Solidarität, beständig bewiesene Gemeinschaft», KB, entrée חסד.

[17] «Auf Grund dieser Feststellungen wird man ganz allgemein folgern dürfen, daß der Begriff *ḥæsæd* das Moment des Tuns intendiert», Hans-Jürgen ZOBEL, «חסד *ḥæsæd*», *TWAT*, Bd. III, 1982, pp. 48–71 (citation p. 53 et voir également p. 51 au sujet de l'emploi avec עשׂה).

Une question similaire se pose au sujet de constructions qui évoquent une action et son résultat sur le personnage divin, comme, par exemple, en Dt 9,7 : «Souviens-toi ; n'oublie pas que tu as irrité Yhwh ton Dieu dans le désert…»[18]. S'agit-il d'une description intérieure de la divinité ou plutôt de l'évocation d'un acte humain ? Je range pour le moment ce type de constructions parmi les représentations des processus intérieurs divins, mais je les discuterai plus en détail dans la suite. En effet, dans la mesure où la bible hébraïque est peu encline à de longues descriptions psychologiques des personnages, des indications de ce type qualifient une pure représentation des gestes et des attitudes et contribuent grandement à esquisser l'intériorité des personnages.

Relevé des différents passages évoquant un processus intérieur divin
Dans le tableau qui suit, je ne prends en considération que les passages apparaissant clairement en contexte narratif, où le processus intérieur raconté ou évoqué est ressenti par le personnage divin à un certain moment du récit, dans une situation concrète. Dans cette perspective, je ne prends pas en compte les passages où le personnage divin se qualifie lui-même, évoquant un attribut général qui le caractérise (voir par exemple Ex 20,5 : «Je suis un Dieu jaloux»), ainsi que ceux où Moïse attribue un tel attribut à Yhwh (voir par exemple Dt 4,24 : «car Yhwh ton Dieu est un feu dévorant, un Dieu jaloux»). Ces affirmations ne renvoient pas en effet à un sentiment ressenti par le personnage divin à un moment déterminé de l'intrigue narrative. De même, je ne considère pas les passages où un sentiment est évoqué au sujet d'une situation générale – par exemple une loi – et non par rapport à une réalité narrative concrète. Par exemple, je n'envisage pas un verset tel que Dt 12,31 : «Car c'est une abomination pour Yhwh qui déteste ce qu'ils ont fait pour leurs dieux». Moïse, en effet, ne rapporte pas la réaction de Yhwh face à une situation narrative précise, mais évoque une disposition générale et constante du personnage (comme dans le cas des qualifications du personnage par un de ses attributs)[19].

---

[18] Voir aussi les passages avec le verbe קנא au *piel* («rendre jaloux»), comme en Dt 32,16.21.

[19] Pour la même raison, je ne prends pas en compte l'expression «car c'est une abomination [תועבה] pour Yhwh ton Dieu» (Dt 7,25 ; 12,31 ; 17,1 ; 18,12 ; 22,5 ; 23,19 ; 24,4 ; 25,16 ; 27,15), puisqu'elle ne décrit jamais l'aversion de Yhwh pour un personnage concret ou une situation racontée.

Comme pour l'expression des perceptions, le tableau ci-dessous classe les différentes expressions de la vie intérieure divine (dans les textes narratifs du Pentateuque) selon leur modèle syntaxique[20]. Les occurrences seront discutées individuellement plus loin.

	Diégèse *verbum sentiendi* à la 3ᵉ personne	Discours divin *verbum sentiendi* (ou construction analogue) à la 1ʳᵉ personne[21]	Discours humain *verbum sentiendi* à la 3ᵉ personne	Discours humain citant le personnage divin
Colère	Ex 4,14; Nb 11,1.10.33; 12,9; 22,22; 25,3	Ex 32,10; Nb 25,11	Ex 32,12; Lv 10,6[22]; Nb 17,11; 32,10.13; Dt 1,34.37; 3,26; 4,21; 9,7.8.19.20.22; 29,26.27; 32,16.19[23]	Dt 32,21[24].22
Connaissance[25]	Ex 2,25[26]; Dt 34,10	Gn 18,19[27]; 20,6; 22,12[28]; Ex 3,7.19; 4,14; 33,17; Dt 31,21	Gn 3,5[29]; Dt 2,7	

[20] Comme dans le tableau précédent, je ne prends pas en compte les verbes employés comme infinitifs construits (Gn 9,16; Dt 8,2; 13,4), au *yiqtol/weqatalti* (Gn 9,15; 18,21; Ex 22,23; 33,5; Lv 26,42.45; Nb 25,4; Dt 7,13; 30,3; 31,17; 32,36), à l'impératif (Ex 32,12.13; Nb 14,19) ou accompagnés d'une négation (Ex 33,12) ou d'une interrogation (Ex 32,11; Lv 10,19; Nb 16,22). Je ne prends pas non plus en compte l'attribut divin «lent à la colère» (Ex 34,6; Nb 14,18), ainsi que les interventions de Moïse cherchant à apaiser Yhwh (Ex 32,11.12).

[21] Je classe également dans cette colonne les constructions où le *verbum sentiendi* est conjugué à la troisième personne, mais avec un sujet portant la marque de la première personne (par exemple, en Ex 32,10, «Que ma colère s'enflamme contre eux»).

[22] Je prends en compte Lv 10,6: le *yiqtol* [יקצף] a probablement un sens présent duratif. Voir P. Joüon, *Grammaire de l'hébreu biblique*, § 113d.

[23] Moïse évoque fréquemment la colère de Yhwh dans le Deutéronome (voir par exemple 6,15; 7,4; 11,17; 13,18; 29,19; etc.), mais je ne prends en compte que les passages où Moïse évoque narrativement un fait passé et un accès de colère concret de Yhwh.

[24] Sur le verbe כעס (Dt 32,16.19.21) que je range ici comme une expression de la colère, voir plus loin, sous l'intitulé «L'expression de la colère», p. 339.

[25] Les passages sont déterminés selon l'usage du verbe ידע. Je reviendrai plus loin sur les différentes valeurs sémantiques de ce verbe.

[26] Le verbe ידע est employé sans complément direct.

[27] Le sens du verbe ידי en Gn 18,19 sera discuté plus loin.

[28] Jeu sur la première et la troisième personne dans la parole de l'ange/messager.

[29] L'occurrence se trouve dans la parole du serpent.

Table (*cont.*)

	Diégèse *verbum sentiendi* à la 3ᵉ personne	Discours divin *verbum sentiendi* (ou construction analogue) à la 1ʳᵉ personne	Discours humain *verbum sentiendi* à la 3ᵉ personne	Discours humain citant le personnage divin
Appréciation, jugement (et décision)	Gn 6,8; (15,6)[30]; 38,7.10; Nb 11,1; 24,1[31]	Ex 33,17	Gn 19,19; 50,20 (éventuellement Dt 10,10; 23,6[32])[33]	
Amour, attachement, bonté et compassion	Gn 19,16[34]; 39,21		Gn 19,19; 24,27; 32,11[35]; Ex 15,13; Dt 4,37; 7,7.8; 10,15; 23,6[36]	
Souvenir	Gn 8,1; 19,29; 30,22; Ex 2,24	Ex 6,5		
Repentir	Gn 6,6; Ex 32,14	Gn 6,7		
Jalousie		Nb 25,11	Dt 32,16	Dt 32,21
Pardon		Nb 14,20		
Peine	Gn 6,6			
Mépris			Dt 32,19	

---

[30] J'indique Gn 15,6 entre parenthèses, puisque la présence d'un processus intérieur divin dépend de la lecture que l'on fait du verset. Je me penche sur cette question plus loin, dans l'intitulé « L'expression de l'appréciation et du jugement (et de la décision) », particulièrement sous « Les représentations narrativisées », p. 347.

[31] Cette indication sur le jugement divin est médiatisée par la perception de Balaam.

[32] Ces deux passages se situent à la limite de la description d'un processus intérieur : « Et YHWH m'écouta cette fois encore – YHWH ne consentit pas [לֹא־אָבָה] à te détruire » (Dt 10,10); « Et YHWH ton Élohim ne consentit [לֹא־אָבָה] pas à écouter Balaam » (23,6). Moïse peut en effet soit résumer une action divine, soit évoquer le processus intérieur à l'œuvre en YHWH, par lequel celui-ci décide de ne pas détruire/ de ne pas se laisser influencer.

[33] Dans cette catégorie, il faut mentionner les passages où Moïse évoque « ce qui est mal/bon/droit aux yeux de YHWH » (Nb 32,13; Dt 4,25; 6,18; 9,18; 12,25.28; 13,19; 17,2; 21,9; 31,29). Je ne mentionne pas ces passages dans le tableau, puisqu'ils ne désignent pas une réalité concrète sur laquelle Moïse rapporterait le jugement du personnage divin.

[34] Le sentiment divin est exprimé par un groupe nominal (voir ci-dessus, « Les difficultés posées par une telle recherche », p. 285).

[35] Le passage est exprimé à la deuxième personne, Jacob s'adressant à YHWH.

[36] Je ne prends pas en considération les passages où Moïse déclare l'amour de YHWH de manière générale, pour une certaine catégorie de personnes (Dt 10,18), mais seulement quand cet amour est dirigé vers un (ou plusieurs) personnage(s) concret(s) du récit.

L'analyse du tableau est moins aisée que celle du précédent, traitant des perceptions divines. En effet, de nombreux passages mentionnés ici sont sujets à discussion, tandis que ceux qui n'ont pas été retenus pourraient l'être moyennant d'autres critères. Les quelques observations qui suivent se donnent donc pour simple objectif de tenter de repérer certaines tendances dans la représentation des processus intérieurs divins, avant de s'engager dans une analyse plus détaillée.

Mise en évidence de tendances générales (ensemble des occurrences)
Les constructions syntaxiques exprimant les perceptions et celles qui rendent les processus intérieurs divins se répartissent, grosso modo, de manière similaire. Ainsi, une majorité des représentations des processus intérieurs divins se trouvent soit dans la diégèse soit dans le discours d'un autre personnage, parlant de Yhwh (en tout, 59 occurrences sur 77). Toutefois, alors que le plus grand nombre des occurrences exprimant une perception divine se situent dans la diégèse, c'est dans le discours d'un autre personnage que se placent la majorité des occurrences rapportant un processus intérieur divin (35 occurrences). Cette simple observation révèle déjà une donnée importante de la représentation de la vie intérieure divine dans le Pentateuque : la représentation narrativisée des processus intérieurs divins, dans la diégèse, ne constitue pas, curieusement, le mode le plus fréquent d'expression. Au contraire, c'est par la médiation du discours d'un autre personnage que le plus grand nombre de processus intérieurs divins sont représentés. Comme le montre le tableau ci-dessous, reprenant le nombre d'occurrences relevant de chaque catégorie, la même observation vaut également pour la représentation des perceptions et processus intérieurs pris dans leur ensemble. La différence entre les occurrences se trouvant dans la diégèse (46 occurrences) et celles comprises dans le discours d'un autre personnage (52) est cependant moins marquée.

	Perceptions	Processus intérieurs	Total
Diégèse	23	24	47
Discours à la première personne	10	15	25
Discours d'un autre personnage	17	35	52
Discours d'un autre personnage citant Yhwh	3	3	6
Total	53	77	130

Pour revenir à la représentation des processus intérieurs, on observe donc que le premier mode d'expression est l'évocation, par un personnage humain, d'une disposition ou d'un état ressenti par Yhwh. Plus généralement, on remarque que le nombre d'occurrences situées dans un discours prononcé par le personnage divin ou par un personnage humain (53 occurrences) dépasse très largement (de plus du double) le nombre de celles qui se trouvent dans la diégèse (24 occurrences). Cette observation confirme l'idée que la narration du Pentateuque a tendance, en général, à éviter une représentation directe de la vie intérieure divine et à recourir plutôt à la médiation d'un discours direct. Il est également intéressant de noter que plus de deux fois plus d'occurrences (35) évoquent un processus intérieur divin dans le discours d'un autre personnage que Yhwh (Moïse essentiellement) que dans un discours prononcé par ce dernier (seulement 15 occurrences). De ces données se dégage donc la tendance générale d'une préférence nette de la narration pour une représentation médiatisée des processus intérieurs divins. Cette tendance se traduit par l'emploi du discours direct et par la mise en scène d'un personnage parlant de Yhwh.

En conséquence, on peut déjà pressentir un double trait de l'art narratif du Pentateuque qui se confirmera dans la suite de l'analyse. D'une part, la narration tend à construire le personnage divin de l'extérieur, s'abstenant en de nombreux passages de recourir au «privilège» qui lui permettrait de le représenter de l'intérieur, comme si elle avait accès à son intériorité. D'autre part, la narration préfère faire parler les personnages humains de leur expérience du divin. La vie intérieure divine tend de la sorte à être représentée le plus fréquemment par «reflet», c'est-à-dire selon la manière dont elle est expérimentée par les personnages humains. Ces quelques observations préliminaires seront prolongées plus loin, notamment à l'aide d'une nouvelle distinction, cette fois entre différents modes de «narrativisation» des perceptions visuelles divines[37].

Les différents types de constructions selon les processus intérieurs exprimés

Je considère à présent les différents types de représentations (diégèse, discours de Yhwh ou d'un personnage humain, etc.) selon les processus

---

[37] Voir l'intitulé «L'expérience visuelle et ses différents modes de représentation», p. 304.

intérieurs exprimés. Je reviendrai plus loin sur chacun de ces processus, afin d'examiner le vocabulaire employé et d'analyser plus en détail les constructions syntaxiques. Il s'agit ici de déterminer si certains sentiments ou émotions présentent une affinité avec un mode particulier de représentation, dans les limites du Pentateuque bien sûr. J'envisage d'abord les processus intérieurs trouvant une expression privilégiée dans une représentation discursive, puis ceux représentés le plus fréquemment dans la diégèse et enfin ceux pour lesquels aucune tendance claire n'apparaît.

Le tableau reprenant les différents passages évoquant un processus intérieur divin laisse apparaître que la colère est l'émotion divine la plus souvent représentée dans le Pentateuque, que ce soit en général, quel que soit le type de construction (28 occurrences), dans la diégèse (7 fois), ou encore dans un discours humain évoquant un état divin (17 fois). C'est ce dernier mode de construction qui est employé le plus fréquemment. Comme cela a déjà été brièvement noté plus haut, les passages évoquant la colère se situent à la limite de la représentation de la vie intérieure divine, puisque cette émotion se manifeste généralement par des signes extérieurs. Ainsi, dans les récits du Pentateuque, une indication de la colère divine est fréquemment suivie soit d'un discours, prononcé par Yhwh, où celui-ci exprime les raisons (et parfois les conséquences) de son irritation (voir Ex 4,14–17; Nb 25,3–4), soit d'un acte de punition (voir Nb 11,1.33; 12,9–10; 22,22)[38]. Ceci pourrait rendre compte du nombre particulièrement élevé de représentations narrativisées (7 occurrences).

Dans les passages exprimant la connaissance (caractérisés par le verbe ידע), les plus fréquents après ceux exprimant la colère (12 occurrences en tout), seules deux occurrences se trouvent dans la diégèse. Les autres sont comprises dans des discours, cette fois le plus souvent prononcés par le personnage divin lui-même. Un des deux passages présentant une narrativisation de la «connaissance» divine, où le verbe ידע est d'ailleurs curieusement dépourvu d'objet direct (Ex 2,25), est suivi, quelques versets plus loin, par un discours où Yhwh exprime lui-même ce qu'il «connaît» (3,7). La représentation narrativisée dans la diégèse semble donc anticiper le discours.

---

[38] La seule exception se trouve en Nb 11,10, où l'indication, dans la diégèse, de la colère divine n'est suivie ni d'un discours ni d'une action de Yhwh (mais bien d'un discours prononcé par Moïse).

De même, les sentiments comme l'amour, la bonté, la compassion ou encore l'attachement de Yʜᴡʜ pour les humains sont le plus souvent exprimés par un discours humain. Seules deux occurrences se trouvent dans la diégèse, ces deux passages concentrant l'expression de la compassion ou de la bonté en un unique substantif (Gn 19,16 et 39,21). Les passages exprimant la jalousie et le pardon divin sont trop peu nombreux (en tout, 4 occurrences) pour pouvoir déterminer une tendance dans leur mode de représentation. De plus, l'unique occurrence où est évoqué le pardon de Yʜᴡʜ, dans un discours prononcé par ce dernier (Nb 14,20), est hautement discutable comme expression d'un processus intérieur. On se limitera donc à noter que ces passages comprennent une représentation discursive.

D'autres processus intérieurs semblent entretenir une plus grande affinité avec une représentation narrativisée qu'avec une représentation discursive. Ainsi, des processus intérieurs divins plus «intellectuels» tels que la pensée, le jugement et la décision sont représentés en 11 occurrences du Pentateuque. Cette fois, plus de la moitié d'entre elles (6 sur 11) sont exprimées dans la diégèse, généralement avec la construction «aux yeux/oreilles de Yʜᴡʜ» (Gn 6,8; 38,7.10; Nb 11,1; 24,1). Cette formule sert généralement à introduire une action de Yʜᴡʜ en faveur (voir Gn 6,13–21) ou en défaveur (Gn 38,7.10; Nb 11,1) du personnage «bon» ou «mauvais» pour Yʜᴡʜ. En quelque sorte, la narration semble donc évoquer, en une phrase, l'état intérieur de Yʜᴡʜ, avant de rapporter une action qui trouve son origine et son explication dans cet état. En même temps, l'action en question permet une manifestation extérieure de ce sentiment, qui apparaît donc d'abord narrativisé puis «montré» par une action concrète.

Le souvenir divin reçoit une représentation narrativisée en quatre occurrences, tandis qu'il n'est exprimé par un discours qu'en un seul passage. Comme pour la représentation de la pensée et du jugement divins, ces expressions du souvenir précèdent toujours une action de Yʜᴡʜ, réalisée en faveur de ceux dont il «se souvient» (voir ainsi Gn 8,1; 19,29; 30,22; Ex 2,24, avec l'action divine racontée cette fois tout au long des chapitres suivants). Ici également, on pourrait parler d'une anticipation narrativisée, racontant un processus intérieur divin dans la diégèse avant de rapporter la manière dont il se manifeste concrètement pour les acteurs humains du récit. Enfin, les expressions du repentir (3 occurrences dont 2 dans la diégèse) et de la peine (une seule occurrence, dans la diégèse) ne présentent pas assez d'exemples pour qu'une tendance puisse être discernable.

En conclusion, on peut noter que la double observation sur l'art narratif du Pentateuque, posée à la fin de l'intitulé précédent, se confirme avec ce premier regard sur les types de représentation des différents processus intérieurs. À côté des sentiments ou émotions exprimés généralement de manière discursive, ceux qui présentent une affinité pour la narrativisation sont généralement inclus dans un contexte narratif où l'évocation de la vie intérieure divine, dans la diégèse, prépare un discours ou une action de Yhwh. Cette manifestation extérieure de la disposition interne du personnage vient ainsi confirmer la représentation donnée par la narration. Dans les quelques passages où un processus intérieur divin est narrativisé, c'est-à-dire représenté de l'intérieur, la narration double donc très fréquemment son regard intérieur sur le personnage d'une description extérieure de ses actes ou d'un discours direct qu'il prononce. J'avancerai prudemment l'hypothèse, que les pages suivantes contribueront à étayer, que la narration, quand elle recourt à la narrativisation des processus intérieurs divins, atténue en quelque sorte son «privilège» – celui de pénétrer l'intériorité de ses personnages. En faisant suivre ces représentations narrativisées par des actions ou des paroles manifestant extérieurement la disposition de Yhwh, la narration donne en effet au lecteur la possibilité de «vérifier» lui-même le processus intérieur raconté, comme pourrait le faire un des témoins de la scène.

Mise en évidence de trajectoires

On peut également examiner les occurrences exprimant un processus intérieur divin selon leur répartition dans les différents livres bibliques. D'abord, si l'on considère ces passages en faisant abstraction de leur construction syntaxique, on remarque que, contrairement à la distribution des perceptions divines, c'est dans le Deutéronome qu'apparaît le plus grand nombre d'évocations de la vie intérieure divine (26 occurrences sur 72). La Genèse suit avec 20 occurrences, puis les Nombres (14), puis l'Exode (11), et enfin le Lévitique, avec une seule occurrence.

Si l'on se penche sur les différents types de constructions syntaxiques, on peut observer des tendances similaires à celles qui ont été repérées pour la représentation des perceptions divines. Ainsi, le plus grand nombre des processus intérieurs narrativisés se trouve dans la Genèse (11 occurrences), dont plus d'un tiers (4 occurrences) dans les onze premiers chapitres du livre. Cette fois, les Nombres viennent en deuxième position, avec 8 occurrences (dont 6 expriment la colère). L'Exode comprend relativement peu de processus intérieurs divins narrativisés (seulement 4 occurrences).

Le tableau s'inverse quand on prend en considération les représentations discursives des processus intérieurs. Cette fois, c'est dans le Deutéronome où la vie intérieure divine est le plus souvent exprimée au moyen d'un discours, le plus souvent prononcé par Moïse (21 occurrences), parfois citant Yhwh (3 occurrences). Dans l'Exode, le personnage divin exprime une émotion ou un sentiment à la première personne en 7 occurrences, mais aucun discours humain n'y évoque jamais la vie intérieure divine. Dans la Genèse et les Nombres, les deux livres comptant le plus de représentations narrativisées de la perception, les représentations discursives de la vie intérieure divine sont un peu moins fréquentes. Ainsi, Yhwh n'exprime un sentiment ou une émotion qu'en 4 discours de la Genèse et 3 des Nombres. Un personnage humain évoque la vie intérieure divine en 5 passages de la Genèse et 3 des Nombres.

Les deux modes principaux de représentation de la vie intérieure, la narrativisation et le discours, n'apparaissent pas exclusifs l'un de l'autre, puisqu'ils apparaissent ensemble dans un même livre et parfois se succèdent dans un même épisode. Néanmoins, les différents livres du Pentateuque, selon leur genre littéraire, semblent présenter chacun une certaine préférence pour l'un ou l'autre mode de représentation. Ainsi, la Genèse, qui est certainement le livre du Pentateuque le plus riche en représentations de la vie intérieure divine, affiche une préférence certaine pour la narrativisation des perceptions et des processus intérieurs divins. L'Exode présente une alternance entre ces deux modes de représentation, partagés entre passages narratifs et législatifs. Plus particulièrement, on remarque qu'un discours direct de Yhwh, où ce dernier exprime lui-même ses perceptions, sentiments et émotions, est souvent préféré à une représentation narrativisée. Les discours divins à la première personne évoquant un processus intérieur sont ainsi plus fréquents dans l'Exode que dans la Genèse.

Le livre des Nombres, quant à lui, présente une répartition relativement équilibrée des différents modes de représentation, avec une nette préférence pour la narrativisation quand il s'agit de l'expression de la colère de Yhwh. Le Lévitique, presque entièrement législatif, est particulièrement pauvre en représentations de la vie intérieure divine. Par contre, dans le Deutéronome, les nombreux rappels de l'histoire d'Israël auxquels Moïse se livre en s'adressant au peuple évoquent fréquemment des dispositions ou des états intérieurs divins. Ces allusions à la vie intérieure de Yʜᴡʜ permettent à Moïse de justifier devant le peuple des réactions et des décisions divines à son égard. La description des processus intérieurs divins prend donc ici un rôle plus pédagogique, soutenant l'effort oratoire de Moïse.

Ce bref parcours, basé presque uniquement sur le nombre des différentes occurrences relevant de chaque type de représentation, permet déjà de soupçonner que le Pentateuque, dans son ensemble, esquisse une trajectoire plus générale dans l'expression de la vie intérieure divine. Plus loin dans cette recherche, quand l'étude des actes divins pourra être combinée à ces résultats concernant la vie intérieure, on pourra distinguer une évolution discrète mais sensible de la représentation de la divinité dans ce corpus. À cette étape de la recherche, on se contentera de noter la tendance à la narrativisation des processus intérieurs divins que présentent la Genèse et l'Exode, relayée, déjà dans l'Exode, puis dans les Nombres et très nettement dans le Deutéronome, par une préférence pour une représentation discursive. Dans le début du Pentateuque, la narration semble donc «prendre en charge» la représentation intérieure de la divinité – avec les restrictions déjà notées plus haut – pour ensuite «déléguer» cette composante de la construction du divin soit aux discours de Yʜᴡʜ lui-même soit à ceux d'autres personnages du récit.

c. *L'évocation implicite des perceptions et processus intérieurs*

Avant de passer à l'analyse de chaque mode syntaxique en particulier, je prends ici en considération, par souci d'exhaustivité, quelques cas d'évocations indirectes de perceptions et de processus intérieurs divins. Si ces quelques exemples suggèrent un certain état ou disposition du personnage, ils ne peuvent cependant être considérés comme des cas de représentation au sens strict. Je ne les ai donc pas repris dans le tableau ci-dessus, bien qu'ils révèlent un trait intéressant de la discrétion de l'art narratif biblique. Cette évocation indirecte est suggérée généralement par l'emploi d'adjectifs que je nommerais «de jugement» ou «de qualité» – comme les adjectifs טוב et רע, ainsi que רב quand il est utilisé pour qualifier un substantif de qualité[39] – mais également par d'autres moyens plus subtils, tant lexicaux que syntaxiques.

---

[39] Voir l'exemple de Gn 6,5 examiné ci-dessous.

Emplois d'adjectifs « de jugement » dans la diégèse
Les exemples sont extrêmement rares dans la diégèse. Dans le Pentateuque, je ne verrais que le cas discutable de Gn 13,13 : « Et les hommes
de Sodome étaient mauvais et pécheurs contre Yʜᴡʜ [ליהוה], très fort ».
Ce passage n'a pas été repris dans le tableau des processus intérieurs
divins à cause de la présence de la préposition ל. Celle-ci est généralement comprise comme accompagnant l'adjectif חטאים, « pécheurs
contre Yʜᴡʜ », et non comme indiquant que la scène est perçue par
les yeux de Yʜᴡʜ (comme le signalerait la locution בעיני)[40]. Si le verset
ne semble donc pas signifier directement que les habitants de Sodome
étaient mauvais et pécheurs *aux yeux de* Yʜᴡʜ, il suggère néanmoins
un certain jugement de valeur, concernant le comportement malhon-
nête de ses habitants, mais également quelque chose de leur relation à
Yʜᴡʜ. Indirectement, la phrase peut donc sous-entendre que la narration adopte ici, dans une certaine mesure, le jugement divin contre
les hommes de Sodome. Si ceux-ci sont « pécheurs contre Yʜᴡʜ », le
lecteur peut en effet déduire que Yʜᴡʜ les considère comme tels.

Un tel emploi des adjectifs de valeur, évoquant indirectement une
disposition divine interne, est attesté plus fréquemment pour qualifier
une perception de Yʜᴡʜ. On peut d'abord citer le refrain qui rythme
le premier chapitre de la Genèse : « Et Élohim vit la lumière, qu'[elle
était] bonne » (1,4) ; « et Élohim vit que [c'était] bon » (1,10.12.18.21.25) ;
« et Élohim vit tout ce qu'il avait fait et voici : très bon » (1,31). Dans
ces quelques versets, l'adjectif טוב précise la perception divine, en suggérant le sentiment ou le jugement que l'objet de la vision suscite en
Yʜᴡʜ. La représentation ne porte donc pas simplement sur la perception divine, mais également, indirectement, sur son opinion ou disposition intérieure. Le même phénomène peut être observé dans l'unique
représentation d'une perception olfactive divine : « Et Yʜᴡʜ sentit une
senteur de tranquillité [הניחח] » (Gn 8,21). Ici encore, la narration ne
se limite pas à rapporter que Yʜᴡʜ « sent » l'odeur des holocaustes
offerts par Noé (verset 20), mais suggère également la manière dont il
ressent cette odeur.

---

[40] Voir ainsi, entre autres, les traductions de G. ᴠᴏɴ Rᴀᴅ, *Das erste Buch Mose: Genesis.
Kapitel 12,10–25,18*, p. 143 (« sehr böse und sündig vor Jahwe ») ; C. Wᴇsᴛᴇʀᴍᴀɴɴ,
Genesis. 2. Teilband: Genesis 12–36, p. 198 (« böse und sündigten sehr gegen Jahwe ») ;
V. P. Hᴀᴍɪʟᴛᴏɴ, *The Book of Genesis. Chapters 1–17*, p. 389. Voir également, parmi
beaucoup d'autres, les traductions de la *English Standard Version*, de la *New International
Version*, de la *King James*, de la *JPS* et, en français, de la *Bible de Segond*, de la *Bible de
Jérusalem*, de la *TOB*.

Un autre exemple combine un substantif «de jugement» [רעה] et un adjectif de valeur [רב] : «Et Y<small>HWH</small> vit que grand [רבה] était le mal [רעה] de l'humain sur la terre» (Gn 6,5). La narration ne se contente pas de rapporter que Y<small>HWH</small> voit le «mal» commis par les humains, mais précise également la manière dont il le perçoit : «grand était le mal». Dans cet exemple, à la fois le substantif רעה et l'adjectif רב qualifient la perception divine et suggèrent, indirectement, le jugement ou le sentiment de Y<small>HWH</small>. En indiquant que ce dernier voit «un mal», la narration sous-entend déjà la manière dont le personnage considère le spectacle sous ses yeux. L'adjectif de qualité, «grand», spécifie encore la disposition divine envers l'objet de son regard, les humains. Dans ces trois exemples, rangés parmi les expressions des perceptions divines, on peut donc observer une représentation indirecte d'un processus intérieur divin. L'adjectif de jugement ou de qualité (combiné au substantif רעה en Gn 6,5) permet à la narration de compléter l'expression d'une perception que ressent Y<small>HWH</small> par une indication du sentiment que cette perception provoque en lui[41].

Emplois d'adjectifs «de jugement» en contexte discursif
À côté de ces emplois dans la diégèse, les adjectifs de jugement et de qualité sont également utilisés dans les discours prononcés par le personnage divin. Ainsi, l'affirmation énoncée par Y<small>HWH</small> qu' «il n'est pas bon que l'humain soit seul» (Gn 2,18) a l'allure d'une vérité générale, puisque son locuteur ne s'y nomme pas à la première personne (comme le ferait, par exemple, «il n'est pas bon *à mes yeux*»). Toutefois, indirectement, l'adjectif טוב suggère que Y<small>HWH</small> formule ici une opinion personnelle (comme dans le refrain du chapitre 1). Un cas plus discutable, avec le même adjectif, se trouve en Ex 3,8 : «Et je suis descendu pour le délivrer de la main des Égyptiens et pour le faire monter de cette terre vers une terre bonne [טובה] et large [רחבה], vers une terre ruisselant de lait et de miel…». Les qualifications «large» et «ruisselant de lait et de miel» portent clairement sur des qualités concrètes de la terre, qui ne dépendent pas de la perception personnelle de Y<small>HWH</small> (au moins à un premier degré). Toutefois, ce caractère objectif de la description donnée est moins sûr pour l'adjectif טובה, «bonne». Y<small>HWH</small> peut en

---

[41] Plus loin, j'envisagerai une autre manière par laquelle la narration complète l'expression d'une perception en suggérant l'émotion ressentie par le personnage. Voir «Les indications lexicales d'une représentation indirecte du regard», p. 308.

effet suggérer que la terre est fertile, productive ou aisée à cultiver, mais il peut aussi sous-entendre d'autres qualités moins inhérentes à la terre elle-même qu'à sa relation avec le peuple et qu'au don que la terre représente. Sans entrer dans une discussion de l'adjectif, on peut se contenter de noter qu'il introduit dans la parole de Yhwh un élément plus personnel et subjectif, trahissant indirectement le sentiment divin vis-à-vis de la terre de Canaan.

L'adjectif רע assure une fonction identique dans plusieurs discours divins. Ainsi, en Gn 8,21, cité plus haut, Yhwh se dit en lui-même : «Je ne continuerai plus à maudire le sol à cause de l'humain car/bien que l'intention du cœur de l'humain est mauvaise [רע] dès sa jeunesse». Le monologue exprime la décision prise par Yhwh, tandis que l'adjectif רע suggère la raison de cette décision et le sentiment divin pour les humains. En Nb 14,27, Yhwh déclare également à Moïse et Aaron : «Jusqu'à quand cette assemblée mauvaise [הרעה] qui murmure contre moi?». Plus loin, dans le même chapitre, Yhwh continue : «Moi Yhwh j'ai parlé, certainement c'est ainsi que je ferai contre toute cette assemblée mauvaise [הרעה] réunie contre moi» (14,35). Dans ces trois exemples, l'adjectif «de jugement» רע permet de suggérer au lecteur la manière dont Yhwh considère le peuple. La représentation est indirecte, puisque l'adjectif pourrait également dénoter une description objective du peuple, indépendante du jugement du personnage[42].

Les paroles divines citées par Moïse peuvent également présenter le même phénomène. Un double exemple se trouve en Dt 1,35, où Moïse rappelle : «Et [Yhwh] se mit en colère et il promit en disant : "Pas un homme de ces hommes de cette génération mauvaise [הרע] ne verra la bonne [הטובה] terre que j'ai promis de donner à vos pères"» (Dt 1,34b-35). L'opposition entre les deux adjectifs suggère assez clairement le point de vue subjectif de Yhwh, en laissant sous-entendre que la génération «mauvaise» ne mérite pas la «bonne» terre de Canaan.

---

[42] La représentation indirecte de la disposition ou du jugement intérieurs divins est moins claire avec un substantif qu'avec un adjectif. Ainsi, en Dt 31,18, Yhwh déclare : «Et moi je cacherai sûrement ma face en ce jour, à cause de tout le mal [הרעה] qu'il a fait...». Le substantif רעה, «mal», semble en effet se référer à un ensemble d'actes «objectivement» mauvais, sans que ce caractère ne dépende du jugement de Yhwh. On peut également citer Ex 33,19 : «Moi, je ferai passer toute ma bonté/beauté [טובי] sur tes faces...». Bien que constituant, au sens strict, un substantif «de qualité», טובי ne semble pas refléter le jugement intérieur de Yhwh sur lui-même. L'adjectif semble ainsi avoir une portée plus subjective que le substantif. La nuance est toutefois fine et discutable.

Un autre terme «de jugement» qualifie la «génération» des fils d'Israël en Dt 32,20, toujours dans une parole divine citée par Moïse: «Et il [Yhwh] dit: "Que je cache ma face d'eux – je verrai quelle sera leur fin, car ils sont une génération de perversités/pervertie [תהפכת], des fils sans fidélité"». Les deux qualifications des fils d'Israël oscillent entre jugement objectif et subjectif. Le substantif pluriel תהפכת (employé dans un sens adjectival)[43] semble toutefois refléter davantage la manière dont Yhwh considère le peuple qu'une réalité observable et concrète. Encore une fois, la nuance est ténue[44].

Le discours divin et ses marques émotives implicites: l'exemple de Nb 14,27–35

L'étude de la représentation de la vie intérieure se complique encore par le fait que les émotions ressenties par un personnage peuvent également ressortir de l'emploi de certains termes ou de certaines tournures syntaxiques dans le discours qu'il prononce. Je prendrai ici un seul exemple, celui du discours de Yhwh en Nb 14,27–35, et me limiterai à relever certains effets littéraires contribuant à suggérer les dispositions intérieures du locuteur[45]:

> [27]Jusqu'à quand (pour) cette assemblée mauvaise qui murmure contre moi? Les murmures des fils d'Israël qu'ils murmurent contre moi, je les ai entendus. [28]Dis-leur: «Je suis vivant ! – oracle de Yhwh – certainement, comme vous avez parlé à mes oreilles, ainsi je ferai pour vous. [29]Dans ce désert, vos cadavres tomberont, vous tous qui avez été recensés selon tout votre compte depuis l'âge de vingt ans et au-dessus, qui avez murmuré contre moi. [30]Sûrement, vous ne viendrez pas vers (ou: n'entrerez pas dans) la terre pour laquelle j'ai levé ma main pour vous établir en elle. Mais seulement Caleb, fils de Yephouneh, et Josué, fils de Noun, [31]et votre progéniture dont vous avez dit qu'elle serait un butin, je les ferai venir (ou: entrer) et ils connaîtront la terre que vous avez rejetée. [32]Mais vous, vos cadavres tomberont dans ce désert. [33]Et vos fils seront pasteurs dans le désert quarante années et ils porteront vos infidélités jusqu'à ce que vos cadavres soient achevés dans le désert. [34]Pour le nombre de jours pendant lesquels vous avez exploré la terre – quarante jours –, jour pour

---

[43] Il s'agit, dans la terminologie de P. Joüon, d'un génitif de qualité. Voir P. Joüon, *Grammaire de l'hébreu biblique*, § 129f et 141a.

[44] Il est important de noter que tous les adjectifs «de jugement» ou «de qualité» ne reflètent pas la perspective d'un personnage particulier. Ainsi, en Gn 2,9.12, les adjectifs טוב évoquent une qualité des arbres du jardin ou de l'or de Havila qui n'est pas propre à la perception d'un personnage, mais qui relève d'un jugement général.

[45] Au sujet de la structure du passage, voir O. Artus, *Étude sur le livre des Nombres*, p. 150.

année, jour pour année (ou : chaque jour comptant pour une année), vous porterez vos fautes quarante ans et vous connaîtrez ma réprobation. [35]Moi Yʜᴡʜ j'ai parlé, certainement c'est cela que je ferai contre toute cette assemblée mauvaise réunie contre moi : dans ce désert ils seront achevés et là ils mourront.

Ce long discours présente plusieurs traits lexicaux et syntaxiques qui, ensemble, dénotent l'émotion du locuteur, Yʜᴡʜ. Les deux qualifications de l'assemblée d'Israël par l'adjectif רע, aux extrémités du discours, ont déjà été mises en évidence[46]. Au niveau lexical, on peut citer l'emploi de termes particulièrement durs, comme le substantif פגר, «cadavre» (versets 29, 32 et 33), le verbe מאס, «rejeter» (verset 31), employé en un seul autre passage des Nombres (11,20), le substantif זנות, «infidé-lité» (littéralement «prostitution») (verset 33), qui constitue un *hapax* dans le Pentateuque, le verbe תמם, «achever» (versets 33 et 35), ou encore le substantif תנואה, «réprobation», «opposition» (verset 34), très rare (avec une seule autre occurrence dans la bible hébraïque en Jb 33,10)[47]. Pris séparément, aucun de ces substantifs ne constitue une indication, même implicite, de l'émotion ressentie par Yʜᴡʜ. Pourtant, la succession de ces termes inhabituels et particulièrement durs tend à suggérer l'intensité de sa colère contre le peuple.

Au niveau syntaxique, on note la récurrence de formules d'imprécation, introduites par אם־לא (versets 28 et 35) ou אם (verset 30)[48]. Ces formules sont renforcées, au verset 28, par l'emploi de courtes locutions appuyant le discours : «Je suis vivant !»; «oracle de Yʜᴡʜ» (cette dernière for-mule étant rare en dehors des livres prophétiques[49]). On peut égale-ment observer la question rhétorique qui ouvre le discours : «jusqu'à quand…?» (verset 27), interrogation qui peut traduire l'impatience de Yʜᴡʜ[50]. Le discours comprend de même plusieurs inversions de l'ordre habituel de la phrase hébraïque. Ainsi, le complément direct du verbe שמעתי, au verset 27 («les murmures des fils d'Israël…»), est placé en tête de phrase, tandis que le verbe termine la proposition. L'inversion a

---

[46] La répétition est mise en évidence, par exemple, par J. Mɪʟɢʀᴏᴍ, *Numbers*, p. 114.

[47] Sur ces différents termes, voir par exemple J. Mɪʟɢʀᴏᴍ, *Numbers*, pp. 114–115.

[48] Voir P. Jᴏüᴏɴ, *Grammaire de l'hébreu biblique*, § 165.

[49] Le Pentateuque compte un seul autre emploi en Gn 22,16 (ainsi que six emplois du substantif נאם se référant à Balaam en Nb 24,3[2x].4.15[2x].16).

[50] La question rhétorique est notée par Baruch A. Lᴇᴠɪɴᴇ, *Numbers 1–20* (AB 4A), Doubleday, New York, 1993, p. 369 et par T. R. Asʜʟᴇʏ, *The Book of Numbers*, p. 263.

pour résultat la mise en évidence du thème des «murmures», exprimé à la fois par le substantif תלנות et par le participe מלינים (accusatif interne). Au verset 29 (comme au verset 35), c'est le complément circonstanciel «dans ce désert» qui est mis en évidence en tête de phrase. Le verset 31 commence quant à lui par un *casus pendens*, «votre progéniture…», séparé de la principale par la conjonction ו. Dans les deux versets suivants, le sujet est placé devant le verbe, redoublé, au verset 32, par le pronom personnel [אתם] placé en apposition[51]. Au verset 34, c'est la «clé» de la punition qui est placée en évidence: «Pour le nombre de jours…»[52]. La répétition «jour pour année, jour pour année», si elle a clairement un sens distributif, soulignant que chaque jour comptera pour une année[53], scande néanmoins les termes de la punition que Yhwh décrète pour le peuple[54].

Le discours compte également de nombreuses répétitions. On a déjà noté la double qualification de l'assemblée comme «mauvaise» [עדה רעה] (versets 27 et 35). On peut aussi relever le thème des murmures (versets 27 et 29), de la mort dans le désert (versets 29, 32, 33 et 35), et des quarante ans d'errance (versets 33 et 34). Le verbe ידע est également employé à deux reprises, la répétition mettant en évidence la différence entre le sort des enfants, qui connaîtront la terre (verset 31), et celui des parents, qui connaîtront la réprobation de Yhwh (verset 34)[55]. Pour les commentateurs historico-critiques, ces répétitions constituent un signe de la présence d'expansions tardives: selon M. Noth, au moins le verset 30 constituerait une addition, éventuellement prolongée aux versets 31–32[56]. Toutefois, dans une perspective littéraire, ces répétitions, associées aux autres éléments mis en évidence, peuvent suggérer l'émotion du locuteur, réitérant les éléments les plus importants de son discours pour leur donner davantage de force[57].

---

[51] Voir P. Joüon, *Grammaire de l'hébreu biblique*, § 146d et B. A. Levine, *Numbers 1–20*, p. 370.

[52] Comme l'écrit O. Artus, *Étude sur le livre des Nombres*, p. 148, «Dans leur nature et dans leur intensité, les sanctions prises par Yahvé sont donc adaptées aux fautes commises».

[53] Voir GKC § 123d.

[54] T. R. Ashley, *The Book of Numbers*, pp. 263–.

[55] Le jeu de mots est mis en évidence par T. R. Ashley, *The Book of Numbers*, p. 267.

[56] Voir M. Noth, *Das vierte Buch Mose: Numeri*, p. 98. Voir également P. J. Budd, *Numbers*, p. 153.

[57] Voir également R. Dennis Cole, *Numbers* (NAC 3B), Broadman & Holman, Nashville, 2000, p. 235: «The reiteration of the material and themes within this section,

Comme pour les éléments lexicaux relevés ci-dessus, ces traits syntaxiques ne révèlent, en eux-mêmes, aucune indication sur les dispositions intérieures de Yhwh. Toutefois, la succession de ces différentes particularités grammaticales, comme la récurrence, presque à chaque phrase, de mises en évidence ou encore la triple occurrence d'une formule d'imprécation, suggèrent une certaine intensité dans l'énonciation du discours. Si l'on considère conjointement ces particularités syntaxiques avec les insistances lexicales relevées plus haut, dans le cadre en outre de l'ensemble de l'épisode, on pourra déduire de ces différents traits linguistiques l'irritation, l'impatience, voire la déception de Yhwh vis-à-vis du peuple.

La narration biblique révèle ici toute la discrétion dont elle fait preuve dans la construction de ses personnages. En effet, le chapitre 14 des Nombres, comme on peut le voir dans le tableau reprenant les différents processus intérieurs divins, ne présente aucune indication formelle de la colère de Yhwh, ni dans la diégèse ni dans un discours. C'est plutôt par le contenu des discours prononcés, explicitant notamment les termes de la punition infligée au peuple, que le lecteur peut se figurer l'état intérieur du personnage divin. Les quelques éléments lexicaux et syntaxiques qui viennent d'être relevés, bien qu'insignifiants en eux-mêmes, appuient le contenu formel des discours (particulièrement celui des versets 27–35) en les dotant d'une charge émotive indirecte. Ces éléments linguistiques contribuent ainsi à construire le personnage de Yhwh, non seulement comme un «actant» dans le récit, mais également comme un personnage sujet d'émotions et de sentiments. Le procédé narratif combine donc des éléments sémantiques à des éléments purement littéraires pour laisser le lecteur se représenter, voire ressentir lui-même, les émotions qui habitent le personnage divin.

Ce genre de construction indirecte de la vie intérieure du personnage divin est présent, à des degrés variés, dans pratiquement tous les discours que celui-ci prononce, essentiellement en contexte narratif. Dans les différents chapitres de cette recherche, je tente de mettre en évidence, autant que possible, ces discrètes touches narratives contribuant à la représentation intérieure de la divinité. Dans ce chapitre, il me faut toutefois me concentrer sur des marques plus explicites de ce

---

however, need not be seen as extraneous but as a vital part of the rhetorical structure of the account, since it emphasizes with reverberating clarity the message of obedience and faith for this and future generations».

type de représentation. Il me semblait néanmoins important, dans cette recherche sur les perceptions et processus intérieurs divins, de mettre en évidence ces traits «mineurs» mais essentiels de la représentation narrative des émotions.

II. L'EXPÉRIENCE VISUELLE ET SES DIFFÉRENTS MODES DE REPRÉSENTATION

Dans une recherche précédente, j'ai examiné l'ensemble des versets de la Genèse représentant de manière narrativisée (dans la diégèse) une expérience visuelle, qu'elle soit humaine ou divine[58]. L'examen des passages rapportant le regard d'un personnage, précédé par le verbe ראה (ou un autre *verbum videndi*) fait apparaître l'existence de deux modes principaux de représentation et d'un mode intermédiaire. M'éloignant pour un temps de la problématique de la représentation du personnage divin, je présenterai brièvement le raisonnement à la base de cette hypothèse et l'illustrerai par quelques exemples clés de la Genèse. L'hypothèse concerne en effet la présente recherche dans la mesure où elle révèle que le procédé de la narrativisation, dans le cas de la représentation visuelle, présente lui-même différents degrés, permettant d'adopter de façon variée la perspective du personnage. Elle met en outre en évidence un procédé intéressant par lequel la narration masque ou limite l'expression de sa médiation.

1. *Deux exemples préliminaires*

Le bref exemple qui suit, tiré du chapitre 24 de la Genèse, permet de donner une première idée de la distinction entre les deux types principaux de construction. Les deux versets rapportent, chacun à leur manière, la première entrevue entre Isaac et Rebecca, plus exactement le premier regard que ces deux personnages portent sur leur futur conjoint:

---

[58] *The Representation of Vision in the Book of Genesis. A Syntactical and Narrative Hypothesis*, Mémoire présenté pour l'obtention du *Master of Theology Degree*, Harvard Divinity School, 2005–2006 (promoteur: J. Levenson).

«Et Isaac sortit pour se promener dans le champ à la tombée du soir et il leva ses yeux et il vit: et voici des chameaux qui arrivaient» (Gn 24,63).

וישא עיניו וירא והנה גמלים באים

«Et Rebecca leva ses yeux et elle vit Isaac et elle tomba/sauta du chameau. Et elle dit au serviteur: "Qui est cet homme, qui vient dans le champ à notre rencontre?"» (Gn 24,64–65a).

ותשא רבקה את־עיניה ותרא את־יצחק

Dans le premier verset, la réalité perçue par Isaac est introduite par la conjonction והנה, relevant généralement de la langue du discours (je reviendrai plus loin sur ce point). L'objet de la vision, littéralement «des chameaux arrivant», reflète exactement ce qu'Isaac perçoit des yeux. Se trouvant à distance, Isaac ne peut encore distinguer l'identité des voyageurs[59]. Par contre, dans le second verset, le nom «Isaac», qui exprime l'objet du regard de Rebecca, adopte la perspective de la narration (ou du lecteur, qui sait, grâce au verset 61, que le serviteur d'Abraham, accompagné de Rebecca et de ses servantes, est en route vers son maître). Rebecca ne connaît pas encore, en effet, l'identité de l'homme qu'elle aperçoit, comme le révèle sa question au serviteur: «Qui est cet homme, qui vient dans le champ à notre rencontre?» (verset 65a). La narration ne représente donc pas l'objet du regard selon la perspective du personnage, mais selon un point de vue extérieur.

Dans le premier type de représentation, différents éléments littéraires suggèrent que la narration adopte la perspective du personnage: l'objet de la vision est exprimé en une langue proche de celle du discours, en des mots qui pourraient être prononcés par le sujet de la vision. Dans le second type de représentation, la syntaxe et le lexique reflètent au contraire une perspective extérieure à celle du personnage: l'objet de la vision est élaboré narrativement afin de s'intégrer dans la diégèse; dans l'exemple cité, le terme employé («Isaac») contredit même le niveau de connaissance du personnage. Enfin, dans un type intermédiaire, on observe que certains mots reflètent la perspective du personnage, tandis que d'autres rejoignent plutôt celle, extérieure, de la diégèse. Par analogie avec la représentation du discours, je désigne ces trois modes comme direct, indirect et mixte, une terminologie que je justifierai plus loin.

---

[59] Au sujet cet exemple, voir A. Berlin, *Poetics and Interpretation of Biblical Narrative*, p. 62.

Plusieurs critères permettent de distinguer ces différents types de représentation : d'une part, un double critère sémantique (ou narratif) et déictique, selon lequel les mots employés pour exprimer l'objet de la vision reflètent ou non la perspective du personnage et, d'autre part, un critère syntaxique, selon lequel l'expression de la vision est intégrée ou non dans la proposition introductive. Ces deux critères s'apparentent à ceux que l'on retient pour la distinction des styles direct et indirect dans la représentation du langage : la deixis et l'incorporation syntaxique de la citation.

2. *Critères sémantiques et déictiques*

Les exemples introducteurs constituent un des cas les plus manifestes où les termes exprimant la réalité vue trahissent directement la perspective adoptée. Dans d'autres exemples, les éléments linguistiques indiquant le point de vue par lequel l'objet de la vision est évoqué sont plus subtils, souvent réduits à la présence (ou à l'absence) d'un pronom ou d'un terme déictique. J'envisagerai d'abord les indices d'ordre narratif ou sémantique, puis ceux qui relèvent davantage de la deixis.

a. *Les indications narratives ou sémantiques*
De telles indications sur la perspective adoptée dans la représentation de la vision se repèrent souvent par une lecture contextuelle du passage, en lien avec son contexte narratif immédiat. Je donnerai ici quelques exemples de représentations d'abord directes puis indirectes.

Les déplacements lexicaux marquant la représentation directe du regard
L'assèchement des eaux, à la fin du déluge, est décrit de deux manières différentes, d'abord selon la perspective de la narration, puis selon celle de Noé : « Et il arriva, en l'an six cent un, au premier du premier mois, les eaux séchèrent de sur la terre. Et Noé retira le couvercle de l'arche et il vit : et voici [והנה] les faces du sol avaient séché » (Gn 8,13). L'externalité de la perspective adoptée dans la première partie du verset se remarque au fait que la fin du déluge est rapportée comme l'assèchement des *eaux*, soit comme un processus graduel. Noé, enfermé dans l'arche, n'assiste pas à ce processus, qui ne peut donc être rapporté que selon le point de vue extérieur de la narration. De même, l'emploi du mot הארץ, « la terre », suggère une réalité qui dépasse le point de vue limité de Noé. Par contre, dans la seconde partie du verset, la même

scène est présentée selon la perspective de Noé : ce sont cette fois «les
faces du *sol* [האדמה]» qui sont décrites comme asséchées. L'expérience
de Noé consiste en effet à découvrir le sol, une fois ôté le couvercle de
l'arche. Ici, ce n'est plus le processus de l'assèchement qui est évoqué,
mais son résultat, tel que le constate Noé. Le verset 14 rapporte alors
ce résultat d'un point de vue externe : «Le deuxième mois, le vingt-
septième jour du mois, la terre fut sèche»[60].

Un des cas les plus illustratifs de tels indices sémantiques se trouve
dans l'épisode de Mamré, en Gn 18. Le lecteur bénéficie d'abord d'une
description extérieure de la scène, qui lui fournit une clé interprétative
importante pour la suite du récit : «Et Yhwh lui apparut aux chênes de
Mamré, alors qu'il était assis à l'entrée de la tente, à la chaleur du jour»
(18,1). Le verset suivant déplace alors la perspective, adoptant le regard
d'Abraham : «Et il leva ses yeux et il vit : et voici [והנה] trois hommes se
tenant devant lui. Et il vit et il courut à leur rencontre...» (verset 2)[61].
Le changement de vocabulaire, passant du nom divin Yhwh aux «trois
hommes», laisse entendre qu'Abraham ignore l'identité divine de ses
visiteurs. De même, le participe נצבים suggère qu'Abraham n'a pas vu
ses visiteurs arriver, mais les aperçoit soudain en face de sa tente. Une
certaine ambiguïté est maintenue tout au long de l'épisode : Abraham
utilise en effet à la fois des pronoms singuliers (versets 3 et 10) et pluriels (versets 4, 5, 8 et 9) pour s'adresser à ses hôtes. C'est seulement au
verset 13 que le tétragramme est utilisé à nouveau, bien que l'épisode
se termine avec le départ des «hommes» (verset 16)[62].

---

[60] La critique des sources attribue le changement de perspective à une différence
de source : les versets 13a et 14 sont considérés comme sacerdotaux, relevant donc
de la rédaction finale, tandis que le verset 13b est interprété comme une partie du
document yahwiste (caractérisé par des descriptions plus imagées selon von Rad). Voir
ainsi H. Gunkel, *Genesis*, p. 65 ; G. von Rad, *Das erste Buch Mose: Genesis. Kapitel 1–12,9*,
pp. 88 et 93 ou J. A. Soggin, *Das Buch Genesis*, pp. 138–139. C. Westermann, *Genesis.
1. Teilband: Genesis 1–11*, p. 603, commente la fusion des deux sources au verset 13 :
«Höchst bezeichnend ist der Unterschied zwischen V. 13a (P) und 13b (J): Der gleiche
Vorgang ist dargestellt, hier als Erzählung, dort als Bericht. Bei J ist das Trockenwerden
der Erde das im blick des Noah staunend und dankbar wahrgenommene menschliche
Widerfahrnis, bei P ist es das konstatierte und dokumentierte Datum». Voir également
V. P. Hamilton, *The Book of Genesis. Chapters 1–17*, pp. 305–306, pour une analyse simi-
laire du changement de perspective et d'autres remarques intéressantes sur l'usage des
verbes חרב et יבש (le second évoquant la création de la terre sèche en Gn 1,9).

[61] Voir aussi J.-P. Sonnet, «Y a-t-il un narrateur dans la Bible ?», p. 21.

[62] Pour des exemples similaires, voir en particulier : Gn 22,13 ; 24,63 (envisagé plus
haut) ; 26,8 ; 29,2 : 31,10 ; 33,1 ; 37,25 ; 41,22–24a.

Dans les deux cas, la perception visuelle du personnage redouble, pour ainsi dire, une description extérieure de la scène. Le lecteur découvre ainsi un certain événement d'abord selon son déroulement (l'assèchement progressif des eaux ou l'arrivée de YHWH à la tente d'Abraham), tel qu'il peut être perçu par un observateur extérieur, puis selon son résultat perçu par un personnage concret du récit. Ces constructions permettent donc au lecteur de voyager entre un point de vue surplombant la scène et une perspective plus intérieure, qui lui permet de vivre un événement par les yeux d'un personnage, comme s'il participait à l'action racontée.

Les indications lexicales d'une représentation indirecte du regard
La représentation indirecte de la vision est également marquée par différents indices lexicaux. J'en distinguerais quatre principaux. Il y a d'abord les cas où, comme dans l'exemple de Rebecca apercevant Isaac, les mots employés pour désigner l'objet de la vision contredisent le niveau de connaissance du personnage. On peut ensuite noter l'usage de termes abstraits, ne reflétant pas directement ce que le personnage a sous les yeux, mais impliquant une certaine élaboration de l'objet de la vision. Parallèlement, des indices lexicaux suggéreront que, dans plusieurs représentations indirectes pourtant introduites par le verbe ראה, l'expérience rapportée n'est pas proprement visuelle, mais consiste plutôt en une prise de conscience. Enfin, on notera la présence fréquente, dans ce type de représentation, de noms de parenté, commentant ou soulignant la relation entre le personnage sujet de la vision et le personnage vu.

La Genèse présente plusieurs passages où les mots utilisés pour décrire l'objet de la vision d'un personnage trahissent la perspective externe de la narration[63]. Ainsi, Gn 43,16 rapporte le premier regard que porte Joseph sur Benjamin: «Et Joseph vit avec eux Benjamin». Un peu plus tard, quand le majordome a fait entrer les frères et que ceux-ci ont offert leur présent à Joseph, ce dernier «leva ses yeux et il vit Benjamin, son

---

[63] Mis à part les deux exemples présentés ici, on pourrait également citer Gn 38,2. Alors que Juda vient de s'éloigner de ses frères et de s'établir chez un homme d'Adullam, «Juda vit là la fille d'un homme cananéen – et son nom était Shoua'». Bien que le texte ne précise pas explicitement que Juda ne connaissait pas cet homme (comme en Gn 24,64), le lecteur peut se figurer que, arrivant dans ce pays, il ignore l'identité de la femme et le nom de son père. La présentation de la femme vue par Juda n'adopte donc pas sa perspective, mais celle, extérieure, de la narration.

frère, fils de sa mère, et il dit : "Celui-ci est-il votre petit frère, dont vous m'avez parlé ?" et il dit : "Qu'Élohim te fasse grâce, mon fils" » (43,29). Au verset suivant, la narration rapporte l'émotion de Joseph, le forçant à se retirer, en pleurs, dans sa chambre. Le texte présente donc une double rencontre entre Joseph et Benjamin. Comme le note déjà H. Gunkel au sujet du verset 16, « si Joseph voyait déjà Benjamin, l'effet de la scène émotive (versets 29–30) serait désamorcé »[64]. Gunkel en conclut que le complément direct את־בנימין, au verset 16, constitue une modification tardive du terme אֹתָם. Si la difficulté textuelle mise ainsi en évidence est bien réelle, on pourrait cependant l'expliquer également de manière littéraire. En effet, au verset 29, la qualification de Benjamin comme « son frère, fils de sa mère » suggère que c'est seulement à ce moment que Joseph réalise pleinement que le jeune homme brièvement aperçu auparavant est bien son petit frère, né de sa mère. Le premier regard semble avoir un rôle narratif plus fonctionnel, servant à expliquer les circonstances du festin[65].

Un autre exemple se trouve en Gn 48,8, également dans une scène de reconnaissance. Peu avant sa mort, Jacob rappelle à Joseph la bénédiction qu'il a reçue de Yhwh et déclare : « Et maintenant, tes deux fils qui sont nés pour toi dans la terre d'Égypte, avant mon arrivée vers toi en Égypte, seront pour moi ; Éphraïm et Manassé, comme Ruben et Siméon, ils seront pour moi » (48,5). Curieusement, à la fin de son discours, « Israël vit les fils de Joseph et il dit : "Qui sont ceux-là ?" » (verset 8), interrogation à laquelle Joseph répond : « Ils sont mes fils, qu'Élohim m'a donnés ici » (verset 9). Puisque Jacob est presque aveugle (verset 10), on peut comprendre qu'il discerne la présence des garçons, mais ne peut pas les identifier[66]. En effet, Joseph répond non en nommant

---

[64] « Daß Joseph jetzt schon Benjamin sieht, würde der rührenden Szene (29f.) die Pointe vorwegnehmen », H. GUNKEL, *Genesis*, p. 450. Le Pentateuque Samaritain, la Septante et la Vulgate lisent אֹתָם ואת. Contre l'interprétation de Gunkel, voir B. JACOB, *Das Buch Genesis*, p. 784 (« Joseph erkennt in dem Elften sofort Benjamin – es konnte kein anderer sein »).

[65] En 43,16, Joseph est décrit dans son rôle public. S'apercevant que les frères sont au nombre de neuf, il peut mettre en route le plan qu'il a préparé. En ce sens, il ne s'adresse même pas aux frères, évitant toute rencontre (voir l'ordre donné au major-dome). Il s'arrange ainsi pour que la rencontre en tant que telle ait lieu en privé.

[66] Voir par exemple V. P. HAMILTON, *The Book of Genesis. Chapters 18–50*, p. 633 (« He [Jacob] is not totally blind. He can pick out two bodies standing by his son. But he cannot recognize them until they are standing right in front of him »). Pour B. JACOB, *Das Buch Genesis*, pp. 873–874, la question de Jacob sert plutôt à désigner les deux fils qui vont recevoir sa bénédiction et à les faire approcher. Voir de même N. M. SARNA, *Genesis*, pp. 325–327, qui interprète la question de Jacob comme la seconde étape du

ceux-ci, mais simplement en indiquant qu'ils sont ses fils. Encore une
fois, l'objet direct du verbe ראה («les fils de Joseph») ne reflète pas la
perception du personnage et son niveau de connaissance, mais bien la
perspective extérieure de la narration[67].

Les représentations indirectes de la vision sont parfois caractérisées
par l'emploi de termes abstraits, qui suggèrent une certaine élaboration mentale qui ne correspond pas à l'immédiateté de la vision. Dans
des constructions où l'objet du verbe ראה est constitué par un groupe
nominal, on trouve ainsi le substantif אבל, «deuil» en Gn 50,11:
«Les habitants de la terre – les Cananéens – virent le deuil à Goren
Ha'atad». Le lecteur peut s'imaginer que les Cananéens voient en fait
la famille de Jacob accomplir les rites de deuil, pleurer et se lamenter,
comme l'indique le verset 10: «Et ils vinrent jusqu'à Goren Ha'atad
qui est de l'autre côté du Jourdain et ils se lamentèrent là d'une très
grande et forte lamentation». Le substantif אבל semble donc résumer,
de manière abstraite, la réalité aperçue par les Cananéens.

Dans des constructions où le verbe ראה est suivi de la conjonction
כי introduisant un verbe conjugué, on trouve de même des expressions abstraites qui ne peuvent refléter directement la réalité vue par
le personnage. Ainsi, on lit en Gn 32,26: «Et il [l'homme luttant avec
Jacob] vit qu'il ne l'emportait pas sur lui et il le frappa au creux de sa
hanche». En 40,16, le chef des panetiers «vit qu'il [Joseph] interpré-
tait bien/en bien[68]»[69]. La représentation indirecte de la vision permet
donc d'exprimer le raisonnement qu'une certaine situation suscite en
un personnage et la conclusion qu'il en tire.

Dans les deux exemples ci-dessus, on peut remarquer que le verbe
ראה exprime moins une expérience visuelle qu'une prise de conscience:
la narration ne rapporte pas tant ce que l'homme luttant avec Jacob
ou le chef des panetiers voient concrètement, mais plutôt ce qu'ils
déduisent d'une certaine situation. Ce sens du verbe ראה, que l'on

---

processus d'adoption, soit «the establishment of the true identity of the candidates for
adoption by formal interrogation of the natural father» (citation p. 327).
    [67] La critique des sources propose une autre interprétation. Ainsi, Gunkel attribue
les versets 1–2 et 7–22 à JE (ou J *ou* E), tandis que les versets 3–6 proviendraient de
P. Cette différence de sources explique d'une autre manière la contradiction selon
laquelle Jacob, ayant déjà vécu dix-sept ans en Égypte (selon 47,28, d'origine sacerdotale), ne reconnaît pas ses petit-fils en 48,8 (JE). Voir H. GUNKEL, *Genesis*, pp. 469–472;
J. A. SOGGIN, *Das Buch Genesis*, pp. 530–531 et G. J. WENHAM, *Genesis 16–50*, p. 464.
    [68] On peut en effet lire le terme טוב comme un adverbe ou comme un substantif.
    [69] On pourrait encore citer Gn 37,4, que j'envisagerai plus loin.

pourrait traduire par «prendre conscience» ou «se rendre compte», est particulièrement manifeste quand la réalité dont se rend compte le personnage a été racontée antérieurement dans le récit. Ainsi, la courte scène qui fait suite au départ de Jacob en Gn 28 est particulièrement illustrative. La narration se tourne vers Ésaü et rapporte:

> «Et Ésaü vit
>> qu'Isaac avait béni [ברך] Jacob et qu'il l'avait envoyé [וישלח] vers Paddan-Aram pour prendre pour lui une femme de là;
>> que, en le bénissant, il lui avait ordonné [ויצו] en disant: "Tu ne prendras pas une femme parmi les filles de Canaan";
>> que Jacob avait écouté [וישמע] son père et sa mère et était allé [וילך] à Paddan-Aram» (Gn 28,6–7).

Ces deux versets reprennent en réalité les faits racontés au chapitre 27 et au début du chapitre 28, mais cette fois comme le contenu de la perception d'Ésaü. Je rends cette antériorité en traduisant par des plus-que-parfaits les *qatal*, suivis par des *wayyiqtol*[70]. Le contexte narratif indique clairement que le verbe ראה n'introduit pas ici une expérience visuelle au sens strict: Ésaü, en effet, n'assiste pas à la scène de la bénédiction, tandis que les autres actions décrites ne sont pas supposées s'être déroulées en sa présence. Le *verbum videndi* est plutôt utilisé pour rapporter comme le personnage devient conscient de faits qui se sont passés en son absence[71].

Enfin, il faut noter que les représentations indirectes de la vision sont très fréquemment marquées par la présence d'indications de parenté, explicitant la relation entre le personnage qui voit et celui qui est vu. Ces indications suggèrent une certaine élaboration narrative, puisque, dans l'immédiateté de l'expérience visuelle, le personnage identifie la

---

[70] La plupart des commentateurs traduisent de même par des plus-que-parfaits. Voir ainsi E. A. SPEISER, *Genesis*, p. 214; B. JACOB, *Das Buch Genesis*, p. 573; G. VON RAD, *Das erste Buch Mose: Genesis. Kapitel 25,19–50,26*, p. 245; N. M. SARNA, *Genesis*, p. 196; G. J. WENHAM, *Genesis 16–50*, pp. 199 et 201; Robert ALTER, *Genesis. Translation and Commentary*, Norton and Company, New York/London, 1996, p. 148; V. P. HAMILTON, *The Book of Genesis. Chapters 18–50*, p. 233. Cependant, le verbe וישלח (*weqatal*) est problématique, puisque le *qatal* est suivi ensuite par des *wayyiqtol*. Je suivrai ici l'interprétation de WOC § 32.3e: «In a narration of past time, *we* + perfect corresponds ordinarily to our pluperfect». Voir également GKC § 112pp. D'autres lectures sont cependant possibles. Voir par exemple John HUESMAN, «The Infinitive Absolute and the Waw and Perfect Problem», *Bib* 37 (1956), pp. 410–434, qui vocalise ושלח comme un infinitif absolu.

[71] Voir en ce sens B. JACOB, *Das Buch Genesis*, p. 575 («gewundene Überlegung Esaus»). D'autres exemples de pareilles prises de conscience se trouvent en Gn 39,13 et 48,17.

personne qu'il voit sans décliner son identité familiale. Florian Coulmas, dans son étude du style indirect déjà citée, range également l'usage des termes de parenté parmi les caractéristiques du style indirect[72].

Les exemples sont nombreux dans la Genèse[73]. On a déjà examiné le passage où Joseph voit et reconnaît Benjamin, «son frère, fils de sa mère» (43,29). Un exemple analogue se trouve en 29,10, alors que Jacob converse avec les bergers de Laban, qui lui annoncent l'arrivée de Rachel, la fille de ce dernier: «Et il arriva, quand Jacob vit Rachel, fille de Laban, frère de sa mère, et le petit bétail de Laban, frère de sa mère, Jacob avança et il roula la pierre de sur la bouche du puits...». Dans les deux cas, la qualification du personnage au moyen de son lien de parenté décrit davantage l'émotion de la reconnaissance que l'objet concret de la vision. En 29,10, la répétition «Laban, frère de sa mère» souligne ainsi l'émoi de Jacob à sa rencontre imminente avec des membres proches de sa famille[74]. Ces qualifications du contenu de la vision contrastent avec les brèves désignations que comprennent les représentations directes de l'expérience visuelle. Lors de ses retrouvailles avec Ésaü, Jacob «leva ses yeux et il vit: et voici [והנה] Ésaü arrivant et avec lui quatre cents hommes» (33,1). L'absence de toute qualification du personnage aperçu suggère l'immédiateté de la vision[75].

b. *Les indications déictiques*
Comme pour la représentation du langage, le critère fourni par les termes déictiques contribue grandement à déterminer si la vision est rapportée de manière directe ou indirecte. Dans les représentations directes de la vision, le centre déictique du personnage sujet de la vision est adopté: la scène vue est exprimée selon son «ici» et «main-tenant», sans que l'«origine» de sa perception soit autrement située. La position, spatiale et temporelle, où se situe le personnage «disparaît» ainsi, en ce qu'elle constitue le «point aveugle» qui commande son point de vue. Par contre, dans la représentation indirecte de la vision, exprimée depuis une perspective extérieure au personnage, la situation temporelle et spatiale du personnage est explicitée comme un élément parmi d'autres de la réalité vue.

---

[72] Voir F. COULMAS, «Reported Speech: Some General Issues», pp. 1–2.
[73] Voir ainsi, parmi d'autres, Gn 9,22.23; 24,30; 29,10; 42,7; 48,17.
[74] Ces précisions sur le lien de parenté pourraient donc être ajoutées à celles déjà évoquées plus haut, complétant la représentation d'une perception en suggérant l'émotion qu'elle suscite.
[75] Voir aussi J.-P. SONNET, «Y a-t-il un narrateur dans la Bible?», p. 21.

Dans les représentations directes de la vision
Cette distinction se marque d'abord par l'emploi des pronoms renvoyant au sujet de la vision. En général – on compte en effet une exception (Gn 18,2) –, dans la représentation directe de la vision, aucun pronom ne se réfère au personnage dont la vision est rapportée. Par contre, dans la représentation indirecte, plusieurs pronoms peuvent faire référence à lui. Ce critère se marque aussi dans le choix de certains verbes présentant une valeur déictique : la représentation directe de la vision favorise ainsi un verbe comme בוא, « venir », tandis que la représentation indirecte préfère הלך, « aller ». Je me limiterai ici à donner quelques exemples.

En ce qui concerne les pronoms renvoyant au sujet de la vision, sur les onze passages de la Genèse présentant une représentation directe de la vision (Gn 8,13 ; 18,2 ; 19,28 ; 22,13 ; 24,63 ; 26,8 ; 29,2 ; 31,10 ; 33,1 ; 37,25 ; 41,22–24), dix omettent d'évoquer, d'une manière ou d'une autre, le sujet de la vision, tandis qu'un seul passage (18,2) présente un pronom le désignant (« Et il vit : et voici trois hommes se tenant *devant lui* »). La référence au personnage qui voit semble même parfois soigneusement évitée, comme en Gn 22,13 : « Et Abraham leva ses yeux et il vit : et voici [והנה] un bélier derrière [אחר], retenu dans un buisson par ses cornes »[76]. La logique du récit suggère qu'Abraham n'a pas vu le bélier avant l'appel du messager divin, celui-ci ayant pour résultat, en un sens, de lui ouvrir les yeux. La proposition introduite par והנה rend donc la vision d'Abraham selon sa propre perspective, adoptant pour ainsi dire son regard. Je m'arrêterai ici un instant sur l'emploi de l'adverbe אחר, « derrière » – la nature adverbiale et non prépositionnelle du terme étant signalée par l'absence de nom ou de pronom[77]. Une préposition aurait en effet été attendue (« derrière

---

[76] Dans les constructions où le verbe ראה est suivi de la particule והנה et d'un *qatal*, ce *qatal* suit généralement le terme והנה (voir Gn 8,13 et 19,28). Par contre, quand la proposition introduite par והנה comprend un participe, celui-ci vient en tête de cette proposition, immédiatement après le mot introducteur. L'ordre des mots, en 22,13, semble donc évoquer la construction participiale. En ce sens, certains manuscrits changent la dernière voyelle du verbe נאחז en un *qamats* [נֶאֱחָז], lisant ainsi le verbe comme un participe. La version syriaque et la Septante [κατεχόμενος] suivent cette lecture. C'est aussi l'interprétation de H. Gunkel, *Genesis*, p. 239 et de B. Jacob, *Das Buch Genesis*, p. 500.

[77] La difficulté du mot est révélée par les corrections proposées par plusieurs manuscrits, lisant אֶחָד, et les versions basées sur cette lecture, comme la Septante [κριὸς εἷς], la version syriaque et le Targum Jonathan. Plusieurs commentateurs suivent cette correction, traduisant אֶחָד comme un article indéfini (« un bélier »). Voir par exemple C. Westermann, *Genesis. 2. Teilband: Genesis 12–36*, pp. 431 (« 'ein' Widder hatte sich im Gebüsch verfangen ») et 444 ; N. M. Sarna, *Genesis*, p. 153 ; R. Alter, *Genesis*,

lui»), comme en Gn 37,17 («derrière ses frères»), Nb 25,8 («derrière
l'homme d'Israël») ou 2 R 11,6 («à la porte derrière les gardes»). En
fait, l'usage adverbial de אחר permet d'éviter la présence d'un terme
déictique renvoyant à Abraham («derrière lui»), qui aurait «situé» le
sujet de la vision à l'intérieur de celle-ci. Au contraire, l'«origine» de
la perception d'Abraham semble ici effacée, comme le point aveugle à
partir duquel la réalité est aperçue[78].

L'emploi du verbe בוא, «venir», sans aucune précision déictique, me
semble contribuer au même effet. Isaac, dans le passage de sa rencontre
avec Rebecca, déjà étudié, «leva ses yeux et il vit: et voici [והנה] des
chameaux arrivant [באים]» (24,63). De même, juste avant de rencontrer
Ésaü, «Jacob leva ses yeux et il vit: et voici [והנה] Ésaü arrivant [בא]
et avec lui quatre cents hommes» (33,1). Dans les deux cas, l'emploi du
verbe בוא, «venir», «arriver», décrit un mouvement – des chameaux
ou d'Ésaü et de ses hommes – vers le personnage sujet de la vision.
Aucune préposition ne précise que les arrivants viennent «vers lui»: la
charge déictique du verbe בוא est suffisante. L'absence d'indication sur
«l'origine» de la vision (sa «référence» spatiale) manifeste, me semble-
t-il, qu'est adoptée la perspective du personnage, percevant la scène à
partir de sa situation sans devoir la nommer explicitement. La scène
de l'arrivée d'Ésaü présente l'avantage d'être racontée selon une autre
perspective, dans le rapport des messagers de Jacob: «Et les messagers

---

p. 106; J. A. Soggin, *Das Buch Genesis*, p. 308. Certains commentateurs proposent
d'autres options, comme B. Jacob, *Das Buch Genesis*, p. 500, qui suggère de lire אחר
comme un adjectif renvoyant à איל. Marvin H. Pope, «The Timing of the Snagging
of the Ram, Gen. 22:13», *BA* 49 (1986), pp. 114–117, sur la base de l'ougaritique,
interprète אחר comme un adverbe temporel («immédiatement»). La traduction de
Pope est suivie par G. J. Wenham, *Genesis 16–50*, p. 99. V. P. Hamilton, *The Book of
Genesis. Chapters 18–50*, p. 113, lit quant à lui אחר comme l'adjectif «autre»: Isaac
serait en ce sens le «premier» bélier, heureusement remplacé par un «autre», grâce
à l'intervention divine. Toutefois, les lexiques (KB; BDB; Clines) et les grammaires
(P. Joüon, *Grammaire de l'hébreu biblique*, § 103a; WOC § 11.2.1) s'accordent pour considérer אחר comme un adverbe spatial, comme je le fais ici (voir de même Ps 68,26).
Selon Joüon, cet adverbe était originellement un nom, signifiant «l'arrière» employé
ensuite comme un adverbe, spatial (Gn 22,13) ou temporel (Gn 18,5), puis comme
une préposition (Gn 15,1 et 37,17). Voir également en ce sens G. von Rad, *Das erste
Buch Mose: Genesis. Kapitel 12,10–25,18*, p. 203 («hinten»).

[78] Voir C. Miller, *The Representation of Speech*, p. 89, qui note que «no deictic or
speaker-oriented features of direct speech are found within והנה clauses (e.g., vocatives,
exclamatives, incomplete sentences, speaker-oriented adverbials)». Miller affirme en fait
que les propositions introduites par והנה diffèrent en de nombreux aspects du discours
indirect libre, notamment parce qu'elles ne présentent pas les caractéristiques principales
du langage parlé. Personnellement, j'interprète cette absence de déictique comme un
indice de ce que la narration adopte la perspective du personnage.

revinrent vers Jacob pour dire : "Nous sommes venus chez ton frère, vers Ésaü. Et il va [הלך] aussi à ta rencontre [לקראתך], et quatre cents hommes avec lui" » (32,7). Ici, le discours des messagers explicite les références spatiales : au lieu du verbe בוא, ils utilisent le verbe הלך, sans valeur déictique, accompagné d'une référence à la deuxième personne, désignant leur interlocuteur (« à ta rencontre »)[79].

Dans les représentations indirectes de la vision

Il suffira ici de noter que les représentations indirectes de la vision présentent un usage massif de déterminants ou pronoms renvoyant au sujet de la vision, nommé donc de l'extérieur. Dans les constructions où le verbe ראה est suivi d'un groupe nominal, on note en particulier un grand nombre de passages où un personnage vu est désigné par une indication de sa parenté par rapport au personnage sujet de la vision (voir plus haut), indication accompagnée par un déterminant possessif (voir ainsi Gn 9,22.23 ; 24,30 ; 29,10 ; 37,14 ; 42,7.35 ; 43,29). Un pronom peut aussi être utilisé (voir Gn 13,15 ; 45,27). Une observation similaire peut être faite dans les constructions où ראה est suivi par une proposition introduite par כי (voir par exemple Gn 39,13 et 48,17). Le sujet de la vision peut de même être le sujet de la proposition en כי. Ainsi, en Gn 16,4, « [Hagar] vit qu'elle était enceinte ». L'expérience visuelle est ici narrativisée et exprimée d'un point de vue extérieur à elle, la nommant comme un des éléments de la vision (et non comme l'origine d'où la scène est perçue). En guise de confirmation, la parole de Sarah, au verset suivant, reprend exactement les mêmes mots : « et elle a vu qu'elle était enceinte ».

On peut également citer le passage sur la préférence de Jacob pour Joseph. Cette préférence est d'abord narrativisée : « Et Israël aimait

---

[79] Beaucoup de langues distinguent les verbes *venir* et *aller* (voir par exemple *come* et *go* en anglais, *kommen* et *gehen* en allemand). Voir ainsi Claudio Di Meola, « Non-Deictic Uses of the Deictic Motion Verbs *kommen* and *gehen* in German », in : F. Lenz (ed.), *Deictic Conceptualisation of Space, Time and Person*, John Benjamins, Philadelphia, 2003, pp. 55–81 : les verbes *kommen* et *gehen*, ou *venir* et *aller*, diffèrent dans la direction du mouvement qu'ils décrivent. *Kommen* ou *venir* désignent un mouvement centripète [de rapprochement], c'est-à-dire dirigé vers le centre déictique, tandis que *gehen* ou *aller* décrivent un mouvement centrifuge [d'éloignement]. En hébreu biblique, d'après les exemples de la Genèse (voir également 37,25), le verbe בוא me semble comporter une valeur déictique plus marquée que הלך, puisqu'il semble indiquer en lui-même que le mouvement est dirigé vers le centre déictique (et peut être utilisé, en ce sens, sans préposition).

Joseph plus que tous ses frères, car il était pour lui le fils de sa vieil-lesse» (37,3). La même réalité est alors décrite selon la perspective des frères: «Et ses frères virent que c'était lui [אתו] que leur père aimait plus que tous ses frères» (37,4). Si la scène est décrite d'un point de vue extérieur, comme l'indiquent les nombreux suffixes possessifs, pro-noms et noms de parenté, les «frères» semblent néanmoins constituer le centre déictique de la première partie de la phrase («*leur* père»), tandis que Joseph apparaît comme ce centre dans la seconde partie («plus que tous *ses* frères»). A. Wénin souligne l'originalité de l'ordre des mots dans la proposition en כי: «L'ordre des mots dans la phrase est révélateur d'une manière particulière chez les frères de percevoir l'affection décrite. Ainsi, le pronom désignant Joseph, qui n'est donc pas nommé, est mis en évidence avant le verbe. Voilà qui traduit bien ce que les frères perçoivent: la mise en avant du fils de Rachel, un fils dont ils effacent le nom au profit du pronom, premier symptôme de la haine, peut-être»[80]. La mise en évidence du pronom désignant Joseph [אתו] et l'adoption de son centre déictique pourraient également sug-gérer une certaine persistance de son point de vue (ici comme dans l'ensemble du cycle de Joseph), même dans une phrase rapportant la perception visuelle d'autres personnages, les frères. La représentation indirecte de la vision semble donc permettre de rapporter une expéri-ence visuelle non seulement de manière externe (sans adopter le point de vue du personnage sujet de cette expérience), mais également selon la perspective d'un autre personnage (dans cet exemple, Joseph).

3. *Les différents modèles selon leur construction syntaxique*

Grâce aux critères sémantiques et déictiques, on a déjà pu remarquer que chaque type de représentation, directe et indirecte, est exprimé par des constructions syntaxiques déterminées. Ces différentes observa-tions vont être à présent rassemblées, afin de pouvoir considérer plus clairement le lien entre la syntaxe et le déplacement de perspective. Une fois les différents modèles mis en évidence, je me pencherai plus particulièrement sur les particules[81] permettant le passage entre le point de vue de la narration et celui du personnage. Il sera intéressant de considérer l'origine déictique des particules הנה et כי, pour mieux com-

---

[80] A. Wénin, *Joseph ou l'invention de la fraternité*, p. 32.
[81] Sur le terme «particule», voir la note 15, p. 22.

prendre comment elles permettent d'exprimer ce déplacement. Enfin, je prendrai en considération les postures narratives qu'impliquent les différents types de construction.

a. *Les différents modèles*
Trois modèles syntaxiques peuvent être repérés : un premier exprimant la perception visuelle de manière directe, un second la rendant de manière indirecte et un troisième distinguant l'objet de la vision (représenté de manière neutre) et la perception ou impression du personnage (représentée de manière directe).

La représentation directe de la vision
Comme les exemples ci-dessus l'ont déjà suggéré, la particule והנה, après le verbe ראה, indique toujours l'adoption de la perspective du personnage, que la particule soit suivie d'un participe (voire un adjectif)[82] ou d'un *qatal*[83]. Ainsi, dans la scène rapportant la destruction de Sodome et Gomorrhe, la narration commence par décrire les actes de Yhwh et le processus graduel de l'anéantissement des deux villes par la pluie de soufre et de feu (Gn 19,23–25). La narration revient alors au personnage d'Abraham (verset 27) et rapporte «en direct» la manière dont il perçoit la dévastation : «Et il regarda vers les faces de Sodome et Gomorrhe et sur toutes les faces de la terre de la plaine et il vit : et voici [והנה] la fumée de la terre montait comme la fumée d'une fournaise» (verset 28). Seul le résultat de la destruction est perçu par Abraham, comme l'indique la répétition du substantif קיטר, «fumée»[84]. La construction permet donc de représenter une certaine réalité de la manière dont la perçoit un personnage. Les mots reflètent la perspective de celui-ci, comme pour exprimer ce que la réalité vue évoque en lui (voir ici l'image de la fournaise).

---

[82] Voir Gn 18,2 ; 24,63 ; 26,8 ; 29,2 ; 31,10 ; 33,1 ; 37,25 ; 41,22–24.
[83] Voir Gn 8,13 ; 19,28 ; 22,13.
[84] G. J. Wenham, *Genesis 16–50*, p. 59, souligne de même la perspective intérieure adoptée au verset 28 et suggère la raison d'un tel déplacement : «Presenting it through Abraham's eyes, the narrator makes us more conscious of the human aspect of the destruction. Abraham had relatives there. What had happened to them? The reader has been told, but Abraham was still unaware of Lot's escape». Voir également V. P. Hamilton, *The Book of Genesis. Chapters 18–50*, p. 49.

La représentation indirecte de la vision

Dans les représentations indirectes de la vision, la narration médiatise explicitement la perception du personnage, que ce soit en nommant l'objet de la vision par des termes ne reflétant pas le niveau de connaissance du personnage, en élaborant la situation concrète perçue par un mot abstrait, ou encore en précisant un lien familial évident, que le personnage ne « nommerait » pas s'il exprimait oralement sa vision. Les exemples envisagés présentent deux types de structure syntaxique : le verbe ראה[85] suivi d'un groupe nominal objet direct[85] ou d'une proposition introduite par כי et comprenant un verbe conjugué (Gn 28,6–7 ; 32,26 ; 40,16). Il faut y ajouter l'emploi d'un simple pronom objet[86], d'une question indirecte[87], d'un groupe nominal prépositionnel (après ראה ou après un autre *verbum videndi*)[88], ou encore d'un ה- de direction[89]. La représentation indirecte de la vision est utilisée également pour annoncer des expériences visuelles futures (Gn 22,8) ou pour évoquer l'absence d'une telle expérience (9,23 ; 39,23). Ici, la perspective du personnage ne pourrait être adoptée, puisque l'expérience visuelle est soit future soit niée.

La distinction de l'objet de la vision et de la perception du personnage

Dans ce type de construction, on observe une distinction entre l'objet de la vision en tant que tel, réalité concrète représentée de manière objective, et la perception du personnage, ou l'impression que suscite en lui la réalité vue. On peut par exemple citer Gn 6,2 : « Et les fils de l'Élohim virent les filles de l'humain, qu'[כי] elles [étaient] bonnes/belles [טבת] ». L'adjectif טבת rend la manière dont « les filles de l'humain », l'objet de la vision, sont perçues par les fils de l'Élohim[90]. Le même modèle syntaxique est présent en Gn 12,14 : « Et les Égyptiens virent la femme, qu'[כי] elle [était] très belle [יפה...מאד] ». Tant l'adjectif que l'adverbe d'intensité [מאד] expriment la manière dont les Égyptiens

---

[85] J'inclus ici la construction ראה + (את) כל־אשר, que l'on trouve en Gn 31,12.43 ; 45,13.

[86] Voir Gn 7,1 ; 9,16 ; 12,12.15 ; 16,13 ; 32,3 ; 34,2 ; 38,15 ; 44,28 ; 45,28.

[87] Voir Gn 2,19 ; 8,8 ; 18,21 ; 37,20.

[88] Voir Gn 4,4b–5a ; 18,16 ; 19,28 ; 29,32 ; 34,1 ; 41,19 ; 44,34.

[89] Voir la seule occurrence de Gn 13,14.

[90] Voir V. P. HAMILTON, *The Book of Genesis. Chapters 1–17*, p. 118, qui rend dans sa traduction la dualité de perspectives : « The sons of God saw how attractive the daughters of humankind were ».

considèrent Sarah[91]. On peut encore citer 13,10, avec une structure légèrement différente : « Et Lot leva ses yeux et il vit toute la plaine du Jourdain, que [כי] [elle était] tout entière irrigation ». Bien que le terme משקה soit un substantif, la syntaxe de base reste la même. L'objet de la vision est d'abord décrit en termes géographiques (« toute la plaine du Jourdain »), avant d'être exprimée selon la perspective de Lot (« tout entière irrigation »)[92].

La particule והנה peut être utilisée de manière similaire. Ainsi, en Gn 31,2, l'usage d'un adverbe temporel à forte valeur déictique suggère particulièrement qu'est adoptée la perspective du personnage : « Et Jacob vit les faces de Laban : et voici [והנה] il [n'était] pas avec lui comme avant-hier [כתמול שלשום] »[93]. L'objet direct en tant que tel – « les faces de Laban » – est trop court pour pouvoir laisser apparaître une perspective déterminée. Par contre, la proposition introduite par והנה semble clairement refléter la perspective de Jacob (malgré l'usage de עמו, « avec lui », où le pronom renvoie au sujet de la vision)[94]. Le groupe nominal כתמול שלשום est en effet clairement déictique, situant un point dans le temps en le référant au « maintenant » de Jacob sans le mentionner. En guise de confirmation, au verset 5 du même chapitre, Jacob utilise la même expression dans son discours à Rachel et Léah. Dans ces deux types de construction, le verbe ראה est suivi d'abord de l'objet direct, exprimé de manière objective, puis d'une proposition, introduite par כי ou par והנה, qui vient compléter cet objet en suggérant l'impression ressentie par le personnage. Les grammairiens parlent ainsi

---

[91] Dans cet exemple, le complément direct anticipé semble être également exprimé à partir de la perspective des Égyptiens, puisque Sarah est nommée « la femme » [האשה].

[92] Voir J.-L. SKA, « *Our Fathers Have Told Us* », p. 73, « The narrator gives the content of Lot's comment on what Lot 'sees,' namely that Sodom and Gomorrah had not yet been destroyed [...]. Thus he makes it clear that Lot had been attracted or even allured by the beauty of the Jordan valley, but that he did not know what that beauty could hide ».

[93] La particule איננו comprend le suffixe masculin singulier, tandis que פנים est substantif pluriel. C'est pour cette raison que je traduis : « *il* n'était pas avec lui... », comprenant איננו comme se référant à Laban. Selon cette lecture, il n'y aurait donc pas, à proprement parler, d'anticipation de l'objet avant la proposition introduite par והנה. Néanmoins, à un niveau sémantique, on pourrait interpréter l'expression פני לבן comme se référant à la personne de Laban. Le Pentateuque Samaritain change איננו en אינם (à la fois aux versets 2 et 5) et est suivi par certains commentateurs, comme V. P. HAMILTON, *The Book of Genesis. Chapters 18–50*, p. 285.

[94] Voir G. J. WENHAM, *Genesis 16–50*, pp. 263 et 269 (« הנה 'that' shows us the situation through Jacob's eyes »).

d'une anticipation de l'objet direct[95]. Quelques autres passages de la Genèse présentent une construction analogue[96].

Ce type de représentation est également exprimé par une proposition nominale introduite par כִּי (ne comprenant donc aucun verbe conjugué). Dans ce type de construction, à la fois l'objet direct et l'appréciation du personnage sont représentés dans la proposition en כִּי. Ainsi, en Gn 3,6, un verset qui sera encore analysé plus loin, le verbe רָאָה est suivi de deux particules כִּי (plus une sous-entendue), chacune introduisant le jugement que porte la femme sur l'arbre du connaître bien et mal : « Et la femme vit que [כִּי] bon [était] l'arbre à manger et que [כִּי] désir il [était] pour les yeux et séduisant [était] l'arbre pour comprendre ». L'adjectif טוֹב, « bon », le substantif תַאֲוָה, « désir », et le participe נֶחְמָד, « séduisant », rendent la manière dont la femme apprécie l'arbre[97]. La construction présente une variante, dans la forme courte du refrain de Gn 1 (1,10.12.18.21.25), où l'objet de la vision n'est pas nommé, tandis que seule la perception du personnage est exprimée. Ces versets, ainsi que d'autres exemples avec le personnage divin comme sujet de la perception, seront envisagés plus loin[98].

Tableau récapitulatif
Le tableau suivant reprend ces différents modèles syntaxiques, avec le type de représentation qu'ils suggèrent. Chaque construction est introduite par le verbe רָאָה ou un autre *verbum videndi* :

וְהִנֵּה + qatal + groupe nominal	Représentation directe de la vision
כִּי + verbe conjugué Groupe nominal objet Pronom objet Préposition + groupe nominal Question indirecte ה de direction	Représentation indirecte de la vision

---

[95] Voir P. Joüon, *Grammaire de l'hébreu biblique*, § 157d : « Avec les *verba sentiendi*, notamment avec רָאָה *voir*, יָדַע *savoir, connaître*, il y a souvent anticipation du sujet ».

[96] Voir ainsi, avec וְהִנֵּה : Gn 1,31 ; 6,12 ; 40,6 ; 42,27 ; avec כִּי : 1,4 ; 31,5 ; 49,15.

[97] Dans la Genèse, voir également 6,5 ; 28,8 ; 29,31 ; 50,15.

[98] Voir « Les perceptions visuelles divines dans la diégèse », p. 328.

Table (*cont.*)

Complément direct	+ והנה	+ proposition nominale	Distinction de l'objet de la vision et de la perception du personnage
	+ כי	+ proposition nominale	
	כי	+ proposition nominale	

Une certaine régularité apparaît quant à l'emploi des particules והנה et כי. Ainsi, והנה introduit toujours une représentation directe de la vision, exprimée en des termes qui reflètent la perspective du personnage. La particule כי ne joue ce rôle que dans les cas où elle est suivie par un groupe nominal. Parallèlement, on remarque que le déplacement de perspective – depuis la perspective externe de la narration vers celle, intérieure, du personnage – est toujours opéré par l'une ou l'autre de ces particules.

b. *Notes sur l'origine et la valeur déictiques des mots introducteurs*
Il est intéressant de rappeler que les mots כי et הנה n'ont pas toujours servi de conjonctions dans l'histoire de l'hébreu biblique. Comme le montre la comparaison avec d'autres langues sémitiques, ils ont en effet d'abord été utilisés comme interjections et démonstratifs, comportant donc une forte charge déictique. En ce qui concerne le terme כי, la bible hébraïque présente certains emplois de la particule où son origine démonstrative est encore perceptible: dans les formules de serment (Gn 22,16; 1 R 1,30; Is 45,23), dans certains oracles (Am 6,11.14; Is 3,1), dans certaines prédictions (Gn 43,10; Jb 7,21), ou encore dans des propositions exprimant la causalité avec une certaine emphase (Gn 18,5)[99]. La valeur déictique de הנה apparaît quant à elle clairement dans

---

[99] Sur la particule כי, voir James MUILENBURG, «The Linguistic and Rhetorical Usages of the Particle כי in the Old Testament», *HUCA* 32 (1961), pp. 135–160, particulièrement p. 136 («It [la particule כי] points or shows the way forward»); Takamitsu MURAOKA, *Emphatic Words and Structures in Biblical Hebrew*, Magnes Press/Brill, Jerusalem/Leiden, 1985, pp. 158–164; James L. KUGEL, «The adverbial use of *kî ṭôb*», *JBL* 99 (1980), pp. 433–435; J. Gerald JANZEN, «Kugel's Adverbial *kî ṭôb*: An Assessment», *JBL* 102 (1983), pp. 99–106; A. SCHOORS, «The Particle כי», pp. 240–276; Anneli AEJMELAEUS, «Function and Interpretation of כי in Biblical Hebrew», *JBL* 105 (1986), pp. 193–209; Antonella BENIGNI, «The Biblical Hebrew Particle כי From a Discourse Analysis Perspective», *ZAH* 12 (1999), pp. 126–145.

l'usage de la particule comme interjection, dans des discours directs[100]. Ainsi, en Gn 1,29, Élohim commence sa phrase sur le don des végétaux par l'interjection הנה, attirant l'attention sur l'immédiateté de ce don : « Voici [הנה], je vous ai donné/je vous donne toute herbe ensemençant semence… ». La valeur déictique de l'interjection se marque au fait qu'elle désigne la situation, temporelle et spatiale, des interlocuteurs (« à ce moment », « par ce geste »), sans pour autant la nommer[101].

Les deux particules servent donc premièrement à attirer l'attention et à mettre en évidence un certain élément. Muraoka note en ce sens :

> La fonction primaire de ces particules consiste à indiquer que le locuteur ou l'écrivain veut attirer l'attention spéciale de l'auditeur ou du lecteur respectivement vers un fait ou un objet qui peut être dit important, nouveau, imprévu, etc. Ceci trouve la meilleure explication si on assume

---

[100] Sur la particule והנה, voir en particulier Casper Jeremiah LABUSCHAGNE, « The Particles הן and הנה », in : A. S. VAN DER WOUDE [éd.], *Syntax and Meaning. Studies in Hebrew Syntax and Biblical Exegesis* (OTS 18), Brill, Leiden, 1973, pp. 1–14, spécialement p. 1. Voir également, sur les deux particules (par ordre alphabétique) : Luis ALONSO SCHÖKEL, « Nota estilística sobre la partícula הנה », *Bib* 37 (1956), pp. 74–80 ; Francis I. ANDERSEN, *The Sentence in Biblical Hebrew*, Mouton, Den Hague, 1974, pp. 94–95 ; IDEM, « Lo and Behold! Taxonomy and Translation of Biblical Hebrew הנה », in : M. F. J. BAASTEN, W. Th. VAN PEURSEN [éds], *Hamlet on a Hill. Semitic and Greek Studies Presented to Professor T. Muraoka on the Occasion of his Sixty-Fifth Birthday* (OLA 118), Peeters, Leuven, 2003, pp. 25–56 ; Josua BLAU, « Adverbia als psychologische und grammatische Subjekte/Prädikate im Bibelhebräisch », *VT* 9 (1959), pp. 130–137 ; W. Randall GARR, « הן », *RB* 111 (2004), pp. 321–344 ; Paul HUMBERT, « La formule hébraïque en *hineni* suivi d'un participe », *Opuscules d'un hébraïsant* (Mémoires de l'Université de Neuchâtel 26), Secrétariat de l'Université de Neuchâtel, Neuchâtel, 1958 (1934¹), pp. 54–59 ; Hiroya KATSUMURA, « Zur Funktion von *hinnēh* und *wĕhinnēh* in der biblischen Erzählung », *AJBI* 13 (1987), pp. 3–21 ; Simcha KOGUT, « On the Meaning and Syntactical Status of הנה in Biblical Hebrew », in S. JAPHET, *Studies in Bible* (ScrHie 31), Magnes Press, Jerusalem, 1986, pp. 133–154 ; Dennis J. McCARTHY, « The Uses of *wĕhinnēh* in Biblical Hebrew », *Bib* 61 (1980), pp. 330–342 ; Hans-Peter MÜLLER, « Die Konstruktionen mit *hinnē* 'siehe' und ihr sprachgeschichtlicher Hintergrund », *ZAH* 2 (1989), pp. 45–76 ; T. MURAOKA, *Emphatic Words*, pp. 137–140 ; Donald SLAGER, « The Use of 'Behold' in the Old Testament », *Occasional Papers in Translation and Textlinguistics* 31/1 (1989), pp. 50–79 ; Josef TROPPER, « Die hebräische Partikel hinneʰ, 'siehe'. Morphologische und syntaktische Probleme », in : R. LEHMANN (Hrsg.), *Kleine Untersuchungen zur Sprache des Alten Testaments und seiner Umwelt*, vol. 3, Harmut Spenner, Waltrop, 2001–2002, pp. 81–121 ; Christo H. J. VAN DER MERWE, « Old Hebrew Particles and the Interpretation of Old Testament Texts », *JSOT* 60 (1993), pp. 27–44 ; Tamar ZEWI, « The Particles hinneh and wᵉhinneh in Biblical Hebrew », *HS* 37 (1996), pp. 21–38.

[101] Sur l'interjection, voir par exemple P. JOÜON, *Grammaire de l'hébreu biblique*, § 105a : « Les interjections sont des mots de sentiment. Les interjections les plus simples sont de purs mots de sentiment, des cris ou des onomatopées. Les autres sont des mots exprimant une idée plus ou moins précise avec une nuance de sentiment. Enfin un mot quelconque employé avec une nuance spéciale de sentiment peut prendre une valeur interjectionnelle ».

que ces particules sont originellement des éléments démonstratifs ou déictiques[102].

D. J. McCarthy, parlant de l'emploi de la particule après un verbe de perception, souligne quant à lui la valeur émotionnelle ou dramatique des propositions introduites par והנה, si forte qu' «on ne peut pas traiter cette proposition comme un simple exposé des faits», mais plutôt comme «une perception profondément affectée»[103]. En ce sens, on a vu dans les exemples précédents, particulièrement dans les cas où sont distingués le contenu de la vison et l'impression suscitée, que les particules והנה et כי sont employées immédiatement avant le(s) terme(s) représentant directement le sentiment du personnage.

Enfin, on peut encore noter l'affinité de ces particules avec la langue orale, d'où elles sont issues en tant qu'interjections originelles. Cette affinité est notée par A. Berlin, commentant le regard d'Isaac, en Gn 24,63: «Ce type de représentation est scénique exactement comme l'est la citation d'une conversation répétée en discours direct au lieu d'être enchâssée [en style indirect] – ces deux modes étant relativement similaires. [...] Je pense que [cette construction] fonctionne de manière analogue au monologue intérieur, afin d'internaliser le point de vue; elle fournit une sorte de "vision intérieure"»[104]. R. Kawashima observe également la proximité que la représentation de la vie intérieure avec והנה entretient avec le discours direct, les deux présentant: «une disparition [blurring] apparente de la frontière entre la narration et le discours»[105]. La représentation de la vie intérieure avec והנה est ainsi rendue comme «un discours intérieur qui surgit à la conscience du personnage»[106]. Les observations posées au cours de l'analyse des

---

[102] «The primary function of these particles lies in indicating that the speaker or the writer wants to draw the special attention of the hearer or the reader respectively to a fact or object which can be said to be important, new, unexpected, etc. This can be best accounted for by assuming their origin as demonstrative or deictic elements», T. MURAOKA, *Emphatic Words*, p. 138.

[103] «...The emotional tone is so strong that we cannot treat the sentence as a simple statement of fact [...but as] a deeply moving perception», D. J. McCARTHY, «The Uses of *wᵉhinnēh* in Biblical Hebrew», p. 332. McCarthy cite les exemple de Gn 15,17; 1 S 30,3; 1 R 10,6–7.

[104] «This kind of representation is just as scenic as, and quite similar to, the quoting of a repeated conversation in direct discourse instead of embedding it. [...] I think it functions in much the same way as interior monologue, to internalize the viewpoint; it provides a kind of 'interior vision'», A. BERLIN, *Poetics and Interpretation of Biblical Narrative*, p. 62.

[105] «Apparent blurring of the boundary between narration and discourse», R. S. KAWASHIMA, *Biblical Narrative and the Death of the Rhapsode*, p. 90.

[106] «An inner speech that flashes across a character's consciousness», R. S. KAWASHIMA, *Biblical Narrative and the Death of the Rhapsode*, p. 93. Kawashima considère

différents exemples ainsi que ces quelques remarques encouragent
donc à comparer la représentation de la perception visuelle à celle du
langage.

c. *Postures narratives sous-jacentes aux différentes constructions*

Comme pour la représentation du langage, le mode de représentation
de la perception visuelle implique différentes postures de la narration.
Comme cela a été noté plus haut, le terme «posture» suggère l'attitude
qu'adopte la narration ou l'image qu'elle donne d'elle-même. En effet,
ni dans la représentation du langage ni dans celle de la perception
n'existent différents degrés de médiation de la narration, celle-ci étant
responsable à la fois de la diégèse et des discours prononcés par les
personnages. Les différentes variations portent plutôt sur la manière
avec laquelle la narration se présente ou apparaît à la perception du
lecteur.

Dans le cas du discours, la narration dispose de ressources variées
pour rapporter les paroles d'un personnage, manifestant plus ou moins
sa médiation. Le discours direct lui permet de rendre les paroles du
personnage en effaçant au maximum son entremise : les mots sont
représentés comme ils seraient prononcés dans la langue orale[107], comme
s'ils étaient simplement transcrits dans le récit. Par contre, le discours
indirect suppose et laisse transparaître la médiation de la narration, qui
élabore, syntaxiquement et narrativement, les propos prononcés. Ceux-ci
sont ainsi intégrés dans une phrase introductive et, par elle, dans la
diégèse. Le lecteur n'a donc pas accès aux mots exacts du personnage,
ne pouvant que les reconstituer à partir des indications données.

En choisissant le discours direct, la narration adopte donc une posture
d'effacement. Elle se retire devant le personnage, pour livrer ses paroles
telles quelles au lecteur. Elle fait en quelque sorte disparaître sa médiation,
pour donner au lecteur l'impression d'être confronté directement au
personnage, comme le sont les autres acteurs du récit. Par contre, dans
le discours indirect, la narration rend visible sa médiation, manifestant
que le lecteur ne connaît le personnage que par elle. Elle s'interpose
ainsi entre eux, se révélant à la fois comme le seul accès au personnage
et comme l'écran qui conditionne toute représentation[108].

---

la représentation directe de la vision comme analogue au style indirect libre dans la
littérature moderne.

[107] Du moins comme les conventions narratives d'une langue suggèrent qu'ils le
seraient.

[108] Voir en ce sens le premier chapitre de cette recherche, spécialement l'intitulé
«Les styles direct et indirect en linguistique générale», p. 34.

Les différents types de représentation de la perception visuelle laissent apparaître les mêmes postures narratives. Dans la représentation directe de la vision, la narration fait disparaître sa médiation. La particule והנה (ainsi que כי dans les cas de succession ou d'enchâssement de différentes perspectives) permet de signaler le déplacement entre la perspective de la diégèse et celle du personnage. Son affinité avec la langue discursive, en tant qu'interjection, semble charger les mots qu'elle introduit d'une certaine proximité avec le langage oral, comme si le personnage exprimait par des mots l'objet de sa vision. La narration ouvre, en quelque sorte, une fenêtre sur la perception du personnage, permettant au lecteur de voir avec ses yeux. Elle présente donc une même posture d'effacement que dans la représentation directe du langage.

La représentation directe de la perception diffère cependant de la représentation directe du langage dans la mesure où, dans le cas du discours, il suffit à la narration de « transcrire », pour ainsi dire, les mots que prononce le personnage – exactement, de donner l'impression qu'elle les transcrit sans rien y ajouter, y omettre ou y modifier. Par contre, la représentation de la perception implique un passage inévitable au langage. Même si on peut soutenir qu'une personne n'est consciente de ses perceptions que via la médiation de la langue, les mots constituent tout de même une première traduction, nécessaire, de ce qui n'est qu'impression. La narration ne peut bien sûr, par définition, s'abstenir de ce passage au langage, mais elle le fait, dans la représentation directe, de manière à suggérer l'immédiateté et la subjectivité de la perception visuelle. Les traits lexicaux et syntaxiques relevés plus haut constituent les moyens principaux par lesquels la perception est pour ainsi dire « transcrite » en mots tout en continuant à apparaître comme l'impression ressentie par le personnage.

Par contre, dans la représentation indirecte de la perception visuelle, la narration médiatise la réalité vue par le personnage. Comme pour le discours indirect, elle élabore la perception du personnage, laissant ainsi apparaître sa médiation. Dans le cas de la représentation du langage, cette médiation se porte uniquement sur la reprise des paroles prononcées, sur leur agencement, sur le choix des mots, etc. Dans le cas de la représentation de l'expérience visuelle, il s'agit plutôt d'une « mise en langage », qui, au contraire de la représentation directe, apparaît plus proche de la langue narrative que de la langue discursive. Ici, il n'est plus question de rendre la réalité vue par les « mots » de la perception du personnage, mais d'élaborer cette perception afin de l'intégrer dans son contexte narratif. Cette élaboration, comme on l'a vu, se marque par exemple par la référence au sujet de la vision au moyen de déterminants et de pronoms, par l'emploi de termes abstraits, par l'évocation d'événements antérieurs auxquels le personnage n'a pas nécessairement assisté.

La narration, ici, ne cache pas son rôle intermédiaire, y faisant même recours de manière manifeste. Il faut d'ailleurs noter que la narration, dans le cas de la représentation de la perception visuelle, ne se limite pas à médiatiser des paroles – auxquelles a accès tout observateur extérieur (à l'exception des monologues) – mais également une *perception*, c'est-à-dire un état intérieur, connu seulement de la personne sujet de cette perception. Le «privilège» propre au genre littéraire narratif est ainsi mis en œuvre, permettant à la narration de connaître et de représenter ce que les personnages ressentent au plus profond d'eux-mêmes. En fait, ce «privilège» est également mis en œuvre dans la représentation directe de la vision, mais de manière complètement masquée par l'effacement apparent de la narration.

En conclusion, je voudrais proposer l'hypothèse que la représentation directe de l'expérience visuelle constitue (au moins dans le Pentateuque) un subterfuge mis en œuvre par la narration, qui lui permet de représenter la vie intérieure des personnages sans pour autant faire apparaître sa médiation. Avec la technique des monologues et la représentation discursive des processus intérieurs, la représentation directe de la vision permet de donner accès à l'intériorité du personnage, tout en évitant de manifester l'activité narratrice. Ce type de représentation apparaît donc comme un «compromis», permettant à la fois la représentation interne de la perception et l'effacement de la narration. L'intitulé suivant va se pencher sur un cas où ce compromis narratif est particulièrement significatif : la représentation des expériences visuelles du personnage divin.

4. *La représentation des expériences visuelles du personnage divin*

Après ce détour sur l'expression de l'expérience visuelle dans la Genèse, il s'agit à présent de se pencher sur la représentation plus particulière des perceptions visuelles divines, cette fois dans l'ensemble du Pentateuque. Au terme de cette analyse, on pourra comparer la représentation des paroles divines à celle de ses perceptions visuelles. Cela permettra d'aller plus loin dans la formulation de l'hypothèse générale sur la représentation de la vie intérieure divine que je propose dans cette recherche.

a. *La représentation de l'expérience visuelle divine: les données*

Dans un souci de clarté, je reprends ci-dessous la répartition des différentes perceptions visuelles divines dans le Pentateuque. Comme on l'a déjà observé plus haut, c'est dans la diégèse qu'est représenté le plus grand nombre d'expériences visuelles divines. Que ce soit dans cette catégorie particulière ou dans l'ensemble des passages, c'est la Genèse qui compte la majorité des occurrences:

Diégèse	Discours divin	Discours humain	Discours humain citant le personnage divin
Gn 1,4.10.12.18.21. 25.31; 4,4; 6,5.12; 29,31; Ex 2,25; 3,4; 4,31; 14,24	Gn 7,1; Ex 3,7.9; 32,9	Gn 29,32; 31,42; Dt 26,7; 32,19	Gn 31,12; Dt 9,13

Si l'on examine plus particulièrement les quinze occurrences se trouvant dans la diégèse, on note la répartition suivante:

Représentation directe:	Aucune
Représentation indirecte:	Ex 2,25; 3,4
Distinction de l'objet de la vision et de la perception du personnage	Gn 1,4.10.12.18.21.25.31; 6,5.12; 29,31
Représentation du seul regard (et non de son objet):	Gn 4,4; Ex 14,24
Médiation par la perception d'autres personnages:	Ex 4,31

On peut observer que les perceptions visuelles divines rapportées dans la diégèse sont le plus souvent représentées de manière à combiner la perspective du personnage et celle de la narration. Ainsi, le Pentateuque ne compte aucune représentation «entièrement» directe de la perception visuelle divine et seulement deux représentations en mode indirect (Ex 2,25; 3,4). Deux passages (Gn 4,4; Ex 14,24) représentent la direction du regard divin (voir l'emploi de la préposition אל) et non l'objet de ce regard. En Ex 4,31, c'est la perception du peuple qui est rapportée: «Et le peuple crut et ils entendirent que Yhwh avait visité les fils d'Israël et qu'il avait vu leur humiliation». Mis à part ces passages, la majorité des perceptions visuelles divines relèvent du mode de représentation où l'objet de la vision est distingué de la perception du personnage.

b. *Les perceptions visuelles divines dans la diégèse*
Ayant expliqué les cas particuliers de Gn 4,4; Ex 4,31 et 14,24, je me penche à présent plus en détail sur les passages où l'objet d'une perception visuelle divine est raconté dans la diégèse. Je commence par les deux versets (Ex 2,25; 3,4) où l'objet de la vision est rapporté en mode indirect. Je m'attacherai ensuite à la construction principale par laquelle les perceptions visuelles divines sont représentées dans le Pentateuque: la distinction entre l'objet de la vision, représenté de manière neutre (parfois sous-entendu), et l'impression du personnage, représentée en mode direct.

Les deux cas de représentation indirecte de la perception visuelle divine (Ex 2,25; 3,4)
Ex 2,25 fait partie d'une courte scène conclusive, qui termine la description de la situation des fils d'Israël en Égypte, de la naissance et de la fuite de Moïse. Cette scène, sans doute d'origine sacerdotale[109], compte la première intervention «active» du personnage divin directement en faveur d'Israël dans le livre de l'Exode[110]: «Et il arriva, durant ces jours nombreux, que mourut le roi d'Égypte. Et les fils d'Israël gémirent (hors) de la servitude et ils crièrent. Et leur appel à l'aide monta vers l'Élohim (hors) de la servitude. Et Élohim entendit [וישמע] leur plainte et Élohim se souvint de son alliance avec Abraham, avec Isaac et avec Jacob. Et Élohim vit [וירא] les fils d'Israël et Élohim connut [וידע]» (2,23–25). Cette scène conclusive est également programmatique, dans la mesure où elle annonce la rencontre entre Yhwh et Moïse aux chapitres 3–4, puis l'ensemble du récit de la sortie d'Égypte. Les différentes perceptions (et processus intérieurs) évoquées – l'ouïe, le souvenir, la vue et la connaissance[111] – contribuent à relier la situation du peuple avec

---

[109] Voir M. Noth, *Das zweite Buch Mose: Exodus*, pp. 21–22. La scène ne serait cependant pas homogène, mais fusionnerait deux éléments différents.

[110] En 1,20, Élohim intervient en faveur des accoucheuses, donc indirectement pour le peuple. «L'Élohim» est également mentionné en 1,17.21 comme l'objet de la crainte des accoucheuses (mais il est impossible de dire si elles sont égyptiennes).

[111] Ces différentes perceptions sont d'ailleurs liées entre elles: l'ouïe ravive le souvenir, tandis que la vue permet la connaissance.

l'intervention divine : c'est parce qu'Élohim est touché par la servitude du peuple qu'il entreprend de le libérer.

Au sujet plus particulièrement de la perception visuelle évoquée (verset 25), on peut noter que son objet – «les fils d'Israël» – est exprimé de manière générale (par exemple, il n'est pas dit qu'Élohim voit «*la servitude* des fils d'Israël»), sans laisser transparaître le sentiment ou l'impression que suscite ce regard chez le personnage. Cette remarque vaut encore plus pour la proposition suivante, où le verbe ידע est dépourvu de complément direct («et Élohim connut»). Grâce à l'indication du souvenir de l'alliance (verset 24), le lecteur peut imaginer le sentiment d'Élohim pour le peuple et sa volonté d'intervenir. Cependant, l'expression des perceptions – de l'ouïe, de la vue et de la connaissance – ne laisse rien transparaître du sentiment éprouvé par Élohim. On peut donc en conclure que la perception visuelle divine décrite en 2,25 se limite à suggérer une certaine prise de conscience de la part d'Élohim, sans préciser vraiment l'objet de son regard.

En fait, la scène de 2,23–25 permet plutôt d'annoncer la rencontre entre Moïse et Yhwh au chapitre suivant, où ce dernier exprime en discours direct le contenu de sa perception, reprenant ainsi les trois verbes de 2,24–25 en détaillant leur objet direct : «J'ai sûrement vu [ראה ראיתי] l'humiliation de mon peuple qui est en Égypte, et leur cri, je l'ai entendu [שמעתי] de devant ses oppresseurs, car/oui [כי] je connais [ידעתי] ses tourments» (3,7). La suite du discours divin au verset 9 complète également l'expression de ce qu'a vu Élohim : «et aussi j'ai vu [ראיתי] l'asservissement dont l'Égypte les asservit». La courte scène de 2,23–25 apparaît ainsi comme une anticipation narrative du discours direct d'Élohim au chapitre suivant. Ce procédé littéraire permet à la narration d'annoncer au lecteur, en aparté, une intervention divine, par exemple en la rattachant au contexte narratif (comme c'est le cas ici). Le discours direct, prononcé par le personnage divin et reprenant l'anticipation narrative, «confirme» donc la représentation indirecte donnée par la narration.

Une telle technique permet de concilier une certaine profondeur dans la représentation des personnages et la retenue habituelle de la narration. D'une part, le texte du Pentateuque se présente comme un récit, non comme une pièce de théâtre : toutes les perceptions ressenties par les personnages ne peuvent ainsi être exprimées par le discours direct, au risque de perdre la qualité narrative du texte. Une certaine «narrativisation» doit donc forcément prendre place, notamment en ce qui concerne l'intériorité des personnages. D'autre part, on remarque que la représentation narrativisée, ici de la perception visuelle du personnage divin, est suivie d'un discours direct prononcé par ce dernier. La narration atténue de la sorte la manifestation de sa médiation : elle limite en effet celle-ci à l'agencement des faits (voir l'usage de l'anticipation) et évite de la mettre en œuvre pour représenter la divinité. En d'autres termes, il y a bien intervention narrative dans le sens où un événement raconté plus loin dans le récit (ici, un élément d'un discours divin) est anticipé. Toutefois, l'usage même de cette technique permet d'éviter une manifestation encore plus marquée de la médiation narrative, qui viserait à représenter de manière indirecte des perceptions et processus intérieurs divins.

Le second cas de représentation indirecte de la perception visuelle divine se trouve dans ce même chapitre 3 de l'Exode : « Et YHWH vit qu'il faisait/avait fait un détour [סר] pour voir » (Ex 3,4). Ici encore, le contenu de la vision n'exprime pas une impression d'ordre subjectif, mais une simple perception de la réalité extérieure. De manière intéressante, on remarque que cette réalité est exprimée au verset précédent, par un discours direct de Moïse : « Et Moïse dit : "Que je fasse un détour [אסרה־נא] et que je voie/pour que je voie cette grande vision, pourquoi le buisson ne se consume pas" » (3,3). La perception visuelle de YHWH, rapportée au verset suivant, n'introduit donc pas un élément nouveau dans le récit, mais vise plutôt à indiquer au lecteur qu'un certain élément de la réalité narrative a bien été perçu par le personnage divin. Le début du verset 4 pourrait également servir à annoncer et expliquer l'appel de YHWH (verset 4b) : c'est en effet peut-être parce que Moïse fait un détour et se montre intéressé que YHWH peut alors l'appeler et engager la conversation avec lui.

En conclusion, on peut remarquer que les deux passages où une perception visuelle divine est exprimée en style indirect ne mettent pas en œuvre une « connaissance » intérieure spéciale que la narration aurait du personnage divin. Bien qu'elle manifeste explicitement sa médiation pour d'autres éléments du récit (pour l'agencement des faits, par exemple), la narration la masque le plus possible quand elle représente le personnage divin.

Distinction de l'objet de la vision et de l'impression du personnage
Ce type de construction, le plus fréquent pour exprimer l'expérience visuelle divine, est présent dans le refrain rythmant le récit de la création en Gn 1. La première (verset 4) et la dernière (verset 31) occurrence de ce refrain présentent une forme plus longue. « Et Élohim vit la lumière,

que [כִּי] [elle était] bonne » (1,4): l'objet de la vision est d'abord exprimé de manière objective, puis est suivi d'un adjectif rendant en un seul mot le jugement divin sur cette réalité[112]. De même, au verset 31, la narration rapporte à la fois le contenu de la vision et l'appréciation du personnage divin, avec cette fois la particule וְהִנֵּה: « Et Élohim vit tout ce qu'il avait fait; et voici [וְהִנֵּה] [c'était] très bon ». L'objet direct en tant que tel présente Élohim, le sujet de la vision, comme faisant partie de la chose vue (« ce qu'*il* avait fait »). Par contre, la proposition introduite par וְהִנֵּה est dépouillée de toute référence déictique et résume en deux mots l'appréciation divine: « très bon ». Ces deux mots traduisent l'impression ressentie par le personnage divin et pourraient constituer un discours direct, s'ils étaient introduits, par exemple, par לֵאמֹר. Dans ses autres occurrences, le refrain présente une forme plus courte: « Et Élohim vit que [כִּי] [c'était] bon » (1,10.12.18.21.25). L'objet de la vision, sous-entendu, est constitué par l'élément qu'Élohim vient de créer (la terre sèche et l'amas des eaux, la verdure et les arbres, etc.). L'adjectif טוֹב, quant à lui, rend en mode direct l'impression que ressent Élohim[113].

L'exemple de Gn 6,5 a déjà été évoqué précédemment[114]: « Et Yhwh vit que grand [était] le mal de l'humain sur la terre et que toute l'intention des pensées de son cœur [n'était] que mauvaise tout le jour». Comme on l'a vu plus haut, l'adjectif רַבָּה, « grand » (au féminin), et le substantif רָעָה, « mauvais », expriment le jugement du personnage divin à la vue des actions humaines. Ces mots expriment ainsi en mode direct

---

[112] Les traductions expriment rarement cette dualité de perspectives. Voir cependant H. MESCHONNIC, *Au commencement. Traduction de la Genèse*, Desclée de Brouwer, Paris, 2002, pp. 27 et 245, qui traduit: « Et 'Élohim a vu / la lumière / c'est bien », soulignant ainsi la double représentation de l'objet. Meschonnic note: « Il voit la lumière et il voit qu'elle est bonne. Deux moments successifs » (p. 245). Voir également V. P. HAMILTON, *The Book of Genesis. Chapters 1–17*, p. 118: « And God saw how beautiful the light was ». Hamilton explique sa traduction de la manière suivante: « I take *kî* as an emphatic rather than simply a subordinate conjunction 'that' ».

[113] Roger LAPOINTE, *Dialogues bibliques et dialectique interpersonnelle. Étude stylistique et théologique sur le procédé dialogal tel qu'employé dans l'Ancien Testament* (RFTP 1), Desclée/Bellarmin, Paris/Tournai/Montréal, 1971, p. 55 (note 150), traduit le refrain en deux parties nettes, laissant apparaître la rupture entre l'introduction narrative et l'expression de l'appréciation divine: « Et Dieu regarda – excellent ». Lapointe considère ces passages comme des discours indirects libres. Voir de même A. WÉNIN, *D'Adam à Abraham*, p. 35 (« Le narrateur y rapporte avec ses propres mots la pensée de son personnage tout en la prenant à son propre compte »). Pour J.-P. SONNET, « À la croisée des mondes », p. 77, on a ici une forme de « perception indirecte », où l'adjectif « bon » est à l'intersection des points de vue de Dieu et du narrateur.

[114] Voir l'intitulé « Emplois d'adjectifs « de jugement » dans la diégèse », p. 297.

l'impression divine – comme s'ils étaient prononcés par Yhwh à la vue du spectacle de la terre. Plus loin dans le même chapitre, on trouve une double représentation de la «corruption» de la terre. La narration commence par décrire la scène selon une perspective extérieure : «Et la terre se corrompit [וַתִּשָּׁחֵת] devant l'Élohim et la terre se remplit de violence» (6,11). Au verset suivant, la même scène est représentée selon le regard divin : «Et Élohim vit la terre ; et voici [וְהִנֵּה] [elle était] corrompue [נִשְׁחָתָה][115], car toute chair avait corrompu son chemin sur la terre» (6,12). Encore une fois, le jugement porté par le personnage est condensé en un seul mot, ici un participe, introduit par la particule וְהִנֵּה. La succession des deux types de représentation – une narrativisation indirecte (6,11) puis une représentation directe de la vision d'Élohim (6,12) – permet de visualiser le changement de point de vue.

La construction de Gn 29,31 est identique, cette fois avec l'emploi de la conjonction כִּי : «Et Yhwh vit que [כִּי] haïe [était] Léah». Le lecteur connaît déjà, à ce point du récit, la préférence de Jacob pour Rachel (29,30). Le regard de Yhwh, qui précède son intervention en faveur de Léah, semble donc révéler sa propre perception de la situation. De plus, le participe שְׂנוּאָה, «haïe», semble posséder une certaine charge émotive, au contraire de la description équilibrée de la narration : «et il [Jacob] aimait *aussi* [גַּם] Rachel plus que [מִן] Léah» (29,30).

Ces trois passages manifestent donc le souci de la narration d'isoler ce que voit le personnage divin – un élément de la création, la conduite de l'humain, la terre ou encore Léah – de la manière dont il perçoit ces différentes réalités (ou, pour Léah, de la situation où elle se trouve). On peut supposer, à la lecture de ces versets, que l'expérience visuelle est subordonnée à l'expression du jugement ou de l'appréciation – comme le suggèrent les traductions classiques («Et Élohim vit que la lumière était bonne», «que la terre était corrompue», etc.). Cependant, il me semble important de noter que la langue hébraïque distingue ici perception et appréciation (ce qu'elle ne fait pas toujours : voir par exemple Gn 32,26 ; 37,4 ; 38,14 ; 40,16 ; etc.). Je suggérerai que, au moins dans

---

[115] Je considère la forme verbale נִשְׁחָתָה comme un participe *nifal* féminin singulier. Cependant, elle pourrait être comprise comme un *qatal* (paradigme נִשְׁחֲתָה), avec un allongement vocalique dû à la pause [נִשְׁחָתָה], ce que suggère l'accentuation massorétique. Parmi les auteurs lisant le *qatal*, voir entre autres B. Jacob, *Das Buch Genesis*, p. 185 et V. P. Hamilton, *The Book of Genesis. Chapters 1–17*, p. 278.

le cadre d'une approche esthétique de la syntaxe, cette dissociation permet d'isoler l'expression du sentiment afin de pouvoir rendre celui-ci en mode direct. Le procédé évite de la sorte un exercice apparent de la médiation narrative. Il est particulièrement intéressant de noter que cette technique syntaxique est mise en œuvre pour représenter les perceptions visuelles du personnage divin (et les appréciations qu'elles suscitent chez lui): la narration s'efface devant la perception divine, laissant celle-ci s'exprimer sans médiation apparente.

On peut déjà relier cette observation à ce qui a été constaté à l'issue de l'étude des discours divins. Comme on l'a vu, la narration s'abstient de rapporter les paroles divines en mode indirect. Quand elle le fait, c'est seulement pour rappeler une parole prononcée antérieurement dans le récit. Si la narration manifeste expressément sa médiation pour certains éléments (notamment dans ce procédé de rappel), elle s'abstient d'en faire un usage explicite quand elle représente les paroles divines, préférant rapporter celles-ci en mode direct, comme elles sont censées être prononcées. La narration s'efface donc devant le personnage, évitant de résumer ou d'élaborer syntaxiquement ses paroles, même de manière minime. Tant dans le cas de la représentation des paroles que dans le cas de la représentation des perceptions visuelles divines, la narration privilégie donc le mode direct. Ce faisant, elle confronte le lecteur avec les mots mêmes du personnage – que ceux-ci soient censés avoir été prononcés ou qu'ils représentent l'impression ressentie. La médiation de la narration est de la sorte masquée ou effacée, plaçant le lecteur dans une situation – presque – similaire à celle des personnages dont le récit raconte l'expérience du divin.

III. Représentation des autres perceptions divines

À côté de ces perceptions visuelles divines, on trouve encore, dans la diégèse, la représentation de la sensation olfactive de Yhwh en Gn 8,21 ainsi que plusieurs représentations d'expériences auditives (voir tableau ci-dessus). J'examinerai en particulier les passages se situant dans la diégèse, où la narration raconte l'intériorité de la divinité sans passer par la médiation du discours.

1. *La perception olfactive (Gn 8,21)*

La représentation de la perception olfactive de Yʜᴡʜ en Gn 8,21 a été rapidement abordée dans le chapitre sur les monologues[116]: «Et Yʜᴡʜ sentit la senteur de tranquillité…». On a vu que le monologue qui suit immédiatement, aux versets 21–22, exprime le changement d'attitude de Yʜᴡʜ quant à sa relation avec les humains. La représentation de la perception olfactive divine permet donc d'assurer le lien entre la décision exprimée dans le monologue et le contexte narratif immédiat, à savoir la sortie de l'arche et les holocaustes offerts par Noé. Ce que la perception exprime de manière narrativisée, le monologue l'exprime donc de manière discursive. On est donc en présence d'un cas d'anticipation: la narration anticipe dans la diégèse l'expression d'une impression divine, qui est ensuite confirmée par un discours direct du personnage.

2. *La perception auditive: anticipation et discrétion narrative*

Du point de vue de la représentation de la vie intérieure, l'expression de la perception auditive est moins intéressante que celle de l'expérience visuelle (ou olfactive). En effet, alors que la représentation de la vision peut à la fois inclure une description de la réalité vue et l'impression ressentie par le personnage à ce spectacle, l'expression de l'ouïe ne fait que nommer la voix ou le son entendu (sauf si une autre construction est ajoutée, comme en Nb 11,1).

a. *Perception auditive et intervention divine en faveur du personnage humain*
Comme pour l'expression de la vision, on peut observer la mise en œuvre d'un procédé d'anticipation, visant à reprendre dans un discours à la première personne la perception narrativisée qui est rapportée dans la diégèse. Ainsi, en Gn 21,17aα, la narration rapporte d'abord: «Et Élohim entendit la voix du garçon». La perception est alors exprimée dans un discours direct: «Et le messager d'Élohim cria vers Hagar depuis le ciel et il lui dit: "Qu'as-tu, Hagar? Ne crains pas, car Élohim a entendu la voix du garçon là où il est"» (verset 17aβb). Le passage est d'autant plus intéressant que le discours du messager fait se succéder troisième et première personne, celle-ci étant utilisée dans la promesse conclusive: «car en grande nation je le poserai» (verset 18b). Comme

---

[116] Voir «La décision de ne plus frapper l'humain (Gn 8,21b–22)», p. 76.

le note von Rad, le «je» de YHWH se fait entendre dans la parole du messager, parlant ainsi à la fois en son nom propre et au nom de YHWH[117]. La parole du messager, dont l'autorité équivaut pratiquement à celle de YHWH lui-même, permet donc de confirmer la perception narrativisée donnée par la narration.

De même, on a vu plus haut comment la courte scène d'Ex 2,23–25 narrativise plusieurs perceptions divines, qui sont alors confirmées par le discours direct prononcé par YHWH en 3,7–10. Particulièrement, la narration rapporte en 2,24: «Et Élohim entendit leur gémissement [נאקתם]». Dans le discours direct du chapitre suivant, YHWH déclare: «et leur cri [צעקתם] je l'ai entendu de devant ses oppresseurs» (3,7); «et maintenant voici: le cri [צעקת] des fils d'Israël est venu jusqu'à moi» (3,9). Malgré le changement de substantif[118], il est clair que le discours direct reprend et confirme la narrativisation anticipée de la perception. Plus loin dans le récit, Élohim rappelle de même à Moïse: «Et moi, j'ai aussi entendu le gémissement [נאקת] des fils d'Israël que l'Égypte asservit et je me suis souvenu de mon alliance» (6,5). Comme on l'a déjà observé, le procédé permet à la narration d'annoncer une perception divine, mais en limitant l'exercice de sa médiation quant à la représentation du divin.

D'autres emplois du verbe שמע avec un sujet divin permettent de suggérer qu'un certain événement est le résultat d'une intervention divine en faveur d'un personnage humain dans une situation difficile. Ainsi, en Gn 30,17, «Élohim entendit (vers) Léah et elle devint enceinte et elle enfanta à Jacob un cinquième fils». Dans cet exemple, Léah n'adresse aucune demande explicite à YHWH, mais se plaint plutôt à sa sœur: «Est-ce peu que tu aies pris mon homme, pour que tu prennes aussi les mandragores de mon fils?» (verset 15). On peut se demander si Élohim entend cette réplique de Léah ou plutôt sa détresse en général. Cette évocation de la perception divine permet en tout cas de suggérer que la grossesse de Léah est due à une intervention d'Élohim. Au verset 22 du même chapitre, une construction similaire est utilisée à propos

---

[117] Voir G. VON RAD, *Das erste Buch Mose: Genesis. Kapitel 12,10–25,18*, p. 199. Sur l'histoire de la composition du verset, voir par exemple C. WESTERMANN, *Genesis. 2. Teilband: Genesis 12–36*, p. 419.

[118] Par ce changement de substantif, YHWH pourrait requalifier le «gémissement» [נאקה] du peuple en un «cri» [צעקה]. Ce dernier terme, selon BDB, rend surtout l'aspect sonore du cri (voir l'étymologie de l'arabe), tandis que le substantif נאקה suppose la plainte et le gémissement de la personne blessée ou oppressée.

de Rachel: «Et Élohim se souvint de Rachel et Élohim entendit (vers) elle et il ouvrit son sein». Cette fois, l'intervention divine est exprimée de manière explicite.

Une autre construction analogue se trouve en Nb 21,3: «Et Yʜᴡʜ entendit (dans [בּ]) la voix d'Israël et il donna les Cananéens...». L'expression שׁמע בקול est traduite par «entendre», «exaucer» (BDB, Zorell). La «voix d'Israël» fait référence au vœu fait par le peuple: «Si jamais tu donnes ce peuple dans ma main, j'exterminerai leurs villes» (21,2). Comme dans les occurrences précédentes, il s'agit ici moins d'une information sur une perception divine (ou sur la manière dont Yʜᴡʜ perçoit un personnage) qu'une indication qu'il se rend compte d'une situation et s'apprête à y répondre. Dans les trois cas du Pentateuque, ce type d'indication est suivi par le récit de l'intervention divine. Son rôle narratif semble ainsi consister à introduire l'action divine pour le personnage humain (ou le groupe de personnages) en la reliant à son contexte – la demande du personnage (Nb 21,2) ou simplement sa détresse (Gn 30,14–15 et 23). Cette représentation de la perception auditive peut ainsi être considérée comme une anticipation dans la mesure où le fait même de l'intervention divine confirme que la demande ou la détresse du personnage a bien été perçue par le personnage divin.

b. *Quand la perception auditive précède la colère divine*

Enfin, il faut mentionner deux cas où la perception auditive de Yʜᴡʜ précède l'expression de sa colère. La première scène des «murmures» du peuple, dans le livre des Nombres, rapporte: «Et il arriva, alors que le peuple murmurait de manière mauvaise[119] [רע] aux oreilles de Yʜᴡʜ, Yʜᴡʜ entendit et sa colère s'enflamma et le feu de Yʜᴡʜ brûla contre eux et dévora une extrémité du camp» (Nb 11,1). Dans son apparat critique, l'éditeur de la *BHS* propose de lire le substantif רְעָב, «faim», à la place de l'adjectif רַע, «mauvais»[120]. La plupart des commentateurs suivent néanmoins le TM, comme M. Noth ou T. R. Ashley, lisant רע dans sa forme substantivale («au sujet de leur

---

[119] Voire: «du mauvais» (c'est-à-dire des choses mauvaises), si l'on lit רע comme un adjectif substantivé.

[120] La *BHS* ajoute en outre que de nombreux manuscrits présentent בעיני, «aux yeux de» (comme au verset 10 du même chapitre), au lieu de באזני, «aux oreilles de».

malheur »)[121]. Une autre option consiste à lire le terme רע comme une qualification du participe כמתאננים, comme dans la traduction de B. A. Levine : « Le peuple continua à se plaindre amèrement, à portée de voix de YHWH »[122]. P. J. Budd, simplement, omet dans sa traduction le terme רע, traduisant l'ensemble de l'expression (le participe et l'adjectif) par le verbe « se plaindre »[123]. Dans ces différentes traductions, רע est ainsi compris en lien avec le participe כמתאננים : la narration affirme que le murmure du peuple est soit énoncé au sujet de sa malchance soit exprimé de manière amère.

Toutefois, la présence du complément « aux oreilles de YHWH » pourrait aussi suggérer que l'adjectif רע rend la manière dont YHWH perçoit les murmures (comme dans l'expression בעיני יהוה) : « le peuple murmurait de manière mauvaise aux oreilles de YHWH »[124]. Dans ce cas, la perception auditive de YHWH est racontée deux fois : d'abord au moyen du complément « aux oreilles de YHWH », puis par la proposition « et YHWH entendit ». Selon cette lecture, la manière dont YHWH réagit à ce qu'il entend est d'abord indiquée par l'adjectif רע, qui anticiperait et expliquerait la colère divine, rapportée dans la seconde moitié du verset. La narration ne manifesterait donc pas vraiment sa médiation, mais ferait preuve d'anticipation. On peut également noter que le verbe וישמע n'a pas de complément d'objet, la construction sous-entendant que ce sont les murmures du peuple que YHWH entend. La narration se présente donc particulièrement discrète dans la représentation de cette perception auditive divine.

Une structure quelque peu similaire se trouve en Nb 12,2 : « Et ils [Miryam et Aaron] dirent : "Est-ce donc seulement à/par [ב] Moïse que YHWH a parlé ? N'est-ce pas aussi à/par [ב] nous qu'il a parlé ?" Et YHWH entendit ». Ici, la narration se limite à noter le fait de la perception divine, sans spécifier ni son objet (les paroles de Miryam et Aaron, d'après le contexte immédiat) ni l'impression ressentie par le personnage. La réaction de YHWH est plutôt racontée au moyen de son

---

[121] Voir M. NOTH, *Das vierte Buch Mose: Numeri*, p. 73 (« Das Volk lag Jahwe in den Ohren wie Leute, die sich über etwas Schlimmes zu beklagen haben ») et T. R. ASHLEY, *The Book of Numbers*, p. 200 (« And the people took up murmuring about their misfortune in the ears of Yahweh... »).

[122] « The people continued to grieve bitterly, within earshot of YHWH », B. A. LEVINE, *Numbers 1–20*, p. 312. Voir également J. MILGROM, *Numbers*, p. 82.

[123] Voir P. J. BUDD, *Numbers*, pp. 117 et 119.

[124] Voir ainsi les traductions, en français, de la *Bible de Segond*, de la *Bible de Jérusalem*, ou encore de la *TOB*.

discours direct, adressé à Miryam et Aaron (versets 6–8), puis par sa colère, racontée au verset 9. Encore une fois, la mention de la perception auditive divine apparaît comme un moyen narratif permettant de relier un certain fait – ici la conversation entre Miryam et Aaron – et la réaction divine qui s'ensuit.

c. *Notes sur la représentation discursive de la perception auditive*

Comme on l'a vu dans le tableau introductif, un grand nombre de perceptions auditives divines sont rapportées de manière discursive, dans un discours prononcé par Yʜwʜ ou par un autre personnage. Elles sont moins importantes pour cette recherche, puisque c'est le personnage, et non la narration, qui assume la connaissance de l'intériorité divine. On peut noter, par exemple, quelques cas où un personnage exprime sa propre interprétation d'une perception auditive divine. Ainsi, en Gn 29,33, Léah interprète la naissance de son fils comme une intervention de Yʜwʜ: «Car Yʜwʜ a entendu que je suis/étais haïe et il m'a donné aussi celui-ci». Ici, la perception du personnage est confirmée par la représentation narrativisée donnée peu avant par la narration: «Et Yʜwʜ vit que haïe [était] Léah» (verset 31). Par contre, dans un verset parallèle, sur les lèvres de Rachel, cette fois – «Élohim a rendu son jugement et il a aussi entendu ma voix et il m'a donné un fils» (30,6) –, aucune indication n'est donnée concernant la possibilité d'une intervention divine.

Au chapitre 16 de l'Exode, alors que le peuple murmure sur sa condition dans le désert et regrette l'Égypte, Yʜwʜ promet à Moïse de «faire pleuvoir du pain» (16,4). Moïse et Aaron s'adressent à leur tour au peuple et annoncent, entre autres choses, de la viande et du pain. Leur discours est ponctué, à trois reprises, par l'affirmation que «Yʜwʜ a entendu vos murmures» (versets 7, 8 et 9). Dans ses propos (versets 4–5), Yʜwʜ n'a pas mentionné qu'il a effectivement entendu ces murmures, mais le fait même qu'il prononce son discours suggère qu'il les a bien perçus. Le motif structurant du discours de Moïse et Aaron exprime ainsi leur propre expérience du divin.

IV. Représentation des processus intérieurs divins

Il s'agit à présent de considérer en détail l'expression des processus intérieurs divins. Comme pour l'expression des perceptions divines, je me concentrerai en particulier sur les représentations narrativisées, où la narration raconte, en son nom propre, l'intériorité divine. Quelques exemples de représentations discursives serviront de comparaison.

1. *L'expression de la colère*

La difficulté d'une analyse des passages représentant la colère divine tient au fait que l'énoncé «la colère de Yhwh s'enflamma» peut exprimer à la fois le sentiment intérieur divin et ses manifestations extérieures[125]. L'examen des différents passages va montrer que les représentations comprises dans la diégèse (7 occurrences sur 27) sont chaque fois accompagnées soit d'un acte de Yhwh par lequel celui-ci donne à sa colère une manifestation extérieure, soit d'un discours où lui-même ou un autre personnage l'exprime oralement. On verra ensuite que les représentations discursives de la colère divine, en particulier dans des discours prononcés par Moïse, présentent un vocabulaire imagé et diversifié, auquel la narration ne fait curieusement pas recours dans la diégèse.

a. *Les représentations narrativisées (dans la diégèse)*
Dans la première catégorie – où un acte de Yhwh vient confirmer l'expression de sa colère –, on peut citer le cas paradigmatique de Nb 11,1 : «Et il arriva, alors que le peuple murmurait de manière mauvaise aux oreilles de Yhwh, Yhwh entendit et sa colère [אף] s'enflamma et le feu de Yhwh brûla contre eux et dévora une extrémité du camp». La manifestation du feu donne à l'expression de la colère divine une tournure concrète. La narration ne semble ainsi, par la narrativisation du sentiment divin, qu'anticiper la description extérieure qui suit. Un cas similaire se trouve au verset 33 du même chapitre : «Alors que la viande était encore leurs dents, avant qu'elle soit mâchée, la colère [אף] de Yhwh s'enflamma contre le peuple et Yhwh frappa le peuple d'une très grande frappe». Comme le feu au verset 1, la «frappe», au verset 33, donne une manifestation extérieure à la colère, confirmant ainsi la représentation narrativisée. Dans l'histoire de Balaam, alors que celui-ci vient de se mettre en route vers Balaq, «la colère [אף] de Élohim s'enflamma car il partait et le messager de Yhwh se tint debout sur le

---

[125] Au sujet de l'importance du contexte culturel dans l'expression de la colère, spécialement dans la bible hébraïque, voir Ellen van Wolde, «Sentiments as Culturally Constructed Emotions: Anger and Love in the Hebrew Bible», *BI* 16 (2008), pp. 1–24.

chemin en adversaire contre lui» (Nb 22,22). La suite du récit – les écarts de l'ânesse et les différentes positions du messager – met en évidence l'acharnement de Yʜᴡʜ à bloquer la route de Balaam. La colère divine est de la sorte exprimée par ses manifestations extérieures.

En Nb 25,3–4, c'est par un discours que Yʜᴡʜ exprime extérieurement sa colère: «Et Israël s'attacha à Baʿal Peʿor et la colère [אף] de Yʜᴡʜ s'enflamma [ויחר] contre Israël. Et Yʜᴡʜ dit à Moïse: "Prends tous les chefs du peuple et pends-les pour Yʜᴡʜ devant le soleil, et l'ardeur [חרון] de la colère [אף] de Yʜᴡʜ se détournera d'Israël"». Ici, le discours divin reprend la représentation de la narration – tant le substantif אף que le verbe חרה (en lui donnant la forme nominale חרון). Le rôle de la narrativisation du verset 3 se limite donc à annoncer ce que redira Yʜᴡʜ en discours direct. Le cas d'Ex 4,14 est moins clair, la colère de Yʜᴡʜ étant implicite dans son discours: «Et la colère [אף] de Yʜᴡʜ s'enflamma contre Moïse et il dit: "N'y a-t-il pas Aaron ton frère le lévite?"». La question rhétorique qui introduit le discours divin peut suggérer l'impatience de Yʜᴡʜ, qui, dans la diégèse, est plutôt rapportée comme «colère». Il semblerait donc que le discours divin modère ici la représentation narrativisée antérieure, peut-être dans un but rhétorique, Yʜᴡʜ faisant en sorte de ne pas effrayer Moïse.

Le cas de Nb 12,9 combine les deux modes de «confirmation». La représentation narrativisée de la colère de Yʜᴡʜ est en effet suivie à la fois d'un acte et d'un discours divins, tous deux l'exprimant de manière extérieure: «Et la colère [אף] de Yʜᴡʜ s'enflamma contre eux et il s'en alla. Et la nuée s'était détournée de sur la tente: et voici Miryam frappée par la lèpre comme la neige. Et Aaron se tourna vers Miryam: et voici, frappée par la lèpre» (12,9–10). Après un discours d'Aaron à Moïse, puis une prière de ce dernier, Yʜᴡʜ exprime oralement sa colère contre Miryam: «Si son père lui avait craché à son visage, ne serait-elle pas objet de honte durant sept jours? Elle sera enfermée durant sept jours à l'extérieur du camp et après, elle sera réunie» (12,14). La représentation narrativisée de la colère divine ne fait donc qu'anticiper à la fois le geste de Yʜᴡʜ (la lèpre) et la sanction qu'il énonce.

Enfin, en Nb 11,10, c'est un discours de Moïse qui vient confirmer la représentation narrativisée: «Et Moïse entendit le peuple qui pleurait, chacun dans ses clans, à l'entrée de sa tente. Et la colère [אף] de Yʜᴡʜ s'enflamma fort et ce fut mauvais aux yeux de Moïse. Et Moïse dit à Yʜᴡʜ: "Pourquoi as-tu fait du mal à ton serviteur et pourquoi n'ai-je pas trouvé grâce à tes yeux, pour que [tu aies] placé la charge de tout ce peuple sur moi?"» (11,10–11). Ce discours de Moïse sera envisagé en détail plus loin[126], mais on peut déjà noter l'intensité du verbe employé par Moïse : «pourquoi as-tu fait du mal [הרעת]…». Le personnage, Moïse en l'occurrence, reprend donc la représentation donnée par la narration, en des termes plus forts.

Ces sept cas du Pentateuque où la colère de Yʜwʜ est racontée dans la diégèse relèvent donc du procédé d'anticipation (seul le passage d'Ex 4,14 est moins clair) : la représentation narrativisée est confirmée dans les versets qui la suivent, par un acte et/ou un discours de Yʜwʜ, ou encore par un discours de Moïse. La description extérieure de la colère divine peut modérer la représentation narrativisée (Ex 4,14), mais peut aussi lui conférer davantage d'intensité (Nb 11,10 ; 25,3–4). Tant la diégèse que les actions et discours du personnage divin s'intègrent ainsi dans un projet narratif d'ensemble. À travers lui, la narration semble chercher à limiter l'exercice apparent de sa médiation, veillant à donner aux représentations intérieures relatées dans la diégèse une confirmation extérieure. Enfin, en guise de transition avec les représentations discursives, on peut noter que la colère est toujours exprimée dans la diégèse par le substantif אף, sujet du verbe חרה.

b. *Les représentations discursives*
On peut à présent considérer les représentations discursives de la colère divine. D'abord, comme on peut s'en douter, Yʜwʜ n'exprime que rarement sa colère dans un discours direct à la première personne. Dans l'épisode du veau d'or, il enjoint toutefois à Moïse : «Et maintenant, laisse-moi et que ma colère [אפי] s'enflamme contre eux et que je les consume ; mais je ferai de toi une grande nation» (Ex 32,10). L'expression de la colère semble plutôt désigner ici ses manifestations extérieures, dont Yʜwʜ menace de frapper le peuple. Dans un sens opposé, Yʜwʜ parlera de l'apaisement de sa colère : «Pinhas, fils d'Éléazar, fils d'Aaron le prêtre, a détourné ma rage [חמתי] de sur les fils d'Israël…» (Nb 25,11).

C'est dans un discours prononcé par Moïse que se trouvent, dans le Pentateuque, la majorité des expressions de la colère divine. À ce propos, je noterai surtout la variété du vocabulaire employé pour exprimer cette émotion, au contraire de l'emploi constant de ויחר אף dans la diégèse.

---

[126] Voir l'intitulé, au chapitre IV, «Moïse se révolte contre des paroles divines qui n'ont pas été prononcées (Nb 11,11–15)», p. 407.

Cette construction n'est employée, en contexte discursif, qu'en Nb 32,10.13 et Dt 29,26. Le terme אף est employé avec le substantif חרון, «ardeur» (de manière similaire à l'expression utilisée dans la diégèse, où אף est sujet du verbe חרה), en Ex 32,12 et avec les substantifs חמה, «rage»[127], et קצף, «fureur», en Dt 29,27 («Et Yhwh les a arrachés de sur leur sol avec colère, avec rage et avec grande fureur»)[128]. On trouve également le verbe אנף, au *qal* et au *hitpael* (le substantif אף et ce verbe relevant de la même racine[129]). Moïse rappelle ainsi à deux reprises que «même contre moi, Yhwh s'est mis en colère [התאנף] à cause de vous» (Dt 1,37); «Et Yhwh s'est mis en colère [התאנף] contre moi à cause de vos paroles» (Dt 4,21). Quand Moïse parle de la colère divine contre Aaron, c'est également ce même verbe qui est utilisé : «Et contre Aaron, Yhwh s'est mis fort en colère [התאנף]» (Dt 9,20).

Le verbe קצף – qui semble être un synonyme de אנף, mais que je traduis par «être furieux» pour marquer la différence[130] – est également utilisé au *qal* et au *hifil* en plusieurs passages. Ainsi, en Lv 10,6, Moïse donne une série de recommandations à Aaron et à ses fils «…pour que vous ne mouriez pas, car c'est contre toute l'assemblée qu'il est furieux [יקצף]…» (Lv 10,6). De même, en Dt 1,34, Moïse évoque les plaintes du peuple et rappelle que «Yhwh entendit la voix de vos paroles et il fut furieux [ויקצף]». Le même verbe peut également être accompagné de substantifs : «Car j'étais effrayé devant la colère [האף] et la rage [החמה] dont/par lesquelles Yhwh était furieux [קצף] contre vous» (Dt 9,19). Au *hifil*, le même verbe prend un sens causatif : «Rappelle-toi, n'oublie pas que tu as rendu furieux [הקצפת] Yhwh ton Élohim dans le désert» (Dt 9,7; voir également le verset 8, conjugué au pluriel, et le verset 22, avec un participe pluriel). Enfin, on trouve en Nb 17,11 le substantif קֶצֶף : «Va vite vers l'assemblée et fais sur eux l'expiation, car la fureur [הקצף] est sortie de devant Yhwh».

---

[127] E. Johnson note que le substantif חמה est dérivé du verbe יחם, «être chaud». En 5 occurrences de la bible hébraïque, il désigne le venin d'un serpent ou d'une flèche (Dt 32,24; Ps 58,5 [2x]; 140,4; Jb 6,4). Voir J. Bergman, E. Johnson, «אף אנף», *TWAT*, Bd. I, 1973, pp. 376–389, spécialement p. 380.

[128] Le substantif אף est encore employé, seul, en Dt 32,22, dans un discours de Moïse citant Yhwh.

[129] Au sujet de ces termes et sur leur étymologie, voir J. Bergman, E. Johnson, «אף אנף», p. 379.

[130] Voir J. Bergman, E. Johnson, «אף אנף», p. 381.

Le verbe עבר au *hitpael* est utilisé seulement en Dt 3,26[131]: «Et
Yhwh s'est irrité [ויתעבר] contre moi à cause de vous et il ne m'écouta
pas»[132]. En Dt 32,16, on trouve le verbe כעס au *hifil*, que les diction-
naires traduisent par «vexer», «provoquer la colère» (BDB), «offenser»
(KB), «contrister» (Zorell): «Ils l'ont rendu jaloux par des étrangers,
par des abominations, ils l'ont offensé [יכעיסהו]»[133]. En 32,19, la forme
nominale est utilisée dans une construction difficile: «Et Yhwh vit et
il méprisa – offense [מכעס] de ses fils et de ses filles»[134]. Je cite ici ces
passages[135], suivant la liste des termes exprimant la colère dressée par
E. Johnson. Ce dernier souligne que «la colère exprimée par כעס
n'est généralement pas reliée à un objet», mais que le verbe désigne
plutôt «un processus intérieur»[136]. La traduction anglaise du *TWAT*
ajoute que le verbe «signifie habituellement le sentiment suscité par le
fait d'avoir été traité injustement, et devrait être traduit par "peine"
[*grief*] ou "chagrin" [*sorrow*] plutôt que par "colère"»[137]. C'est donc
avec quelques réserves que ces passages sont classés parmi les expressions de la colère divine.

Cette polyphonie lexicale est très intéressante à relever, surtout par
comparaison avec la sobriété que présente la diégèse. Dans les discours
de Moïse, la colère de Yhwh est en effet rendue avec une abondance

---

[131] En dehors du Pentateuque, et avec un sujet divin, voir Ps 78,21.59.62; 89,39.

[132] E. Johnson signale le débat que suscite la question de savoir s'il existe une seule
racine עבר, signifiant à la fois «transgresser», «dépasser des limites», ou s'il faut envisager deux racines différentes. Voir J. Bergman, E. Johnson, «אף אנף», p. 383.

[133] Voir également le même verbe, mais à l'infinitif construit, en Dt 4,25; 9,18;
31,29.

[134] Je comprends donc «ses fils et ses filles» comme génitif subjectif, tandis que
«Yhwh» est la victime sous-entendue de l'offense. Voir de même Gerhard von Rad,
Das fünfte Buch Mose: Deuteronomium (ATD 8), Vandenhoeck & Ruprecht, Göttingen,
1968, p. 137 («wegen der Kränkung durch seine Söhne und Töchter»). Voir également Jeffrey H. Tigay, *Deuteronomy* דברים. *The Traditional Hebrew Text with the New JPS
Translation* (JPS 5), The Jewish Publication Society, Philadelphia/New York, 1996,
p. 307, qui propose la traduction «because of vexation by His sons and daughters»
(ou: «The Lord saw and spurned, because of vexation, his sons and daughters», où
le terme מכעס ne serait pas accompagné d'un génitif).

[135] On peut également citer, dans un discours de Moïse citant Yhwh, Dt 32,21, où
le verbe est utilisé au *piel*.

[136] «Gewöhnlich ist der durch כעס bezeichnete Zorn nicht objektbezogen; es handelt sich vielmehr um einen inneren Vorgang», J. Bergman, E. Johnson, «אף אנף»,
p. 383.

[137] «It usually means the feeling that comes from being treated unjustly, and thus
should be translated "grief" or "sorrow" rather than "anger"», J. Bergman, E. Johnson,
«אנף *ānaph*», *TDOT*. Vol. I, 1977.

de nuances : l'irritation, la fureur, l'ardeur de la colère, le sentiment
d'être offensé, la colère qui dépasse les limites, etc. Par contre, quand
la narration décrit «en son nom propre» le personnage divin, elle se
cantonne à la formule la plus générale, (יהוה) ויחר אף. À la lumière des
différents termes que présente le Pentateuque, il apparaît en effet que
cette construction rend la colère divine avec une certaine neutralité,
sans y ajouter de sentiments connexes ni d'indications sur l'intensité de
l'émotion. En quelque sorte, la narration énonce la colère divine, mais
sans vraiment la raconter. D'ailleurs, comme on l'a vu, les expressions de
la colère de Yhwh, dans la diégèse, fonctionnent comme anticipations
d'un discours ou d'une action. En conséquence, cette brève analyse des
expressions de la colère divine révèle la retenue de la narration quant
aux représentations narrativisées, alors que de nombreuses expressions
imagées seraient pourtant à sa disposition dans la langue.

2. *L'expression du savoir/de la connaissance*

Une connaissance ou un savoir divin n'est représenté dans la diégèse
qu'en deux passages du Pentateuque. Par contre, ce trait de l'intériorité
divine est évoqué à de nombreuses reprises dans des discours prononcés
soit par Yhwh soit par un autre personnage.

a. *Les représentations narrativisées*

La courte scène d'Ex 2,23–25 a déjà été considérée plus haut. On
y lit en particulier que «Élohim vit les fils d'Israël et Élohim connut
[וידע]» (2,25). Si le lecteur peut se douter que ce que «connaît» ainsi
Élohim concerne la servitude du peuple en Égypte – c'est la lecture
de la plupart des commentateurs et traductions[138] –, il n'en reste pas
moins que l'absence d'objet direct est étrange[139]. Toutefois, la Septante
présente un texte différent : ἐγνώσθη αὐτοῖς, «il se fit connaître d'eux»
(aoriste passif). C'est la traduction suivie, entre autres, par M. Noth
(«und Gott [tat sich kund]») et par W. H. C. Propp («And Deity saw
Israel's Sons, and he made himself known to them»)[140].

Je suggère plutôt, dans la ligne de ce qui a été proposé plus haut, de
lire cette scène comme une anticipation narrativisée de ce qui va être

---

[138] Voir par exemple B. S. Childs, *Exodus*, p. 28 («And God took notice»).

[139] À ma connaissance, le verbe ידע est également utilisé sans objet en Gn 18,21,
mais dans une phrase qui présuppose cet objet dans une première proposition.

[140] M. Noth, *Das zweite Buch Mose: Exodus*, p. 17 ; William H. C. Propp, *Exodus 1–18*
(AB 2), Doubleday, New York, 1999, p. 177.

raconté au chapitre suivant, plus précisément des discours que Yhwh va prononcer. Comme pour le *verbum videndi* de 2,25, repris en 3,7.9 dans le discours de Yhwh, le verbe ידע est également employé par Yhwh au chapitre 3 : «Et Yhwh dit : "J'ai sûrement vu l'humiliation de mon peuple qui est en Égypte et leur cri, je l'ai entendu de devant ses oppresseurs, car j'*ai connu* [ידעתי] ses tourments"» (3,7)[141]. Il est particulièrement intéressant d'observer que la représentation discursive du «savoir» divin révèle maintenant l'objet de celle-ci : les «tourments» [מכאביו] (un *hapax* dans le Pentateuque) du peuple. Le discours divin vient ainsi confirmer et compléter ce que la narration a rapporté, en en livrant pour ainsi dire la clé. Diégèse et discours se répondent donc l'un l'autre, apparaissant de la sorte comme deux versants d'un même projet narratif.

L'autre occurrence du Pentateuque où le verbe ידע a un sujet divin dans la diégèse se trouve en Dt 34,10 : «Et il ne se leva plus en Israël un prophète comme Moïse que Yhwh connaissait face à face». Ici, le verbe ידע désigne davantage une «connaissance» qu'un «savoir» ou, plus précisément, un certain mode de relation entre Yhwh et Moïse. La narration manifeste ainsi sa médiation, dans la mesure où elle rapporte, en mode narrativisé, quelque chose de l'intériorité divine – le mode de relation de Yhwh à Moïse. L'ensemble du passage où ce verset prend place fait révèle d'ailleurs à plusieurs reprises l'intervention de la narration, en rapportant que Josué était «plein de l'esprit de sagesse» (34,9) et affirmant qu'aucun prophète comme Moïse ne se leva plus en Israël. En ce qui concerne l'intériorité de Yhwh, la narration ne fait pourtant qu'exprimer d'une autre manière ce que l'ensemble du livre suggère : la proximité entre Yhwh et Moïse, intimité si forte que les deux énonciateurs tendent parfois à se confondre, leur voix s'unissant en une seule (voir par exemple Dt 6 ; 7,4 ; 11,14–15.18 ; 29,4–5)[142]. La narration tire pour ainsi dire la conclusion qu'implique ce qu'elle vient de raconter. Le procédé mis en œuvre serait donc l'inverse d'une anticipation, constituant plutôt un constat tiré du récit qui précède.

---

[141] On pourrait encore citer, plus loin dans le même chapitre : «Et Élohim dit encore à Moïse (verset 15) : "[…] Et moi je sais [ידעתי] que le roi d'Égypte ne vous donnera pas d'aller, sinon par une main forte"» (3,19).

[142] Il faut néanmoins noter que ce procédé littéraire de la fusion des voix suggère plutôt la connaissance que Moïse a de Yhwh, bien que l'inverse pourrait en être déduit également – Yhwh connaît Moïse à ce point qu'il laisse sa propre voix se mêler à la sienne.

b. *Les représentations discursives*

On se contentera ici de noter que la «connaissance» ou le «savoir»
divin sont bien plus souvent représentés de manière discursive, spécialement dans des discours prononcés par Yʜᴡʜ lui-même. Ainsi, en Gn
18,19, dans un monologue déjà étudié, Yʜᴡʜ affirme d'Abraham: «Car
je l'ai connu [יְדַעְתִּיו] afin qu'il ordonne à ses fils et à sa maison après
lui…». Ici, le verbe יָדַע désigne la relation particulière de Yʜᴡʜ envers
Abraham, renvoyant sans doute à l'élection (voire à l'alliance): Yʜᴡʜ
a choisi Abraham pour qu'il enseigne à sa famille comment garder ses
commandements[143]. Avec le sens de «connaître», on peut citer Ex 33,17
(«je te connais par ton nom») et Dt 31,21 («car je connais son dessein
qu'il fait aujourd'hui…»). Dans d'autres discours, le verbe יָדַע prend
plutôt le sens du verbe «savoir», suivi de la conjonction כִּי: «Moi, je
sais [יָדַעְתִּי] aussi que [כִּי] c'est dans l'intégrité de ton cœur que tu as
fait/agi» (Gn 20,6); «car maintenant je sais [יָדַעְתִּי] que [כִּי] tu crains
Élohim» (Gn 22,12)[144]; «Et moi je sais [יָדַעְתִּי] que [כִּי] le roi d'Égypte
ne vous donnera pas de partir» (Ex 3,19); «je sais [יָדַעְתִּי] que [כִּי]
lui, il parlera sûrement…» (Ex 4,14). Il est remarquable que toutes ces
représentations intérieures de Yʜᴡʜ – que ce soit de sa connaissance
ou de son savoir – soient rapportées en mode discursif, évitant ainsi
toute manifestation de la médiation narratrice.

3. *L'expression de l'appréciation et du jugement (et de la décision)*

Cette catégorie est très large, puisque j'y regroupe des passages exprimant l'appréciation d'un personnage (ou de son comportement) par
Yʜᴡʜ, un jugement, voire une décision, du personnage divin. Cette

---

[143] H. Gᴜɴᴋᴇʟ, *Genesis*, p. 203, se limite à noter que le verbe יָדַע exprime ici la
relation plus étroite que Dieu établit avec les humains. Pour G. ᴠᴏɴ Rᴀᴅ, *Das erste
Buch Mose: Genesis. Kapitel 12,10–25,18*, p. 178, le verbe désigne la relation de confiance
entre eux («ich habe ihn mir vertraut gemacht»). C. Wᴇsᴛᴇʀᴍᴀɴɴ, *Genesis. 2. Teilband:
Genesis 12–36*, p. 351, souligne quant à lui que le verbe désigne spécifiquement l'élection d'Abraham, une signification spécifique à ce verset. V. P. Hᴀᴍɪʟᴛᴏɴ, *The Book of
Genesis. Chapters 18–50*, p. 18, précise encore: «There is a growing consensus among
OT scholars that *yāḏaʿ* is, in places, a technical term in treaty or covenant terminology
that refers to mutual legal recognition on the part of the suzerain and the vassal».
Une traduction possible du verbe serait donc ici: «to recognize a legitimate servant,
grant recognition».

[144] Formellement, la parole est prononcée par l'ange/messager de Yʜᴡʜ, mais la
première personne semble renvoyer à Yʜᴡʜ lui-même, malgré l'emploi de la troisième
personne («Élohim»).

fois, les passages dans la diégèse (6 versets) sont plus nombreux que les représentations discursives (5 versets en comptant les cas discutables).

a. *Les représentations narrativisées*

Parmi les représentations narrativisées, je commencerai par isoler celle de Nb 24,1, où l'évocation d'une appréciation divine est médiatisée par la perception d'un autre personnage, Balaam : «Et Balaam vit que [כי] [il était] bon aux yeux de Yhwh de bénir Israël...». Selon l'hypothèse proposée plus haut, l'adjectif טוב, «bon», rend ici la perception de Balaam en mode direct, donnant ainsi accès à la manière dont il perçoit la disposition de Yhwh envers Israël. Même si le passage prend place dans la diégèse, il ne peut donc être considéré comme une représentation narrativisée de la perception divine, mais bien de celle de Balaam. De même, la représentation narrativisée de Nb 11,1 a déjà été abordée précédemment, dans la section consacrée à l'expérience auditive divine. Je me permets de renvoyer à l'analyse qui y a été proposée[145].

Les autres passages dans la diégèse représentent bien la manière dont Yhwh apprécie ou juge un personnage et/ou ses actions. Gn 6,8 fait directement suite au monologue divin énonçant la décision du déluge (verset 7) et a déjà été évoqué plus haut : «Et/or Noé trouva/ avait trouvé [ונח מצא] grâce aux yeux de Yhwh» (6,8)[146]. Après cette représentation narrativisée, viennent une courte description de Noé (versets 9–10), une description de la terre (verset 11) et de la manière dont elle est perçue par Élohim (verset 12), puis les discours de Élohim à Noé sur la construction de l'arche (versets 13–21), discours que Noé met entièrement en œuvre (verset 22). Le chapitre 7 s'ouvre alors sur l'ordre divin : «Et Yhwh dit à Noé : "Entre, toi et toute ta maison, dans l'arche, car toi je t'ai vu juste devant moi parmi cette génération"» (7,1). Le verbe ראה est accompagné de deux compléments directs[147] (ou d'un complément direct accompagné de son attribut), exprimant la manière dont Noé est perçu par Yhwh. Le discours direct vient ainsi confirmer la représentation de 6,8, qui apparaît dès lors comme une anticipation narrativisée. Sa position au chapitre 6 peut aisément s'expliquer comme

---

[145] Voir plus haut l'intitulé «Quand la perception auditive précède la colère divine», p. 336.

[146] Voir, au chapitre I, l'intitulé «La décision de recourir à une limitation radicale (Gn 6,7)», p. 74.

[147] Voir GKC § 117h : un deuxième objet peut être ajouté à un *verbum sentiendi* pour une description plus précise de l'état ou de l'activité dans lequel/laquelle un objet ou un être est perçu.

une manière de contrebalancer directement la décision d'envoyer un déluge (verset 7) avec l'espoir d'un autre type de relation avec Noé[148].

Le jugement divin peut aussi être négatif. On lit ainsi en Gn 38,7 : « Et ʿEr, premier-né de Juda, fut mauvais aux yeux de Yʜwʜ et Yʜwʜ le fit mourir ». Au verset 10 du même chapitre, alors que ʾOnan évite de donner une descendance à son frère, la narration commente : « Et ce qu'il faisait fut mauvais aux yeux de Yʜwʜ et il le fit mourir lui aussi ». Ces deux versets constituent incontestablement des représentations narrativisées du jugement divin. Néanmoins, on peut d'abord noter que celles-ci sont à chaque fois immédiatement suivies des conséquences de ce jugement : « et Yʜwʜ le fit mourir », confirmant la représentation donnée par la narration. Ensuite, on observe que cette partie du récit a pour fonction essentielle de préparer la suite du récit, dressant en quelque sorte le décor de l'histoire de Tamar et Juda. Au vu de l'ensemble de l'épisode, la raison et les circonstances de la mort des deux fils sont finalement de peu d'importance. Il semble ainsi que la narration accorde à ces deux descriptions une valeur fonctionnelle, sans s'y attacher longuement : l'important est sans doute ici de préciser au lecteur les véritables causes de la mort des fils de Juda, afin de manifester l'erreur que celui-ci va commettre en tenant Tamar pour responsable de la mort de ses deux fils (verset 11).

Enfin, il faut aborder le passage de Gn 15,6, dont l'interprétation est loin d'aboutir à un consensus : « Et il [Abram] crut en Yʜwʜ et il considéra [ויחשׁבה] cela pour lui comme justice ». La question porte essentiellement sur le sujet du second verbe. Habituellement, Yʜwʜ est considéré comme sujet implicite[149]. Ainsi, G. von Rad explique que le type de jugement exprimé par le verbe חשׁב relève en fait, originellement, de la fonction des prêtres (voir Lv 7,18 ; 17,4 ; Nb 18,27), particulièrement lors de l'acceptation des offrandes. Ici, il exprimerait donc l'acceptation d'Abram par Yʜwʜ – particulièrement pour la relation qu'Abram entretient avec Yʜwʜ, par son respect des commandements[150].

---

[148] Sur cette forme de reprise, voir par exemple C. Wᴇsᴛᴇʀᴍᴀɴɴ, *Genesis. 1. Teilband: Genesis 1–11*, pp. 572–573.

[149] Voir ainsi, entre autres, H. Gᴜɴᴋᴇʟ, *Genesis*, p. 180 (« Er glaubte Jahve auch dies Mal, der aber erkannte daran seine Frömmigkeit ») ; J. Sᴋɪɴɴᴇʀ, *Genesis*, p. 280 ; G. ᴠᴏɴ Rᴀᴅ, *Das erste Buch Mose: Genesis. Kapitel 12,10–25,18*, pp. 155 ; C. Wᴇsᴛᴇʀᴍᴀɴɴ, *Genesis. 2. Teilband: Genesis 12–36*, pp. 264–265.

[150] Voir G. ᴠᴏɴ Rᴀᴅ, *Das erste Buch Mose: Genesis. Kapitel 12,10–25,18*, pp. 155–156.

Cependant, comme le rappelle V. P. Hamilton dans son analyse, la syntaxe hébraïque suppose que le sujet de la première proposition reste le même dans la seconde s'il y est implicite[151]. Dans cette perspective, ce serait Abram qui considérerait la promesse divine comme une manifestation de la justice divine. L'hypothèse a été successivement défendue par L. Gaston (1980), M. Oeming (1983) et R. Mosis (1989)[152], évoquant la construction syntaxique des deux propositions (*we-qatal* suivi d'un *wayyiqtol*) et le sens du substantif צדקה: alors que le *we-qatal* והאמן suggère un état duratif (la continuité de la foi d'Abram)[153], le terme צדקה désigne plutôt *une* action juste déterminée[154]. La constance de la foi d'Abram ne pourrait donc que difficilement être considérée comme צדקה. Dans cette perspective, le verset tout entier évoquerait la réaction d'Abraham, tandis que le suffixe féminin singulier (sens neutre) du verbe ויחשבה renverrait aux promesses de Yhwh données aux versets 1–5. Le pronom לו, quant à lui, serait réflexif et aurait Abram comme antécédent: Abram considéra ces promesses comme un acte juste de Yhwh *pour lui*.

Si cette lecture du verset semble convaincante, les différentes réceptions du texte ont pourtant généralement attribué un sujet divin à la seconde proposition, comme l'illustre par exemple Rm 4,3[155]. Pour cette

---

[151] Voir V. P. Hamilton, *The Book of Genesis. Chapters 1–17*, p. 425. Hamilton considère néanmoins que Yhwh est le sujet de la seconde proposition.

[152] Voir Lloyd Gaston, «Abraham and the righteousness of God», *HBT* 2 (1980), pp. 39–68; Manfred Oeming, «Ist Genesis 15:6 ein Beleg für die Anrechnung des Glaubens zur Gerechtigkeit?», *ZAW* 95 (1983), pp. 182–197; Rudolf Mosis, «„Glauben" und „Gerechtigkeit" – zu Gen 15,6», in: Manfred Görg (Hrsg.), *Die Väter Israels. Beiträge zur Theologie der Patriarchenüberlieferungen im Alten Testament*, Verlag Katholisches Bibelwerk, Stuttgart, 1989, pp. 225–257. Voir également Dirk U. Rottzoll, «Gen 15,6 – ein Beleg für den Glauben als Werkgerechtigkeit», *ZAW* 106 (1994), pp. 21–27, qui suit les études précédentes, mais explique le suffixe ה comme renvoyant à la foi d'Abram: Abram considérerait sa propre foi comme un acte de justice. Contre la lecture de Gaston, Oeming et Mosis, voir Bo Johnson, «Who Reckoned Righteousness To Whom?», *SEÅ* 51 (1986), pp. 108–115.

[153] Voir GKC § 112ss (citant Gn 15,6 comme présentant *peut-être* «a longer or constant continuance in a past state».

[154] «צדקה ist […] nicht ein Nomen abstractum zur Bezeichnung einer Qualität, einer (relationalen) Eigenschaft von Personen, sondern ein Nomen concretum und unitatis, das eine einzelne Tat bezeichnet», R. Mosis, «„Glauben" und „Gerechtigkeit" – zu Gen 15,6», p. 250.

[155] Au sujet de la traduction de la Septante, voir R. Mosis, «„Glauben" und „Gerechtigkeit" – zu Gen 15,6», pp. 254–257. Voir également, au sujet de la Septante et des autres réceptions du texte, Sascha Flüchter, Lars Schnor, «Die Anrechnung des Glaubens zur Gerechtigkeit. Ein Rezeptionsgeschichtlicher Versuch zum Verständnis von Gen 15,6 MT», *BN* 109 (2001), pp. 27–44. Selon cette dernière étude, les différentes réceptions du texte ont attribué un sujet divin à la seconde proposition.

raison et sur la base de la plupart des commentaires et traductions, je préfère laisser la question ouverte et présenter les conséquences narratives qu'implique chaque lecture. Selon l'interprétation traditionnelle, le verset exprimerait, par une représentation omnisciente, la manière dont Yʜwʜ considère Abram et sa foi. Que le verset constitue ou non une conclusion que Yʜwʜ tire de ce qui est raconté aux versets 1–5[156], il est difficile de le considérer comme une reprise d'éléments antérieurs (ou comme une anticipation de ce qui suit). Les discours divins ne semblent pas, en effet, présenter l'élection d'Abram comme motivée par sa justice ou par une autre qualité morale. On serait donc en présence d'un des très rares cas du Pentateuque où un processus intérieur divin est narrativisé, sans constituer une reprise ou une anticipation. Par contre, selon l'interprétation alternative, vers laquelle je tendrais, le verset ne représenterait pas l'intériorité de Yʜwʜ, mais bien celle d'Abram. Il y aurait bien manifestation de la médiation narrative, mais celle-ci serait employée pour la représentation d'un être humain – non du divin.

b. *Les représentations discursives*

En Ex 33,17, Yʜwʜ déclare à Moïse : « Aussi cette parole que tu as parlée, je [la] ferai, car tu as trouvé grâce à mes yeux et je te connais par le nom ». Le verset constitue ainsi une variante discursive de la représentation narrativisée de Gn 6,8 concernant Noé. La même formule est employée en Gn 19,19 dans le discours de Lot aux « hommes » – même s'il semble plutôt s'adresser à Yʜwʜ : « Voici donc : ton serviteur a trouvé grâce à tes yeux... » (la suite du verset sera examinée plus loin).

Quelques passages contestables pourraient encore être cités. En Gn 50,20, Joseph déclare : « Et vous, vous aviez considéré [חשבתם] contre moi un mal : Élohim l'a considéré [חשבה] en un bien, afin de faire comme en ce jour, pour faire vivre/en faisant vivre un peuple nombreux ». Comme le souligne A. Wénin, le verbe חשב s'explique, dans sa première occurrence, par le fait que les frères ont bien planifié de tuer leur frère puis de le vendre, mais n'ont pas porté ces projets

---

Voir également une seconde contribution d'Oeming : Manfred Oᴇᴍɪɴɢ, « Der Glaube Abrahams. Zur Rezeptionsgeschichte von Gen 15,6 in der Zeit des zweiten Tempels », *ZAW* 110 (1998), pp. 16–33, qui suggère une certaine « oscillation » dans le sens attribué au verbe אמן, au substantif צדקה – justice de Yʜwʜ ou d'Abram ? – et au verset dans son ensemble.

[156] Sur le sens conclusif du verset, voir G. ᴠᴏɴ Rᴀᴅ, *Das erste Buch Mose: Genesis. Kapitel 12,10–25,18*, pp. 155 et C. Wᴇsᴛᴇʀᴍᴀɴɴ, *Genesis. 2. Teilband: Genesis 12–36*, p. 263, qui souligne qu'aux versets 2–3, Abraham doute de la promesse et se plaint de ne pas avoir reçu de descendance, tandis qu'au verset 6 est rapportée sa réaction positive.

à exécution (voir 37,19–20 et 26–27)[157]. Le double emploi du même verbe, avec les frères puis Élohim comme sujet, suggère la manière dont, selon Joseph, le personnage divin s'est en quelque sorte servi de ce mal pour en faire sortir un bien : «Car si mal et malheur il y a eu, il n'a pas pu empêcher Dieu de le travailler de l'intérieur pour le faire accoucher d'un bien : la vie en abondance»[158]. Toujours selon A. Wénin, Joseph poursuit ici la relecture théologique de sa propre histoire, qu'il a commencée en 45,5–9. Comme on l'a vu plus haut, au chapitre II, la signification théologique de l'histoire de Joseph tient uniquement à l'interprétation de ce personnage, sans être confirmée ni par la diégèse, ni par un discours divin[159].

Enfin, les deux passages de Dt 10,10 et 23,6 sont discutables. Situés dans un discours de Moïse, ils mettent tous deux en scène une décision négative de Yhwh, exprimée par le *qatal* אבה nié suivi d'un infinitif construit : «Et moi, je me suis tenu sur la montagne, comme dans les premiers jours, quarante jours et quarante nuits, et Yhwh m'a entendu aussi cette fois-là : Yhwh n'a pas consenti à te détruire» (Dt 10,10) ; «Et Yhwh ton Élohim n'a pas consenti à écouter Balaam» (Dt 23,6aα)[160]. J'hésite à classer ces versets parmi les processus intérieurs, puisque ces décisions négatives semblent désigner plutôt le résultat du processus mental que ce processus lui-même : «Il ne s'agit pas seulement de la volonté comme facteur psychologique à l'intérieur de l'être humain [...] ; plutôt, l'emphase porte essentiellement sur les premiers gestes et mesures par lesquels la volonté se manifeste»[161]. Dans la suite du verset 23,6, on trouve une sorte d'écho au discours de Joseph en Gn 50,20 : «et Yhwh ton Élohim a tourné [ויהפך] pour toi la malédiction en bénédiction, car Yhwh ton Élohim t'aime» (Dt 23,6aβb). Le verbe הפך, «tourner», semble ici désigner davantage le résultat extérieur de l'action divine que le verbe חשב utilisé en Gn 50,20. La dernière partie du verset, exprimant l'amour de Yhwh, va être envisagée au paragraphe suivant.

---

[157] Voir A. Wénin, *Joseph ou l'invention de la fraternité*, p. 316. Voir par contre V. P. Hamilton, *The Book of Genesis. Chapters 18–50*, p. 701 (note 14).

[158] A. Wénin, *Joseph ou l'invention de la fraternité*, p. 317.

[159] Voir, au chapitre II, l'intitulé «L'histoire de Joseph (Gn 37–50)», p. 263.

[160] Selon B. Johnson, «אבה», *TWAT*, Bd. I,1973, pp. 24–27, la signification de base de אבה, la mieux adaptée aux occurrences de la bible hébraïque, est «Intention in eine bestimmte Richtung zeigen» (p. 25).

[161] «Es handelt sich nicht nur um den Willen als psychologischen Faktor im Inneren des Menschen [...], sondern das Schwergewicht liegt auf den ersten Gebärden und Maßnahmen, in denen sich der Wille manifestiert», B. Johnson, «אבה», p. 25.

4. *L'expression de l'amour, de l'attachement, de la bonté et de la compassion*

Dans cette catégorie, seuls deux passages se situent dans la diégèse, alors que les discours présentent de nombreuses occurrences. On remarque que les représentations narrativisées évoquent la compassion et la bonté de Yhwh, tandis que les représentations discursives expriment en plus l'amour et l'attachement divins.

a. *Les représentations narrativisées*

Les deux passages dans la diégèse expriment avec discrétion un senti-ment divin pour un personnage humain, en le reliant chaque fois à un acte concret. Ainsi, en Gn 19,16, ce sentiment est exprimé par un unique substantif : « Et il [Lot] tarda et les hommes saisirent sa main et la main de sa femme et la main de ses deux filles, par la compassion [בחמלת] de Yhwh pour lui, et ils le firent sortir pour le faire reposer à l'extérieur de la ville »[162]. Le substantif חמלה est rare dans la bible hébraïque, n'étant employé, en dehors de cette occurrence, qu'en Is 63,9, également pour qualifier un sentiment divin (le substantif y est utilisé avec אהבה, « amour »). Comme le note BDB, חמלה dérive du verbe חמל, « épargner », « avoir compassion », dont il est l'infinitif cons-truit de forme féminin singulier. Le terme est traduit par les termes « compassion », « pitié » (BDB ; KB), « acte qui fait pitié et épargne » (Zorell). On a ici une représentation narrativisée du sentiment divin, mais elle est l'objet d'une extrême retenue, puisqu'elle se limite à expli-quer un acte des « hommes » au bénéfice de Lot et des siens.

Dans l'histoire de Joseph, un des rares passages décrivant directe-ment le personnage divin – en dehors des interprétations humaines – se trouve au moment de l'emprisonnement de Joseph : « Et Yhwh fut avec Joseph et il étendit sur lui de la bonté [חסד] et il donna sa grâce aux yeux du chef de la prison » (Gn 39,21). Il a déjà été question plus haut du terme חסד, « bonté », « affection », « miséricorde », à propos de la difficulté qu'il pose : désigne-t-il le sentiment divin ou l'attitude que suscite ce sentiment ? Dans le verset considéré ici, les deux indica-tions que « Yhwh fut avec Joseph » et qu'il « étendit sur lui sa bonté » annoncent ce qui suit directement : le chef de la prison prend Joseph en amitié (verset 21b) et lui confie la garde des autres prisonniers (versets

---

[162] Le groupe « par la compassion de Yhwh pour lui » est considéré parfois comme une addition. Voir ainsi H. Gunkel, *Genesis*, p. 211.

22–23). Le substantif חסד renvoie donc à la motivation intérieure de
Yhwh, qui explique la faveur dont Joseph bénéficie. Cette disposition
intérieure, représentée de manière narrativisée, est donc immédiatement
illustrée par la description extérieure des versets suivants. Cependant, il
ne s'agit pas à proprement parler d'un procédé d'anticipation, puisque la
bonté de Yhwh se marque non pas par un geste qu'il poserait lui-même
en faveur de Joseph, mais par le comportement du chef de la prison.
On est plutôt en présence d'une des rares interprétations théologiques
que la narration, dans l'histoire de Joseph, donne dans la diégèse. La
médiation narrative se laisse discerner dans cette évocation, mais est
modérée plus loin par la reprise de cette interprétation théologique
dans des discours prononcés par Joseph lui-même.

b. *Les représentations discursives*

Les expressions du sentiment divin d'attachement pour les humains se
situent plus fréquemment dans des discours, où un personnage exprime
à la deuxième personne ce qu'il perçoit de Yhwh. Dans ces passages,
le substantif חסד désigne soit le sentiment soit sa manifestation extérieure. Ainsi, Lot, en Gn 19,19, semble plutôt évoquer l'action divine :
«...et tu as rendu grande ta bonté [חסדך] que tu as faite envers moi,
en faisant vivre mon âme / épargnant ma vie». L'emploi du verbe «faire»
[עשה] ainsi que la précision de l'action posée par Yhwh («en épargnant
ma vie») suggèrent ici que la parole de Lot fait référence davantage
à ce que Yhwh a fait pour lui qu'à ce qu'il a «ressenti» pour lui. De
même, quand Jacob se déclare indigne «de toutes les bontés [חסדים]
et de toute la fidélité [האמת] que tu as faites pour ton serviteur» (Gn
32,11), son discours semble évoquer des actions concrètes réalisées par
Yhwh à son égard (voir ainsi le pluriel חסדים)[163].

Le serviteur d'Abraham, en Gn 24,27, bénit Yhwh sans doute à la
fois pour «sa bonté et fidélité» et pour ce que ces dispositions ont permis
pour lui : «Béni soit Yhwh Dieu de mon seigneur Abraham, qui n'a
pas abandonné sa bonté et sa fidélité [חסדו ואמתו] loin de mon maître,
[quand] j'[étais] en chemin». L'expression «bonté et fidélité» (voir par
exemple Gn 47,29 et Jos 2,14) est généralement interprétée comme un
hendiadys, où le terme אמת signifie «la permanence, la fiabilité et la

---

[163] L'interprétation du substantif האמת est plus difficile. Il pourrait désigner l'attitude de fidélité dont Yhwh a fait preuve de manière constante envers Jacob, et que
les actes de bonté manifestent.

validité constante de la manifestation ou de la promesse de חסד»[164].
De même, dans le cantique de la mer, le terme חסד renvoie à la fois,
semble-t-il, au sentiment divin pour le peuple et à sa manifestation
concrète : « Tu as conduit, par ta bonté [בחסדך], ce peuple que tu as
racheté » (Ex 15,3).

Dans le Deutéronome, Moïse évoque à plusieurs reprises « l'amour » et
« l'attachement » de Yнwн pour le peuple. Ainsi, en Dt 4,37, il énonce :
« Et parce qu'il a aimé [אהב] tes pères, il a choisi sa descendance après
lui et il t'a fait sortir devant lui, par sa grande force, de l'Égypte ». Parlant de l'élection du peuple, il affirme : « Ce n'est pas à cause de votre
multitude parmi tous les peuples que Yнwн s'est attaché [חשק] à vous
et vous a choisis… Car c'est par l'amour [מאהבת][165] de Yнwн pour
vous et afin qu'il garde le serment qu'il a juré à vos pères que Yнwн
vous a fait sortir par une main forte… » (Dt 7,7–8). La combinaison des
verbes חשק et אהב se trouve également en 10,15 : « C'est seulement à
tes pères que Yнwн s'est attaché [חשק] pour les aimer [לאהבה]… ».
Enfin, Dt 23,6, déjà évoqué plus haut, se termine de même par une
évocation de l'amour divin : « Et Yнwн ton Élohim n'a pas consenti à
écouter Balaam et Yнwн ton Élohim a tourné pour toi la malédiction
en bénédiction, car Yнwн ton Élohim t'aime [אהבך] ».

Le verbe אהב est généralement compris dans le sens qu'a en français
le verbe « aimer ». G. Wallis propose la définition suivante : « l'amour
[אהב] représente le désir passionné d'être uni à la personne pour
laquelle on se sent lié d'affection, non seulement de manière intérieure,
mais également extérieure, et ce dans toutes les relations de sa vie »[166].
Le verbe חשק, quant à lui, signifie littéralement « joindre », « être joint »,
mais prend également le sens métaphorique de « s'attacher à ». Toujours
employé de manière positive, il est utilisé pour décrire le lien entre un
homme et une femme (Gn 34,8), entre un sage et la sagesse (Si 51,19),

---

[164] « Sie [la construction חסד ואמת] wird zurecht allgemein als Hendiadysverbindung
verstanden, in der das nachgestellte Nomen אמת die Festigkeit, Zuverlässigkeit und
andauernde Gültigkeit des חסד-Erweises oder -Versprechens betont », H.-J. Zobel,
« חסד hæsæd̠ », p. 53.

[165] Le substantif אהבה constitue en fait originellement l'infinitif construit de forme
féminin singulier du verbe אהב (BDB, KB).

[166] « Nach diesen deutenden Parallelen ist Liebe(n) das leidenschaftlich Verlangen,
dem Menschen, dem man sich aus Zuneigung verbunden fühlt, nicht allein innerlich,
sondern auch äußerlich nahe, fest in allen Lebensbeziehungen mit ihm verbunden zu
sein », J. Bergman, A. Haldar, G. Wallis, « אהב », TWAT, Bd. I, 1973, pp. 105–128
(citation de G. Wallis, pp. 109–110).

et entre Dieu et l'humanité (Ps 91,14)[167]. Comme le souligne G. Wallis, «l'emploi théologique, comme l'usage profane, ne présuppose ni un émoi soudain, ni seulement une connotation érotique inconditionnée, mais plutôt une décision fondée et inconditionnée. [...] La racine חשק exprime donc [...] une attitude consciente de dévotion de la part des humains et de fidélité de la part de Dieu, qui est maintenue même dans l'adversité»[168].

Au total, on peut encore une fois observer l'écart entre les représentations narrativisées et discursives. D'abord, on note la différence entre le nombre de passages relevant de chaque catégorie (2 dans la diégèse contre 9 dans un discours). Ensuite, on remarque la discrétion des représentations narrativisées, accompagnant chaque fois la description d'un acte concret, en une sorte d'interprétation théologique très mesurée. Les discours, par contre, représentent fréquemment les sentiments divins de bonté et d'amour avec emphase, parfois par une mise en évidence syntaxique (Dt 4,37; 7,7–8) ou par la combinaison de deux termes (Gn 24,27; 32,11; Dt 7,7–8; 10,5). Enfin, on remarque que les représentations narrativisées expriment la compassion [חמלה] ou la bonté [חסד] de Yhwh – des sentiments qui impliquent nécessairement une manifestation concrète –, tandis que les représentations discursives affirment également l'amour [אהב] et l'attachement [חשק] divins – qui suggèrent davantage le sentiment ou la disposition intérieure.

5. *L'expression du souvenir*

Les différents passages exprimant le souvenir divin présentent le même verbe, זכר. Contrairement à la tendance générale du Pentateuque, la majorité des représentations se trouvent dans la diégèse. Une seule se situe dans un discours. Toutes présentent une construction similaire : le verbe זכר, avec un sujet divin, est suivi d'un complément direct introduit par la particule את. Ce complément, toujours composé d'un groupe nominal, peut désigner une personne ou une certaine réalité.

---

[167] Voir G. Wallis, «חשק *ḥāšaq*», *TWAT*, Bd. III, 1982, pp. 280–281.

[168] «Der theologische Gebrauch setzt ebenso wie der profane nicht die augenblickliche Gefühlsaufwallung voraus, nicht eine unbedingte erotische Neigung allein, sondern auch eine begründete, unbedingte Entscheidung. [...] Die Wurzel חשק drückt damit [...] eine bewußte Frömmigkeitshaltung von seiten des Menschen und Treue von Gottes Seite her aus, die selbst unter Belastungen festgehalten werden», G. Wallis, «חשק *ḥāšaq*», p. 281.

J'envisagerai l'ensemble des occurrences avant de proposer quelques observations.

Noé est le premier objet du souvenir divin : « Et Élohim se souvint de Noé et de tout le vivant et de tout le bétail qui étaient avec lui dans l'arche et Élohim fit passer un vent sur la terre et les eaux baissèrent » (Gn 8,1). Élohim se souvient également d'Abraham – souvenir qui se traduit en fait par la protection de Lot : « Et il arriva, quand Élohim détruisit les villes de la plaine, Élohim se souvint d'Abraham et il laissa partir Lot du milieu du renversement, quand il renversa les villes où Lot habitait » (Gn 19,29). Rachel est elle aussi « remémorée » : « Et Élohim se souvint de Rachel et Élohim l'entendit et il ouvrit son sein » (Gn 30,22). En Ex 2,24, c'est l'alliance qui est l'objet du souvenir : « Et Élohim entendit leur gémissement et Élohim se souvint de son alliance avec Abraham, avec Isaac et avec Jacob ». Enfin, cette fois dans un discours direct, Élohim rappelle à Moïse : « Et aussi, moi, j'ai entendu le gémissement des fils d'Israël que l'Égypte asservit et je me suis souvenu de mon alliance » (Ex 6,5).

Selon les lexiques, le verbe זכר présente deux significations légèrement différentes, selon qu'il est utilisé pour désigner le souvenir d'une chose passée ou la venue à l'esprit d'une chose présente (BDB, KB). J'adopte néanmoins ici la traduction unique « se souvenir ». Trois études sur le souvenir dans la bible hébraïque ont été publiées successivement dans les années soixante[169]. Je retiendrai ici surtout celle de B. S. Childs, qui dresse un panorama des occurrences du verbe זכר et propose une étude du thème de la mémoire dans la psychologie hébraïque. Un des chapitres de son ouvrage traite spécialement du souvenir divin : Childs note ainsi, entre autres, que le verbe זכר avec un sujet divin apparaît 73 fois au *qal*, surtout dans des textes sacerdotaux (jamais dans le document JE)[170]. Comme les exemples ci-dessus le suggèrent également, זכר est fréquemment employé avec un autre verbe exprimant une action, comme « bénir » (Ps 115,12), « libérer » (Ps 136,23), « punir » (Jr 14,10)[171] : זכר présente ainsi « un vaste champ sémantique »,

---

[169] Brevard S. CHILDS, *Memory and Tradition in Israel*, SCM Press, London, 1962 ; Pieter Arie Hendrick DE BOER, *Gedenken und Gedächtnis in der Welt des Alten Testaments*, W. Kohlhammer, Stuttgart, 1962 ; Willy SCHOTTROFF, „*Gedenken*" *im Alten Orient und im Alten Testament: die Wurzel Zākar im semitischen Sprachkreis*, Neukirchener Verlag, Neukirchen-Vluyn, 1964. Voir également l'article, plus récent, H. EISING, « זכר zākar », *TWAT*, Bd. II, 1977, pp. 571–593.

[170] Voir B. S. CHILDS, *Memory and Tradition in Israel*, p. 31.

[171] Voir B. S. CHILDS, *Memory and Tradition in Israel*, p. 18.

«qui inclut à la fois le processus de la pensée et l'action». «Bien que, dans la majorité des cas, l'élément subjectif [de la représentation du souvenir] est inclus, on ne trouve aucun exemple où cette réflexion n'aboutit pas dans l'intervention objective vers laquelle le souvenir est dirigé. La mémoire n'est pas identique avec l'action, mais n'est jamais séparée d'elle»[172].

Cette observation me semble particulièrement importante pour les représentations narrativisées du souvenir divin. L'expression ויזכר אלהים apparaît toujours en introduction d'une action – que ce soit immédiatement, comme dans la majorité des passages, ou dans le chapitre qui suit, en Ex 2,24. On ne peut sans doute pas parler ici d'anticipation, puisque l'action qui suit ne traduit pas directement le souvenir. Le verbe זכר et son objet direct semblent plutôt suggérer la véritable raison d'une action divine : la décrue du déluge, en Gn 8,1, est en fait opérée en vue de la survie de Noé et des animaux de l'arche ; la protection de Lot, en Gn 19,29, est motivée par la relation particulière entre Élohim et Abraham ; la grossesse de Rachel, en Gn 30,22, est causée par le souci d'Élohim à son égard ; enfin, la sortie d'Égypte est justifiée par l'élection d'Israël et l'alliance avec Élohim. Il apparaît donc que la construction ויזכר אלהים ne dit pas grand-chose du processus intellectuel ou émotionnel dont Élohim est le siège. Elle attire plutôt l'attention du lecteur sur un acte divin, afin de lui révéler sa motivation profonde. En ce sens, les représentations narrativisées du souvenir s'apparentent à celles de l'expérience auditive : leur fonction à toutes deux est de relier une certaine action du personnage divin à une perception, que celle-ci soit exprimée sous forme d'audition ou de souvenir. Cette perception indique au lecteur la raison intérieure de YHWH/Élohim, particulièrement son souci pour le personnage bénéficiaire.

---

[172] «The discussion [...] revealed the wide semantic range of the verb *zkr* which included both the process of thought and the action. [...] Although in the majority of cases the subjective element is included, there are no examples where this reflection does not issue in the objective intervention toward that which was remembered. Memory is not identical with the action, but it is never divorced from it», B. S. CHILDS, *Memory and Tradition in Israel*, p. 33. Voir également plus loin: «God's remembering always implies his movement toward the object of his memory. [...] The essence of God's remembering lies in his acting toward someone because of a previous commitment» (p. 34). W. SCHOTTROFF, „*Gedenken" im Alten Orient und im Alten Testament*, p. 183, remarque de même au sujet du processus de la mémoire divine : «Inhaltlich geht es dabei nicht bloß um einen intellektuellen Bezug (Sich-Entsinnen) der Gottheit zu ihrem Verehrer(kreis), sondern um ein tathaftes Eingehen des Gottes auf den Menschen, dessen Inhalt Segen und Heil ist».

Au sujet de Gn 8,1, V. P. Hamilton fait remarquer judicieusement qu'Élohim ne se souvient pas d'une certaine qualité de Noé ou de certaines de ses paroles, mais simplement de *lui* − la représentation du souvenir divin est ainsi «comprimée» au maximum[173]. L'observation vaut en fait pour l'ensemble des passages cités ci-dessus: la personne (ou l'objet) dont se souvient Élohim n'est pas explicitée, mais seulement désignée. Ceci confirme que les représentations narrativisées du souvenir ne cherchent pas d'abord à rendre le contenu d'un processus intérieur − comme le même verbe זכר l'exprime pour des personnages humains, par exemple en Gn 40,14; 42,9 − mais plutôt à signaler la cause d'une action divine. En ce sens, la construction présente un certain parallèle avec l'emploi d'un simple complément prépositionnel exprimant la cause, comme on le trouve par exemple en Gn 12,17: «Et Yʜwʜ frappa Pharaon de grandes frappes, ainsi que sa maison, sur la parole de [עַל־דְּבַר] Saraï, femme d'Abram».

La représentation narrativisée du souvenir manifeste-t-elle la médiation de la narration? Incontestablement, ces passages expriment un processus intérieur divin. Cependant, si ce processus est enregistré, c'est, semble-t-il, moins pour lui-même qu'en vue d'expliquer une certaine action du personnage divin. La narration expose sa médiation quand elle relie cette action à un souvenir divin, mais elle le fait avec grande retenue et discrétion. En d'autres termes, ces représentations apparaissent comme une sorte de compromis entre la réserve habituelle de la narration et une certaine nécessité narrative, qui requiert de doter le personnage divin d'une intériorité minimale, afin notamment de faire part au lecteur des motivations de ses interventions. Enfin, on note que toutes les représentations narrativisées du souvenir divin ont pour sujet Élohim, le tétragramme n'étant jamais utilisé dans ce type de construction[174]. On pourrait en ce sens poser l'hypothèse que nom «Élohim», dans ce cas, fournit à la narration une sorte de médiation supplémentaire par rapport au tétragramme[175].

---

[173] Voir V. P. Hᴀᴍɪʟᴛᴏɴ, *The Book of Genesis. Chapters 1–17*, p. 299.

[174] Le choix des noms divins pourrait aussi être relié à l'observation de B. S. Cʜɪʟᴅs, *Memory and Tradition in Israel*, p. 31, selon laquelle la majorité des évocations du souvenir divin se trouvent dans le document sacerdotal.

[175] Sur les noms divins, voir en particulier David Noel Fʀᴇᴇᴅᴍᴀɴ, «The Name of the God of Moses», *JBL* 79 (1960), pp. 151–156, ainsi que B. Jᴀᴄᴏʙ, *Exodus*, pp. 981–982; U. Cᴀssᴜᴛᴏ, *Exodus*, pp. 87–89; Hᴏᴜᴛᴍᴀɴ, *Exodus. Volume 1*, p. 95 et Iᴅ., *Exodus. Volume 3*, p. 232.

6. *L'expression du repentir*

Seulement trois occurrences sont à considérer ici, qui présentent toutes le verbe נחם au *nifal*. Selon les lexiques, cette forme du verbe traduit le fait de regretter, de se repentir, de s'affliger, de se consoler (KB, BDB, Zorell). Dans un article de 1975, H. Parunak examine les différentes occurrences du verbe dans le Pentateuque[176]. Il observe que la signification de base de נחם est «conforter», «consoler». Au *nifal* et au *hitpael*, le verbe tend à signifier la «douleur émotionnelle» (voir en ce sens le verbe qui accompagne נחם en Gn 6,6). Par extension, le verbe exprimerait également «la libération de la tension émotionnelle quand est réalisée une action déclarée (comme le fait d'exprimer sa colère) ou quand est rétractée une telle action (comme un péché, une punition ou une bénédiction)[177].

H. Simian-Yofre observe quant à lui que l'élément commun des significations de נחם est la «manière d'influencer une situation», que ce soit en changeant le cours des choses, en se libérant d'une action passée ou en prenant une décision pour le futur[178]. Cette initiative peut prendre la forme du regret, du remords ou d'une décision visant à changer le cours des événements. Encore une fois, on peut noter le lien étroit entre l'émotion et l'action: la valeur émotionnelle du verbe semble en effet subordonnée à l'action qui résulte de ce sentiment. On va voir que cette observation vaut particulièrement pour l'expression du repentir divin[179].

---

[176] H. Van Dyke Parunak, «A Semantic Survey of *NHM*», *Bib* 56 (1975), pp. 512–532.

[177] «It [le sens initial de נחם] is also extended to describe the release of emotional tension involved in performing a declared action (executing wrath), or retracting a declared action (such as sin, punishment, or blessing)», H. V. D. Parunak, «A Semantic Survey of *NHM*», p. 532. Au sujet du repentir divin, voir également J. Jeremias, *Die Reue Gottes* et Lester J. Kuyper, «The Suffering and the Repentance of God», *SJT* 22 (1969), pp. 257–277, orienté davantage vers la théologie qui s'est greffée sur les textes examinés ici.

[178] «Das einzige, allen Bedeutungen gemeinsame Element von *nhm* scheint die Einflußnahme auf eine Situation zu sein, indem man den Verlauf der Dinge ändert, sich von einer Verpflichtung löst oder von einer Handlung abläßt, wenn es sich um etwas Gegenwärtiges handelt; die Entscheidung wird beeinflußt, wenn es sich um etwas Zukünftiges handelt; die Konsequenzen einer Handlung nimmt man an oder hilft, sie anzunehmen, oder man löst sich im Gegenteil affektiv von ihnen, wenn es sich um etwas Vergangenes handelt», H. Simian-Yofre, «נחם *nhm*», *TWAT*, Bd. V, 1986, pp. 366–384 (citation pp. 368–369).

[179] J.-P. Sonnet a donné une communication sur le thème du repentir divin au congrès 2007 de la IOSOT (Ljubljana, 12–20 juillet 2007), intitulée «*When God Changes His*

a. *Le repentir d'avoir fait l'humain (Gn 6,6)*

Au chapitre 6 de la Genèse, la décision du déluge est exprimée en plusieurs étapes. La narration commence par raconter le regard de Yhwh sur la terre : « Et Yhwh vit que grand [était] le mal de l'humain sur la terre et que toute l'intention des pensées de son cœur n'était que mauvaise tout le jour » (6,5). Ensuite, elle enchaîne avec la représentation narrativisée du repentir divin : « Et Yhwh se repentit [וינחם] qu'il avait fait l'humain sur la terre et il fut peiné vers son cœur » (6,6). Enfin, un monologue de Yhwh énonce la décision d'une destruction totale et évoque à nouveau le repentir concernant la création : « Et Yhwh dit : "J'effacerai l'humain que j'ai créé de sur les faces du sol, de l'humain jusqu'à la bête, jusqu'au reptile et jusqu'à l'oiseau du ciel, car je me repens [נחמתי] que je les ai faits » (6,7). On peut d'abord relever le très net procédé d'anticipation, au moins en ce qui concerne le repentir : le verbe נחם et son complément, utilisés dans la diégèse au verset 6, sont repris mot pour mot dans le monologue (seul le complément « sur la terre » est omis)[180]. La représentation narrativisée du repentir anticipe donc le monologue, qui confirme ce qui a été exprimé dans la diégèse.

Ensuite, au cours de l'analyse du monologue de 6,7, on a aussi noté le fait que les deux verbes de la description narrativisée de 6,6 (וינחם et ויתעצב) font écho à l'étymologie du nom de Noé, telle que l'explique Lamek en 5,29 (ינחמנו et עצבון)[181]. Cette évocation implicite du nom de Noé, dans l'expression même du repentir et de la peine de Yhwh, peut suggérer que ce dernier avait déjà en vue son projet avec ce personnage en décidant d'envoyer le déluge. Si l'on suit la logique du vœu de Lamek (« celui-ci nous réconfortera de notre travail et de la peine de nos mains, hors du sol que Yhwh a maudit »), on pourrait de même penser que Noé apparaît, dès 6,6, comme le parfait « remède » au repentir et à la peine de Yhwh.

Mind: *Narrative, Legal and Theological Aspects of the Use of nhm (with God as Subject) in the Hebrew Bible*» (à paraître). *Voir également* J.-P. Sonnet, « Narration biblique et (post)modernité », p. 259 : le repentir de Dieu marque des « réorientations dramatiques » de ses projets, confrontés à l'imprévisibilité humaine.

[180] Voir par contre la traduction de la LXX : le verbe וינחם du verset 6 est traduit par ἐνεθυμήθη, littéralement : « il pensa », « il considéra ». Par contre, le verbe נחמתי dans le monologue (verset 7) est traduit par ἐθυμώθην, littéralement : « je suis furieux ».

[181] Voir, sous l'intitulé « La décision de recourir à une limitation radicale (Gn 6,7) », la p. 74.

Enfin, on remarque que l'expression du repentir divin est directement liée à la décision d'une destruction totale dont elle donne la raison intérieure. De même, la résolution de ne plus «frapper» la terre, exprimée par le monologue de 8,21–22, qui clôture l'épisode du déluge, est justifiée par la motivation divine, mais de manière plus implicite. On a vu en effet que la proposition «parce que/bien que [כִּי] l'intention du cœur de l'humain est mauvaise dès sa jeunesse» (8,21) indique que Yhwh ne change pas d'avis parce que l'humanité serait devenue meilleure, mais parce que lui-même décide de transformer sa relation aux humains. On a proposé plus haut que cette transformation serait due aux holocaustes de Noé, d'une odeur «de tranquillité» [נִיחֹחַ] : le terme évoque le nom de Noé, précisément destiné par son père à «réconforter» [נחם] (5,29). Cette lecture suggérerait donc que Noé a bien accompli le vœu de son père, permettant à Yhwh tant de «se réconforter» que de «se repentir» (selon les deux significations du *nifal* de נחם), et ainsi de dépasser sa «peine» (6,6)[182].

Ces deux justifications laissent donc apparaître deux attitudes divines différentes: l'une qui souhaite «recommencer à zéro», à partir d'un humain qui a trouvé grâce aux yeux de Yhwh (6,8), et l'autre qui, au contraire, décide de s'adapter aux humains, tels qu'ils sont[183]. Le repentir divin exprimé en 6,6 et la justification donnée en 8,21 semblent ainsi se répondre mutuellement, pour esquisser le changement d'attitude de Yhwh. De la sorte, la représentation de l'émotion divine pourrait être moins justifiée par le besoin de décrire l'intériorité du personnage que par le désir de mettre en lumière le projet théologique du récit.

b. *Le repentir du mal planifié contre le peuple (Ex 32,14)*

La seconde représentation du repentir divin s'organise elle aussi en deux temps. Yhwh vient d'informer Moïse de la «corruption» du peuple et de la construction du taurillon. Il l'avertit alors de ses desseins contre le peuple: «Et maintenant, tranquillise-moi/laisse-moi [הַנִּיחָה][184] et que

---

[182] Voir en ce sens l'analyse des deux monologues proposée plus haut, sous les titres «La décision de recourir à une limitation radicale (Gn 6,7)», p. 74 et «La décision de ne plus frapper l'humain (Gn 8,21b–22)», p. 76.

[183] Voir également, plus ou moins dans ce sens, H. Simian-Yofre, «נחם *nhm*», p. 370.

[184] J'explique ci-dessous cette double traduction, basée sur les différentes vocalisations possibles du verbe, sous l'intitulé «La représentation narrativisée comme terme d'un processus narratif», p. 363.

ma colère s'enflamme contre eux et que je les achève, mais je ferai de toi une grande nation» (Ex 32,10). La narration introduit alors le discours de Moïse: «Et Moïse adoucit [ויחל] les faces de Yhwh son Élohim» (32,11), annonçant de la sorte à l'avance le résultat de l'argumentation. Moïse, dans celle-ci, évoque la réaction des Égyptiens si Yhwh mettait sa menace à exécution (verset 12) et demande à Yhwh de se souvenir d'Abraham, Isaac et Israël (verset 13). Au centre de son discours, Moïse supplie Yhwh: «Reviens de l'ardeur de ta colère et repens-toi [והנחם] du mal à/pour ton peuple» (verset 12). À l'issue de l'argumentation de Moïse, la narration enchaîne: «Et Yhwh se repentit [וינחם] du mal qu'il avait parlé de faire à son peuple» (verset 14).

Comparaison avec l'épisode du déluge (Gn 6–8)
Le passage présente un étonnant parallélisme avec l'épisode du déluge, mais aussi d'importantes différences. Je commencerai donc par repérer la dynamique de base des deux épisodes avant de proposer quelques observations parallèles à mon analyse du repentir divin en Gn 6,6. L'épisode du déluge s'ouvre sur le repentir de Yhwh, qui regrette d'avoir fait les humains (Gn 6,6) et énonce sa décision de détruire les êtres vivants (6,7). Le personnage de Noé est alors introduit (6,8), avec une possible allusion à son rôle «réconfortant» dès le verset 6. La destruction de la terre a bien lieu (7,10–24). Noé et les animaux emmenés dans l'arche sont cependant protégés (voir 8,1). L'épisode se termine par la décision divine de ne plus détruire la terre (8,21–22), peut-être causée par les holocaustes de Noé (8,21a), qui, sans cela, joue un rôle passif. Dans l'épisode d'Ex 32, Yhwh énonce de même son projet de destruction (Ex 32,10), mais, cette fois, le personnage humain, Moïse, intervient activement avant cet anéantissement et convainc Yhwh de renoncer à son projet (32,11–13). Le repentir divin intervient donc à la fin de l'épisode (verset 14) et non au début. Le tableau ci-dessous illustre ces deux dynamiques:

| Gn 6–8 | Repentir [נחם] | Projet de destruction | Intervention (passive) de Noé | Destruction | *Plus* de destruction |
| Ex 32 | | Projet de destruction | Intervention active de Moïse | Repentir [נחם] | *Pas* de destruction |

La représentation narrativisée comme procédé de reprise
Malgré ces différences, trois observations parallèles à celles que j'ai faites ci-dessus au sujet de Gn 6–8 peuvent être avancées quant au repentir de Yhwh en Ex 32. D'abord, si la représentation narrativisée du repentir n'est pas à strictement parler confirmée par un discours humain qui la suivrait (comme Gn 6,7 suit 6,6), elle est cependant annoncée par Moïse, qui dit à Yhwh : «Repens-toi [וְהִנָּחֵם] du mal à/pour ton peuple» (32,12). La représentation narrativisée reprend le même verbe נחם au *nifal*, se limitant à préciser, par rapport au discours de Moïse : «qu'il *avait parlé* de faire à son peuple» (verset 14). La narration semble ainsi insister sur le fait que Yhwh avait *parlé* du mal, dans tous les sens du verbe דבר, allant de la simple parole à la décision. Mis à part cette insistance, sur laquelle je reviendrai, la représentation narrativisée cite donc, pour ainsi dire, le discours du personnage. Elle répète ses mots, cette fois à la troisième personne, signalant au lecteur que la requête de Moïse a été pleinement agréée par Yhwh. S'il n'y a pas anticipation, mais plutôt reprise, l'effet du procédé est analogue : l'expression narrativisée du repentir n'est pas présentée comme une pure description de la narration, qui aurait accès à l'intériorité divine, mais plutôt comme une reprise des mots du personnage, reprise qui confirme que la requête est effectivement accordée.

La représentation narrativisée comme terme d'un processus narratif
On a montré plus haut que la représentation narrativisée du repentir et de la peine de Yhwh, en Gn 6,6, introduisait déjà, implicitement, la possibilité d'un «apaisement» par Noé (grâce à l'étymologie de son nom donnée en Gn 5,29). De même, en Ex 32,10–11, la narration suggère déjà au lecteur, par deux indices, que la crise pourrait avoir une issue positive. D'une part, Yhwh commence son discours en demandant à Moïse : «tranquillise-moi/laisse-moi [הַנִּיחָה]». On est en présence de l'impératif *hifil* du verbe נוח – racine que l'on retrouve également dans la forme ניחח et sans doute dans le nom Noé. Pour la forme *hifil* avec la voyelle «i» sous le ה et le redoublement du נ [הִנִּיחַ], les lexiques (KB et BDB) donnent les sens de «poser», «déposer», d'où «laisser», «laisser faire» (sens proposé pour Ex 32,10 par KB), «laisser seul» (proposition du BDB). Il me semble toutefois intéressant de garder à l'esprit le sens premier du verbe, «reposer», «tranquilliser»[185]. Selon

---

[185] D'ailleurs, si l'impératif était vocalisé avec un *qamez* à la place du *patah* et sans redoublement du *noun* (הָנִיחָה), on aurait la première forme du *hifil* [הֵנִיחַ], signifiant «faire reposer», «mettre en repos», «rendre calme» (BDB).

cette lecture, en effet, YHWH inviterait Moïse à prendre la parole et à apaiser sa colère.

D'ailleurs, même sans cette interprétation de l'impératif הניחה, plusieurs commentateurs ont montré comment cet ordre appelle Moïse à intervenir : «Ici, lui-même ouvrit la porte de la prière pour Moïse». La promesse de faire de Moïse une grande nation pourrait également être interprétée comme une manière de suggérer l'importance de sa médiation : «Quand Dieu exprima finalement la possibilité de faire de Moïse une grande nation, il donna à Moïse confiance en lui-même, ainsi qu'un encouragement à agir en intercesseur»[186]. À ces lignes de B. Jacob, fait écho B. S. Childs : «Dieu jure d'accomplir la plus sévère punition imaginable, mais ensuite la conditionne soudain à l'accord de Moïse»[187], de même que N. M. Sarna : «Cette phrase à la fois suggère et anticipe l'intercession pour Israël de la part de Moïse»[188].

D'autre part, comme on l'a déjà noté, l'intervention de Moïse est introduite par le verbe ויחל, «il adoucit» (32,11). Certains commentateurs et traductions rendent le *wayyiqtol* en le faisant précéder du verbe «tenter» : «il tenta d'adoucir» (sens conatif)[189]. Il semble plutôt que la narration fasse ici écho à l'invitation implicite contenue dans les paroles de YHWH, en indiquant tout de go au lecteur que Moïse saisit la perche tendue. Ces quelques observations suggèrent donc que le repentir divin n'intervient pas *ex abrupto* dans le récit, mais est plutôt préparé par le discours divin, par l'introduction de l'intervention de Moïse, puis par la requête explicite de celui-ci – et par la force des arguments avancés. Pour la recherche menée ici, il apparaît donc que la représentation narrativisée est en fait préparée par la narration, en sorte que le lecteur peut s'attendre, même sans l'indication finale du repentir, que YHWH va renoncer au mal annoncé. La manifestation de la médiation narrative liée à la représentation du repentir divin est donc

---

[186] «Here He Himself opened the gate of prayer for Moses. When God ultimately expressed the possibility that He would make *Moses* into a great nation, He provided Moses with self-assurance, as well as encouragement to act as intercessor» (souligné par l'auteur), B. JACOB, *Exodus*, p. 944.

[187] « God vows the severest punishment imaginable, but then suddenly he conditions it, as it were, on Moses' agreement», B. S. CHILDS, *Exodus*, p. 567.

[188] «This phrase both intimates and anticipates intercession for Israel on the part of Moses», N. M. SARNA, *Exodus*, p. 205. Sarna renvoie également aux commentaires juifs traditionnels : *Berakhot* 32a et *Shemot Rabbah* 42,10 (voir note 19 p. 261). Voir également W. H. C. PROPP, *Exodus 19–40*, p. 554.

[189] Voir B. S. CHILDS, *Exodus*, p. 554 ou encore la traduction de la *Bible de Jérusalem*.

atténuée, pour ainsi dire, par son annonce progressive : la connaissance de ce repentir apparaît comme l'aboutissement d'un processus narratif auquel le lecteur assiste pas à pas.

La représentation narrativisée comme lien entre l'action divine et l'action humaine
Enfin, comme pour la plupart des processus intérieurs divins, on observe que l'expression du repentir est directement liée à une action concrète. En rapportant que Yhwh se repent, la narration indique que sa colère ne s'abattra pas sur le peuple et qu'il ne le détruira pas. Comme dans l'épisode précédent, l'annonce de la décision, au verset 12, et son abandon, au verset 14, s'opposent mutuellement et décrivent le changement d'attitude de Yhwh. Cette transformation apparaît clairement provoquée par l'intervention de Moïse, elle-même appelée à mi-mot par Yhwh. Dans ce contexte, la représentation de l'intériorité divine ne semble pas être motivée par le besoin de conférer une certaine profondeur psychologique au personnage divin : le repentir indique plutôt, comme on l'a vu, le succès de l'argumentation de Moïse et la préservation du peuple. En soi, cette représentation narrativisée établit de la sorte le lien entre la décision divine – ou plutôt l'abandon d'une décision antérieure – et l'action humaine. L'accent est donc mis davantage sur la suite des actions des personnages, divin et humain, que sur la construction de la psychologie de Yhwh.

c. *Conclusion*
En conclusion à cette analyse de la représentation du repentir divin, on peut noter que différents éléments viennent modérer la manifestation de la médiation narrative. Ces éléments se retrouvent dans les deux épisodes où le Pentateuque exprime ce processus intérieur avec un sujet divin, Gn 6,6–7 et Ex 32,10–14. D'abord, il faut noter le procédé d'anticipation ou de reprise, qui « redouble » la représentation narrativisée en la faisant suivre (Gn 6,7) ou précéder (Ex 32,12) par une évocation du repentir dans un discours direct. Les mots de la diégèse apparaissent de la sorte empruntés soit au personnage divin lui-même, soit à un personnage humain. Dans le premier cas, la représentation narrativisée est confirmée par la parole divine, tandis que, dans le second, elle répond aux mots de Moïse, de manière à indiquer que sa requête a bien été agréée.

Ensuite, on observe que la représentation narrativisée du repentir s'insère chaque fois dans un contexte narratif plus large, impliquant

jeux de mots, reprises, et allusions (voir surtout Gn 6,6). Elle n'est
pas introduite *ex abrupto* par la narration, mais est le résultat d'une
préparation narrative (voir surtout Ex 32,14). Dans les deux cas, cette
représentation de l'intériorité divine ne semble jamais être à elle-même
sa propre fin; elle contribue plutôt à la construction de l'intrigue du récit
et même de sa théologie. Enfin, comme la plupart des autres processus
intérieurs divins (voir ainsi la représentation de l'expérience auditive ou
du souvenir), le repentir est d'abord l'expression d'une décision – ou
de l'abandon d'une décision – résultant en une action concrète dans
le fil des événements du récit. En conclusion, le repentir ne semble
pas représenté dans le but de donner davantage de «profondeur psychologique» au personnage divin par l'exercice de la médiation de
la narration; il apparaît plutôt comme un élément subordonné à la
représentation des actions divines et plus largement à la construction
plus vaste de la théologie du récit.

7. *L'expression des autres processus intérieurs*

Je ne m'attarde pas à l'expression de la jalousie, du pardon, de la peine
ou du mépris divins, vu que ces différents processus intérieurs sont
représentés à chaque fois dans des discours – mis à part l'expression de
la «peine» de Yhwh, en Gn 6,6, déjà examinée plus haut. Ainsi, Yhwh
évoque sa «jalousie» par l'infinitif construit קנא en Nb 25,11, tandis
que Moïse rappelle que les fils d'Israël «ont rendu jaloux» [יקנאהו,
hifil] leur Dieu (Dt 32,16). Plus loin dans le même chapitre, Moïse met
dans la bouche de Yhwh la même affirmation: «Eux, ils m'ont rendu
jaloux [קנאוני, *piel*] par ce qui n'est pas un dieu...» (Dt 32,21)[190].
Quant au pardon divin en tant qu'événement narratif, il n'est évoqué
qu'en Nb 14,20, dans un discours de Yhwh: «Je pardonne [סלחתי],
selon ta parole»[191]. Enfin, on note une évocation du mépris divin, en
Dt 32,19, dans un discours de Moïse: «Et Yhwh a vu et il a méprisé
[וינאץ] – offense de ses fils et de ses filles»[192].

---

[190] Sur la jalousie divine, voir E. Reuter, «קנא *qn'*», *TWAT*, Bd. VII, 1993, pp.
51–62 et, dans une perspective narrative, André Wénin, «Dieu jaloux», in: Pierre
Gibert, Daniel Marguerat (éds), *Dieu, vingt-six portraits bibliques*, Bayard, Paris, 2002,
pp. 67–76.

[191] Au sujet du pardon divin, voir J. Hausmann, «סלח *sālaḥ*», *TWAT*, Bd. V, 1986,
pp. 859–867 et la bibliographie indiquée.

[192] Le passage a déjà été discuté plus haut, au sujet des représentations discursives de la colère divine. Voir «L'expression de la colère», p. 339. Sur le mépris, voir
L. Ruppert, «נאץ *nā'aṣ*», *TWAT*, Bd. V, 1986, pp. 129–137.

V. La représentation de la vie intérieure divine : conclusions

Cet examen des différentes perceptions et processus intérieurs du personnage divin a progressivement montré la réticence de la narration à manifester sa médiation quand il s'agit de la représentation du divin. L'examen des tendances générales que présente l'expression des perceptions et processus intérieurs divins montre d'abord que le mode discursif de représentation est clairement privilégié par la narration, tandis que la représentation narrativisée, dans la diégèse, apparaît avec une fréquence nettement moindre. Les processus intérieurs narrativisés dont le personnage divin est le sujet sont donc en général assez rares, surtout par comparaison avec la représentation de ses paroles ou de ses actions.

Ensuite, on a pu mettre en évidence plusieurs procédés auxquels la narration recourt pour atténuer la manifestation de sa médiation. (1) Le procédé par lequel une représentation narrativisée anticipe ou reprend un discours prononcé par le personnage divin ou par un personnage humain permet soit de confirmer ce que la narration raconte de l'intériorité divine soit de préparer cette représentation. (2) L'insertion des expressions narrativisées des processus intérieurs divins dans leur contexte narratif au moyen de jeux de mots, reprises, allusions, etc. permet de les annoncer au lecteur, qui peut les deviner, parfois même avant qu'ils ne soient racontés. (3) Dans la représentation de l'expérience visuelle, on a vu comment la narration développe différents moyens pour représenter directement ce que le personnage voit, en un type d'expression où elle semble se retirer pour confronter le lecteur à la perception du personnage sans aucun intermédiaire apparent. On a pu constater que ce type de représentation directe est particulièrement utilisé dans les expressions du regard divin. (4) Dans le chapitre sur les discours divins, on a observé aussi l'usage de monologues, permettant au lecteur un accès direct à la pensée divine. (5) Enfin, on a constaté en général que l'expression des processus intérieurs divins n'a pas pour fonction première de construire une «psychologie» divine, mais est subordonnée à la description des actions divines – contribuant ainsi plutôt à l'élaboration du rôle du divin dans l'histoire racontée.

La narration biblique, dans le Pentateuque, semble ainsi limiter l'exercice de sa médiation quand il s'agit de la représentation du divin. Les différentes techniques mentionnées ci-dessus permettent de négocier cette retenue, offrant au lecteur différents coups d'œil, souvent furtifs, sur les processus affectifs ou intellectuels dont le personnage divin est

le siège. Une lecture globale du Pentateuque ne laisse pas en effet
l'impression d'une divinité sans intériorité, dénuée d'émotions ou de
sentiments. Ces différents traits de la vie intérieure sont plutôt traités
avec une grande discrétion de la part de la narration, qui préfère
généralement une représentation donnée de l'extérieur et accessible à
n'importe quel observateur. En ce sens, le lecteur est le plus souvent
placé dans la position des personnages humains du récit, percevant
comme eux les discours et les actes divins. À ce stade de la recherche,
on peut donc constater que la lecture du Pentateuque permet au lecteur
une certaine *expérience* de la divinité, et non une révélation sur sa vie
intérieure et secrète.

La réserve de la narration à manifester sa médiation pour les
représentations du divin est d'autant plus remarquable que d'autres
éléments narratifs présupposent bien le recours à cette posture narrative. On se limitera ici à citer les procédés d'anticipation et de reprise,
qui suggèrent que l'agencement des différents faits du récit relève d'un
certain projet, les prises de distance supposant une vision sur l'étendue
de l'histoire d'Israël (Dt 34,10), ou simplement la narrativisation des
processus intérieurs humains. Il semble donc que c'est particulièrement dans la représentation du divin que la narration évite ou limite
la manifestation de sa médiation.

Au vu des résultats de cette recherche, ce n'est pas sans difficulté que
j'envisage la thèse de Meir Sternberg, déjà évoquée, selon laquelle la
narration biblique aurait développé l'usage de l'omniscience pour les
besoins particuliers de la mise en scène de Yhwh, Dieu unique : « Le
choix même de concevoir un narrateur omniscient sert l'intention de
mettre en scène et de glorifier un Dieu omniscient »[193]. Progressivement,
cette enquête dans le Pentateuque révèle plutôt que la narration tend
à masquer ou à voiler sa médiation quand il s'agit précisément de la
représentation du divin. Loin de se faire omnisciente pour le besoin de
dire et célébrer Yhwh, la narration, dont j'évite de qualifier l'activité en
termes cognitifs, fait preuve d'une exceptionnelle réserve et discrétion
dans l'expression du divin. Le prochain chapitre approfondira encore la
question, cette fois sur le plan de l'interprétation des paroles divines.

---

[193] « The very choice to devise an omniscient narrator serves the purpose of staging
and glorifying an omniscient God », M. STERNBERG, *The Poetics of Biblical Narrative*,
p. 89.

CHAPITRE IV

LA PAROLE DIVINE AU RISQUE DE L'INTERPRÉTATION

Dans ce chapitre, je voudrais considérer quelques épisodes du Pentateuque qui racontent le processus d'interprétation d'une parole du personnage divin. Ces récits présentent la particularité de mettre en scène des propos divins soumis aux interprétations des personnages humains, à leurs facultés de compréhension, mais aussi d'erreur et de perversion. Les mots que prononce le personnage divin sont, dans ces épisodes, interprétés, résumés, précisés, mais aussi incompris, détournés de leur sens, utilisés à d'autres fins. Le lecteur est ainsi amené à renoncer à la transparence ou à l'évidence de la parole divine racontée. Il est de la sorte invité à entrer lui aussi dans un processus d'interprétation afin de discerner le sens que le récit accorde aux mots et aux actes divins et de repérer l'erreur ou la perversion dont font preuve les personnages humains.

On commencera par s'interroger sur la légitimité d'une étude des citations – c'est à dire des discours qui répètent ou interprètent des paroles rapportées antérieurement dans le récit –, en faisant appel aux deux études de Robert Alter et George Savran. Différentes manières de rapporter les paroles divines seront alors examinées: l'omission totale des propos prononcés, la parfaite exactitude, la référence combinée à plusieurs discours, le résumé, l'exploitation et le détournement des paroles énoncées. On abordera aussi le cas spécifique où un personnage humain rappelle à Yhwh les propos que lui-même a tenus précédemment. L'épisode des plaies d'Égypte sera également examiné, afin de considérer sur un plus large ensemble l'incidence d'une étude des citations. Enfin, on reviendra sur le récit de Gn 3, épisode où la parole divine est pervertie, et peut même passer pour être prise en défaut. L'étude du processus herméneutique mis en scène permettra d'examiner l'influence qu'il peut avoir sur la perception du personnage divin, tant par les personnages humains que par le lecteur.

Mes questions devant ces épisodes sont multiples. Une première consiste à discerner si le récit permet d'établir une «vérité» narrative ou, en d'autres termes, si les interprétations erronées ou perverties peuvent être jugées comme telles à l'aune d'éléments narratifs apparaissant

comme incontestables. Le lecteur est-il confronté à plusieurs interprétations concurrentes de la parole et de l'action divines, sans qu'aucune
d'elles ne s'impose, ou fait-il face au contraire à une certaine évidence
narrative, que des personnages comprennent erronément ou pervertissent? Une seconde question, basée sur une certaine présupposition de
la réponse à la précédente, se situe davantage à un niveau littéraire.
Elle concerne les ressources du récit pour susciter un « vrai » et un
« faux » dans le monde raconté : comment le « faux » ou l'« erroné » est-il
raconté et signalé au lecteur? Plus subtilement, comment apparaît-il à
la fois comme faux et crédible? Dans le cas d'une erreur d'interprétation, comment cette compréhension est-elle présentée comme à la fois
possible et inexacte? Ou, dans le cas d'une perversion, comment un
tel discours peut-il être susceptible à la fois de tromper les personnages
auxquels il s'adresse et d'apparaître perfide aux yeux du lecteur? Enfin,
quel est l'effet de tels épisodes? Quelle attitude de lecture suscitent-ils
face à cette mise en scène d'un personnage divin dont les mots et les
actes peuvent échapper à la compréhension, être pervertis et utilisés à
des fins nuisibles aux êtres humains?

I. Légitimité de l'analyse des citations

Au seuil de cette enquête, il s'agit de s'interroger sur la légitimité de
la démarche. Plusieurs questions méthodologiques se posent : peut-on
considérer les subtils (et parfois importants) changements qui marquent
la transmission d'un ordre comme porteurs de signification, plus précisément comme indices de l'interprétation apportée par le médiateur
de la parole divine? Ne sont-ils pas simplement le résultat du hasard
de la création littéraire ou, au contraire, le choix conscient d'un écrivain soucieux d'éviter des formules trop répétitives? Deux auteurs se
sont particulièrement penchés sur cette problématique : Robert Alter
et George Savran.

1. L'apport de Robert Alter

Robert Alter et George Savran ont tous les deux traité la question de
la répétition dans le corpus biblique[1]. Alter y consacre tout un chapi-

---

[1] Voir R. Alter, *The Art of Biblical Narrative* et George W. Savran, *Telling and Retelling.*
Quotation in Biblical Narrative, Indiana University Press, Bloomington/Indianapolis, 1988.

tre, abordant différents types de répétition, comme la récurrence d'un mot (ou avec d'autres appartenant au même champ sémantique), d'un motif (comme une image ou un certain type de perception) ou d'un thème (une idée appartenant au système de valeurs mis en place par le récit), la suite typique d'actions (actions posées trois ou quatre fois avec une intensification graduelle) et la scène type (type d'épisode narratif récurrent pour différents personnages). Sans vraiment aborder la question de la transmission des paroles divines, Alter insiste sur le sens que ces différentes répétitions créent dans le récit : les écrivains bibliques semblent en effet avoir découvert comment de petites variations, dans une succession de paroles répétées, pouvaient servir de nombreuses fonctions, comme le commentaire, l'analyse, l'anticipation, etc[2]. La répétition apparaît de la sorte participer de l'esthétique narrative. Que les formules récurrentes soient la conséquence d'une narration destinée à être lue oralement ou plus généralement un trait esthétique commun à plusieurs types de littérature, y compris Shakespeare, il est important de considérer ces répétitions comme un moyen littéraire rigoureux contribuant à construire le sens du récit.

Plus spécifiquement, dans un autre chapitre, Alter considère le discours direct d'un personnage reprenant des informations données précédemment dans la narration, ou « dialogue-bound narration ». Ici aussi, Alter souligne que de telles reprises véhiculent des éléments narratifs importants, que ces répétitions soient parfaitement conformes au récit ou qu'elles présentent certaines modifications[3]. Si Alter ne prend pas directement en considération le cas des paroles, par exemple divines, rapportées en discours direct par un autre personnage, on peut aisément prévoir, à partir de ses analyses, la portée narrative de telles reprises. On peut ainsi se douter qu'aussi bien les reprises parfaites que celles qui apportent certaines modifications transmettent une information utile à la compréhension du récit.

---

[2] Voir R. ALTER, *The Art of Biblical Narrative*, p. 91 : « If the requirements of oral delivery and a time-honored tradition of storytelling may have prescribed a mode of narration in which frequent verbatim repetition was expected, the authors of the biblical narratives astutely discovered how the slightest strategic variations in the pattern of repetitions could serve the purposes of commentary, analysis, foreshadowing, thematic assertion, with a wonderful combination of subtle understatement and dramatic force ».

[3] Voir R. ALTER, *The Art of Biblical Narrative*, pp. 77–78.

2. *L'étude de George Savran*

George Savran consacre la totalité de son livre, *Telling and Retelling*, à la question de la citation dans le corpus narratif de Genèse à 2 Rois. Savran ouvre son livre avec la question discutée ici : «De tels changements dans la langue et dans la syntaxe [dans les répétitions] sont-ils à comprendre purement comme une norme de la variation stylistique en hébreu biblique, sans déplacement sémantique appréciable? Ou, au contraire, ces changements pointent-ils vers de subtiles mais significatives modifications du sens d'un passage?»[4]. Avec Meir Sternberg, Savran commence par noter le contraste entre le principe d'économie qui dirige généralement les récits bibliques et le ralentissement du rythme narratif causé par les répétitions. La plupart des modifications dans les citations sont ainsi considérées comme «une technique narrative délibérée»[5].

Savran consacre plus particulièrement son livre aux «citations vérifiables» (*verifiable quotations*), soit les citations où un personnage répète en discours direct les paroles d'un autre personnage, énoncées le plus souvent dans un discours direct rapporté antérieurement dans le récit. Dans ce cas, le lecteur peut juger de la fidélité de la citation, par contraste avec les cas où un personnage transmet un discours qui n'a pas été rapporté dans le récit. Les résultats de l'analyse de Savran sont intéressants : environ 70 pour cent des citations du corpus envisagé se révèlent être vérifiables, contre 30 pour cent d'invérifiables. Cette disparité suggère l'importance donnée, dans le récit biblique, à la vérification par le lecteur, puisque ce dernier, dans plus des deux tiers des citations, dispose à la fois du discours source et du discours citant. Savran conclut de cette proportion l'intérêt possible de la narration pour «la zone sombre entre la vérité et le mensonge»[6].

Savran analyse également le degré de fidélité des citations vérifiables. Trois catégories de changement sont observées : la réduction des paroles prononcées (*shortening*), l'amplification de ces paroles (*lengthening*) et leur paraphrase (*paraphrase*). Je m'attacherai à ces différents types de

---

[4] «Are such changes in language and syntax [dans les répétitions] to be understood purely as a norm of stylistic variation in biblical Hebrew, with no appreciable shift of meaning? Or do these changes point toward subtle but significant modifications of the meaning of the passage?», G. W. SAVRAN, *Telling and Retelling*, p. 1.

[5] G. W. SAVRAN, *Telling and Retelling*, p. 3.

[6] «The fact that verifiable quotations outnumber unverifiable quotes by more than two to one may reflect the interest of the narrative in that gray area between the truth and the lie», G. W. SAVRAN, *Telling and Retelling*, p. 36. Pour la distinction entre citations vérifiables et invérifiables, voir surtout p. 7 du même ouvrage.

modification plus loin dans ce chapitre, afin d'analyser si la citation de paroles divines se distingue de celle de discours humains. À ce stade, il est néanmoins intéressant de noter les résultats obtenus par Savran dans son analyse : « Les citations apparaissent rarement dans une forme identique à leur source, ou avec des additions substantielles apportées par le personnage citant »[7]. Ainsi, il est rare que des paroles soient rapportées avec une parfaite exactitude, comme il est inhabituel que des changements majeurs soient apportés. Cette observation suggère d'une part que la comparaison n'est pas inutile, puisque des modifications dans la parole citée sont probables. D'autre part, on peut s'attendre à ce que les transformations essentielles ne soient ni fortuites ni coutumières et à ce qu'elles soient porteuses d'une signification narrative.

Au seuil de cette recherche sur la transmission des paroles divines, je retiens donc les arguments suivants, en faveur d'une étude attentive des citations de discours divins. D'abord, le contraste entre la parcimonie habituelle de la narration biblique et les développements qui marquent les répétitions suggère au moins que ces reprises ne sont pas inutiles au projet du récit. Ensuite, un autre contraste, cette fois entre les citations vérifiables et invérifiables, joue comme une invitation au lecteur à comparer discours originel et discours cité. Dans la même ligne, la préférence biblique pour le discours direct, alors que des formules indirectes sont disponibles, renforce la capacité qu'a le lecteur de confronter les textes[8].

II. La transmission des paroles divines : les différents cas de figure

Les différents types d'épisodes considérés voudraient esquisser une sorte de panorama sur la transmission des paroles divines. On va en effet examiner les cas de figure principaux que peut présenter la transmission des paroles divines : les cas où un personnage humain transmet un discours reçu du personnage divin sans préciser le contenu des propos qui ont été prononcés ; les cas où la citation apparaît fidèle à la parole divine originale, éventuellement fusionnant différentes paroles divines

---

[7] « Quotations rarely appear in a form identical to their source, or with substantial additions tacked on by the quoter », G. W. SAVRAN, *Telling and Retelling*, p. 36.

[8] Pour une observation analogue, voir R. ALTER, *The Art of Biblical Narrative*, pp. 67–68.

ou résumant les propos divins reçus ; les cas où la citation fait preuve
d'une certaine exploitation de la parole divine, le personnage lui infli-
geant une série de modifications afin de s'en servir pour imposer ses
vues. J'envisagerai ensuite les cas particuliers où une parole divine est
rappelée à son énonciateur : dans ce cas, le personnage humain ne peut
chercher à tromper son interlocuteur, qui est précisément le locuteur
de la parole citée, mais peut tout de même tenter de l'influencer, voire
de le manipuler[9].

1. *Omission du contenu des paroles transmises*

Il s'agit ici d'analyser quelques occurrences du Pentateuque (excepté le
Deutéronome) où un acte de parole du personnage divin est évoqué par
un personnage humain sans que les paroles qui ont été prononcées soient
précisées. Ces cas sont proportionnellement peu fréquents, comme le
confirmera le point suivant, qui envisagera les occurrences où les paroles
divines sont citées *in extenso*. J'examinerai quelques exemples différant
les uns des autres, en mentionnant les passages similaires en note.

a. *Deux cas limites dans la Genèse (Gn 3,10 et 35,3)*
À ma connaissance, seuls deux cas limites sont présents dans la Genèse.
Le premier se situe dans l'épisode du jardin d'Éden :

Gn 3,8a	« Et ils entendirent la voix de Yhwh Élohim se promenant dans le jardin au souffle du jour … ».	וישמעו את־קול יהוה אלהים
Gn 3,10a	« Et il [l'humain] dit : "Ta voix, je l'ai entendue dans le jardin …" ».	את־קלך שמעתי בגן

Le cas est limite pour au moins deux raisons. D'une part, aucun discours
direct n'est prononcé par le personnage divin. Le récit se contente de
rapporter, en 3,8a, la perception auditive des deux humains. D'autre
part, le terme קול, *son* ou *voix* (BDB), n'exprime pas seulement une parole
(comme en Gn 27,2), mais aussi un bruit de voix inexprimé (comme en

---

[9] Je me limite ici aux cas où la parole divine est citée par un personnage humain. Le
personnage divin peut aussi se citer lui-même ou citer son interlocuteur. À ce propos,
voir J.-P. Sonnet, « Du personnage de Dieu comme être de parole », pp. 28–30.

Gn 21,17), un son quelconque (comme en Ex 19,19 et 20,18) ou encore un bruit de pas (2 S 5,24)[10]. Quoi qu'il en soit, l'humain transmet au personnage divin ce qu'il a entendu, par le mot même qui a exprimé sa perception dans la notice narrative du verset 8 [קוֹל]. Comme le remarque Sarna, il est intéressant de noter que l'expression «entendre la voix de» a aussi pour signification «obéir», ce qui ne manque pas d'ironie dans le contexte[11].

Le cycle de Jacob présente un autre cas limite où le personnage humain qui évoque une parole divine ne fait pas référence à un acte de parole précis[12]. Jacob s'adresse à sa maison : « "Debout, montons à Béthel, que j'y fasse un autel pour le Dieu qui me répond [לָאֵל הָעֹנֶה אֹתִי] au jour de ma détresse…" » (Gn 35,3). Jacob fait ici référence à la manière générale dont il perçoit sa relation avec le personnage divin[13]. En effet, si le verbe עָנָה, *répondre*, est utilisé fréquemment dans l'histoire de Jacob (Gn 30,33 ; 31,14.31.36.43 ; 34,13), ce n'est jamais avec un sujet divin. Dans cette occurrence, il n'y a donc ni transmission, ni même évocation d'un discours divin précis.

b. *En Exode : plusieurs échanges de paroles sans citation (Ex 4,28.30 ; 19,7–8 ; 24,3)*

Le livre de l'Exode présente en revanche plusieurs occurrences où le récit rapporte que Moïse et/ou Aaron transmet(tent) des paroles divines au peuple, mais sans que soit précisé le contenu de celles-ci. Certaines de ces occurrences ont déjà été examinées au chapitre I, dans une perspective syntaxique. Le premier échange de paroles se trouve en Ex 4,28.30 : «Et Moïse rapporta [וַיַּגֵּד] à Aaron toutes les paroles de Yhwh [כָּל־דִּבְרֵי יהוה] qui l'avait envoyé et tous les signes qu'il lui avait ordonnés. [réunion des anciens d'Israël] Et Aaron parla [וַיְדַבֵּר] toutes les paroles [אֵת כָּל־הַדְּבָרִים] que Yhwh avait parlées [דִּבֶּר] à Moïse et il[14] fit les signes sous les yeux du peuple». Je cite ici

---

[10] Voir G. von Rad, *Das erste Buch Mose : Genesis. Kapitel 1–12,9*, pp. 64–65, qui estime que le terme קוֹל ne désigne pas ici une voix, mais un bruit de pas. Voir de même C. Westermann, *Genesis. 1. Teilband : Genesis 1–11*, p. 346.

[11] Voir N. M. Sarna, *Genesis*, p. 26.

[12] Je parle ici de la seule expression «Dieu qui me répond» de Gn 35,3. Le verset dans sa totalité constitue en effet une reprise de l'ordre divin de 35,1.

[13] L'expression «Dieu qui me répond au jour de ma détresse» évoque le vocabulaire des Psaumes, par exemple Ps 20,2 et 86,7. Voir H. Gunkel, *Genesis*, p. 380.

[14] Le sujet du verbe וַיַּעַשׂ est problématique : la dernière personne citée est Moïse, mais le verbe précédent a Aaron pour sujet. Pour une synthèse du débat à ce sujet, voir C. Houtman, *Exodus. Volume 1*, pp. 452–453. Pour W. H. C. Propp, *Exodus 1–18*, p. 221,

la totalité du verset 30 pour préciser que c'est bien au peuple qu'Aaron parle, comme le contexte le suggère. L'expression «toutes les paroles de Yhwh» (verset 28), rapportées par Moïse à Aaron, se réfère sans doute à l'ensemble des discours divins entre 3,4 et 4,23, voire, plus précisément, aux propos destinés au peuple en 3,14–17. Ces mêmes paroles sont alors transmises au peuple (4,30). Plusieurs injonctions de communiquer les paroles au peuple jalonnent d'ailleurs le discours de Yhwh (3,15.16 ; 4,16). La longueur des paroles prononcées explique pourquoi elles ne sont pas citées ensuite[15]. Le verset 30 est aussi intéressant pour sa précision, marquée notamment par la récurrence de la racine דבר. La fidélité de la transmission est également suggérée par la reprise au verset 30 de l'expression «toutes les paroles de Yhwh» (verset 28), précisées même comme «toutes les paroles que Yhwh avait parlées à Moïse».

L'exemple du chapitre 19 de l'Exode est aussi intéressant, puisqu'il décrit, en seulement deux versets, la transmission des paroles de Yhwh au peuple et l'accord de celui-ci. Le discours divin est repris par Moïse en style indirect : «Et Moïse vint et il appela les anciens du peuple et il posa/exposa [וישם] devant eux toutes ces paroles que Yhwh lui avait ordonnées. Et tout le peuple répondit ensemble[16] et ils dirent : "Tout ce que Yhwh a parlé nous le ferons". Et Moïse fit revenir [וישב] les paroles du peuple à Yhwh» (Ex 19,7–8). Les paroles divines sont celles qui ont été transmises à Moïse à l'arrivée dans le désert du Sinaï (19,1–2), aux versets 3–6. Elles sont explicitement destinées à être transmises, comme Yhwh le précise à Moïse à deux reprises : «Ainsi tu diras à la maison de Jacob et tu rapporteras aux fils d'Israël» (verset 3b) et, à la fin du discours : «Ce sont les paroles que tu parleras aux fils d'Israël» (verset 6b). Comme dans l'exemple précédent, on remarque la récurrence du verbe et du substantif דבר. Ici, les paroles à transmettre ne sont pas d'une longueur telle qu'elles empêcheraient une citation en style direct, puisque, sans compter le double ordre de transmission, elles comptent moins de trois versets (versets 4–6a). Il est difficile de déterminer pourquoi la narration ne détaille pas les paroles

---

Moïse est probablement le sujet du deuxième verbe du verset. En effet, ce passage est attribué au document E, où c'est Moïse qui accomplit les signes (voir 4,17).

[15] B. S. Childs, *Exodus*, p. 104, fait observer le rythme rapide de la narration dans cet épisode, ce qui pourrait aussi expliquer que les paroles divines sont résumées plutôt que citées.

[16] Comme le fait remarquer B. Jacob, *Exodus*, p. 530, l'occurrence de 19,8 est la première où le peuple parle d'une seule voix (voir également Ex 24,3).

que Moïse transmet au peuple, pourtant importantes : elles rappellent en effet la sortie d'Égypte grâce à l'intervention de Yнwн, l'appel à garder l'alliance pour devenir « une possession d'entre tous les peuples », « un royaume de prêtres » et « une nation sainte » (versets 5b et 6a).

En Ex 24,3, on trouve une structure similaire, même si les « paroles » évoquées couvrent ici plusieurs chapitres et n'auraient donc pu être répétées : « Et Moïse vint et il raconta [ויספר] au peuple toutes les paroles de Yнwн et tous les décrets[17] et tout le peuple répondit d'une seule voix et ils dirent : "Toutes les paroles que Yнwн a parlées, nous les ferons" ». Les « paroles » divines sont probablement celles qui sont rapportées entre 20,22 et 23,33, incluant peut-être les dix paroles (20,1–17)[18]. Juste après le décalogue, une courte notice narrative décrit la réaction du peuple : « Et tout le peuple voyait les coups de tonnerre (littéralement : les voix) et les éclairs et la voix de la corne et la montagne fumante. Et le peuple vit, et ils tremblèrent et ils se tinrent à distance » (20,18). Effrayé, le peuple demande alors à Moïse : « Parle, toi, avec nous, que nous puissions écouter. Mais qu'Élohim ne parle pas avec nous, de peur que nous mourions » (20,19). La médiation de Moïse est donc sollicitée par le peuple, qui ne se sent pas capable d'une communication directe avec Yнwн. Les paroles divines reprennent au verset 22, introduites par la recommandation : « Ainsi tu diras aux fils d'Israël » (20,22a), et elles se poursuivent sans interruption jusqu'à 23,33. C'est donc probablement cet ensemble de recommandations que Moïse transmet au peuple en 24,3. Il semble également que ce soient ces paroles que Moïse écrit, en 24,4, puis qu'il lit au peuple qui promet de les accomplir (24,7). Enfin, en 24,8, Moïse fait vraisemblablement référence au même discours en aspergeant le peuple du sang des sacrifices : « Voici le sang de l'alliance que Yнwн a conclue avec vous, sur toutes ces paroles »[19].

---

[17] Au sujet des deux termes « paroles » et « décrets », voir N. M. Sarna, *Exodus*, p. 151. Les deux substantifs distinguent deux types de lois. Les « paroles » [דברים], terme que Sarna traduit par « commands », sont exprimées en un style concis et apodictique, tandis que les « décrets » [משפטים] (« rules ») sont du ressort des cours de justice.

[18] B. S. Childs, *Exodus*, p. 501, réfère les « paroles » au décalogue et aux lois annoncées en 21,1. En effet, ces mêmes paroles sont écrites par Moïse (24,4), ce qui laisse penser qu'elles incluent le décalogue. B. Jacob, *Exodus*, p. 740, limite par contre les paroles à 22,17–23,33. Enfin, C. Houtman, *Exodus. Volume 3*, pp. 288–289, maintient que les paroles comprises entre 20,22 et 23,33 sont le seul référent possible dans l'état actuel du texte.

[19] Selon B. S. Childs, *Exodus*, p. 501, l'épisode décrit sans doute une cérémonie de renouvellement de l'alliance (« a covenant renewal ceremony »).

c. *En Nombres : une omission qui porte à conséquence ? (Nb 11,24)*

Un exemple intéressant se trouve au chapitre 11 des Nombres[20]. Alors que Moïse vient de se plaindre de sa charge devant YHWH, celui-ci répond par deux annonces concrètes : Moïse choisira septante anciens pour partager sa tâche, tandis que le peuple recevra de la viande en abondance (11,16–20)[21]. Cette promesse de viande est accompagnée d'un discours que Moïse est chargé de répéter devant le peuple : « Et au peuple, tu diras : "Sanctifiez-vous pour demain et vous mangerez de la viande, car vous avez pleuré aux oreilles de YHWH en disant : 'Qui nous donnera de la viande ? Car nous avions du bien/c'était bien pour nous en Égypte'. YHWH vous donnera de la viande et vous mangerez. Ce n'est pas un seul jour que vous mangerez, ni deux jours, ni cinq jours, ni dix jours, ni vingt jours, mais jusqu'à un mois de jours, jusqu'à ce qu'elle sorte de vos narines et vous soit en dégoût [לְזָרָא][22], parce que vous avez rejeté YHWH qui est au milieu de vous et que vous avez pleuré devant lui en disant : 'Pourquoi sommes-nous sortis d'Égypte ?'"» (11,18–20).

Moïse s'étonne de la faisabilité d'une telle promesse (versets 21–22) et YHWH s'irrite légèrement : « La main de YHWH est-elle courte ? Maintenant, tu verras si ma parole [דְבָרִי] s'accomplira pour toi ou non » (verset 23). Immédiatement après, la narration rapporte la réaction de Moïse : « Et Moïse sortit et il parla [וַיְדַבֵּר] au peuple les paroles de YHWH [דִּבְרֵי יְהוָה]. Et il rassembla septante hommes parmi les anciens du peuple et il les fit se tenir autour de la tente » (verset 24). Les versets 25–30 racontent ensuite comment YHWH prélève de l'esprit

---

[20] Les commentateurs distinguent en Nb 11,4–35 deux (voir trois) épisodes indépendants : l'envoi des cailles et la désignation des septante anciens (plus, éventuellement, la prophétie d'Eldad et Médad). Pour G. B. GRAY, *Numbers*, p. 109, le passage concernant le partage de l'esprit de Moïse provient du document E, tandis que le reste du chapitre est à attribuer à J. M. NOTH, *Das vierte Buch Mose : Numeri*, pp. 74–75, considère la plainte de Moïse comme une addition postérieure, sans existence indépendante. Le récit de base est attribué à J, tandis que les insertions ultérieures proviendraient d'additions elles aussi yahwistes, mais postérieures. De même, P. J. BUDD, *Numbers*, p. 124, réfère l'ensemble du chapitre à J.

[21] Comme le remarque T. R. ASHLEY, *The Book of Numbers*, pp. 211–212, le discours de YHWH est d'abord déconcertant : les versets 18–19 laissent en effet penser qu'il renonce à discuter avec le peuple et satisfait sa demande. C'est seulement au verset 20 qu'il annonce la punition que constitue le don des cailles.

[22] Le terme זָרָא est un *hapax*. La Septante le traduit χολέρα, « choléra ». T. R. ASHLEY, *The Book of Numbers*, p. 212, rapproche le terme de la racine זור, « être étranger » : « Something loathsome may well be something that was foreign to a prescribed norm » (note 41). Voir de même B. A. LEVINE, *Numbers 1–20*, p. 324, qui rapproche également le terme de la racine accadienne *zêru*, « détester », « éviter ».

se trouvant sur Moïse et le pose sur les septante anciens, y compris sur Eldad et Médad, restés dans le camp. Immédiatement après cet épisode, la narration rapporte l'accomplissement de la seconde annonce divine : « Et un vent partit de Yʜᴡʜ et il amena des cailles de la mer et les laissa tomber sur le camp, comme un chemin d'un jour d'un côté et comme un chemin d'un jour de l'autre, autour du camp, et comme deux coudées sur les faces de la terre » (11,31). Comme prévu par Yʜᴡʜ, le peuple se précipite pour ramasser les cailles. Alors que « la viande était encore entre leurs dents, avant qu'ils ne mâchent, la colère de Yʜᴡʜ s'enflamma contre le peuple et Yʜᴡʜ frappa le peuple d'une très grande frappe [מכה][23] » (verset 33).

Le lecteur ne reçoit aucune information quant au contenu des « paroles de Yʜᴡʜ » [דברי יהוה] que Moïse transmet au peuple (verset 24). Cette formule classique par laquelle un discours est rapporté de manière indirecte, sans citation du discours prononcé, ne permet pas au lecteur de connaître les paroles divines effectivement transmises par Moïse. Puisque le rassemblement des septante anciens suit directement, on peut se demander si ce discours ne concerne que le partage de l'esprit de Moïse ou s'il inclut également l'avertissement concernant la viande[24]. La réaction du peuple, qui se précipite sur les cailles, laisse penser qu'il n'a peut-être pas été prévenu – mais le récit ne permet de tirer aucune conclusion. Le recours à la formule indirecte, sans citation, provoque donc un léger flou dans le fil de la narration[25].

---

[23] Le terme מכה est général. M. Nᴏᴛʜ, *Das vierte Buch Mose: Numeri*, p. 81, ne voit ainsi aucun lien entre la consommation des cailles et cette « frappe ». Par contre, pour T. R. Aꜱʜʟᴇʏ, *The Book of Numbers*, p. 219, le terme décrit ici une certaine forme d'intoxication alimentaire. B. A. Lᴇᴠɪɴᴇ, *Numbers 1–20*, p. 327, traduit « a great blow ».

[24] Pour J. Mɪʟɢʀᴏᴍ, *Numbers*, p. 89, il s'agit des paroles concernant la viande. En effet, le verset 24a, avant la fusion des différents récits formant 11,4–35, appartient à l'épisode des cailles (voir note 20). R. D. Cᴏʟᴇ, *Numbers*, p. 192, note que l'expression « parler les paroles de Yʜᴡʜ » indique « l'obéissance fidèle » de Moïse.

[25] Deux autres exemples de transmission de paroles divines sans citation se trouvent en Nombres. En Nb 14,39, Moïse transmet au peuple les deux longs discours divins de 14,20–25.26–35 (voir J. Mɪʟɢʀᴏᴍ, *Numbers*, p. 116), avec éventuellement les paroles prononcées en 14,11–12. Cette reprise par Moïse est résumée par la formule habituelle : « Et Moïse parla [וידבר] ces paroles [הדברים האלה] à tous les fils d'Israël et le peuple se lamenta beaucoup » (14,39). En 17,21, Moïse « parla aux fils d'Israël », leur transmettant les paroles de Yʜᴡʜ concernant les rameaux à apporter à la Tente de la Rencontre (versets 16–20). Dans cet exemple, la transmission des paroles divines est donc résumée par le seul verbe דבר.

d. *Quelques observations sur ces exemples*

L'une et/ou l'autre des deux caractéristiques suivantes se retrouve dans les occurrences de l'Exode. D'une part, le discours divin est généralement trop long pour pouvoir être cité *in extenso* (voir Ex 4,28.30 et 24,3, mais pas 19,7–8). Une expression contenant un terme de la racine דבר est alors utilisée («toutes les paroles de Yhwh/que Yhwh a parlées», «tout ce que Yhwh a parlé»), pour désigner le discours divin qui précède immédiatement (Ex 19,7–8) ou qui a été rapporté un peu avant (Ex 4,28.30). Le lien entre les paroles divines effectivement prononcées et l'expression qui les désigne est parfois renforcé par un ordre de transmission au début (Ex 19,3b; 20,22a), au cours (Ex 3,15.16; 4,16) ou à la fin (Ex 19,6b) des paroles divines. Une demande du peuple peut également effectuer ce lien (voir Ex 20,19).

D'autre part, il est aussi possible d'observer que les occurrences ci-dessus présentent chaque fois une double référence aux paroles divines: généralement, celles-ci sont transmises par Moïse au peuple (Ex 19,7; 24,3), qui marque ensuite son accord (Ex 19,9; 24,3). En Ex 4,28.30, le schéma est un peu différent: les paroles de Yhwh sont rapportées par Moïse à Aaron (4,28) et puis par Aaron au peuple (4,30). La continuité est chaque fois assurée par la répétition de termes de la racine דבר. Cette double évocation des paroles divines explique également le choix de la narration pour une transmission indirecte, qui ne reprend pas le contenu des paroles prononcées.

Par contre, aucune de ces deux caractéristiques n'est présente dans l'exemple du livre des Nombres (11,24). La nature composite de cet épisode explique peut-être le recours à une formule de transmission sans citation. Le discours de Yhwh (versets 16–20) prévoit en effet tant la désignation des anciens que le don de viande. Or ces deux annonces trouvent leur accomplissement successivement: l'esprit de Moïse est d'abord partagé avec les anciens (versets 25–30), puis le vent de la mer apporte les cailles (versets 31–33). Plutôt que de scinder la transmission des paroles divines ou de rapporter l'annonce des cailles à un moment inopportun, la narration résume donc les paroles de Moïse sans citer son discours. Cette formule neutre, qui ne précise pas quelles paroles sont prononcées, permet donc de combiner les différents épisodes réunis dans le chapitre et de les faire s'entrecroiser harmonieusement.

2. *Transmission des paroles divines : entre l'exactitude et la fidélité*

J'envisage sous cet intitulé quelques exemples où une parole divine est reprise par un personnage humain, sans qu'aucune stratégie ne puisse être discernée dans la citation – à la différence des passages que j'examinerai plus loin. Le discours divin peut être répété mot à mot, comme dans le premier exemple (Gn 24,7). Dans le second exemple, un personnage humain, Jacob, résume en une seule citation plusieurs paroles reçues précédemment (Gn 48,3–4).

a. *Une citation parfaitement exacte (Gn 24,7)*

Le chapitre 24 de la Genèse est un épisode particulièrement riche en répétitions, prononcées surtout par le serviteur d'Abraham, mais pas seulement. Envoyant son plus ancien serviteur chercher une épouse pour son fils, Abraham lui recommande de choisir cette femme dans son propre pays (24,1–4). Le serviteur évoque alors le cas où la femme ne consentirait pas à le suivre et demande à Abraham s'il faudra ramener Isaac dans sa terre d'origine (verset 5). Abraham répond catégoriquement : « Garde-toi, de peur que tu ne fasses retourner mon fils là-bas. Yʜwʜ, Élohim du ciel, qui m'a pris de la maison de mon père et de la terre de mon enfantement et qui m'a parlé et qui m'a promis en disant : 'À ta descendance je donnerai cette terre', lui, il enverra son messager devant toi et tu prendras une femme pour mon fils de là" » (versets 6–7). La citation qu'Abraham fait de Dieu reprend mot pour mot la promesse divine reçue en 12,7, qui a été rappelée et amplifiée par Yʜwʜ en 15,18, comme le montre le tableau ci-dessous :

Gn 12,7a	« Et Yʜwʜ apparut à Abram et dit : "À ta descendance, je donnerai cette terre" ».	לזרעך אתן את־הארץ הזאת
Gn 15,18	« Ce jour-là, Yʜwʜ conclut une alliance avec Abram en disant : "À ta descendance j'ai donné cette terre, du fleuve d'Égypte jusqu'au grand fleuve, le fleuve Euphrate" ».	לזרעך נתתי את־הארץ הזאת ...
Gn 24,7	« Yʜwʜ, Élohim du ciel,... m'a promis en disant : "À ta descendance je donnerai cette terre" ».	לזרעך אתן את־הארץ הזאת

L'adéquation des termes étant parfaite, Abraham fait clairement référence à la promesse initiale de 12,7a. Comme le fait remarquer Savran, «les citations de promesses sont le plus souvent équivalentes à des reprises de leurs affirmations essentielles, même quand le locuteur est humain». En effet, toujours selon Savran, «l'emploi et le remploi fréquents des promesses dans le Pentateuque éludent la juxtaposition temporelle et spatiale caractéristique du discours direct cité»[26]. Alors que, d'ordinaire, les citations apparaissent dans le même contexte temporel et spatial que la parole citée, les rappels de promesses divines, dans le Pentateuque, échappent à cette sorte de fusion. Les références spatio-temporelles de la promesse originale sont en effet préservées, le médiateur humain s'effaçant en quelque sorte devant l'énonciateur initial, le personnage divin. «En ce cas plus qu'en tout autre, la citation approche la simple répétition, mais son statut "divin" l'empêche de devenir répétitive»[27].

Dans le cas particulier de Gn 24,7, on peut également expliquer la citation faite par Abraham par sa volonté de justifier l'ordre qu'il transmet à son serviteur. Le patriarche renforce en effet l'impératif de ne pas faire revenir Isaac dans sa terre d'origine en rappelant très précisément la promesse divine qui lui a été donnée. Dans la mesure où le serviteur n'a pas assisté à la parole divine originale, Abraham aurait pu la développer afin de lui donner encore plus de poids. Au contraire, la fidélité dont il fait preuve semble suggérer son respect pour les promesses divines, dont il aurait pu en effet utiliser l'autorité pour appuyer ses propres projets.

---

[26] «Quotations of the promise are most often equivalent to restatements of its essential claim, even when the speaker is human. [...] The frequent use and reuse of promise expressions in the Pentateuch undercut the temporal/spatial juxtaposition that is central to quoted direct speech» G. W. SAVRAN, *Telling and Retelling*, p. 53.

[27] «In this case more than in any other, quotation approaches simple repetition, but its "divine" status saves it from becoming repetitious», G. W. SAVRAN, *Telling and Retelling*, p. 54. Savran cite en outre les occurrences de Gn 32,10 et 48,34 [*sic*, sans doute 48,3–4], ainsi que Nb 10,24 (p. 53). Dans les cas de Gn 32,10, je suggère plus loin que Jacob joue légèrement avec des promesses antérieures afin de renforcer sa supplication à YHWH. Voir ci-dessous, sous l'intitulé «Jacob tente de s'assurer le soutien de *YHWH* (Gn 32,10.13*)*», p. 400. J'émettrai donc une certaine réserve quant à l'application des observations de Savran à toutes les citations de promesses dans le Pentateuque.

b. *Rappel de plusieurs paroles divines : fusion de différentes promesses*
(Gn 48,3–4)

En Gn 48,3–4, juste avant de bénir les deux fils de Joseph, Jacob résume devant ce dernier les différentes promesses divines qu'il a reçues tout au long de sa vie : « Et Jacob dit à Joseph : "Él Shadday m'est apparu à Louz dans la terre de Canaan et il m'a béni. Et il m'a dit : 'Voici que je vais te faire fructifier/je te fais fructifier [מפרך][28] et je te multiplierai et je te donnerai en une communauté de peuples et je donnerai cette terre à ta descendance après toi en possession perpétuelle'"». Louz étant l'ancien nom de Béthel (voir 28,19 et 35,6), Jacob se réfère à l'une des deux promesses qu'il a reçues à cet endroit (au cours du rêve de l'échelle en 28,13–15 et juste après la mort de Déborah en 35,10–12), plus particulièrement la seconde, puisque, cette fois-là, Élohim se présente à lui comme « Él Shadday » (35,11) et le bénit (35,9)[29] – deux faits que Jacob rappelle à Joseph.

Lors de cette seconde rencontre à Béthel, Élohim prononce deux ordres : « Fructifie » [פרה] et « multiplie » [ורבה] (35,11), que Jacob reprend sous la forme d'un participe et d'un *weqatalti* dans sa citation : « je vais te faire fructifier/je te fais fructifier » [מפרך] et « je te multiplierai » [והרביתך]. Élohim promet ensuite que « une nation [גוי] et une communauté de nations [וקהל גוים] seront/viendront de toi et des rois sortiront de tes reins » (35,11). Jacob résume l'essentiel de ces paroles, avec quelques changements de syntaxe et de vocabulaire : « Et je te donnerai [de devenir] comme une assemblée de peuples [ונתתיך לקהל עמים] » (48,4a). Jacob préfère ainsi le terme « peuple » [עם] à celui de « nation » [גוי] et exprime la promesse avec le verbe « donner », נתן. Il omet également de mentionner l'annonce d'une descendance royale – une omission qui est peut-être à comprendre en lien avec l'interlocuteur à qui s'adresse Jacob, à savoir son fils Joseph. À ce moment du récit, ce dernier est pratiquement égal en statut au « roi »

---

[28] Le participe est traduit différemment selon les commentateurs, tantôt comme un présent (B. Jacob, *Das Buch Genesis*, p. 865 : « Ich mache dich fruchtbar »), tantôt comme un futur (N. M. Sarna, *Genesis*, p. 325 : « I will make you fertile »). Le futur proche semble s'adapter doublement au contexte. D'une part, Jacob parle comme s'il se transportait dans le passé, à un moment où la bénédiction n'existait encore qu'à l'état de promesse. D'autre part, le participe est suivi d'un *weqatalti*, ce qui est une succession courante dans le futur.

[29] Jacob est également béni par l'homme avec qui il combat à Peniel (32,30), mais le contenu de la bénédiction n'est pas explicité. Voir aussi la bénédiction qu'il reçoit de son père, au nom d'Él Shadday, en 28,3.

d'Égypte, qui ne lui est supérieur que par le trône, comme celui-ci le précise en 41,40. Jacob tenterait-il, par son omission, d'éviter tout conflit ou rivalité entre sa propre famille et celle du Pharaon?

Élohim, dans la promesse citée par Jacob, continue en évoquant la terre: «Et la terre que j'ai donnée à Abraham et à Isaac, à toi je la donnerai, et à ta descendance après toi, je donnerai la terre» (35,12). Encore une fois, c'est l'essentiel de cette promesse que Jacob transmet à Joseph: «Et je donnerai cette terre à ta descendance après toi en possession perpétuelle» (48,4b). Jacob omet les références à Abraham et à Isaac, mais il ajoute l'idée de «possession perpétuelle» [אחזת עולם]. Cette expression est en fait empruntée à une promesse reçue par Abraham (17,8). Peut-être Jacob insiste-t-il particulièrement sur ce fait, parce qu'il se trouve en terre étrangère au moment où il cite cette promesse. L'ajout ne change toutefois pas le contenu de la promesse divine et ne relève pas d'une stratégie particulière qui serait mise en œuvre par Jacob.

Comme fait remarquer Hamilton, les éléments omis dans la répétition peuvent également être significatifs. Mis à part la promesse de descendance royale, Jacob omet de mentionner à Joseph son changement de nom (35,10). Toujours selon Hamilton, cette omission permet à Jacob d'insister sur le rôle d'Élohim dans la rencontre et de souligner qu'il n'est pas le seul destinataire de la promesse, mais que celle-ci concerne toute sa descendance[30].

La promesse divine que Jacob évoque devant Joseph peut également faire référence à d'autres promesses reçues par Jacob au cours de sa vie. Il y a d'abord celle que lui adresse son père Isaac (28,3–4) au nom d'Él Shadday. Elle inclut les verbes «faire fructifier» [ויפרך] et «faire multiplier» [וירבך] et annonce la «communauté de peuples» [לקהל עמים] que deviendra Jacob. Peut-être la préférence de Jacob pour le terme עם en 48,4, évoquée plus haut, s'explique-t-elle par une

---

[30] Voir V. P. Hamilton, *The Book of Genesis. Chapters 18–50*, p. 628. Hamilton note encore que nombre des promesses reçues par Jacob à Béthel trouvent leur accomplissement lors de son séjour en Égypte: la famille y «acquiert des possessions» [ויאחזו], y «fructifie» [פרה] et «se multiplie» [רבה] (47,27). Toutefois, les possessions acquises ne sont pas «éternelles», comme celle qu'a promise Élohim en 17,8 [אחזת עולם], ce qui souligne le caractère temporaire du séjour en Égypte. À ce sujet, voir aussi B. Jacob, *Das Buch Genesis*, p. 866, qui souligne que la reprise de 17,8 s'explique par une volonté d'opposer la promesse divine concernant la terre de Canaan, à la notice narrative sur l'installation en Égypte (47,27). La volonté de Jacob d'être enterré en Canaan (49,29–30) reflète le même souci.

réminiscence de cette première promesse, reçue d'Isaac, qui comprend d'ailleurs également une annonce de la possession de la terre (28,4). Il y a ensuite la première promesse de Béthel, évoquant la terre et la descendance future de Jacob (28,13–14), ou, bien plus tard, la parole qu'Élohim adresse à Jacob pour l'encourager à descendre en Égypte où, promet-il, il deviendra une «grande nation» [גוי גדול] (46,2–4). Ces différents discours divins, auxquels il est possible que Jacob fasse aussi référence, contribuent ainsi à expliquer la citation de 48,3–4. Même si celle-ci ne présente pas une exactitude terme à terme, elle témoigne cependant d'une fidélité certaine aux différents discours divins reçus par Jacob au cours de sa vie[31].

c. Une citation fortement abrégée (Nb 10,29)

Dans certains cas, la citation d'une parole divine constitue davantage qu'un pur rappel. Par exemple, en Nb 10,29, alors que Moïse tente de persuader son beau-père Hobab d'accompagner le peuple, il informe celui-ci que : «Nous partons vers le lieu dont Yhwh a dit "Je vous le donnerai"». La citation de la parole divine sert à désigner la terre promise, dont le nom, «Canaan», n'a pas encore été employé en Nombres (la première occurrence se trouve en 13,2). Moïse fait référence à la longue chaîne de promesses formulées en Genèse et Exode (voir spécialement Ex 33,1), sans en évoquer une en particulier[32]. La citation ne constitue donc pas une répétition d'un discours, mais plutôt un mode de désignation. L'évocation de la promesse divine offre également à Moïse un argument supplémentaire pour convaincre Hobab d'accompagner le peuple : Israël ne part pas vers l'inconnu, mais vers une terre que Yhwh s'est engagé à lui donner.

---

[31] Voir Claus Westermann, *Genesis. 3. Teilband: Genesis 37–50* (BK I/3), Neukirchener Verlag, Neukirchen-Vluyn, 1982, p. 207. Westermann note que cette occurrence est la seule dans le document sacerdotal où un personnage répète presque mot pour mot une promesse reçue. Voir aussi G. J. Wenham, *Genesis 16–50*, p. 463 : «By this device of echoing other promise passages, Jacob identifies his convictions about the future of the nation with those of his father Isaac (speaker in 28,3) and Abraham (addressed in 17,8). The divine promises and commands have been given to Abraham, Isaac, and Jacob, so the next generation must loyally carry them out».

[32] B. A. Levine, *Numbers 1–20*, p. 316, suggère une référence possible à Gn 13,14 (texte yahwiste comme Nb 10,29), qui comprend également le terme מקום.

3. *Exploitation et contournement de la parole divine transmise*

Des personnages humains peuvent légèrement modifier les paroles divines qu'ils transmettent, dans l'intention de se servir de ce discours pour soutenir certains de leurs objectifs ou pour contourner l'impératif que ce même discours prescrit originellement. J'ai choisi deux exemples dans le même cycle narratif, afin de pouvoir comparer ces occurrences l'une à l'autre. Les deux exemples concernent le départ de Jacob, avec femmes et enfants, de chez son beau-père et parent Laban. Dans le premier (31,11–13), Jacob tente de justifier devant ses femmes la nécessité d'un départ immédiat en évoquant l'ordre reçu précédemment de YHWH (31,3). Dans le second (31,29), Laban, après la fuite de Jacob, entreprend celui-ci et lui reproche d'avoir camouflé son départ. Or, la nuit précédente, Élohim est venu le trouver pour lui interdire toute parole à Jacob (31,24). Laban doit donc contourner la parole divine, pour laisser entendre son mécontentement à son beau-fils sans transgresser l'ordre divin. Après avoir examiné les deux occurrences (*a* et *b*), je comparerai les stratégies mises en œuvre par Jacob et par Laban (*c*), pour terminer sur quelques observations provisoires sur la transmission de paroles divines (*d*).

a. *Jacob justifie son départ, parole divine à l'appui (Gn 31,11–13)*

C'est à la naissance de son fils Joseph que Jacob émet pour la première fois le désir de quitter Laban : « Et il arriva, quand Rachel eut enfanté Joseph, que Jacob dit à Laban : "Laisse-moi partir, et que j'aille vers mon lieu et vers ma terre. Donne mes femmes et mes enfants, pour lesquelles [בהן] je t'ai servi, et que je m'en aille, car toi-même, tu connais le service que je t'ai servi" » (30,25–26). Le départ n'a pourtant pas lieu immédiatement, Jacob et Laban convenant d'un autre pacte afin de demeurer ensemble (30,27–34). Laban, qui n'en est pas à sa première ruse (voir 29,25–27), subtilise cependant à l'avance les animaux de son troupeau que Jacob propose de prendre pour salaire (30,35–36). Jacob renchérit, influençant le pelage des futurs animaux en plaçant des bâtons de différentes couleurs à l'endroit où les bêtes s'accouplent (versets 37–43). Dans ce contexte de ruses mutuelles, Jacob conçoit trois raisons supplémentaires pour justifier le départ. D'abord, il entend les fils de Laban se plaindre au sujet de la richesse qu'il a acquise aux dépens de leur père (31,1). Ensuite, il remarque lui-même un changement dans l'attitude de Laban à son égard (31,2). Enfin, une parole divine le confirme dans son désir de départ: «Et YHWH dit à Jacob: "Retourne vers la terre de tes pères et à ton enfantement, et je serai avec toi"» (31,3)[33].

Il reste à Jacob à convaincre ses deux femmes de l'accompagner[34]. Dans un discours subtil, il rappelle les incidents de son séjour chez Laban, soulignant la duperie de ce dernier, mais aussi l'action divine en sa propre faveur (31,4–10)[35]. Il raconte alors une curieuse rencontre: «Et le messager de l'Élohim [מלאך האלהים][36] me dit dans un rêve: "Jacob", et je dis: "Me voici". Et il dit: "Lève tes yeux et vois: tous les boucs qui montent sur le petit bétail sont rayés, tachetés et mouchetés, car j'ai vu tout ce que Laban te fait. Je suis le Dieu de Béthel, où tu as oint une stèle, où tu m'as voué un vœu. Maintenant, lève-toi, sors de cette terre et retourne/et tu retourneras [ושוב][37] vers la terre de ton enfantement"» (versets 11–13). Si l'on s'en tient au principe que

---

[33] Comme le souligne H. GUNKEL, *Genesis*, pp. 340–341, le départ est justifié par des raisons tant profanes que religieuses, qui, selon lui, se contredisent l'une l'autre: l'ordre de départ, prononcé par YHWH, devrait suffire à persuader Jacob de partir. Gunkel suppose donc une différence de sources: le document E, duquel provient la majeure partie de cet épisode, n'aurait considéré que la justification «humaine» du départ. Le verset 3 (comme le verset 1), rapportant l'ordre divin, aurait été ajouté par J, comme le suggèrent le tétragramme et sa reprise en 32,10. Voir également l'interprétation de G. VON RAD, *Das erste Buch Mose: Genesis. Kapitel 25,19–50,26*, p. 266, qui attribue également à J les versets 5b, 7b, 9, ainsi que 11 et 13 (le verset 12 étant considéré comme une insertion tardive et maladroite), malgré la présence du nom divin אלהים. Von Rad souligne ainsi la différence de ton entre le récit E, où Jacob agit avec ruse, et le récit remanié par J, où il est quasiment blanchi de toute faute.

[34] Sur cette intention générale du discours de Jacob, voir par exemple G. VON RAD, *Das erste Buch Mose: Genesis. Kapitel 25,19–50,26*, p. 267; R. ALTER, *Genesis*, p. 167 or encore Laurence A. TURNER, *Genesis*, Sheffield Academic Press, Sheffield, 2000, pp. 134–135 («This [Jacob's discourse] is no even-handed account but a propaganda exercise aimed at persuading his wives to accompany him to Canaan»).

[35] Le discours de Jacob est tout en subtilités. On peut noter, par exemple, l'opposition entre les expressions «votre père» [אביכן] et «Dieu de mon père» [אלהי אבי] (verset 5). À ce sujet, voir B. JACOB, *Das Buch Genesis*, p. 611 et V. P. HAMILTON, *The Book of Genesis. Chapters 18–50*, p. 288.

[36] L'article de האלהים peut porter uniquement sur ce terme ou sur l'état construit qui précède, bien que le groupe génitival soit généralement déterminé quand le *nomen rectum* est un nom déterminé par lui-même, c'est-à-dire un nom propre. Voir P. JOÜON, *Grammaire de l'hébreu biblique*, § 139a.

[37] L'impératif indirect suivant un premier impératif a souvent une nuance consécutive ou finale. Voir P. JOÜON, *Grammaire de l'hébreu biblique*, § 116f.

tout ce qui n'est pas raconté, évoqué ou susceptible d'être logiquement déduit ne se passe pas dans le récit, on ne peut qu'être étonné devant ces paroles qui, en tant que telles, n'ont pas été prononcées par le personnage divin[38].

Pour commencer par l'encadrement du discours de Jacob (versets 11 et 13), on peut observer que la visite onirique du messager d'Élohim est sans doute inspirée du songe raconté en 28,10–22. Cet épisode, à part les discours du chapitre 31 envisagés ici, est en fait le seul où un rêve de Jacob est évoqué (plus loin au chapitre 31 est rapportée une autre expérience onirique, mais c'est Laban qui en est le bénéficiaire, comme on le verra bientôt). De même, le rêve du chapitre 28 implique des messagers d'Élohim [מלאכי אלהים], montant et descendant sur l'escalier (28,12). Jacob nomme d'ailleurs l'endroit où il a ce songe «Béthel» (28,19) et, effectivement, y érige et oint une stèle (28,18), puis y «voue un vœu» (28,20), comme il le fait dire à Élohim en 31,13. Aucun autre épisode de l'histoire de Jacob n'implique les messagers de Dieu, mis à part la brève scène, postérieure au passage envisagé, où des מלאכי אלהים rencontrent Jacob, juste après sa séparation définitive d'avec Laban (32,2–3).

Ces différents éléments – le songe, les messagers d'Élohim, le nom de Béthel, la stèle et le vœu – permettent de relier l'événement auquel Jacob fait référence en 31,11–13 au songe raconté en 28,10–22. Au cours de ce rêve, Yhwh apparaît d'ailleurs à Jacob, promettant de lui donner la terre sur laquelle il est couché, à lui et à sa descendance (28,13), qui deviendra très nombreuse (28,14). Yhwh promet à Jacob qu'il sera avec lui, le gardera et le fera revenir sur «ce sol» (28,15). En plus de cette promesse, Jacob s'inspire également de l'ordre de départ donné en 31,3, où Yhwh lui recommande de retourner «vers la terre de tes pères» et «à ton enfantement» [ולמולדתך], expression que Jacob adapte en 31,13 («la terre de ton enfantement»). Dans le tableau qui suit, je compare la promesse de Béthel (28,15), l'ordre de départ (31,3) et la citation que fait Jacob (31,13), en alignant en hébreu les trois verbes שוב:

---

[38] G. W. Savran, *Telling and Retelling*, p. 32, classe cette citation parmi les cas d'amplification (*lengthening*) de la parole prononcée.

Gn 28,15	« Et voici, je [suis] avec toi et je te garderai partout où tu iras et je te ferai retourner sur ce sol, car je ne t'abandonnerai pas jusqu'à ce que j'aie fait ce que je t'ai parlé ».		והשבתיך אל־האדמה הזאת ...
Gn 31,3	« Et Yhwh dit à Jacob : "Retourne vers la terre de tes pères et à ton enfantement et je serai avec toi" ».		שׁוב אל־ארץ אבותיך ולמולדתך ואהיה עמך
Gn 31,13	*Dans le discours de Jacob :* « Maintenant, lève-toi, sors de cette terre et retourne/pour que tu retournes vers la terre de ton enfantement ».	ושוב אל־ארץ מולדתך	עתה קום צא מן־הארץ הזאת

Dans ses derniers mots, suite à l'impératif שׁוב, Jacob s'inspire clairement des deux promesses reçues de Yhwh. L'ordre « Retourne vers la
terre de ton enfantement »[39] constitue en effet un résumé de celui que
Dieu lui donne en 31,3, qui inclut en plus la référence à « tes pères » et
la promesse « je serai avec toi », ce que Jacob ne reprend pas. Il ajoute
par contre l'ordre de « sortir de cette terre » – qui constitue le message
principal qu'il essaye de faire passer à ses femmes. En quelque sorte,
par sa citation, Jacob crée un « double » de l'épisode de Béthel : une
autre visite onirique par un messager d'Élohim, se présentant comme
« le Dieu de Béthel », lui rappelant les actes qu'il a accomplis là-bas.
Ce dédoublement permet à Jacob d'intégrer l'ordre de départ à son
expérience antérieure, mais aussi de le relier aux promesses reçues à
Béthel[40]. Le départ de chez Laban est interprété de la sorte comme

---

[39] Il peut également s'agir d'une proposition consécutive ou finale (« et tu retourneras... »), si l'on comprend l'impératif indirect ושׁוב comme exprimant la conséquence
ou le but de ce qui précède (voir ci-dessus note 37).

[40] Sur la différence temporelle entre le songe de Béthel et l'ordre du départ, voir
par exemple B. Jacob, *Das Buch Genesis*, p. 612 (« In seiner aufgeregten Erzählung läßt
er auch die Zeiten außer acht. Denn die göttliche Aufforderung heimzukehren, ist erst
von gestern, jene Traumerscheinung muß er schon vor Jahren gehabt haben »). Au sujet
de la combinaison de deux révélations dans le discours de Jacob, voir C. Westermann,

une étape du parcours évoqué par Yʜᴡʜ, qui a promis à Jacob de l'accompagner «partout où tu iras» (28,15).

Pour le reste, les mots cités par Jacob en 31,12 ne correspondent à aucune parole divine prononcée précédemment. L'invitation à «voir tous les boucs qui montent sur le petit bétail» et à constater qu'ils sont «rayés, tachetés et mouchetés» rappelle le stratagème de Jacob (30,37–43). La conjonction כי, «car», qui introduit la subordonnée «j'ai vu tout ce que Laban te fait», relie ainsi le regard que Jacob est invité à poser sur les boucs [וראה] et celui que Yʜᴡʜ a posé sur Laban [ראיתי]. Cette phrase, présentée par Jacob comme une citation, sous-entend que ce que Laban lui «a fait» est d'ordre négatif, que cela n'a pas échappé au personnage divin et que l'affaire des boucs «rayés, tachetés et mouchetés» en constitue une conséquence. De manière tout à fait implicite, Jacob interprète donc le changement de couleur des bêtes à une intervention divine[41] – ce que la narration ne vient pas corroborer[42]. De plus, en attribuant au personnage divin la phrase «tout ce que Laban te fait», Jacob légitime son désir de quitter Laban au plus vite, en même temps qu'il s'innocente lui-même et se pose en victime de son beau-père. La mise en cause de Laban et l'accent mis sur l'intervention divine en sa faveur constituent deux arguments majeurs pour justifier le départ, arguments qui ne manquent pas de convaincre Rachel et Léah (31,14–16).

Il reste dès lors à s'interroger sur la stratégie de Jacob. Invente-t-il de toutes pièces cette intervention du messager? La référence au rêve de Béthel constitue-t-elle un subtil artifice qu'il met en œuvre pour donner plus de crédibilité à sa citation[43]? Le récit, sans fournir

---

Genesis. 2. Teilband: Genesis 12–36, p. 599: «In diesen nur korrumpiert erhaltenen v. 10–13 sind zwei verschiedene, aber im jetzigen Text miteinander verflochtene Gottesoffenbarungen an Jakob zu erkennen. Die eine bezieht sich auf die Art, wie Jakobs Herdenzuwachs zustande kam, und will ihn auf eine Offenbarung durch einen Engel Gottes zurückführen; sie ist aber verstümmelt überliefert. Die andere enthält die mit einer Verheißung verbundene Weisung, in sein Land zurückzukehren, ist also eine Dublette zu v. 3»).

[41] Voir par exemple G. J. Wᴇɴʜᴀᴍ, *Genesis 16–50*, p. 272 et L. A. Tᴜʀɴᴇʀ, *Genesis*, p. 134.

[42] Le problème de la prétendue citation préoccupe également l'exégèse historico-critique. Les versets 10 et 12 sont ainsi attribués à une addition tardive, «ziemlich ungeschickt eingefügt, von einem Manne stammend, der, in E.s Spuren (5–9) weitergehend, Jaqobs Reichtum nicht seinen Ränken, sonder lieber Gottes Schutze zuschreiben wollte» (H. Gᴜɴᴋᴇʟ, *Genesis*, p. 342).

[43] Voir V. P. Hᴀᴍɪʟᴛᴏɴ, *The Book of Genesis. Chapters 18–50*, p. 289 («Jacob apparently feels that this dream will help persuade his wives to leave their father and join him in

aucune indication explicite, suggère toutefois au moins trois pistes d'interprétation. Tout d'abord, le discours divin que Jacob transmet à ses femmes (31,11–13) tient essentiellement en trois points : l'affaire des boucs, une accusation de Laban et la justification du départ. La nécessité de partir pour Canaan, on l'a vu, vient bien de Yhwh (31,3). La prolifération des animaux tachetés, quant à elle, a été attribuée à l'action de Jacob. Néanmoins, rien n'empêche Jacob d'attribuer la réussite de son stratagème à une faveur divine. Si l'expression de cette reconnaissance dans une citation attribuée au messager d'Élohim pose peut-être certains problèmes, il n'en reste pas moins que Yhwh, dans sa promesse de Béthel, s'est engagé à « être avec » Jacob, à le garder et à ne pas l'abandonner (28,15). Dans sa prétendue citation de 31,13, Jacob pourrait donc simplement évoquer cette promesse de Béthel, en traduisant ses termes abstraits en une référence à l'affaire des boucs. Les changements affectant le petit bétail en faveur de Jacob seraient ainsi interprétés comme la réalisation concrète de l'engagement de Yhwh, ce que Jacob affirme d'ailleurs explicitement en 31,5–9. Enfin, l'accusation de Laban, qui a effectivement agi par ruse (29,25–27 ; 30,35–36 et aussi 31,29, examiné au point suivant), jouerait plutôt dans la citation comme une manière implicite de rendre Jacob victime et de justifier ainsi les faveurs divines dont il a bénéficié.

Ensuite, il est intéressant de rappeler le contenu du vœu que fait Jacob en 28,20–22 : « Et Jacob voua un vœu en disant : "Si Élohim est avec moi, me garde dans ce chemin où je vais, me donne du pain à manger et des habits à revêtir, si je reviens en paix vers la maison de mon père, Yhwh sera/deviendra pour moi un Élohim/Dieu. Et cette pierre que je pose en stèle sera une maison de Dieu [בית אלהים] et de tout ce que tu me donneras je te verserai sûrement la dîme" »[44]. Comme le remarque déjà Gunkel, bien que dans une autre perspective herméneutique, la raison d'être d'un vœu comme celui de Jacob est bien

---

a permanent move back to his country »), avec référence à J. P. Fokkelmann, *Narrative Art in Genesis*, pp. 156–157.

[44] On peut aussi noter l'interprétation que Jacob impose à la parole divine reçue (28,13–15). Il reprend en effet son contenu sur le mode conditionnel, la précise en lui donnant un tour plus concret (voir la mention du pain et du vêtement au verset 20) et omet même la première partie de la promesse, concernant la terre, la descendance et la bénédiction (versets 13–14). Pour l'analyse et l'interprétation de ces changements que Jacob apporte à la parole divine, voir A. Wénin, « Jacob découvre la maison de Dieu », pp. 33–36. Voir aussi J.-P. Sonnet, « Du personnage de Dieu comme être de parole », p. 31.

de s'assurer l'intervention divine au moment opportun[45]. En évoquant
devant ses femmes le vœu du chapitre 28, Jacob semble donc assurer
ces dernières qu'elles ne devraient rien craindre en fuyant la maison
paternelle, puisque lui-même a contracté une sorte d'engagement avec
Élohim. Plus exactement, en attribuant le rappel du vœu au messager
d'Élohim, Jacob suggère que ce dernier a lui-même rappelé les termes
de l'engagement, confirmant de la sorte sa promesse d'assistance.

Enfin, il faut aussi considérer la double pause que le récit observe
quelques versets plus loin, alors que Léa et Rachel se sont laissé convaincre et que toute la famille a pris la route. Un bref retour en arrière
rapporte d'abord le vol de Rachel: «Alors que Laban était allé tondre
son petit bétail, Rachel vola [ותגנב] les teraphim qui étaient à son père»
(31,19)[46]. Immédiatement après, une autre notice rapporte le même délit,
cette fois commis par Jacob: «Et Jacob vola [ויגנב] le cœur de Laban
l'Araméen en ne lui rapportant pas qu'il fuyait» (31,20)[47]. Cette notice
ne concerne apparemment que la dissimulation de la fuite; cependant,
la parcimonie biblique en matière de jugement et d'appréciation des
actions des personnages incite à prendre au sérieux cette observation.
Le lecteur est en effet prévenu que Jacob commet un vol en fuyant de
la sorte, dérobant à Laban ce que celui-ci a de plus intime – son cœur
[לב]. La phrase suggère sans doute que c'est la volonté même de son
beau-père que Jacob dérobe: en cachant le départ, il empêche en effet
Laban de réagir et, éventuellement, de s'opposer au projet. Le fait
que Jacob commette un délit analogue à celui de Rachel est étonnant,

---

[45] Voir H. GUNKEL, *Genesis*, p. 343: «Der Gott „gedenkt" der frommen Tat Jaqobs,
durch die er ihn verpflichtet hat, und erinnert sich, daß Jaqob ihm ein Gelübde getan
hat [...]. Jetzt, da die Zeit dazu gekommen ist, stellt der Gott sich ein und erfüllt den
Wunsch seines Verehrers. Dies eben, den Gott zum Einschreiten zur rechten Zeit
zu bewegen, ist der Zweck eines solchen Gelübdes». Les guillemets mis au verbe
«remembers» sont bien sûr significatifs, puisque Jacob cite une parole qui n'a pas été
prononcée. Voir aussi G. J. WENHAM, *Genesis 16–50*, p. 272.

[46] Sur le verbe גנב et son apparent synonyme גזל, utilisé par Jacob en 31,31, voir
V. P. HAMILTON, *The Book of Genesis. Chapters 18–50*, pp. 291–292.

[47] Au sujet de la description de Laban comme «l'Araméen», voir V. P. HAMILTON, *The
Book of Genesis. Chapters 18–50*, p. 296. Hamilton fait notamment remarquer l'assonance
entre le terme «Araméen» [הארמי] (utilisé en 31,20, sans raison apparente sinon cette
assonance) et le verbe «tromper» [רמה] (utilisé en 29,25, dans l'exclamation de Jacob
devant la ruse de Laban). Voir également N. M. SARNA, *Genesis*, p. 216, qui fait également observer le jeu de mots entre le nom «Laban» [לבן] et le terme «cœur» [לב].
En outre, Sarna note que cette précision sur l'origine de Laban souligne la différence
entre ce dernier et Jacob, préparant ainsi l'alliance racontée plus loin (31,43–54).

d'autant que l'épisode du vol des teraphim ne se rattache, à première vue, que de manière assez lâche au reste de l'intrigue.

On pourrait suggérer que, bien que le vol commis par Jacob soit mentionné après celui de Rachel, c'est cette dernière qui l'imite en commettant un délit semblable au sien. Comme l'exprime le discours légèrement excessif que Rachel et Léah tiennent en 31,14–16, Jacob arrive parfaitement à ses fins en persuadant ses femmes de prendre la fuite[48]. Il «vole» de la sorte le «cœur» de Laban, mais, plus grave encore sans doute, incite Rachel à faire de même vis-à-vis de son père – ce qui se traduit par le vol des teraphim. Le récit mettrait donc en évidence, par ce double vol, une conséquence du discours de Jacob, notamment peut-être de la citation qu'il attribue à YHWH. Jacob, en effet, manipule ses femmes en précipitant et en dissimulant le départ, menant au moins Rachel à voler son père[49]. Si la narration ne condamne pas Jacob directement pour son usage des paroles divines, elle met toutefois en évidence la conséquence dommageable que l'intervention de Jacob a provoquée[50].

b. *Laban contourne l'ordre divin (Gn 31,29)*

La fuite de Jacob est annoncée à Laban trois jours après le départ. Ce dernier se met immédiatement à la poursuite de son beau-fils et de sa famille. Après sept jours, il rattrape les fugitifs dans la montagne

---

[48] V. P. HAMILTON, *The Book of Genesis. Chapters 18–50*, pp. 289–290, considère plutôt que Jacob n'a guère besoin de convaincre ses femmes, puisque celles-ci sont prêtes à le suivre, après ce que leur père leur a fait personnellement.

[49] Rachel pourrait également reproduire le «vol» dont elle a été l'objet, quand sa sœur Léah a été donnée à sa place à Jacob (29,16–27).

[50] Cette interprétation n'est pas celle des commentateurs. Ainsi, H. GUNKEL, *Genesis*, p. 344, considère que le vol de Rachel, fille qui dérobe les meilleurs effets de son père, «ist gewiß aus dem Leben genommen», d'autant plus explicable que ce genre de larcin «kommt wohl auch heute noch vor»! G. J. WENHAM, *Genesis 16–50*, p. 273, suggère plusieurs interprétations, renvoyant notamment à des pratiques attestées à Nuzi, selon lesquelles la possession d'images des ancêtres implique le droit à l'héritage. Wenham tend plutôt, cependant, à considérer les teraphim comme une sorte de porte-bonheur, assurant peut-être la fertilité. Le vol de Rachel suggérerait donc que celle-ci n'était pas rassurée de quitter le foyer paternel. Voir dans le même sens V. P. HAMILTON, *The Book of Genesis. Chapters 18–50*, pp. 294–295, qui propose aussi quelques interprétations alternatives: Rachel pourrait voler pour la pure valeur lucrative des teraphim, renversant ainsi l'acte de son père envers Jacob en 29,25–27. C. WESTERMANN, *Genesis. 2. Teilband: Genesis 12–36*, p. 602, estime quant à lui que le vol de Rachel est une conséquence des accusations que celle-ci et sa sœur prononcent contre leur père (versets 14–16): «Rahel wehrt sich damit gegen ihr angetanes Unrecht». On pourrait ajouter que les accusations en question sont en fait suscitées par le discours de Jacob.

de Galaad (31,21–23). La nuit, Élohim vient le trouver dans un rêve et lui recommande de «se garder» ou «se retenir» [הִשָּׁמֶר לְךָ], «de peur qu'il ne parle à Jacob en bien ou en mal» (31,24 : voir tableau ci-dessous pour une traduction littérale et le texte en hébreu)[51]. L'expression est littéralement «d'un bien jusqu'à un mal» [מִטּוֹב עַד־רָע][52] et constitue probablement un mérisme, désignant par deux termes extrêmes et opposés toute la réalité pouvant être comprise entre eux (voir en ce sens les prépositions מִן et עַד, qui suggèrent le «parcours» entre les deux termes)[53]. Ici, il s'agirait de tout discours se situant dans l'ordre du bien et du mal, donc impliquant toute forme de jugement, qu'il soit positif ou négatif. Le personnage divin recommande donc à Laban de se réfréner, *de peur* [פֶּן] qu'il ne parle à Jacob : la subordonnée exprime la raison d'être du commandement[54]. Toute parole que Laban pourrait dire, en bien ou en mal, est considérée par Élohim comme un danger potentiel. Le commandement adressé à Laban constitue donc, malgré sa formulation en partie négative, un ordre positif et général : ce dernier est invité à l'appliquer selon la situation, en cherchant à éviter le danger que constitueraient des paroles de jugement[55].

---

[51] L'expression הִשָּׁמֶר לְךָ פֶּן est similaire à celle qui est employée en 24,6 (qui précède la citation, par Abraham, d'une parole divine – mais cette coïncidence est sans doute fortuite). Voir aussi Ex 34,12 ; Dt 6,12 ; 8,11 ; 12,13.19.30 ; 15,9, ou encore Ex 10,28 (avec אַל).

[52] La Septante simplifie l'ordre divin en une interdiction de «ne pas parler en mal [πονηρά] à Jacob».

[53] Sur le mérisme dans la bible hébraïque, voir A. M. HONEYMAN, «*Merismus* in Biblical Hebrew». Sur le mérisme en 31,24, voir J. A. SOGGIN, *Das Buch Genesis*, p. 388.

[54] Au sujet de la particule פֶּן après un verbe exprimant la crainte, voir GKC § 152w.

[55] Les commentateurs et exégètes proposent deux interprétations différentes de l'expression מִטּוֹב עַד־רָע. Une première option consiste à comprendre l'ordre divin comme la recommandation générale de ne pas faire de mal à Jacob, et non comme une interdiction de toute parole. Voir ainsi B. JACOB, *Das Buch Genesis*, p. 616, qui note qu'Élohim défend à Laban de contraindre Jacob, mais non de lui parler («er dürfe ihm nichts Böses tun, d.h. nichts abnehmen und ihn nicht zur Umkehr zu zwingen suchen, weder im Guten noch im Bösen»); G. VON RAD, *Das erste Buch Mose: Genesis. Kapitel 25,19–50,26*, p. 269 («Der Ausdruck „nichts zu reden, weder Gutes noch Böses" ist eine allgemeine Redensart und meint natürlich nicht, daß Laban den Jakob auch nicht im Guten anreden dürfte»). Voir de même V. P. HAMILTON, *The Book of Genesis. Chapters 18–50*, p. 299 («Silence is not imposed on him»). Une seconde option consiste à interpréter l'ordre divin comme une interdiction absolue de parler, quel que soit le sujet abordé. Voir ainsi H. GUNKEL, *Genesis*, p. 346 («Gott verbietet Laban, irgend ein Wort zu sagen. [...] מִטּוֹב עַד־רָע weder Gutes noch Böses d. h. irgend etwas») ou R. ALTER, *Genesis*, p. 170 («The idiom means "lest you speak...anything at all"»). L'interprétation que je retiens ici est plus proche de cette seconde option, bien qu'il me semble important de souligner que l'ordre divin adressé à Laban est fondamenta-

Laban rejoint alors Jacob (31,25) et, contrairement à la recommandation divine[56], commence un long discours, dans lequel il reproche à Jacob d'avoir «volé son cœur» en emmenant ses deux filles comme des captives, d'avoir fui en secret, de ne pas lui avoir laissé le temps de faire ses adieux, et enfin d'avoir volé ses dieux (versets 26–30)[57]. Dans son discours, Laban précise: «Il est dans le pouvoir de ma main de vous faire du mal, mais l'Élohim de vos pères, la nuit dernière, m'a dit: "Garde-toi de parler à Jacob du bien jusqu'au mal"» (31,29)[58]. Le tableau ci-dessous permet une comparaison terme à terme de la parole effectivement prononcée par Élohim et sa citation par Laban:

Gn 31,24	«Et Élohim vint vers Laban l'Araméen dans le rêve de la nuit et il lui dit: "Garde-toi, de peur que tu ne parles avec Jacob du bien jusqu'au mal"».	השמר לך פן־תדבר עם־יעקב מטוב עד־רע
Gn 31,29	*Dans le discours de Laban*: «Mais l'Élohim de vos pères, la nuit dernière, m'a dit: "Garde-toi de parler avec Jacob du bien jusqu'au mal"».	השמר לך מדבר עם־יעקב מטוב עד־רע

---

lement positif. Élohim lui recommande de se maîtriser lors de la rencontre avec Jacob et nomme le danger à éviter.

[56] Voir aussi L. A. TURNER, *Genesis*, p. 136: «Laban's dream had told him to say nothing to Jacob, that is "not a word…either good or bad" [...]. It is, perhaps, an indication of the depth of their hostility that in spite of this prohibition the two of them engage in some of the lengthiest dialogue in Genesis».

[57] Voir par exemple B. JACOB, *Das Buch Genesis*, p. 617, qui note également la progression dans le discours de Laban, qui commence par les accusations les plus légères pour finir par les plus graves.

[58] Dans son discours, Laban évoque deux pouvoirs, le sien [אל ידי] et celui du «Dieu de vos pères» [אלהי אביכם]. C. WESTERMANN, *Genesis. 2. Teilband: Genesis 12–36*, p. 602, interprète dès lors les versets 24 et 29 comme une addition tardive, «théologisante», cherchant à opposer le pouvoir de Laban à la puissance d'Élohim qui protège Jacob. Toujours selon Westermann, les deux versets n'ont pas de réelle fonction dans le récit. Par contre, G. J. WENHAM, *Genesis 16–50*, p. 274, souligne l'importance de ces versets dans l'ensemble du discours de Laban.

La seule différence concerne le changement de la subordonnée en פֶּן
suivie du *yiqtol* par un infinitif introduit par *min* [מִדַּבֵּר][59], complément
de l'impératif הִשָּׁמֶר. En soi, la modification est purement syntaxique
et n'implique aucune substitution de vocabulaire (Savran la reprendrait
sans doute sous le terme de paraphrase)[60]. Toutefois, l'attention du lecteur est attirée par le fait qu'Élohim a prévenu Laban de «se retenir»
pour éviter toute parole de jugement (verset 24), recommandation que
Laban n'a manifestement pas suivie. Il est donc surprenant que ce
dernier ait l'audace de mentionner le discours divin à son interlocuteur.
Cet étonnement invite à une comparaison plus attentive du changement
syntaxique.

Comme on l'a vu, le discours divin du verset 24 demande à Laban
de «se garder» ou de «se retenir» (emploi intransitif), *de peur* qu'il ne
parle à Jacob dans l'ordre du bien et du mal. Le commandement divin
enjoint donc à Laban un contrôle général de lui-même, afin d'éviter
la menace que constituent des paroles de jugement. Par contre, dans
la reprise de Laban au verset 29, l'injonction de se contrôler devient
une prohibition de toute parole de jugement. En d'autres termes, le
commandement d'Élohim concerne un contrôle général: il s'agit pour
Laban de se réfréner, en particulier de parler, puisque toute parole de
jugement pourrait être périlleuse. Dans l'interprétation de Laban, le
commandement se focalise sur le jugement: ce sont les paroles «en
bien jusqu'en mal» qui sont prohibées. Implicitement, Laban s'attribue donc le droit de «parler», ce qui légitime son discours à Jacob.
Ses paroles sont d'ailleurs composées essentiellement de questions, qui
dissimulent habilement le jugement qu'il pose sur son beau-fils. On
peut encore noter la manière subtile avec laquelle Laban désigne le
personnage divin: «Élohim de vos pères» (verset 29)[61]. Ce faisant, il
semble insister sur le fait que, même si la directive reçue vient du Dieu

---

[59] Je suis ici la vocalisation du TM. On pourrait également vocaliser מְדַבֵּר comme
un participe actif, ce qui donnerait: «garde-toi, en parlant avec Jacob, du bien jusqu'au
mal». Dans ce cas, Élohim n'interdirait pas à Laban de parler à Jacob, mais lui
défendrait seulement un certain type de discours (au niveau du bien et du mal). Cette
lecture me semble d'ailleurs s'intégrer beaucoup mieux au contexte: Laban tenterait,
en ce sens, d'escamoter la parole divine qu'il a reçue (lui interdisant tout discours),
afin d'excuser son intervention auprès de Jacob.

[60] Voir par exemple V. P. HAMILTON, *The Book of Genesis. Chapters 18–50*, p. 301
(«When Laban shares with Jacob and his party what God said to him in a dream,
he faithfully reproduces God's words»). Le changement de la subordonnée en פֶּן par
l'infinitif construit «likely has no great significance».

[61] Voir B. JACOB, *Das Buch Genesis*, p. 618.

de son interlocuteur, il l'a tout de même prise en considération. De là à dire qu'il l'a également observée, il n'y a qu'un pas, que Laban ne franchit pas, mais qu'il peut laisser entendre à Jacob.

Le passage est intéressant à de nombreux égards. D'abord, il faut souligner que toute la finesse du texte tient à l'emploi du discours direct, tant pour la parole d'Élohim que pour celle de Laban. Si ce dernier avait évoqué l'ordre divin en discours indirect, on aurait pu facilement attribuer le changement de la subordonnée en un infinitif construit avec préposition aux modifications imposées par le passage d'un style à l'autre. C'est donc l'emploi répétitif du style direct qui permet au lecteur de confronter la parole divine et sa citation. On remarque également que la ruse de Laban n'est pas autrement confirmée par le texte : la narration n'en fait absolument aucun commentaire, tandis que ni Jacob ni le personnage divin ne relèvent l'astuce. Elle semble ainsi réservée à la subtilité du lecteur. Par rapport au projet global de la narration, la malice du discours de Laban fait écho à celle de Jacob en 31,11–13. Toutefois, comme je vais à présent le montrer, les stratagèmes de ces deux personnages se différencient par de nombreux aspects, spécialement par leurs conséquences.

c. *Les ruses de Jacob et Laban : comparaison de deux types d'interprétation*
On peut à présent reprendre brièvement les ruses de Jacob et Laban évoquées ici, chacune impliquant une citation déformée d'un discours divin. La comparaison porte sur les destinataires de ces ruses et sur leur nécessité, leurs raisons d'être, leurs moyens et leurs conséquences, avec une attention particulière pour l'implication du personnage divin. Je voudrais en particulier proposer de comprendre la citation faite par Laban comme une manière positive de gérer ses rapports avec son beau-fils, évitant, pour ainsi dire, d'empirer la situation.

En ce qui concerne les destinataires de la ruse, Jacob s'adresse à ses femmes pour leur communiquer un ordre divin reçu personnellement. La transmission de la directive divine est nécessaire, puisque celle-ci concerne autant Jacob que ses femmes et enfants qui vont devoir partir. Dans le cas de Laban, Jacob est le destinataire de la citation divine. Cette fois, la transmission de ce qu'Élohim a dit n'est pas indispensable : Laban pourrait simplement négliger la visite nocturne qu'il a reçue et adresser ses reproches à son beau-fils sans y faire aucun écho. Au contraire, Laban choisit d'intégrer dans son discours la recommandation divine, moyennant une très légère modification.

Les raisons d'être des stratagèmes de Jacob et Laban sont également différentes. Jacob cherche à accomplir l'ordre que Yhwh lui a donné de retourner vers sa terre (31,3), en tentant implicitement, toutefois, de hâter le départ et de le dissimuler. Les objectifs de Laban sont complètement différents : ce dernier cherche à contourner la directive divine reçue, tout en cherchant à montrer à son interlocuteur qu'il la respecte néanmoins, comme en témoigne la citation qu'il inclut dans son discours. Les ruses de l'un et de l'autre usent par conséquent de procédés opposés. Jacob *augmente* l'ordre divin : il le situe au cours d'une visite nocturne, imagine peut-être un dédoublement de l'épisode de Béthel, présente le commandement comme une réponse à l'injustice de Laban contre lui et l'intègre dans une suite de faveurs divines à son égard. Tout au contraire, Laban *écourte* la directive reçue d'Élohim : son contexte – la visite nocturne, le songe – est passé sous silence. Il joue également sur un changement syntaxique pour déplacer le commandement originel, positif et général, en une prohibition spécifique. Tant Jacob que Laban, toutefois, utilisent la parole divine à leur propre avantage et l'adaptent selon leurs visées rhétoriques.

Les conséquences de ces deux stratagèmes sont aussi différentes. Jacob manipule ses femmes et les porte à fuir leur père en secret. Il « vole le cœur » de Laban et montre indirectement l'exemple à Rachel (31,19–20). Ainsi, apparemment anodins, ses ajouts à l'ordre divin accompagnent, ou peut-être même suscitent, un double tort commis aux dépens de Laban. Les choses sont plus complexes dans le cas de ce dernier : en allant à l'encontre de l'ordre divin reçu, Laban se donne l'occasion d'exprimer son ressentiment devant son beau-fils. Ces reproches suscitent un dialogue, où Jacob lui-même a le loisir d'exprimer ses griefs contre son beau-père (31,36–42). Laban peut alors proposer une alliance, qui conclut le différend entre les deux hommes (versets 43–54). Tout cet échange n'aurait probablement pas eu lieu si Laban s'était en effet complètement « gardé » ou « retenu » et avait évité toute parole. Ici, l'interprétation de la directive divine se révèle donc féconde : le personnage adapte le commandement à ses capacités et l'interprète afin qu'il produise le meilleur effet dans la situation. De plus, Laban prend le risque de rappeler ce qu'Élohim lui a commandé, quitte à se rendre vulnérable aux yeux de Jacob (voir en ce sens la parole de Jacob en 31,42). Ce faisant, il se protège sans doute d'une accusation de jugement, insistant sur le fait que Dieu lui a interdit toute parole de jugement. Toutefois, de cette façon, il dévoile également sa manière de comprendre l'ordre et de l'interpréter « pour le bien ».

d. *Observations : le risque de la citation et de l'interprétation de paroles divines*
Ces deux exemples éclairent le phénomène de la transmission de paroles divines sous au moins trois aspects. Tout d'abord, comme cela a déjà été noté, les récits du Pentateuque ne se contentent pas de rapporter les discours prononcés par le personnage divin, mais s'attachent également à illustrer les interprétations qu'ils sont susceptibles de recevoir et les utilisations que l'on peut en faire. Les deux épisodes envisagés ici vont plus loin en montrant que ces différentes interprétations peuvent avoir pour conséquences des effets très variés : le discours divin cité peut contribuer à faire du tort à un autre personnage ou, au contraire, à susciter un dialogue et même une alliance. La comparaison entre ces deux épisodes attire déjà le regard sur le pouvoir dont peuvent se charger la citation ou l'interprétation d'une parole divine et sur la variété des utilisations possibles de ce pouvoir.

On peut ensuite observer que les mots que prononce le personnage divin dans ces épisodes se prêtent d'eux-mêmes à l'interprétation et même suscitent une indispensable reprise par les personnages humains. En d'autres termes, ce chapitre de la Genèse ne présente pas Jacob et Laban comme des personnages qui se rendraient coupables d'une interprétation excessive, mais qui plutôt intègrent les paroles divines à leurs propos avec un nécessaire travail d'adaptation. En effet, il est clair que l'ordre de départ reçu par Jacob en 31,3 ne peut être transmis tel quel à ses femmes. De même, la recommandation divine adressée à Laban en 31,24 interfère avec sa colère et sa tristesse. Les deux personnages apparaissent ainsi forcément contraints à un exercice d'herméneutique, qu'ils réalisent selon leurs intentions propres.

Enfin, ces exemples attirent l'attention sur le rapport complexe entre la fidélité dans l'interprétation de la parole divine et le résultat qui en découle. À première vue, Jacob se montre le plus fidèle dans la transmission la parole divine : Yhwh lui ayant commandé de partir, il transmet cet ordre à ses femmes et toute la famille part effectivement. Pourtant, le départ s'accompagne d'un double « vol », qui constitue une profonde peine infligée à Laban. Par contre, alors qu'Élohim enjoint à Laban de se retenir, particulièrement de reproches ouverts à son beau-fils, il n'en tient apparemment aucun compte : il rattrape Jacob et lui adresse un long discours de remontrances. Il y inclut même la recommandation divine, subtilement modifiée afin de légitimer ses paroles. Néanmoins, les reproches de Laban suscitent le dialogue entre beau-père et beau-fils et mènent même à une alliance entre eux.

Comme on peut le constater, ces épisodes ne proposent donc en aucun cas une vue simpliste de la fidélité aux paroles divines. Celles-ci sont appelées à être transmises, interprétées et appliquées par les personnages humains, sans qu'une plus grande exactitude dans la citation ou la réalisation soit nécessairement synonyme d'une action positive dans le cadre des événements racontés. Plutôt, il semble, à la lecture de ce chapitre, qu'un personnage oriente favorablement le cours de l'intrigue quand, comme Laban, il adapte la directive divine à ce que les circonstances exigent, pour son bien propre et celui des autres personnages. Au moins dans ces épisodes, une action de ce type ne peut se définir simplement comme une application ou transmission terme à terme de la parole divine, mais comme l'interprétation et l'ajustement de cette parole aux nécessités de la situation telles que les perçoit le personnage.

4. *Quand les paroles divines sont rappelées à leur énonciateur*

Jusqu'ici, les textes envisagés ont présenté des discours divins transmis par un personnage humain à un autre personnage humain qui n'a pas assisté à l'acte de parole de Yhwh ou Élohim. Or, dans plusieurs épisodes du Pentateuque, un personnage humain s'adresse directement au personnage divin et évoque devant lui des paroles qu'il a prononcées précédemment. Il n'y a donc pas ici transmission à proprement parler, mais plutôt rappel ou évocation. Toutefois, comme dans les occurrences précédentes, cette reprise peut se faire avec plus ou moins de fidélité à la parole originelle. J'examinerai ici deux exemples de tels discours, dans la Genèse (Gn 32,10) et dans les Nombres (Nb 11,12), où Jacob, dans la première, et Moïse, dans la seconde, confrontent Yhwh à ses propres paroles.

a. *Jacob tente de s'assurer le soutien de Yhwh (Gn 32,10.13)*

Immédiatement après avoir conclu une alliance avec son beau-père Laban, Jacob est confronté à une nouvelle épreuve, celle de sa relation avec son frère Ésaü. Alors que les messagers qu'il a envoyés reviennent avec l'annonce de l'arrivée d'Ésaü, accompagné de quatre cents hommes, Jacob prend peur et répartit en deux camps sa famille et ses animaux (32,7–8). Il se tourne vers Dieu, pour lui exprimer sa reconnaissance ainsi que sa crainte et le supplier de lui venir en aide lors de la confrontation (32,10–13)[62]. Cette prière est encadrée par deux citations de paroles divines antérieures, que je vais examiner l'une après l'autre. Je considérerai ensuite brièvement l'ensemble de l'intervention de Jacob, afin de déterminer l'objectif global qu'il poursuit[63].

La première citation fait directement suite à l'invocation initiale et la complète : « Et Jacob dit : "Dieu de mon père Abraham et Dieu de mon père Isaac, qui m'as dit : 'Retourne à ta terre et à ton enfantement et je ferai du bien avec/chez toi [עמך]' " » (verset 10). Comme dans sa (prétendue) citation du chapitre précédent (31,11–13), déjà analysée, Jacob s'appuie ici tant sur les promesses de 28,15 que sur l'ordre de 31,3[64] :

| Gn 28,15 | « Et voici, je suis avec toi et je te garderai partout où tu iras et je te ferai retourner vers ce sol, car je ne t'abandonnerai pas jusqu'à ce que j'aie fait ce que je t'ai parlé ». | והנה אנכי עמך
ושמרתיך ...

לא אעזבך...
עשיתי... | והשבתיך אל־האדמה
הזאת |

---

[62] L'exégèse historico-critique considère que la prière de Jacob n'appartient pas à la couche la plus ancienne du récit et résulte d'une synthèse de différents matériaux. Seul le verset 12a constituerait l'intervention originale de Jacob. Voir par exemple C. WESTERMANN, *Genesis. 2. Teilband : Genesis 12–36*, p. 619.

[63] Différentes structurations de la prière de Jacob ont été proposées. W. BRUEGGEMANN, *Genesis*, pp. 263–265, repère quatre parties : l'adresse (v. 10a), le rappel de la promesse (v. 10b), l'évocation des bienfaits de YHWH (v. 11) – jouant comme « a motivation for God's protection » – et enfin la demande, appuyée d'un second rappel de promesse (vv. 12–13). Par contre, V. P. HAMILTON, *The Book of Genesis. Chapters 18–50*, pp. 322–323, distingue sept parties, en référence à l'analyse de Moshe GREENBERG, *Biblical Prose Prayer. As a Window to the Popular Religion of Ancient Israel*, University of California, Berkeley, 1983, p. 10 : l'adresse (v. 10a), la description (v. 10b), l'autodénigrement (v. 11a), le détail de cet autodénigrement (v. 11b), la demande (v. 12a), la description de la détresse (v. 12b), et enfin la motivation (v. 13). Comme le remarque Hamilton, la prière commence et se termine par une évocation de Dieu.

[64] Voir dans le même sens N. M. SARNA, *Genesis*, p. 225, qui remarque en outre que ces deux citations encadrent l'exil subi par Jacob durant vingt ans. Par contraste, Walter BRUEGGEMANN, *Genesis*, John Knox, Atlanta, 1982, p. 263, considère que la promesse citée par Jacob s'inspire plutôt de l'ordre de départ que YHWH adresse à Abraham en 12,1.

Table (*cont.*)

Gn 31,3	«Et Yhwh dit à Jacob: "Retourne vers la terre de tes pères et à ton enfantement et je serai avec toi"».	ואהיה עמך	ולמולדתך	שוב אל־ארץ אבותיך
Gn 32,10	*Dans le discours de Jacob*: «Dieu de mon père Abraham et Dieu de mon père Isaac, Yhwh qui m'as dit: "Retourne à ta terre et à ton enfantement et je ferai du bien avec/chez toi"».	ואיטיבה עמך	ולמולדתך	שוב לארצך

Comme on le voit, Jacob cite le premier membre de la directive divine donnée en 31,3 pratiquement sans modification. Il omet la qualification de la terre comme étant celle «de tes pères», mais ce changement est mineur, puisqu'il vient à peine de s'adresser au «Dieu de mon père Abraham et Dieu de mon père Isaac» (32,10a). L'invitation à retourner à «ton enfantement» [מולדתך] lui est aussi parfaitement fidèle (voir aussi 31,13). Par contre, Jacob interprète les promesses de Yhwh, données en 28,15 et 31,3 comme un engagement à «faire du bien» avec/chez lui – annonce qu'il n'a jamais reçue de Yhwh. D'ailleurs, aucune promesse divine dans la Genèse n'inclut le verbe «faire du bien» [יטב *hifil*] ou même l'adjectif «bien/bon» [טוב][65]. Puisqu'il s'adresse directement à Yhwh, Jacob semble en fait poser un acte de reconnaissance face aux promesses divines: comme il l'exprime au verset suivant, il perçoit les événements récents de sa vie comme une faveur qui lui a été accordée

---

[65] À l'exception de la promesse donnée à Abraham: «tu seras enterré dans une vieillesse bonne [טובה]» (15,15), qui s'accomplit en 25,8 («Abraham mourut dans une vieillesse bonne [טובה]»).

et une preuve de la fidélité de Yʜᴡʜ envers lui (32,11). On peut donc comprendre que Jacob interprète les promesses selon leur réalisation concrète, qui a effectivement consisté dans le «bien» qu'il a reçu[66].

Jacob continue en suppliant Yʜᴡʜ de le délivrer d'Ésaü et en avouant sa crainte (32,12). Il termine sa prière en citant une autre parole attribuée à Yʜᴡʜ: «Et toi tu as dit: "Je ferai sûrement du bien [היטב איטיב]"[67] avec/chez toi et je rendrai ta descendance comme le sable de la mer, que l'on ne peut compter à cause de sa multitude"» (32,13). Dans la ligne de ce qui a été proposé plus haut au sujet de 32,10, on peut penser que Jacob interprète les promesses de 28,15 et 31,3b («Je te garderai...», «je serai avec toi») en des termes plus pratiques («Je ferai sûrement du bien»).

La promesse d'une descendance nombreuse, que Jacob évoque ensuite, pose elle aussi certaines questions[68]. Jusqu'ici, Jacob a en effet déjà reçu deux promesses au sujet de sa descendance, la première prononcée par son père à la veille de son départ (28,3) et la seconde lors du songe de Béthel (28,14):

Gn 28,3–4	*Dans le discours d'Isaac*: «Et qu'Él Shadday te bénisse et te fasse fructifier et te fasse multiplier – et tu deviendras une communauté de peuples. Et qu'il te donne la bénédiction d'Abraham, à toi et à ta descendance avec toi, pour que tu possèdes la terre de tes séjours, qu'Élohim a donnée à Abraham».	ואל שדי יברך אתך ויפרך וירבך והיית לקהל עמים

---

[66] Voir dans le même sens B. Jᴀᴄᴏʙ, *Das Buch Genesis*, p. 633 («Jakob bezieht sich auf 31,3 (13), er [...] interpretiert אהיה durch das konkrete and eindringendere איטיבה, das Gott selbst in seinen Verheißungen niemals braucht»). Voir également N. M. Sᴀʀɴᴀ, *Genesis*, p. 225 et V. P. Hᴀᴍɪʟᴛᴏɴ, *The Book of Genesis. Chapters 18–50*, p. 323. Ce dernier note que Jacob transforme une promesse concernant la présence divine («a statement of divine presence») en une promesse concernant de futurs bienfaits («a statement of divine treatment»). Voir enfin R. Aʟᴛᴇʀ, *Genesis*, p. 179, qui fait remarquer le caractère «marchandeur» de Jacob, également illustré en 28,20–22.

[67] On pourrait interpréter l'infinitif absolu comme un renforcement de la valeur modale du *yiqtol*, sans doute volitive: «je veux te faire du bien» (voir par exemple la traduction de la *TOB*). Voir P. Jᴏᴜᴏɴ, *Grammaire de l'hébreu biblique*, § 123h (et 113n au sujet de la valeur volitive du *yiqtol*). B. Jᴀᴄᴏʙ, *Das Buch Genesis*, p. 634, fait de plus remarquer que Jacob non seulement attribue à Yʜᴡʜ des paroles que ce dernier n'a pas prononcées, mais aussi fait porter l'emphase, par l'infinitif absolu, sur la promesse de «faire du bien» (absente des paroles du personnage divin), et non sur l'acte de la promesse.

[68] Pour C. Wᴇsᴛᴇʀᴍᴀɴɴ, *Genesis. 2. Teilband: Genesis 12–36*, p. 621, le verset 13 a l'effet d'un «anticlimax» et est clairement secondaire.

Table (*cont.*)

Gn 28,14	*Dans le discours de* Yhwh : « Et ta descendance sera comme la poussière de la terre. Tu te répandras à l'ouest et à l'est, au nord et au sud et toutes les familles du sol seront bénies en toi et en ta descendance ».	והיה זרעך כעפר הארץ ופרצת
Gn 32,13	*Dans le discours de Jacob* : « Je rendrai ta descendance comme le sable de la mer, que l'on ne peut compter à cause de sa multitude ».	ושמתי את־זרעך כחול הים אשר לא־יספר מרב

Que les verbes de la bénédiction prononcée par Isaac soient interprétés comme des jussifs (« Qu'il te bénisse… et qu'il te fasse fructifier etc. ») ou comme de simples *yiqtol* coordonnés (« Il te bénira… et il te fera fructifier etc. »), ses paroles sonnent comme un souhait profond pour son fils, voire comme une promesse faite au nom de Yhwh. En ce sens, la promesse divine d'une descendance nombreuse[69], qu'Isaac a reçue à Gerar (26,4) et ensuite à Béer-Shéva (26,24), est faite à celui de ses fils à qui il a donné sa bénédiction. La comparaison de la descendance future au sable est empruntée à la promesse reçue par Abraham (« Et je multiplierai sûrement ta descendance comme les étoiles du ciel comme le sable qui est sur le bord de la mer etc. », 22,17). Les deux prétendues citations que Jacob fait des paroles divines en 32,10.13 apparaissent ainsi comme une mosaïque de différents discours prononcés antérieurement dans le récit, soit par le personnage divin lui-même soit par Isaac (28,3–4), soit directement à Jacob soit à l'un de ses ancêtres (Abraham en 22,17).

L'intervention de Jacob devant Yhwh (32,10–13) a essentiellement un objectif rhétorique[70]. Jacob cherche à convaincre le personnage divin

---

[69] La promesse d'une descendance nombreuse traverse toute la Genèse comme un thème récurrent. Elle est répétée à de nombreuses reprises à Abraham – concernant sa propre descendance (12,2 ; 13,16 ; 15,5 ; 17,2.4–6 ; 18,18 ; 22,17), celle de Sarah (17,16) ou celle d'Ismaël (17,20) –, ainsi qu'à Hagar (16,10 et 21,18 au sujet d'Ismaël). Comme noté ci-dessus, Isaac la reçoit par deux fois (26,4.24). Outre les occurrences mentionnées dans le tableau ci-dessus, la promesse d'une descendance nombreuse est encore adressée à Jacob durant son second séjour à Béthel (35,11), puis à la veille de son départ en Égypte (46,3).

[70] Voir par exemple W. Brueggemann, *Genesis*, p. 265 : « The prayer is the voice of a man accustomed to stating his best case. In this brief prayer, Jacob is deferential. But at the same time, he intends to hold God firmly to his promise of "good" ».

de le protéger contre son frère Ésaü et, en cas d'affrontement éventuel (voir les versets 8–9), de lui donner la victoire. Comme on l'a noté plus haut, Jacob déploie plusieurs «stratégies» pour donner plus de poids à son discours. Il invoque d'abord le Dieu de ses ancêtres («Dieu de mon père Abraham et Dieu de mon père Isaac», verset 10a), se plaçant ainsi dans la continuité de ceux à qui Yʜᴡʜ a prodigué son soutien. Il évoque ensuite l'ordre de retour que Yʜᴡʜ lui a donné en 31,3, présentant de la sorte sa confrontation prochaine avec Ésaü comme une conséquence de son respect des directives divines. Si donc Yʜᴡʜ lui-même lui a commandé ce retour, ce ne peut être que pour «lui faire du bien» (32,10b), d'autant qu'il lui avait effectivement promis sa présence à ses côtés (31,3). Au verset 11, Jacob souligne ce que Yʜᴡʜ a déjà fait pour lui: «Je suis [plus/trop] petit que/pour de toutes les bontés [החסדים] et de toute la fidélité [האמת] que tu as faites pour ton serviteur. Car, avec [seulement] mon bâton, j'avais passé ce Jourdain, et maintenant, je suis devenu deux camps» (32,11). Le verbe קטנתי, forgé sur l'adjectif קטן, *petit*, suivi de la préposition מן utilisée pour l'expression du comparatif, traduit la disproportion ressentie par Jacob entre lui-même et ce qu'il a reçu[71]. Ce faisant, il attribue à l'intervention de Yʜᴡʜ sa richesse et peut-être également le dénouement pacifique de ses rapports avec Laban. Cette reconnaissance a sans doute pour effet de s'assurer la poursuite de cette protection et de cette bienveillance divines.

Ce n'est qu'au verset 12 que Jacob exprime explicitement sa requête et avoue sa peur: «Délivre-moi de la main de mon frère, de la main d'Ésaü, car je le crains, de peur qu'il vienne et me frappe, [la] mère sur/contre les fils»[72]. Jacob use ici d'une nouvelle stratégie: il nomme directement le danger qu'il redoute, en décrivant, dans la subordonnée en פן, un scénario possible si Yʜᴡʜ n'intervenait pas. L'éventualité que Jacob évoque est sans doute la pire qu'il puisse envisager: Ésaü

Voir aussi G. J. Wᴇɴʜᴀᴍ, *Genesis 16–50*, p. 291 et V. P. Hᴀᴍɪʟᴛᴏɴ, *The Book of Genesis. Chapters 18–50*, p. 325.

[71] Voir B. Jᴀᴄᴏʙ, *Das Buch Genesis*, p. 633. Voir aussi V. P. Hᴀᴍɪʟᴛᴏɴ, *The Book of Genesis. Chapters 18–50*, p. 323, qui interprète le verset dans un sens plus juridique: «To be "little" describes one who lacks legal credentials to make claim for himself, or a person who is totally dependent on another for his welfare».

[72] L'expression «la mère sur les fils» est employée également en Dt 22,6 et Os 10,14. Selon GKC § 119aa (note 2), l'expression est un proverbe désignant «la mère et les enfants». Pour H. Gᴜɴᴋᴇʟ, *Genesis*, p. 358, il s'agit d'une expression populaire («volkstümliche Redensart»). B. Jᴀᴄᴏʙ, *Das Buch Genesis*, p. 634, précise en définissant la locution comme l'expression d'une «destruction totale et impitoyable» («mitleidlose völlige Vernichtung»).

pourrait en effet s'en prendre à ses femmes ou à ses enfants, qui n'ont pourtant rien à voir avec leur rivalité fraternelle. C'est dans ce contexte que Jacob prononce la deuxième prétendue citation divine qui conclut son discours. Yhwh ne peut vouloir ce dénouement, lui qui – Jacob le rappelle – a promis de lui faire du bien et de multiplier sa descendance. Le personnage divin est ainsi invité à défendre l'héritier de la promesse qu'il a faite à Abraham, ainsi que ses enfants. L'image évoquée par Jacob au verset 12 – la mère frappée sur/contre les fils –, accompagnée par le rappel de la promesse de descendance, semble donc constituer une autre stratégie rhétorique : Yhwh ne peut à la fois promettre une descendance à Jacob et permettre que la vie de celle-ci soit mise en danger[73].

Comme on peut le constater, toute l'intervention de Jacob est construite dans une visée rhétorique. Son objectif n'est pas de tromper Yhwh en citant des discours que celui-ci n'aurait pas prononcés, mais de s'appuyer sur ce que Yhwh a lui-même dit pour le convaincre de le soutenir lors de la confrontation avec Ésaü. Jacob pourrait également rappeler implicitement le «vœu» qu'il a formulé en 28,20–22, laissant entendre à Yhwh que le moment est arrivé de lui manifester son soutien et d'être fidèle à ses promesses. L'interprétation est ainsi mise ici au service de la persuasion. En reformulant et transformant les paroles divines à son profit, Jacob fait moins œuvre de tromperie qu'il ne manifeste le poids qu'il accorde aux promesses de Yhwh et la confiance que ce dernier tiendra parole[74]. Un tel récit suggère également que les paroles humaines peuvent influencer le personnage divin et infléchir son action : pour Jacob, Yhwh est sensible à ses efforts rhétoriques et susceptible de se laisser convaincre. Une même conviction anime plusieurs discours tenus par Abraham (voir par exemple Gn 18,22–32) et Moïse devant Yhwh (Ex 32,11–13 ou Nb 14,13–19)[75]. On analysera ici

---

[73] Sur les intentions quelque peu manipulatrices de Jacob dans son intervention, voir L. A. Turner, *Genesis*, p. 140.

[74] Pour J.-P. Sonnet, Jacob fait même preuve d'un «détournement bénéfique» des paroles divines, se construisant lui-même dans cette lutte verbale avec Yhwh. Voir J.-P. Sonnet, «Du personnage de Dieu comme être de parole», pp. 30–31.

[75] Au sujet de ces scènes d'intercession, J.-P. Sonnet note le paradoxe consistant dans le fait que le personnage humain adopte le point de vue de Dieu, tandis que celui-ci adopte le point de vue de l'humain : Abraham ou Moïse fait en effet «valoir devant Dieu son propre point de vue», en rappelant ce qu'il est (Nb 14,19) ou ce qu'il a dit (Ex 32,13). Dans ces passages, la citation, écrit J.-P. Sonnet, «opère à la manière d'un mémorial, remettant Dieu devant l'irréversibilité de sa parole». Voir J.-P. Sonnet, «Du personnage de Dieu comme être de parole», pp. 32–35 (citations p. 33 et 33–34).

la revendication emblématique de Nb 11,11–15, où Moïse s'affronte à
Yhwh en lui rappelant des paroles… que ce dernier n'a pourtant pas
prononcées.

b. *Moïse se révolte contre des paroles divines qui n'ont pas été prononcées (Nb 11,11–15)*

Le passage envisagé ici se situe au début de la partie centrale des
Nombres. Après une section essentiellement législative, une série de
récriminations sont émises par le peuple. Une première plainte, suivie de
la colère de Yhwh et de l'intercession de Moïse, est brièvement racontée
en Nb 11,1–3. Une seconde s'élève aussitôt, le peuple réclamant cette
fois de la viande à manger (11,4). Une incise décrit la manne et la
manière dont elle est récoltée (versets 7–10), puis la narration revient à
la situation : «Et Moïse entendit le peuple pleurer, par familles, chacun
à l'entrée de sa tente. Et la colère de Yhwh s'enflamma fort, et [ce fut]
mauvais aux yeux de Moïse [ובעיני משה רע]» (verset 10). La concision
du verset maintient l'ambiguïté sur ce qui est «mauvais» pour Moïse :
il peut s'agir aussi bien de la lamentation du peuple que de la colère
divine, voire des deux[76].

Toutefois, les paroles que Moïse adresse à Yhwh laissent supposer que
c'est ce dernier qui est l'objet de son irritation. Bien que je me pencherai
surtout sur la (prétendue) citation faite par Moïse, je commence par
un bref regard sur la totalité de son intervention[77], disposée ci-dessous
selon la structure suggérée par la récurrence de différents termes[78] :

---

[76] Pour G. B. Gray, *Numbers*, p. 106, c'est la colère de Yhwh qui déplaît à Moïse. Par
contre, M. Noth, *Das vierte Buch Mose: Numeri*, p. 77, estime que c'est contre le peuple
que Moïse s'irrite. En effet, selon lui, la phrase concernant la colère de Yhwh constitue
une insertion postérieure. Enfin, pour T. R. Ashley, *The Book of Numbers*, pp. 209–210,
la colère de Moïse est dirigée tant contre Yhwh que contre le peuple.

[77] G. B. Gray, *Numbers*, p. 107, estime que le discours de Moïse ne trouve pas sa
place originelle dans ce chapitre des Nombres, mais bien à la suite d'Ex 33,1–3. Le
discours aurait été déplacé par l'éditeur qui a combiné l'épisode des cailles à l'épisode
de la nomination des anciens (voir aussi la note 20).

[78] Une structuration analogue est proposée par G. W. Savran, *Telling and Retelling*,
pp. 95–96. Savran fait également remarquer la récurrence du terme אנכי, aux versets 12
(2x) et 14, ainsi que celle de la conjonction כי, aux versets 12 et 13, faisant suite à une
phrase interrogative dans les deux cas. Il observe également que le verset 13, au centre
du discours de Moïse, exprime l'incapacité essentielle de celui-ci : nourrir le peuple. Alors
que les fils d'Israël se sont plaints au sujet de la *qualité* de la nourriture (versets 4–6),
Moïse soulève plutôt le problème de la *quantité*. Savran observe encore que le verset 13
joue un rôle de jonction entre les différents matériaux avec lesquels le récit est construit :
il introduit en effet le motif de la nourriture (qui sera développé par le don des cailles)
à l'intérieur d'une plainte qui concerne le gouvernement du peuple.

¹¹ Pourquoi as-tu fait du **mal** [הרעת] à ton serviteur
et pourquoi n'ai-je pas <u>trouvé grâce à tes yeux</u>,
pour que [tu aies] placé la CHARGE [משׂא] de *tout ce peuple*
sur moi?
¹² Est-ce moi qui ai conçu *tout ce peuple*, ou est-ce
moi qui l'ai enfanté?,
pour que [כי] tu me dises:
«PORTE-le [שׂאהו] sur ton sein comme la
nourrice⁷⁹ PORTE [ישׂא] l'allaité»,
sur le sol que tu as promis à ses pères?
¹³ Où aurais-je de la viande à donner à *tout ce*
peuple, car [כי] ils pleurent contre moi [עלי] en
disant: «Donne-nous de la viande pour que
nous mangions?»
¹⁴ Je ne peux pas, à moi seul, PORTER [לשׂאת] *tout ce*
peuple, car il est trop lourd pour moi.
¹⁵ Et si c'est ainsi que tu fais pour moi, tue-moi donc, tue,
<u>si j'ai trouvé grâce à tes yeux</u>,
et que je ne voie [plus] mon **mal** [ברעתי] (11,11–15).

Comme on peut le constater dans le schéma ci-dessus, le discours de
Moïse est encadré par la référence à son «mal» [רע][80], que le verset 10
évoque déjà. Ce «mal» est explicité comme celui que YHWH «fait» à
Moïse (verset 11), mais peut aussi se comprendre comme ce que Moïse
«voit» (verset 15), à savoir sans doute les récriminations du peuple[81].
La question de Moïse: «Pourquoi n'ai-je pas trouvé grâce à tes yeux?»
(verset 11) fait quant à elle écho à la condition «Si j'ai trouvé grâce à
tes yeux» (verset 15). Ce parallèle contient une certaine ironie. Moïse
commence par s'étonner qu'il n'ait pas trouvé grâce aux yeux de YHWH,
pour ensuite exprimer ce qu'il inviterait celui-ci à faire si, au contraire,
il avait sa faveur: le tuer, un impératif renforcé par un infinitif absolu
[הרגני נא הרג] (verset 15). Au centre du discours, l'expression «tout ce
peuple» [כל־העם הזה] est répétée à quatre reprises (versets 11, 12, 13 et

---

⁷⁹ Au sujet de la traduction du terme אמן, morphologiquement masculin mais
décrivant probablement le rôle de la nourrice, voir par exemple GKC 122f (note 1)
et T. R. ASHLEY, The Book of Numbers, p. 210.
⁸⁰ L'évocation par Moïse de son «mal» [ברעתי] au verset 15 est l'une des dix-huit
occurrences, selon la tradition rabbinique, où les scribes apportent certaines modifications afin d'éviter un manque de respect pour Dieu. Sur ce point, voir J. MILGROM,
Numbers, p. 86. Au sujet de l'inclusion formée par la récurrence de termes forgés sur
la racine רע, voir R. D. COLE, Numbers, p. 188 («internal inclusio»).
⁸¹ Comme le fait remarquer G. B. GRAY, Numbers, p. 107, le terme רע, «mal»,
contraste avec le «bien» [טוב] qu'évoque Moïse dans sa conversation avec Hobab:
«Car YHWH a parlé du bien sur/pour Israël» (10,29).

14). L'intervention de Moïse est ainsi scandée par la charge même qu'il ne veut plus porter : « tout ce peuple »[82]. Des mots de la racine נשא, « porter », sont également employés quatre fois. Dans les occurrences « extérieures », les termes sont accompagnés de l'expression « tout ce peuple » : au verset 11, c'est un nom, מַשָּׂא, « charge »[83], et, au verset 14, l'infinitif construit לָשֵׂאת, « porter ». Dans les occurrences « intérieures », au centre du discours de Moïse, les termes dérivés de la racine נשא sont utilisés dans la comparaison de la tâche de Moïse avec celle de la nourrice qui *porte* le petit enfant pour l'allaiter (verset 12).

Ces récurrences s'organisent donc autour de la parole que Moïse attribue à YHWH, au verset 12. Cette position centrale suggère déjà l'importance de cette citation. Sa délimitation est confirmée par la deuxième personne du verbe נשבעת, « tu as promis », qui indique que c'est bien Moïse qui prononce cette portion de la phrase, qui apparaît assez détachée de son contexte[84]. La parole que cite Moïse en discours direct se limite donc aux mots : « Porte-le sur ton sein comme la nourrice porte l'allaité » (verset 12bα). Il apparaît rapidement que le personnage divin n'a pas employé une telle métaphore pour décrire la mission de Moïse[85]. Les termes peu fréquents חיק et ינק ne sont jamais utilisés dans un tel contexte, tandis que toutes les autres occurrences du verbe אמן dans le Pentateuque sont employées dans le sens de « croire ».

Le verbe נשא, « porter », par contre, est utilisé dans un sens proche dans la recommandation que fait le beau-père de Moïse en Ex 18,22 : il conseille à ce dernier d'établir sur Israël des « hommes forts craignant Élohim, des hommes de vérité haïssant le profit » (18,21), qui jugeront le peuple afin de partager la tâche de Moïse : « Et allège [והקל] ce qui est sur toi [מעליך] et ils porteront [ונשאו] avec toi » (18,22). Cependant, cette métaphore ne se trouve pas dans un discours divin. YHWH, dans un de ses discours de l'Exode, rappelle plutôt que c'est lui-même qui a « porté » le peuple : « Vous-mêmes, vous avez vu ce que j'ai fait à l'Égypte et que je vous ai portés [ואשא] sur des ailes d'aigle et vous

---

[82] Le démonstratif suggère une certaine dérision de la part de Moïse. Voir en ce sens J. MILGROM, *Numbers*, p. 85 et B. A. LEVINE, *Numbers 1–20*, p. 323.

[83] Le français n'a pas de substantif dérivé du verbe « porter » avec cette signification.

[84] Cette difficulté du dernier membre de 11,12 est soulignée par les versions. Ainsi, le Pentateuque samaritain, la Septante (manuscrits en minuscules), la version syriaque ainsi que le Targum conjuguent le verbe שבע à la première personne du singulier (תִּי). Le discours direct, en ce cas, se poursuit donc jusqu'à la fin du verset 12.

[85] G. W. SAVRAN, *Telling and Retelling*, p. 95, considère ainsi cette occurrence comme « a hypothetical unverifiable quotation ».

ai fait venir vers moi» (Ex 19,4). Lors de l'appel de Moïse, Yнwн lui décrit sa tâche sans employer aucune métaphore suggérant une charge à porter (voir Ex 3–4). Israël est toutefois appelé par Yнwн «son fils premier-né» [בני בכרי] (Ex 4,22, ainsi que l'appellation «fils» au verset 23). Si l'on maintient le principe que l'histoire se limite à ce qui est raconté, il faut reconnaître que Moïse attribue à Yнwн une parole que celui-ci n'a jamais prononcée, puisqu'elle n'a pas été rapportée dans la narration. Moïse n'invente toutefois pas de toutes pièces cette parole, puisque la comparaison d'Israël à un enfant (en tout cas à un fils) est suggérée par Yнwн lui-même en Ex 4,22–23.

L'analyse de la totalité du discours que prononce Moïse permet de mieux comprendre le but qu'il recherche. Comme on l'a vu, le discours est encadré par une double évocation du «mal» [רע] que Moïse dit subir, puis par deux affirmations, plus ou moins implicites, qu'il n'a pas trouvé grâce aux yeux de Yнwн. Cet encadrement donne ainsi un ton particulièrement négatif au discours et laisse percevoir la colère avec laquelle Moïse prononce ces mots. Ainsi, ses questions rhétoriques du verset 12a appellent clairement une réponse négative : il n'a ni «conçu» ni «enfanté» le peuple, pour qu'il doive le «porter sur son sein». Se défendant de toute maternité ou paternité par rapport au peuple, Moïse prévient Yнwн qu'il ne se considère pas tenu d'appliquer une telle directive.

Dans cette perspective, on peut comprendre la citation soit comme une manière subjective de décrire l'excès de la tâche qui lui incombe, soit comme une possibilité qu'il refuse d'emblée. D'une part, Moïse peut en effet exprimer ce qu'est devenu l'ordre divin de guider le peuple hors d'Égypte : au cours du voyage du peuple, cette tâche s'est transformée en un véritable rôle maternel, que Moïse refuse décidément d'accomplir. La citation est dès lors à comprendre non comme un authentique discours divin, mais comme la conséquence pratique de l'ordre reçu de Yнwн. D'autre part, Moïse peut aussi employer le *yiqtol* תאמר selon sa valeur modale : «Est-ce moi qui ai enfanté tout ce peuple…pour que tu *puisses* me dire [תאמר]…»[86]. Dans ce cas, il ne prétend pas que Yнwн a prononcé cet ordre, mais il le précède

---

[86] Le *yiqtol* est traduit selon une de ses valeurs modales notamment par P. J. Budd, *Numbers*, p. 122 («that you should say to me») et T. R. Ashley, *The Book of Numbers*, p. 204 (même traduction que Budd). B. A. Levine, *Numbers 1–20*, pp. 312–313, traduit plutôt la phrase avec une légère opposition : «Did I conceive this entire people; did I give birth to it? Yet you command me:…».

plutôt en le refusant d'emblée. N'étant aucunement responsable de la naissance du peuple, Moïse se défend d'une parole future de Yʜᴡʜ qui lui ordonnerait de porter le peuple encore plus personnellement. L'état psychologique d'épuisement qui est celui de Moïse pourrait, en ce sens, expliquer l'excès que ses paroles manifestent. Dans ce qui suit, je retiendrai plutôt cette seconde interprétation, tout en n'excluant pas que la première puisse également être possible.

Il est aussi intéressant d'observer le contraste entre les métaphores du verset 12, comparant le peuple à un nouveau-né, et la demande que formule Moïse au verset 15, enjoignant à Yʜᴡʜ de le tuer. Moïse décrit la tâche que Yʜᴡʜ lui a confiée ou pourrait lui confier (selon l'interprétation choisie) avec des métaphores évoquant le début de la vie, mais il exprime son incapacité à l'accomplir en demandant la mort. La (prétendue) citation de Yʜᴡʜ renforce donc ce contraste : ce dernier pourrait demander à Moïse de prendre soin du peuple comme d'un enfant qui vient de naître, mais lui imposer cette tâche, avertit Moïse, reviendrait à «le tuer». Manifestement, Moïse est complètement dépassé et «n'en peut plus».

Le thème de la nourriture est également développé de manière significative. La citation évoque clairement l'idée de l'allaitement : le verbe אמן a ici le sens de «supporter», «nourrir» (BDB)[87], tandis que le verbe ינק a le sens principal de «téter» (BDB, Zorell, KB, Clines). Moïse compare donc la tâche qui lui serait confiée à celle de la mère qui allaite son enfant. Au verset suivant, cependant, il énonce la véritable nourriture que le peuple réclame : la viande [בשׂר]. Or les versets 7–9 viennent de décrire la manne, aussi régulière que la rosée du matin. Le peuple ne réclame donc pas une nourriture indispensable, comme celle que la mère donne à son enfant, mais bien un complément de luxe, dont le désir pourrait avoir été suscité par un regret de l'Égypte (voir la succession entre la demande de viande au verset 4 et le rappel de la nourriture que mangeait le peuple en Égypte au verset 5). Grâce à cette métaphore de la nourriture, Moïse peut donc suggérer la manière dont le peuple pervertirait de toute façon sa tâche : quand

---

[87] KB a une entrée particulière pour אֹמֵן, qui est traduit «Pfleger (v. Kindern)» – «celui/celle qui prend soin des enfants» –, «Vormund» – «le tuteur, le précepteur» – et «Amme» – «la nourrice». Ce dernier sens est illustré par les occurrences de 2 S 4,4 et Rt 4,16, cette dernière occurrence présentant à la fois les termes חיק et אמן. Clines considère cette signification comme le deuxième sens du verbe אמן et traduit le participe «guardian, foster parent, (wet-)nurse, to young child [...] specif. sucklings».

bien même Yhwh lui demanderait de prendre soin d'Israël comme d'un nourrisson et de lui fournir le soin indispensable à sa survie, le peuple réclamerait toujours davantage, alourdissant la charge de Moïse jusqu'à un point intenable.

Ces différentes métaphores permettent de mieux comprendre le processus (qui n'est d'ailleurs pas nécessairement conscient) à l'œuvre dans les paroles de Moïse, parlant sous le coup de l'épuisement. Devant les récriminations du peuple, Moïse pose les limites de sa mission. Selon l'interprétation que l'on donne de la citation, il exprime au moyen de celle-ci ce que sa tâche est devenue, tout au long de la marche dans le désert, et se révolte contre ce nouveau rôle. Il prévient également Yhwh qu'il ne peut aller plus loin dans cette voie : même si ce dernier lui demandait d'assurer un rôle maternel pour le peuple, Moïse serait dans l'impossibilité d'accepter. De même, il rappelle que la mission initiale que Yhwh lui a confiée avait pour objectif la vie du peuple, mais qu'elle le conduit plutôt à désirer la mort de la main de Dieu lui-même. Il souligne également la perversion du peuple qui, loin de demander seulement la nourriture indispensable que la mère procure au nouveau-né, réclame davantage que la manne quotidienne.

Comme on peut le constater, la citation que Moïse attribue à Yhwh lui permet d'exprimer autant le caractère excessif dont s'est chargée sa mission que les limites qu'il pose pour le futur. Quelle que soit l'interprétation choisie, la citation centrale permet de renforcer son argument. Dans tous les cas, Moïse n'agit pas par tromperie, mais plutôt par épuisement, tentant de confronter Yhwh aux conséquences du rôle qu'il lui a confié. D'ailleurs, la parole divine qui suit, aux versets 16–20, ne fait état d'aucune exagération de la part de Moïse. Au contraire, elle satisfait doublement sa requête. Yhwh invite ainsi d'abord Moïse à partager sa tâche avec septante anciens : ceux-ci «porteront [וְנָשְׂאוּ] avec toi la charge [בְּמַשָּׂא] du peuple et tu ne porteras [plus] [וְלֹא־תִשָּׂא] toi seul» (11,17)[88]. Ce faisant, Yhwh répond au motif majeur qui ponctue le discours de Moïse. De façon symptomatique, l'expression «tout ce peuple», évoquée à quatre reprises par Moïse, est réduite au terme «le peuple» [הָעָם] par Yhwh. Ensuite, celui-ci charge Moïse d'annoncer au peuple qu'il mangera de la viande en abondance dès le lendemain (versets 18–20). Ce dernier n'a donc plus de motif de plainte – seulement d'étonnement (voir les versets 21–22) – puisque le peuple recevra ce qu'il réclame directement de Yhwh.

---

[88] C'est déjà le conseil donné à Moïse par son beau-père en Ex 18,17–23.

5. *La réception des paroles divines transmises: l'annonce des plaies d'Égypte*

À l'issue de cette recherche, je voudrais examiner le phénomène litté-raire de la transmission des paroles divines sur l'ensemble d'un épisode, et non plus seulement sur des occurrences isolées comme je l'ai fait jusqu'ici. J'ai choisi pour ce faire l'épisode des plaies d'Égypte (Ex 7,14–11,10)[89], épisode où la transmission des paroles divines à Pharaon par l'intermédiaire de Moïse est construite de manière très particulière. En effet, tous les discours prononcés par Yhwh ne sont pas rapportés par Moïse, tandis que ce dernier transmet dans certains cas à Pharaon des paroles censées avoir été prononcées par le personnage divin, mais que la narration n'a pas rapportées. Je proposerais l'hypothèse que le long épisode, progressif à de nombreux points de vue, présente notamment une évolution au niveau de la communication entre Yhwh et Pharaon: ce n'est qu'au moment où ce dernier accepte d'écouter pleinement les paroles divines qu'il consent finalement à laisser partir le peuple. Ici, les différents niveaux de «fidélité» dans la transmission des propos divins contribuent donc moins à construire les intentions du personnage médiateur – Moïse – que celles de son interlocuteur – Pharaon.

a. *Regard d'ensemble sur l'épisode des dix plaies d'Égypte*
Après l'échec des premières tentatives pour persuader Pharaon de laisser partir Israël, Yhwh recourt à dix fléaux, qui s'abattent successivement sur l'Égypte à la suite de chaque refus réitéré par son roi. L'épisode présente une progression régulière, marquée par dix scènes successives structurées de manière analogue: Yhwh annonce à Moïse le fléau; celui-ci transmet le discours à Pharaon; celui-ci s'obstine; le désastre s'abat sur l'Égypte. Toutefois, certaines de ces étapes manquent (ou sont redoublées) pour certains des fléaux, comme le tableau ci-dessous l'illustre[90].

---

[89] La délimitation de l'épisode diffère selon les commentateurs. Je choisis ici celle de N. M. Sarna, *Exodus*, pp. 38–53. B. S. Childs, *Exodus*, pp. 121–177 ainsi que W. H. C. Propp, *Exodus 1–18*, pp. 286–354, incluent dans l'épisode la scène du bâton d'Aaron changé en serpent (Ex 7,8–13). Dans le tableau, j'ajoute les quelques versets du chapitre 12 qui racontent le dénouement de la dernière plaie (12,12–13.29–33).

[90] Pour les premiers fléaux, il faudrait également mentionner la réaction des magiciens égyptiens, qui déclenchent eux aussi la même calamité (7,22a; 8,3) ou font une tentative infructueuse (8,14; 9,11): j'intègre ces éléments dans la colonne «réaction du Pharaon et des Égyptiens». De même, je regroupe dans la colonne sur «la réaction de Pharaon» ses dialogues avec Moïse, ses fausses promesses, ainsi que les réponses de Yhwh concernant l'arrêt du fléau.

| | Discours de Yhwh à Moïse et à Aaron | | Exécution du fléau[91] | Citation du discours de Yhwh | Description du fléau et de ses suites | Réaction de Pharaon et des Égyptiens |
	Gestes à exécuter	Paroles à dire à Pharaon				
1er fléau : les eaux changées en sang	7,14–15 7,19	7,16–18	7,20a (A?)	/	7,20b–21	7,22–24
2e fléau : les grenouilles	8,1	7,26–29	8,2a (A)	/	8,2b	8,3–11
3e fléau : les moustiques	8,12	/	8,13a (A)	/	8,13b.14b	8,14a.15
4e fléau : l'essaim[92]	/	8,16–19	8,20aα (Y)	/	8,20aβb	8,21–28
5e fléau : la mort des troupeaux	/	9,1–5	9,6aα (Y)	/	9,6aβb	9,7
6e fléau : les ulcères	9,8–9	/	9,10a (M)	/	9,10b	9,11–12
7e fléau : la grêle	9,22	9,13–19	9,23 (MY)	/	9,24–26. 31–32	9,20–21. 27–30. 33–35
8e fléau : les sauterelles	(10,1–2)[93] ⸺⸺⸺ 10,12	/	10,13a (MY)	10,3–6 (discours non prononcé)	10,13b–15	10,7–11 ⸺⸺⸺ 10,16–20
9e fléau : les ténèbres	10,21	/	10,22a (M)	/	10,22b–23	10,24–29
10e fléau : mort des premiersnés	11,1–2[94]	/	12,29 (Y)	11,4–8 (discours non prononcé)	12,30	11,10b 12,31–33

[91] Les lettres qui suivent l'indication des versets, dans cette colonne, renvoient aux différents personnages qui exécutent le fléau : (A) désigne Aaron ; (M) désigne Moïse et (Y) désigne Yhwh.

[92] Je traduis ici le mot hébreu ערב par « essaim », afin de rendre à la fois le caractère collectif du terme et l'idée de mouvement incessant qu'il suggère (BDB). Les traductions françaises parlent habituellement de « vermine » (TOB), de « taons » (Bible de Jérusalem ; Osty) ou encore de « mouches venimeuses » (Segond).

[93] L'ordre ne concerne pas le geste déclencheur du fléau, mais commande à Moïse d'aller trouver Pharaon.

[94] Dans ces versets, le geste requis par Yhwh n'est pas destiné à déclencher le fléau, mais plutôt à préparer le peuple à la fuite.

Si l'on examine dans chacune de ces scènes le rapport entre l'ordre de
Yhwh – pour une parole à transmettre ou un geste à accomplir – et
son exécution, quatre cas de figure peuvent être mis en évidence. (1)
D'abord, le commandement de Yhwh peut inclure à la fois une parole
à prononcer devant Pharaon et un geste à accomplir. Dans ce cas de
figure, Aaron (ou Moïse[95]) exécute le geste demandé, mais la parole
que Yhwh a ordonné de transmettre n'est pas rapportée à Pharaon.
Les premier, deuxième et septième fléaux entrent dans cette catégorie.
(2) Ensuite, Yhwh peut se borner à imposer à Moïse et Aaron d'accomplir le geste déclencheur de la calamité, sans évoquer une parole à
transmettre. C'est le cas des troisième, sixième et neuvième fléaux : dans
ces scènes, Moïse et Aaron n'adressent pas de discours à Pharaon, se
contentant d'exécuter l'ordre donné. (3) Le schéma suivant est encore
plus simple : Yhwh ordonne à Moïse de transmettre un discours à
Pharaon, mais n'évoque aucun geste à accomplir pour déclencher le
fléau. La narration ne rapporte pas que les propos divins sont transmis à
Pharaon. Dans ce cas (quatrième et cinquième fléaux), Yhwh déclenche
la calamité lui-même, tandis qu'Aaron et Moïse restent inactifs. (4) Le
quatrième schéma est le plus curieux : non seulement Moïse accomplit
l'action requise par Yhwh, mais aussi, avec Aaron, il transmet à Pharaon
un discours de Yhwh, qui, selon la narration, n'a pas été prononcé.
Dans ces propos, Moïse et Aaron annoncent le prochain fléau, qui est
confirmé par Yhwh puis s'accomplit comme prévu. Les scènes décrivant
les huitième et dixième fléaux se déroulent selon ce schéma.

Comme on peut le constater, la transmission des paroles divines est
curieusement élaborée dans ce texte : mis à part les troisième, sixième
et neuvième fléaux, où aucun discours à Pharaon n'est commandé
ni répété, soit Yhwh recommande de transmettre certains propos à
Pharaon, tandis que Moïse n'en fait rien, soit Yhwh n'évoque aucun
message à transmettre, tandis que Moïse rapporte pourtant un discours
divin au roi d'Égypte ! Le schéma habituel, où une parole divine adressée
à Moïse est transmise avec plus ou moins d'exactitude au destinataire
prescrit par Yhwh, est donc doublement transgressé. J'envisagerai successivement ces deux cas paradoxaux. D'une part, je vais examiner les
modalités selon lesquelles la narration omet la transmission du discours

---

[95] Le verset 7,20 est incertain : Moïse et Aaron sont les sujets du premier verbe,
ויעשׂו, conjugué au pluriel, alors que le second verbe, וירם, est conjugué au singulier et
n'a pas de sujet exprimé. Selon le verset 19, il devrait s'agir d'Aaron, mais la narration
ne le précise pas au verset 20.

divin. Mon objectif est essentiellement de voir si le récit présuppose que Moïse a manqué à une partie de sa mission ou s'il suggère plutôt que les propos divins ont bien été rapportés à Pharaon. D'autre part, je me pencherai sur les cas où Moïse adresse à Pharaon, au nom de Yʜwʜ, un discours que celui-ci n'a pas prononcé. La narration laisserait-elle entendre que les propos ont été communiqués à Moïse par Yʜwʜ sans que le récit ait enregistré cet acte de parole ? Laisse-t-elle soupçonner un abus d'autonomie de la part de Moïse ou, au contraire, cautionne-t-elle et justifie-t-elle son discours ? En finale, on tentera de discerner la fonction narrative de cette double transgression du schéma selon lequel s'organise habituellement la transmission des paroles divines.

b. *L'absence de transmission des paroles divines*

Comme on l'a observé plus haut, c'est dans les scènes décrivant les premier, deuxième, quatrième, cinquième et septième fléaux que fait défaut la transmission des propos prononcés par Yʜwʜ. Ces différentes scènes seront examinées successivement, avec un rapide regard sur les scènes des troisième, sixième et neuvième fléaux, où Moïse et Aaron ne sont pas chargés de transmettre une parole et ne communiquent rien à Pharaon.

Premier fléau : les eaux changées en sang ou l'autorité confiée à Moïse (Ex 7,14–24)

Dans la première scène, Yʜwʜ ordonne à Moïse d'aller trouver Pharaon le matin, au bord du fleuve, et de lui transmettre les paroles suivantes :

> « [16]Et tu lui diras :
>> "Yʜwʜ, Élohim des Hébreux, m'avait envoyé vers toi pour dire :
>>> 'Laisse partir mon peuple pour qu'il me serve dans le désert'.
>> Et voici, tu n'as pas écouté jusqu'à présent.
>> [17]Ainsi a dit Yʜwʜ :
>>> 'En ceci [בזאת], tu connaîtras que je suis Yʜwʜ'.
>> Voici je vais frapper avec le bâton qui est dans ma main sur les eaux qui sont dans le fleuve et elles seront changées en sang. [18]Et les poissons qui sont dans le fleuve mourront et le fleuve puera et les Égyptiens se fatigueront en vain pour boire des eaux venant du fleuve" » (Ex 7,16–18)[96].

---

[96] J'organise la parole selon les niveaux de discours.

Le discours comprend trois niveaux, chacun rendu en style direct : le discours « extérieur » est celui de Yʜwʜ à Moïse, dans le présent de la narration ; un premier discours enchâssé est celui que Yʜwʜ prescrit à Moïse de prononcer devant Pharaon dans un futur proche ; enfin, deux discours sont enchâssés dans le précédent[97]. Ces deux discours, Yʜwʜ commande à Moïse de les prononcer devant Pharaon comme des citations directes de sa parole. Deux niveaux d'autorité apparaissent ainsi dans le discours que Yʜwʜ ordonne à Moïse de transmettre : certaines paroles sont à prononcer comme relevant uniquement de l'autorité de ce dernier, tandis que les deux citations intérieures sont à rapporter à l'autorité divine. Il est intéressant de noter que les deux citations directes concernent l'essentiel de la requête adressée à Pharaon – laisser partir le peuple –, sa justification – servir Yʜwʜ –, et l'élément qui va décider Pharaon – le fléau, indiqué par la préposition suivie du démonstratif זאת. De la sorte, les deux citations suggèrent à Pharaon à la fois la raison d'être du fléau qui va s'abattre sur son pays et la puissance à laquelle il s'affronte en refusant le départ du peuple : c'est Yʜwʜ qui requiert la libération d'Israël et qui le menace s'il s'oppose à sa volonté.

On peut encore remarquer que, selon les propos de Yʜwʜ, l'annonce du fléau revient à l'autorité de Moïse : ce dernier est invité à annoncer le changement des eaux en sang non au moyen d'une citation divine, mais par son autorité propre. C'est la référence au bâton (« Voici, je vais frapper par le bâton qui est dans ma main sur les eaux du fleuve… », verset 17), que Yʜwʜ a ordonné à Moïse de tenir dans sa main (verset 15), qui permet de considérer cette partie du discours comme une parole que Moïse est invité à prononcer en son nom. Mis à part cette référence à « ma main », expression ne pouvant être prononcée que par Moïse, le lecteur pourrait du reste considérer que cette phrase continue la précédente et prend place dans la citation divine. On a donc une

---

[97] Le *qatal* שלחני du verset 16a indique sans doute une antériorité, renvoyant aux précédentes requêtes de Moïse. Par contre, le *qatal* לא־שמעת de la seconde partie du même verset semble plutôt exprimer la conséquence actuelle de ces entreprises précédentes, comme le suggère l'expression עד־כה, « jusqu'à présent ». Ce changement de valeur temporelle d'un verbe au *qatal* à l'autre permet de délimiter le premier discours doublement enchâssé (« Laisse partir mon peuple pour qu'il me serve dans le désert ») et de considérer le verset 16b comme une parole que Yʜwʜ recommande à Moïse de dire en son nom propre. Le second discours doublement enchâssé est facilement reconnaissable à l'expression « tu connaîtras que je suis Yʜwʜ » (v. 17a). Le verset 17b, quant à lui, apparaît comme une parole que Moïse dira en son nom, comme l'indique la référence au « bâton qui est dans *ma* main » (voir le corps de texte ci-dessus).

certaine confusion entre le «je» de Yʜᴡʜ et le «je» de Moïse. Symboliquement, on pourrait interpréter le bâton comme le signe de la
délégation du pouvoir divin à Moïse. C'est en effet parce qu'il tient le
bâton que Yʜᴡʜ a changé en serpent (4,2–5) qu'il est autorisé à parler
de sa propre voix à Pharaon et à lui prédire les fléaux qui vont frapper
l'Égypte. C'est avec ce même bâton qu'Aaron devra frapper les eaux
pour qu'elles se changent en sang, comme Yʜᴡʜ le lui ordonne par
l'intermédiaire de Moïse (verset 19). Ainsi, ce sont Moïse et Aaron qui
exécutent le geste qui déclenche le fléau (verset 20)[98].

La narration ne rapporte pas que la parole divine est transmise.
Cependant, le verset 20 commence par indiquer que «Moïse et Aaron
firent ainsi [וַיַּעֲשׂוּ־כֵן], selon ce que Yʜᴡʜ avait ordonné». Cette notice
peut inclure un échange de paroles entre Moïse et Pharaon. Si l'on
examine la suite de cette scène, aucun élément ne suggère cependant
que le fléau a été interprété par ce dernier comme Yʜᴡʜ l'indique
dans son discours. On peut en effet se demander si Pharaon a bien
perçu la transformation des eaux comme un signe du personnage divin,
d'autant plus que les magiciens d'Égypte en ont fait autant (verset 22).
Néanmoins, le verset 22b laisse supposer un échange verbal: «Et le
cœur de Pharaon s'endurcit et il ne les écouta pas [וְלֹא־שָׁמַע] selon
ce qu'avait parlé [דִּבֶּר] Yʜᴡʜ». Cette courte notice narrative sur la
réaction de Pharaon sera suivie de reprises analogues (avec quelques
modifications) dans les scènes suivantes. Remarquons dès à présent que
l'absence d'écoute de la part de Pharaon à la fois s'oppose à la parole
de Yʜᴡʜ et confirme ce que celui-ci a prédit en 4,21 et 7,3–4[99]. Les
deux puissances qui s'affrontent ici se distinguent donc par leur rapport
à la parole: l'un s'obstine à ne pas écouter tandis que l'autre persévère
à vouloir transmettre une parole.

Plusieurs éléments contradictoires répondent donc à la question
posée plus haut. La narration ne réprouve pas Moïse et Aaron, puisque, au contraire, elle précise que ces deux-ci agissent selon l'ordre de
Yʜᴡʜ (verset 20). Elle pourrait même suggérer que la communication
requise par le personnage divin a bien eu lieu, mais que Pharaon a

---

[98] Au sujet des sujets des deux premiers verbes du verset 20, voir la note 95.

[99] On pourrait également traduire la conjonction כַּאֲשֶׁר dans un sens temporel:
«Pharaon ne les écouta pas lorsque Yʜᴡʜ avait parlé [par l'intermédiaire de Moïse
et Aaron]», ce qui supposerait que le message a bien été transmis. Je retiens pourtant
ici le sens comparatif de la conjonction, puisque Yʜᴡʜ a bien prédit l'endurcissement
du cœur de Pharaon (voir Ex 4,21).

refusé d'écouter les propos tenus (verset 22b). Dans cette perspective, le fait que la narration ne rapporte pas la transmission des paroles divines pourrait laisser sous-entendre que le message de Yhwh n'est pas «passé». Pharaon n'a pas saisi la présence de Yhwh derrière les propos de Moïse et Aaron: il ne l'a pas reconnu et s'est obstiné dans son refus.

Deuxième fléau: les grenouilles ou la fusion des voix de Yhwh et de Moïse (7,25–8,11)

Dans la deuxième scène, qui décrit l'invasion par les grenouilles, la différenciation entre les «voix» de Moïse et de Yhwh, dans la parole que celui-ci commande de prononcer devant Pharaon, est beaucoup plus floue (le schéma suivant ne représente donc qu'une option d'interprétation):

> «²⁶Entre chez Pharaon et tu lui diras:
>> "Ainsi a dit Yhwh:
>>> 'Laisse partir mon peuple pour qu'il me serve'.
>> ²⁷Et si tu refuses de [le] laisser partir, voici je vais frapper tout ton territoire par/avec les grenouilles. ²⁸Et le fleuve grouillera de grenouilles et elles monteront et viendront dans ta maison et dans ta chambre à coucher et sur ton lit et dans la maison de tes serviteurs et dans le peuple et dans tes fours et dans tes pétrins. ²⁹Et sur toi et sur ton peuple et sur tous tes serviteurs monteront les grenouilles"» (7,26–29).

Dans la traduction qui précède, la position des guillemets intérieurs a été déterminée uniquement par analogie avec le discours de la scène précédente, étudié ci-dessus. En effet, le texte ne permet pas de délimiter avec certitude la fin de la parole que Yhwh recommande à Moïse de transmettre à Pharaon comme une citation directe: la sanction des grenouilles, en cas d'obstination du Pharaon, peut être annoncée directement par Moïse[100] ou être présentée par ce dernier comme une citation de Yhwh. Ce flou quant à la limite de la citation estompe la différence entre les deux locuteurs, en ne permettant pas au lecteur de déterminer exactement le moment où a lieu le changement de voix. Les paroles que Yhwh ordonne à Moïse de transmettre, en mêlant les voix

---

[100] En ce sens, la narration indique en 8,2 que c'est Aaron qui provoque l'arrivée des grenouilles, par le geste de sa main. On pourrait donc supposer que, dans le discours de Yhwh, le «je» [אנכי] – qui annonce «je vais frapper ton territoire de grenouilles» – se réfère à Moïse et/ou Aaron.

des deux locuteurs, dotent ainsi le second de l'autorité du premier – comme le suggère le symbolisme du bâton dans la première scène.

Un autre trait distinctif de la deuxième scène, par rapport à la première, concerne la demande qu'adresse Pharaon à Moïse et Aaron, une fois l'Égypte envahie par les grenouilles : « Et Pharaon appela Moïse et Aaron et il dit : "Priez Yhwh, pour qu'il fasse éloigner les grenouilles de moi et de mon peuple ; et je laisserai partir le peuple, pour qu'ils sacrifient pour Yhwh » (8,4). La demande de Pharaon implique qu'il a été informé de la cause de l'invasion des grenouilles et de la manière de faire cesser celle-ci, à la différence de ce que la première scène suggérait. Le verbe employé par Pharaon, « sacrifier » [זבח], est celui que Yhwh a utilisé en 3,18 pour indiquer à Moïse les propos à tenir devant Pharaon, terme également employé par Moïse et Aaron lors de leur première entrevue avec le roi d'Égypte (5,3.8.17). Même si la narration n'a pas rapporté la transmission du discours divin de 7,26–29, Pharaon a donc été mis au courant de l'essentiel de celui-ci. La narration semble ainsi négliger une étape de l'histoire, tout en laissant entendre ensuite que la transmission de la parole divine à Pharaon a bien eu lieu, d'une manière ou d'une autre. Toutefois, malgré ce timide progrès dans l'attitude du roi d'Égypte, la narration précise, après l'intervention de Moïse auprès de Yhwh et la mort des grenouilles : « Et Pharaon vit qu'il y avait un répit et il appesantit son cœur et il ne les écouta pas, selon ce qu'avait parlé Yhwh » (8,11). La narration ne marque donc qu'un très léger progrès dans l'attitude de Pharaon, qui, par ailleurs, s'obstine dans son refus d'écouter Yhwh.

Troisième fléau : les moustiques ou « le doigt d'Élohim » (8,12–15)

Je mentionne seulement pour mémoire le troisième fléau, où Yhwh ordonne directement à Aaron, par l'intermédiaire de Moïse, de frapper avec son bâton « la poussière de la terre » afin de provoquer l'invasion des moustiques (8,12). Aucun discours divin n'est à transmettre. Cette fois, les magiciens égyptiens, dans l'impossibilité de répéter le fléau, reconnaissent « le doigt d'Élohim » (verset 15a). Néanmoins, « le cœur de Pharaon s'endurcit et il ne les écouta pas, selon ce qu'avait parlé Yhwh » (verset 15b). Le refrain, pour la troisième fois, rythme donc l'obstination réciproque de Pharaon et de Yhwh (même si ce dernier ne fait pas précéder ce fléau d'une annonce spécifique).

Quatrième fléau: l'essaim ou un premier repli de Pharaon (8,16–28)
Comme dans l'annonce du premier fléau (7,15), Yhwh commande à
Moïse d'aborder Pharaon le matin, au bord du fleuve. La parole qu'il
lui ordonne de transmettre est presque entièrement composée d'une
citation à répéter:

> «¹⁶Lève-toi tôt le matin et tiens-toi devant Pharaon – voici il sort vers
> l'eau¹⁰¹ – et tu lui diras:
>> "Ainsi a dit Yhwh:
>>> 'Laisse partir [שלח] mon peuple pour qu'il me serve.
>>> ¹⁷Car si tu ne laisses pas partir/ne veux pas laisser partir¹⁰²
>>> [אינך משלח] mon peuple, voici je vais envoyer [משליח]
>>> l'essaim sur toi, sur tes serviteurs, sur ton peuple et sur
>>> tes maisons. Et les maisons des Égyptiens seront pleines
>>> de l'essaim ainsi que le sol sur lequel ils sont. ¹⁸Et je
>>> ferai une distinction [והפליתי] ce jour-là entre la terre
>>> de Goshen, sur laquelle mon peuple se tient, pour qu'il
>>> n'y ait pas là-bas d'essaim, afin que tu connaisses que
>>> je suis Yhwh au milieu de la terre. ¹⁹Et je poserai une
>>> rançon [פדת] entre mon peuple et entre ton peuple. Ce
>>> signe sera pour demain'"» (8,16–19).

L'emploi du suffixe possessif associé au terme «peuple» [עמי] (versets 17,
18 et 19) ainsi que la proposition «afin que tu connaisses que je suis
Yhwh» (verset 18) indiquent clairement que Yhwh commande à Moïse
de prononcer ce discours comme une citation directe de sa parole.

Dans cette scène, le fléau est provoqué directement par Yhwh,
sans aucune médiation de Moïse ou d'Aaron (8,20). Comme dans les
exemples précédents, la narration ne rapporte aucune transmission du
discours divin à Pharaon, mais ce dernier, dans la conversation qu'il
a avec Moïse, une fois que l'essaim a envahi l'Égypte, dévoile par ses
paroles qu'il a bien perçu que l'arrivée des insectes constitue une punition de Yhwh: «Et Pharaon cria vers Moïse et vers Aaron et il dit:
"Allez, sacrifiez à votre Élohim dans la terre"» (8,21). Sur la réponse de
Moïse, qui insiste sur la nécessité de partir à une distance de trois jours
pour le sacrifice, Pharaon réplique: «Moi je vous laisserai partir et vous
sacrifierez pour Yhwh votre Élohim dans le désert; seulement, vous ne
vous éloignerez sûrement pas pour aller; priez pour moi» (verset 24).

---

¹⁰¹ Sur l'omission du sujet dans la proposition introduite par הנה, voir P. Joüon,
Grammaire de l'hébreu biblique, §§ 146h et 154c.
¹⁰² Sur l'expression de «la disposition (ou la non-disposition) de la volonté à faire
une chose», voir P. Joüon, *Grammaire de l'hébreu biblique*, § 154l.

Sa décision de laisser partir le peuple, mais pas trop loin, suggère qu'il commence à lâcher du lest. Ici, le verbe שמע n'est pas employé : la narration rapporte seulement que «Pharaon alourdit son cœur cette fois encore et il ne laissa pas partir le peuple» (verset 28).

Cinquième fléau : la mort des troupeaux ou l'incrédulité de Pharaon (9,1–7)

La structure de la cinquième scène est identique à la précédente : Yhwh ordonne à Moïse de transmettre certains propos à Pharaon, sans que la narration rapporte cette communication. Ici, également, c'est Yhwh qui provoque le fléau, sans la médiation de Moïse ou d'Aaron. Le discours que Yhwh charge Moïse de prononcer mêle voix divine et voix humaine, sans qu'une nette distinction puisse être repérée entre elles. La fin du discours divin présente de même un certain flou quant à la distinction des voix :

> «¹Entre chez Pharaon et parle-lui :
> "Ainsi a dit Yhwh l'Élohim des Hébreux :
>> 'Laisse partir mon peuple pour qu'il me serve. ²Car si tu refuses de [le] laisser partir et si encore tu t'endurcis en eux, ³voici que la main de Yhwh va être [הויה] sur ton bétail qui est dans les champs, sur les chevaux, sur les ânes, sur les chameaux, sur le gros bétail et sur le petit bétail : une peste très lourde'.
>> ⁴Et Yhwh fera une distinction [והפלה] entre le bétail d'Israël et le bétail des Égyptiens et rien ne mourra des fils d'Israël. ⁵Et Yhwh a posé/fixé un temps en disant : 'Demain Yhwh fera cette parole sur la terre'"» (9,1–5).

La position des guillemets est conjecturale pour plusieurs raisons. D'abord, au verset 2, la préposition accompagnée du suffixe masculin pluriel בם suggère que Yhwh poursuit la citation directe, mais ce n'est pas certain, car Moïse pourrait aussi se référer au peuple[103]. Ensuite, le passage de la première (verset 1) à la troisième personne pour parler de Yhwh (versets 3–4) semble indiquer la fin de la citation directe que Moïse doit prononcer. Néanmoins, il ne peut constituer un critère décisif, puisqu'il est courant pour Yhwh de parler de lui-même à la troisième personne. Enfin, au verset 5, la transition du *weqatalti* (verset 4) au *wayyiqtol* (verset 5) pourrait aussi suggérer la fin du discours direct

---

[103] On peut noter l'absence de pronom objet accompagnant l'infinitif absolu לשלח, ce qui renforce l'incertitude quant à l'attribution de la citation.

et la reprise de la narration (voir par analogie le verset 6, où la même transition marque la reprise de la narration). Je choisis néanmoins de l'y inclure par analogie avec la scène précédente où l'annonce du moment où aura lieu le fléau est prononcée par Yhwh (8,19)[104].

Dans tous les cas, dans cette scène comme dans les précédentes, il n'y a pas de transmission manifeste de la parole divine. Le verset 7 rapporte que «Pharaon envoya [וישלח]» – jeu de mots avec la forme *piel* du même verbe – pour vérifier que pas une seule bête parmi les troupeaux d'Israël n'a été tuée. La narration suppose-t-elle par ce détail que le discours divin, qui a clairement annoncé que le bétail d'Israël serait préservé (verset 4), a bien été transmis à Pharaon, qui, incrédule, envoie des hommes vérifier ? La particule והנה, qui introduit la réponse que reçoit Pharaon sans doute de ceux qu'il a «envoyés», suggère la surprise de ceux-ci, stupéfaits que la parole s'est bien réalisée. Le verbe שמע n'est pas présent, tandis que la narration se contente de noter : «et le cœur de Pharaon s'alourdit et il ne laissa pas partir le peuple» (verset 9).

Sixième fléau : les ulcères ou la mise hors jeu des magiciens (9,8–12)

Je mentionne cette scène pour mémoire. Yhwh ne prononce ici devant Moïse aucun discours particulier à transmettre à Pharaon. Le progrès enregistré dans cette scène concerne le retrait définitif des magiciens égyptiens : «Et les magiciens ne purent se tenir devant Moïse à cause des ulcères, car les ulcères étaient sur les magiciens et sur tous les Égyptiens» (9,11). C'est ici Yhwh qui est, pour la première fois dans la narration, l'acteur de l'endurcissement du cœur de Pharaon : «Yhwh endurcit le cœur de Pharaon et il ne les écouta [שמע] pas, selon ce qu'avait parlé Yhwh à Moïse» (verset 12). La narration peut ainsi suggérer que Pharaon commence à plier, mais que Yhwh force son obstination – que ce soit pour construire progressivement la puissance du personnage divin et sa prédominance sur le roi d'Égypte ou pour accroître la tension narrative, en faisant se prolonger la confrontation entre ces deux protagonistes. Toutefois, puisque aucune parole divine n'est en jeu ici, le refus d'écoute de la part de Pharaon suggère en même temps qu'il continue à refuser toute communication avec Moïse et Aaron et à rejeter le message que lui lance Yhwh par les différents fléaux.

---

[104] Voir aussi dans la scène du septième fléau, en 9,18.

Septième fléau : la grêle – certains serviteurs de Pharaon se laissent convaincre (9,13–35)

Dans cette scène, le discours que Yhwh ordonne à Moïse de transmettre à Pharaon est d'une certaine longueur et ne se limite pas à l'annonce du fléau suivant :

> « ¹³Lève-toi tôt le matin et tiens-toi devant Pharaon et dis-lui :
>
>> "Ainsi a dit Yhwh, l'Élohim des Hébreux :
>>
>>> 'Laisse partir mon peuple pour qu'il me serve. ¹⁴Car cette fois je vais envoyer [שלח] toutes mes plaies [מגפתי] contre ton cœur et contre tes serviteurs et contre ton peuple, pour que [בעבור] tu connaisses qu'il n'y en a pas [un] comme moi sur toute la terre. ¹⁵Si maintenant j'envoyais [שלחתי] ma main, je frapperais de la peste toi et ton peuple et tu serais effacé de la terre. ¹⁶Cependant, pour [בעבור] ceci je t'ai maintenu : pour [בעבור] te faire voir ma force et afin que l'on raconte [ספר] mon nom sur toute la terre. ¹⁷Mais tu persistes à t'exalter toi-même [מסתולל] sur mon peuple, sans les laisser partir/en ne les laissant pas partir [שלחם]. ¹⁸Voici je vais faire pleuvoir, demain à la même heure, une grêle très lourde, comme il n'y en a jamais eu en Égypte depuis le jour où elle a été fondée jusqu'à maintenant. ¹⁹Et maintenant, envoie [שלח] se réfugier ton bétail et tout ce qui est à toi dans les champs. Tout humain et bête qui seront trouvés dans les champs et n'auront pas été rassemblés dans la maison, la grêle descendra sur eux et ils mourront' " » (9,13–19).

La citation directe que Moïse est chargé de répéter devant Pharaon – ce qu'il doit dire au nom de Yhwh et non en son nom propre – couvre ici sans doute la quasi-totalité du discours. La proposition « pour que tu connaisses, etc. », au verset 14 ainsi que l'évocation de « mon nom », au verset 16, puis de « mon peuple », au verset 17, l'indiquent clairement. Seuls les versets 18–19 pourraient être destinés à être prononcés par Moïse en son nom propre. Si la narration ne rapporte pas la transmission du discours à Pharaon et à l'Égypte, la suite de la scène suggère que le message est bien passé, dès avant le début du fléau : certains serviteurs de Pharaon craignent en effet la parole de Yhwh et abritent leurs propres serviteurs et leur bétail (9,20). Par contre, celui « qui ne posa pas son cœur sur la parole de Yhwh abandonna ses serviteurs et son bétail dans les champs » (verset 21). Cette description de la réaction des Égyptiens – particulièrement l'emploi du terme דבר, bien que pouvant être aussi utilisé dans un sens général – laisse penser que Moïse a bien transmis le discours divin.

Après le fléau, Pharaon reconnaît pour la première fois qu'il a péché (verset 27). Il demande à Moïse et Aaron de prier Yʜᴡʜ pour que la grêle cesse et promet de laisser partir le peuple (verset 28). Il ne tient cependant pas parole: «le cœur de Pharaon s'endurcit et il ne laissa pas partir les fils d'Israël selon ce qu'avait parlé Yʜᴡʜ par la main/ l'intermédiaire [ביד] de Moïse» (verset 35). Le verset est intéressant à au moins deux points de vue. D'une part, si, dans cet épisode, la narration a employé à deux autres reprises l'expression «il ne laissa pas partir» (8,28; 9,7) pour décrire la réaction de Pharaon, ce verbe a ici pour la première fois «les fils d'Israël» pour objet[105]. La précision de l'objet de l'obstination de Pharaon semble suggérer que ce dernier, à ce point de la confrontation, ne s'oppose pas au départ d'Israël en tant que simple peuple sur son territoire, mais en tant que «fils d'Israël» – peut-être en tant que peuple choisi par Yʜᴡʜ. D'autre part, le refrain «selon ce qu'avait parlé Yʜᴡʜ», déjà utilisé en 7,13.22; 8,11.15; 9,12, est ici augmenté de la précision «par la main/l'intermédiaire de Moïse»[106]. Ce détail rappelle le rôle médiateur de Moïse, alors que l'absence de mention de la transmission des paroles divines pourrait induire une certaine passivité dans son chef[107].

Neuvième fléau: les ténèbres – Pharaon est prêt à céder (10,21–29)

Ce fléau est décrit selon une structure identique à celle des troisième et sixième scènes. Je le mentionne à nouveau pour mémoire. Yʜᴡʜ ne commande à Moïse qu'un geste, sans évoquer de parole à transmettre à Pharaon. Moïse accomplit le geste commandé et les ténèbres s'abattent sur l'Égypte. Pharaon est cette fois prêt à céder, ne résistant qu'au départ du bétail (10,24). Comme pour l'empêcher d'obtempérer déjà, Yʜᴡʜ lui-même force son obstination: «Et Yʜᴡʜ endurcit le cœur de Pharaon et il ne consentit [לֹא אבה] pas à les laisser partir» (verset 27). L'ajout du verbe אבה nié, absent des scènes précédentes, souligne encore que Pharaon est sur le point de se résoudre au départ du peuple, mais que c'est l'intervention de Yʜᴡʜ qui le maintient dans son obstination.

---

[105] Voir l'objet «le peuple» [העם] en 8,28 et 9,7. Je ne compte pas les occurrences dans des discours divins. Pharaon parle lui-même de «laisser partir le peuple» (8,4).

[106] On peut noter également que cette précision est, pour ainsi dire, préparée en 9,12 («selon ce qu'avait parlé Yʜᴡʜ à Moïse [אל-משה]»).

[107] Je passe directement au neuvième fléau. Les huitième et dixième scènes seront analysées au titre suivant.

Quelques observations concernant l'absence de transmission des
paroles divines

Au fil des différentes scènes, le lecteur peut se rendre compte que l'absence de transmission des paroles divines ne signifie pas ici un manque
d'obéissance de la part de Moïse. Il est souligné en effet que ce dernier
et Aaron agissent bien comme l'a demandé Yhwh (7,20). Il semble
plutôt que ce soit la narration qui omette de rapporter les discours
que Moïse transmet à Pharaon (et éventuellement à ses serviteurs),
comme le suggèrent l'emploi du verbe שמע (7,22; 8,11.15; 9,12), les
concessions et demandes de Pharaon (8,4.21.24; 9,27–28; 10,24), la
réaction des magiciens (8,15) et celle des serviteurs (9,20–21). Avec cet
épisode, la question de la transmission des paroles divines se déplace
donc du personnage et de ses possibles intentions à la narration et à
ses stratégies. En effet, il apparaît que l'absence, dans le récit, de la
communication des discours adressés par Yhwh à Moïse à destination
de Pharaon n'est pas à attribuer à une négligence de la part de Moïse,
mais plutôt à un choix narratif, consistant à passer sous silence une
étape de l'intrigue.

On notera ensuite que, dans les scènes étudiées, l'absence de transmission de la parole divine va de pair avec le refus du Pharaon, qui
persiste à ne pas écouter Moïse et Aaron – que ce soit en s'obstinant
de lui-même ou en y étant forcé par Yhwh. En ne rapportant pas que
Moïse communique les propos divins au roi d'Égypte, la narration souligne implicitement que le message ne passe pas et que Pharaon demeure
sourd aux paroles de Yhwh. Parallèlement à cette observation, on peut
aussi remarquer que les discours divins prononcés devant Moïse à l'intention du Pharaon ne constituent pas toujours une menace (seulement
en 9,13–19) mais ont essentiellement un rôle rhétorique, contribuant à
rythmer la succession des scènes. Les propos divins annoncent au lecteur quel sera le fléau suivant et, plus particulièrement, lui permettent
de vérifier l'implacable régularité avec laquelle les désastres annoncés
s'abattent sur l'Égypte. Ils soulignent de plus comment Pharaon s'attire
lui-même les fléaux, en s'obstinant à ne pas écouter. En effet, s'il avait
prêté l'oreille à la parole transmise par Moïse ainsi qu'au message
implicite des fléaux, le désastre annoncé aurait cessé de se produire.

Contrairement donc aux passages envisagés précédemment dans
cette section, l'épisode des plaies d'Égypte présente une perspective
différente quant à la transmission des discours divins. Ici, la transmission
(ou l'absence de transmission) semble devoir être interprétée davantage
dans le cadre de l'extra-diégétique – le rapport au lecteur – que de

l'intra-diégétique – par rapport aux personnages. Autrement dit, le fait que les discours divins ne sont pas transmis concerne moins le déroulement de l'intrigue que la production d'un certain effet. Comme on vient de le voir, cet effet est à la fois littéraire et narratif. D'une part, le manque d'écoute de Pharaon joue comme un des éléments récurrents qui permet le parallèle et la progression entre les différentes scènes. Tout en faisant pressentir le dénouement, la narration retarde celui-ci, accroissant la tension et créant un certain suspense. D'autre part, l'absence de transmission suggère l'absence de communication entre les deux « puissances » en présence, Yhwh et Pharaon – et particulièrement l'obstination de ce dernier, qui demeure sourd aux paroles divines et aux fléaux qui s'abattent sur l'Égypte. Elle souligne de même le contrôle que Yhwh exerce sur la situation, ce dernier apparaissant de la sorte comme le personnage prédominant de l'épisode.

c. *La transmission de paroles divines qui n'ont pas été prononcées*
J'envisage à présent les deux scènes qui n'ont pas été considérées dans le paragraphe précédent, à savoir le récit des huitième et dixième fléaux. Contrairement à ce qui ce qui se passe dans les autres scènes, Yhwh ne charge pas Moïse de communiquer certaines paroles à Pharaon. Moïse pourtant prononce devant ce dernier des propos qu'il attribue à Yhwh, sans que la narration ait rapporté ces discours.

Huitième fléau : les sauterelles ou la délégation du pouvoir divin à Moïse (10,1–20)
Comme les autres scènes, celle qui raconte le huitième fléau s'ouvre par un discours divin adressé à Moïse. Toutefois, Yhwh ne charge pas ce dernier de transmettre certains propos à Pharaon lors de leur rencontre : « Viens vers Pharaon, car c'est moi qui ai alourdi son cœur et le cœur de ses serviteurs, afin que je mette mes signes, ceux-là, au milieu de lui, et afin que tu racontes aux oreilles de ton fils et du fils de ton fils que je me suis joué de l'Égypte et, mes signes, que je [les] ai posés en eux[108]. Et vous connaîtrez que je suis Yhwh » (10,1–2). Le discours ne manque pas d'étonner. En effet, il se compose d'un seul impératif, בוא, « viens », sans que l'objet de la visite soit précisé. Yhwh détaille plutôt sa raison d'être, au moyen d'une subordonnée en כי, puis sa finalité, au moyen de deux subordonnées introduites par למען. La construction

---

[108] Rupture de construction en hébreu.

syntaxique présente un certain déséquilibre, vu la disproportion entre la principale et ses subordonnées.

Sur un plan narratif, le discours divin précise au moins deux éléments importants. D'une part, Yhwh revendique ici clairement qu'il est à la source de l'obstination du Pharaon, comme il l'a lui-même déclaré à Moïse en 7,3 et déjà en 4,21. Si Pharaon s'endurcit lui-même à l'issue des sept premiers fléaux (7,13.22 ; 8,11.15.28 et 9,7.34.35) – à l'exception du sixième, où Yhwh est à l'origine de son obstination (9,12) –, ce dernier manifeste à présent que c'est lui-même qui cause l'entêtement du Pharaon, sans doute prêt à céder devant la violence des désastres. Par conséquent, comme on l'a déjà noté plus haut, il est clair que la médiation de Moïse n'a pas pour objectif de faire céder Pharaon, mais plutôt de manifester progressivement la ténacité divine et le caractère inexorable de ses prédictions – tant au roi d'Égypte qu'à Israël et, en dernière instance, au lecteur, comme on va le voir.

D'autre part, Yhwh manifeste également par son discours que les signes opérés ne sont pas uniquement destinés à convaincre l'Égypte, mais sont aussi adressés à Israël : grâce à eux, le peuple est amené à reconnaître la puissance de son Dieu. Par l'évocation du « récit » [תספר] que Moïse et les Israélites conteront à leurs descendants, la narration évoque subtilement sa propre origine et sa raison d'être, tout en introduisant son lecteur à l'intérieur des événements racontés. Le lecteur découvre en effet que le récit qu'il lit n'est autre que celui que Yhwh commande à Moïse de transmettre à « son fils et au fils de son fils » – c'est-à-dire, en dernière instance, à lui-même. Les « visites » de Moïse à Pharaon apparaissent de la sorte motivées moins par l'intention de le faire plier que par celle de révéler que Yhwh s'est « joué » [התעללתי] de l'Égypte. Ce discours divin confirme donc les observations précédentes, où l'on notait que le rôle médiateur de Moïse concerne ici moins la transmission d'un message que la manifestation de la maîtrise de Yhwh, tant aux différents protagonistes qu'au lecteur.

Le discours de Yhwh est suivi par le récit de la réalisation de ce qu'il commande : « Et Moïse, ainsi qu'Aaron, vint [ויבא] vers Pharaon… » (10,3aα)[109]. Le verbe בוא répond parfaitement à celui de la directive divine. Un léger suspense se fait sentir ici, puisque Yhwh n'a pas pré-

---

[109] Au sujet de l'accord d'un verbe préposé avec deux noms coordonnés comme sujet, voir P. Joüon, *Grammaire de l'hébreu biblique*, § 150q. Bien qu'il soit fréquent que le verbe s'accorde uniquement avec le premier sujet, comme dans ce cas, je marque toutefois la particularité grammaticale dans la traduction française.

cisé à Moïse ce qu'il devra faire ou dire devant Pharaon. Le récit se poursuit avec une surprise de taille pour le lecteur attentif :

> « ... ³Et ils lui dirent :
> "Ainsi a dit Yʜwʜ Élohim des Hébreux :
> 'Jusqu'à quand refuseras-tu de t'humilier devant moi ? Laisse partir mon peuple pour qu'ils me servent. ⁴Car si tu refuses de laisser partir mon peuple, voici je vais faire venir demain des sauterelles sur ton territoire. ⁵Et elles couvriront l'œil de la terre et on ne pourra plus voir la terre. Et elles mangeront le reste du résidu qui vous a été laissé de la grêle et elles mangeront tous les arbres qui poussent pour vous hors des champs. ⁶Et elles rempliront tes maisons et les maisons de tous tes serviteurs et les maisons de toute l'Égypte, ce que n'ont pas vu tes pères ni les pères de tes pères depuis le jour où ils furent sur le sol jusqu'à ce jour'"» (10,3–6a).

La surprise consiste dans l'inversion de la situation : alors que, dans les scènes précédentes, Moïse et Aaron ne transmettent aucun des discours à communiquer à Pharaon, ils lui livrent ici des propos attribués à Yʜwʜ, mais que la narration n'a jamais rapportés. Plusieurs observations peuvent être faites. Le discours prononcé est tout à fait dans la ligne des paroles de Yʜwʜ dans les scènes antérieures : il commence par la formule « Ainsi a dit Yʜwʜ » (7,17.26 ; 8,16 ; 9,1.13), ce nom étant assorti du titre « Élohim des Hébreux » (7,16 ; 9,13) ; il comprend l'ordre majeur de « laisser partir le peuple pour qu'il me serve » (7,16.26 ; 8,16 ; 9,1.13) ; il évoque l'éventualité d'un refus par Pharaon [אם] (7,27 ; 8,17 ; 9,2) ; il annonce le fléau et décrit ses conséquences (7,17–18.27–29 ; 8,17 ; 9,3.14.18–19) ; enfin, il avise de l'étendue du fléau, qui touchera les possessions du Pharaon, celles de ses serviteurs et du peuple tout entier (7,28–29 ; 8,17 ; 9,14). Par contre, le verbe ענה, « humilier », n'a jamais été employé par Yʜwʜ dans ses propos au Pharaon. Cependant, le verbe décrit l'humiliation infligée aux Hébreux par les Égyptiens (1,11.12, ainsi que le substantif עני en 3,7.17 ; 4,31). Son emploi suggère donc ici une inversion des rôles, puisque Yʜwʜ, selon Moïse, reproche à Pharaon de ne pas s'humilier devant lui. Quant au fléau que Moïse décrit, il présente une certaine amplification par rapport aux précédents : les sauterelles achèveront de détruire l'Égypte, complétant ainsi les désastres précédents (verset 5), et elles causeront une catastrophe inédite pour l'Égypte (verset 6).

Le discours de Moïse fait son effet : les serviteurs de Pharaon (après les magiciens en 8,15) se laissent convaincre de la nécessité de laisser partir les Hébreux (10,7), cette fois sur la seule menace des propos, puisque le désastre n'a pas encore été déclenché. Pharaon lui-même semble presque résolu, résistant cependant sur le départ des enfants (10,10). C'est à ce moment que Yhwh rentre en scène, enjoignant à Moïse d'étendre la main pour provoquer l'arrivée des sauterelles (verset 12). On peut remarquer l'analogie générale de vocabulaire entre les discours de Moïse et de Yhwh : chacun annonce les « sauterelles » [ארבה], qui « mangeront » [אכל] ce qui a été « laissé » [שאר] par la « grêle » [ברד][110]. Moïse agit comme demandé et un vent d'est amène les sauterelles (verset 13). La narration décrit alors l'invasion du pays, en reprenant des termes employés tant par Moïse que par Yhwh dans leurs discours respectifs. Les sauterelles « montent [ויעל] sur la terre d'Égypte », comme l'a annoncé Yhwh au verset 12, et se posent sur « tout le territoire [גבול] d'Égypte », terme employé par Moïse au verset 4. De même, la narration reprend l'idée d'un événement inédit – « très lourdes devant lui, comme il n'y en avait pas eu de sauterelles ainsi » (verset 14bα) –, ce que Moïse a annoncé au verset 6. Manifestant brièvement sa médiation, elle ajoute de plus que « et après cela, il n'y [en] aura pas autant » (verset 14bβ). La narration poursuit avec l'image de « l'œil de toute la terre » [עין כל־הארץ], « recouverte » [ויכס] par les sauterelles (verset 15a), une image dont se sert Moïse au verset 5a. D'après la narration, tant « l'herbe de la terre » [עשב הארץ] que « les fruits des arbres » [פרי העץ], épargnés par la grêle, sont mangés par les sauterelles (verset 15a), comme prédit par Moïse (verset 5b)[111] et par Yhwh (verset 12b). La description du verset 15 recourt également à l'image de « rien de vert dans les arbres et dans les herbes des champs » (verset 15b), qui ne figure pas dans les discours annonciateurs. Par conséquent, tous les dommages annoncés tant par Moïse que par Yhwh trouvent leur accomplissement, étant même dépassés par la réalité du fléau qui s'abat effectivement sur l'Égypte.

Comme on le voit, le discours que Moïse attribue à Yhwh est confirmé d'abord par ce dernier, puis par la narration. Rien ne laisse

---

[110] Par-delà ces similitudes, de petites divergences peuvent être signalées. Dans son discours, Moïse évoque le « territoire » [גבל] de Pharaon et non la « terre [ארץ] d'Égypte », comme le fait Yhwh. Il décrit le sol recouvert de sauterelles, ainsi que les arbres [העץ] mangés, alors que Yhwh parle seulement de « l'herbe » [עשב]. Moïse annonce également que les sauterelles envahiront les maisons égyptiennes et prédit l'événement comme absolument inédit, un élément que Yhwh ne reprend pas. Certains de ces détails réapparaissent dans la description du fléau (versets 14–15).

[111] Moïse évoque en fait simplement « les arbres », et non les fruits (verset 5b).

suggérer que Moïse ait usurpé l'autorité divine. Au contraire, l'initiative de Moïse est suivie d'un certain assouplissement dans l'attitude de Pharaon : il appelle Moïse et Aaron et reconnaît qu'il a péché contre Yhwh et contre eux (verset 16). Il demande que sa faute soit pardonnée et que Yhwh éloigne de lui la mort (verset 17). Cette bonne volonté est toutefois de courte durée, puisque, dès le retrait des sauterelles, « Yhwh endurcit le cœur de Pharaon et il ne laissa pas partir les fils d'Israël » (verset 20). Le plus important pour cette enquête est de noter que l'absence de discours divin original, sur lequel se baserait Moïse dans ses paroles à Pharaon, n'implique aucun abus de pouvoir de sa part. Les récurrences de vocabulaire et, spécialement, la fusion qu'opère la description de 10,14–15 entre les discours de Moïse et de Yhwh pourraient laisser penser que ce dernier a fait part à Moïse du fléau par avance, sans que la narration l'évoque. Dans une perspective plus esthétique, attentive à la réception du récit, on peut interpréter la concordance entre discours et description narrative comme un indice de la proximité de Moïse avec Yhwh et du pouvoir que celui-ci lui délègue, à mesure que les sanctions contre l'Égypte se renforcent.

Dixième fléau : la mort des premiers-nés (11,1–10 et 12,29–33)
La structuration de la dixième scène est plus complexe que les précédentes, en bonne partie parce que les préceptes concernant la célébration de la Pâque sont intercalés dans le déroulement habituel qui marque les neuf premiers fléaux. Au début du chapitre 11, alors sans doute que Moïse est toujours face au Pharaon, malgré leur souhait mutuel de ne plus se revoir (10,28–29), Yhwh annonce à Moïse l'envoi d'« encore une seule frappe » [נגע] contre Pharaon et les Égyptiens avant la libération du peuple. En vue de s'apprêter au départ, les Israélites sont invités à demander à leurs voisins et voisines des objets d'argent et d'or (versets 1–2). Le verset 3 introduit une curieuse parenthèse, au vu des désastres qui viennent de frapper l'Égypte : « Et Yhwh fit que le peuple trouve grâce (littéralement : il donna la grâce du peuple) aux yeux des Égyptiens. Aussi/même [גם] l'homme Moïse était très grand en terre d'Égypte aux yeux des serviteurs de Pharaon et aux yeux du peuple ». Le lecteur attend donc une issue favorable pour le peuple grâce à l'action de Yhwh et à la « grandeur » de Moïse.

C'est à ce point du récit que Moïse prend la parole, sans que son destinataire soit tout d'abord précisé. Une deuxième personne apparaît aux versets 7–8, mais ce n'est que dans la reprise de la narration, après le discours, que le destinataire de Moïse est clairement nommé :

« ⁴Et Moïse dit :
>   "Ainsi a dit Yʜᴡʜ :
>>   'Vers la moitié de la nuit, **je vais sortir** [יוצא] au milieu
>>   de l'Égypte. ⁵Et mourra tout premier-né dans la terre
>>   d'Égypte, du premier-né du Pharaon, qui s'assied/doit
>>   s'asseoir sur son trône, jusqu'au premier-né de la servante
>>   qui est derrière la meule et tout premier-né des bêtes.
>>   ⁶Et il y aura un grand cri dans toute la terre d'Égypte,
>>   comme il n'y en a pas eu et comme il ne continuera pas/
>>   il n'y aura plus. ⁷Mais, pour tous les fils d'Israël, pas un
>>   chien n'aiguisera sa langue contre [qui que ce soit], d'un
>>   homme jusqu'à une bête, afin que vous connaissiez que
>>   Yʜᴡʜ fait une distinction [יפלה] entre l'Égypte et Israël.
>>   ⁸Et tous tes serviteurs, ceux-là, descendront vers moi et
>>   ils se prosterneront devant moi en disant :
>>>   **Sors** [צא], toi et tout le peuple qui est à tes pieds.
>>   Et après cela, **je sortirai** [אצא]' ".
> Et **il sortit** [ויצא] d'avec Pharaon dans une brûlure de colère » (11,4–8).

On remarque d'abord l'inclusion qui encadre la citation de Yʜᴡʜ, marquée par la récurrence du verbe יצא aux versets 4 et 8a. Le même verbe est encore présent dans le discours que les serviteurs seront censés dire (verset 8aα). La narration reprend de même immédiatement avec יצא au *wayyiqtol* – en sorte que les deux verbes אצא et ויצא sont consécutifs. À la lecture du seul verbe ויצא, le lecteur peut donc se demander si Yʜᴡʜ ne met pas aussitôt sa menace à exécution, « sortant » pour exterminer les premiers-nés égyptiens. Cependant, la précision « d'avec Pharaon » indique que c'est Moïse qui est le sujet du verbe, et non Yʜᴡʜ. L'inclusion, en mettant en évidence l'imminence de la « sortie » de Yʜᴡʜ – demandée même, selon la citation, par les serviteurs de Pharaon –, laisse pressentir que le dénouement est très proche à présent. De plus, la citation et son inclusion indiquent que la sortie du peuple hors d'Égypte, commandée et annoncée depuis longtemps (voir ainsi, entre autres, Ex 3,10.12 ; 6,6.7.13 ; 7,4.5), sera en fait précédée de la sortie de Yʜᴡʜ vers l'Égypte : c'est ce dernier qui va « sortir » en premier, amorçant en quelque sorte le processus de « sortie ». Même si deux sens différents peuvent être attribués au verbe (le sens militaire de « faire une sortie » quand il a Yʜᴡʜ pour acteur et un sens plus général de « quitter » quand ce sont les fils d'Israël qui sont les protagonistes), sa récurrence suggère que Yʜᴡʜ accomplit en premier, vers l'Égypte, le mouvement que le peuple exécutera ensuite en sens inverse : Yʜᴡʜ vient en quelque sorte chercher Israël là où il se trouve.

Il faut ensuite noter que, comme dans le cas précédent, les paroles que Moïse présente comme discours de Yhwh n'ont pas été prononcées par ce dernier. Elles partagent cependant plusieurs caractéristiques avec les discours de Yhwh dans les scènes précédentes ainsi qu'avec les propos de Moïse dans la huitième scène. D'une part, la citation divine avec laquelle Moïse ouvre son discours n'a pas de limites strictes, un phénomène déjà observé à maintes reprises plus haut. En effet, mis à part la proposition initiale à la première personne (« Je vais sortir au milieu de l'Égypte »), le reste du discours ne présente pas d'expressions qui ne pourraient être prononcées que par le personnage divin. L'évocation de Yhwh à la troisième personne, au verset 7, pourrait laisser penser que Moïse parle ici en son nom propre, même s'il est plus probable que la citation de Yhwh se poursuit. Au verset 8, le démonstratif אלה désignant « tes serviteurs » ainsi que l'impératif צא, « sors », pourraient de même suggérer que Moïse a repris la parole. Le verbe והשתחוו־לי, souvent employé avec Yhwh pour objet, ainsi que l'inclusion semble cependant indiquer que la citation se poursuit jusqu'à la fin du verset 8a.

D'autre part, plusieurs thèmes présents dans la pseudo-citation se trouvent dans les discours divins adressés à Moïse avant les fléaux précédents : la mort des premiers-nés (4,23), comme les grenouilles (7,28–29), l'essaim (8,17) et les ulcères (9,19), est un fléau à la portée large, s'étendant partout en Égypte, touchant serviteurs et bétail (11,5). C'est également un désastre que l'Égypte n'a jamais connu (11,6), comme la grêle selon le discours de Yhwh (9,18). Le fléau s'abattra de même sur l'Égypte seule, tandis que les fils d'Israël seront épargnés, comme l'avait prévu Yhwh au sujet de l'essaim (8,18) et de la mort des troupeaux (9,4) – des versets qui comprennent chacun le verbe פלה au *hifil*, « faire une distinction », présent également en 11,7. Sur un plan plus syntaxique, on remarque également l'usage de la conjonction למען, « afin que », dans l'expression : « afin que vous connaissiez que Yhwh fait une distinction entre l'Égypte et Israël » (11,7). La conjonction est également présente dans plusieurs discours de Yhwh, que celui-ci charge Moïse de transmettre à Pharaon (8,18 ; 9,16) ou qu'il adresse directement à Moïse (10,1–2, ainsi que 11,9, qui suit immédiatement le discours de Moïse). Dans chacun de ces cas, elle introduit la finalité ultime qui dirige l'intervention divine contre l'Égypte. En 8,18, למען est de plus suivi du verbe ידע, comme en 11,7 (« afin que tu connaisses que je suis Yhwh au milieu de la terre… »).

Comme dans la huitième plaie, Moïse transmet à Pharaon un message au nom de Yhwh, bien que la narration n'ait raconté ni l'ordre de transmission ni les propos « originaux » de ce dernier. Dans les deux cas, comme on l'a constaté, ce discours s'apparente pourtant aux paroles que Yʜwʜ charge Moïse de communiquer à Pharaon, dans les première, deuxième, quatrième, cinquième et septième scènes. D'ailleurs, un discours de Yʜwʜ suit immédiatement, qui constate : « Pharaon ne vous écoutera pas, afin que [למען] mes prodiges se multiplient en terre d'Égypte » (11,9). Il semble ainsi reprendre à son propre compte la menace proférée par Moïse (qu'il a d'ailleurs lui-même annoncée, sans la préciser, en 11,1). La narration ne laisse donc percevoir aucun abus d'autorité de la part de Moïse, suggérant plutôt que celui-ci transmet à Pharaon une parole divine effectivement prononcée.

Après les directives concernant la fête de la Pâque (12,1–28), la narration raconte l'accomplissement de la « frappe » : « Et il arriva, à la moitié de la nuit, que Yʜwʜ frappa tous les premiers-nés en terre d'Égypte, du premier-né du Pharaon, qui s'assied/doit s'asseoir sur son trône jusqu'au premier-né du captif qui est dans la maison de la citerne/prison, et tout premier-né dans le bétail. Et Pharaon se leva cette nuit-là, ainsi que tous ses serviteurs et tous les Égyptiens, et il y eut un grand cri en Égypte, car il n'y avait pas de maison où il n'y avait pas de mort. Et il appela Moïse et Aaron la nuit et il dit : "Levez-vous, sortez du milieu de mon peuple, (aussi) vous, aussi les fils d'Israël, et allez, servez Yʜwʜ selon votre parole. Aussi votre petit bétail, aussi votre gros bétail, prenez[-les], selon ce que vous avez parlé et allez, et vous me bénirez moi aussi" » (12,29–32). La description que donne la narration de la frappe suit l'annonce qu'en a faite Moïse : tous les premiers-nés d'Égypte trouvent la mort, dans toutes les portions du peuple (voir 11,5), tandis que s'élève un grand cri (voir 11,6). Seules de petites modifications (voir par exemple l'évocation de la prison en 12,29) différencient la parole de Moïse et la description de son accomplissement. La narration, de la sorte, accrédite sans doute tant l'annonce de Moïse que la citation qu'il donne de la parole divine.

En conséquence, on note, encore une fois, que l'absence de « l'original » des propos divins que transmet Moïse n'est pas à attribuer à un abus d'autorité ou à toute autre stratégie de sa part. Au contraire, comme dans la huitième scène, la narration semble suggérer que les paroles que Moïse communique à Pharaon ont bien une origine divine, comme le laissent penser notamment le discours de Yʜwʜ de 11,9 et la description de la frappe en 12,29–32. L'absence des propos divins originaux est plutôt à interpréter à la lumière de l'ensemble de l'épisode, particulièrement des scènes où la transmission des propos divins à Pharaon n'est pas racontée. Par rapport à celles-ci, où le message divin n'est pas reçu par Pharaon, les huitième et dixième scènes se caractérisent par une meilleure communication. Comme on l'a vu, dès l'annonce de l'arrivée des sauterelles, les serviteurs puis Pharaon lui-même envisagent le départ du peuple (10,7–8), dès avant le début du fléau. Le message est manifestement «passé». Dans le cas de la dixième plaie, la réaction de l'Égypte n'est pas racontée à l'issue du discours de Moïse, qui, très en colère, quitte Pharaon (11,8). C'est seulement après la mort des premiers-nés que le Pharaon cède enfin, ordonnant le départ du peuple dans son ensemble (12,31–32). Le lecteur n'est donc pas en mesure de déterminer si le roi d'Égypte reçoit les propos de Moïse, bien qu'il ne semble se plier à ses injonctions qu'une fois les premiers-nés exterminés. Quoi qu'il en soit, c'est au cours de la dixième scène que cède enfin Pharaon, «entendant» la voix de Yhwh et reconnaissant sa supériorité.

d. *Conclusion: la transmission des paroles divines et l'état d'esprit de l'interlocuteur*

En conclusion, on peut noter encore une fois que l'épisode des plaies d'Égypte utilise de manière particulière la présence et l'absence de transmission des paroles divines. L'absence de communication des paroles de Yhwh à Pharaon souligne en effet l'obstination de celui-ci, qu'il s'entête de lui-même ou suite à l'intervention divine. Le fait que les propos divins ne soient pas transmis met de la sorte en évidence sa «sourde oreille»: Pharaon n'entend pas ou ne veut pas entendre ce qui lui est communiqué. Par contre, le lecteur, lui, a accès aux propos originaux de Yhwh, pouvant ainsi connaître ce à quoi le roi d'Égypte reste sourd. Par contre, quand la narration rapporte les propos que transmet Moïse à Pharaon, la narration suggère que le message «passe» bien et que l'assurance de ce dernier commence à s'ébranler. Différents éléments indiquent de même au lecteur que ces propos sont bien d'origine divine, bien que la citation originale ne soit pas rapportée, soit par économie narrative, soit pour suggérer la parfaite médiation de Moïse. Par conséquent, la présence ou l'absence de transmission des paroles divines constitue un marqueur permettant, avec d'autres, de construire la progression de l'épisode et la graduelle défaite de Pharaon.

En ce sens, on peut comparer le thème de «l'endurcissement» ou de «l'alourdissement» du cœur de Pharaon avec la progression esquissée par les différents types de transmission de la parole divine. L'épisode est précédé par deux annonces de Yhwh, en 4,21b («Et moi, j'endurcirai

[אחזק] son cœur [de Pharaon] et il ne laissera pas partir le peuple»)
et en 7,3–4a («Et moi, je raidirai [אקשה] le cœur de Pharaon et je
multiplierai mes signes et mes prodiges dans la terre d'Égypte, mais
Pharaon ne vous écoutera pas…»). L'épisode, comme on l'a vu, présente une certaine progression à ce niveau également. C'est d'abord
Pharaon lui-même – ou son cœur – qui s'endurcit [חזק] (Ex 7,13.22;
8,15; 9,35), qui alourdit [כבד hifil] son cœur (8,11.28; 9,34) ou dont
le cœur s'alourdit (9,7). Par contre, en 9,12, la narration précise que
c'est Yhwh qui «endurcit le cœur de Pharaon». Après être revenue à
deux formulations où Pharaon est à nouveau le sujet de son alourdis-
sement/endurcissement (9,34.35, voir ci-dessus), la narration présente
ensuite de manière continue Yhwh comme l'acteur de l'endurcissement
de Pharaon (10,20.27; 11,10; 14,8). Après s'être obstiné de lui-même,
ce dernier commence à fléchir : Yhwh provoque alors lui-même, comme
il l'a promis, son endurcissement. Or on remarque que c'est à partir
de la huitième plaie (10,1–20) – où la transmission des propos divins
à Pharaon est rapportée pour la première fois dans la narration – que
s'effectue le «changement d'acteur» de l'endurcissement. Cette transformation de l'attitude du roi d'Égypte s'amorce en fait dès la sixième
plaie, où les ulcères empêchent les magiciens de rendre la pareille
à Moïse.

On constate ainsi que cette évolution est parallèle à celle que révèle
l'examen de la «transmission» des discours divins. On pourrait citer
d'autres éléments, comme la reconnaissance du «doigt d'Élohim» par
les magiciens (8,15), l'écoute de certains serviteurs (9,20), ou encore
les progressives concessions de Pharaon (voir par exemple 8,21–24;
9,27–28; 10,8–11.24). Ces éléments suffisent à montrer que la progression suggérée par la transmission des discours divins s'intègre bien à
celle, plus générale, qui rythme l'épisode. On peut donc conclure que
le mode de transmission des propos de Yhwh a rapport ici moins à
la fidélité du médiateur – Moïse – qu'à l'état d'esprit du récepteur –
Pharaon. C'est en effet son évolution, causée par les fléaux, les discours
et les interventions de Yhwh, que reflète la transmission des discours
divins – particulièrement la manière dont il écoute les propos qu'il reçoit
et dont il se laisse toucher par les fléaux dont son peuple est victime.

III. Perversion et prise en défaut de la parole divine

Après le panorama qui précède sur les différentes valeurs dont peut se
charger la transmission des paroles divines, je passe ici à un type de

citation qui se rapproche davantage de la perversion que de la transmission. Je propose de revenir encore une fois à l'épisode de Gn 3, plusieurs fois évoqué au cours de cette recherche, afin d'y étudier en détail le «processus herméneutique» mis en scène. Plus spécifiquement, il s'agira d'étudier, entre autres, ce qui rend la stratégie du serpent si efficace et en quoi elle pervertit radicalement tant la relation entre les humains que celle qui les unit au personnage divin. Je voudrais également examiner ce que cette perversion implique pour Yhwh Élohim lui-même et pour la manière dont il apparaît, non seulement aux personnages humains du récit, mais aussi au lecteur.

1. *La perversion originelle (Gn 3,1–7)*

Afin de concentrer la recherche sur la perversion de la parole divine, je me limiterai ici à considérer l'épisode de la rencontre entre la femme et le serpent (Gn 3,1–7)[112], entrant donc dans le récit *in medias res*. Les retours nécessaires au chapitre précédent, sur lequel l'épisode s'appuie, se feront au cours de l'analyse. De même, la suite de l'épisode, et particulièrement le constat divin de 3,22, sera envisagée dans une autre section, consacrée aux mises au défi dont est l'objet le personnage divin[113]. Selon la délimitation choisie, l'épisode se déroule entièrement en l'absence du personnage divin, bien que l'interprétation de sa parole constitue l'enjeu majeur de la scène.

Si les premiers chapitres de la Genèse ont suscité une abondante littérature, peu d'études se sont penchées sur la manière dont est construite l'intervention du serpent. Comme je voudrais essayer de le montrer, le récit tire parti des subtilités de la langue hébraïque pour rendre les mots du serpent insidieusement trompeurs, apparemment conformes à la parole divine évoquée mais en fait pervertissant sa signification profonde.

---

[112] L'argument majeur en faveur de cette division est celui de l'intervention des personnages. L'épisode met en scène le serpent et la femme (ainsi que l'homme à la suite de la femme, aux versets 6–7), discutant en l'absence du personnage divin de l'interprétation de sa parole. Son absence constitue donc une composante cruciale de la logique narrative. En ce sens, l'arrivée en scène de Yhwh Élohim en 3,8 marque une nouvelle étape du récit. Les adjectifs ערום de 3,1 et עירמם de 3,7, phonétiquement parents, forment en outre une inclusion qui confirme la délimitation proposée. Une même structuration est suivie par P. BEAUCHAMP, *Études sur la Genèse: l'Éden, les sept jours, les Patriarches* (Cours, Travaux et Conférences), Faculté de Théologie de Fourvière, Lyon, 1971 (*ad instar manuscripti*), pp. 25–26. La division massorétique, quant à elle, considère 2,4–3,15 comme une unité.

[113] Voir plus loin, au chapitre IV, l'intitulé «Le dénouement de l'épisode et ses mystères», p. 474.

Beaucoup d'études ont été récemment consacrées aux récits bibliques de
mensonges et de ruses[114], mais peu ont considéré ces processus comme
stratégie narrative et ressource littéraire. Je voudrais au contraire partir
de la suggestion de Harald Weinrich, qui, dans son petit essai sur le
mensonge, classe celui-ci parmi les figures rhétoriques, au même titre
que l'euphémisme, l'hyperbole, l'ellipse, l'ironie, etc[115]. Le mensonge,
en tant que discours trompeur d'un personnage, permet en effet au
lecteur de capter certains éléments de l'intrigue, non pas de manière
directe, mais par le détour d'un compte-rendu fallacieux. Comme tous
les détours littéraires, celui du mensonge invite sans doute le lecteur à
transiter davantage dans les méandres de l'intrigue. En effet, il requiert
de lui qu'il entre plus profondément dans le monde construit par la
fiction, pour discerner le faux, rétablir le vrai, élucider les motivations
et les effets du mensonge.

a. *La ruse du serpent – une nudité en excès (3,1a)*
«Le serpent était rusé [עָרוּם], plus que tout animal du champ qu'avait fait
Yhwh Élohim» (3,1a). La construction grammaticale – וֹ + sujet + *qatal* –
fait de la phrase une information générale, antérieure à l'événement
raconté par le *wayyiqtol* suivant (niveau rétrospectif)[116]. L'article qui
accompagne le sujet [הנחש] pourrait présenter le personnage comme

---

[114] Voir par exemple, pour une considération générale, Martin A. KLOPFENSTEIN,
Die Lüge nach dem Alten Testament. Ihr Begriff, ihre Bedeutung und ihre Beurteilung, Gotthelf-
Verlag, Zürich/Frankfurt am Main, 1964; O. Horn PROUSER, «The Truth about
Women and Lying», *JSOT* 61 (1994), pp. 15–28; ou, pour des analyses dans des
corpus particuliers, Thomas W. OVERHOLT, *The Threat of Falsehood. A Study in the
Theology of the Book of Jeremiah* (SBT–SS 16), Alec R. Allenson Inc., Naperville, 1970;
Harry HAGAN, «Deception as Motif and Theme in 2 Sam 9–20; 1 Kgs 1–2», *Bib* 60
(1979), pp. 302–303; Benjamin GOODNICK, «Jacob's Deception of His Father», *JBQ* 22
(1994), pp. 237–240; IDEM, «Rebekah's Deceit or Isaac's Great Test», *JBQ* 23 (1995),
pp. 221–228; Michael J. WILLIAMS, *Deception in Genesis. An Investigation into the Morality of
a Unique Biblical Phenomenon* (StBL 32), Peter Lang, New York/Washington, 2001 (avec
bibliographie). La plupart de ces auteurs, cependant, considèrent le mensonge ou la
tromperie uniquement sous un angle moral, et non en tant que phénomène littéraire.
Certaines études se sont aussi penchées sur la tromperie comme élément du folklore
biblique. Voir par exemple Susan NIDITCH, *Underdogs and Tricksters: A Prelude to Biblical
Folklore*, Harper & Row, San Francisco, 1987.

[115] Harald WEINRICH, *Linguistik der Lüge*, C. H. Beck, München, 2000 (1966¹),
p. 11.

[116] Voir Alviero NICCACCI, *The Syntax of the Verb in Classical Hebrew Prose*. Traduit de
l'italien par W. G. E. Watson (JSOT.S 86), Sheffield University Press, Sheffield, 1990,
pp. 36–40.

déjà connu du lecteur[117]. Le fait que le serpent est nommé ici pour la première fois suggère plutôt que l'article désigne une figure littéraire, tel que *le* loup ou *le* monstre des contes occidentaux. Le même procédé semble s'appliquer dans d'autres récits la bible hébraïque, mettant en scène «le» rescapé [הפליט] informant Abraham de la captivité de Lot (Gn 14,13) «le» destructeur [המשחית] qu'évoque Moïse au seuil de la sortie d'Égypte (Ex 12,23), «les» corbeaux [הערבים] qui viennent ravitailler Élie sur l'ordre de Yhwh (1 R 17,4) ou encore «le» satan [השטן] des livres de Job et Zacharie (Jb 1,6 et les autres occurrences dans le livre, ainsi que Za 3,2). Bien que ce soit à différents niveaux, toutes ces figures jouent un rôle important dans l'intrigue, non par leur personnalité propre (elles restent anonymes) mais par leur fonction narrative. Elles opèrent en effet comme un élément déclencheur, qui crée la tension narrative et met en route le récit. Dans l'épisode étudié, le serpent apparaît comme la première tension du récit[118], qui bouleverse la progression linéaire des premiers chapitres.

Le serpent est décrit comme «rusé, plus que [...מ ערום] tout animal du champ...», une manière courante d'exprimer le comparatif en hébreu[119]. Les seules consonnes de l'adjectif donnent lieu à une double lecture: soit עָרוּם (du verbe ערם au *qal*, être rusé), dans les deux sens positif et négatif de «astucieux» ou «avisé» (qualité du sage, selon Pr 12,16 et 13,16) et de «rusé» (comme en Jb 5,12 et 15,5)[120], soit עָרוֹם (du verbe ערה au *piel*, dévoiler, dénuder)[121], «nu» – l'adjectif qui vient d'être utilisé pour décrire l'état de l'homme et de la femme (2,25). Si la vocalisation ne laisse demeurer aucun doute sur la signification de l'adjectif, la succession de deux adjectifs aux consonnes identiques indique la présence d'un jeu de mots[122]. Ces quatre lettres qui qualifient

---

[117] Voir Wolfgang Schneider, *Grammatik des biblischen Hebräisch. Völlig neue Bearbeitung der "Hebräischen Grammatik für den akademischen Unterricht" von Oskar Grether*, Claudius, München, 1974, § 52.5.

[118] Ou seconde tension, si l'on compte Gn 2,18.20, qui est toutefois résolue immédiatement, aux versets 21–22.

[119] Voir P. Joüon, *Grammaire de l'hébreu biblique*, § 141g.

[120] Voir par exemple C. Westermann, *Genesis. 1. Teilband: Genesis 1–11*, p. 325 ou G. J. Wenham, *Genesis 1–15* (WBC 1), Word Books, Dallas, 1987, p. 72.

[121] Selon l'étymologie donnée par KB. Pour le BDB, עָרוֹם dérive plutôt de עור.

[122] Voir par exemple U. Cassuto, *A Commentary on the Book of Genesis*, pp. 143–144; M. Fishbane, *Text and Texture. Close Readings of Selected Biblical Texts*, Schocken Books, New York, 1979, p. 19; V. P. Hamilton, *The Book of Genesis. Chapters 1–17*, p. 187 ou A. Wénin, *Pas seulement de pain... Violence et alliance dans la Bible* (LD 171), Cerf, Paris, 1998, pp. 57–58.

à la fois les deux êtres humains et le serpent suggèrent une caractéristique partagée, mais possédée par le serpent à un niveau plus prononcé (voir le comparatif). En ce sens, la femme et l'homme sont confrontés à un être à la fois identique et différent, par ce trait commun mais excessif chez l'animal[123].

De plus, on peut anticiper légèrement sur la suite en observant que la scène se conclut par un autre adjectif parent : « et ils connurent qu'ils étaient nus [עֵירֻמִּם] » (3,7). L'encadrement de l'épisode par deux formes voisines, chaque fois plurielles, d'adjectifs synonymes – עֲרוּמִּים en 2,25 et עֵירֻמִּם en 3,7[124] – invite à lire la scène à partir du thème de la nudité, présent à la fois à son seuil et à sa conclusion. On pourrait en ce sens la lire comme marquée par un changement dans la perception de la nudité par les deux êtres humains. Or ce changement est précisément provoqué par l'apparition d'un animal à la fois « plus nu » et « plus rusé » – deux traits qui représentent tant le moyen que le résultat de son action dans le récit. C'est parce qu'il est nu comme les humains mais plus astucieux qu'eux que le serpent arrive à les tromper et à provoquer ainsi chez eux une autre interprétation de leur nudité. Les deux significations possibles de l'adjectif non vocalisé ערום se rejoignent ainsi pour suggérer à la fois l'habilité trompeuse du serpent et sa capacité, en tant que « nu » lui-même, à « dévoiler » et à changer le regard. C'est donc par confrontation à une exagération de leur état que les deux humains sont amenés à une nouvelle interprétation de leur condition.

Dès son entrée en scène, le serpent est donc présenté comme « rusé », ce qui induit immédiatement pour le lecteur une certaine distanciation face à son discours, et particulièrement face à sa manière de citer la parole divine, comme on va le voir. La double lecture possible de

---

[123] Voir plus ou moins dans le même sens Raphaël DRAÏ, *La pensée juive et l'interrogation divine. Exégèse et épistémologie* (Thémis), Paris, P.U.F., 1996, pp. 34–35 et A. LACOCQUE, P. RICŒUR, *Penser la Bible*, pp. 34–35. A. LaCocque souligne la différence entre la nudité du serpent et celle des humains : « "Nudité" ne veut pas dire la même chose dans les deux cas. Les êtres humains sont nus mais ne sont pas dépouillés (ils n'ont pas honte, ce qui n'est pas un signe de naïveté mais un signe de sainte simplicité) ; au contraire, la nudité du serpent veut dire dénuement. Contrairement à Adam et Ève, il n'a pas de compagnon de son espèce, pas de "conjoint prêtant assistance" […]. Il est seul et aliéné, déjà "ennemi" (Gn 3,15), avant de le devenir par malédiction » (citation p. 35).

[124] KB présente deux entrées séparées pour ces adjectifs (ערום et עירם), les faisant tous deux dériver du verbe ערה. BDB fait par contre dépendre les deux formes du verbe עור, « être exposé, nu ». Les deux adjectifs présentent en 2,25 et 3,7 un curieux redoublement du מ.

עָרוּם, quant à elle, situe d'emblée la ruse du serpent dans le champ du dévoilement et de l'excès. Le serpent, par sa ruse ou nudité en excès, suscite une nouvelle interprétation de la réalité, «ouvre les yeux» (voir 3,7) des humains et fait en sorte qu'ils perçoivent différemment leur propre état.

b. *La perversion du don (3,1b)*

«Et il dit à la femme: "[Est-il donc vrai] qu'Élohim a dit: 'Vous ne mangerez pas de tout arbre du jardin'?"» (3,1b). C'est à la femme que le serpent s'adresse – choix d'interlocutrice qui a fait couler beaucoup d'encre dans la littérature exégétique[125]. Remarquons simplement ici comment le récit fait état de la ruse de l'animal avant même que celui-ci ne commence à parler. Le commandement divin que le serpent s'apprête à citer, effectivement prononcé au chapitre 2 (2,16–17), a été donné avant la création de la femme (2,18–23). Celle-ci ne peut avoir assisté à la scène et n'a donc pas en main toutes les ressources nécessaires pour répondre au serpent[126].

La parole du serpent à la femme (3,1b) n'est pas ambiguë seulement sur le plan de son contenu et de son intention, mais également au niveau de la syntaxe. Le discours direct commence par les deux particules... אַף כִּי, succession qui se retrouve ailleurs dans la bible hébraïque, mais avec une autre signification. Généralement, ces mots introduisent une comparaison («combien plus», «encore moins») par rapport à une proposition précédente[127]. La position de... אַף כִּי־ au début du discours est plus problématique et a suscité des interprétations dans plusieurs directions[128]. La plus classique consiste à lire l'intervention du serpent comme une question elliptique, introduite par אַף et portant sur le contenu exprimé dans la proposition en... כִּי־: «[Est-il

---

[125] Voir surtout les commentateurs du début du XXᵉ siècle, par exemple H. GUNKEL, *Genesis*, p. 16 («[Die Schlange] wendet sich an das Weib; warum an das Weib? Das Weib ist lebhafter und begehrlicher und erwacht eher als der Mann») ou J. A. SKINNER, *Genesis*, p. 73 («The serpent shows his subtlety by addressing his first temptation to the more mobile temperament of the woman»).

[126] Voir la même observation notamment chez J. A. SOGGIN, *Das Buch Genesis*, p. 82; N. M. SARNA, *Genesis*, p. 24; K. M. CRAIG, *Asking For Rhetoric*, p. 15.

[127] Voir notamment 1 S 14,30; 2 S 4,11; 1 R 8,27; Ez 14,21; 15,5; Jb 9,14; 15,16; 25,6; 35,14; Pr 11,31; 15,11; 17,7; 19,7.10; 21,27; 2 Ch 6,18; 32,15. Le... אַף כִּי de Ne 9,18 introduit une temporelle («même quand...»).

[128] Pour un résumé du débat, voir K. M. CRAIG, *Asking For Rhetoric*, p. 16 (note 4).

donc vrai] qu'Élohim a dit…»[129]. A. B. Ehrlich a suggéré quant à lui que le serpent ne termine pas sa phrase délibérément, tendant ainsi à la femme un piège dans lequel celle-ci se laisse prendre. Ehrlich propose de compléter en ce sens le discours: «obgleich Gott gesagt hat, ihr sollt von keinem Baume des Gartens essen oder ihr müsset sterben, so werdet ihr euch dadurch dennoch den Tod nicht zuziehen»[130]. Les particules… אף כי‎ introduiraient donc une protase concessive, non achevée et sans apodose. D'autres lectures, enfin, n'optent ni pour la question, ni pour la concessive, mais pour une expression de la surprise, que vient corriger la femme[131].

L'absence d'occurrences de… אף כי‎ en un contexte similaire rend difficile le choix entre ces lectures. Lire le discours du serpent comme une question implique sans doute de faire porter le doute du serpent sur le fait que l'interdit divin ait bien été prononcé («est-il vrai qu'Élohim a dit…?») ou sur sa propre manière de le rendre («est-ce bien ainsi qu'Élohim a dit…?»)[132]. L'interpréter comme une protase concessive suppose par contre que c'est la pertinence du commandement divin que le serpent remet en cause – et particulièrement sa conséquence. La suite du récit confirme plutôt cette hypothèse (voir 3,4–5). Néanmoins,

---

[129] Voir ainsi P. Joüon, *Grammaire de l'hébreu biblique*, § 157a (note 2): le כ‎ introduirait une proposition-sujet dont l'attribut serait en quelque sorte אף‎ «(ceci est-il) aussi qu'il a dit?», soit «est-il donc vrai qu'il a dit?». Pour KB, dans le même sens, le אף‎ introduit de manière elliptique une question dont le contenu est exprimé dans la préposition commençant par כי‎. L'apparat de la *BHS* suggère dans le même sens de suppléer un ה‎ interrogatif. Cette lecture est la plus généralement retenue par les commentateurs. Voir par exemple, par ordre chronologique: U. Cassuto, *A Commentary on the Book of Genesis*, p. 138; G. von Rad, *Das erste Buch Mose: Genesis. Kapitel 1–12,9*, p. 60; G. J. Wenham, *Genesis 1–15*, pp. 45 et 47; H. Seebass, *Genesis I. Urgeschichte*, p. 98; J. A. Soggin, *Das Buch Genesis*, p. 82; K. M. Craig, *Asking For Rhetoric*, p. 16.

[130] A. B. Ehrlich, *Randglossen zur hebräischen Bibel. Textkritisches, sprachliches und sachliches. Erster Band. Genesis und Exodus*, Hinrich'sche Buchhandlung, Leipzig, 1908, p. 12. Ehrlich s'appuie sur Ps 23,4, où la concessive initiale est introduite par… גם כי‎. La proposition de Ehrlich est suivie par quelques commentateurs: voir ainsi E. A. Speiser, *Genesis*, p. 23; R. Alter, *Genesis*, p. 11 ou R. Draï, *La pensée juive et l'interrogation divine*, p. 36.

[131] Voir par exemple J. T. Walsh, «Genesis 2:4b–3:24: A Synchronic Approach», *JBL* 96 (1977), pp. 161–177, spécialement p. 164. J. A. Skinner, *Genesis*, p. 73, opte pour une «half-interrogative, half-reflective exclamation». Pour C. Westermann, *Genesis. 1. Teilband: Genesis 1–11*, p. 326, il s'agit d'une interjection («wohl gar», «sicher wohl»). T. Muraoka, *Emphatic Words and Structures in Biblical Hebrew*, p. 143, fait quant à lui remarquer que les différentes possibilités d'interprétation s'adaptent bien au contexte sans qu'aucune ne soit confirmée par une autre occurrence dans la bible hébraïque.

[132] Néanmoins, même dans l'hypothèse d'une question, on pourrait penser aussi que c'est sur le bien-fondé de l'interdit divin que le serpent émet un doute («Est-il possible qu'Élohim ait dit…?»), et non seulement sur le fait qu'il ait été prononcé ou sur la manière dont il est rendu.

il est à noter que toutes les interprétations proposées reconnaissent que le serpent ne se contente pas de citer le discours divin. Que les deux particules initiales introduisent une question elliptique ou le début d'une protase concessive, ou encore expriment la surprise, elles ont pour fonction de soulever le doute sur la parole divine évoquée. En suggérant ainsi que le serpent, dès ses premiers mots, remet en question ce qu'Élohim a dit, le récit confirme l'adjectif עָרוּם employé au début du verset et indique au lecteur l'objet de la ruse.

Le serpent jette donc le doute sur ce qu' «a dit Élohim» : ces deux mots hébreux suggèrent déjà la distance que prend le serpent par rapport au commandement divin de 2,16–17. D'abord, YHWH Élohim y a «ordonné... en disant» [וַיְצַו...לֵאמֹר] (2,16) : il a énoncé un ordre suivi d'une parole, et non une simple parole comme le serpent le prétend[133]. Ensuite, le serpent évoque «Élohim», alors que le récit nomme le personnage divin «YHWH Élohim» tout au long des chapitres 2–3[134]. S'agit-il d'une composante de la ruse du serpent, ayant pour but de relativiser par ce simple nom la pertinence du commandement divin? Ou plutôt une manière pour le récit d'avertir le lecteur d'une première perversion dans la parole du serpent? Dans tous les cas, le changement en lui-même est significatif, quelle que soit la logique de l'emploi des noms divins dans la première partie de la Genèse[135].

Théoriquement, on peut lire la parole divine telle qu'elle est rapportée par le serpent soit comme un discours direct soit comme un discours indirect asyndétique[136], vu l'emploi de la deuxième personne (qui n'entraîne aucun changement dans les discours rapportés) et du *yiqtol*, ainsi que l'absence de déictique. Toutefois, la construction asyndétique

---

[133] Voir par exemple N. M. SARNA, *Genesis*, p. 24 ou K. M. CRAIG, *Asking For Rhetoric*, pp. 16–17.

[134] Même observation par C. WESTERMANN, *Genesis. 1. Teilband: Genesis 1–11*, p. 326; J. A. SOGGIN, *Das Buch Genesis*, p. 83 ou K. M. CRAIG, *Asking For Rhetoric*, p. 16. Voir aussi J. A. SKINNER, *Genesis*, pp. 73–74, évoquant d'autres occurrences de source yahwiste, où «the name יהוה is avoided in conversation with heathen [...] or when the contract between the divine and the human is reflected upon [...]» (p. 74).

[135] Voir l'interprétation de P. BEAUCHAMP, *Études sur la Genèse*, p. 26 («Le tétragramme ne convient pas dans la bouche du tentateur»). Voir le chapitre de cette recherche consacré au «naming» du personnage divin. Pour P. TRIBLE, *God and the Rhetoric of Sexuality*, Fortress Press, Philadelphia, 1978, p. 109, l'emploi du nom divin אלהים invite déjà à la désobéissance: «Never referring to the deity by the sacred name Yahweh, but only using the general appellation God, they establish that distance which characterizes objectivity and invites disobedience».

[136] Sur les discours indirects asyndétiques, voir C. L. MILLER, *The Representation of Speech*, pp. 119–123.

encourage à considérer le discours comme direct, enchâssé donc dans celui du serpent. Cette reprise du discours divin prononcé au chapitre précédent incite le lecteur, averti en outre du caractère rusé de l'animal, à comparer cette citation au discours prononcé par Yhwh Élohim :

מכל עץ־הגן אכל תאכל   ומעץ הדעת טוב ורע   לא תאכל ממנו   2,16-17

לא תאכלו מכל עץ הגן   3,1

Le serpent reprend le même verbe et le même objet direct que ceux qu'a employés Yhwh Élohim dans la première partie de son commandement, mais en leur associant la négation לא. Les lois de la logique et de la linguistique font que le discours du serpent, à première vue, paraît conforme à la parole divine, malgré la négation qu'il ajoute. En effet, «manger de tout arbre sauf d'un» revient bien à «ne pas manger de tout arbre», dans le sens où la négation porte sur le mot «tout» (et non sur «tout arbre»)[137]. Dans l'hypothèse de lecture où le serpent pose une question, celle-ci peut donc se comprendre comme rhétorique, et donc recevoir une réponse affirmative.

Cependant, à mieux y regarder, il paraît évident que le commandement divin (considéré ici sans l'expression de la conséquence, qui sera abordée plus loin) est profondément perverti par le serpent. Son premier membre est même complètement inversé, tant au niveau de l'agencement des mots que de la présence de la négation. Dans le discours de Yhwh Élohim, l'expression «de tout arbre du jardin»[138] vient en tête, mettant en évidence la totalité du don offert. En effet, en 2,16, le premier membre de la parole divine est entièrement positif, enjoignant l'adam, par un jussif redoublé d'un infinitif absolu, de manger de tout arbre. Comme cela a déjà été montré à de nombreuses reprises, le commandement divin donne plus de liberté qu'il n'en ôte[139]. La restriction

---

[137] Voir P. Beauchamp, *Études sur la Genèse*, p. 32.

[138] Autre traduction possible : «de tous les arbres du jardin», עץ étant souvent employé comme collectif.

[139] Voir par exemple R. Draï, *La pensée juive et l'interrogation divine*, p. 28 : «La situation initiale de l'humain se trouve *ab initio* caractérisée par l'observance d'une loi elle-même constituée par une permission globale et un interdit spécifique». Selon M. Fishbane, *Text and Texture*, p. 18, l'interdit constitue l'être humain comme autonome : «It is precisely the imposition of this prohibition that stimulates man as a willful, autonomous agent».

ne vient que dans le second membre, exprimant par un simple jussif (non redoublé par un infinitif absolu) que l'*adam* ne pourra manger de «l'arbre du connaître bien et mal». Tous les arbres du jardin sont donc donnés, sauf un seul, exception qui laisse la place au manque et à l'inachèvement. Une limite entoure le don, déterminant en quelque sorte la différence entre une consommation des arbres comme dus et une jouissance reçue comme don. La limite de l'interdit pose le jardin comme création offerte. Elle rappelle donc la présence du donateur et, de ce fait, ouvre la possibilité d'une relation avec lui. L'exception au don désigne ainsi celui-ci comme don et suggère comment le recevoir. L'interdit joue de même sur la relation entre les humains, ainsi que sur leurs rapports à la création. La limite au don est aussi le rappel de leur propre manque, condition de leur ouverture à l'autre[140].

Du commandement divin, le serpent ne retient que l'interdit de manger donné dans le second membre, en lui attribuant comme objet celui du premier membre, «de tout arbre du jardin». Le don divin, limité par une exception, est ainsi changé en un interdit radical. De plus, la seconde personne du singulier employée par Yhwh Élohim – qui parlait à l'*adam* seul – est transformée en un pluriel par le serpent – insinuant que la femme et l'homme ont entendu tous les deux le commandement divin. Ce passage au pluriel sert peut-être à justifier le fait que le serpent s'adresse à la femme, pourtant absente lors du don des arbres. La question du serpent résonne ainsi de manière à faire apparaître son apparence de vérité – qui justifie le caractère rusé de l'animal – mais également à permettre au lecteur de déconstruire cette vérité trompeuse à partir des paroles divines. L'ambivalence syntaxique est ainsi mise au service de la construction du personnage du serpent et de sa ruse, de l'affirmation du faux sous les apparences du vrai[141].

---

[140] Voir A. Wénin, *Pas seulement de pain...*, pp. 40–44, ainsi que «Adam *et* Ève : La jalousie de Caïn, "semence" du serpent. Un aspect du récit mythique de Genèse 1–4», *RSR* 73 (1999), pp. 3–16, spécialement p. 7. Dans ces deux études, l'accent est surtout mis sur la limite dans le cadre de la relation entre la femme et l'homme.

[141] Voir aussi les observations de G. W. Savran, *Telling and Retelling: Quotation in Biblical Narrative*, Indiana University Press, Bloomington/Indianapolis, 1988, pp. 63–64. Savran considère les discours directs de Gn 3,1.3 comme l'exemple paradigmatique de la «citation trompeuse» (*deceptive quotation*). «The ambiguity is enriched by the fact that while every word in the serpent's quote is faithful to the language of 2,16–17, its component phrases are recontextualized to distort the original meaning» (citation p. 63). Le serpent force ainsi la femme à parler de l'arbre et crée de la sorte une ouverture dans laquelle il introduira son argument majeur (3,4–5).

c. *L'arbre du connaître bien et mal*

C'est le moment de s'interroger sur le sens de cette mystérieuse
«connaissance du bien et du mal», essentielle pour la compréhension
du rôle de Yʜᴡʜ Élohim dans le récit. Les commentateurs se sont
interrogés de tout temps sur le contenu exact de cette connaissance,
discutant sa portée morale, sexuelle, magique ou divine[142]. Je voudrais
tenter ici de l'interpréter à partir des seules données fournies par l'épisode. La connaissance du bien [טוב] et du mal [רע] est tout au moins
une connaissance qui s'étend d'un extrême à un autre, qui se définit
par la totalité de son amplitude ou de sa portée. Elle s'apparente donc
à un type d'omniscience[143]. Or l'ensemble des premières pages de la
Bible, dans leur insistance sur la séparation et la relation, suggèrent
précisément la nécessité, pour la vie elle-même, de l'altérité, de la limitation, de l'incomplétude[144]. Dieu fait place à l'autre qu'est la création.
Il institue chaque élément de celle-ci par rapport à son autre, séparé
par la limite radicale de l'altérité. La création de la femme en 2,21–22
institue cette différence au cœur même de l'humanité. La connaissance
du bien et du mal, dans ce contexte, résonne donc plutôt dans un sens
contraire au mouvement de création. Elle apparaît particulièrement
opposée à la présence de l'interdit, rappel constant du manque et
gardien de l'altérité.

Je voudrais donc suggérer que le nom de l'arbre indique moins ce
qu'il est censé procurer à ceux qui en mangent que la symbolisation de
l'interdit qui le frappe. La «connaissance du bien et du mal» évoque
en effet la totalité et la complétude qu'empêche précisément l'interdit.
Le nom de l'arbre ferait ainsi référence à ce que protège l'interdit, et
non à ce que la consommation de son fruit pourrait apporter. Dans la
ligne de cette interprétation, le nom ne serait qu'une conséquence de
l'interdit qui pèse sur l'arbre. On pourrait donc dire que c'est *parce* qu'il
est interdit que l'arbre défendu est celui de la connaissance du bien

---

[142] Retracer l'histoire de l'interprétation de cette «connaissance du bien et du
mal» excéderait les limites de cette recherche. Voir par exemple l'aperçu donné par
G. J. Wᴇɴʜᴀᴍ, *Genesis 1–15*, pp. 63–64.

[143] Voir dans le même sens G. ᴠᴏɴ Rᴀᴅ, *Das erste Buch Mose: Genesis. Kapitel 1–12,9*,
p. 57: «Bei der Phrase von der Erkenntnis von gut und böse muß sich der abendlän-
dische Leser zunächst vom Sprachgebrauch des Alten Testaments darüber belehren
lassen, daß das Begriffspaar (gut und böse) keineswegs nur im moralischen Sinn, ja
nicht einmal vornehmlich im moralischen Sinn verwendet wird. Erkenntnis von gut
und böse bedeutet also Allwissenheit im weitesten Sinn des Wortes».

[144] Voir par exemple A. Wᴇ́ɴɪɴ, «The Serpent and the Woman, or the Process of Evil
According to Genesis 2–3», *Concilium* 40 (2004), pp. 41–48, spécialement, pp. 42–43.

et du mal, et non le contraire. C'est en tant qu'interdit – emblème de la limitation du désir – qu'il reçoit ce nom, symbole de l'impossibilité relationnelle. Par le fait même, on pourrait suggérer également que la connaissance du bien et du mal nomme précisément le désir que l'interdit suscite : en empêchant l'humain de consommer la totalité des arbres du jardin, Yʜᴡʜ Élohim lui désigne sa finitude et le manque inscrit en lui. Il crée ainsi en lui le désir de combler ce manque, désir qui à la fois rend possible la relation et peut la menacer par l'avidité de maîtrise et de possession. L'interdit, en ce sens, à la fois suscite le désir et le limite ; il rend possible la relation et la protège. Selon l'interprétation proposée ici, la « connaissance du bien et du mal » serait donc le nom de ce que l'interdit, dans le même temps, empêche et suscite[145].

d. *L'interprétation de la femme : un fruit nommé désir (3,2–3a)*
Répondant à l'invitation indirecte du serpent (voir le ... כִּי־אַף), la femme intervient alors. Elle commence par parler de ce qui est donné ou permis, en affirmant directement : « C'est du fruit (des fruits) de l'arbre (des arbres) du jardin que nous mangeons (pouvons manger)[146] » (3,2b). « Fruit » [פרי] et « arbre » [עץ] étant tous deux collectifs en hébreu, on peut penser que la femme se réfère à l'ensemble des arbres, bien que le terme כל ne soit pas employé – ce qui anticipe déjà la deuxième partie de sa réponse. La femme y aborde l'exception : elle la mentionne d'abord en ses propres mots : « Mais du fruit (des fruits) de l'arbre qui [est] au milieu du jardin... » (3,3a) puis cite la parole divine à son sujet : « ... Élohim a dit : "Vous n'en mangerez pas et vous n'y toucherez pas, de peur que vous mouriez" » (3,3)[147]. Le מ de מפרי peut ainsi se comprendre comme complément indirect à la fois de לא תאכלו (répété

---

[145] Une autre interprétation intéressante est proposée par R. Dʀᴀï, *La pensée juive et l'interrogation divine*, p. 29 : l'interdit porterait moins sur le principe de la connaissance que sur une certaine modalité d'acquisition de celle-ci, la consommation. « Le terme hébreu correspondant, *okhla*, désigne une consommation qui se voudrait ingestive, gastrique, somme toute consumatoire. Une pareille connaissance pareillement consommée – dont, à la lettre, il ne resterait plus rien – ne peut conduire qu'à la mort (*maveth*), terme qui apparaît également pour la première fois dans ce récit ».

[146] Le *yiqtol* peut en effet prendre plusieurs valeurs modales en particulier quand il est renforcé par l'infinitif absolu. Voir P. Jᴏüᴏɴ, *Grammaire de l'hébreu biblique*, § 113l et 123h.

[147] Éventuellement, on pourrait considérer que le discours direct commence dès le début du verset 3,3, les mots אמר אלהים constituant une incise – « a medial quotation frame », pour reprendre les mots de Cynthia Miller. Voir C. L. Mɪʟʟᴇʀ, « Introducing Direct Discourse in Biblical Hebrew Narrative », p. 202 et C. L. Mɪʟʟᴇʀ, *The Representation of Speech*, pp. 214–215 (citation de 2 R 20,16–18 et Jg 5,23).

par ממנו) et de אמר. La citation de la parole divine s'enchevêtre ainsi dans les propres mots de la femme.

Il est intéressant de poursuivre la comparaison entre le commandement initial de Yнwн Élohim, l'interprétation du serpent et celle de la femme (par souci de clarté, le tableau ne marque pas la différence entre les paroles «directes» de la femme et la citation qu'elle donne du discours divin):

לא תאכל ממנו	ומעץ הדעת טוב ורע	מכל עץ־הגן אכל תאכל	2,16–17
		לא תאכלו מכל עץ הגן	3,1
לא תאכלו ממנו ולא תגעו בו	ומפרי העץ אשר בתוך־הגן	מפרי עץ־הגן נאכל	3,2–3

La structuration générale de la parole de la femme constitue en elle-même une première correction de l'interprétation du serpent. Alors que celui-ci restreint le commandement divin à un interdit, la femme restaure l'idée d'une permission première, limitée par une exception. De même, la mise en évidence de l'objet du premier verbe אכל – celui qui exprime le don – fait écho à la structuration de la parole divine.

L'interprétation de la femme comporte néanmoins plusieurs particularités. On remarquera d'abord que la femme oriente la discussion sur les fruits [מפרי] en particulier, et non plus seulement sur les «arbres», comme dans l'ordre divin et l'interprétation du serpent. De ce fait, elle fait porter l'interdit divin sur la partie la plus désirable de l'arbre (voir 2,9a), nommant pour ainsi dire l'objet pour lequel l'interdiction se fait le plus sentir. Cette manière de considérer plutôt la conséquence de l'ordre divin se marque également dans la première personne du verbe נאכל, ainsi que dans l'absence de toute référence à une parole divine (qui n'est évoquée qu'en ce qui concerne l'exception)[148].

La femme continue en abordant l'exception: «mais du fruit de l'arbre qui [est] au milieu du jardin...» (3,3aα). Outre la mention du «fruit», la femme introduit ici un changement radical par rapport à l'ordre divin, qui s'applique à «l'arbre du connaître bien et mal» (2,17). L'interprétation de la femme ne vient cependant pas de nulle part. En effet, elle rappelle au lecteur la description du jardin d'Éden, que Yнwн

---

[148] Voir A. Wénin, *Pas seulement de pain...*, p. 61.

Élohim fait pousser juste après la création de l'*adam*: « Et Yʜwʜ Élohim fit pousser du sol tout arbre désirable à voir et bon à manger, et l'arbre de la vie au milieu du jardin et l'arbre du connaître bien et mal » (2,9)[149]. La fonction grammaticale des deux עץ cités dans la seconde partie du verset est ambiguë: on peut en effet d'abord se demander si ces deux groupes constituent des appositions de... כל־עץ – deux exemples de ces arbres désirables et bons – ou plutôt deux nouveaux compléments directs du verbe ויצמח; dans ce cas, ces deux arbres ne seraient pas nécessairement à inclure dans la description « désirables et bons ». Se pose ensuite la question de savoir si les arbres cités dans la seconde partie du verset constituent deux arbres différents, ou si le second n'est qu'une spécification du premier[150]. Le fait que les deux termes עץ dans la seconde partie du verset sont précédés par un ו rend cette dernière possibilité plus difficile, puisqu'un certain paralélisme est suggéré quant au statut grammatical des deux arbres. Enfin, il reste à déterminer à quel arbre se réfère le groupe prépositionnel בתוך הגן: ces mots peuvent en effet se rapporter soit à « l'arbre de la vie », soit aux deux arbres de la seconde partie du verset (« et l'arbre de la vie était au milieu du jardin, *comme* l'arbre du connaître bien et mal »)[151].

L'ambiguïté syntaxique de 2,9 rend ainsi difficile l'appréciation de l'interprétation avancée par la femme. En faisant porter l'interdit divin sur « l'arbre qui [est] au milieu du jardin » (3,3), elle peut en effet soit faire une confusion entre les deux arbres (si on estime que ceux-ci sont différents), soit se référer au bon arbre mais en le nommant différemment (si on considère que le groupe בתוך הגן en 2,9 se rapporte aux deux arbres ou que les deux arbres n'en constituent en fait qu'un seul)[152].

---

[149] Pour les commentateurs historico-critiques, cette difficulté narrative est à expliquer par la présence de deux sources différentes. Voir par exemple H. Gᴜɴᴋᴇʟ, *Genesis*, p. 16, pour qui le narrateur de 3,3 ne connaissait qu'un seul « Wunderbaum » (à la différence de celui de 2,9). Il éviterait de plus de placer le nom de l'arbre dans la bouche de la femme, qui ne le connaissait pas.

[150] Le ו introduisant le second arbre étant dès lors épexégétique ou *explicativum* (Zorell). Voir les lexiques ou A. Wéɴɪɴ, *Pas seulement de pain...*, p. 47, pour une interprétation basée sur l'idée d'un arbre unique. Toutefois, l'apposition se définit le plus souvent comme « simple juxtaposition », P. Joüoɴ, *Grammaire de l'hébreu biblique*, § 130a.

[151] Sorte de « ו d'accompagnement », selon la terminologie de P. Joüoɴ, *Grammaire de l'hébreu biblique*, § 150p.

[152] La question se complique encore si l'on considère le texte dans son développement diachronique. Selon la critique des sources, la version primitive du récit n'inclurait qu'un seul arbre. Ainsi, selon H. Gᴜɴᴋᴇʟ, *Genesis*, pp. 25–26, lui-même suivant l'interprétation de K. Budde, 3,3 refléterait cette conception primitive d'un seul arbre, au milieu du jardin. Cette idée serait caractéristique de la source principale du récit, Jᵉ,

L'effet de ce changement de nom est pourtant assez clair si l'on part de l'idée que la femme nomme l'arbre de l'exception par le trait de cet arbre le plus marquant pour elle. L'attribut dominant de l'arbre sur lequel porte l'interdit, en ce sens, est la centralité : pour la femme, cet arbre est celui du milieu du jardin. L'exception est donc placée au centre géographique, ce qui suggère que ce « centre » est également celui des préoccupations de la femme. Plus subtilement, on peut observer que c'est la question du serpent qui conduit la femme à s'interroger sur l'exception, et dès lors à la situer au cœur même du jardin. Déjà, un certain processus de mise en évidence de l'objet du désir s'initie chez la femme, suite à la question perverse du serpent.

La femme ajoute en outre une curieuse précision au commandement divin : « et vous n'y toucherez pas » (3,3)[153]. Cette fois, la distorsion ne s'appuie sur aucune réminiscence, cette occurrence du verbe נגע étant la première de la Genèse. On peut par contre s'interroger sur l'effet de ce verbe. Il introduit une modalité supplémentaire de l'interdit, non plus limité seulement à l'ingestion, mais étendu cette fois au toucher. De ce fait, l'interdit prend dans l'interprétation de la femme un tour plus sensuel, ce qui fait écho aux deux autres modifications que celle-ci introduit[154]. D'une part, la femme concentre l'interdit sur le fruit, partie

---

définie par son emploi du nom divin אלהים, présente dans le récit actuel en 3,1b–5. Par contre, 2,9 (voir la syntaxe) ainsi que 3,22.24b témoigneraient d'une version plus tardive du récit, mettant en scène deux arbres, et seraient donc rédactionnels (source J^j). Les termes ועץ החיים seraient une addition harmonisatrice d'un rédacteur. Par contre, pour G. von Rad, *Das erste Buch Mose : Genesis. Kapitel 1–12,9*, pp. 54–55, la syntaxe difficile de 2,9 suggère que ce sont plutôt les termes ועץ הדעת טוב ורע qui constituent une addition. Pour un état du problème et une proposition d'interprétation, voir P. Beauchamp, *Études sur la Genèse*, pp. 30–31.

[153] Addition soulignée par les commentateurs, mais diversement interprétée. Voir par exemple par J. A. Skinner, *Genesis*, p. 74 ; H. Gunkel, *Genesis*, p. 16 (« Hier soll der Zug wohl das eifrige Wesen des jungen Weibes darstellen ») ; G. von Rad, *Das erste Buch Mose : Genesis. Kapitel 1–12,9*, p. 62 ; G. J. Wenham, *Genesis 1–15*, p. 73. Pour P. Beauchamp, *Études sur la Genèse*, p. 32, cet ajout de la femme est un « indice de fragilité », ou « l'envers d'un tremblement », dû à la difficulté de prendre la loi telle qu'elle est. Voir aussi M. Sternberg, *The Poetics of Biblical Narrative*, pp. 391–393, pour qui l'addition de la femme reflète « the speaker's attitude » (p. 392) et trahit donc son sentiment profond envers l'interdit divin, qu'elle exagère en quelque sorte pour mieux convaincre le serpent. Pour P. Trible, *God and the Rhetoric of Sexuality*, p. 110, l'addition de ne pas toucher complète la présence des cinq sens dans l'épisode. Par elle, la femme démontre ses capacités herméneutiques ainsi que son obéissance au commandement. En ce sens, elle applique le principe rabbinique de « construire une barrière pour la Torah ».

[154] Voir aussi R. Draï, *La pensée juive et l'interrogation divine*, p. 37 : « Cet ajout ne saurait être interprété que sur le mode de la dénégation, en vérité comme manifestation inavouable du désir de toucher. L'incitation sensorielle représentée par le *nah'ach* a

de l'arbre qui suscite le plus le désir. Le commandement se teinte donc d'une nouvelle coloration, étant interprété comme réfrénant une attirance vers un objet désirable. D'autre part, en évoquant «l'arbre qui [est] au milieu du jardin», le discours de la femme rappelle au lecteur non plus seulement le commandement (2,16–17), mais aussi la scène de la plantation du jardin (2,9), où les arbres (en général) sont caractérisés comme «désirables à voir et bons à manger».

Le récit semble donc subtilement suggérer que la femme interprète l'interdit divin dans un sens beaucoup plus sensuel. Or il est à remarquer que si cette sensualité est absente du commandement de 2,16–17, elle est par contre bien présente en 2,9, qui présente les arbres du jardin comme des objets de séduction et de délice. La réponse de la femme au serpent donne ainsi l'impression d'étendre la sensualité originelle de l'ensemble des arbres à celui sur lequel porte l'interdit. Dans la description du jardin, le désir semble en effet destiné à porter sur l'ensemble des arbres, tandis que, dans le commandement, l'exception est affirmée comme une limitation de la consommation. Par contre, si la femme reconnaît qu'elle et l'homme mangent bien du «fruit» des arbres – ce qui suggère, dans la ligne de cette interprétation, une dimension sensuelle –, elle met également l'interdit en rapport avec le désir, le présentant comme limitant celui-ci.

On voit donc comment la parole de Yʜᴡʜ Élohim est interprétée diversement par les deux personnages en scène. Si le serpent distord totalement le commandement divin, la femme tente de le restaurer dans son esprit original, mais en lui attribuant en même temps de nouvelles connotations. Pour le serpent, l'exception au don, qui originellement désignait celui-ci et sa gratuité, est détournée pour être interprétée comme un interdit radical. La femme, peut-être sous l'influence de l'interprétation du serpent qui attise son désir, comprend l'exception au don comme sensuellement désirable et attractif. Le processus d'interprétation des deux personnages est donc similaire. Chez le serpent, la transformation est radicale, puisque l'objet même du don devient l'objet de l'interdit. La femme, pour sa part, biaise beaucoup plus subtilement le commandement, le faisant passer de la limite qui suscite le désir à l'interdit qui le réfrène. Le serpent pervertit le don en faisant peser sur lui l'interdit. La femme pervertit plutôt le désir et l'attirance, non pas

---

suscité chez elle une réaction homologue. L'on pourrait dire que sa propre sensorialité a été éveillée».

en les comprenant comme totalement interdits (puisqu'elle reconnaît qu'elle et l'homme mangent du *fruit* des arbres), mais en les présentant comme frappés par l'interdit. L'interprétation du serpent transforme la limite : ce qui désignait le don devient ce qui l'annule. Celle de la femme la modifie également : ce que faisait naître le désir devient ce qui le réprime. Le sens même de la limite ou de l'exception est donc manqué tant par le serpent que par la femme, ce qui pervertit leur compréhension du don pour l'un et du désir pour l'autre.

e. *La mort comme conséquence (3,3b–4)*

Il reste à aborder la manière dont les deux protagonistes de la scène interprètent la conséquence de l'interdit, plus exactement la conséquence de son non-respect. Encore une fois, pour faciliter la comparaison, on peut aligner l'intervention de Yʜᴡʜ Élohim en 2,17b, l'interprétation de la femme en 3,3b et celle du serpent en 3,4. L'alternative proposée par celui-ci sera abordée plus loin.

מות תמות	כי ביום אכלך ממנו	2,17
תמתון	פן	3,3
לא־מות תמתון		3,4

Les verbes du discours divin sont ici encore conjugués au singulier, puisque l'*adam* seul reçoit le commandement. Même si les verbes de la femme et du serpent sont tous deux conjugués à la deuxième personne du pluriel, ils sont cependant à situer sur deux plans narratifs différents. La femme continue en effet à citer la parole divine, tandis que le serpent parle directement à la femme, sans se référer à un autre discours, mais énonçant sa propre opinion.

On remarque immédiatement que la parole divine se compose d'un membre supplémentaire : «car au jour où tu en mangeras, mourir tu mourras» (ou : «tu mourras sûrement»[155]) (2,17). Par contre, la femme enchaîne directement : «de peur que vous ne mouriez» (3,3), tandis que le serpent lui répond catégoriquement, reprenant l'infinitif absolu du discours divin : «Vous ne mourrez sûrement pas» (littéralement, «mourir vous ne mourrez pas») (3,4). Les quelques mots par lesquels Yʜᴡʜ

---

[155] L'infinitif absolu préposé renforce le *yiqtol* qui suit. La seconde traduction est celle de Joüon, pour qui l'infinitif absolu a ici une valeur affirmative. Voir P. Joüon, *Grammaire de l'hébreu biblique*, § 123e.

Élohim fait précéder l'annonce de la mort mettent en étroite relation le moment même de l'acte de manger avec la mort. Le rapport devient ainsi presque temporel: il s'agit moins de la punition d'une faute que de la succession logique, intrinsèque pour ainsi dire, des deux moments. Chez la femme, la conjonction פֶּן, exprimant généralement la finalité négative[156], relie simplement l'interdit à sa conséquence[157]. Le serpent, quant à lui, marque son désaccord avec la femme en reprenant la forme verbale employée par cette dernière dans sa reprise de la parole divine, renforcée par un infinitif absolu.

f. La connaissance en partage (3,5)

Le serpent avance alors sa propre interprétation: «car Élohim connaît (littéralement: est connaissant [יֹדֵעַ]) que le jour où vous en mangerez, vos yeux s'ouvriront et vous serez comme (des) Élohim connaissant [יֹדְעֵי] bien et mal» (3,5)[158]. Le motif de la connaissance du bien et du mal revient donc, malgré l'omission de la femme, qui a parlé plutôt de «l'arbre qui [est] au milieu du jardin» (3,3). Cette intervention du serpent contient plusieurs thèmes essentiels, tant pour cet épisode particulier que pour la mise en intrigue du personnage divin. Je les aborderai donc l'un après l'autre, bien qu'ils s'enchevêtrent dans le texte: le nom Élohim, la connaissance, les yeux ouverts, le processus de substitution entre Élohim et le serpent.

Le serpent continue à nommer le personnage divin «Élohim». Ce choix résulte peut-être d'une stratégie de la narration, afin d'indiquer implicitement la différence entre le personnage divin tel que le serpent le présente et tel que le récit le met en scène. Le terme «Élohim» est employé à deux reprises par le serpent, précédé ou suivi du participe actif (יֹדֵעַ). S'il est clairement sujet du participe dans la phrase nominale de la première partie du verset, sa relation au participe est moins claire dans la seconde partie. Le terme אלהים constitue en effet une forme grammaticalement plurielle, pouvant prendre un sens soit singulier quand il désigne «Élohim», soit pluriel quand il désigne

---

[156] Voir P. JOÜON, Grammaire de l'hébreu biblique, § 168g.

[157] Voir P. BEAUCHAMP, Études sur la Genèse, pp. 32–33: la femme change la formule apodictique [כִּי] en formule parénétique [פֶּן]. Ce changement de conjonction prolonge, selon Beauchamp, l'ajout par la femme du commandement de «ne pas toucher», et traduit la peur qu'elle éprouve devant la mort annoncée par YHWH Élohim. C'est cet effroi que le serpent exploite dans la suite.

[158] Pour une bibliographie traditionnelle sur ce verset, voir par exemple C. WESTERMANN, Genesis. 1. Teilband: Genesis 1–11, p. 328.

les «dieux» en général. Dans la seconde partie du verset, les deux interprétations sont possibles. Dans le premier cas, le serpent promet aux humains de devenir «comme Élohim» (au singulier), en ce qu'ils deviendront porteurs d'une connaissance comparable à la sienne. Le participe se réfère, dans cette lecture, au sujet de והייתם et joue donc le rôle d'un attribut. Dans le second cas, par contre, le serpent propose aux humains de devenir «comme des Élohim». Le participe peut dès lors se référer soit au sujet du verbe, soit aux «Élohim», et est utilisé comme épithète[159].

Le serpent commente sa nette opposition par rapport à ce qu'a dit la femme non pas en expliquant directement ce qui arriverait si la femme et l'homme mangeaient le fruit, mais bien en faisant précéder cette explication des mots: «car Élohim connaît que...». Par cette introduction, le serpent insinue donc qu'Élohim a délibérément trompé la femme et l'homme en les avertissant que manger du fruit aurait la mort pour conséquence. Or, selon le serpent, Élohim «connaît» que tel ne sera pas le cas. Le serpent accuse donc implicitement le personnage divin de mensonge et de tromperie[160]. En ce sens, la pointe de l'accusation du serpent réside dans ce qu'il ne dit pas, dans ce qu'il laisse à la déduction de la femme. Une grande part de la force du récit vient ainsi de cette mise en scène parfaite de la ruse, consistant à induire l'autre en erreur tout en se protégeant soi-même de tout soupçon.

Le thème de la connaissance revient dans la seconde partie du verset, avec une certaine ambiguïté selon le nombre du substantif אלהים. Dans l'une ou l'autre lecture, il est néanmoins clair que la connaissance est bien une caractéristique divine. À deux reprises donc, le serpent caractérise la divinité par l'attribut de la connaissance. Paradoxalement, il le fait d'abord pour souligner la tromperie d'Élohim, et ensuite pour donner comme objet à cette connaissance «le bien et le mal». Selon le serpent, le propre de la divinité semble donc de «connaître», et même de connaître ce qui est bon et ce qui est mal, mais d'employer cette connaissance pour tromper et abuser les humains.

---

[159] La double possibilité de traduction est notée par beaucoup de commentateurs. Voir par exemple par G. von Rad, *Das erste Buch Mose: Genesis. Kapitel 1–12,9*, pp. 62–63, J. T. Walsh, «Genesis 2:4b–3:24», p. 165 ou M. Fishbane, *Text and Texture*, p. 21.

[160] Voir J. A. Skinner, *Genesis*, p. 74: «The serpent thus advances to an open challenge of the divine veracity, and thence to the imputation of an unworthy motive for the command, viz. a jealous fear on God's part lest they should become His equals».

On peut encore remarquer que le verbe «connaître», ידע, exprime un processus intérieur, typiquement narratif quand il est utilisé à la troisième personne. Cependant, le serpent ne «raconte» pas, il affirme plutôt avec assurance ce qu'Élohim connaît. De ce fait, il se présente lui-même comme faisant preuve d'une connaissance peu commune, s'étendant jusqu'à l'intériorité divine. Définissant implicitement la connaissance comme un attribut divin, le serpent donne donc l'impression de s'accorder à lui-même cet attribut. De plus, le serpent se présente comme celui qui révèle à la femme la véritable conséquence du non-respect de l'interdit divin et permet par là aux humains d'accéder à la connaissance du bien et du mal, typiquement divine selon lui. Le serpent prend donc la place d'Élohim, à la fois en lui-même, en s'attribuant implicitement l'attribut de la connaissance, et dans sa relation aux humains, en leur proposant d'accéder à la connaissance divine.

Le serpent reprend la formulation divine de 2,17 pour désigner le non-respect de l'interdit, en remplaçant le suffixe singulier par un pluriel, dans la ligne de son intervention précédente. La conséquence de la transgression est par contre totalement différente. «Et vos yeux s'ouvriront»[161], promet le serpent, ce qui peut rappeler au lecteur l'adjectif utilisé dans la description initiale de cet animal, ערום, «rusé» ou «astucieux» (3,1) – adjectif qui, en sa forme consonantique, est précisément partagé par les humains (2,25) et par le serpent. La narration ferait donc preuve d'ironie : tout en promettant aux humains qu'ils deviendront comme (des) Élohim, le serpent leur annonce également, de manière voilée, qu'ils deviendront comme lui-même...

La ruse du serpent apparaît ainsi toute en subtilité, jouant continuellement sur le dit et le non-dit. Plus précisément, chacune des affirmations qu'il pose au sujet du personnage divin révèle en fait quelque chose de lui-même. L'accusation de mensonge et de tromperie qu'il fait porter sur Élohim, tout d'abord, se révèle en fait (et encore plus dans la suite du récit) être plus appropriée à lui-même, en ce qu'il pervertit le don fait par Yhwh Élohim à l'homme et le sens de son exception. Le serpent incrimine Élohim pour sa duplicité, mais l'accusation se retourne contre lui-même. Ensuite, en montrant que la connaissance d'Élohim, au-delà des paroles de celui-ci, n'a pas de secret pour lui, le serpent se présente comme porteur lui-même d'une connaissance divine. Attribuant

---

[161] Expression pouvant signifier l'acquisition soudaine de nouvelles capacités, comme en Gn 21,19 ; Nb 22,31 ; 2 R 6,17. Voir J. A. Skinner, *Genesis*, p. 75.

la connaissance à la divinité, le serpent parvient donc à s'octroyer un tel attribut. De même, en prétendant révéler la véritable conséquence de la transgression de l'interdit, contre les paroles divines, le serpent se positionne à la place même d'Élohim. Enfin, en promettant que les humains auront les yeux ouverts et deviendront comme (des) Élohim s'ils mangent du fruit, le serpent leur promet implicitement de devenir rusés et omniscients comme lui-même. Derrière les interventions du serpent, se cache donc une prétention à se substituer à Élohim : le serpent désavoue Élohim pour s'imposer à sa place. Le personnage divin est ainsi évincé, sa parole est détournée, et seul demeure le serpent.

g. *Le changement du regard (3,6)*

Si le serpent affirme que les yeux des humains s'ouvriront le jour où ils mangeront du fruit, cette seule déclaration suffit en fait déjà à changer le regard de la femme[162] : « Et la femme vit que l'arbre [était] bon à manger et qu'il était un désir pour les yeux et que l'arbre [était] séduisant pour comprendre » (3,6aα). Le serpent n'a pas eu besoin d'être plus explicite, les implications de sa parole suffisant à convaincre la femme de prendre le fruit[163]. Le récit ne spécifie pas de quel arbre il s'agit exactement, bien que l'allusion du serpent au verset précédent suggère qu'il s'agit de celui de la connaissance du bien et du mal[164]. Le regard de la femme se porte sur l'arbre en entier – non plus seulement sur les fruits sur lesquels elle avait concentré son attention dans sa réponse au serpent (3,3). La description de ce qu'elle voit rappelle celle du jardin en 2,9, comme le montre le tableau ci-dessous (l'ordre des mots de 3,6 est respecté, tandis que ceux de 2,9 sont donnés en ordre inversé)[165] :

---

[162] Voir J. A. SKINNER, *Genesis*, p. 75 : « the woman looks on the tree with new eyes; she observes how attractive to taste and sight its fruit seems, and how desirable *for obtaining insight* (so most) or *to contemplate...* ». La seconde traduction proposée par Skinner (« to contemplate ») suit la lecture de la Septante, de la Peshitta et de la Vulgate.

[163] Voir l'insistance sur ce point de P. BEAUCHAMP, *Études sur la Genèse*, p. 33.

[164] Le nom עֵץ étant collectif, on pourrait même penser qu'il s'agit de l'ensemble des arbres du jardin, bien que l'ensemble du récit rende cette lecture peu probable.

[165] Le nom עֵץ étant au singulier dans les deux versets, la description de l'arbre particulier que voit la femme concorde grammaticalement avec celle de l'ensemble des arbres.

למראה	כל־עץ נחמד	למאכל	וטוב	2,9
ונחמד העץ להשכיל	העץ למאכל וכי תאוה־הוא לעינים	כי טוב	3,6

L'analyse proposée ici part de l'idée que la description de 2,9 «plante» le décor du jardin avant l'arrivée du serpent et constitue donc la base de la «réalité» narrative, considérée sans point de vue particulier, sinon celui de YHWH Élohim. Par contre, la description de 3,6, précédée du *verbum videndi* [ותרא], exprime cette même réalité, mais vue par la femme – à partir donc d'un point de vue déterminé. Les particularités de 3,6 reflètent ainsi le regard de la femme tel qu'il a été orienté par le serpent. L'arbre vu par la femme est «bon à manger», comme les autres arbres créés par YHWH Élohim. Il est en outre «un désir pour les yeux»: si la vue est présente dans la description de 2,9 («séduisant à voir»), il prend dans le regard de la femme une tournure encore plus sensuelle, nommant l'organe de la vision. Quant au participe נחמד («séduisant»), qui, dans la description du jardin, se réfère à la vue, il est repris par la femme pour évoquer un autre type de désir: l'arbre lui apparaît comme «désirable pour donner la compréhension»[166], ce qui

---

[166] Si le serpent a évoqué la connaissance (3,5), la femme perçoit l'arbre plutôt en rapport avec la compréhension [להשכיל]. Ce verbe *hifil*, dénominatif du substantif שֵׂכֶל («compréhension», «Einsicht» en allemand ou «insight» en anglais), signifie probablement ici la capacité de rendre intelligent ou perspicace, voire de donner le succès, selon un sens dérivé du verbe. Voir K. KOENEN, «שׂכל *śākal*», *TWAT*, Bd. VII, 1993, pp. 781–795 et G. PIDOUX, «Entre les deux arbres de Genèse 3», *ZAW* 66 (1954), pp. 37–43 (spécialement p. 41 au sujet de la traduction de להשכיל). Par contre, A. B. EHRLICH, *Randglossen zur hebräischen Bibel*, p. 13, se basant sur le sens du *hitpael* הסתכל dans la langue de la Mishna, lit plutôt le verbe dans le sens de «regarder», «considérer», ce qui correspond en fait aux traductions de la Septante, de la Vulgate et du syriaque. Selon Ehrlich, les deux dernières qualifications de l'arbre relèveraient donc du même domaine visuel, formant une sorte de gradation («Der Baum war gut zum Essen, schön anzusehen, und sein Anblick ließ auch eine angenehme ästhetische Empfindung zurück», p. 13). À la suite de Ehrlich, voir par exemple I. L. SEELIGMANN, «Erkenntnis Gottes und historisches Bewußtsein im alten Israel», in: H. DONNER, R. HANHART et R. SMEND (Hrsg.), *Beiträge zur Alttestamentliche Theologie. Festschrift für Walther Zimmerli zum 70. Geburtstag*, Vandenhoeck & Ruprecht, Göttingen, 1977, pp. 414–445, spécialement p. 432 ou R. ALTER, *Genesis*, p. 12 («And the woman saw that the tree was good for eating and that it was lust to the eyes and the tree was lovely to look at»). À l'appui de cette traduction, Alter évoque également les Targums araméens. Cependant, aucune autre occurrence de השכיל dans la bible hébraïque ne confirme cette interprétation (sinon peut-être Ps 41,2, cité par R. Alter). Dans une tout autre direction, voir aussi R. DRAÏ, *La pensée juive et l'interrogation divine*, p. 41: «*Sekhel* désigne toutes les opérations de l'entendement, d'abord de la raison raisonnante, par opposition à l'emportement

suggère directement l'influence du serpent. L'action de ce personnage se traduit donc chez la femme par une transformation du regard : elle découvre combien *un* arbre en particulier – l'arbre sur lequel porte l'interdit – est bon et désirable, alors que l'ensemble des arbres ont été plantés tels par Yʜwʜ Élohim selon 2,9. De plus, la compréhension lui apparaît comme un objet de désir, ce qui ne ressort pas explicitement de la description du jardin planté par Yʜwʜ Élohim.

L'épisode met donc en évidence le processus d'évolution du regard de la femme et de son interprétation de l'interdit divin. Comme sa réponse au serpent le suggère, par sa manière de désigner l'arbre par sa centralité, de focaliser l'interdit sur le fruit et d'évoquer la défense de « toucher » (3,2–3), la femme déplace une première fois la signification du commandement divin. Voulu comme une limitation suscitant le désir (2,9.16–17), le précepte est interprété par la femme comme un interdit qui le réfrène. Ensuite, après la seconde intervention du serpent, la description du regard de la femme indique qu'elle concentre les qualités « bon » et « désirable » sur l'arbre sur lequel porte l'interdit, l'aptitude à transmettre la compréhension devenant pour elle objet de désir. Comme l'écrit P. Beauchamp, c'est la peur du manque qui agit en la femme : « voir un bien comme le trésor dont un autre veut la priver, suffit à rendre ce bien désirable pour la femme : elle ne l'avait pas *vu* avant »[167]. En pervertissant la parole divine, le serpent déforme le regard de la femme et sa perception du don divin. L'interdit constituait la limite qui donnait au jardin son sens de « donné », suggérait implicitement son donateur et ménageait la distance entre elle et lui. C'est cette distance, pourtant possibilité de relation et de liberté, que le serpent prétend abolir. La connaissance évoquée par le serpent, en ce sens, n'est que le moyen permettant de ramener le don et son donateur à du « connu », du maîtrisable, de l'assimilable en quelque sorte. Le geste de « manger », en ce sens, exprime bien cette réduction de l'autre à soi : manger le fruit de l'arbre interdit, c'est annuler la distance vis-à-vis du donateur, par un désir de devenir « comme lui » (3,5) et de prendre sa place[168].

---

et à l'impulsivité, gestuelle ou de pensée, puis de la rationalisation, par opposition avec l'improvisation à courte vue ou l'argumentation circonstancielle ». Dans le cas de Gn 3,6, l'arbre, à partir d'une simple sensation, est érigé comme vecteur absolu de cette faculté, en « fallacieuse totalité ».

[167] P. Beauchamp, *Études sur la Genèse*, p. 36 (souligné par l'auteur).

[168] Voir A. Wénin, *Pas seulement de pain…*, pp. 63–64.

Les actions de la femme traduisent l'action du serpent: «et elle prit de son fruit et elle mangea, et elle donna aussi à son homme avec elle et il mangea» (3,6aβb)[169]. Le geste de prendre fait peut-être écho à la défense de «toucher» évoquée par la femme (3,3). Le pronom suffixe accompagnant le substantif «fruit» [מפריו] trace un lien direct entre le fruit et l'arbre, mais en orientant l'attention sur le fruit, objet sur lequel se concentre le désir de la femme. Pour celle-ci, le fruit constitue en effet le lieu même de l'interdit – là où il restreint la pleine liberté des êtres humains et les empêche d'être comme (des) Élohim. L'homme mange alors le fruit de la main de la femme, le processus mis en œuvre par le serpent se continuant en quelque sorte en lui. Alors que le récit mentionne sa présence pour la première fois dans l'épisode, la préposition «avec elle» [עמה] suggère pourtant que l'homme a assisté à toute la scène, aux côtés de la femme. Le mimétisme du désir, comme l'a développé René Girard, joue donc pour l'associer à la consommation du fruit.

h. *La prise de conscience de la nudité (3,7)*

«Et les yeux d'eux deux s'ouvrirent et ils connurent qu'ils étaient nus. Et ils cousirent un feuillage de figuier et ils se firent des pagnes» (3,7). Le verset 7 est attendu comme une sorte de verdict. Qui, du serpent ou de Dieu, a dit la vérité au sujet de l'arbre et de son fruit? Cette question implique en fait deux directions pour la recherche. D'une part, il s'agit de poursuivre l'analyse de la ruse du serpent, afin de mesurer ses conséquences et de mettre en évidence le processus par lequel il déforme le commandement de YHWH Élohim. C'est l'objet de cette section, consacrée aux perversions dont est l'objet la parole divine. D'autre part, l'épisode pose l'importante question de l'authenticité de la parole divine, après l'intervention du serpent, la transgression humaine et ses suites. L'épisode présente-t-il YHWH Élohim pris en défaut par le serpent? Le personnage divin a-t-il retenu pour lui-même une «connaissance», refusant de la partager avec les humains? A-t-il assorti l'interdit d'une menace imaginaire – la mort – pour renforcer sa puissance coercitive? Le problème est donc ici de déterminer comment le récit (dans la totalité des chapitres 2–3), envisage cette «prise

---

[169] Voir les réflexions de J. T. WALSH, «Genesis 2:4b–3:24», p. 166 au sujet de la prononciation difficile des huit mots décrivant les gestes de la femme et de l'homme, difficulté due aux six redoublements de consonnes. Voir aussi V. P. HAMILTON, *The Book of Genesis. Chapters 1–17*, p. 190.

en défaut» – si tel est bien le cas – du personnage divin, et comment cette mise en question est gérée narrativement. C'est l'interrogation à laquelle sont consacrées les deux sections suivantes[170]. Au risque de fractionner l'épisode, je me limiterai donc ici à considérer le verset 7 par rapport à la première question, concernant l'évaluation de la ruse du serpent.

Les yeux de la femme et de l'homme s'ouvrent, ce qui donne en partie raison à l'affirmation du serpent en 3,5a (voir section suivante). Le verbe ידע laisse un moment attendre l'accomplissement de la seconde partie de sa prédiction, «vous serez comme (des) Élohim, connaissant bien et mal» (3,5b). Mais la connaissance dont il est question ici est d'un tout autre ordre, non sans rapport toutefois avec celle promise : «et ils connurent qu'ils étaient nus [עירמם]» (3,7a)[171]. L'adjectif constitue un double rappel. D'une part, il fait écho à la description de 2,25, concernant la nudité sans honte de la femme et l'homme. D'autre part, il forme une inclusion phonétique avec l'adjectif ערום de la description du serpent (3,1). L'état de la femme et l'homme après avoir mangé le fruit est ainsi mis en rapport avec deux éléments : leur propre situation avant l'événement et la description du serpent.

Avant l'événement, le récit décrit les deux protagonistes : «et eux deux étaient nus [ערומים], l'humain [האדם] et sa femme, et ils ne se faisaient pas honte l'un à l'autre» (2,25). Le verset constitue à la fois le seuil de l'épisode suivant et la conclusion de celui qui précède. Comme le fait remarquer A. Wénin, à la lumière de l'ensemble du chapitre 2, ce petit tableau n'est pas aussi idyllique qu'il en a l'air[172]. L'homme a reconnu l'existence de la femme, mais moins dans sa différence et son identité propre que dans la similitude qu'il partage avec elle («celle-ci, cette fois, est os de mes os et chair de ma chair», 2,23). Pour lui, la femme est moins un «autre» dans son unicité qu'un «même», une

---

[170] Voir ci-dessous les intitulés «Le deuil d'une relation de confiance absolue (3,7–13.20–21)», p. 467 et «Le dénouement de l'épisode et ses mystères», p. 474.

[171] Sur le thème de la nudité, outre les références données ci-dessous, voir par exemple J. MAGONET, «The Themes of Genesis 2–3», in : P. MORRIS, D. SAWYER (eds), *A Walk in the Garden. Biblical, Iconographical and Literary Images of Eden* (JSOT.S 136), Sheffield Academic Press, Sheffield, 1992, pp. 39–46. Au terme de son enquête dans la bible hébraïque, Magonet conclut : «The primary significance of the Hebrew word ערום, 'nakedness' (in its various forms), is not sexuality at all but a state of defencelessness and helplessness, without possessions or power». En 3,7, «for the first time, on seeing themselves through the eyes of God, the two human beings perceive their weakness, frailty and dependence» (p. 43).

[172] Voir A. WÉNIN, *Pas seulement de pain...*, pp. 56–57.

personnalité «identique». La nudité et l'absence de honte (2,25) laissent donc le lecteur quelque peu rêveur, donnant l'impression d'une «transparence imaginaire»[173], où chacun s'offre au regard de l'autre mais sans vraiment reconnaître son vis-à-vis dans son altérité. Peut-être la précision «et ils étaient *eux deux* (littéralement "deux d'eux") [שניהם] nus, l'homme *et* sa femme» (2,25a) laisse-t-elle suggérer que l'un et l'autre habitent leur nudité sans s'ouvrir à celle de l'autre, sans faire d'elle un lieu de rencontre de l'altérité. Par rapport à cette description, celle de 3,7 met au contraire l'accent sur la perception de la différence. Le verbe ידע indique que la nudité est cette fois ressentie, gêne à couvrir et à cacher (3,7b). L'expression שניהם, ici, ne détermine plus l'état commun de nudité, comme en 2,25, mais bien l'ouverture des yeux, de l'un et de l'autre. La nudité comme transparence, où la différence est minimisée ou négligée, se transforme donc en nudité comme honte, où la différence est cette fois exagérée, perçue comme limite redoutable. Homme et femme, avant le serpent, sont dans un type de relation où la similitude prime – où l'autre est vu dans son identité par rapport à soi. Après l'épisode du fruit, leur relation bascule dans l'excès inverse : c'est la dissemblance de l'autre qui devient première, dissemblance perçue comme obstacle et suscitant la méfiance[174].

Entre ces deux types de nudité – nudité vécue comme ressemblance et nudité perçue comme dissemblance – se situe la description du serpent comme «rusé, plus que [...מ ערום] tout animal du champ...» (3,1). Comme cela a déjà été noté plus haut, une lecture consonantique de l'adjectif suggère une caractéristique commune entre les humains et le serpent, bien que possédée par ce dernier «en excès», comme l'indique le comparatif. Le changement de perception de la nudité, en ce sens, prend place suite à la rencontre d'un être à la fois même et différent – le paradigme de l'autre. Alors que la femme et l'homme sont au seuil de leur relation, le récit les confronte donc à une figure de l'altérité. La conversation entre la femme et le serpent, en ce sens, constitue une sorte de scène symbolique où se joue l'ensemble des relations qui font la vie des êtres humains : relations entre femme et homme, entre les humains et Yhwh Élohim, entre eux et l'ensemble de la création. Le serpent intervient comme pour désigner la condition en même temps

---

[173] A. Wénin, *Pas seulement de pain...*, p. 58.
[174] Pour une analyse plus détaillée, voir A. Wénin, *Pas seulement de pain...*, p. 65.

que la fragilité de toutes ces relations : la confrontation à l'altérité, ambivalente puisqu'à la fois «même» et «différente»[175].

Il est significatif que l'élément de similitude soit justement la nudité, teintée de ruse par la vocalisation. Par sa nudité «en excès», le serpent représente l'illusion du dévoilement total et de la connaissance absolue. Parce qu'il est en même temps rusé, la connaissance qu'il fait miroiter est également possession et maîtrise : c'est la connaissance que l'on prend de l'autre à son insu, pour le dominer et finalement prendre sa place. Comme on l'a vu, le serpent évoque une «connaissance» d'Élohim, que celui-ci chercherait à garder avidement pour lui-même. Il présente cette connaissance comme enviable, incitant la femme à la désirer pour elle-même et l'homme, afin qu'ils deviennent pareils à ce Dieu jaloux de son savoir. Ce faisant, le serpent se situe en fait lui-même à la place d'Élohim, s'attribuant la connaissance qu'il promet à la femme.

Il n'est donc guère étonnant que, à l'issue de l'épisode, l'homme et la femme ouvrent les yeux pour connaître, non le bien et le mal promis, mais leur propre nudité (3,7). Ils ne sont donc pas devenus comme (des) Élohim, mais plutôt comme le serpent, nus d'une nudité de honte et d'envie. À la lumière de l'ensemble de l'épisode, le lecteur peut comprendre que l'altérité de Yʜᴡʜ Élohim a résisté : l'autre désiré même est demeuré autre. L'homme et la femme passent donc dans un monde où la dissemblance devient menaçante, puisqu'elle a résisté à leur effort d'assimilation. La méfiance qui s'installe dans leur relation avec Yʜᴡʜ Élohim (voir la peur évoquée par l'homme en 3,10) colore du même coup leurs propres rapports. La différence entre homme et femme, symbole de l'irréductibilité de l'autre, devient inquiétante et requiert d'être voilée : «et ils cousirent un feuillage de figuier et ils se firent des pagnes» (3,7b). Les pagnes jouent donc le rôle de protection, dans un double sens. Le pagne protège de l'autre, qui apparaît à présent résistant à l'assimilation, demeurant dissemblable et immaîtrisable. Mais il sert également d'auto-protection, face au désir de l'autre, perçu comme menace pour l'identité et la liberté. Le changement du regard que la

---

[175] Au sujet de l'altérité à la fois même et différente, voir par exemple les observations de H. Aʀᴇɴᴅᴛ, *The Human Condition. A Study of the Central Dilemmas Facing Modern Man*, Doubleday, Garden City, 1958, pp. 175–176, au sujet de l'altérité humaine : «Human plurality, the basic condition of both action and speech, has the twofold character of equality and distinction. If men were not equal, they could neither understand each other [...]. If men were not distinct, each human being distinguished from any other who is, was, or will ever be, they would need neither speech nor action to make themselves understood».

femme pose sur l'arbre, ainsi que sa focalisation sur le fruit, apparaissent donc bien comme une sorte de métaphore de la transformation des relations entre elle et l'homme, entre les humains et Yhwh Élohim, et vis-à-vis du cosmos dans son ensemble. L'arbre joue comme symbole de l'autre, doté d'un commandement qui à la fois suscite le désir et protège l'altérité. La transgression de ce précepte laisse donc l'autre (et soi-même face à l'autre) vulnérable, sans défense face au désir qui n'est plus limité. Les pagnes prennent donc en quelque sorte la place du commandement.

i. *Le masque, le vrai et le faux, le miroir*

Un saut quelques versets plus loin permettra de conclure cette lecture de la ruse du serpent. Quand Yhwh Élohim demande à la femme: «Qu'est-ce (ceci) que tu as fait?» (3,13a), celle-ci répond: «C'est le serpent qui m'a trompée [השיאני] et j'ai mangé» (3,13b)[176]. La femme résume parfaitement l'action du serpent. Comme on l'a vu, le serpent trompe non seulement par ce qu'il dit, mais également par ce que ses paroles ne disent pas mais induisent, et par ce que lui-même est. Sa question initiale, par exemple, tout en n'énonçant pas formellement le contraire de ce que Yhwh Élohim a dit, oriente l'attention de la femme vers l'interdit, voilant le don originel. Quand il recommande de manger du fruit, il n'accuse pas directement Yhwh Élohim de mensonge, mais sa manière d'affirmer que celui-ci «connaît» les conséquences de l'acte soulève le doute sur ses intentions. La femme est de la sorte amenée à soupçonner Yhwh Élohim de garder pour lui une connaissance, afin d'empêcher les humains de devenir comme lui.

Le serpent trompe également par sa nudité en excès, teintée de ruse. À la fois «plus nu» et «plus rusé», le serpent porte en quelque sorte sa nudité comme un masque[177]. D'une part, la nudité constitue une part de la ruse du serpent, lui donnant un air faussement ingénu et permettant à la femme de recevoir ses paroles comme celles d'un pair, nu comme elle. La nudité déguise le serpent en «même» provoquant, ami sug-

---

[176] La racine נשא n'apparaît qu'ici dans la Genèse. Les autres occurrences au *hifil* de la bible hébraïque décrivent des processus de tromperie, où un personnage se joue d'un autre et l'induit en erreur, pervertissant une parole ou un fait: 2 R 18,29; 19,10; 2 Ch 32,15; Is 36,14; 37,10; Jr 4,10; 29,8; 37,9; 49,16; Ab 1,3.7. Pour une analyse des verbes exprimant la tromperie dans la Genèse, voir M. J. Williams, *Deception in Genesis*, particulièrement p. 45 au sujet de השיאני.

[177] L'idée du masque est également évoquée par G. von Rad, *Das erste Buch Mose: Genesis. Kapitel 1–12,9*, p. 62, pour décrire la première intervention du serpent.

gérant la voie à suivre pour détrôner une divinité menaçante. D'autre part, le caractère excessif de la nudité du serpent évoque également le masque, dans la mesure où celui-ci exagère les traits et parodie ce qu'il représente[178]. En ce sens, le serpent confronte à une caricature de connaissance : caricature de sa propre connaissance, prétendant connaître ce que Yhwh connaît, caricature de la connaissance de ce dernier et caricature de la connaissance qu'acquerront femme et homme après avoir mangé le fruit. Il fait également miroiter une parodie de désir, caricaturé en avidité de pouvoir et de maîtrise. Le désir de rencontre de l'autre est en effet perverti par le serpent en convoitise, cherchant à s'emparer de l'autre pour le maîtriser et l'assimiler.

Le récit apporte donc une première réponse à la question posée au seuil de cette section. L'épisode met en scène une perversion possible de l'acte divin et de sa parole. Le serpent sème en effet le doute sur la réalité de ce qui a été raconté (à savoir que *tous* les arbres ont été créés séduisants et suscitant le désir) et sur les intentions du personnage divin (qui donne généreusement, plutôt que de retenir jalousement). Plus exactement, les non-dits de ses interventions, et plus fondamentalement sa nudité trompeuse, induisent la femme à une mésinterprétation des actes et des paroles du personnage divin. La ruse est efficace, comme le racontent le changement de regard de la femme, ses gestes, mais aussi la découverte de la nudité et sa perception comme honte. En ce sens, ces quelques versets racontent une perversion, où la parole divine est détournée à des fins contraires à ses intentions.

Le lecteur, quant à lui, n'est pas vraiment trompé. Il a en effet pu voir le jardin tel que Yhwh l'a planté (2,8–9) et entendre l'ordre divin tel qu'il a été prononcé (2,16–17). De plus, il est prévenu d'avance du caractère possiblement rusé des propos du serpent par l'adjectif qui décrit ce personnage (3,1). Le lecteur est donc préparé à discerner la ruse dans les paroles du serpent. Le récit construit cependant celles-ci de manière à ce qu'elles apparaissent comme une parodie de la réalité ou une vérité déguisée : ainsi, il est bien vrai que si tous les arbres sont donnés sauf un, la femme et l'homme ne mangent pas de «tous» les arbres du jardin. Le lecteur est invité de la sorte à identifier le processus de tromperie, à reconnaître ses étapes et surtout à distinguer les diffé-

---

[178] Voir A. LaCocque, P. Ricœur, *Penser la Bible*, p. 35 : «La nudité du serpent est une parodie de celle des humains». A. LaCocque compare également la nudité du serpent à un miroir tendu à celle des humains : en s'y regardant, la femme et l'homme passent de l'ouverture à l'autre au repli sur soi (voir pp. 35–36).

rentes « strates de vérité » du récit. La réalité narrative est posée par les actes et les paroles de Yhwh Élohim dans le chapitre qui précède ; une semi-vérité, déguisant la réalité et induisant en erreur, est avancée par le serpent[179] ; enfin, une méprise totale se traduit dans le changement de regard de la femme et dans ses actes.

Alors que le récit de fiction – incluant le mythe, la légende, le conte, le roman, etc. – échappe par définition au jugement de vérité, un tel épisode introduit dans l'univers fictionnel un couple qui lui est pourtant étranger, celui du vrai et du faux. Les conventions narratives requièrent en effet du lecteur qu'il s'abstienne d'un questionnement sur la réalité des faits racontés (« ceux-ci se sont-ils effectivement passés, et de la manière dont ils sont rapportés ? »), ceux-ci existant dans l'univers narratif dès le moment où ils sont mis en récit[180]. Cependant, à l'intérieur de cette réalité diégétique, est introduite une suspicion sur les paroles et intentions du personnage divin. Le lecteur est donc amené à un jugement de vérité, plus exactement à un processus d'interprétation visant à discerner les propos trompeurs du serpent et la perception trompée de la femme. À ce stade de l'analyse, on peut observer que le personnage divin n'est pas mis en cause, non du fait d'une autorité spéciale qui lui serait accordée, mais par les conventions narratives elles-mêmes. Le lecteur a lu la description de la création, de la plantation du jardin et des arbres désirables, ainsi que l'ordre posant le don et sa limitation. Il sait donc qu'il n'y a ni jalousie, ni peur, ni retenue dans le don fait par Yhwh Élohim et est prévenu en outre du caractère rusé du serpent.

j. Un défi herméneutique

L'épisode n'en pose pas moins un sérieux défi herméneutique, d'autant plus crucial par sa position liminaire, en ouverture du grand récit biblique. Le récit confronte en effet le lecteur à une interprétation erronée des faits que lui-même a racontés et des paroles qu'il a rapportées. Le serpent illustre que la perversion des paroles divines est possible, pouvant même être opérée à dessein en vue d'induire en erreur et de tromper. Le changement de regard de la femme et son geste de prendre

---

[179] La question de savoir si une part de vérité est bien présente dans les paroles du serpent sera abordée plus loin, sous les intitulés « Le deuil d'une relation de confiance absolue (3,7–13.20–21) », p. 467 et « Le dénouement de l'épisode et ses mystères », p. 474.

[180] Voir par exemple la distinction entre fiction et « feintise » que propose K. Hamburger, *Logique des genres littéraires*, pp. 274–279.

et manger traduisent l'efficacité de la ruse et sa mécompréhension des intentions divines. Les paroles et les desseins du personnage divin ont bien été détournés. C'est donc la possibilité de sa propre perversion que le récit met ici en scène. Dans l'univers diégétique, ce qui est dit et fait par Yhwh Élohim est soumis à interprétation, au risque de perversions ou de mécompréhensions. Comme toute autre parole et tout autre fait, les mots et gestes du personnage divin ne s'inscrivent pas dans une objectivité incontestable, mais sont offerts à la perception particulière de chaque personnage, à sa subjectivité, à ses intentions bonnes ou mauvaises[181].

À ce point de la recherche, je me pose dès lors la question de l'effet d'un tel épisode sur le lecteur. À partir du moment où l'on dépasse les frontières diégétiques pour considérer le récit comme adressé à une lecture, on peut se demander si l'avertissement posé par l'épisode est susceptible de se charger d'une portée plus large. Si, dans le monde du récit, les paroles, actes et desseins divins sont soumis à l'interprétation d'autres personnages, en est-il de même pour le récit lui-même? En d'autres termes, le récit de la Genèse est-il livré au même soupçon, dans la mesure où il se présente – notamment – comme représentation des paroles, des actes, mais aussi des perceptions et sentiments intérieurs du personnage divin? Le lecteur est-il invité à prendre distance par rapport au récit, celui-ci ne constituant finalement qu'une interprétation d'un fait soumis à la subjectivité de tout observateur? Les observations précédentes sont de nature à freiner une réponse trop rapide, dans la mesure où le récit se présente comme mythe ou fiction – échappant au jugement de vérité. Si le récit s'accorde la licence de représenter ce qui se passe à l'intérieur du personnage divin, ainsi que sur la scène originelle du monde échappant à tout observateur humain[182], il s'attribue

---

[181] Le défi est d'autant plus grand si l'on considère le serpent comme «une figure de la convoitise humaine, un côté "animal" de tout être humain», André Wénin, «Le jugement d'Adonaï Dieu en Genèse 3. Récit et théologie», in: É. Bons (éd.), *Le jugement dans l'un et l'autre Testament. I. Mélanges offerts à R. Kuntzmann* (LD 197), Cerf, Paris, 2004, pp. 33–48, citation p. 41. Au sujet de la figuration de l'humain dans le serpent, voir également A. Wénin, «Satan ou l'adversaire de l'alliance. Le serpent, père du mensonge», *Graphè* 9 (2000), pp. 23–43 (spécialement pp. 27–33). En ce sens, c'est une part de l'humain qui parle par le serpent. Voir aussi A. LaCocque, P. Ricœur, *Penser la Bible*, p. 32. A. LaCocque souligne les points communs entre Ève et le serpent, ou entre l'humanité et l'animalité, tous deux étant נפש היה (Gn 1,20) בשר (6,13.17 ; 7,15 ; 9,11) et possédant la רוח, qu'Élohim peut pareillement leur enlever (Ps 104,29 ; Jb 34,14).
[182] Voir A. LaCocque, P. Ricœur, *Penser la Bible*, pp. 51–52 : «Il n'en reste pas moins qu'avec Genèse 2–3 nous sommes confrontés à un énorme paradoxe. Car, plus que

le titre de fiction, hétérogène à tout jugement sur la réalité factuelle. Le lecteur n'est pas trompé par le serpent – il n'est donc pas trompé non plus par le soupçon qui se pose sur le texte. C'est donc par son caractère fictionnel que le récit résiste au doute que l'épisode soulève. En ce sens, il n'y a pas d'effet «miroir»: si la parole divine peut être pervertie et erronément interprétée par les personnages du récit, le récit s'offre par contre comme scène, de sorte que le lecteur est lui-même témoin des paroles et actes divins.

2. *Le deuil d'une relation de confiance absolue (3,7–13.20–21)*

Dans son intervention déjà étudiée de Gn 3,4–5, le serpent suggère à la femme de manger le fruit de l'arbre interdit (celui «qui est au milieu du jardin» selon l'affirmation de la femme en 3,3), énonçant quatre promesses censées s'accomplir le jour où femme et homme mangeront ce fruit. Il s'agit d'abord de la réfutation radicale de la parole divine: «mourir, vous ne mourrez pas» (3,4), répétant l'infinitif absolu employé par YHWH Élohim (2,17), mais précédé par la négation (לֹא)[183]. Vient ensuite l'annonce «vos yeux s'ouvriront», suivie de la promesse: «et vous deviendrez comme (des) Élohim». La quatrième prédiction concerne la connaissance du bien et du mal qu'acquerront la femme et l'homme, à l'image de(s) Élohim (3,5). Il s'agit maintenant d'examiner la suite de l'épisode, afin de déterminer si ces promesses du serpent se réalisent, à présent que la femme et l'homme ont mangé le fruit. Dans l'affirmative, il faudra se demander dans quelle mesure elles trouvent ainsi leur accomplissement.

---

jamais, comme lecteurs, nous devons suspendre tout soupçon critique et accepter que l'auteur même soit absent de la scène qu'il décrit! Quand Dieu créa les cieux et la terre, personne n'était là pour en rendre témoignage. Il y a de la part de l'auteur et, par conséquent, de la part du lecteur un *a priori* de confiance en la crédibilité de la tradition et de l'histoire» (citation p. 52). À ce commentaire, j'apporterai la seule réserve que le genre littéraire même du texte situe celui-ci au-delà d'un jugement de crédibilité ou d'un sentiment de confiance: le récit ne se présente pas comme témoignage ou rapport d'un événement, mais comme l'événement lui-même, dans l'acte de la lecture. Voir peut-être en ce sens la citation de Paul Beauchamp que LaCocque cite en illustration de son texte (note 67 p. 52), évoquant le «point extrême» auquel est amené l'élément d'autorité de ce texte. J'interpréterais personnellement ce «point extrême» comme convergence et fusion du texte et de son autorité: le texte lu *est* l'événement. Parce qu'extrême et entièrement portée par le texte, l'autorité est en même temps suspendue: le texte échappe à ce type de jugement et s'affirme lui-même.

[183] Voir le tableau comparatif ci-dessus, p. 452.

Plus fondamentalement, on tentera de voir ce qu'implique pour la représentation du personnage divin cette «confirmation» éventuelle des dires du serpent. Le personnage divin est-il «pris en défaut»? Dans la section précédente, la première partie de l'épisode a été analysée en vue de mettre en évidence les ressorts de la ruse du serpent, ses procédés et ses conséquences, ainsi qu'en vue de mesurer combien la parole divine peut être pervertie. À présent, il s'agit d'aborder la question sous un autre angle: si le serpent pervertit bien la parole divine, il met en même temps Yhwh Élohim au défi. Il induit en effet que ce dernier aurait délibérément trompé les humains en les privant d'une certaine connaissance, de peur qu'ils ne deviennent semblables à lui. Il importe de se demander si les réalisations de la parole du serpent impliquent une contradiction avec les actes et paroles du personnage divin ou simplement dévoilent une autre face de la réalité narrative. En outre, il s'agit de se demander si cette mise en cause est perçue par les protagonistes du récit, à savoir la femme, l'homme et le serpent, ou si elle est racontée de manière à être connue du lecteur seul.

a. *L'ouverture des yeux et la découverte de la nudité (3,7)*
Une première partie de la promesse du serpent se réalise en 3,7: «Et les yeux d'eux deux s'ouvrirent et ils connurent qu'ils étaient nus. Et ils cousirent un feuillage de figuier et ils se firent des pagnes» (3,7). De manière obvie, femme et homme restent en vie[184]. De plus, leurs yeux s'ouvrent, avec la précision «d'eux deux» [שניהם], comme pour souligner l'individualité de la découverte de la nudité. Le verbe ידע qui suit laisse un moment attendre la réalisation de la troisième promesse, mais se réfère en fait à la perception de la nudité. À ce stade

---

[184] Le fait que le «mourir vous mourrez» de Yhwh Élohim (2,17) ne se réalise pas après la consommation du fruit a intrigué les commentateurs. Voir par exemple H. Gunkel, *Genesis*, p. 10: «Diese Drohung geht nachher nicht in Erfüllung: sie sterben nicht sofort: dieser Tatbestand ist nicht hinwegzuerklären […], sondern einfach anzuerkennen. Die Schwierigkeit, die moderne Erklärer in dieser Nicht-Erfüllung der göttlichen Worte finden, wird vom alten Erzähler nicht so stark empfunden worden sein; vielmehr würde er antworten, Gott sei und bleibe der Herr seiner Worte, später habe ihn das Wort „gereut"; ja, er wird eine besondere Barmherzigkeit Gottes darin gesehen haben, daß er nachher dies Wort nicht in Erfüllung gehen ließ». Gunkel considère donc la mort comme un châtiment que Yhwh Élohim n'aurait pas accompli par compassion. Voir aussi G. J. Wenham, *Genesis 1–15*, p. 73: «Greatly to our surprise (for biblical narrative generally adopts a divine or prophetic perspective), his remarks are apparently vindicated. The man and his wife do not die, at least not until Adam reached the ripe age of 930 years (5,5)!».

du récit, la connaissance du bon et du mauvais, promise par le serpent, est comme parodiée par le récit : bien loin d'acquérir ce savoir
dominateur, les humains sont confrontés à leur propre nudité, perçue
comme inspirant la honte (3,7) et la peur (3,10). Au lieu donc de jouir
d'une connaissance totalisante, que la promesse de «devenir comme
(des) Élohim» connote de plus d'un désir de puissance et de maîtrise,
femme et homme découvrent l'autre dans sa différence irréductible,
dans son altérité inassimilable. La connaissance convoitée laisse place
à la découverte de la limitation respective de chaque être humain, à
la fois limité dans sa connaissance de l'autre, mais aussi limité dans sa
capacité à être perçu et compris[185].

Par rapport à l'arbre interdit, la femme et l'homme sont donc
confrontés à deux avertissements divergents, ne se réalisant l'un et
l'autre qu'à moitié. D'une part, YHWH Élohim a prévenu l'homme qu'il
trouverait la mort le jour où il mangerait de l'arbre (2,17). La femme
et lui sont bien restés en vie, même si une certaine mort leur arrive
effectivement. L'inquiétude qu'éveille leur nudité fait en effet apparaître
que leur relation est maintenant affectée d'une limite infranchissable.
La possibilité relationnelle inscrite en eux, protégée par l'interdit avant
la transgression, est entamée car menacée par la peur de l'autre. Ils
trouvent effectivement la mort, dans la mesure où il leur faut à présent
faire le deuil d'une relation d'absolue confiance et d'entière ouverture à
l'autre[186]. En ce sens, les pagnes (3,7) constituent une première protection mais sont aussi le signe de ce deuil d'une relation de transparence
et de don total.

b. *La perte de la confiance en YHWH Élohim (3,8–9)*
Quand les humains entendent la «voix» [קוֹל] de YHWH Élohim, se
promenant dans le jardin, leur réaction est de chercher un abri : «et

---

[185] Voir aussi la lecture d'A. LaCocque, in A. LaCocque, P. Ricœur, *Penser la Bible*,
p. 38, qui souligne le caractère interprétatif de la réalité qui se manifeste aux humains :
«Il est clair que la *réalité est l'interprétation de la réalité*. La vision des humains est désir
de refaire le monde d'une façon différente ; ils ont le sentiment illusoire qu'ils peuvent
faire mieux que le Créateur. Ce qu'ils obtiennent est la déformation du donné par une
interprétation fallacieuse» (souligné par l'auteur).
[186] Voir aussi l'interprétation de G. J. Wenham, *Genesis 1–15*, p. 74, selon laquelle
l'expulsion du jardin, figurant l'expulsion du camp des Israélites, constitue bien une
sorte de mort : «Expulsion from the garden was an even more drastic kind of death
[than the expulsion from the camp of Israel]. In this sense they did die on the day
they ate of the tree : they were no longer able to have daily conversation with God,
enjoy his bounteous provision, and eat of the tree of life».

l'humain et sa femme se cachèrent de devant Yʜwʜ Élohim au milieu des arbres [ou: de l'arbre] du jardin» (3,8). Le lieu qu'ils choisissent pour se cacher constitue une note à la fois ironique et dramatique: ils cherchent refuge au lieu même de leur transgression, parmi les arbres, dont l'un d'eux protégeait précisément leur être relationnel. Le récit maintient donc le symbolisme fondamental de l'arbre, tout en modifiant la manière dont il s'applique. Alors que l'arbre défendu, par l'interdit qui le distinguait, garantissait une relation respectueuse entre les humains, l'ensemble des arbres devient, après la transgression, le lieu choisi par les humains pour se cacher du personnage divin et se protéger de sa présence[187]. La mort annoncée par Yʜwʜ Élohim, en ce sens, se traduit non seulement par le deuil d'une relation de respect et de confiance entre humains, mais également entre ceux-ci et la divinité.

Ce deuil n'est toutefois pas présenté par le récit comme entièrement négatif, puisqu'il ouvre de la sorte un nouveau type de relation, où le dialogue et la question deviennent possibles en même temps que nécessaires. Yʜwʜ Élohim prend acte du changement survenu, dès sa question: «Où es-tu?», adressée à l'humain (3,9). La confiance qui marquait leurs rapports a été brisée, mais un autre mode de relations est immédiatement mis en œuvre. L'humain répond en évoquant sa peur: «Ta voix, je [l'] ai entendue dans le jardin; et j'ai eu peur car je suis nu et je me suis caché» (3,10). Il répond donc pour lui-même, comme si la découverte de la nudité était d'abord une question personnelle (voir le שניהם de 3,7), suggérant de la sorte que la confiance s'est rompue également entre lui et la femme. Le personnage divin l'interroge alors: «Qui t'a raconté que tu étais nu? Est-ce que c'est de l'arbre dont je t'avais ordonné de ne pas manger que tu as mangé?» (3,11). La question présente la particularité de porter non sur le fait de manger, mais sur l'arbre duquel l'homme a mangé. Peut-être pourrait-on comprendre cette insistance comme une réminiscence du commandement de 2,16–17, où «manger» est un impératif, donné avant la limitation de l'interdit. En ce sens, le fait d'avoir mangé est dès l'abord écarté du reproche sous-jacent à la question. Seul le choix du fruit est remis en cause. La reprise du verbe «ordonner» [צויתיך], employé en 2,16 avec

---

[187] Ce même déplacement du symbolisme s'applique sans doute également au feuillage [עלה] en tant que partie de l'arbre, choisie comme première protection de la nudité (3,7).

לֵאמר et adouci en אמר seul par le serpent (3,1), rappelle également l'ordre concernant les arbres.

c. *La transgression de l'interdit protecteur (3,11–13) et le substitut de celui-ci (3,21)*

La double question de Yʜᴡʜ Élohim en 3,11 relie la découverte de la nudité au fait d'avoir mangé de l'arbre interdit. À première vue, cela implique que le personnage divin connaissait au moins cette conséquence de la consommation de l'arbre au moment de formuler l'interdit. Plus fondamentalement, comme y invite le rappel du commandement de manger et de son exception (seul un arbre était interdit, et non l'acte de manger), c'est à la transgression en tant que telle que Yʜᴡʜ Élohim réfère la découverte de la nudité – et non à un quelconque pouvoir magique du fruit ou à un désir coupable[188]. Cette prise de conscience a en effet été interprétée, selon ce que suggère le récit, comme une confrontation à l'autre irréductiblement différent, devenant une menace pour l'intégrité du soi, sa part de «même» ou de «semblable» étant oubliée. Une telle prise de conscience ne peut se comprendre que comme transgression de l'interdit protecteur, posé par Yʜᴡʜ Élohim afin de sauvegarder la part d'altérité de chacune des relations qu'entretiennent les humains entre eux, avec le personnage divin et avec la création. Comme la première question de ce verset l'indique, Yʜᴡʜ Élohim sait que la découverte de la nudité ne peut être venue que de l'extérieur [מִי], suite à la rupture de l'interdit gardien de l'altérité.

Le dialogue entre Yʜᴡʜ Élohim et les humains se poursuit dans les versets suivants (3,12–13). Le personnage divin continue de prendre acte de la transgression humaine, en en énonçant les conséquences, tant pour le serpent que pour la femme et l'homme (3,14–19) – épisode que je ne peux prendre ici en considération[189]. À l'issue du discours divin, «l'humain cria le nom de sa femme Ève, car elle était la mère de

---

[188] Voir en ce sens l'emploi du terme עֵץ dans le discours de Yʜᴡʜ Élohim en 3,11. En même temps que conforme à l'ordre initial, ce substantif souligne que c'est bien la transgression de l'interdit de l'*arbre* qui est en cause, et non la consommation d'un *fruit* [פְּרִי], qui aurait été particulièrement désirable. En ce sens, le désir n'est pas condamné, mais bien le fait d'avoir transgressé la limite. Voir dans la section précédente le titre «L'interprétation de la femme: un fruit nommé désir (3,2–3a)», p. 447.

[189] Sur cet épisode, voir par exemple l'analyse de A. Wᴇ́ɴɪɴ, «Le jugement d'Adonaï Dieu en Genèse 3»: «Le jugement divin apparaît d'abord comme un dévoilement de la vérité des choses et comme une prise au sérieux de la responsabilité humaine vis-à-vis de ses choix; il est cependant sous-tendu par le désir de rendre au coupable une chance de vie par-delà l'erreur, sans pour autant empiéter sur sa liberté» (p. 33).

tout vivant» (3,20). L'humain considère donc la femme moins en tant
qu'épouse ou compagne qu'en tant que mère, ce qui suggère peut-être
qu'une certaine part de la différence échappe maintenant à l'homme
– peut-être par peur. Celui-ci ne reçoit pas de nom, continuant à être
appelé du nom générique האדם.

Comme on l'a vu, en 3,7, le feuillage de figuier constitue un premier remplacement de l'interdit, utilisé pour protéger visuellement
la différence devenue menaçante. En 3,21, «Yʜwʜ Élohim fit pour
l'humain et pour sa femme des tuniques de peau [כתנות עור] et les
en vêtit»[190]. Le personnage divin a pris acte de la transgression. Il y
répond non par un nouvel interdit, mais par une protection du type
de celle qu'ont choisie les humains. Ces tuniques sont de peau [עור],
précision qui peut évoquer le masque, image déjà utilisée plus haut pour
décrire la nudité du serpent. Celui-ci s'avance avec le masque de la
nudité, se faisant identique à la femme pour mieux la tromper. L'excès
qui le caractérise fait de ce masque une parodie ou une caricature :
caricature de la connaissance ou de l'avidité de maîtrise sur l'autre.
Les tuniques de Yʜwʜ Élohim, par contre, fonctionnent en un sens
inverse. Faites de «peau», elles renforcent la protection qu'offre la peau
naturelle, recouvrant le corps et l'intimité, et constituant la face visible
du soi – l'interface de la rencontre avec l'autre. Elles ne cachent pas
pour tromper, mais pour protéger la différence : à la fois la différence
propre, pouvant devenir l'objet de la peur et de la violence de l'autre,
ainsi que la différence de l'autre, pouvant effrayer et susciter une envie
de maîtrise. La dissemblance «en excès» à laquelle sont confrontés les
humains après avoir mangé du fruit est en quelque sorte adoucie par
les tuniques de peau. Elles procurent aux humains une apparence de
similitude, leur permettant de reprendre la relation entre l'un et l'autre
(4,1). Alors que la différence de l'autre était garantie par l'interdit, qui
la posait au moyen du symbole du défendu ou de la limite, elle est
maintenant masquée ou recouverte, devenue trop aveuglante pour être
supportée dans sa pleine visibilité[191].

---

[190] Le verset est attribué par la critique des sources à une tradition divergente de
celle reflétée en 3,7. Voir par exemple H. Gunkel, *Genesis*, p. 23 (le verset refléterait
une variante très ancienne) ou J. A. Skinner, *Genesis*, p. 87 (parallèle provenant d'une
autre source).

[191] On note en ce sens que les consonnes du terme עור, «peau», forment également
un verbe (*piel*) signifiant «aveugler» (voir par exemple 2 R 25,7).

d. *Confrontation à la «mort»*

En conclusion, il apparaît de manière assez claire que la femme et l'homme ne sont pas confrontés à une remise en question de l'ordre de Yhwh Élohim. S'ils ne meurent pas physiquement après avoir mangé le fruit, ils font néanmoins face à un double deuil, celui d'une relation de respect et de confiance entre eux deux ainsi que vis-à-vis de Yhwh Élohim. Si celui-ci «connaît» effectivement que la transgression mènerait les humains à un changement dans leur rapport à la nudité, ce n'est pas par un pouvoir quelconque que posséderait l'arbre ou le fruit. Le personnage divin pose en effet l'interdit de l'arbre précisément pour maintenir les humains dans une relation de confiance, à la fois entre eux et avec lui. C'est ainsi la limite de la parole qui protège l'altérité, limite que vivent continuellement les humains tant qu'ils s'abstiennent de manger de l'arbre défendu. De même, l'ouverture des yeux annoncée par le serpent s'accomplit effectivement, cependant non comme la découverte d'un état prétendument divin, mais bien comme perception de la nudité. Il n'y a donc pas de «connaissance» secrète de Yhwh Élohim, mais seulement le désir de protéger une relation de confiance et d'assurance entre les humains.

Par conséquent, il apparaît que l'ordre divin de 2,16–17 et les prédictions du serpent jouent sur deux plans différents. Yhwh Élohim est préoccupé par l'avenir relationnel des humains, par la confiance entre eux deux et vis-à-vis de lui. Si le serpent a raison de prédire que les humains ne mourront pas après avoir mangé le fruit, ils sont néanmoins confrontés à un deuil, celui d'une relation de respect et de confiance. Le personnage divin, en ce sens, annonce une mort, tandis que le serpent suggère qu'il ne peut s'agir de la mort physique. De plus, on peut penser que la femme et l'homme seraient définitivement morts sans l'intervention de Yhwh Élohim en 3,8–19. C'est en effet le nouveau mode de relation initié par le personnage divin qui les destine à un nouvel avenir: l'ouverture au mystère de l'autre par le moyen du dialogue et de la question restaure en effet la possibilité de la relation. Les tuniques de peau maintiennent quant à elles l'équilibre dans ce nouveau type de relation, ménageant un espace de relation où la différence est adoucie. Du point de vue de la femme et de l'homme, la parole de Yhwh Élohim résiste donc aux allégations du serpent. Le personnage divin ne cède pas à la perversion de son ordre. Au contraire, il répond à la transgression et propose un nouveau mode de relation là où le premier a échoué, tout en assumant les conséquences du choix des humains. À la possibilité de la perversion de sa parole,

Yʜᴡʜ Élohim répond en instaurant la question et le dialogue entre lui et les humains – et plus seulement entre la femme et le serpent. Le récit ménage donc un espace pour l'absence du personnage divin, où peut prendre place un processus interprétatif erroné de son ordre et de ses intentions. Mais, immédiatement après cette discussion, il raconte le retour du personnage divin et sa réponse aux humains.

3. *Le dénouement de l'épisode et ses mystères*

a. *Le privilège du lecteur ou le deuil de la transparence du récit (3,22a)*
Si la question de la mise en cause de Yʜᴡʜ Élohim est résolue pour les protagonistes humains du récit, il n'en est pas tout à fait de même pour le lecteur. Le récit continue en effet : « Et Yʜᴡʜ Élohim dit : "Voici que l'humain était/est devenu [היה] comme un de nous pour connaître bien et mal. Et maintenant, de peur qu'il n'étende sa main et ne prenne aussi de l'arbre de la vie et ne mange et ne vive pour toujours..." (3,22)[192]. Comme on l'a déjà noté plus haut, ce discours constitue un monologue. Alors que les autres paroles du personnage divin dans ce chapitre sont clairement adressées à l'un des protagonistes, l'humain (3,9.11.17), la femme (3,13.16) ou le serpent (3,14), aucune indication n'est donnée en 3,22 sur la personne à qui parle Yʜᴡʜ Élohim. Aucune deuxième personne ne ponctue son discours, qui, de plus, n'implique aucun interlocuteur. Ce verset constitue ainsi un monologue intérieur, comme je l'ai montré au premier chapitre[193]. Le lecteur se trouve donc confronté à une ressource narrative très particulière, lui donnant accès à l'intimité de la pensée divine, inaccessible aux autres personnages du récit. La position de ce discours intérieur, à l'issue de l'épisode, peut suggérer son importance pour l'interprétation du chapitre.

---

[192] Selon la critique des sources, le v. 22, par son inadéquation au contexte, ainsi que le v. 24abα sont des éléments d'une variante.

[193] Voir, au chapitre I, « La décision d'expulser l'humain du jardin et de le confronter à la mortalité (Gn 3,22) », p. 71. Au sujet de Gn 3,22, voir également R. A. F. MᴀᴄKᴇɴᴢɪᴇ, «The Divine Soliloquies in Genesis», pp. 277–286, qui souligne que le monologue se termine en aposiopèse, la conséquence des propos divins étant implicite mais suggérée par le verset suivant. Voir également N. P. Bʀᴀᴛsɪᴏᴛɪs, «Der Monolog im Alten Testament», *ZAW* 73 (1961), p. 32 et R. Lᴀᴘᴏɪɴᴛᴇ, «The Divine Monologue as a Channel of Revelation», pp. 176–177.

Le monologue commence par le déictique הֵן, typique des discours directs[194]. La suite est ambiguë, le verbe הָיָה pouvant être compris comme l'état originel de l'humain («l'humain était comme un de nous»)[195] ou comme l'expression de ce qu'il est devenu («l'humain est devenu comme un de nous»)[196]. Tout dépend en effet de la lecture de... הָיָה כ, le verbe pouvant exprimer à la fois la similitude de deux états (comme en 2 S 4,10) ou le passage d'un état à un autre (comme en Os 2,1). Le même syntagme... הָיָה כ est employé par le serpent en 3,5, clairement dans le sens d'un devenir futur (weqatalti). Le parallèle n'est toutefois pas décisif, puisque le personnage divin peut soit confirmer la prédiction du serpent soit prendre radicalement distance par rapport à elle par l'emploi du même verbe conjugué à un temps différent. Le lecteur ne peut donc savoir avec certitude si le personnage divin regrette que l'humain ait perdu sa ressemblance avec lui ou l'ait au contraire acquise.

Dans le premier cas, Yhwh Élohim, dans son monologue, ferait référence à la création de l'humain en 1,26–27, qui commence par un autre discours intérieur divin, lui aussi à la première personne du pluriel[197] : «Et Élohim dit : "Faisons un humain [אדם] à notre image, comme notre ressemblance, et qu'ils dominent sur les poissons de la mer, etc."». Le projet est immédiatement accompli : «Et Élohim créa l'humain à son image, à l'image d'Élohim il le créa, mâle et femelle il les créa» (1,27). Dans les deux cas, le monologue est aussitôt suivi par la mise en œuvre du projet qu'il énonce. L'usage de la première personne du pluriel dans un monologue prononcé par le personnage divin donne ainsi un appui stylistique au parallèle thématique entre 1,26 et

---

[194] Ce déictique peut se référer ou bien au présent du locuteur, comme en 11,6 ou 27,11, ou bien à un événement passé, comme en 19,34 ou 27,37, particulièrement pour confronter une situation passée avec le présent du locuteur, comme en 3,22. Voir aussi R. Draï, *La pensée juive et l'interrogation divine*, p. 71 : «Le mot *hen* ne signifie pas exactement [...] "maintenant". Ce terme constate plutôt un état de fait brutalement accompli qui ne se limite pas à un événement superficiel. *Hen* indique l'intensité, la résonance, l'onde de choc».

[195] Cette interprétation est rarement retenue. Voir cependant R. Draï, *La pensée juive et l'interrogation divine*, pp. 70–71 ; A. LaCocque, P. Ricœur, *Penser la Bible*, p. 42 (avec appui sur *Tanh. Bereshith*, par. 7, f. 10a) ; A. Wénin, «Le jugement d'Adonaï Dieu en Genèse 3», p. 44. Pour d'autres voies de traduction ou d'interprétation, voir A. LaCocque, P. Ricœur, *Penser la Bible*, pp. 41–42.

[196] C'est l'option des lexiques (voir par exemple BDB, qui cite 3,22), des commentateurs (hormis ceux mentionnés à la note 195) et des traductions bibliques.

[197] Sur l'hypothèse d'un *pluralis excellentiae* ou *maiestatis*, voir par exemple GKC § 124g.

3,22. L'humain a été créé à l'image de(s) Élohim, «comme» […כ] sa/leur ressemblance (1,26); il était donc «comme» […כ] un (des) Élohim (3,22)[198]. Dans cette perspective de traduction, la proposition infinitive introduite par ל se charge d'une nuance finale: l'humain était créé *pour* connaître le bien et le mal, était destiné à cette connaissance[199]. Comme l'écrit R. Draï, «ce que Dieu envisage à présent, c'est bien ce qu'est devenu l'*être* humain. Dieu constate que l'Homme non pas *a été* – passé clos – mais *a pu* être – et peut le redevenir – comme "l'un de nous". Pareille potentialité demeure et la création doit en recevoir l'avertissement»[200].

Cette possibilité semble à première vue contradictoire avec l'ordre divin de 2,16–17, qui interdit précisément de manger de l'arbre du connaître bien et mal. Toutefois, l'interprétation qui a été proposée plus haut suggère que le contenu de l'interdit est moins essentiel que le fait qu'il soit prononcé. La présence même d'un interdit tient en effet les humains à distance d'une consommation totale et sans discernement du don divin. En ce sens, l'interdit désigne les arbres comme don et protège les relations des humains, tant envers la création, qu'envers Yhwh Élohim et entre eux. La connaissance du bien et du mal pourrait donc être comprise comme la finalité ultime destinée aux humains, non pour une jouissance immédiate, mais comme promesse dernière. L'interdit protégerait ainsi ce don ultime, nécessairement offert. En s'emparant du fruit de l'arbre par force, les humains transgressent l'interdit et perdent de la sorte ce qu'ils pensent saisir, manquant la dimension fondamentale de don inscrite dans la connaissance du bien et du mal.

---

[198] Ce parallèle pourrait-il avoir été manqué par la plupart des commentateurs modernes à cause d'une séparation trop radicale des deux récits de création? Ceux-ci ont en effet été interprétés par la critique des sources comme deux documents hétérogènes, plutôt que comme les deux faces complémentaires d'un même récit, s'éclairant l'une l'autre. Voir toutefois L. A. Turner, *Genesis*, p. 30, qui commente la promesse du serpent de 3,5 en rappelant que «the Man and the Woman are already like God in certain respects (1,26–27)». Pour lui, la promesse du serpent porte donc précisément sur l'acquisition de la connaissance.

[199] Selon GKC § 114g, l'expression de la finalité est la «signification originale» de l'infinitif construit précédé de ל. Voir par exemple Gn 11,5; 28,4; 42,9; Nb 35, 6; Dt 10,15. Voir aussi GKC § 114h pour la construction היה suivi de ל et infinitif construit, exprimant «the idea of aiming at a definite purpose or turning towards an object». L'exemple היה לעשׂות, suggéré par GKC, peut ainsi signifier soit l'imminence d'une action («he was in the act of, he was about to […], he was ready, to do something») soit la finalité («he or it *was appointed* or *compelled*, etc.») [souligné par l'auteur].

[200] R. Draï, *La pensée juive et l'interrogation divine*, p. 71 (souligné par l'auteur).

L'épilogue est cependant lu généralement selon l'autre option de traduction. Le syntagme … כ היה est compris comme l'expression d'un changement d'état («Voici que l'humain est devenu comme un de nous»), tandis que la proposition infinitive précise les circonstances ou le moyen du changement («en connaissant bien et mal»)[201]. L'interprétation est donc ici complètement différente : le personnage divin, selon cette lecture, accrédite en quelque sorte les promesses du serpent selon lesquelles la femme et l'homme seront «comme (des) Élohim», «connaissant bien et mal» (3,5)[202]. Comme on l'a vu, ce dernier verset se prête lui aussi à deux lectures possibles, אלהים pouvant être compris comme un singulier ou comme un pluriel[203]. Dans le cas de la lecture «comme des Élohim», on peut entendre le pluriel employé par le personnage divin dans son monologue de 3,22 [ממנו] comme un écho à celui utilisé par le serpent. De plus, le connaître bien et mal revient presque mot pour mot dans les deux versets.

Cette lecture pose directement la question principale de cette section, portant sur la présence ou non dans le récit d'une «prise en défaut» du personnage divin par le serpent. En d'autres termes, le monologue de YHWH Élohim reconnaît-il la validité des affirmations du serpent ? Le lecteur sait que deux des prédictions de l'animal se sont déjà réalisées : les humains restent en vie, tandis que leurs yeux s'ouvrent (3,7). La découverte de la nudité prend la place de l'acquisition de la

---

[201] Voir GKC § 114o : ל + infinitif, indiquant les circonstances ou précisant le verbe principal, traduit par une subordonnée explicative (*que…*) ou par un gérondif.

[202] Voir par exemple H. GUNKEL, *Genesis*, p. 17 : «Die Tatsachen, die die Schlange behauptet, sind nach Meinung des Erzählers sämtlich richtig: sie gibt die geheime Kraft des Baumes richtig an; das Wissen macht wirklich Gott gleich (3,22); auch daß die Menschen nicht sogleich nach dem Essen sterben, ist richtig». Pour G. VON RAD, *Das erste Buch Mose: Genesis. Kapitel 1–12,9*, pp. 69–70, l'affirmation divine est plutôt ironique. Il y aurait bien en effet un point de comparaison entre l'humain et le divin, dans la mesure où la femme et l'homme ont bien refusé l'obéissance et la dépendance. Selon G. J. WENHAM, *Genesis 1–15*, p. 85, «the Lord acknowledges that the snake's promise (3,5) has been in one sense partially fulfilled. They may not have become "like God" himself, but they have become like "one of us", that is, like the heavenly beings, including God and the angels […], insofar as man now knows good and evil». J. A. SKINNER, *Genesis*, pp. 87–88, prend davantage de distance et évoque la différence de sources : «It is perhaps improbable that the writer of that v. would have justified the serpent's insinuation, even in form, by a divine utterance. There are several indications (*e.g* the phrase "like one of us") that the secondary recension to which v. 22 belongs represents a cruder form of the legend than does the main narrative; and it is possible that it retains more of the characteristically pagan feeling of the envy of the gods» (citation p. 88).

[203] Voir p. 453.

connaissance, et laisse donc les humains face à une certaine dérision
de la parole du serpent. Par contre, à la fin du chapitre, le lecteur est
confronté à ce curieux monologue divin, qui, selon une de ses lectures,
laisse entendre que l'humain est bien devenu un Élohim comme lui, en
acquérant la connaissance du bien et du mal. Les quatre prédictions du
serpent se trouveraient donc accomplies. En ce sens, si on tire toutes
les implications de cette lecture, la perception de la nudité cacherait
en quelque sorte pour les humains la véritable prise de conscience de
leur état, semblable à (des) Élohim. La découverte de la limite qu'ils
sont l'un à l'autre ne serait qu'une face de la connaissance du bien et
du mal[204]. Cette lecture me paraît extrêmement difficile et contradictoire. D'une part, la femme et l'homme se seraient-ils cachés devant
Yhwh Élohim (3,8.10) s'ils étaient vraiment devenus semblables à lui?
La peur et la honte semblent en effet inconciliables avec la découverte
d'un état divin[205]. D'autre part, la limite relationnelle que la nudité leur
fait apparaître est difficilement compatible avec la totalité impliquée par
l'idée d'une connaissance du bien et du mal. Le récit suggère donc, me
semble-t-il, que la femme et l'homme n'ont perçu ni similitude avec
Élohim, ni connaissance du bien et du mal.

Toutefois, pour rendre compte de la possibilité grammaticale de la
seconde lecture, qui est aussi la plus commune, on peut penser que c'est
seulement aux yeux de Yhwh Élohim (et pour le lecteur par conséquent)
que les humains acquièrent similitude à la divinité et connaissance du
bien et du mal. Yhwh Élohim, par un certain avantage de perception, arriverait à cette prise de conscience à l'insu des humains. Les
conséquences de l'acte des humains qu'il énonce devant eux (3,14–19)
leur dissimuleraient en quelque sorte leur nouvel état. De la sorte, se
réaliseraient non seulement les quatre prédictions du serpent, mais également leur sous-entendu: Yhwh Élohim aurait bien posé l'interdit de
l'arbre pour empêcher les humains d'avoir accès à la connaissance et de

---

[204] Voir plus ou moins en ce sens H. Gunkel, *Genesis*, p. 17, sur la découverte de la
nudité quand était promise la connaissance du bien et du mal (3,7): «Hier sieht man
am deutlichsten, wie der Begriff des „Erkennens von Gut und Böse" eigentümlich
schwankt». D'enfants qu'ils étaient, les humains deviennent adultes et acquièrent la
connaissance qui leur fait prendre conscience de leur nudité.

[205] Plus fondamentalement, la honte et la peur suscitées par la nudité trahissent
davantage la découverte de l'altérité, dans ce qu'elle a d'angoissant, plutôt que de
la similitude. Voir aussi les observations de P. Trible, *God and the Rhetoric of Sexuality*,
p. 136, qui conclut en suggérant la possible ironie de ce monologue divin, affirmant
plutôt «how ungodlike his existence [of the man] has become».

devenir comme lui par cette quasi-omniscience. Il aurait bien cherché à conserver pour lui-même cette connaissance proche de la maîtrise et de la toute-puissance, afin de préserver la supériorité de son statut. Le personnage divin serait non seulement jaloux de son pouvoir, mais agirait de manière à dissimuler cette peur d'une possible destitution[206]. Là encore, la lecture est difficile, les récits de création mettant en scène un personnage divin partageant son statut et son pouvoir avec l'humain (voir surtout 1,26–27 et 2,7), rendant possible le plaisir et suscitant le désir (2,9). L'interdit lui-même contredit cette interprétation : si le personnage divin était à ce point jaloux et soupçonneux, l'arbre défendu aurait tout simplement été situé hors d'atteinte des humains. La réalité même d'un interdit, comme on l'a vu, éveille le désir, la reconnaissance du don, l'autonomie et la relation – menaces qu'un Dieu jaloux aurait évitées[207].

Un très curieux tableau narratif peut donc être mis en évidence. Selon la lecture proposée ici, les personnages humains et le lecteur seraient confrontés à deux perceptions différentes du personnage divin, selon

---

[206] Les commentateurs ne vont habituellement pas jusqu'à tirer ces implications. H. GUNKEL, *Genesis*, est d'abord assez réservé : «Zugleich aber läßt die Schlange eine Beleuchtung dieser Tatsachen [que les humains acquièrent la connaissance qui rend comme Dieu et ne meurent pas immédiatement après avoir mangé le fruit] einfließen: Gott sei mißgünstig, daß er den Menschen das hohe Gut nicht gönne […]. Seine eigene Beurteilung dieser Beleuchtung setzt der Erzähler nicht ausdrücklich auseinander» (p. 17). Mais plus loin : «Die Erkenntnis macht Gott ähnlich, und Gott will nicht, daß der Mensch ihm ähnlich werde (3,5.22). […] Denn zwischen Gottheit und Menschheit besteht eine Schranke, und Gott will nicht, daß der Mensch diese Grenzen überschreite. So hatte Gott ursprünglich die Erkenntnis für sich allein vorbehalten» (p. 31).

[207] Une autre option d'interprétation de cette seconde lecture reste toutefois possible. YHWH Élohim entendrait la similitude de l'humain à lui-même et sa connaissance du bien et du mal en un sens différent que le serpent. Voir par exemple V. P. HAMILTON, *The Book of Genesis. Chapters 1–17*, p. 208 : «One suspects that these words in the serpent's mouth convey one thing and the same words in God's mouth say another. The serpent held out to the couple the prospect that being like God would bring with it unlimited privileges, unheard-of acquisitions and gifts. Alas, rather than experiencing bliss, they encounter misery. […] The couple not only fail to gain something they do not presently have; the irony is that they lose what they currently possess: unsullied fellowship with God». Dans la ligne de l'interprétation proposée ici, on pourrait penser que l'humain, par la transgression de l'interdit, agit en sujet autonome et assume les conséquences de ses décisions, faisant preuve ainsi d'une liberté semblable à celle de Dieu. Découvrant sa nudité comme honte et peur, il est alors confronté à l'autre face de la relation, la limite que constitue l'irréductible altérité de l'humain face à tout autre. Le bien et le mal, en ce sens, pourraient être interprétés comme les deux facettes de la relation, confrontation à l'autre à la fois même et différent, proche et inaccessible, que découvrent les humains. Ces deux extrêmes figureraient ainsi le paradoxe de toute relation, à la fois possible et limitée, désirable et menaçante, donnant vie et donnant mort.

qu'ils ont accès ou pas à son monologue. Cette particularité narrative apparaît ainsi comme une clé essentielle pour l'interprétation du chapitre, et particulièrement de la relation entre le serpent et Yhwh Élohim. Toutefois, ce monologue, bien que représentatif du privilège du lecteur, n'en est pas moins profondément ambivalent, donnant lieu à deux directions d'interprétation contradictoires, l'une étant pourtant difficile. Chacune repose sur un verset antérieur, soit la création (1,26–27), soit le discours du serpent (3,5). Il est assez étonnant de constater que les commentateurs ont le plus souvent lu le monologue en relation avec le discours du serpent, comme si le personnage divin lui donnait effectivement raison. En quelque sorte, l'histoire de l'interprétation montre que le récit est construit et fonctionne effectivement de manière à suggérer que les quatre prédictions du serpent se réalisent, les deux premières étant racontées par le récit, et les deux secondes étant établies par le personnage divin.

Il vaut sans doute la peine de souligner que l'accomplissement des deux premières prédictions du serpent, la vie après la consommation du fruit et l'ouverture des yeux, ne remettent pas en question la parole divine. Comme on l'a vu, une certaine mort affecte bien les relations entre les deux humains, tandis que l'ouverture de leurs yeux indique bien le profond changement qui s'accomplit en eux. Le récit en lui-même ne met donc en scène qu'une perversion du commandement divin, sans vraiment questionner celui-ci en retour. C'est le monologue de Yhwh Élohim qui, selon une de ses interprétations, jette le trouble sur sa propre intégrité et la cohérence de ses actions. Sur un plan strictement littéraire, le lecteur fait donc face à deux sources différentes d'informations, le récit et le monologue. Paradoxalement, c'est la parole de Yhwh Élohim qui, dans son ambiguïté, jette le soupçon sur le personnage lui-même.

b. *Pour éviter la vie éternelle (3,22b–24)*

La fin du chapitre se comprend différemment selon l'interprétation donnée à la première partie du verset 22 : « "…Et maintenant, de peur qu'il n'étende sa main et ne prenne aussi de l'arbre de la vie et ne mange et ne vive pour toujours…". Et Yhwh Élohim le renvoya du jardin d'Éden pour travailler le sol duquel il avait été pris. Et il chassa[208]

---

[208] Le verbe גרשׁ a aussi une définition juridique plus précise : «consommer un divorce dans des formes légales lorsqu'une union n'est plus viable». Voir R. Draï, *La pensée juive et l'interrogation divine*, p. 73, qui souligne de plus qu'un tel «divorce» permet

l'humain et il établit à l'est du jardin d'Éden les chérubins et la flamme de l'épée tournant en tous sens pour garder le chemin de l'arbre de la vie» (3,22b–24). Quelle que soit l'interprétation choisie, la force de l'affirmation divine se trouve dans le contraste entre le passé (révolu ou récent) évoqué [הן....היה] et le présent du locuteur [עתה][209]. Ce présent est exprimé en aposiopèse : le personnage divin n'exprime dans son monologue que la cause de son action – la crainte ou la précaution. Cette action est racontée dans les deux versets suivants, en dehors du monologue[210]. Parole et action du personnage s'enchaînent donc, la seconde prenant le relais de la première pour exprimer ce qu'elle tait. Alors qu'aucun interdit ne pesait jusque-là sur l'arbre de la vie [עץ החיים], le personnage divin cherche à présent à le mettre hors de portée des humains – par un moyen plus efficace qu'une interdiction.

Il est assez facile de poursuivre l'interprétation du récit selon la clé suivant laquelle Yhwh Élohim est un Dieu jaloux et soupçonneux. La vie éternelle des humains lui apparaît comme une menace supplémentaire pour la supériorité de son statut, d'autant que les humains ont acquis à présent la connaissance totalisante qu'est celle du bien et du mal. Alors que l'arbre de la vie était jusque-là offert à la consommation des humains, Yhwh Élohim le met donc définitivement hors d'atteinte en renvoyant les humains hors du jardin, protégé désormais par les chérubins et l'épée.

Néanmoins, le texte se prête également à une autre interprétation. On peut en effet remarquer que la situation redoutée par Yhwh Élohim est exprimée dans un monologue où chacune des possibles actions de l'humain est présentée de manière distincte : «tendre la main», «prendre», «manger», «vivre». Chacune de ces précisions, à première vue superflues, attire l'attention sur le véritable motif de l'inquiétude. Ce que le personnage divin appréhende, c'est la répétition de l'acte accompli par la consommation de l'arbre interdit, une manière d'habiter le jardin en propriétaires tout-puissants, oublieux du don originel qui a été offert. C'est un mode relationnel où l'autre (symbolisé par l'arbre de la vie) est perçu à portée (voir l'idée de la main tendue), disponible, consommable, assimilable. Ayant été confrontés à l'irréductibilité de l'autre humain et divin, la femme et l'homme pourraient en effet être

---

de préserver les droits et la sécurité des parties, et même d'envisager une possible coexistence, voire réunion.

[209] Contraste que renforce le déictique הן. Voir note 194.

[210] Voir GKC § 152w.

tentés de renouveler leur première expérience afin de s'approprier l'altérité qui reste disponible à leurs prises, celle du jardin offert.

La vie éternelle est difficile à comprendre comme un danger, sauf si on l'appréhende comme l'état d'une infinie possession, possession du créé mais aussi de l'espace et du temps. Afin d'éviter aux humains le risque d'être tentés de s'approprier de ce qui reste du don, qui n'est plus désormais protégé par la limite de l'interdit, Yhwh Élohim les frappe de la limitation la plus radicale, cette fois sans possibilité de transgression. Le temps de la vie devient circonscrit, ce qui rend dès lors impossibles toute maîtrise ou possession définitives, tout rêve de totalisation, tout oubli de la finitude. Le don est ainsi protégé par une autre limitation que celle de l'interdit (ou des tuniques de peau), plus intérieure. Dans ce nouveau mode d'existence où le soi ne peut plus se construire en totalité, mais où l'ouverture à l'autre devient question de vie, le don devient nécessaire. La vie «pour toujours» apparaît ainsi, selon cette interprétation, comme à la fois la crainte de Yhwh Élohim (redoutant que l'humain ne tente de se construire sans l'autre) et le moyen, par son empêchement, d'ouvrir radicalement les humains à un être limité et relationnel[211]. Jusque-là offerte, elle est alors définitivement retirée de la portée de la femme et l'homme[212]. L'image de la nécessité de travailler le sol illustre leur nouvel état, un état où la relation à la terre et le partenariat avec elle deviennent nécessaires pour la survie. Homme et femme sont ainsi invités à considérer la création – mais aussi à se considérer l'un l'autre – comme dons indispensables à leur propre existence.

c. *Conclusion: Genèse 3, un avertissement préalable au lecteur?*

Cette lecture du troisième chapitre de la Genèse n'est guère rassurante pour un lecteur qui chercherait un récit univoque et transparent sur le personnage divin. Tout au long du chapitre, le lecteur fait l'expérience

---

[211] En ce sens, le nom des deux arbres se comprend de manière parallèle. La connaissance du bien et du mal, d'une part, est l'expression de l'interdit: elle assure la limite dans la relation et empêche celle-ci de devenir assimilation et maîtrise. L'arbre de la vie, d'autre part, est nommé similairement d'après le don qui le caractérise. Sa mise hors de portée prend le relais de l'interdit qui pesait sur le premier arbre.

[212] Voir aussi l'interprétation d'A. Wénin, «Le jugement d'Adonaï Dieu en Genèse 3», pp. 45–46, selon laquelle le verbe שמר désigne ici moins la défense que la protection. Yhwh Élohim placerait ainsi les chérubins et l'épée afin de garantir la possibilité de la vie. On pourrait aussi lire le verbe en écho à celui employé en 2,15 [ולשמרה] pour désigner une des tâches de l'humain dans le jardin (le travailler et le garder). Les chérubins prendraient donc en quelque sorte le relais de l'humain.

de successives mises à l'épreuve et remises en question des intentions de ce personnage. Comme on l'a vu dans la section précédente, le récit met d'abord en scène la perversion de la parole de YHWH Élohim par le serpent, illustrant ainsi la fragilité de la parole, même divine. Celle-ci est susceptible d'être détournée de son sens, à partir de ses mots mêmes. Elle peut être distordue au point de jeter le soupçon sur son énonciateur et égarer son interlocuteur. Le récit montre alors la part de vérité de la parole du tentateur (3,7), tout en suggérant la différence de plan entre le commandement divin et les affirmations du serpent.

Le véritable soupçon concernant l'intégrité de YHWH Élohim est cependant jeté par son propre monologue (3,22) et les actions qui lui font suite (3,23–24). La syntaxe de l'hébreu empêche une traduction univoque et laisse place à deux interprétations contradictoires. Alors que les commentateurs modernes optent massivement pour une lecture de la parole divine en écho à celle du serpent (3,5), une autre possibilité est envisageable, en rapport plutôt avec le projet divin de créer l'humain en 1,26 et sa réalisation en 1,27. Le lecteur, pourrait-on interpréter, est ainsi confronté à un défi similaire à celui que le serpent tend à la femme. Recevant du récit ce curieux monologue, inaccessible aux autres personnages, le lecteur est mis face à une parole divine ambivalente, à interpréter soit selon l'ensemble de la réalité narrative, soit selon la parole du serpent. L'exégèse moderne, appliquée à séparer les deux récits de création en deux sources distinctes, a choisi majoritairement l'interprétation suggérée par l'intervention du serpent, s'inscrivant ainsi à la suite de la femme.

Plus fondamentalement, personnages et lecteur sont amenés à renoncer à la transparence. La femme et l'homme, par la transgression de l'interdit, perdent la possibilité d'une relation d'absolue confiance entre eux deux et avec YHWH Élohim. De même, le lecteur, dès les premières pages du grand récit biblique, est averti par le récit de ce que celui-ci n'est pas. Le récit n'est pas transparent : il ne se présente que comme texte, avec les ambiguïtés de toute langue et la multiplicité interprétative permise par tout récit. Il ne donne pas accès à une réalité divine incontestable et évidente, mais à un *personnage* divin, dont la parole et l'action sont susceptibles d'interprétations divergentes, et même de perversions. Si YHWH Élohim n'est pas vraiment pris en défaut par le serpent, l'épisode montre paradoxalement que la parole divine racontée peut toujours être pervertie ou soupçonnée, et peut même l'être par le lecteur. En ce sens, le chapitre 3 de la Genèse me semble résonner comme une sorte d'avertissement pour la lecture et l'interprétation.

L'homme et la femme sont en 3,1–7 livrés à leur propre capacité herméneutique, le personnage divin étant absent de la scène. Cette absence est aussi celle à laquelle est confronté le lecteur de tout texte écrit, définitivement hors d'état de répondre ou de se défendre[213].

IV. L'interprétation des paroles divines : conclusions

La problématique de la transmission et de l'interprétation des paroles divines joue sur les plans de l'histoire racontée (la manière dont les personnages interfèrent les uns avec les autres), de la mise en récit (l'art de raconter) et de la lecture (la relation entre le texte et le lecteur). Au niveau de l'histoire d'abord, la manière dont une parole divine est évoquée ou citée contribue à construire le personnage qui la prononce, la stratégie qu'il poursuit et sa relation au personnage divin. Ainsi, Jacob, en Gn 31,11–13, crée une sorte de « double » du rêve de Gn 28,10–22, en lui intégrant une interprétation de l'ordre du départ reçu de Yhwh en 31,3. Cette manière de jouer sur les événements et sur les paroles divines consolide la stratégie de Jacob, tentant de convaincre ses femmes de hâter leur départ et de le dissimuler à leur père. Jacob est ainsi confirmé dans son rôle de personnage cherchant à tout prix à parvenir à ses fins, même au moyen de la ruse et de la tromperie. Ici, c'est des paroles divines que Jacob profite, au point de les utiliser à une fin complètement étrangère à leur intention première : dresser Rachel et Léah contre leur père. Or on remarque que ce détournement n'affecte pas Yhwh, mais bien les relations familiales. Les paroles de Jacob sont ainsi suivies d'un double vol (31,19.20) et d'une altercation avec Laban (31,25–54). Si la parole divine demande bien à être transmise et interprétée – l'ordre du départ donné par Yhwh devait être communiqué aux femmes de Jacob –, son utilisation à des fins malveillantes peut nuire à l'humain et aux relations humaines. L'interprétation que produit Jacob met enfin en évidence un trait de son rapport au divin, confirmé dans son discours en 32,10–13, où il tente de convaincre Yhwh en lui « répétant » – avec toutes les modifications nécessaires pour arriver à ses fins – des paroles que ce dernier lui-même lui a adressées. Jacob, au

---

[213] Voir la discussion sur l'écrit et l'oral chez Hans-Georg Gadamer, *Vérité et méthode. Les grandes lignes d'une herméneutique philosophique.* Traduit de l'allemand par P. Fruchon, J. Grondin et G. Merlio (L'ordre philosophique), Seuil, Paris, 1996 (édition originale allemande 1960), pp. 414–416.

moins à ce point du récit, semble se comporter avec Yhwh comme il le fait avec ses pairs humains, soit avec une détermination qui n'exclut ni la ruse ni le marchandage. L'étude de la transmission et de l'interprétation des paroles divines s'avère donc un terrain intéressant pour observer les tactiques des personnages, leur relation à leurs pairs et au divin, et, particulièrement, la manière dont la parole divine pénètre l'histoire humaine, utilisée dans les stratégies des uns et récupérée dans les ruses des autres.

Au niveau de la mise en récit ensuite, la transmission ou la non-transmission de la parole divine peut prendre la forme d'une sorte de convention littéraire : comme on l'a vu dans l'épisode des plaies d'Égypte, l'absence de transmission des paroles divines à Pharaon semble suggérer que ce dernier fait la sourde oreille, tandis que leur communication effective laisse supposer, implicitement, que le roi d'Égypte prête une certaine attention à ce que Yhwh veut lui annoncer par l'intermédiaire de Moïse. Le mode de transmission des paroles divines ne joue donc plus seulement comme un révélateur du personnage médiateur et de ses intentions, mais aussi comme un indicateur implicite de l'état d'esprit du récepteur et de la qualité de son écoute.

Enfin, au niveau de la lecture, on a observé, surtout par le biais de l'analyse de Gn 3, que les différents épisodes où la parole divine est citée ou interprétée constituent pour le lecteur des sortes de miroirs de sa propre activité d'herméneute. L'interprétation perverse du serpent et la mise en question du divin qu'elle entraîne semble avertir le lecteur : la parole ou le récit humain n'est jamais univoque, et tout discours, même quand il prétend transmettre celui du divin, n'est jamais transparent. Le récit, en un certain sens, rend perceptible sa propre médiation et met en garde le lecteur. Ce chapitre permet ainsi de compléter les observations déjà posées au sujet de la représentation des actes divins. On avait remarqué à ce sujet que le mode de présence du divin sur la scène de la Genèse est marqué d'une profonde transformation, passant à un type d'intervention plus médiatisé, particulièrement par l'interprétation humaine. On avait aussi distingué dans cette transformation une manière pour le récit de révéler sa prétention propre, à savoir celle de constituer une interprétation humaine, en langage humain, d'une expérience humaine du divin. Ce chapitre final permet un pas de plus : si cette interprétation humaine est nécessaire pour mettre en mots et partager une expérience fondamentale, où l'humain se découvre dans ses plus ultimes possibilités, elle n'en perd pas pour autant sa relativité herméneutique et son risque toujours possible de détournement.

CONCLUSION

La question fondamentale à laquelle aboutit cette recherche concerne l'autorité ultime que met en scène le récit du Pentateuque : laquelle, de la parole divine ou de la parole de la narration, a finalement le dernier mot en matière d'autorité ? Laquelle de ces deux voix, divine et narrative, confirme l'autre ? La narration est-elle plus fiable que la parole divine, ou celle-ci représente-t-elle l'autorité dernière ? En d'autres termes encore, les auteurs du texte ont-ils créé et mis en scène le personnage divin afin de conférer à leur vision du monde, voire à leur vision de Dieu, une légitimité ultime ou ont-ils, au contraire, produit un récit en vue de dire, de justifier, voire d'honorer la divinité ?

Dans le premier cas, les auteurs auraient compris et construit la voix divine dans le récit comme la source ultime d'autorité, qui confirmerait les dires de leur narration, sur les plans de la cosmologie, de l'anthropologie, et même de la théologie : la voix divine constituerait alors l'instrument littéraire conçu pour sacraliser et légitimer une certaine idéologie, en vue de l'imposer[1]. Dans le second cas, qui s'apparente au modèle défendu par M. Sternberg, les auteurs auraient au contraire produit un récit dicté par leur théologie : les caractéristiques littéraires – notamment et surtout l'omniscience – du récit biblique seraient ainsi motivées par une nécessité théologique. La représentation du divin particulière à Israël aurait suscité un type de récit à même de dire ce Dieu, ce qui aurait donné naissance à la narration dite omnisciente, capable d'affirmer la divinité dans son unicité, son activité créatrice, salvatrice, législatrice, etc. Dans cette perspective, le récit serait cette fois l'instrument de la théologie. La voix narrative serait à considérer comme l'autorité ultime, construite précisément pour professer et exprimer ce Dieu.

---

[1] Je me base ici sur la définition que donne Clines dans son article : David J. A. CLINES, « The Ideology of Writers and Readers of the Hebrew Bible », in : ID., *Interested Parties. The Ideology of Writers and Readers of the Hebrew Bible* (JSOT.S 205), Academic Press, Sheffield, 1995, pp. 9–25. Clines y définit l'idéologie essentiellement selon deux dénotations du terme : « a relatively coherent set of ideas amounting to a world-view, or outlook on life » ; « a set of such ideas special to a particular social class or group » (p. 10). Voir également la bibliographie donnée pp. 12–13.

Afin d'éviter toute reconstitution historico-philosophique de l'origine et du développement du texte, ce qui serait étranger au domaine de cette recherche, je tenterai d'aborder la question par une autre voie, moins en termes de *production* que d'*effet* ou d'*esthétique*. La question concerne donc la manière dont les différentes voix du texte – celle de la narration, celle des personnages humains et celle du personnage divin[2] – se présentent à la lecture : l'une d'entre elles apparaît-elle au lecteur chargée de davantage d'autorité ? À quelle instance le lecteur est-il amené, par la narration, à faire confiance en dernier ressort ?

Ces questions peuvent être envisagées à partir de deux perspectives. La première est celle de la théorie narrative à laquelle on a recours et au prisme de laquelle on considère les récits étudiés. L'approche est donc inductive, puisque c'est à partir d'une théorie générale du récit qu'est abordée la question spécifique du personnage divin. La seconde perspective est déductive : elle consiste à partir des textes eux-mêmes, pour examiner comment différents traits de la divinité sont gérés ou construits dans les récits particuliers qui sont considérés. La méthode employée dans cette recherche a suivi globalement cette seconde perspective, avec la réserve majeure que l'analyse textuelle ou narrative implique nécessairement certains présupposés de méthode. Un constant va-et-vient entre déduction et induction s'avère donc inéluctable, mais également profitable, puisqu'il permet de rendre compte des présupposés de méthode à la lumière de textes particuliers.

1. Ce qu'implique une théorie non communicationnelle du récit

Je commence par envisager la question de l'autorité ultime du récit par le biais de la théorie qui en rend compte, une théorie non communicationnelle dans le cas présent. Si l'on comprend le récit comme forme linguistique distincte du discours, on est amené à reconnaître que sa fonction excède celle de la communication : le récit ne vise pas d'abord à transmettre un message ou à «dire quelque chose» sur une certaine réalité. Sa fonction n'est pas seulement informative, mais plus globalement événementielle : le processus de la lecture n'apporte pas une certaine connaissance au lecteur, mais lui donne à *vivre* une

---

[2] J'associe ici la voix animale – je pense au serpent de Gn 3 et à l'ânesse de Nb 22 – à la voix humaine.

certaine expérience. En ce sens, le lecteur est fondamentalement invité à un changement de regard : par la mise en situation que constitue la lecture du récit, il est amené à percevoir différemment une certaine réalité et à se comprendre lui-même de manière transformée face à elle. Par conséquent, il apparaît que le récit ne peut avoir de locuteur, puisque la narration n'est pas une instance énonciatrice. Le récit n'est pas raconté, mais *se raconte* au lecteur, selon différents jeux de perspectives. En d'autres termes, le lecteur ne reçoit pas le récit d'un narrateur, mais s'y trouve impliqué par la lecture.

Il ressort de cette conception du récit, en particulier dans le cas de la fiction, que la narration, puisqu'elle ne constitue pas une instance énonciatrice, ne possède aucune autorité extrinsèque. En tant que fonction, ou processus par lequel le récit est raconté, elle est en fait entièrement hétérogène à toute idée de connaissance ou d'autorité qui lui serait extérieure : la fonction narrative confronte en effet le lecteur à un certain monde où se déroulent une série d'événements, sans qu'aucune valeur de vérité ne soit attachée à ces faits. Ce que la narration raconte n'est donc ni vrai ni faux. Comme on l'a vu au départ, cette conception de la narration est incompatible avec la notion d'omniscience : la narration ne « sait » ni rien ni tout — elle est simplement hétérogène à ce type de notion. Si la narration ne possède aucune autorité extrinsèque, elle est toutefois caractérisée par une autorité intrinsèque : en tant que processus par lequel le récit se développe, elle est responsable de l'émergence du monde narratif, des événements, des paroles, bref de tous les éléments qui composent le récit. Elle se donne de la sorte comme la fonction qui présente au lecteur ce *donné* qu'est le monde narratif — absolument fiable puisque absolument indépendante des notions de vrai et de faux.

En ce sens, ce que la narration dit du personnage divin, que ce soit de ses actes, de ses paroles ou de sa vie intérieure, *est* ce personnage. Le personnage divin n'est rien d'autre que ce que la narration en construit. Il y a en effet équivalence entre le monde narratif et sa production langagière. Par son autorité intrinsèque, la narration peut donc se comprendre comme l'autorité ultime à laquelle confronter les dires, par exemple, du divin. Toutefois, comme on va le voir immédiatement grâce aux résultats de l'enquête menée sur les récits du Pentateuque, la narration a toute licence pour construire ses personnages et leur attribuer, en vertu de sa propre autorité, une autorité intra-diégétique, qui s'applique de la sorte au monde narratif. L'autorité ainsi attribuée à un certain personnage est extrinsèque, puisque dépendante de l'autorité de la narration. À l'autorité intrinsèque de la narration répond donc la possible autorité extrinsèque du personnage divin.

2. La représentation du divin dans le Pentateuque :
les résultats de la recherche

Cette perspective méthodologique doit nécessairement être relayée par l'analyse des textes. Au cours de cette recherche dans le Pentateuque, on a pu observer comment se manifeste cette «autorité intrinsèque» de la narration au regard de la représentation du divin. Je reprends ici brièvement les observations majeures faites dans chacun des quatre chapitres de cette étude, en tentant d'esquisser progressivement la «posture» générale que la narration adopte face au personnage divin ou le type de relation que ces deux «voix» semblent entretenir l'une avec l'autre. J'envisage d'abord les chapitres I et III, situés davantage à un niveau syntaxique, pour considérer ensuite les chapitres II et IV, d'ordre plus narratif[3].

a. *La représentation des paroles divines*

L'examen des différents passages du Pentateuque représentant une parole divine révèle essentiellement combien est discrète en cette matière la médiation de la narration. Le premier constat concerne la très nette préférence pour le style direct : ainsi, la quasi-totalité des paroles divines rapportées dans le récit – c'est-à-dire dont le contenu est spécifié – le sont par le style direct (on constate seulement l'ambiguïté du discours d'Ex 6,13). En ce sens, la narration ne recourt au style indirect que pour rappeler au lecteur un discours divin qui a déjà été prononcé et dont

---

[3] On peut mentionner ici quelques limites de cette étude, qui sont autant d'orientations futures pour une prochaine recherche. Il resterait entre autres à s'interroger sur la logique de l'emploi des noms divins dans le Pentateuque, non seulement dans les discours divins, comme cela a été fait, mais également dans la diégèse. Il serait en ce sens intéressant de vérifier si la narration recourt à ces noms afin de laisser apparaître différentes perspectives sur la divinité, éventuellement plusieurs niveaux de médiations. Ensuite, il serait profitable d'approfondir la question de l'interaction entre voix divine et narration. Dans cette perspective, on pourrait envisager d'étudier systématiquement les cas où la narration reprend des mots prononcés antérieurement (voire postérieurement) par le personnage divin et, inversement, où le personnage divin cite, dans ses paroles, des mots employés par la narration, dans la diégèse (voir par exemple le passage, évoqué dans cette recherche, de Gn 9,6). On pourrait en ce sens se demander si le personnage divin «connaît» ou «maîtrise» les mots de la diégèse. Une recherche en cette matière pourrait prolonger l'analyse de Gn 18,17–19 proposée ici, discernant une certaine «symbiose» entre voix divine et voix narrative. Enfin, une étude du caractère «fictionnel» des textes du Pentateuque me semblerait nécessaire pour considérer avec davantage de profondeur les jeux sur le «vrai» et le «faux», que l'on a repérés par exemple en Gn 3.

le contenu a été rapporté en style direct. Le cas est particulièrement fréquent dans le cas des *propositions* d'accomplissement : un ordre divin, rapporté en style direct, est évoqué par la narration au moment où il est réalisé par Moïse ou par les fils d'Israël. Cette évocation se fait en style indirect, mais ne prive le lecteur d'aucune information, puisqu'il peut se référer à l'ordre divin cité précédemment. Par conséquent, le style indirect apparaît comme un simple procédé de rappel. La seule exception concerne la médiation de Moïse, qui, en quelques passages (voir ainsi Nb 30,2.17), évoque dans un de ses discours un ordre divin qui n'a pas été rapporté précédemment par la narration. Les cas, rares, semblent d'ailleurs reposer sur la fiabilité du personnage de Moïse, construit comme un intermédiaire (presque toujours) parfait de la parole divine.

Même dans le cas du discours direct, la narration restreint le plus possible les marques de sa médiation. On a ainsi observé que les formules d'introduction des discours divins sont réduites au minimum, tandis que sont pratiquement absents adverbes et compléments circonstanciels qui pourraient qualifier un acte divin de parole. Il apparaît donc que la narration s'abstient de manifester sa médiation, cherchant à confronter le lecteur au contenu des paroles divines, et non aux circonstances de leur énonciation. C'est par ce contenu seul que le lecteur est contraint la plupart du temps d'imaginer les échanges vocaux entre le personnage divin et les personnages humains. De la sorte, la narration donne au lecteur l'impression d'avoir un accès de «première main» aux paroles divines.

Il ressort également de l'étude effectuée que les discours directs constituent le canal majeur par lequel est exprimée la «théologie» du récit. Cette idée a été défendue essentiellement par l'examen des monologues divins de la Genèse, qui permettent de tracer, avec d'autres éléments narratifs, l'évolution du personnage divin dans sa relation à l'humanité. Il apparaît ainsi que c'est par la médiation de ces discours intérieurs, rapportés en mode direct, que les différentes décisions et changements de cap divins sont représentés. La narration ne «raconte» donc pas cette évolution : elle la «montre», en confrontant le lecteur à ces discours intérieurs divins, qui lui donnent un accès ponctuel, succinct mais essentiel, au projet divin, à ses motivations et à ses transformations.

Les paroles divines n'apparaissent pas, toutefois, dans une indépendance stricte par rapport à leur contexte diégétique. Au contraire, on a constaté dans plusieurs discours divins que certains mots – en particulier des noms divins – sont utilisés en rapport avec la situation de

communication dans laquelle ils prennent place, afin, par exemple, de
faire référence à l'expérience du personnage humain (voir, entre autres,
Gn 35,1 et Ex 3,12). Dans d'autres cas, le choix des expressions utilisées,
notamment l'emploi de la troisième personne pour désigner le locuteur
divin, peut suggérer une certaine interprétation des propos divins en
question, ce que confirme par ailleurs la diégèse par la représentation
des actes divins (voir, par exemple, le commandement d'Ex 23,25 où
Yhwh demande au peuple non pas de «*me* servir», mais de «servir
Yhwh votre Élohim»). On a pu encore observer que les paroles divines
peuvent constituer un élément structurel dans un ensemble littéraire
plus large, en lien avec d'autres éléments narratifs, prenant place quant
à eux dans la diégèse (voir notamment l'épisode d'Ex 19).

Enfin, concernant l'autorité des paroles divines, on a constaté que
c'est d'abord par leur contenu que celles-ci suggèrent leur statut particulier. Ainsi, à l'ouverture du récit du Pentateuque, aux chapitres 3 et 4
de la Genèse, Yhwh (Élohim) apparaît comme un interprète particulièrement perspicace des actions humaines. Il énonce ainsi les conséquences
que celles-ci vont avoir, conséquences que le lecteur peut constater et
vérifier dans sa propre existence. Le processus par lequel le lecteur est
amené à progressivement reconnaître aux paroles du personnage divin
un statut particulier de vérité serait à étudier séparément, mais on peut
observer, à partir du parcours effectué ici, que c'est d'abord par leur
contenu que celles-ci s'imposent comme une interprétation fiable de la
réalité humaine. On verra ci-dessous que les deux premiers chapitres
de la Genèse contribuent également à construire cette autorité.

Le plus important est sans doute de noter que la narration ne qualifie jamais les paroles divines (sinon peut-être en Ex 33,4, bien que la
perspective du peuple semble être adoptée): elle n'affirme jamais, en
ce sens, la vérité, la pertinence ou le bien-fondé de ses discours. Elle
reste de la sorte apparemment neutre par rapport à ce qu'elle raconte.
Toutefois, on a pu repérer dans le monologue divin de Gn 18,17–19
une certaine fusion entre la parole de Yhwh et celle de la narration,
comme si celle-ci venait mêler sa voix à celle du personnage divin. La
narration confirme sans doute ainsi que le désir de Yhwh pour la famille
de l'élu et sa promesse se réaliseront effectivement dans le futur narratif.
Je n'ai repéré qu'une seule occurrence de ce phénomène, mais il suggère
que c'est par son autorité intrinsèque que la narration peut appuyer
les dires divins: elle ne le fait pas en vertu d'une certaine connaissance
qui dépasserait celle du personnage divin, mais en tant que fonction
narrative par laquelle les événements de l'intrigue se racontent.

b. *La représentation de la vie intérieure divine*

Le chapitre III, consacré aux représentations de la vie intérieure divine, a confirmé la réserve de la narration à manifester sa médiation quand il s'agit de l'expression du divin. Ainsi, le regard d'ensemble sur les évocations des perceptions et processus intérieurs divins a montré que ces différents traits sont d'abord représentés au moyen du discours direct, que ce soit par des discours prononcés par le personnage divin lui-même ou par un personnage humain. On a pu ensuite mettre en évidence différentes stratégies par lesquelles la narration réussit à concilier la nécessaire représentation intérieure de la divinité – indispensable pour donner une certaine profondeur au personnage – avec son habituelle réserve à rendre apparente sa médiation dans la représentation du divin. C'est essentiellement le procédé de l'anticipation ou de la confirmation qui est mis en œuvre : un discours direct, prononcé par le personnage divin ou par un personnage humain, précède ou suit une représentation narrativisée d'un processus intérieur divin et l'exprime dans une terminologie similaire. La représentation narrativisée apparaît de la sorte non comme une manifestation de l'omniscience de la narration, mais comme une reprise ou une anticipation du discours. La médiation narrative est donc bien mise en œuvre, mais elle concerne cette fois l'agencement des éléments narratifs et non la représentation du divin.

On a également mis en évidence les différents degrés par lesquels l'expérience visuelle peut être représentée. La narration exprime ainsi la plupart des regards divins de manière directe, donnant accès à la perception même du personnage, avec des mots qui pourraient être les siens. Pour se limiter ici aux procédés principaux, on a enfin observé que la représentation intérieure du personnage divin n'a pas pour objectif majeur de construire sa «psychologie», mais plutôt de compléter la description de ses actions, auxquelles ses émotions et sentiments sont directement connectés. Par ces différentes techniques, la narration réduit donc à l'essentiel les manifestations de sa médiation. L'effet de cette retenue consiste en une image le plus souvent extérieure de la divinité, représentée plutôt selon ses paroles ou ses actes que selon ses sentiments.

Par conséquent, le lecteur est placé dans une situation comparable à celle des personnages humains du récit, confrontés à ce que le personnage divin dit et fait, mais rarement ressent, si ce n'est par la médiation de ses propres discours ou de ceux d'un intermédiaire privilégié comme Moïse. Le lecteur est de la sorte invité, semble-t-il, à s'identifier à l'expérience des personnages humains, percevant l'intervention concrète de la divinité au cœur même de leurs expériences, mais sachant peu de chose sur ce qui se passe à l'intérieur de la divinité. Enfin, cette tendance narrative révèle nettement que le récit du Pentateuque se présente fondamentalement comme une histoire humaine, où est davantage racontée l'expérience humaine du divin que le divin en lui-même.

c. *La représentation des actes divins*

Cette tendance de la narration a été confirmée dans le chapitre sur les actes divins. Un parcours général de la Genèse a en effet montré comment le Dieu créateur des deux premiers chapitres fait progressivement place au monde – à la fois monde du récit et monde du lecteur – et aux personnages humains. Ainsi, on a observé que l'espace se définit initialement par rapport au personnage divin, mais que, très rapidement, c'est ce dernier qui devient situé dans l'espace. De même, le monde du récit, aux chapitres 1 et 2 de la Genèse, laisse progressivement apparaître au lecteur des caractéristiques de son propre monde : le lecteur découvre de la sorte, pas à pas, que la scène du récit n'est autre que son monde à lui. Dès lors, un renversement de perspective se laisse peu à peu discerner : ce ne sont plus les humains qui sont situés dans le monde divin, mais c'est Yhwh (Élohim) qui apparaît sur la scène humaine. Les premiers chapitres de la Genèse dressent en ce sens la scène sur laquelle prend place l'ensemble du récit du Pentateuque : mis à part cette introduction, ce récit se laisse définir comme une histoire humaine, située dans le monde et dans la temporalité humaine, visités cependant par des interventions divines.

Ces interventions ne tiennent d'ailleurs pas la même place dans l'ensemble du corpus. On a surtout observé ici la progression que présente le livre de la Genèse, où le nombre d'actes divins se réduit au fil des pages. Différentes médiations sont cependant mises en œuvre : si le personnage divin n'agit plus autant à l'avant-scène du récit, il reste bien présent, mais sous d'autres modalités. La figure du messager constitue une première médiation, dont la fonction majeure est d'accompagner un personnage humain dans une transformation intérieure. Dans le récit du rêve de Jacob, on a vu que c'est la vision onirique de celui-ci qui sert de médiation à l'apparition de Yhwh – qui n'est pourtant pas décrit, sinon par la parole qu'il prononce. Que ce soit dans la Genèse ou dans l'ensemble du Pentateuque – et de manière très particulière dans le livre du Deutéronome –, c'est l'interprétation humaine qui constitue l'intermédiaire privilégié de la présence divine. Un bref parcours de l'histoire de Joseph a ainsi montré que ce n'est pratiquement que sous cette modalité que le personnage divin y est présent. Se dégage donc d'un tel épisode un monde qui ressemble de plus en plus à celui du lecteur : un monde où le divin est apparemment absent – sinon par les interprétations qu'en proposent les humains.

Sur ce plan également, le Pentateuque se présente donc comme un récit sur l'humain et sur son expérience, expérience susceptible toutefois d'être relue et interprétée. La narration, encore une fois, évite très souvent d'imposer sa médiation. La progression observée dans la Genèse puis l'émergence du personnage de Moïse, l'intermédiaire privilégié de Yhwh, suggèrent que la narration tend à effacer progressivement sa médiation, pour laisser le divin s'exprimer soit par ses propres discours, soit par ceux des personnages humains. À mesure qu'il progresse dans ce récit en lui-même herméneutique, le lecteur est invité, me semble-t-il, à poser sa propre pierre à l'édifice et à se risquer, lui aussi, à interpréter la présence divine, à la fois dans l'histoire du peuple et dans sa propre expérience.

d. *La représentation des interprétations de la parole divine*

Les interprétations mises en scène dans le Pentateuque ne reconnaissent pas toujours la présence du divin, comme le suggère le discours de Datan et Aviram en Nb 16. Cet aspect contradictoire des paroles humaines sur le divin est affirmé avec force par la Genèse qui, dès le chapitre 3, confronte le lecteur à un conflit d'interprétations. Le chapitre IV a été consacré à ce phénomène des interprétations humaines de la parole divine, dans les différentes formes qu'elle peut prendre, de l'herméneutique fidèle à la perversion insidieuse. Encore une fois, la narration affiche sa polyphonie, laissant résonner le vrai à côté du faux. Dans ces passages s'affirme de manière paradigmatique le retrait de la narration, confrontant le lecteur à différentes interprétations du divin, sans toujours trancher entre elles.

L'autorité de la parole divine, qu'interprètent les paroles humaines en des sens parfois opposés, est-elle confirmée par la narration elle-même ? Encore une fois, on observe, dans les débats herméneutiques mis en scène, que la narration ne donne aucune réponse toute faite au lecteur. Celui-ci est plutôt amené à transiter d'une interprétation à l'autre, à s'interroger sur elles et, parfois, à poursuivre la remise en question jusqu'à la parole divine originelle. La narration, en ce sens, ne fait pas œuvre de théologie directe : ce n'est que par la médiation de l'histoire et des exégèses humaines qu'elle laisse se dire, ou plutôt s'interpréter, le divin.

e. *L'autorité ultime du récit : la voix de la narration ou la voix de Yʜᴡʜ ?*

On se demandait, plus haut dans cette conclusion, quelle voix – celle de la narration ou celle du personnage divin – le lecteur est amené, en dernière instance, à considérer comme autorité ultime du récit. Plusieurs éléments de réponse sont à présent disponibles. La voix narrative, d'une part, ne peut que difficilement assumer ce rôle potentiel : en réduisant à l'extrême les marques de sa médiation dans la représentation du divin, elle se présente comme pure *mimesis*, se contentant de «montrer» la scène au lecteur. Ainsi, elle ne commente presque jamais une scène ni n'émet de jugement – que ce soit sur le personnage divin ou sur un autre élément narratif. Le lecteur ne peut donc la considérer comme une expression d'autorité, puisque cette voix se fait à peine entendre, se limitant à *présenter* le monde narratif sans émettre le moindre jugement.

D'autre part, on a vu que la parole divine n'apparaît ni finale ni indiscutable : dans plusieurs épisodes du Pentateuque, elle est au contraire présentée comme objet d'interprétations contradictoires, suscitant même, semble-t-il, ce conflit herméneutique. En ce sens, considérer la voix divine comme source d'autorité ne va pas de soi dans les récits du Pentateuque : le lecteur peut le faire, mais il est prévenu que cette parole requerra son interprétation et sera susceptible d'être remise en question. S'il y a donc autorité divine dans les récits du Pentateuque, cette autorité n'est, en ce sens, ni ultime, ni suffisante en elle-même, ni légitimatrice : elle ouvre à l'interprétation – tant à celle, nécessaire, du lecteur, qu'à celle de ses potentiels interlocuteurs. C'est donc sur le mode de la proposition que cette voix divine se décline : proposition de sens, inachevée et destinée à l'interprétation.

BIBLIOGRAPHIE

Dictionnaire Encyclopédique de la Bible (troisième édition revue et augmentée), Brepols, Turnhout, 2002;

Richard Aczel, «Hearing Voices in Narrative Texts», *New Literary History* 29 (1998), pp. 467–500;

Anneli Aejmelaeus, «Function and Interpretation of כי in Biblical Hebrew», *JBL* 105 (1986), pp. 193–209;

William F. Albright, «The Refrain "and God saw ki tob" in Genesis», in: Collectif, *Mélanges bibliques rédigés en l'honneur de André Robert* (TICP 4), Bloud & Gay, Paris, 1957, pp. 22–26;

Luis Alonso Schökel, «Nota estilística sobre la partícula הנה», *Bib* 37 (1956), pp. 74–80;

Robert Alter, *The Art of Biblical Narrative*, Basic Books, New York, 1981;

———, *Genesis. Translation and Commentary*, Norton and Company, New York/London, 1996;

———, *L'art du récit biblique*. Traduit de l'anglais par P. Lebeau et J.-P. Sonnet (Le livre et le rouleau 4), Lessius, Bruxelles, 1999;

Robert Alter, Frank Kermode (éds), *Encyclopédie littéraire de la Bible*. Traduit de l'anglais par P.-E. Dauzat, Bayard, Paris, 2003 (édition originale américaine 1987);

Yairah Amit, *Reading Biblical Narratives. Literary Criticism and the Hebrew Bible*, Fortress Press, Minneapolis, 2001;

Francis I. Andersen, *The Sentence in Biblical Hebrew*, Mouton, Den Hague, 1974, pp. 94–95;

———, «Lo and Behold! Taxonomy and Translation of Biblical Hebrew הנה», in: Martin F. J. Baasten, Wido Th. van Peursen (eds), *Hamlet on a Hill. Semitic and Greek Studies Presented to Professor T. Muraoka on the Occasion of his Sixty-Fifth Birthday* (OLA 118), Peeters, Leuven, 2003, pp. 25–56;

Aristote, *Poétique*. Traduit par B. Gernez, Les Belles Lettres, Paris, 2001;

Bill T. Arnold, John H. Choi, *A Guide to Biblical Hebrew Syntax*, Cambridge University Press, Cambridge, 2003;

Olivier Artus, *Études sur le livre des Nombres. Récit, Histoire et Loi en Nb 13,1–20,13* (OBO 157), Éditions universitaires/Vandenhoeck & Ruprecht, Fribourg/Göttingen, 1997;

Timothy R. Ashley, *The Book of Numbers* (NICOT), Eerdmans, Grand Rapids, 1993;

Erich Auerbach, *Mimésis. La représentation de la réalité dans la littérature occidentale*. Traduit de l'allemand par C. Heim (Tel), Gallimard, Paris, 1968 (édition originale allemande 1946);

Anatole Bailly (avec le concours de M. E. Egger, revu par L. Sechan et P. Chantraine), *Dictionnaire grec-français*, Hachette, Paris, 1963²⁶ (1894¹);

Mieke Bal, *Narratology. Introduction to the Theory of Narrative*. Translated by C. van Boheemen, University of Toronto Press, Toronto/Buffalo/London, 1985;

———, *On Story-Telling. Essays in Narratology* (edited by David Jobling), Polebridge Press, Sonoma, 1991;

Ann Banfield, «Narrative Style and the Grammar of Direct and Indirect Speech», *Foundations of Language* 10 (1973), pp. 1–39;

———, *Phrases sans parole. Théorie du récit et du style indirect libre*. Traduit de l'anglais par C. Veken, Seuil, Paris, 1995 (édition originale américaine 1982);

——, «Écriture, Narration and the Grammar of French», in: Jeremy HAWTHORN (ed.), *Narrative: From Malory to Motion Pictures*, Edward Arnold, London, 1985, pp. 1–22;

——, «Describing the Unobserved: Events Grouped Around an Empty Centre», in: Nigel FABB *et al.* (eds), *The Linguistics of Writing*, Manchester University Press, Manchester, 1987, pp. 265–285;

——, «The Name of the Subject: The "il"?», in: Thomas PEPPER (ed.), *The Place of Maurice Blanchot* (Yale French Studies 93), Yale University Press, New Haven, 1998, pp. 133–174;

Shimon BAR-EFRAT, *Narrative Art in the Bible*. Translated by Dorothea Shefer-Vanson (JSOT.S 70), Sheffield Academic Press, Sheffield, 2000⁴ (édition originale hébraïque 1979);

James BARR, «Is God a Liar? (Genesis 2–3) and Related Matters», *JThS* 57 (2006), pp. 1–22;

Dominique BARTHÉLEMY, «Les Tiqquné Sopherim et la critique textuelle de l'Ancien Testament», in: COLLECTIF, *Congress Volume: Bonn, 1962* (VT.S 9), Brill, Leiden, 1963, pp. 285–304;

Paul BEAUCHAMP, *Études sur la Genèse: l'Éden, les sept jours, les Patriarches* (Cours, Travaux et Conférences), Faculté de Théologie de Fourvière, Lyon, 1971 (*ad instar manuscripti*);

——, *L'un et l'autre Testament. Tome II: Accomplir les Écritures*, Seuil, Paris, 1990;

——, *Cinquante portraits bibliques*, Seuil, Paris, 2000;

Antonella BENIGNI, «The Biblical Hebrew Particle כִּי From a Discourse Analysis Perspective», *ZAH* 12 (1999), pp. 126–145;

Émile BENVENISTE, «Les relations de temps dans le verbe français», in: *Problèmes de linguistique générale I* (Tel), Gallimard, Paris, 1966, pp. 237–250;

Adele BERLIN, *Poetics and Interpretation of Biblical Narrative*, Almond Press, Sheffield, 1983;

Derek BICKERTON, «Modes of Interior Monologue: A Formal Definition», *MLQ* 28 (1967), pp. 229–239;

Josua BLAU, «Adverbia als psychologische und grammatische Subjekte/Prädikate im Bibelhebräisch», *VT* 9 (1959), pp. 130–137;

Normand BONNEAU, «The Illusion of Immediacy. A Narrative-Critical Exploration of the Bible's Predilection for Direct Discourse», *Theoforum* 31 (2000), pp. 131–151;

Wayne BOOTH, *The Rhetoric of Fiction*, University of Chicago Press, Chicago, 1961;

Gerhard Johannes BOTTERWECK, Heinz-Josef FABRY, Helmer RINGGREN (Hrsg.), *Theologisches Wörterbuch zum Alten Testament. Bände 1–10*, W. Kohlhammer, Stuttgart/Berlin/Köln/Mainz, 1973–1994;

Nikolaus Panagiotis BRATSIOTIS, «Der Monolog im Alten Testament», *ZAW* 73 (1961), pp. 30–70;

Francis BROWN, Samuel Rolles DRIVER, Charles A. BRIGGS, *Hebrew and English Lexicon of the Old Testament*, Oxford University Press, London, 1972⁸ (1907¹);

Walter BRUEGGEMANN, *Genesis*, John Knox, Atlanta, 1982;

Philip J. BUDD, *Numbers* (WBC 5), Word Books, Waco, 1984;

Pierre BÜHLER, Jean-François HABERMACHER (éds), *La narration. Quand le récit devient communication* (Lieux théologiques 12), Labor et Fides, Genève, 1988;

Belinda CANNONE, *L'écriture du désir*, Calmann-Lévy, Paris, 2000;

——, *Narrations de la vie intérieure*, P.U.F., Paris, 2001;

Umberto CASSUTO, *A Commentary on the Book of Exodus*. Traduit de l'hébreu par I. Abrahams, Magnes Press, Jerusalem, 1967 (edition hébraïque originale 1951);

——, *A Commentary on the Book of Genesis. Part One: From Adam to Noah. A Commentary on Genesis I–VI 8*, Magnes Press, Jerusalem, 1978 (première édition hébraïque 1944, première édition anglaise 1961);

Seymour CHATMAN, *Story and Discourse. Narrative Structure in Fiction and Film*, Cornell University Press, Ithaca/London, 1978;

Brevard S. CHILDS, *Memory and Tradition in Israel*, SCM Press, London, 1962;

——, *Exodus. A Commentary* (OTL), SCM Press, London, 1974;

David J. A. CLINES, «The Ideology of Writers and Readers of the Hebrew Bible» et «God in the Pentateuch: Reading Against the Grain», in: ID., *Interested Parties. The Ideology of Writers and Readers of the Hebrew Bible* (JSOT.S 205), Sheffield Academic Press, Sheffield, 1995, pp. 9–25 et pp. 187–211;

David J. A. CLINES (ed.), *The Dictionary of Classical Hebrew*, Sheffield Academic Press, Sheffield, 1993–...;

Dorrit COHN, *La transparence intérieure. Modes de représentation de la vie psychique dans le roman.* Traduit de l'anglais par A. Bony (Poétique), Seuil, Paris, 1981;

Robert L. COHN, «Narrative Structure and Canonical Perspective in Genesis», *JSOT* 25 (1983), pp. 3–16;

R. Dennis COLE, *Numbers* (NAC 3B), Broadman & Holman, Nashville, 2000;

Florian COULMAS, «Reported Speech: Some General Issues», in: Florian COULMAS (ed.), *Direct and Indirect Speech* (Trends in Linguistics 31), Mouton/de Gruyter, Berlin/New York/Amsterdam, 1986;

Maurice COUTURIER, *La figure de l'auteur* (Poétique), Seuil, Paris, 1995;

Kenneth M. CRAIG, *Asking For Rhetoric. The Hebrew Bible's Protean Interrogative* (BI.S 73), Brill, Boston/Leiden, 2005;

Jonathan CULLER, «Omniscience», *Narrative* 12 (2004), pp. 22–34;

Jesús-Luis CUNCHILLOS, «Étude philologique de *mal'āk*. Perspectives sur le *mal'āk* de la divinité dans la bible hébraïque», in: John Adney EMERTON (ed.), *Congress Volume. Vienna 1980* (VT.S 32), Brill, Leiden, 1981, pp. 30–51;

Andrew Bruce DAVIDSON, *Hebrew Syntax*, T. & T. Clark, Edinburgh, 1901³ (1894¹);

Pieter Arie Hendrick DE BOER, *Gedenken und Gedächtnis in der Welt des Alten Testaments*, W. Kohlhammer, Stuttgart, 1962;

Lénart J. DE REGT, «Macrosyntactic Functions of Nominal Clauses Referring to Participants», in: Cynthia L. MILLER (ed.), *The Verbless Clause in Biblical Hebrew. Linguistic Approaches* (Linguistic Studies in Ancient West Semitic 1), Eisenbrauns, Winona Lake, 1999, pp. 273–296;

Jules DE VAULX, *Les Nombres* (SBi), Gabalda, Paris, 1972;

Simon J. DE VRIES, *1 Kings* (WBC 12), Word Books, Waco, 1985;

Claudio DI MEOLA, «Non-Deictic Uses of the Deictic Motion Verbs *kommen* and *gehen* in German», in: F. LENZ (ed.), *Deictic Conceptualisation of Space, Time and Person*, John Benjamins, Philadelphia, 2003, pp. 55–81;

Christian DIONNE, *La Bonne Nouvelle de Dieu. Une analyse de la figure narrative de Dieu dans les discours pétriniens d'évangélisation des Actes des Apôtres* (LD 195), Cerf, Paris, 2004;

Thomas B. DOZEMAN, «The Wilderness and Salvation History in the Hagar Story», *JBL* 117 (1998), pp. 23–43;

Raphaël DRAÏ, *La pensée juive et l'interrogation divine. Exégèse et épistémologie* (Thémis), Paris, P.U.F., 1996;

Samuel Rolles DRIVER, *A Critical and Exegetical Commentary on Deuteronomy* (ICC), T. & T. Clark, Edinburgh, 1895;

John I. DURHAM, *Exodus* (WBC 3), Word Books, Waco, 1987;

Konrad EHLICH, *Verwendungen der Deixis beim sprachlichen Handeln. Linguistisch-philologische Untersuchungen zum hebräischen deiktischen System. Teil 1 und 2* (Forum Linguisticum 24), Peter Lang, Frankfurt am Main/Bern/Las Vegas, 1979;

Arnold B. EHRLICH, *Randglossen zur hebräischen Bibel. Textkritisches, sprachliches und sachliches. Erster Band. Genesis und Exodus*, Hinrich'sche Buchhandlung, Leipzig, 1908/Georg Olm, Hildesheim, 1968 (réimpression de la version de 1908);

——, *Randglossen zur hebräischen Bibel. Textkritisches, sprachliches und sachliches. Zweiter Band. Leviticus, Numeri, Deuteronomium*, Georg Olm, Hildesheim, 1968 (réimpression de la version de 1909);

Mats ESKHULT, *Studies in Verbal Aspect and Narrative Technique in Biblical Hebrew Prose* (Acta Universitatis Upsaliensis 12), Almqvist & Wiksell International, Uppsala/Stockholm, 1990;

Lyle ESLINGER, «The Enigmatic Plurals Like "One Of US" (Genesis I 26, III 22, and XI 7) in Hyperchronic Perspective», *VT* 61 (2006), pp. 171–184;

Ze'ev W. FALK, «Exodus XXI 6», *VT* 9 (1959), pp. 86–88;

Michael FISHBANE, *Text and Texture. Close Readings of Selected Biblical Texts*, Schocken Books, New York, 1979;

——, *Biblical Interpretation in Ancient Israel*, Clarendon Press, Oxford, 1985;

Joseph A. FITZMYER, «The Interpretation of Genesis 15,6: Abraham's Faith and Righteousness in a Qumran Text», in: Shalom M. PAUL, Robert A. KRAFT, Lawrence H. SCHIFFMAN, Weston W. FIELDS (eds), *Emanuel. Studies in Hebrew Bible, Septuagint and Dead Sea Scrolls in Honor of Emanuel Tov* (VT.S 94), Brill, Leiden/Boston, 2003, pp. 257–268;

Sascha FLÜCHTER, Lars SCHNOR, «Die Anrechnung des Glaubens zur Gerechtigkeit. Ein Rezeptionsgeschichtlicher Versuch zum Verständnis von Gen 15,6 MT», *BN* 109 (2001), pp. 27–44;

Monika FLUDERNIK, *The Fictions of Language and the Languages of Fiction: The Linguistic Representation of Speech and Consciousness*, Routledge, London, 1993;

Jan P. FOKKELMANN, *Narrative Art in Genesis: Specimens of Stylistic and Structural Analysis* (The Biblical Seminar 12), JSOT Press, Sheffield, 1991;

Carl Martin FOLLINGSTAD, *Deictic Viewpoint in Biblical Hebrew Text: A Syntagmatic and Paradigmatic Analysis of the Particle כִּי (kî)*, SIL International, Dallas, 2001;

Amelia Devin FREEDMAN, *God as an Absent Character in Biblical Hebrew Narrative. A Literary-Theoretical Study* (SBL 82), Peter Lang, New York, 2005;

Anna FUCHS, *Remarks on Deixis* (Sammlung Groos 49), Julius Groos, Heidelberg, 1993;

Hans-Georg GADAMER, *Vérité et méthode. Les grandes lignes d'une herméneutique philosophique*. Traduit de l'allemand par P. Fruchon, J. Grondin et G. Merlio (L'ordre philosophique), Seuil, Paris, 1996 (édition originale allemande 1960);

——, «Le défi herméneutique», *Revue Internationale de Philosophie* 151 (1984), pp. 333–340;

——, «Texte et interprétation», in: –, *L'Art de comprendre. Ecrits II. Herméneutique et Champ de l'expérience humaine*. Traduit par P. Forget, Aubier, Paris, 1991, pp. 193–234 (version intégrale du texte précédent);

W. Randall GARR, «הן», *RB* 111 (2004), pp. 321–344;

Lloyd GASTON, «Abraham and the righteousness of God», *HBT* 2 (1980), pp. 39–68;

André GAUDREAULT, «Mimesis et Diegesis», in: ID., *Du littéraire au filmique. Système du récit*, Armand Colin, Paris, 1999, pp. 55–69;

Gérard GENETTE, *Figures II* (Poétique), Seuil, Paris, 1969;

——, *Figures III* (Poétique), Seuil, Paris, 1972;

——, *Nouveau discours du récit* (Poétique), Seuil, 1983;

——, *Fiction et diction* (Poétique), Seuil, Paris, 1991;

——, *Métalepse. De la figure à la fiction* (Poétique), Seuil, Paris, 2004;

Wilhelm GESENIUS, Emil KAUTZSCH, *Hebrew Grammar*. Traduit de l'allemand par A. E. Cowley, Clarendon Press, Oxford, 1960 (1910[1]);

Pierre GIBERT, Daniel MARGUERAT (éds), *Dieu, vingt-six portraits bibliques*, Bayard, Paris, 2002;

Gideon GOLDENBERG, «On Direct Speech and the Hebrew Bible», in: Karel JONGELING, Heleen L. MURRE-VAN DEN BERG, Lucas VAN ROMPAY (eds), *Studies in Hebrew and Aramaic Syntax Presented to Professor J. Hoftijzer on the Occasion of His Sixty-Fifth Birthday* (SStLL XVII), Brill, Leiden, 1991, pp. 79–96;

Tal GOLDFAJN, *Word Order and Time in Biblical Hebrew Narrative* (OTM), Clarendon Press, Oxford, 1998;

Benjamin GOODNICK, «Jacob's Deception of His Father», *JBQ* 22 (1994), pp. 237–240;

——, «Rebekah's Deceit or Isaac's Great Test», *JBQ* 23 (1995), pp. 221–228;

Cyrus H. GORDON, «אלהים And Its Reputed Meaning of *Rulers, Judges*», *JBL* 54 (1935), pp. 139–144;

George Buchanan GRAY, *A Critical and Exegetical Commentary on Numbers* (ICC), T. & T. Clark, Edinburgh, 1912 (1903¹);

John GRAY, *I & II Kings. A Commentary* (OTL), SCM Press, London, 1964;

John T. GREENE, *The Role of the Messenger and Message in the Ancient Near East: Oral and Written Communication in the Ancient Near East and in the Hebrew Scriptures: Communicators and Communiques in Context* (BJSt 169), Scholars Press, Atlanta, 1989;

Jean GREISCH, «*Penser la Bible*: l'herméneutique philosophique à l'école de l'exégèse biblique», *RB* 107 (2000), pp. 81–104;

Walter GROSS, «Satzfolge, Satzteilfolge und Satzart als Kriterien der Subkategorisierung hebräischer Konjunktionalsätze, am Beispiel der כי-Sätze untersucht», in: Walter GROSS, Hubert IRSIGLER, Theodor SEIDL (eds), *Text, Methode und Grammatik. Wolfgang Richter zum 65. Geburtstag*, Eos Verlag, St. Ottilien, 1991, pp. 97–117;

Mayer Irwin GRUBER, «The Tragedy of Cain and Abel: A Case of Depression», *JQR* 69 (1978), pp. 89–97;

Hermann GUNKEL, *Genesis* (HK I,1), Vandenhoeck & Ruprecht, Göttigen, 1917 (1901¹);

Erhardt GÜTTGEMANNS, «Y a-t-il une grammaire du discours sur Dieu?», *RSR* 61 (1973), pp. 105–118;

Harry HAGAN, «Deception as Motif and Theme in 2 Sam 9–20; 1 Kgs 1–2», *Bib* 60 (1979), pp. 302–303;

Käte HAMBURGER, *Logique des genres littéraires*. Traduit de l'allemand par P. Cadiot, préface de Gérard Genette (Poétique), Seuil, Paris, 1986 (original allemand 1957, traduction sur l'édition révisée de 1968);

Victor P. HAMILTON, *The Book of Genesis. Chapters 1–17* (NICOT), Eerdmans, Grand Rapids, 1990;

——, *The Book of Genesis. Chapters 18–50* (NICOT), Eerdmans, Grand Rapids, 1995;

John E. HARTLEY, *Leviticus* (WBC 4), Word Books, Waco, 1992;

David HERMAN, Manfred JAHN, Marie-Laure RYAN (eds), *Routledge Encyclopedia of Narrative Theory*, Routledge, London/New York, 2005;

Régine HINSCHBERGER, «Image et ressemblance dans la tradition sacerdotale Gn 1,26–28; 5,1–3; 9,6b», *RevSR* 59 (1985), pp. 185–199;

Volkmar HIRTH, *Gottes Boten im Alten Testament: die alttestamentliche Mal'ak-Vorstellung unter besonderer Berücksichtigung des Mal'ak-Jahwe-Problems*, Evangelische Verlagsanstalt, Berlin, 1975;

A. M. HONEYMAN, «*Merismus* in Biblical Hebrew», *JBL* 71 (1952), pp. 11–18;

Paul HOUSE, «The Character of God in the Book of the Twelve», in: *Society of Biblical Literature 1998 Seminar Papers. Part Two*, Scholars Press, Atlanta, 1998, pp. 831–849;

Cornelis HOUTMAN, *Exodus. Volume 1: Exodus 1:1–7:13. Volume 2: Exodus 7:14–19:25. Volume 3: Exodus 20–40*. Traduit du néerlandais par J. Rebel et S. Woudstra (Historical Commentary on the Old Testament), Kok, Kampen, 1993–2002;

John HUESMAN, «The Infinitive Absolute and the *Waw* and Perfect Problem», *Bib* 37 (1956), pp. 410–434;

Paul HUMBERT, «La formule hébraïque en *hineni* suivi d'un participe», in: ID., *Opuscules d'un hébraïsant* (Mémoires de l'Université de Neuchâtel 26), Secrétariat de l'Université de Neuchâtel, Neuchâtel, 1958, pp. 54–59;

Robert HUMPHREY, *Stream of Consciousness in the Modern Novel* (Perspectives in Criticism 3), University of California Press, Berkeley, 1954;

W. Lee HUMPHREYS, *The Character of God in the Book of Genesis. A Narrative Appraisal*, Westminster John Knox Press, Louisville, 2001;

Wolfgang ISER, *L'acte de lecture. Théorie de l'effet esthétique*. Traduit de l'allemand par E. Sznycer, Pierre Mardaga, Bruxelles, 1985 (édition originale allemande 1976);

Benno JACOB, *The Second Book of the Bible: Exodus*. Traduit de l'allemand par W. Jacob, Ktav, Hoboken, 1992 (edition originale allemande?);

———, *Das Buch Genesis*, Calwer Verlag, Stuttgart, 2000 (1934[1]);

Roman JAKOBSON, *Essais de linguistique générale*, Minuit, Paris, 1963;

Henry JAMES, *The Art of the Novel. Critical Prefaces*, Charles Scribner's Sons, New York/London, 1950;

J. Gerald JANZEN, «Kugel's Adverbial *kî ṭôb*: An Assessment», *JBL* 102 (1983), pp. 99–106;

Hans Robert JAUSS, *Pour une esthétique de la réception*. Traduit de l'allemand par Cl. Maillard (Bibliothèque des Idées), Gallimard, Paris, 1978 (édition originale allemande 1974);

Jörg JEREMIAS, *Die Reue Gottes. Aspekte alttestamentlicher Gottesvorstellung*, Neukirchener Verlag, Neukirchen-Vluyn, 1997[2];

Bo JOHNSON, «Who Reckoned Righteousness To Whom?», *SEÅ* 51 (1986), pp. 108–115;

Gwilym H. JONES, *1 and 2 Kings. Volumes I and II* (New Century Bible Commentary), Eerdmans/Marshall, Morgan & Scott, Grand Rapids/London, 1984;

Samantha JOO, *Provocation and Punishment: The Anger of God in the Book of Jeremiah and Deuteronomistic Theology* (BZAW 361), de Gruyter, Berlin, 2006;

Paul JOÜON, *Grammaire de l'hébreu biblique*, Pontificium Institutum Biblicum, Roma, 1965[2];

Vincent JOUVE, *L'effet-personnage dans le roman*, P.U.F., Paris, 1992;

Harold M. KAMSLER, «Hesed – mercy or loyalty?», *JBQ* 27 (1999), pp. 183–185;

Hiroya KATSUMURA, «Zur Funktion von *hinnēh* und *wĕhinnēh* in der biblischen Erzählung», *AJBI* 13 (1987), pp. 3–21;

Robert S. KAWASHIMA, *Biblical Narrative and the Death of the Rhapsode*, Indiana University Press, Bloomington/Indianapolis, 2004;

Aron KIBÉDI VARGA, *Discours, récit, image*, Pierre Mardaga, Liège/Bruxelles, 1989;

Martin A. KLOPFENSTEIN, *Die Lüge nach dem Alten Testament. Ihr Begriff, ihre Bedeutung und ihre Beurteilung*, Gotthelf-Verlag, Zürich/Frankfurt am Main, 1964;

Ludwig KOEHLER, Walter BAUMGARTNER, *Hebräisches und Aramäisches Lexikon zum Alten Testament*, Brill, Leiden, 1967–1996[3];

Simcha KOGUT, «On the Meaning and Syntactical Status of הנה in Biblical Hebrew», in: Sara JAPHET (ed.), *Studies in Bible* (ScrHie 31), Magnes Press, Jerusalem, 1986, pp. 133–154;

James L. KUGEL, «The adverbial use of *kî ṭôb*», *JBL* 99 (1980), pp. 433–435;

Sige-Yuki KURODA, «Réflexions sur les fondements de la théorie de la narration». Traduit de l'anglais par Tiên Fauconnier, in: Julia KRISTEVA, Jean-Claude MILNER, Nicolas RUWET (éds), *Langue, discours, société. Pour Emile Benveniste* (Linguistique), Seuil, Paris, 1975, pp. 260–293;

Lester J. KUYPER, «The Suffering and the Repentance of God», *SJT* 22 (1969), pp. 257–277;

Casper Jeremiah LABUSCHAGNE, «The Particles הן and הנה», in: A. S. VAN DER WOUDE (ed.), *Syntax and Meaning. Studies in Hebrew Syntax and Biblical Exegesis* (OTS 18), Brill, Leiden, 1973, pp. 1–14;

———, «The Literary and Theological Function of Divine Speech in the Pentateuch», in: J. A. EMERTON (ed.), *International Organization of the Study of the Old Testament. Congress Volume: Salamanca 1983*, Brill, Leiden, 1985, pp. 154–173;

André LACOCQUE, Paul RICŒUR, *Penser la Bible*. Texte d'André LaCocque traduit de l'anglais par A. Patte et revu par l'auteur, Seuil, Paris, 1998;

Roger LAPOINTE, «The Divine Monologue as a Channel of Revelation», *CBQ* 32 (1970), pp. 161–181;

——, *Dialogues bibliques et dialectique interpersonnelle. Étude stylistique et théologique sur le procédé dialogal tel qu'employé dans l'Ancien Testament* (RFTP 1), Desclée/Bellarmin, Paris/Tournai/Montréal, 1971;

Valéry LARBAUD, *Préface* à Édouard DUJARDIN, *Les lauriers sont coupés*, Le Chemin Vert, Paris, 1981 (édition originale 1925), pp. I–IX;

Kari LATVUS, *God, Anger and Ideology: The Anger of God in Joshua and Judges in Relation to Deuteronomy and the Priestly Writings* (JSOT.S 279), Sheffield Academic Press, Sheffield, 1998;

Sigo LEHMING, «Versuch zu Num 16», *ZAW* 74 (1962), pp. 291–321;

Baruch A. LEVINE, *Numbers 1–20* (AB 4A), Doubleday, New York, 1993;

——, *Numbers 21–36* (AB 4B), Doubleday, New York, 2000;

Gerhard LISOWSKY, *Konkordanz zum hebräischen alten Testament*, Privileg. Württ. Bibelanstalt, Stuttgart, 1958;

Raphael LOEWE, «Divine Frustration Exegetically Frustrated – Numbers 14:34 תנואתי», in: Peter R. ACKROYD, Barnabas LINDARS (eds), *Words and Meanings. Essays Presented to David Winton Thomas*, Cambridge University Press, Cambridge, 1968, pp. 137–158;

Percy LUBBOCK, *The Craft of Fiction*, J. Cape, London, 1921;

Didier LUCIANI, *Sainteté et pardon. Volume 1: Structure littéraire du Lévitique. Volume 2: Guide technique* (BETL 185AB), Peeters, Leuven, 2005; John LYONS, *Introduction to Theoretical Linguistics*, Cambridge University Press, London, 1968;

John LYONS, *Introduction to Theoretical Linguistics*, Cambridge University Press, London, 1968;

——, *Semantics*, Cambridge University Press, Cambridge/New York, 1977;

Roderick A. F. MACKENZIE, «The Divine Soliloquies in Genesis», *CBQ* 17 (1955), pp. 277–286;

Jonathan MAGONET, «The Themes of Genesis 2–3», in: Paul MORRIS, Deborah SAWYER (eds), *A Walk in the Garden. Biblical, Iconographical and Literary Images of Eden* (JSOT.S 136), Sheffield Academic Press, Sheffield, 1992, pp. 39–46;

Solomon MANDELKERN, *Veteris Testamenti Concordantiae hebraicae atque Chaldaicae*, Akademische Druck- und Verlagsanstalt, Graz, 1955;

Daniel MARGUERAT, «The God of the Book of Acts», in: G. J. BROOKE, J.-D. KAESTLI (eds), *Narrativity in Biblical and Related Texts. La narrativité dans la Bible et les textes apparentés* (BETL 149), Peeters, Leuven, 2000, pp. 159–181;

Daniel MARGUERAT, Yvan BOURQUIN, *Pour lire les récits bibliques. La Bible se raconte. Initiation à l'analyse narrative*, Cerf/Labor et Fides/Novalis, Paris/Genève/Montréal, 1998;

James Luther MAYS, *Hosea. A Commentary*, Westminster Press, Philadelphia, 1969;

Brian R. MCCARTHY, «The Characterization of YHWH, the God of Israel, in Exodus 1–15», in: J. Harold ELLENS, Deborah L. ELLENS, Rolf P. KNIERIM, Isaac KALIMI (eds), *God's Word for Our World. Volume I. Biblical Studies in Honor of Simon John De Vries* (JSOT.S 388), T & T Clark, London/New York, 2004, pp. 6–20;

Carmel MCCARTHY, *The Tiqqune Sopherim and Other Theological Corrections in the Masoretic Text of the Old Testament* (OBO 36), Éditions universitaires/Vandenhoeck & Ruprecht, Fribourg/Göttingen, 1981;

Dennis J. MCCARTHY, «The Uses of wᵉhinnēh in Biblical Hebrew», *Bib* 61 (1980), pp. 330–342;

Samuel A. MEIER, *The Messenger in the Ancient Semitic World* (HSM 45), Scholars Press, Atlanta, 1988;

——, *Speaking of Speaking. Marking Direct Discourse in the Hebrew Bible* (VT.S 46), Brill, Leiden/New York/Köln, 1992;

Sylvie MELLET, Marcel VUILLAUME (éds), *Le style indirect libre et ses contextes* (Cahiers Chronos 5), Rodopi, Amsterdam/Atlanta, 2000;

Henri MESCHONNIC, *Au commencement. Traduction de la Genèse*, Desclée de Brouwer, Paris, 2002;

Jacob Milgrom, *Numbers* במדבר. *The Traditional Hebrew Text with the New JPS Translation* (JPS 4), The Jewish Publication Society, Philadelphia/New York, 1990;

——, *Leviticus 1–16. A New Translation with Introduction and Commentary* (AB 3), Doubleday, New York, 1991;

——, *Leviticus 17–22. A New Translation with Introduction and Commentary* (AB 3A), Doubleday, New York, 2000;

——, *Leviticus 23–27. A New Translation with Introduction and Commentary* (AB 3B), Doubleday, New York, 2001;

Alan R. Millard, « The Etymology of Eden », *VT* 34 (1984), pp. 103–106;

Cynthia L. Miller, « Introducing Direct Discourse in Biblical Hebrew Narrative », in: Robert D. Bergen (ed.), *Biblical Hebrew and Discourse Linguistics*, Summer Institute of Linguistics/Eisenbrauns, Dallas/Winona Lake, 1994, pp. 199–241;

——, *The Representation of Speech in Biblical Hebrew Narrative. A Linguistic Analysis* (HSM 55), Scholars Press, Atlanta, 1996;

Cynthia L. Miller (ed.), *The Verbless Clause in Biblical Hebrew. Linguistic Approaches* (Linguistic Studies in Ancient West Semitic 1), Eisenbrauns, Winona Lake, 1999;

Françoise Mirguet, « Genèse 21–22: Maternité et paternité à l'épreuve. Les personnages comme clef de lecture », *ETL* 79 (2003), pp. 307–328;

——, « Interprétation de récit, récit d'interprétations. L'exemple de Nombres 16 », *BI* 13 (2005), pp. 424–437;

Francis J. Moloney, « Telling God's Story », in: A. Andrew Das, Frank J. Matera (eds), *The Forgotten God. Perspectives in Biblical Theology. Essays in Honor of Paul J. Achtemeier on the Occasion of his Seventy-fifth Birthday*, John Knox Press, Louisville/London, 2002, pp. 107–122;

Rudolf Mosis, « „Glauben" und „Gerechtigkeit" – zu Gen 15,6 », in: Manfred Görg (Hrsg.), *Die Väter Israels. Beiträge zur Theologie der Patriarchenüberlieferungen im Alten Testament*, Verlag Katholisches Bibelwerk, Stuttgart, 1989, pp. 225–257;

James Muilenburg, « The Linguistic and Rhetorical Usages of the Particle *kî* in the Old Testament », *HUCA* 32 (1961), pp. 135–160;

Hans-Peter Müller, « Die Konstruktionen mit *hinnē* "siehe" und ihr sprachgeschichtlicher Hintergrund », *ZAH* 2 (1989), pp. 45–76;

Takamitsu Muraoka, *Emphatic Words and Structures in Biblical Hebrew*, Magnes Press/Brill, Jerusalem/Leiden, 1985;

William Nelles, « Omniscience for Atheists: Or, Jane Austen's Infallible Narrator », *Narrative* 14 (2006), pp. 118–131;

Alviero Niccacci, *The Syntax of the Verb in Classical Hebrew Prose*. Traduit de l'italien par W. G. E. Watson (JSOT.S 86), Sheffield University Press, Sheffield, 1990;

Susan Niditch, *The Symbolic Vision in Biblical Tradition* (HSM 30), Scholars Press, Chico, 1983;

——, *Underdogs and Tricksters: A Prelude to Biblical Folklore*, Harper & Row, San Francisco, 1987;

Martin Noth, *Das vierte Buch Mose: Numeri* (ATD 7), Vandenhoeck & Ruprecht, Göttingen, 1966;

——, *Das zweite Buch Mose: Exodus* (ATD 5), Vandenhoeck & Ruprecht, Göttingen, 1968 (1958¹);

Manfred Oeming, « Ist Genesis 15:6 ein Beleg für die Anrechnung des Glaubens zur Gerechtigkeit? », *ZAW* 95 (1983), pp. 182–197;

——, « Der Glaube Abrahams. Zur Rezeptionsgeschichte von Gen 15,6 in der Zeit des zweiten Tempels », *ZAW* 110 (1998), pp. 16–33;

Dennis T. Olson, *The Death of the Old and the Birth of the New. The Framework of the Book of Numbers and the Pentateuch* (BJSt 71), Scholars Press, Chico, 1985;

——, *Numbers* (Interpretation. A Bible Commentary for Teaching and Preaching), John Knox, Louisville, 1996;

Harry M. Orlinsky, *Notes on the New Translation of the Torah*, Jewish Publication Society, Philadelphia, 1970;

Thomas W. Overholt, *The Threat of Falsehood. A Study in the Theology of the Book of Jeremiah* (SBT-SS 16), Alec R. Allenson Inc., Naperville, 1970;

Alan G. Padgett, Patrick R. Keifert (eds), *But Is It All True? The Bible and the Question of Truth*, Eerdmans, Grand Rapids, 2006;

Frank Robert Palmer, *Mood and Modality*, Cambridge University Press, Cambridge, 1998;

H. Van Dyke Parunak, «A Semantic Survey of NHM», *Bib* 56 (1975), pp. 512–532;

Dale Patrick, *The Rendering of God in the Old Testament* (OBT 10), Fortress Press, Philadelphia, 1981;

Yitzhak Peleg, «Was the Ancestress of Israel in Danger? Did Pharaoh Touch (נגע) Sarai?», *ZAW* 118 (2006), pp. 197–208;

David L. Petersen, «The Yahwist on the Flood», *VT* 26 (1976), pp. 438–446;

Georges Pidoux, «Entre les deux arbres de Genèse 3», *ZAW* 66 (1954), pp. 37–43;

Petr Pokorný, Jan Roskovec (eds), *Philosophical Hermeneutics and Biblical Exegesis* (WUNT 153), Mohr Siebeck, Tübingen, 2002;

Bruno Poncharal, *La représentation de paroles au discours indirect libre en anglais et en français* (Linguistique contrastive et traduction), Ophrys, Paris, 2003;

Marvin H. Pope, «The Timing of the Snagging of the Ram, Gen. 22:13», *BA* 49 (1986), pp. 114–117;

Jean Pouillon, *Temps et Roman*, Gallimard, Paris, 1946;

William H. C. Propp, *Exodus 1–18* (AB 2), Doubleday, New York, 1999;

———, *Exodus 19–40* (AB 2A), Doubleday, New York, 2006;

O. Horn Prouser, «The Truth about Women and Lying», *JSOT* 61 (1994), pp. 15–28;

Alain Rabatel, «L'introuvable focalisation externe. De la subordination de la vision externe au point de vue du personnage ou au point de vue du narrateur», *Littérature* 107 (1997), pp. 88–113;

———, *La construction textuelle du point de vue* (Sciences des discours), Delachaux et Niestlé, Lausanne/Paris, 1998;

Paul Ricœur, *Le conflit des interprétations*, Seuil, Paris, 1969;

———, «Du conflit à la convergence des méthodes en exégèse biblique», in: Roland Barthes, Paul Beauchamp (éds), *Exégèse et herméneutique* (Parole de Dieu), Seuil, Paris, 1971, pp. 35–53;

———, «La philosophie et la spécificité du langage religieux», *RHPhR* 5 (1975), pp. 13–26;

———, «Herméneutique de l'idée de Révélation», in: Collectif, *La révélation*, Facultés Universitaires Saint-Louis, Bruxelles, 1977, pp. 15–54;

———, «Nommer Dieu», *ETR* 52 (1977), pp. 489–508;

———, «Bible et imagination», *RHPhR* 62 (1982), pp. 339–360;

———, *Temps et Récit. Tome I. L'intrigue et le récit historique* (L'ordre philosophique), Seuil, Paris, 1983;

———, *Temps et Récit. Tome II. La configuration dans le récit de fiction* (L'ordre philosophique), Seuil, Paris, 1984;

———, *Temps et Récit. Tome III. Le temps raconté* (L'ordre philosophique), Seuil, Paris, 1985;

———, «Le récit interprétatif. Exégèse et Théologie dans les récits de la Passion», *RSR* 73 (1985), pp. 17–38;

———, *Du texte à l'action. Essais d'herméneutique II* (Points Essais), Seuil, Paris, 1986;

———, *Soi-même comme un autre* (L'ordre philosophique), Seuil, Paris, 1990;

———, «Herméneutique. Les finalités de l'exégèse biblique», in: Collectif, *La Bible en philosophie. Approches contemporaines*, Cerf, Paris, 1993, pp. 27–51;

———, *La mémoire, l'histoire, l'oubli* (L'ordre philosophique), Seuil, Paris, 2000;

——, *Herméneutique biblique* (La nuit surveillée), Cerf, Paris, 2001 ;

Pamela Tamarkin REIS, «Hagar Requited», *JSOT* 87 (2000), pp. 75–109 ;

René RIVARA, *La langue du récit. Introduction à la narratologie énonciative*, L'Harmattan, Paris, 2000 ;

Thomas RÖMER, «Isaac et Ismaël, concurrents ou cohéritiers de la promesse? Une lecture de Gn 16», *ETR* 74 (1999), pp. 161–172 ;

Sylvain ROMEROWSKI, «Que signifie le mot *hesed*?», *VT* 40 (1990), pp. 89–103 ;

Hermann RÖTTGER, *Mal'ak Jahwe-Bote von Gott: die Vorstellung von Gottes Boten im hebräischen Alten Testament* (RSTh 13), Peter Lang, Frankfurt am Main/Bern/Las Vegas, 1978 ;

Dirk U. ROTTZOLL, «Gen 15,6 – ein Beleg für den Glauben als Werkgerechtigkeit», *ZAW* 106 (1994), pp. 21–27 ;

Nahum M. SARNA, *Genesis* בראשית. *The Traditional Hebrew Text with the New JPS Translation* (JPS 1), Jewish Publication Society, Philadelphia/New York/Jerusalem, 1989 ;

——, *Exodus* שמות. *The Traditional Hebrew Text with the New JPS Translation* (JPS 2), Jewish Publication Society, Philadelphia/New York/Jerusalem, 1991 ;

George W. SAVRAN, *Telling and Retelling: Quotation in Biblical Narrative*, Indiana University Press, Bloomington/Indianapolis, 1988 ;

Josef SCHARBERT, *Numeri* (NEB), Echter, Würzburg, 1992 ;

Hans-Peter SCHMIDT, *Schicksal Gott Fiktion. Die Bibel als literarisches Meisterwerk*, Ferdinand Schöningh, Paderborn/München/Wien/Zürich, 2005 ;

Wolfgang SCHNEIDER, *Grammatik des biblischen Hebräisch. Völlig neue Bearbeitung der "Hebräischen Grammatik für den akademischen Unterricht" von Oskar Grether*, Claudius, München, 1974 ;

Antoon SCHOORS, «The Particle כי», in: A. S. VAN DER WOUDE (ed.), *Remembering All the Way…* (OTS 21), Brill, Leiden, 1981, pp. 240–276 ;

Willy SCHOTTROFF, „*Gedenken" im Alten Orient und im Alten Testament: die Wurzel Zäkar im semitischen Sprachkreis*, Neukirchener Verlag, Neukirchen-Vluyn, 1964 ;

Horst SEEBASS, *Genesis I. Urgeschichte (1,1–11,26)*, Neukirchener Verlag, Neukirchen-Vluyn, 1996 ;

——, *Genesis II. Vätergeschichte I (11,27–22,24)*, Neukirchener Verlag, Neukirchen-Vluyn, 1997 ;

——, *Numeri* (BKAT IV/2₃), Neukirchener Verlag, Neukirchen-Vluyn, 2001 ;

Isac Leo SEELIGMANN, «Erkenntnis Gottes und historisches Bewußtsein im alten Israel», in: Herbert DONNER, Robert HANHART, Rudolf SMEND (Hrsg.), *Beiträge zur Alttestamentliche Theologie. Festschrift für Walther Zimmerli zum 70. Geburtstag*, Vandenhoeck & Ruprecht, Göttingen, 1977, pp. 414–445 ;

Erwin M. SEGAL, «Narrative Comprehension and the Role of Deictic Shift Theory», in: Judith F. DUCHAN, Gail A. BRUDER, Lynne E. HEWITT (eds), *Deixis in Narrative. A Cognitive Science Perspective*, Lawrence Erlbaum Associates, Hillsdale, 1995, pp. 3–17 ;

SEL (éd.), *Le personnage en question*, Presses Universitaires du Mirail, Toulouse, 1984 ;

Jean-Louis SKA, «"Je vais lui faire un allié qui soit son homologue" (Gn 2,18): à propos du terme "'ezer"», *Bib* 65 (1984), pp. 233–238 ;

——, «*Our Fathers Have Told Us»*. *Introduction to the Analysis of Hebrew Narratives* (SB 13), Editrice Pontificio Istituto Biblico, Roma, 1990 ;

Jean-Louis SKA, Jean-Pierre SONNET, André WÉNIN, *L'analyse narrative des récits de l'Ancien Testament* (Cahiers Evangile 107), Cerf Évangile et Vie, Paris, 1999 ;

John A. SKINNER, *Genesis. A Critical and Exegetical Commentary* (ICC), T. & T. Clark, Edinburgh, 1969² (1910¹) ;

Donald SLAGER, «The Use of 'Behold' in the Old Testament», *Occasional Papers in Translation and Textlinguistics* 31 (1989), pp. 50–79 ;

J. Alberto SOGGIN, *Das Buch Genesis. Kommentar*. Traduit de l'italien par T. Frauenlob, J. Hintermaier, N. Hofmann, T. Lutzi et J. Vorndran, Wissenschaftliche Buchgesellschaft, Darmstadt, 1997 ;

Jean-Pierre SONNET, «Y a-t-il un narrateur dans la Bible? La Genèse et le modèle narratif de la Bible hébraïque», in: Françoise MIES (éd.), *Bible et littérature: l'homme et*

Dieu mis en intrigue (Connaître et croire 5/Le livre et le rouleau 6), Presses Universitaires de Namur/Lessius, Namur/Bruxelles, 1999, pp. 9–27;

——, «Narration biblique et (post)modernité», in: Daniel MARGUERAT (éd.), *La Bible en récits. L'exégèse biblique à l'heure du lecteur. Colloque international d'analyse narrative des textes de la Bible, Lausanne (mars 2002)*, Labor et Fides, Genève, 2003;

——, «De Moïse et du narrateur: Pour une pensée narrative de l'inspiration», *RSR* 93 (2005), pp. 517–531;

——, «Du personnage de Dieu comme être de parole», in: Françoise MIES (éd.), *Bible et théologie. L'intelligence de la foi* (Connaître et croire 13/Le livre et le rouleau 26), Presses Universitaires de Namur/Lessius, Namur/Bruxelles, 2006, pp. 15–36;

——, «À la croisée des mondes. Aspects narratifs et théologiques du point de vue dans la Bible hébraïque», in: RRENAB, *Regards croisés sur la Bible. Études sur le point de vue. Actes du III⁰ colloque international du Réseau de recherche en narrativité biblique, Paris, 8–10 juin 2006* (LD hors série), Cerf, Paris, 2007, pp. 75–100;

Ephraim Avigdor SPEISER, «The Rivers of Paradise», in: Richard S. HESS, David Toshio TSUMURA (eds), *"I Studied Inscriptions from Before the Flood." Ancient Near Eastern, Literary, and Linguistic Approaches to Genesis 1–11*, Eisenbrauns, Winona Lake, 1994, pp. 175–182 (1959¹);

——, *Genesis. Introduction, Translation, and Notes* (AB 1), Doubleday & Company, New York, 1964;

Meir STERNBERG, *The Poetics of Biblical Narrative. Ideological Literature and the Drama of Reading* (ISBL), Indiana University Press, Bloomington, 1987;

——, «How Indirect Discourse Means. Syntax, Semantics, Poetics, Pragmatics», in: Roger D. SELL (ed.), *Literary Pragmatics*, Routledge, London/New York, 1991;

Elizabeth STRUTHERS, Adele BERLIN (eds), *Characterization in Biblical Literature* (Semeia 63), Scholars Press, Atlanta, 1993;

Marianne Meye THOMPSON, «"God's voice you have never heard, God's form you have never seen": The Characterization of God in the Gospel of John», in: Elizabeth STRUTHERS, Adele BERLIN (eds), *Characterization in Biblical Literature* (Semeia 63), Scholars Press, Atlanta, 1993, pp. 177–204;

Jeffrey H. TIGAY, *Deuteronomy* דברים. *The Traditional Hebrew Text with the New JPS Translation* (JPS 5), The Jewish Publication Society, Philadelphia/New York, 1996;

Phyllis TRIBLE, *God and the Rhetoric of Sexuality*, Fortress Press, Philadelphia, 1978;

Josef TROPPER, «Die hebräische Partikel hinneʰ, 'siehe'. Morphologische und syntaktische Probleme», in: R. LEHMANN (Hrsg.), *Kleine Untersuchungen zur Sprache des Alten Testaments und seiner Umwelt*, vol. 3, Harmut Spenner, Waltrop, 2001–2002, pp. 81–121;

Laurence A. TURNER, *Genesis*, Sheffield Academic Press, Sheffield, 2000;

Boris USPENSKY, *A Poetics of Composition. The Structure of the Artistic Text and Typology of a Compositional Form*, University of California Press, Berkeley, 1973;

Christo H. J. VAN DER MERWE, «Old Hebrew Particles and the Interpretation of Old Testament Texts», *JSOT* 60 (1993), pp. 27–44;

——, «Discourse Linguistics and Biblical Hebrew Grammar», in: Robert D. BERGEN (ed.), *Biblical Hebrew and Discourse Linguistics*, Summer Institute of Linguistics/Eisenbrauns, Dallas/Winona Lake, 1994, pp. 13–49;

Bernard VAN MEENEN, «Dieu: le nom d'un seul? Autour de la nomination biblique de Dieu», in: François COPPENS (éd.), *Variations sur Dieu. Langages, silences, pratiques*, Facultés Universitaires Saint-Louis, Bruxelles, 2005, pp. 235–244;

Ellen VAN WOLDE, «The Story of Cain and Abel. A Narrative Study», *JSOT* 52 (1991), pp. 25–41;

——, *Words Become Worlds. Semantic Studies of Genesis 1–11* (BI.S 6), Brill, Leiden/New York/Köln, 1994;

——, «Cognitive Linguistics and its Application to Genesis 28:10–22», in: Patrick Chatelion COUNET, Ulrich BERGES (eds), *One Text, A Thousand Methods. Studies in Memory of Sjef van Tilborg* (BI.S 71), Brill, Boston/Leiden, 2005, pp. 125–148;

——, «Sentiments as Culturally Constructed Emotions: Anger and Love in the Hebrew Bible», *BI* 16 (2008), pp. 1–24;

Ellen VAN WOLDE (ed.), *Narrative Syntax and the Hebrew Bible. Papers of the Tilburg Conference 1996*, Brill, Boston/Leiden, 2002;

Gerhard VON RAD, *Das erste Buch Mose: Genesis. Kapitel 1–12,9* (ATD 2), Vandenhoeck & Ruprecht, Göttingen, 1972 (1949¹);

——, *Das erste Buch Mose: Genesis. Kapitel 12,10–25,18* (ATD 3), Vandenhoeck & Ruprecht, Göttingen, 1967 (1949¹);

——, *Das erste Buch Mose: Genesis. Kapitel 25,19–50,26* (ATD 4), Vandenhoeck & Ruprecht, Göttingen, 1967 (1949¹);

——, *Das fünfte Buch Mose: Deuteronomium* (ATD 8), Vandenhoeck & Ruprecht, Göttingen, 1968;

Jerome T. WALSH, «Genesis 2:4b–3:24: A Synchronic Approach», *JBL* 96 (1977), pp. 161–177;

Richard WALSH, «Who Is the Narrator?», *Poetics Today* 18 (1997), pp. 495–513;

Bruce K. WALTKE, M. O'CONNOR, *An Introduction to Biblical Hebrew Syntax*, Eisenbrauns, Winona Lake, 1990;

James W. WATTS, «The Legal Characterization of God in the Pentateuch», *HUCA* 67 (1996), pp. 1–14;

Moshe WEINFELD, *Deuteronomy 1–11* (AB 5), Doubleday, New York, 1991;

Harald WEINRICH, *Le temps. Le récit et le commentaire*. Traduit de l'allemand par M. Lacoste (Poétique), Seuil, Paris, 1973 (édition originale allemande 1964);

——, *Linguistik der Lüge*, C. H. Beck, München, 2000 (édition originale 1966);

Meir WEISS, «Einiges über die Bauformen des Erzälens in der Bibel», *VT* 13 (1963), pp. 456–475;

——, «Weiteres über die Bauformen des Erzählens in der Bible», *Bib* 46 (1965), pp. 181–206;

Gordon J. WENHAM, *Numbers* (TOTC), Inter-Varsity Press, Leicester, 1981;

——, *Genesis 1–15* (WBC 1), Word Books, Dallas, 1987;

——, *Genesis 16–50* (WBC 2), Word Books, Dallas, 1994;

André WÉNIN, «Le décalogue, révélation de Dieu et chemin de bonheur», *RTL* 25 (1994), pp. 145–182;

——, «Abraham: élection et salut. Réflexions exégétiques et théologiques sur Gn 12 dans son contexte narratif», *RTL* 27 (1996), pp. 3–24;

——, «La théophanie au Sinaï. Structures littéraires et narration en Exode 19,10–20,21», in: Marc VERVENNE (ed.), *Studies in the Book of Exodus. Redaction – Reception – Interpretation* (BETL 126), Peeters, Leuven, 1996, pp. 471–480;

——, *Pas seulement de pain… Violence et alliance dans la Bible. Essai* (LD 171), Cerf, Paris, 1996;

——, «Le Décalogue. Approche contextuelle, théologie et anthropologie», in: Camille FOCANT (éd.), *La loi dans l'un et l'autre Testament* (LD 168), Cerf, Paris, 1997, pp. 9–43;

——, «Adam *et* Ève: La jalousie de Caïn, "semence" du serpent. Un aspect du récit mythique de Genèse 1–4», *RSR* 73 (1999), pp. 3–16;

——, «Satan ou l'adversaire de l'alliance. Le serpent, père du mensonge», *Graphè* 9 (2000), pp. 23–43;

——, «Saraï, Hagar et Abram. Une approche narrative et contextuelle de Gn 16,1–6», *RTL* 32 (2001), pp. 24–54;

——, «La théophanie du Sinaï (Ex 19,9–20,21). Une approche narrative», in: Françoise DUNAND, François BŒSPFLUG (éds), *Voir les Dieux, voir Dieu*, Presses Universitaires de Strasbourg, Strasbourg, 2002, pp. 57–77;

——, «Caïn. Un récit mythique pour explorer la violence», in: Vincente Collado BERTOMEU (ed.), *Palabra, Prodigio, Poesía. In memoriam P. Luis Alonso Schökel, s.j.* (Analecta Biblica 151), Editrice Pontificio Istituto Biblico/Huerto de Enseñanzas, Roma/Valencia, 2003, pp. 37–53;

———, «Jacob découvre la maison de Dieu (Gn 28,10–22)», in: Camille Focant (éd.), *Quelle maison pour Dieu?* (LD hors série), Cerf, Paris, 2003, pp. 9–37;

———, «La dispersion des langues à Babel: malédiction ou bénédiction? Version et subversion d'une légende mythique», in: Paul-Augustin Deproost, Bernard Coulie (éds), *Les langues pour parler en Europe. Dire l'unité à plusieurs voix*, L'Harmattan, Paris, 2003, pp. 13–28;

———, «Le serpent, le taurillon et le baal. Variations sur l'idolâtrie dans le premier Testament», *RTL* 34 (2003), pp. 27–42;

———, «Le jugement d'Adonaï Dieu en Genèse 3. Récit et théologie», in: Eberhard Bons (éd.), *Le jugement dans l'un et l'autre Testament. I. Mélanges offerts à Raymond Kuntzmann* (LD 197), Cerf, Paris, 2004, pp. 33–48;

———, «The Serpent and the Woman, or the Process of Evil According to Genesis 2–3», *Concilium* 40 (2004), pp. 41–48;

———, *Joseph ou l'invention de la fraternité. Une interprétation du récit de Genèse 37–50* (Le livre et le rouleau 21), Lessius, Bruxelles, 2005;

———, *D'Adam à Abraham ou les errances de l'humain. Lecture de Genèse 1,1–12,4* (Lire la Bible), Cerf, Paris, 2007;

Claus Westermann, *Genesis. 1. Teilband: Genesis 1–11* (BK I/1), Neukirchener Verlag, Neukirchen-Vluyn, 1974;

———, *Genesis. 2. Teilband: Genesis 12–36* (BK I/2), Neukirchener Verlag, Neukirchen-Vluyn, 1981;

———, *Genesis. 3. Teilband: Genesis 37–50* (BK I/3), Neukirchener Verlag, Neukirchen-Vluyn, 1982;

Hugh C. White, «The Initiation Legend of Ishmael», *ZAW* 87 (1975), pp. 267–305;

———, *Narration and Discourse in the Book of Genesis*, Cambridge University Press, Cambridge, 1991;

Stephen L. White, «Angel of the Lord: Messenger or Euphemism?», *TynB* 50 (1999), pp. 299–305;

David T. Williams, «"Who Will Go For Us?" (Is 6:8): The "Divine Plurals" and the Image of God», *OTE* 12 (1999), pp. 173–190;

Michael James Williams, *Deception in Genesis. An Investigation into the Morality of a Unique Biblical Phenomenon* (StBL 32), Peter Lang, New York/Washington, 2001;

Nicholas Wolterstorff, *Divine Discourse: Philosophical Reflections on the Claim that God Speaks*, Cambridge University Press, Cambridge, 1995;

Tamar Zewi, «The Particles *hinneh* and *wᵉhinneh* in Biblical Hebrew», *HS* 37 (1996), pp. 21–38;

Franz Zorell, «Gibt es im Hebräischen ein "kî recitativum"?», *Bib* 14 (1933), pp. 465–469;

———, *Lexicon Hebraicum et Aramicum Veteris Testamenti*, Pontificium Institutum Biblicum, Roma, 1940–1954.

INDICES

INDEX DES CITATIONS BIBLIQUES*

---

* L'index ne reprend que les passages bibliques cités et/ou commentés dans le corps du texte.

INDEX DES NOMS D'AUTEURS*

---

* L'index ne reprend que les auteurs cités et/ou discutés dans le corps du texte.

INDEX DES SUJETS

SUPPLEMENTS TO VETUS TESTAMENTUM

25. ALLEN, L.C. *The Greek Chronicles.* The relation of the Septuagint I and II Chronicles to the Massoretic text. Part 1. The translator's craft. 1974. ISBN 90 04 03913 9
26. *Studies on prophecy.* A collection of twelve papers. 1974. ISBN 90 04 03877 9
27. ALLEN, L.C. *The Greek Chronicles.* Part 2. Textual criticism. 1974. ISBN 90 04 03933 3
28. *Congress Volume, Edinburgh 1974.* 1975. ISBN 90 04 04321 7
29. *Congress Volume, Göttingen 1977.* 1978. ISBN 90 04 05835 4
30. EMERTON, J.A. (ed.). *Studies in the historical books of the Old Testament.* 1979. ISBN 90 04 06017 0
31. MEREDINO, R.P. *Der Erste und der Letzte.* Eine Untersuchung von Jes 40-48. 1981. ISBN 90 04 06199 1
32. EMERTON, J.A. (ed.). *Congress Volume, Vienna 1980.* 1981. ISBN 90 04 06514 8
33. KOENIG, J. *L'herméneutique analogique du Judaïsme antique d'après les témoins textuels d'Isaïe.* 1982. ISBN 90 04 06762 0
34. BARSTAD, H.M. *The religious polemics of Amos.* Studies in the preachings of Amos ii 7B-8, iv 1-13, v 1-27, vi 4-7, viii 14. 1984. ISBN 90 04 07017 6
35. KRAŠOVEC, J. *Antithetic structure in Biblical Hebrew poetry.* 1984. ISBN 90 04 07244 6
36. EMERTON, J.A. (ed.). *Congress Volume, Salamanca 1983.* 1985. ISBN 90 04 07281 0
37. LEMCHE, N.P. *Early Israel.* Anthropological and historical studies on the Israelite society before the monarchy. 1985. ISBN 90 04 07853 3
38. NIELSEN, K. *Incense in Ancient Israel.* 1986. ISBN 90 04 07702 2
39. PARDEE, D. *Ugaritic and Hebrew poetic parallelism.* A trial cut. 1988. ISBN 90 04 08368 5
40. EMERTON, J.A. (ed.). *Congress Volume, Jerusalem 1986.* 1988. ISBN 90 04 08499 1
41. EMERTON, J.A. (ed.). *Studies in the Pentateuch.* 1990. ISBN 90 04 09195 5
42. McKENZIE, S.L. *The trouble with Kings.* The composition of the Book of Kings in the Deuteronomistic History. 1991. ISBN 90 04 09402 4
43. EMERTON, J.A. (ed.). *Congress Volume, Leuven 1989.* 1991. ISBN 90 04 09398 2
44. HAAK, R.D. *Habakkuk.* 1992. ISBN 90 04 09506 3
45. BEYERLIN, W. *Im Licht der Traditionen.* Psalm LXVII und CXV. Ein Entwicklungs-zusammenhang. 1992. ISBN 90 04 09635 3
46. MEIER, S.A. *Speaking of Speaking.* Marking direct discourse in the Hebrew Bible. 1992. ISBN 90 04 09602 7
47. KESSLER, R. *Staat und Gesellschaft im vorexilischen Juda.* Vom 8. Jahrhundert bis zum Exil. 1992. ISBN 90 04 09646 9
48. AUFFRET, P. *Voyez de vos yeux.* Étude structurelle de vingt psaumes, dont le psaume 119. 1993. ISBN 90 04 09707 4
49. GARCÍA MARTÍNEZ, F., A. HILHORST and C.J. LABUSCHAGNE (eds.). *The Scriptures and the Scrolls.* Studies in honour of A.S. van der Woude on the occasion of his 65th birthday. 1992. ISBN 90 04 09746 5
50. LEMAIRE, A. and B. OTZEN (eds.). *History and Traditions of Early Israel.* Studies presented to Eduard Nielsen, May 8th, 1993. 1993. ISBN 90 04 09851 8
51. GORDON, R.P. *Studies in the Targum to the Twelve Prophets.* From Nahum to Malachi. 1994. ISBN 90 04 09987 5
52. HUGENBERGER, G.P. *Marriage as a Covenant.* A Study of Biblical Law and Ethics Governing Marriage Developed from the Perspective of Malachi. 1994. ISBN 90 04 09977 8

53. García Martínez, F., A. Hilhorst, J.T.A.G.M. van Ruiten, A.S. van der Woude. *Studies in Deuteronomy*. In Honour of C.J. Labuschagne on the Occasion of His 65th Birthday. 1994. ISBN 90 04 10052 0

54. Fernández Marcos, N. *Septuagint and Old Latin in the Book of Kings*. 1994. ISBN 90 04 10043 1

55. Smith, M.S. *The Ugaritic Baal Cycle. Volume 1*. Introduction with text, translation and commentary of KTU 1.1-1.2. 1994. ISBN 90 04 09995 6

56. Duguid, I.M. *Ezekiel and the Leaders of Israel*. 1994. ISBN 90 04 10074 1

57. Marx, A. *Les offrandes végétales dans l'Ancien Testament*. Du tribut d'hommage au repas eschatologique. 1994. ISBN 90 04 10136 5

58. Schäfer-Lichtenberger, C. *Josua und Salomo*. Eine Studie zu Autorität und Legitimität des Nachfolgers im Alten Testament. 1995. ISBN 90 04 10064 4

59. Lasserre, G. *Synopse des lois du Pentateuque*. 1994. ISBN 90 04 10202 7

60. Dogniez, C. *Bibliography of the Septuagint – Bibliographie de la Septante (1970-1993)*. Avec une préface de Pierre-Maurice Bogaert. 1995. ISBN 90 04 10192 6

61. Emerton, J.A. (ed.). *Congress Volume, Paris 1992*. 1995. ISBN 90 04 10259 0

62. Smith, P.A. *Rhetoric and Redaction in Trito-Isaiah*. The Structure, Growth and Authorship of Isaiah 56-66. 1995. ISBN 90 04 10306 6

63. O'Connell, R.H. *The Rhetoric of the Book of Judges*. 1996. ISBN 90 04 10104 7

64. Harland, P.J. *The Value of Human Life*. A Study of the Story of the Flood (Genesis 6-9). 1996. ISBN 90 04 10534 4

65. Roland Page Jr., H. *The Myth of Cosmic Rebellion*. A Study of its Reflexes in Ugaritic and Biblical Literature. 1996. ISBN 90 04 10563 8

66. Emerton, J.A. (ed.). *Congress Volume, Cambridge 1995*. 1997. ISBN 90 04 106871

67. Joosten, J. *People and Land in the Holiness Code*. An Exegetical Study of the Ideational Framework of the Law in Leviticus 17–26. 1996. ISBN 90 04 10557 3

68. Beentjes, P.C. *The Book of Ben Sira in Hebrew*. A Text Edition of all Extant Hebrew Manuscripts and a Synopsis of all Parallel Hebrew Ben Sira Texts. 1997. ISBN 90 04 10767 3

69. Cook, J. *The Septuagint of Proverbs – Jewish and/or Hellenistic Proverbs?* Concerning the Hellenistic Colouring of LXX Proverbs. 1997. ISBN 90 04 10879 3

70,1 Broyles, G. and C. Evans (eds.). *Writing and Reading the Scroll of Isaiah*. Studies of an Interpretive Tradition, I. 1997. ISBN 90 04 10936 6 (*Vol.* I); ISBN 90 04 11027 5 (*Set*)

70,2 Broyles, G. and C. Evans (eds.). *Writing and Reading the Scroll of Isaiah*. Studies of an Interpretive Tradition, II. 1997. ISBN 90 04 11026 7 (*Vol.* II); ISBN 90 04 11027 5 (*Set*)

71. Kooij, A. van der. *The Oracle of Tyre*. The Septuagint of Isaiah 23 as Version and Vision. 1998. ISBN 90 04 11152 2

72. Tov, E. *The Greek and Hebrew Bible*. Collected Essays on the Septuagint. 1999. ISBN 90 04 11309 6

73. García Martínez, F. and Noort, E. (eds.). *Perspectives in the Study of the Old Testament and Early Judaism*. A Symposium in honour of Adam S. van der Woude on the occasion of his 70th birthday. 1998. ISBN 90 04 11322 3

74. Kassis, R.A. *The Book of Proverbs and Arabic Proverbial Works*. 1999. ISBN 90 04 11305 3

75. Rösel, H.N. *Von Josua bis Jojachin*. Untersuchungen zu den deuteronomistischen Geschichtsbüchern des Alten Testaments. 1999. ISBN 90 04 11355 5

76. Renz, Th. *The Rhetorical Function of the Book of Ezekiel*. 1999. ISBN 90 04 11362 2

77. HARLAND, P.J. and HAYWARD, C.T.R. (eds.). *New Heaven and New Earth Prophecy and the Millenium*. Essays in Honour of Anthony Gelston. 1999.
ISBN 90 04 10841 6

78. KRAŠOVEC, J. *Reward, Punishment, and Forgiveness*. The Thinking and Beliefs of Ancient Israel in the Light of Greek and Modern Views. 1999.
ISBN 90 04 11443 2.

79. KOSSMANN, R. *Die Esthernovelle – Vom Erzählten zur Erzählung*. Studien zur Traditions- und Redaktionsgeschichte des Estherbuches. 2000. ISBN 90 04 11556 0.

80. LEMAIRE, A. and M. SÆBØ (eds.). *Congress Volume, Oslo 1998*. 2000.
ISBN 90 04 11598 6.

81. GALIL, G. and M. WEINFELD (eds.). *Studies in Historical Geography and Biblical His-toriography*. Presented to Zecharia Kallai. 2000. ISBN 90 04 11608 7

82. COLLINS, N.L. *The library in Alexandria and the Bible in Greek*. 2001.
ISBN 90 04 11866 7

83,1 COLLINS, J.J. and P.W. FLINT (eds.). *The Book of Daniel*. Composition and Reception, I. 2001. ISBN 90 04 11675 3 (*Vol.* I); ISBN 90 04 12202 8 (*Set*).

83,2 COLLINS, J.J. and P.W. FLINT (eds.). *The Book of Daniel*. Composition and Reception, II. 2001. ISBN 90 04 12200 1 (*Vol.* II); ISBN 90 04 12202 8 (*Set*).

84. COHEN, C.H.R. *Contextual Priority in Biblical Hebrew Philology*. An Application of the Held Method for Comparative Semitic Philology. 2001. ISBN 90 04 11670 2
(In preparation).

85. WAGENAAR, J.A. *Judgement and Salvation*. The Composition and Redaction of Micah 2-5. 2001. ISBN 90 04 11936 1

86. McLAUGHLIN, J.L. *The* Marzēaḥ *in sthe Prophetic Literature*. References and Allusions in Light of the Extra-Biblical Evidence. 2001. ISBN 90 04 12006 8

87. WONG, K.L. *The Idea of Retribution in the Book of Ezekiel* 2001. ISBN 90 04 12256 7

88. BARRICK, W. Boyd. *The King and the Cemeteries*. Toward a New Understanding of Josiah's Reform. 2002. ISBN 90 04 12171 4

89. FRANKEL, D. *The Murmuring Stories of the Priestly School*. A Retrieval of Ancient Sacerdotal Lore. 2002. ISBN 90 04 12368 7

90. FRYDRYCH, T. *Living under the Sun*. Examination of Proverbs and Qoheleth. 2002.
ISBN 90 04 12315 6

91. KESSEL, J. *The Book of Haggai*. Prophecy and Society in Early Persian Yehud. 2002.
ISBN 90 04 12368 7

92. LEMAIRE, A. (ed.). *Congress Volume, Basel 2001*. 2002. ISBN 90 04 12680 5

93. RENDTORFF, R. and R.A. KUGLER (eds.). *The Book of Leviticus*. Composition and Reception. 2003. ISBN 90 04 12634 1

94. PAUL, S.M., R.A. KRAFT, L.H. SCHIFFMAN and W.W. FIELDS (eds.). *Emanuel*. Studies in Hebrew Bible, Septuagint, and Dead Sea Scrolls in Honor of Emanuel Tov. 2003. ISBN 90 04 13007 1

95. VOS, J.C. DE. *Das Los Judas*. Über Entstehung und Ziele der Landbeschreibung in Josua 15. ISBN 90 04 12953 7

96. LEHNART, B. *Prophet und König im Nordreich Israel*. Studien zur sogenannten vorklassischen Prophetie im Nordreich Israel anhand der Samuel-, Elija- und Elischa-Überlieferungen. 2003. ISBN 90 04 13237 6

97. LO, A. *Job 28 as Rhetoric*. An Analysis of Job 28 in the Context of Job 22-31. 2003.
ISBN 90 04 13320 8

98. TRUDINGER, P.L. *The Psalms of the Tamid Service*. A Liturgical Text from the Second Temple. 2004. ISBN 90 04 12968 5

99. FLINT, P.W. and P.D. MILLER, JR. (eds.) with the assistance of A. Brunell. *The Book of Psalms*. Composition and Reception. 2004. ISBN 90 04 13842 8

100. WEINFELD, M. *The Place of the Law in the Religion of Ancient Israel.* 2004. ISBN 90 04 13749 1

101. FLINT, P.W., J.C. VANDERKAM and E. TOV. (eds.) *Studies in the Hebrew Bible, Qumran, and the Septuagint.* Essays Presented to Eugene Ulrich on the Occasion of his Sixty-Fifth Birthday. 2004. ISBN 90 04 13738 6

102. MEER, M.N. VAN DER. *Formation and Reformulation.* The Redaction of the Book of Joshua in the Light of the Oldest Textual Witnesses. 2004. ISBN 90 04 13125 6

103. BERMAN, J.A. *Narrative Analogy in the Hebrew Bible.* Battle Stories and Their Equivalent Non-battle Narratives. 2004. ISBN 90 04 13119 1

104. KEULEN, P.S.F. VAN. *Two Versions of the Solomon Narrative.* An Inquiry into the Relationship between MT 1 Kgs. 2-11 and LXX 3 Reg. 2-11. 2004. ISBN 90 04 13895 1

105. MARX, A. *Les systèmes sacrificiels de l'Ancien Testament.* Forms et fonctions du culte sacrificiel à Yhwh. 2005. ISBN 90 04 14286 X

106. ASSIS, E. *Self-Interest or Communal Interest.* An Ideology of Leadership in the Gideon, Abimelech and Jephthah Narritives (Judg 6-12). 2005. ISBN 90 04 14354 8

107. WEISS, A.L. *Figurative Language in Biblical Prose Narrative.* Metaphor in the Book of Samuel. 2006. ISBN 90 04 14837 X

108. WAGNER, T. *Gottes Herrschaft.* Eine Analyse der Denkschrift (Jes 6, 1-9,6). 2006. ISBN 90 04 14912 0

109. LEMAIRE, A. (ed.). *Congress Volume Leiden 2004.* 2006. ISBN 90 04 14913 9

110. GOLDMAN, Y.A.P., A. van der Kooij and R.D. Weis (eds.). *Sôfer Mahîr.* Essays in Honour of Adrian Schenker Offered by Editors of *Biblia Hebraica Quinta.* 2006. ISBN 90 04 15016 1

111. WONG, G.T.K. *Compositional Strategy of the Book of Judges.* An Inductive, Rhetorical Study. 2006. ISBN 90 04 15086 2

112. HØYLAND LAVIK, M. *A People Tall and Smooth-Skinned.* The Rhetoric of Isaiah 18. 2006. ISBN 90 04 15434 5

113. REZETKO, R., T.H. LIM and W.B. AUCKER (eds.). *Reflection and Refraction.* Studies in Biblical Historiography in Honour of A. Graeme Auld. 2006. ISBN 90 04 14512 5

114. SMITH, M.S. and W.T. PITARD. *The Ugaritic Baal Cycle.* Volume II. Introduction with Text, Translation and Commentary of KTU/CAT 1.3-1.4. 2009. ISBN 978 90 04 15348 6

115. BERGSMA, J.S. *The Jubilee from Leviticus to Qumran.* A History of Interpretation. 2006. ISBN-13 978 90 04 15299 1. ISBN-10 90 04 15299 7

116. GOFF, M.J. *Discerning Wisdom.* The Sapiential Literature of the Dead Sea Scrolls. 2006. ISBN-13 978 90 04 14749 2. ISBN-10 90 04 14749 7

117. DE JONG, M.J. *Isaiah among the Ancient Near Eastern Prophets.* A Comparative Study of the Earliest Stages of the Isaiah Tradition and the Neo-Assyrian Prophecies. 2007. ISBN 978 90 04 16161 0

118. FORTI, T.L. *Animal Imagery in the Book of Proverbs.* 2007. ISBN 978 90 04 16287 7

119. PINÇON, B. *L'énigme du bonheur.* Étude sur le sujet du bien dans le livre de Qohélet. 2008. ISBN 978 90 04 16717 9

120. ZIEGLER, Y. *Promises to Keep.* The Oath in Biblical Narrative. 2008. ISBN 978 90 04 16843 5

121. VILLANUEVA, F.G. *The 'Uncertainty of a Hearing'.* A Study of the Sudden Change of Mood in the Psalms of Lament. 2008. ISBN 978 90 04 16847 3

122. CRANE, A.S. *Israel's Restoration.* A Textual-Comparative Exploration of Ezekiel 36-39. 2008. ISBN 978 90 04 16962 3

123. MIRGUET, F. *La représentation du divin dans les récits du Pentateuque.* Médiations syntaxiques et narratives. 2009. ISBN 978 90 04 17051 3